Além do feijão com arroz

Além do feijão com arroz
Maílson da Nóbrega
com *Louise Z. Sottomaior*
e *Josué Leonel*

Autobiografia

Rio de Janeiro
2010

Copyright © 2010, Maílson da Nóbrega, Louise Z. Sottomaior
e Josué Leonel

ARTE DA CAPA
Elmo Rosa
colaborou *Ivan Nóbrega*
FOTO DE CAPA
Argos Fotos/Marcos Issa
REVISÃO DE HISTÓRIA ECONÔMICA
Alexandre Saes
colaborou *Fábio Giambiagi*
TRANSCRIÇÃO DE ENTREVISTAS
Flávio Carrara de Capua
DIAGRAMAÇÃO DE MIOLO
Editoriarte

CIP-BRASIL. CATALOGAÇÃO-NA-FONTE
SINDICATO NACIONAL DOS EDITORES DE LIVROS, RJ

Nóbrega, Mailson Ferreira da
N674m   Mailson Ferreira da Nóbrega : autobiografia / Mailson Ferreira da Nóbrega. — Rio de Janeiro : Civilização Brasileira, 2010.
il.

ISBN 978-85-200-1019-8

1. Nóbrega, Mailson Ferreira da. 2. Economistas — Brasil — Biografia.
I. Título.

10-5206

CDD: 923.3
CDU: 929:330

EDITORA AFILIADA

Todos os direitos reservados. Proibida a reprodução, armazenamento ou transmissão de partes deste livro, através de quaisquer meios, sem prévia autorização por escrito.

Texto revisado segundo o novo Acordo Ortográfico da Língua Portuguesa.

Direitos desta edição adquiridos pela
EDITORA CIVILIZAÇÃO BRASILEIRA
Um selo da
EDITORA JOSÉ OLYMPIO LTDA.
Rua Argentina 171 — 20921-380 — Rio de Janeiro, RJ — Tel.: 2585-2000

Seja um leitor preferencial Record.
Cadastre-se e receba informações sobre nossos lançamentos e nossas promoções.

Atendimento e venda direta ao leitor:
mdireto@record.com.br ou (21) 2585-2002

Impresso no Brasil
2010

*A Maria José, Rosinha e Rosa,
as três mulheres da minha vida,
a quem devo grande parte da minha trajetória.*

Sumário

PREFÁCIO *9*
INTRODUÇÃO *13*

PARTE 1 MAÍTO – Origens (1942-1963)
CAPÍTULO I Infância em Cruz do Espírito Santo (1942-1954) *23*
CAPÍTULO II Adolescência em João Pessoa (1954-1958) *48*
CAPÍTULO III Um rapaz responsável (1958-1963) *59*

PARTE 2 MAÍLSON – Carreira no Banco do Brasil (1963-1977)
CAPÍTULO IV Escriturário no interior da Paraíba (1963) *77*
CAPÍTULO V Investigador de Cadastro em Cajazeiras (1963-1965) *87*
CAPÍTULO VI Chefe do Crédito Agrícola e Industrial (1966-1967) *114*
CAPÍTULO VII Sonhos de ascensão profissional (1967-1968) *127*
CAPÍTULO VIII Direção geral no Rio de Janeiro (1968) *136*
CAPÍTULO IX Gerência Especial e Consultoria Técnica (1968-1969) *147*
CAPÍTULO X Assessor de diretor, do Rio de Janeiro a Brasília (1969-1970) *161*
CAPÍTULO XI Assessor de diretor em Brasília (1970-1974) *175*
CAPÍTULO XII Assessor da presidência e chefe da Divisão de Análise de Projetos (1974-1975) *203*
CAPÍTULO XIII Consultor técnico do Banco do Brasil (1975-1977) *213*

PARTE 3 DOUTOR MAÍLSON – Em ministérios (1977-1985)
CAPÍTULO XIV No Ministério da Indústria e do Comércio (1977-1979) *223*
CAPÍTULO XV No Ministério da Fazenda, com Rischbieter (1979-1980) *240*
CAPÍTULO XVI No Ministério da Fazenda, com Ernane Galvêas (1980-1983) *261*
CAPÍTULO XVII Secretário-geral do Ministério da Fazenda (1983-1985) *287*

PARTE 4   MR. NÓBREGA – Entreato londrino (1985-1987)
CAPÍTULO XVIII   Rumo a Londres (1985)   *321*
CAPÍTULO XIX   Diretor do Eurobraz (1985-1987)   *331*

PARTE 5   SENHOR MINISTRO – Ministro da Fazenda (4 de maio de 1987–18 de março de 1990)
CAPÍTULO XX   Ascensão ao cargo (4 de maio-21 de dezembro de 1987)   *361*
CAPÍTULO XXI   Ministro interino (21 de dezembro de 1987-6 de janeiro de 1988)   *378*
CAPÍTULO XXII   O novo ministro da Fazenda (1º trimestre de 1988)   *383*
CAPÍTULO XXIII   "Feijão com arroz" nas mesas de negociação (1º semestre de 1988)   *406*
CAPÍTULO XXIV   Salada de pepinos (2º semestre de 1988)   *429*
CAPÍTULO XXV   Plano Verão (dezembro de 1988 - julho de1989)   *453*
CAPÍTULO XXVI   Os últimos recursos: juros e ação sobre expectativas (2º semestre de 1989)   *470*
CAPÍTULO XXVII Até passar o bastão (17 de dezembro de 1989-18 de março de 1990)   *486*

PARTE 6   MAÍLSON DA NÓBREGA – Consultor em São Paulo (1990-)
CAPÍTULO XXVIII Mudanças e turbulências (1990–1993)   *505*
CAPÍTULO XXIX   Ótimas novidades (1993–1996)   *526*
CAPÍTULO XXX   Tendências de estabilização (1997–2010)   *541*

ENTREVISTADOS   *571*
ÍNDICE REMISSIVO   *573*
ÍNDICE ONOMÁSTICO   *579*

Prefácio

Em fins de 1998, quando a revista Playboy me encomendou uma entrevista com Maílson, todos sabíamos que a pauta era boa e que o resultado seria mais do que satisfatório. Nosso personagem havia passado por momentos importantes da vida econômica brasileira em posições de destaque ou em estratégicos postos de observação. Assim, tinha muita coisa para contar. E certamente contaria, pois sempre fora acessível à imprensa, mesmo quando no exercício de funções, digamos, delicadas.

Tudo considerado, e em razão mesmo desse amplo contato com os jornalistas, esperávamos uma boa entrevista, arrumada, esclarecedora de alguns episódios, mas provavelmente nada reveladora.

Quando as sessões de conversa avançaram, que surpresa! A entrevista ganhou dimensões inesperadas. Havia, sim, revelações e histórias inéditas, como toda a circunstância envolvendo sua nomeação para ministro da Fazenda. Havia mais: a vida notável de um brasileiro. Para resumir: como é que o sujeito vem lá do Brasil arcaico, de uma família pobre no interior da Paraíba, e se torna o comandante da oitava economia do mundo, em um período particularmente complicado?

Fechar a entrevista deu um trabalho danado. Dadas as limitações de espaço, a questão era: como não privar os leitores e leitoras de momentos preciosos e importantes? Impossível. Era evidente que havia ali um baita livro.

Quando comentei isso com Maílson, lembro-me bem que ele hesitava. Sim, admitia, é verdade que nos Estados Unidos e na Europa personalidades públicas com mais frequência registram suas histórias. Mas, por aqui, perguntava, será que isso não pareceria coisa de um cabotino? Até poderia, não fosse Maílson como é, um homem sincero. Além disso, dependeria do conteúdo, é claro.

O importante é entender que esse tipo de biografia é mais do que um relato pessoal. É uma prestação de serviço. Pessoas que participaram de modo intenso da vida nacional não são donas de suas histórias. Contá-las é quase uma obrigação, uma forma de devolver à sociedade as oportunidades que esta lhes ofereceu. Com este livro, Maílson cumpre a exigência. E, como o leitor e a leitora perceberão logo, passa longe de qualquer coisa parecida com o autoelogio.

Várias histórias se misturam aqui, pessoais e públicas. Mas há um fio condutor em todas elas: o movimento no sentido de avançar sempre, um sentimento permanente de que há algo mais a fazer.

Quando Maílson passou no concurso para o Banco do Brasil, isso poderia ser o auge de uma vida, considerado o início tão difícil. Ele poderia dizer, com razão: cheguei lá! E tocar a carreira bancária, criar os filhos, cuidar da família.

Mas não. Logo o vemos progredindo, pulando para tarefas novas, desembarcando no Rio e se metendo em coisas que, se pensasse bem, não toparia. Seguiu assim. Do Rio para Brasília, onde decidiu fazer faculdade (aos quase 30 anos). Depois, passou a assessorar ministérios da área econômica e, mais tarde, dirigiu um banco em Londres, de onde foi convocado a voltar ao governo.

Mesmo nessa atividade profissional, as tarefas nas quais se envolveu tiveram o mesmo sentido de avançar sempre. Há homens públicos que são apenas burocratas. Com sorte, fazem corretamente o que devem fazer. São poucos aqueles que buscam, digamos, melhorar o serviço.

Foi assim, por exemplo, que, anos antes de se tornar ministro, Maílson coordenou com sentido de missão o complicado esforço de criar e desenvolver o sistema brasileiro de contas públicas. Envolveu-se, depois, com as questões de reforma monetária. Como ministro, de janeiro de 1988 a março de 1990, restabeleceu as relações com a comunidade financeira internacional, depois da equivocada moratória da dívida externa de 1987. Também consolidou as reformas que modernizaram institucionalmente as finanças públicas, que haviam começado em 1986, com base nos estudos que liderou. Depois de deixar o governo, participou da criação de uma consultoria que está sempre se atualizando.

Maílson claramente se orgulha das coisas que fez. Como se vê neste livro, sente-se honrado, muito honrado, por ter sido ministro da Fazenda, mesmo em período tão difícil. Sobre o que, aliás, cabe uma última palavra: ser ministro era um ponto de chegada para Maílson, mas distan-

PREFÁCIO

te. Quando a oportunidade apareceu no horizonte, as circunstâncias eram desfavoráveis, ameaçadoras, na verdade.

Seria sensato e razoável não encarar o desafio. Ao enfrentá-lo, Maílson correu riscos profissionais e pessoais. Saiu-se surpreendentemente bem. Definiu que o objetivo máximo do momento era bem menos do que a sociedade esperava: conseguir entregar a economia mais ou menos organizada, ou pelo menos não totalmente destruída, ao novo governo, em 1990. Conseguiu. Teve sabedoria na definição e na realização. E o incrível, como notavam jornalistas como eu, era que não perdesse o bom humor.

Boa leitura.

CARLOS ALBERTO SARDENBERG

Setembro de 2010

Introdução

Em 1966, quando li pela primeira vez uma biografia, a de Juarez Távora, o gênero era raro no Brasil. E, claro, eu não poderia sequer especular a possibilidade de um dia escrever sobre minha trajetória, que não seria tão relevante ao público. A partir dos anos 1980, nas viagens ao exterior para participar de eventos associados às negociações da dívida externa brasileira e em delegações oficiais às reuniões de organismos internacionais, meu crescente interesse pela leitura me levava a escarafunchar estantes de livrarias.

No exterior, percebi que as biografias eram mais comuns e ocupavam um espaço muito maior. Essa percepção se acentuou no meu longo contato com Londres, primeiro como diretor de um banco, representando o Banco do Brasil entre 1985 e 1987, depois em reuniões periódicas como membro do conselho de administração de uma empresa, de 1990 a 2010. Visitei amiúde duas tradicionais livrarias londrinas, a Foyles e a Dillons (atual Waterstone), que contam com seções inteiras e cada vez maiores de livros do gênero. Lá, é habitual encontrar histórias de britânicos que viveram uma grande experiência, seja na política, nos negócios, nas finanças, na educação, nos esportes, na arte, na cultura e até no crime. Apenas mais recentemente o interesse por biografias, comum nos países ricos, particularmente nos de tradição anglo-saxônica, se amplia no Brasil.

Não era o suficiente para me convencer a escrever a minha. Embora tenha participado de um período de transformações extremamente relevantes para o Brasil num dos mais destacados cargos do governo e vivenciado experiências impensáveis para alheios à vida pública, escrever uma autobiografia não fazia parte dos meus planos. Não mudei de ideia nem em 1999, quase dez anos depois de deixar o Ministério da Fazenda, quando o jornalista Carlos Alberto Sardenberg me desafiou, após seis horas de uma de uma série de entrevistas para a revista *Playboy*: "Maílson, você tem uma boa história e deveria escrevê-la". Não me sensibilizei. Estava a braços com as pesquisas para meu terceiro livro.

Desde meados da década de 1980, meu grande projeto literário era escrever a história da luta pela modernização institucional das finanças públicas federais, que tive a satisfação (e os dissabores) de liderar entre 1983 e 1984. Guardei cópia das mais de dez mil páginas de documentos produzidos naquela época, para quando a oportunidade surgisse. Após deixar o governo, em 1990, comecei a ler sobre a Nova Teoria Institucional, particularmente as obras de Douglass North, Ronald Coase e Oliver Williamson, três gigantes no assunto e prêmios Nobel de Economia. Identifiquei o link entre a teoria e os trabalhos daquela época. Daí nasceu o livro *O futuro chegou*, publicado em 2005 pela Editora Globo. Achei que encerraria minha carreira de autor com este meu terceiro livro.

A provocação de discorrer sobre minha trajetória, no entanto, começava a fazer efeito, sobretudo quando, mais recentemente, começaram a vir a público alguns relatos nem sempre fidedignos sobre reuniões dramáticas de que participei no governo Sarney, especialmente uma de dezembro de 1989 em que se discutiu a renúncia do presidente, sugerida por mim. Lembrei-me de Sardenberg. Além de relatar este e outros episódios, poderia contar minha trajetória e as "boas histórias" de que o jornalista falara.

Decidido, procurei os ex-ministros Ronaldo Costa Couto e Ivan Mendes, em busca de mais documentos e informações que pudessem reavivar a memória. Além de ser muito solícito, como o general Ivan, Costa Couto deu uma sugestão que mudaria o projeto. "Sei que você mesmo escreve seus livros e artigos, mas não deve redigir sua autobiografia. Além de não ter o tempo necessário, uma pessoa distante dos fatos e capaz de realizar pesquisas e entrevistas fará melhor". Convenceu-me.

Discuti o projeto com Eduardo Henrik Aubert, doutor em História, que me auxiliara nas pesquisas e na revisão do terceiro livro. Ele sugeriu entremear a biografia com eventos históricos que forneceriam o contexto de minha vida. As duas trajetórias convergiriam no período em que fui ministro da Fazenda. Aceitei a proposta. Em seguida, convidei para escrever o livro o jornalista Ricardo Galuppo, que eu conhecia dos seus tempos de editor da revista *Veja*. Ele coordenara a redação da biografia de Abílio Diniz, um êxito editorial.

INTRODUÇÃO

Costa Couto, que havia escrito a biografia do Conde Francesco Matarazzo, também sugeriu que eu conversasse com Andrea Matarazzo, o membro da família que o havia contratado para a empreitada. Dessa conversa surgiu a ideia de financiar a obra utilizando a Lei de Incentivo Federal à Cultura, a chamada Lei Rouanet. Procurei, então, uma especialista, a jornalista Louise Z. Sottomaior, coordenadora de projetos especiais de uma empresa cultural. Durante a reunião, contei passagens de minha vida, inclusive da reunião sobre a renúncia de Sarney. Ela me alertou em relação às dificuldades para que o projeto se enquadrasse na Rouanet, que já passava por reformas, até então imprevisíveis, e as inconveniências que isso poderia acarretar. Prometeu estudar o assunto com calma.

Então, me enviou mais detalhes, além de sugestões estruturais para a obra, e, dias depois, um e-mail com o assunto "Quero escrever sua autobiografia". Anexou a ele um texto sobre a reunião para discutir a renúncia de Sarney, recriando o ambiente e os diálogos. A redação e a criatividade me agradaram. Minha mulher, Rosa Dalcin, experiente jornalista, também gostou do estilo. Logo Louise passou a trabalhar com Galuppo, que também contara com uma parceira na preparação da obra sobre Abílio Diniz. Um mês depois, ele recebeu um convite irrecusável, o de implantar e liderar um novo jornal de economia, o *Brasil Econômico*. Louise, que já ganhara minha confiança, assumiu o projeto.

Era preciso encontrar um jornalista especializado em economia para formar dupla com ela. Convidei Josué Leonel, que havia sido diretor de Informação da Agência Estado e era então comentarista econômico da Rádio Eldorado. Josué tinha conhecimento e começara a carreira no período em que eu estava no Ministério da Fazenda. Um mês depois, estava formada a nova dupla. À medida que os trabalhos andavam, percebemos a necessidade de incorporar a área acadêmica ao projeto. Procurei o professor Décio Zylbersztajn, por cujas mãos eu me tornara pesquisador visitante na FEA/USP para escrever *O futuro chegou*. Ele sugeriu o professor de História Econômica da FEA/USP Alexandre Saes, que integrou a equipe quatro meses depois de Josué.

Alexandre sugeriu assuntos a abordar, redigiu alguns tópicos e checou o conteúdo histórico. Josué escreveu sobre os fatos econômicos, em parte com base em meus relatos e minhas reflexões. Louise exerceu a coordenação, elaborou os tópicos sobre minha vida pessoal e eventos históricos, em especial os relativos a arte, cultura e sociedade. Foi também responsável pelo texto final.

Ao todo, o projeto se estendeu por 14 meses, em que fui entrevistado por mais de 140 horas. Além dos depoimentos e da listagem de eventos de minha vida e do Brasil, dei-lhes acesso aos meus arquivos pessoais, incluindo cópias de documentos históricos da época no governo e quase 20 mil matérias jornalísticas em que fui citado. Além de esmiuçá-los, Louise entrevistou meus familiares na Paraíba, em Brasília e em São Paulo. No Rio de Janeiro, em Brasília, Belo Horizonte e São Paulo, conversou com nove personalidades com quem convivi na Fazenda, duas das entrevistas com a participação de Josué. Foram mais quase 40 horas de gravação.

A mim, além de responder às questões e me esforçar por lembrar fidedigna e detalhadamente fatos de décadas atrás, coube revisar os textos, redigir esta introdução e realizar um exercício de futurologia até 2042, sem maior compromisso científico, sugerido por Louise devido a uma brincadeira séria que repito: permanecerei ativo pelo menos até completar 100 anos. Os economistas Juan Jensen, Alessandra Ribeiro e Bernardo Wjunisk, meus colegas na Tendências Consultoria, além de meu filho Guilherme, economista do Banco Itaú-Unibanco, me auxiliaram na reflexão sobre os cenários para os próximos 32 anos. Outro filho, Márcio, que trabalha na Microsoft, participou de Seattle, nos EUA, via conferência telefônica.

Esta obra coletiva não foi escrita apenas para especialistas em economia, finanças, política ou história. Por isso, não contém notas de rodapé nem amplas referências bibliográficas. Estes dados acadêmicos podem ser encontrados em O *futuro chegou*, dirigido a leitores mais familiarizados com tais assuntos. Nosso intuito é que esta seja uma história interessante e de agradável leitura a todos, preparada com rigor histórico e baseada em fontes oficiais e da imprensa.

É o relato da vida de um filho de família humilde do interior da Paraíba que começou a trabalhar antes de completar dez anos de idade, como descastanhador de caju e vendedor ambulante, dos seus esforços para estudar e aprender, e dos acasos que permearam sua trajetória, tudo conduzindo à honra de servir ao seu país em momentos dramáticos e se tornar um formador de opinião. A sorte foi estimulada pela aspiração de estudar: aos doze anos de idade, me mudei sozinho para a capital da Paraíba para ter acesso ao nível de educação que não existia em minha cidade. Aos 19 lutei para passar em concurso do Banco do Brasil, o centro de excelência da época, e depois disso me empenhei em cada cargo que exerci, sem nunca desprezar o aperfeiçoamento intelectual. Ele não apenas não cessou como se acentuou nos anos posteriores à minha atuação no governo, quando me tornei consultor de empresas.

Devo muito aos que me ajudaram na caminhada, principalmente a meus pais, minha primeira mulher e a atual, e meus cinco filhos, que os leitores conhecerão ao longo do livro.

Um agradecimento especial dedico a Fabio Giambiagi, um dos grandes economistas brasileiros. Ele leu os originais com paciência, rigor e olho crítico. Suas inúmeras sugestões reduziram substancialmente os erros e omissões desta obra.

Agradeço à equipe que participou do livro, especialmente a Louise. Seu entusiasmo a levou a abandonar outras atividades profissionais para se dedicar integralmente à coordenação e aos demais trabalhos do livro. Seu profissionalismo, comprometimento, responsabilidade, competência e talento excederam a melhor das expectativas. Sou igualmente grato aos entrevistados, listados na página 573.

MAÍLSON DA NÓBREGA

São Paulo, agosto de 2010

Sábado, 7 de dezembro de 1989. Era o final de uma tarde muito densa, o começo de uma noite estressantemente longa e de meses que pareceriam intermináveis. Havia três horas, dez ministros, eu incluído, discutíamos numa reunião secreta com o presidente José Sarney o futuro imediato e o nem tão próximo do Brasil. Mais especificamente, a sua renúncia. Até as pausas para o cafezinho eram controladas, o que os médicos do Palácio aprovariam: os estômagos não aguentavam mais. Estavam em vias de entrar em colapso, assim como o país.

A *intelligentzia* brasileira aguardava a crise econômica entrar pela porta do gabinete. Com análises que fariam tremer qualquer cidadão, a elite pensante profetizava que o país iria à bancarrota. Prestes a sair do controle, a economia e a inflação eram precariamente controladas com intervenções governamentais e um persistente esforço para influenciar as expectativas da sociedade e convencê-la de que era possível conduzir aquele navio desgovernado a um porto seguro, qualquer que fosse ele.

Sarney tinha pouco mais de três meses no poder. As opções eram poucas e extremadas. Eu sugerira ao presidente que considerasse negociar sua renúncia e a antecipação da posse do presidente seguinte, prevista para março de 1990. Esta havia sido uma solução bem-sucedida na Argentina em 1989: Raúl Alfonsín decidira abreviar seu mandato quando a hiperinflação se agravou, sob a influência da eleição de Carlos Menem e de suas promessas populistas irresponsáveis. Um acordo entre ambos evitou que a economia argentina se arrasasse ainda mais à espera do novo governo.

Recostado elegantemente em sua espaçosa cadeira, Sarney aparentava calma. Não era o mais comum. Especialmente no último ano, o presidente estava sempre muito tenso, devido ao estado da economia, à inflação crescente a minar sua popularidade, à legitimidade política escassa, à capacidade de ação praticamente nula. Naquele momento, parecia incólume aos riscos que nos amedrontavam, quase alheio aos debates. Com as pontas dos dedos de uma mão dialogando com os da outra, apenas ouvia.

Já enfrentara crises medonhas e enormes desgastes, críticas inflamadas e opositores dos mais traiçoeiros. Desistiria agora?

Nos livros de história, Sarney apareceria como o primeiro presidente do período democrático inaugurado em 1985. Aquele que assumira sem ser eleito nem ao menos pelo Colégio Eleitoral. Tornara-se presidente por uma conspiração do destino. Não tinha ascendência sobre seu partido. Precisava do apoio dos militares naquela difícil transição e governava à sombra de Ulysses Guimarães, o político mais poderoso do país. Lançara três planos econômicos, todos fracassados. Em sua gestão, a inflação ultrapassara 1.000% ao ano. E, ainda, poderia ser aquele que não resistira até o fim, aquele que preferira abdicar de suas responsabilidades antes do final da luta. Era um cenário com consequências históricas, políticas e pessoais desfavoráveis.

A opção de permanecer no governo não era menos difícil. Seriam três meses incertos os que nos esperavam. Era preciso concluir o trabalho de fincar as raízes da democracia, sem deixar qualquer espaço para golpes ou conturbações populares. Ela era fundamental para o futuro do país. Sarney e os ministros presentes não podiam visualizar como seria um governo Collor ou Lula, os dois candidatos que disputariam o segundo turno das eleições presidenciais dali a oito dias. As incógnitas eram muitas.

O conflito de vozes na minha cabeça — minhas e dos outros — era tão extenuante que formava impossíveis curvas no tempo e no espaço e acabou por me transportar a outra época, outro lugar, muito longe dali, na Paraíba, quando meu maior sonho era estudar. Aos 17 anos de idade também enfrentei uma situação que exigia soluções extremadas e em que o fantasma da renúncia estava presente. Era a maior crise que eu conhecera até então: para evitar o colapso financeiro da família, deveria abandonar o colégio e renunciar aos sonhos de me tornar engenheiro.

Como é que caminhei até esta dramática reunião de tantos ministros com a autoridade máxima do país? Como um menino pobre do interior da Paraíba, que começara como descastanhador de caju, pôde chegar a propor ao presidente que ele renunciasse — e ser levado a sério? Antes disso, como chegou à posição de negociar acordos com o Fundo Monetário Internacional e a dívida externa com bancos credores, de contribuir para a definição da política econômica do país e para profundas e fundamentais alterações institucionais nas finanças do Brasil, que tornariam mais transparentes as contas públicas e transformariam o Banco Central em autoridade monetária autônoma?

Como foi mesmo que vim parar aqui?

PARTE 1 MAÍTO
Origens
(1942-1963)

CAPÍTULO I # Infância em Cruz do Espírito Santo (1942-1954)

TERRA DOS SEM-FIM

Um pedacinho de terra cercado de cana-de-açúcar por todos os lados. Cruz do Espírito Santo, na Zona da Mata paraibana, fica entre dezenas de quilômetros de canaviais, uma réstia de mata atlântica e o Paraíba, um rio por vezes seco e indolente, outras caudaloso e atroz. Era tudo o que se podia avistar do ponto mais alto da cidade, a torre da Igreja do Divino Espírito Santo, ao redor da qual se reuniam os menos de dois mil habitantes da localidade, uma pequena parte deles concentrada nas poucas dezenas de casas no centro, divididas em duas ruas, três até 1947, quando o Paraíba arrebatou uma delas.

Vinte quilômetros do rio ligavam as duas usinas de açúcar entre as quais ficava a cidade, a Usina Santa Helena e a Usina São João, ambas da família do doutor Renato Ribeiro Coutinho, líder empresarial e político paternalista de toda a Zona da Mata paraibana, onde exercia o papel do Estado, ausente, no bem-estar social.

Do fim do século XVI até o início do século XX, as terras às margens dos rios da região eram todas destinadas ao plantio de cana e salpicadas de engenhos de açúcar tão bem retratados pelo escritor paraibano José Lins do Rego, ele próprio menino de engenho. Aliás, nasceu por ali, entre moendas, tração animal e trabalhadores rurais, que, após prestarem serviço ao patrão, dedicavam-se a seus roçados nos pequenos pedaços de terra sobre os quais tinham direito de uso para produzir parte de sua subsistência. Só muito longe dali fazendas produziam algo além de cana, rapadura e açúcar depois das décadas de 1920 e 1930, quando as grandes usinas gradualmente tomaram o lugar dos engenhos, cujos donos, já arruinados financeiramente pela concorrência, os vendiam a preço de caldo de cana.

Foi ainda na época mais doce dos engenhos que a cidade começou a ser construída, ao redor de uma cruz de madeira que o rio abandonara por ali depois de uma enchente, junto a destroços de outras vidas. Dizem que foi em 1789, ano da Revolução Francesa e da Inconfidência Mineira, vinte anos depois da expulsão dos jesuítas do Brasil e de Portugal pelo marquês de Pombal e da decretação do fim das capitanias hereditárias desta colônia portuguesa. Hoje, na praça em frente à igreja, esta cruz representa dois marcos da cidade: o centro e o limite do que as águas arrebataram. A enchente mais impiedosa lavou o chão da catedral antes de começar a recuar.

RAÍZES PARAIBANAS

As casas dos antigos senhores dos engenhos foram transformadas em sedes administrativas das usinas, de onde se controlava os trabalhadores do eito dos canaviais, com seus pequenos lotes de terra. Estes *moradores*, como são chamados, constituíram as pequenas comunidades ao redor das capelas.

Toda a Zona da Mata nordestina funcionava mais ou menos desta maneira, inclusive na pernambucana Itambé, na fronteira entre Paraíba e Pernambuco, onde meu avô paterno, Vicente Ferreira da Nóbrega, era *morador*, bem diferente dos atuais boias-frias, os trabalhadores rurais que não moram na propriedade e são pagos por dia. Eles nem existiam na região. Um dia, Seu Vicente conheceu uma moça com um nome bonito, comprido, incomum por lá: Júlia Maria da Câmara Cunha, que costurava para trabalhadores da fazenda em que eles viveriam até o final de suas vidas. Vicente e Júlia tiveram só quatro filhos. O "só" pode parecer provocação, mas era considerado muito pouco. A expressão bíblica "crescei e multiplicai-vos", tão repetida nos sermões, costumava ser levada ao pé da letra e aos pés da cama. Ter poucos filhos era uma assombração de dar medo. Quem cuidaria dos pais na velhice?

Também devia assombrar meu avô pensar que seus rebentos permaneceriam na roça. Cismou que eles cultivariam outras profissões. Meu pai,

Wilson Ferreira da Nóbrega, que, como era costume por lá, não recebeu nenhum sobrenome materno, aprendeu com a mãe a "arte de alfaiate", como ele dizia, e, em 1939, aos 17 anos, mudou-se para a sede do município de Itambé para tentar a profissão. Logo foi a João Pessoa disputar a vaga de alfaiate da Polícia Militar de que falara seu tio Urbano, que morava em Espírito Santo, a 24 quilômetros da capital paraibana. Enquanto esperava o resultado, na casa do tio, conheceu minha mãe. Desistiu do emprego na cidade grande e da noiva que havia deixado em Itambé e passou a morar no modesto município que passaria a ser a terra da família.

Mamãe também não era de lá. Maria José Pereira, depois Pereira da Nóbrega, nasceu em Belém, um distrito de Pirpirituba, no brejo paraibano. Seus pais, Maria Josefa e Anísio Pereira, tiveram 18 filhos, dos quais oito sobreviveram. Seu Anísio era carpinteiro, especializado em construção de galpões, de telhados e de engrenagens de casas de farinha e de moendas de cana, movidas a tração animal. Um dia foi contratado por um engenho de Espírito Santo, onde ainda se produzia muita farinha de mandioca, e passou a ser bastante requisitado, o que era cada vez menos comum por aquelas bandas. Até o juiz, dr. Lourival Lacerda, que depois de morto cederia seu nome à praça da cruz, o contratou. E ele foi ficando, até que decidiu trazer para a cidade toda a família, menos os dois filhos mais velhos, já desgarrados.

OS FERREIRA DA NÓBREGA

Maria José e Wilson se casaram em 1941, no mês de Santana. Lá, julho é mês de Santana, junho, de São João; março, de São José; e maio é mês de Maria, quando se vai à igreja todos os dias. Há também inúmeros dias de santos, um deles especialmente importante no sertão nordestino, o dia de São José, 19 de março. Dizem que, se não chover até esta data, virá uma seca.

Mas a seca não afetava Espírito Santo. Por ali, o problema eram as enchentes. E mesmo com elas, a vida acontecia. Acontecia e pronto. Muitas vidas, no caso da família Nóbrega. Até meus 17 anos mamãe estava sempre grávida ou amamentando um bebê — normalmente as duas coisas. Ela teve nove filhos depois de mim, o primogênito.

Irrompi no final da noite de 14 de maio de 1942. Filho de Maria e Wilson, escolheram Maílson: *Ma* da mãe, *ilson* do pai, o que é absolutamente comum no Nordeste. Misturam nomes, inspiram-se em filmes, jogadores de futebol e músicas, para que os nomes dos filhos sejam diferentes, originais. Chique mesmo é ter o nome inventado, o que às vezes fica esquisito. No meu caso, ficou parecendo nome comum. No meu tempo de quartel, um oficial me diria que tenho nome inglês. O significado: "filho do correio". Há também nomes que homenageiam. Muitos Maílson existem hoje na Paraíba e no Brasil, e até mais sofisticados, com Y. Há inclusive uma "Comunidade Mailson" no Orkut, site de relacionamento da internet.

A mesma mistura de Maria e Wilson deu origem ao nome da minha irmã Maílsa, que veio em seguida, em 1943. E todos os filhos seguintes receberam nomes iniciados com a letra M: Milton, Marisa, Marilene, Marizete, Marcos, Maria Madalena, Maurício e Milson.

Meus pais não perderam nenhum filho, ao menos até 2010. Isso era uma raridade no Nordeste pobre. Principalmente em cidades sem médicos ou hospitais, como Espírito Santo, onde os nascimentos eram conduzidos por parteiras. Lembro de inúmeros "enterros de anjos", como são chamados os funerais de crianças, com os corpos em caixõezinhos com mortalhas azuis e flores da mesma cor. Por causa da alta mortalidade infantil, tenho dois tios com exatamente o mesmo nome. Achavam que José Anísio morreria quando criança e, quando nasceu outro menino, batizaram como o primeiro. Ambos sobreviveram, chamados Zeca e Zuca.

VIDAS MOLHADAS

As imagens mais divulgadas do Nordeste, especialmente nas artes, remetem aos engenhos, ao sertão, às vidas secas que tantos grandes autores abordaram em todo o século passado: Graciliano Ramos, José Américo, José Lins do Rego, Euclides da Cunha, Rachel de Queiroz, João Cabral de Melo Neto... Não é sem razão. Mas na faixa litorânea, a Zona da Mata, o problema é bem outro: água demais. As enchentes devastam cidades inteiras e sempre foram a desgraça mais destruidora dos municípios à beira do rio Paraíba, em especial de março a junho, a época das chuvas, que chamam lá de inverno, embora neste período as temperaturas raramente fiquem abaixo dos 22 graus.

A enchente de 1947 é minha lembrança mais antiga. Eu tinha cinco anos, três irmãos e meio: Maílsa, Milton, Marisa e Marilene, escondida na barriga de mamãe. Nós, meus pais, meus avós maternos e grande parte dos habitantes da cidade, caminhamos seis quilômetros na lama até o distrito de Cobé para chegar ao caminhão que nos levaria a Sapé, a 19 quilômetros, a cidade mais próxima dali que não estava às margens do

Paraíba e onde passamos a morar. No caminho, minha avó foi levada pela correnteza e Maílsa se perdeu. Aliás, todos perderam muita coisa. Mas vou contar do começo.

AUTO DO ESPÍRITO SANTO

No inverno, as águas eram monitoradas constantemente. Quando o rio subia rápido demais, as cidades avisavam umas às outras através dos telégrafos das agências dos Correios. Sabíamos com um ou dois dias de antecedência que deveria haver enchente. Quando a ameaça se tornava mais próxima, era acionado um búzio, cujo barulho lânguido, decorrente do sopro em seu bocal, nos alarmava. Como não era possível saber exatamente quando a enchente chegaria, a altura do rio era medida incessantemente de um barracão à margem das águas, onde ficava também a mercearia com o búzio, perto de nossa casa. Um voluntário fazia as vezes de sentinela neste posto de observação, com um sistema muito rudimentar de monitoramento, mas que funcionava: à beira do rio era colocada uma vareta. Se a altura da água variasse muito rapidamente, era sinal de que chovera demais na cabeceira. E deveria ser dado o búzio. Então as pessoas iam para as ruas, avaliar os riscos e, se fosse o caso, prepararem-se para evacuar a cidade.

Esta enchente de 1947 foi muito mais violenta do que se imaginou e tudo foi inundado muito mais rapidamente. Naquela noite, estávamos em casa quando ouvimos o búzio avisando que ela chegava. Meu pai levantou da sua mesa de costura, na sala, onde montara sua oficina de alfaiataria, e foi para o quintal, com a fita métrica sobre os ombros, como costumava usar. A água já invadia o terreno e deveríamos nos preparar para ir para a igreja, que, como em qualquer cidade pequena, funcionava como uma central para quaisquer assuntos da comunidade. Ninguém imaginou que as águas fariam tamanho estrago. Iríamos apenas rezar juntos, esperando diluir a fúria do Paraíba. Calmamente, papai guardou a fita métrica, calçou suas alpercatas e pegou algum dinheiro, que era todo guardado em casa. Mamãe juntou as crianças, uma muda de roupa de cada um, dois ou três panos de fralda, comida que tinha sobrado da ceia. Deixaram todo o resto.

Como não chovia, caminhamos tranquilamente até lá. As pessoas se amontoavam no pátio da igreja e na praça em frente. Mamãe estendeu um lençol no chão, onde deixou os pequenos, e eu fui brincar. Entre missa e cânticos, adultos conversavam e crianças corriam. Nestes alertas, relativamente comuns, na igreja se realizava missa e se cantava ao som de um cravo, que silenciava para qualquer informação importante. As notícias da madrugada contavam que o gerador de eletricidade, que funcionava das seis da tarde às dez da noite, ficaria ligado madrugada adentro e que, na manhã seguinte, todos seriam levados de caminhão a Sapé.

Ali pelas duas ou três da manhã, a luz se apagou, gerando pânico. O rio carregara a casa de força e toda aquela região da cidade, o que ainda não sabíamos. Como em qualquer emergência dessas, ainda mais gente foi à igreja, que já ficava cheia demais. Talvez umas quinhentas pessoas se amontoassem por ali. Falava-se mal do prefeito, se discutia como evacuar a cidade e alimentar todos. O padre conseguiu manter todos calmos e logo havia gente dormindo, nos bancos e no chão da igreja.

Quando amanheceu, o nível do rio tinha baixado um pouco, deixando a cidade enlameada. Algumas ruas haviam se transformado em riachos e a água ainda chegava quase até a porta da igreja, que em toda a história da cidade só teve seu chão lavado pelo rio uma única vez, na enchente que ocorreria em 1984, a mais violenta de que se teria notícia e que tomaria a casa em que passei a infância, como fez naquele ano com uma rua inteira. A água rói a terra debaixo da construção para tomá-la inteira. Algumas vezes era assim, íntegra, que a casa rodava e era levada.

Logo cedo já havia equipes de evacuação, com uma meia dúzia de canoas, que nos transportaram para os fundos da padaria, onde havia pão e leite em pó para os flagelados.

Novamente de canoa, fomos conduzidos a um lugar um pouco mais alto, de onde caminhões transportariam a população a Sapé. A estrada estava intransitável, mas a canoa nos deixou ali mesmo, com outras famílias. Atravessamos a rua-riacho até um ponto mais elevado, nos movendo em meio à água barrenta que molhava até minha coxa. No ponto em que a vó Josefa atravessou, a correnteza era tão forte que os dois homens que a carregavam a deixaram escapar e ela foi arrebatada pelas águas. Achamos que morreria, mas ela logo foi resgatada.

Não havia terra firme. Entre água e lama, caminhamos até a ponte da estrada que levava a Cobé, onde permanecemos por horas, esperando o rio baixar. Isso começou a acontecer depois do almoço, quando todos decidiram andar até Cobé, perto de Entroncamento, uma estação de trem a seis quilômetros do centro da cidade, onde imaginamos que ainda circulassem caminhões.

Íamos todos juntos pela estrada lamacenta, margeando o rio então caudaloso: meus avós maternos, eu e Maílsa agarrados nas mãos de meu pai, minha mãe carregando Marisa e as roupas das crianças, Milton no colo de Maria U, nossa mãe preta. Era muita lama, muita gente, muita criança, muita coisa para carregar. Em dado momento, Maílsa se desgarrou e se perdeu entre a multidão. Não sei por que cargas-d'água achamos que podia ter caído no rio. Nós nos desesperamos. Meu pai a procurou por um bom tempo antes de a ouvirmos gritando por mamãe, sendo trazida por uma vizinha.

Caminhamos durante umas três horas. Já era noite quando chegamos a Cobé, onde vários caminhões aguardavam os flagelados. Amontoados num deles, fomos levados a Sapé, onde passamos a morar. Papai mandou buscar os móveis e as máquinas de costura e montou lá sua alfaiataria, que chegou a ter nove funcionários. Como a grande clientela dele era da nossa cidade natal, dominicalmente, nos dias de feira, papai ia tirar medidas e entregar encomendas em Espírito Santo, na época Maguari.

MAGUARI DE GETÚLIO

Quando nasci, o nome da cidade era só Espírito Santo, alterado um ano depois, na onda nacionalista de rebatizar cidades com nomes indígenas lançada por Getúlio Vargas no início da década de 1940. Depois desta enchente, os maguarienses, hoje novamente espírito-santenses, acharam que haviam sido amaldiçoados por rechaçar o nome divino das suas certidões de nascimento, já que muitas cheias assolaram a cidade entre um Espírito Santo e outro. Ainda em 1947, alguém deu um basta, provavelmente o padre, e fez-se um movimento para resgatar o nome e a cristandade do município tão recorrentemente batizado pelas águas. Como havia outros municípios brasileiros com a mesma denominação, preferiram acrescentar a cruz no nome. Há quem diga que teria sido o próprio Espírito Santo quem deixou, na lama que o rio esqueceu, a cruz que até hoje adorna a praça.

SANGUE INDÍGENA

Para os indígenas da região, tabajaras, essas mudanças não fizeram diferença alguma. Nem para mim, que, aliás, devo ter sangue indígena. Digo devo por conta de algumas características físicas da família. Isso é suficiente por lá. Assim como não se pensa ou se fala no futuro, o mesmo acontece com o passado. A árvore genealógica se limita a quem está vivo ou se conheceu. Para trás dos meus avós ninguém sabe. Em *Casa-Grande e senzala*, Gilberto Freire escreveu que é muito complicada essa história de procurar sua árvore genealógica no Brasil, porque você pode se dar conta de que ela termina atrás de uma bananeira. Não sei se tem bananeira no meu histórico familiar... mas índio tem.

Tem também sangue europeu, porque, além de traços indígenas, três de meus irmãos, meu quarto filho, Juliano, e muitos sobrinhos são *galegos*, como chamam por lá loiros de olhos claros, vestígios das invasões holandesas do século XVII.

A CRUZ DO ESPÍRITO SANTO

No final do ano, cansado de transitar entre os distritos, papai convenceu mamãe de que o perigo tinha passado e voltamos para nossa antiga casa. Sapé era uma cidade maior, mas não nos sentíamos bem lá. Praticamente não fizemos novos amigos. Espírito Santo era pequenina, mas era a minha cidade. Foi-se uma, mas ainda tinha duas ruas, a mais longa com quase um quilômetro de extensão. Em quinhentos metros da via principal, se concentravam a igreja, a praça, a prefeitura, o local da feira livre semanal, a escola, o cinema, a mercearia, o clube, a casa da minha família... e eu podia brincar logo além do quintal, no Paraíba, nosso anjo e demônio, que além de cruzes e trombas d'água trazia fertilidade aos campos, alegria às crianças e raros pitus e piabas. Na maior parte do ano ele serpenteava mansamente, lavava nossas roupas e diluía nossos sonhos e dores.

A casa em que nasci ficava bem na curva do rio, além do limite do território considerado sacro pela população local — antes da cruz — e seria levada na última enchente que assolou a cidade, em 1984, antes do término da construção do dique que passaria a proteger o município da fúria do Paraíba. Mas a família já estaria morando do outro lado da fronteira das cheias, quatro metros além da cruz. Eu já contaria com 42 anos e moraria em Brasília, trabalhando como secretário-geral do Ministério da Fazenda. Um dos meus assessores descobriria um programa federal de ajuda a cidades vítimas de intempéries como cheias e recomendaria assistência a Cruz do Espírito Santo. Depois do dique, nenhuma outra vez o Paraíba lavaria a cidade.

Dizem que tragédias têm o poder de despertar a solidariedade e unir as pessoas Não tenho certeza. Mas quando eu era criança e as enchentes ainda eram recorrentes por ali, todos cuidavam de todos, como fazem os indígenas. Não que houvesse muito que pudesse acontecer. Não existia por lá sequestro, assalto e os fantasmas que afligem as metrópoles atualmente. Praticamente os únicos veículos que circulavam pela cidade eram caminhões que transportavam cargas e os ônibus que passavam pela manhã rumo a João Pessoa e voltavam à tarde, no retorno a Sapé, Guarabira, Rio Tinto e outras cidades das redondezas. Às segundas-feiras, também havia o caminhão da loja do seu José da Cunha, o homem mais rico da cidade, que vendia quase de tudo, de tecidos a pregos, de alimentos a querosene, de pão quentinho a aviamentos de costura.

Ninguém trancava o portão, as portas não eram nem encostadas e era natural que todos entrassem nas casas dos vizinhos, como se fossem extensões das calçadas. Antes do rádio, o mais excitante entretenimento de adultos e crianças no fim da tarde era ir à igreja para a oração vespertina, depois passear na praça de pouco mais de dez metros de extensão ou colocar cadeiras nas calçadas ao seu redor e assistir ao movimento, jogando fora conversa e calor.

ERA DO RÁDIO

Quando voltamos a Cruz do Espírito Santo, a cidade passou a ter outro programa principal. Meu pai, talvez para distrair o tédio que vivia rondando nossa vida em Sapé, comprou um rádio Philips, movido a bateria semelhante à de automóveis, carregada entre seis e dez da noite, quando a força funcionava. Eu adorava ver seu Agenor Cunha, o operador do novo gerador, acender um chumaço de papel, o *charuto*, introduzi-lo em alguma reentrância do equipamento e girar manualmente a correia para a máquina *pegar*. A luz chegava então à nossa casa, que ficava ainda mais cheia: além dos meus pais e irmãos, de Maria U e dos funcionários da alfaiataria, sempre tinha uma *penca* de gente para ouvir o rádio — ou, na falta dele, mamãe tocando no violão as modinhas da época, eternizadas por Chico Alves, Orlando Silva, Marlene, Dircinha Batista, Elizeth Cardoso, Nelson Gonçalves, Ataulfo Alves, Emilinha Borba... De Luiz Gonzaga, gostava só de "Asa-branca". E não cantava "Paraíba masculina, mulher macho, sim senhor".

Com ou sem música, todos entravam e saíam quando queriam. Mas, nos programas mais importantes, como os jogos da Copa de 1950, as finais do campeonato carioca e os capítulos finais da novela *Direito de nascer*, da Rádio Nacional, papai botava o aparelho na janela e as pessoas colocavam, na praça e na calçada, bancos e cadeiras de balanço.

A rádio trazia também a *Hora do Brasil*, instituída por Getúlio no Estado Novo (1930-1945), depois *Voz do Brasil*. Vez por outra, transmitia também notícias, que só escutávamos enquanto não começava a novela. Não lembro de ter ouvido sobre a presidência de Dutra (1946-1950) ou de Getúlio de volta ao poder (1951-1954). Nem mesmo da campanha "O petróleo é nosso", da criação da Petrobras, em 1953, ou do BNDE, em 1952. Lembro somente de dois acontecimentos políticos: a eleição de José Américo de Almeida para governador do estado e, na manhã de 25 de agosto de 1954, do suicídio de Getúlio, na madrugada. Não houve aula.

Quanto à Segunda Guerra, ela não foi mundial. Pelo menos não fez parte do meu mundo. Não existiu ali Segunda Guerra (1939-1945), FMI (1944), ONU (1945), Plano Marshall (1947), Cortina de Ferro (1949) ou Otan (1949). Nem apartheid (1947), independência da Índia (1947), criação do Paquistão (1947) e de Israel (1949) ou Revolução Chinesa (1949). Ouvi alguma coisa sobre a Guerra da Coreia (1950 a 1953), sem saber o que Estados Unidos e União Soviética poderiam ter um contra o outro ou por que diabos brigavam entre si em terra que não era de nenhum dos dois.

Comunismo, para mim, era realmente uma abominação, mesmo sem saber do que se tratava. Meus pais acharam bom que o Partido Comunista Brasileiro tivesse sido colocado na ilegalidade em 1947. Judeu, devia ser uma monstruosidade maior que o Holocausto. Seu Vicente Cunha, o agente local do IBGE (tinha isso em pequenas cidades!), que me ensinou que a palavra judiar vem de judeu, falava mal deles. A raiva maior era terem matado Jesus. Na época eu também não fazia ideia de que Jesus era judeu. Só fui conhecer um depois de 1968, no Rio de Janeiro.

CLASSE MÉDIA ALTA ESPÍRITO-SANTENSE

A minha foi a segunda casa a ter rádio em Cruz do Espírito Santo, depois da família de José da Cunha. Eles eram os ricos da cidade, assim como os funcionários públicos: dos Correios, do Juizado, da agência do IBGE e das duas coletorias de impostos, estaduais e federais. Nós seríamos a classe média alta. Até então todas as roupas eram feitas por alfaiates, das camisas aos paletós e vestidos femininos, o que garantia uma clientela bem grande ao meu pai, conhecido como seu Ia. De seu Wilson passou a ser seu Uía, depois só seu Ia. Chegou a ter quase vinte funcionários e era comum que virasse a noite trabalhando, fazendo os cortes das roupas para que seus *oficiais*, como os chamávamos, costurassem. Principalmente em períodos pré-eleitorais, quando confeccionavam os ternos que os candidatos do doutor Renato distribuíam a eleitores. Por aquela época, uma lei eleitoral proibiu esses presentes, o que não diminuiu o costume de votar nos candidatos indicados pelos coronéis.

O coronelismo era natural, completamente compreensível para quem vivia aquela realidade. A pobreza criava um cenário propício ao paternalismo. O doutor Renato ouvia os problemas de cada um e se esforçava em resolver, fosse conseguindo um emprego, consertando um veículo ou oferecendo tratamento médico. Fez tudo isso pela minha família e para muitas outras. Claro que votaríamos no candidato que indicasse, sempre da UDN, o partido que ele imaginava ser o defensor dos interesses dos usineiros. Eu achava inadmissível que alguém escolhesse outro. A vida de todos na região dependia das usinas.

A CASA DA FAMÍLIA

Entre minha infância e adolescência meus pais moraram em três casas da cidade, sempre a pouquíssimos metros da igreja e cheias de gente. Meu pai montou a alfaiataria na sala e, além dos funcionários dele, tinha a criançada, cada vez mais numerosa: Maíto, Maíta, Mituca, Lica, Lene, Izete, Marcos, Madá, Maurício e Milson, como nos chamamos.

Meus pais dormiam num dos quartos e todos nós no outro, num grande leito coletivo formado de tantas camas quantas coubessem, umas cinco. Cada um tinha seu cantinho, inclusive Maria U, que dormia conosco, já ali pelas nove, antes de o gerador ser desligado. E todos acordávamos pelas cinco, hábito que cultivo até hoje.

A cozinha era imensa, bem maior que os quartos, assim como o quintal, onde ficava o banheiro. Era um quartinho com um tanque de cimento e um vaso sanitário que dava direto na fossa. Para a higiene, pedaços de papel de embrulho cortados e pendurados num arame. Ali nos fundos ficava também a cacimba, de onde retirávamos água para tomar banho, que era armazenada no tanque. Em vez de baldes, usávamos latas de vinte litros, que comprávamos cheias de querosene da loja de seu José da Cunha.

A água da cacimba não era boa para beber ou cozinhar. Então íamos, eu, Mituca e Maria U, buscar água na *levada*, um canal de irrigação dos canaviais do outro lado do rio, que cruzávamos a pé na maior parte do ano. Num cabo de madeira carregado nos ombros, Mituca e eu carregávamos duas latas de vinte litros. Maria U levava outra na cabeça, bem ao jeito da música que a garota do rádio Marlene passou a cantar em 1952: "Lata d'água na cabeça/ Lá vai Maria/ Lá vai Maria/ Sobe o morro e não se cansa/ Pela mão leva criança/ Lá vai Maria."

No inverno, quando só era possível cruzar o rio de canoa ou a nado, mamãe comprava água do seu Chico Roliço, que odiava o apelido. O *butador d'água* e seu *burrico* faziam várias viagens por dia, até a bica do Engenho São Paulo, quatro quilômetros dali. E sobrava energia para correr atrás das crianças que gritassem a alcunha. Quando pegava, dava *uma* tapa ou até uma pisa, como a surra se apelida por lá.

MARIA U

Maria U chegou à nossa casa 15 dias depois de Mituca nascer. Aos 16 anos, abandonou sua família, na zona rural, para se tornar mãe e pai de muitos, nenhum do seu sangue. Veio para cuidar especialmente do Mituca, o terceiro filho da mamãe, mas o primeiro e mais querido dela até muitos anos depois, quando assumiu uma nova preferência, Marcos, o sétimo. Cuidou também de muitos dos trinta netos de dona Maria José.

Com ela lá, mamãe podia se dedicar mais à costura das camisas e vestidos, enquanto papai cortava os ternos. Além de fazer compras, cozinhar, levar lata d'água na cabeça, limpar e arrumar, era Maria U quem nos controlava, educava e confortava. Perguntávamos a ela se podíamos fazer qualquer coisa, desde lavar a cabeça a tomar banho no rio. Era ela, também, quem nos dava lições de moral e ensinava minhas irmãs como lidar com a menstruação — ou *misturação*, como diziam. Além disso, tinha carta branca para nos puxar a orelha e dar palmadas. Lembro ainda de como me chamava quando aprontava: menino *sem-vergonho*. Ou *maluvido*, quando teimava.

Maria U faleceria em 1986 devido a complicações do diabetes, doença que ela escondeu de todos nós até quando não pôde mais, por receio de nos preocupar. A discrição teve consequências terríveis para sua saúde. Ela teve de ser internada no hospital onde ficou durante semanas antes de morrer. Eu morava em Londres à época, como diretor-executivo do European Brazilian Bank, o Eurobraz, e não pude visitá-la. Mas gente não faltou para a vigília: meus irmãos, sobrinhos, outros familiares e muitos amigos.

Ela era tão querida que seu leito era o mais concorrido nos horários de visita. Havia plantão e faziam fila para vê-la e o tempo todo pessoas da família choravam e oravam naquela casa de saúde. Além de simplesmente U, a maioria ali a chamava de mãe, o que despertou a curiosidade de muitas freiras. Uma delas abordou minha irmã Marilene, minha irmã *galega*. No princípio discretamente, depois mais incisivamente, perguntaram como poderia aquela negra ser mãe de tanta gente, todos claros. Mas era.

A CHIBATA DE MAMÃE

Era bom mesmo que obedecêssemos a Maria U e aprendêssemos com ela. Se mamãe soubesse que um dos filhos aprontava ou não a obedecia, ela mesma daria a *pisa*. Insistia que Maria U não fosse tão tolerante conosco, que puxasse mais as orelhas e nos desse palmadas. Mas Maria U nos batia muito fraquinho. Quando passávamos do limite, do ponto de vista de mamãe, era ela mesma quem aplicava o castigo. Apanhei dela uma ou duas vezes na vida, mas de *chinela*, antes da sua terrível chibata. Ninguém lembra exatamente quando foi, mas um dia ela se zangou tanto com algum de nós que confeccionou ela mesma uma chibata com o couro que retirou de uma sela de montaria. Tinha uns trinta centímetros de comprimento e uns dois de largura, além de uma alça que envolvia o pulso, deixando-a mais firme. A marca perdurava semanas.

Até hoje ela diz que não lhe dei trabalho, assim como Maíta. Mas Mituca, o terceiro, e sobretudo Marilene, a quinta, compensaram a tranquilidade inicial. Além disso, na época, as tensões da sua vida eram muito maiores e a paciência, bem menor. Tinha vários filhos para criar, muita costura para fazer e rendimentos sempre decrescentes, em face do desenvolvimento da indústria de confecções, na esteira dos planos de desenvolvimento da Sudene, criada em 1958.

EDUCADO A PALMATÓRIA

Mamãe desejava que nossa vida fosse melhor que a dela e a de papai, semianalfabetos, e compreendia a importância de estudarmos. Por isso, entre os seis e os 12 anos de idade, além de frequentar o *grupo escolar*, eu também tinha aulas particulares de todas as matérias, todos os dias, assim como Mituca e Maíta, que estudava também, embora a educação para mulheres fosse considerada um capricho pouco útil.

Nossa professora, dona Inês Cunha, adotava um método educacional que mamãe aprovava, a palmatória. Mas não era ela quem batia, eram os alunos. Diariamente, nos colocava em círculo e fazia o *argumento*, como chamava as provas orais. Nos de matemática, por exemplo, cobrava a tabuada. Se um aluno não respondesse corretamente, o seguinte adquiria o direito de dar a resposta. Se acertasse, ganhava a palmatória para bater na mão espalmada do colega que havia falhado. A força dependia de quem fosse o infeliz. José Eduardo, filho de seu José da Cunha, não costumava ser perdoado. Dona Inês me lembrou recentemente que eu costumava chamar a arma de "meu pão": batia muito mais que apanhava.

MENINO DE DEUS

Mamãe e vovó frequentavam todas as noites a igreja. Eu ia também, mesmo porque ali e na praça em frente era onde as pessoas se encontravam, passeavam, conversavam, namoravam. E as crianças brincavam. Em casa, não tinha muito o que fazer, sem TV ou brinquedo tão interessante.

Ia tanto à igreja que, aos dez anos, me pareceu natural me tornar coroinha, ou acólito, como chamávamos. Era uma oportunidade de me exibir para as meninas e ficar em evidência na cidade. E uma diversão também. Adorava o turíbulo, usado nas missas solenes. Nessas ocasiões, ficava de joelhos e incensava o santo enquanto o padre fazia a oferenda. Vez por outra tomava uma puxada de orelha por rodar o incensário, o que eu considerava uma façanha: não deixava que as brasas caíssem. Vovó, devota de São Vicente, se orgulhava toda e fingiu que não viu quando bati o turíbulo na canela do padre.

Até hoje lembro das passagens em latim que eu deveria falar durante a missa. "Ad Deum qui laetificat juventutem meam", se não me engano. Não tinha a menor significação para mim. O padre nos dava uns trocados depois de eventos como batizados e casamentos, que eram pagos. Dizia que era para comprarmos *quibebes*. Minha vó traduzia o termo como um doce de *jerimum*, a nossa abóbora. Mas eu preferia dar outros destinos às moedas.

CARNE VERDE E VINHO DE JENIPAPO

Mamãe e papai trabalhavam o dia todo e as crianças nunca paravam em casa. Estudávamos de manhã e à tarde, e à noite íamos à igreja. E ainda tinham todas as brincadeiras nos intervalos. Os únicos momentos em que ficávamos juntos eram as refeições, em especial o lanche da tarde, hábito que a família preserva até hoje. Tinha pão quentinho, da loja do seu José da Cunha, café e, às vezes *ponche*, o suco de frutas, de caju, abacaxi, manga, laranja ou mangaba, colhida nas matas dos tabuleiros. Eram comuns, também, os *complementos* comprados dos ambulantes, que apregoavam com um cesto na cabeça e uma canção nos lábios: tapioquinha de coco, *doce americano* — em outras regiões chamado de quebra-queixo — e *roletes* de cana, umas rodelas de cana-caiana espetadas em varetas de bambu. No almoço, comíamos feijão com charque (ou carne-seca), arroz e jerimum, às vezes algum outro vegetal. A ceia era sopa de feijão com legumes, pão, às vezes fruta-pão, com manteiga.

Além do pão, na loja do seu José da Cunha também se comprava farinha, arroz, feijão, manteiga, querosene, botões, linhas. Os itens sofisticados, como sapatos fechados e colchões, eram comprados em João Pessoa. Mas todo o restante vinha da feira, aos domingos: frutas, verduras, alpercatas, bolo de macaxeira... Nunca deixávamos de comprar um pouco de *raiva*, um biscoito doce de polvilho que a família adora até hoje. E *carne verde*, a carne fresca. Não existia essa história de cortes. Era carne verde, com ou sem osso. Mamãe cozinhava um pouco e fazia dela rosbife, para durar a semana inteira, já que nem geladeira a gás existia na cidade. Eram abatidos um ou dois bois por fim de semana, para vender tudo.

Acreditava-se que a carne verde de vaca não podia ser comida com abacaxi ou manga, com risco de morte. Mas com charque e outros bichos, podia. Estes dependiam das ofertas dos vendedores ambulantes, que dividiam a carcaça em quatro partes e apregoavam pelas ruas o *quarto verde* de bode ou de porco. Também se podia encomendar os intestinos de bode para fazer buchada, apenas para ocasiões especialíssimas, como batizados. Mas chique mesmo era galinha, que não era criada em casa. Era trazida viva da feira e mamãe quebrava seu pescoço no quintal. E só comia galinha assada durante seu resguardo pós-parto. Em outras ocasiões muito especiais, como festas de Natal e ano-novo, bebiam guaraná Sanhauá. Meus pais tomavam licor de jenipapo ou maçaranduba, que mamãe curtia na cachaça com açúcar.

ÁGUA RABELO CURA TUDO

Nossa família era bastante saudável. Acreditávamos que isso se devia ao Biotônico Fontoura e à Água Rabelo, um cura-tudo que existe ainda hoje com seu segredo revelado pela obrigatoriedade da menção dos ingredientes: é feito de eucalipto, hortelã e aroeira. Os ferimentos eram cobertos com ela; para dores de dente e de cabeça, eram feitas compressas; e ingeríamos em caso de azia ou diarreia. Minha família toda, que vive na Paraíba, continua usando. Tive vidros de Água Rabelo durante muito tempo, até 1968, quando mudei para o Rio de Janeiro, já funcionário do Banco do Brasil. Não encontrei lá.

A Água Rabelo não servia para curar tudo. Para gripe ou tosse mamãe fazia um *lambedor*, um xarope de mastruz e outras ervas. Para dores mais amenas, também se tomava chá de seixo. É, feito com pedrinhas da rua. Mas nos casos mais graves, ou para tirar mau-olhado, mamãe nos levava a uma rezadeira, que nos benzia com um ramo de alguma erva ruminando palavras indecifráveis até que ele murchasse. Então podíamos ir. O mal tinha sido expurgado, segundo ela.

Em Cruz do Espírito Santo, morria-se "de velhice", "de uma dor" ou assassinato. Só. Depois de muitos anos surgiu uma quarta opção, "morrer de CA". Câncer era uma palavra proibida — ainda é em muitos lugares. Não havia SUS ou plano de saúde. Os hospitais eram pouquíssimos e só existiam nas grandes cidades. Em Cruz do Espírito Santo havia só um posto de saúde, normalmente sem médico. Mas tinha um dentista que ia à cidade aos sábados. Muito raramente fazia uma obturação, com uma máquina movida com pedal. Praticamente só extraía. *"Distraía o dente"*, como muitos falavam. Eu morria de medo e só ia quando o dente estava *podre*, condenado pelas cáries. Isso acontecia com uma certa frequência. Aos treze anos de idade, já não tinha nenhum dos dentes da frente e usava uma ponte móvel, que deixava num copo com água na hora de dormir.

A ponte móvel era um item de luxo. A maioria das pessoas não podia comprar. E nem se incomodava de exibir sorrisos com notas bemol de piano. Dona Francisca, a curandeira, não se *aperreava* para segurar a larga gargalhada que soltava quando incorporava espíritos em sua casa, nos rituais kardecistas de mesa branca de que participavam minha mãe e minha avó — e que uma vez assisti escondido. O padre, seguindo o cristianismo ao pé das letras sagradas, desaprovava completamente o contato com os mortos.

CANGACEIROS

Não vi muita gente morrer. Cruz do Espírito Santo era uma cidade bem tranquila, sem *arengueiros*. Mas existia bastante violência na zona rural, com disputas resolvidas a facas peixeiras. As armas de fogo eram raras, ostentadas apenas pela polícia, os *patriarcas* e os *administradores* — ou os cangaceiros. Esse era o maior medo. Nada de Lampião, que atuou nas décadas de 1920 e 1930 e não se teve notícia de que tivesse andado por ali. Os bandos eram outros, de Concris e de Zé de Tidinha. Quando *"cabra da peste tarra ca mulesta"*, saqueavam fazendas e engenhos e violavam mulheres.

Lembro quando um menino da minha idade, oito anos, filho de um *administrador* de umas sedes das usinas foi morto por uma bala perdida em um ataque do bando de Zé de Tidinha. Levaram o menino para o posto de saúde da cidade e não sei por que acabei assistindo à autópsia. Dias depois, mais sangue: a polícia se mobilizou para fazer justiça com as próprias armas. E fez. Metralharam Zé de Tidinha. E o exibiram na cidade, num porta-malas aberto em frente à prefeitura. Ficou horas ali, entre moscas e outros curiosos.

INFÂNCIA FELIZ

Estes episódios sanguinolentos foram exceções. Eu era uma criança leve e alegre, que brincava muito, jogava futebol, tomava banho no rio, fazia brinquedos e inventava muito o que fazer. Mesmo estudando de manhã e à tarde, e à noite indo para a igreja, dava tempo de tudo. Em cidades pequenas o tempo fica mais preguiçoso.

A não ser para as aulas ou as missas, costumava ficar descalço ou calçar um pé só nas alpercatas. Era comum. Até recentemente, achava que era para economizar: primeiro se usava o direito, por uns meses, depois o esquerdo, para que durasse mais. Existem até fotos, raras e caras na época, com eu e Mituca calçando um pé só, o mesmo. Depois, desconfiaria que era apenas um porque costumávamos ferir os pés. Hoje até as crianças mais humildes usam calçados, nem que seja um chinelo barato. Digo, dois chinelos. Mas, na época, eram caros demais. Tanto que os sapatos que papai nos comprava no final do ano tinham que durar até o Natal seguinte.

Sem eles jogávamos futebol e tomávamos banhos de rio, logo atrás de casa ou perto da mata atlântica onde colhíamos caju, maçaranduba ou mangaba, comendo uma parte embaixo das árvores e levando a outra para fazer *ponche* em casa. Vez por outra, tinha o mastruz, uma erva que serve para fazer chá, condimentar a comida e amassar no copo que levávamos ao alvorecer, lá pelas cinco, quando papai nos acordava para ir à vacaria tomar leite extraído na hora. De vez em quando, também ia até a biblioteca do grupo escolar e lia *Robson Crusoé, Simbad, o Marujo, Vinte mil léguas submarinas*. Só entendia que se quisesse deixar Espírito Santo se fosse para uma grande aventura dessas.

Também brincávamos de esconde-esconde, pega-pega, pula-sela, bolinha de gude, todas essas brincadeiras das crianças pré-videogame. Desde os seis anos eu fazia carrinhos de madeira na marcenaria do tio Luiz, irmão da mamãe. Lixava algumas peças para ele, que em troca me transmitia um pouco de suas habilidades, o que me permitia fazer carrinhos, com rodas feitas de carretéis de linha, da alfaiataria.

Mas minha brincadeira preferida era a *tauba*, um pedaço de madeira mais ou menos do tamanho de um skate, em que sentávamos. Então girávamos a manivela feita de arame grosso e deslizávamos. Até uns dez anos brinquei muito nessas tábuas.

MOLEQUE AVOADO

Foi por causa desta brincadeira que tomei a maior pisa da minha mãe, de chinela. Uma irmã dela, a tia Josefa, casada com um trabalhador da Great Western, estava doente, passando dificuldades, e meus pais decidiram lhe enviar dinheiro. Eu deveria entregar o envelope na passagem do trem pela estação que ficava a uns 500 metros, do outro lado do rio, depois da *levada*. O piso lisinho da plataforma era perfeito para andar na tábua. E fiquei ali, de um lado pro outro, enquanto o trem não chegava. Competia comigo mesmo, com adversários imaginários. O envelope deve ter derrapado em alguma curva, perdeu a corrida e nunca chegou ao seu destino. Quando me dei conta de que ele sumira, voltei para casa correndo. A preocupação era maior que o medo. Esbaforido ainda, contei a mamãe. Não deu nem tempo de retomar a respiração normal antes de apanhar.

Também foi a distração, que me era muito comum, que ocasionou a única grande pisa que tomei do papai. Aos 14 ou 15 anos, esqueci no ônibus o colchão que me mandou comprar em João Pessoa para um dos irmãos que nasceria naqueles dias. O comum na região eram colchões de palha, comprados na feira. Umedeciam rápido, enchiam de insetos, tinham que ser substituídos a cada seis meses, no máximo, especialmente porque o xixi na cama corroía a palha muito rapidamente — e era muita criança aprendendo a controlar a bexiga. Na maioria das casas, estes colchões eram colocados em camas simplíssimas, feitas por um marceneiro. Mas nossa família era bem de vida para aqueles padrões. Dormíamos em camas Patente, industrializadas, sofisticadas. E em colchões de espuma robusta, que só eram vendidos na capital.

Lá fui eu, achando que compraria o bom sono para meu irmãozinho. Demorava um dia inteiro. Fiz a viagem, comprei a mercadoria, prendi no bagageiro do ônibus, que era no teto, e papeei gostoso na viagem de volta. Cheguei em casa com a sensação de missão cumprida. Só notei que faltava algo quando papai perguntou. Apanhei de cinta dessa vez. Ficou difícil de dormir, menos pelas dores do que pela ansiedade. Levantei às quatro e meia, para esperar o ônibus passar de volta. Esperei na praça roendo as unhas. Mesmo com poucas esperanças, a tensão aumentava a cada minuto. E aquele ônibus não vinha nunca. Naquele dia passou quase às sete da manhã. O colchão estava lá, o que me fez marchar triunfante no retorno à casa.

Essas distrações me causariam diversos transtornos durante a vida, inclusive numa das viagens para as missões do Fundo Monetário Internacional (FMI) em Washington, em 1984. Carregava uma pasta estilo 007 cheia de documentos, além de cheque, dinheiro, essas coisas. Saímos do prédio do FMI e dividimos o carro do Banco do Brasil até o aeroporto. Ajudei José Arantes Savasini, um dos membros da missão e assessor do ministro do Planejamento, Delfim Netto, a colocar alguma coisa no porta-malas do carro do Sousinha, José Sousa Santos, representante do Banco do Brasil na capital americana, que nos levou ao aeroporto. Só dei falta da pasta quando cheguei no check-in. Eu a tinha deixado na calçada, em plena Rua 19! Nosso voo era dali a pouco, mas voltei. E lá estava ela! Quem viu deve ter achado que era uma armadilha da guarda. Ou uma bomba. Anos mais tarde, teria mobilizado os serviços de segurança.

MENINO ENXERIDO

Outro comportamento que me acompanhou por toda a vida foi querer aprender a fazer as coisas, que eram mais brincadeiras e diversões. Batia na porta e perguntava se podia ajudar. Ou ficava observando algo que me interessava, até descobrir como era feito. Foi assim com os carrinhos da marcenaria e depois com as máscaras usadas no Carnaval.

Eu tinha uns nove anos de idade quando descobri como eram feitas. Eu e Mituca fizemos uma máscara de barro massapê (que é mesmo amassado com os pés). Ele serviu de molde. Cobrimos com uns papéis de embalagens previamente deixados de molho, intercalados com *grude*, uma cola que preparávamos no fogo, com goma de mandioca. Esperamos secar e pintamos. Vendemos muitas até eu ter uns 14 anos.

Nosso empreendedorismo juvenil ia bem além desses adornos. Também foi assim com os roletes de cana e as comidas que nós dois fazíamos num fogareiro a álcool no quintal para vender pela rua, na feira, na porta do cinema, nos jogos de futebol: amendoim torrado salgado, castanha confeitada, pirulito de caramelo e sonhos, um doce que nós mesmos preparávamos.

PRIMEIRO EMPREGO

Eu tinha dez anos quando consegui meu primeiro emprego, de descastanhador de caju da Fábrica de Bebidas Santa Luzia, a única produtora de vinhos da cidade, do seu José Sobrinho, a poucos metros de casa. Mas no Nordeste os vinhos não são apenas de uva. Podem também ser de caju, jenipapo ou jurubeba.

Na safra do caju, no final do ano, a fábrica contratava muito trabalho temporário, informal, claro. E inclusive infantil. Não tinham chegado por lá as leis trabalhistas da Era Vargas, muito menos a CLT, de 1943. E não havia a percepção negativa que se tem hoje sobre crianças trabalhando. Era comum.

Todo ano, principalmente entre novembro e dezembro, já em férias escolares, eu descastanhava. O caju maduro era colocado numa gamela de mais de um metro de comprimento, feita de tronco de árvore. De um lado dela ficavam as crianças e, do outro, pregos com uma espécie de barbante, a *ponteira*. Enrolávamos o fio na base da castanha do caju e puxávamos. Depois passei a lavador de garrafa e a rotulador, colando os rótulos manualmente nas garrafas. Nada era mecanizado.

Não sei quanto ganhávamos, mas saía de lá cheio de castanhas e com uma nota de dinheiro, no sentido literal, o que eu achava muito. Deviam ser dez cruzeiros, que eu guardava para a festa do Natal, quando era montada uma quermesse na cidade.

FESTANÇAS DO INTERIOR PARAIBANO

Gastava o dinheiro suado em balas, castanhas confeitadas e *geladas* — suco com gelo raspado. E no carrossel, a grande novidade da época. Em vez de cavalinhos, sentávamos em bancos dispostos no círculo de madeira. A base do carrossel eram barras de madeira dispostas em forma de cruz, que dois ou quatro homens fortes empurravam, sincronizados, com quatro saltos por volta.

As festas de São João de lá também são muito diferentes das do sul do país, em que todos se fantasiam de caipiras. As pessoas vestiam suas melhores roupas de festa, o que também aumentava as encomendas da alfaiataria. E o consumo de bebidas. Era assim que conseguia dinheiro para a quermesse, muito semelhante à do Natal, mas com fogos, balão e mijões, uma espécie de foguete. Além, claro, da quadrilha, com comandos dados em francês. Ninguém indagava o que significavam... mas todos obedeciam.

Havia também a Lapinha, no mês que antecedia a Semana Santa, quando o salão do Espírito Santo Futebol Clube era todo enfeitado para a festa. As meninas eram divididas entre o cordão azul e o encarnado. No duelo, dançavam e cantavam, dizendo-se pastorinhas. Ganhava o grupo mais aplaudido.

A Lapinha era a única festa de que as meninas participavam ativamente. As outras eram praticamente só para os meninos, inclusive o Carnaval, minha festa preferida. Não perdi um entre meus oito e 14 anos de idade. Tínhamos até um bloco carnavalesco, o Marujos da Folia, organizado pelo seu Artur, o barbeiro, que também tocava violão e compôs nossa marchinha: "Nós somos Marujos da Folia/ É com muita alegria/ Que queremos brincar/ Não "enteressa" justificações/ Somos foliões e alegres vamos cantar/ Dançar e pular com "deplomacia"/ Aproveitar os três dias/ Esse é o nosso ideal/ Fazer desaparecer a tristeza/ Apreciar a beleza deste carnaval". Puxa!

Antes de a enchente de 1947 levar a rua de cima, eram mais comuns os folguedos e os paus de sebo, um mastro untado com banha de porco em que as pessoas tentavam subir misturando areia às mãos para não deslizar, e o *quebra-quebra*, ou *quebra-panela*, que no sul é chamado de *cabra-cega*.

Depois disso restaram apenas os clubes. Sim, a cidade não apenas tinha um clube. Tinha dois, o "de baixo" e "o de cima". Nós frequentávamos o "de baixo", já que nossos pais não gostavam que fôssemos ao "de cima", dizendo que era para pessoas mais humildes. Eles eram mesmo mais populares, com bumba meu boi e lapinha, que mamãe nos proibia de assistir, especialmente as meninas. Foram muitas chibatadas em Marilene, que teimava em ir lá e até ganhou o concurso de rumba, um desgosto para nossa matrona.

De vez em quando um circo se instalava na cidade. Não perdia um. Até me engracei com a trapezista, uma garota linda que não me deu a menor bola. Minha primeira desilusão amorosa. Mas minha paixão verdadeira era o circo todo e eu sempre dava um jeito de ir. Havia duas maneiras de entrar de graça: pulando a cerca, o que fiz algumas vezes, ou ajudando na divulgação. Algumas crianças eram selecionadas para gritar pela cidade, fazendo propaganda sobre o circo ao lado de palhaços, trapezistas ou malabaristas. Os escolhidos recebiam uma pintura no braço, o que nos impedia de tomar banho. Mas permitia assistir ao espetáculo. Fiz parte desse grupo muitas vezes.

PRAIA DA PENHA

Para as festas, o bacana era estar bem bronzeado. Então, nos dias que antecediam os grandes eventos da cidade, íamos à praia em João Pessoa, sem protetor solar, que nem existia. Era uma grande excursão, para umas cinquenta pessoas. Na noite anterior, mal dormíamos, tanta era a ansiedade com a aventura. Saíamos às quatro da manhã para chegar ao litoral antes do amanhecer. Pegávamos nossa sacola de farofa, carne-seca e pão dormido e nos metíamos todos nos caminhões alugados, nos acomodando nas tábuas feitas assentos, encaixadas entre as madeiras das grades do caminhão.

Queríamos ver o sol despontar do mar — e é bem ali que o sol aparece primeiro em toda a América Latina. O destino era sempre o mesmo: a Praia da Penha, naquela época uma das mais distantes de João Pessoa para nós. Por quase duas horas, comíamos poeira cantando felizes "Eu vou, eu vou, eu vou/ Pra Penha agora/ Pagar minha promessa/ Visitar Nossa Senhora". É que, quase à beira-mar, ficava a escadaria de quase duzentos degraus que culminava na capela de Nossa Senhora da Penha e que subíamos de joelhos, na esperança de que ela nos abençoasse. Paga a promessa, corríamos para duas barracas na praia, uma de aluguel de roupa de banho e outra de *cama de ar*, as câmaras de pneu de caminhão em que boiávamos no mar sempre tranquilo.

ZÉLIA, UMA PAIXÃO

O meu primeiro amor foi a Zélia, uma menina linda por quem me apaixonei quando tinha uns dez anos de idade. Minhas fantasias não iam muito além de segurar sua mão e um dia, quem sabe, dançar com ela no clube. Não aconteceu nem uma coisa nem outra. Não tinha coragem sequer de olhar para ela de frente. Assistia de longe o seu caminhar, sonhando que olharia para mim, viria em minha direção e me convidaria a andar ao seu lado.

Um dia em especial, já com uns 12 anos, tive esperanças de que viria falar comigo. Fui contratado para pintar o letreiro da fachada de uma loja, exatamente em frente à sua casa. Desenhei as letras bem vagarosamente. Não era só capricho. Do alto da escada, espreitava sua janela, esperando que admirasse dali minha eficiência. Fiquei mais de uma hora enrolando. Nada. Nem a cortina me deu bola. Já descia os degraus quando dona Inês Cunha, sua tia, tocou a campainha da casa de Zélia. A porta se abriu. Era ela quem saía! A escada balançou, mas tentei me manter firme, com o peito inflado. Nem virou o pescoço em minha direção.

O esforço todo não apenas não logrou nada como me fez passar vergonha. Dona Inês parou bem perto, olhando para cima. "Tá escrito errado." Eu havia escrito "conserta-se calçado". Corrigi, com o rosto num vermelho mais intenso do que a tinta: "conserta-se calçados". Mais vergonha. "Agora piorou, Maílson. Melhor você começar de novo." A vontade era fugir dali, me esconder dentro da loja, nunca mais ver Zélia, que nem me cumprimentou.

A paixão durou ainda alguns anos. Mesmo estudando em João Pessoa, ainda pensaria nela, sonhando uma dança no Clube Cabo Branco, o mais elegante da capital. Ela nunca soube. Nem mesmo Mituca ficou sabendo. Com as visitas a Cruz do Espírito Santo escasseando, empalideceria meu amor por ela. Até passar.

SONHOS ESPÍRITO-SANTENSES

O maior sonho dos espírito-santenses era se tornar funcionário público. Melhor ainda se fosse federal. É assim até hoje no Nordeste. Lembro, quando eu já trabalhava no Banco do Brasil, de uma sobrinha que ganhava menos de um salário mínimo trabalhando na prefeitura de João Pessoa. Perguntei para minha mãe por que ela não trabalhava numa loja, que lhe pagaria mais. A sugestão soou absurda, não apenas devido à estabilidade e aos benefícios, mas principalmente em função do status. No Nordeste, ascensão social, segurança financeira e emprego público estão atrelados.

Outro sonho comum por lá era migrar para o Rio de Janeiro. Lembro da construção de um pau de arara quando tinha uns seis ou oito anos de idade. Fomos até a praça nos despedir dos rapazes entre 16 e 18 anos que partiam carregando pouquíssimo além das sacolas de farinha e carne-seca. Entre as madeiras ao redor da carroceria do caminhão eram encaixadas as tábuas para que as pessoas pudessem sentar. Daí o nome pau de arara. Demorariam de oito a dez dias para chegar ao Rio, na esperança de logo arrumar emprego na construção civil, para depois, quem sabe, virar cobrador de ônibus ou porteiro de edifício, que era mais difícil. Alguns deles voltaram, ostentando dentes de ouro, camisas de seda, óculos Ray ban e sotaque carioca. Porque o bacana lá era falar com sotaque carioca.

ESTUDAR, UM SONHO IMPROVÁVEL

Não lembro de ter tido ambições profissionais quando criança. Era um assunto muito pouco recorrente. Tanto em família quanto com os amigos, nunca falávamos sobre expectativas, planos para o futuro, vida sentimental, nada além de amenidades.

Ninguém falava disso, nem eu, e não sei por que, em dado momento, botei na cabeça que queria estudar. Imagino que tenha me influenciado uma crença local, de que quem tem cabeça grande é inteligente. E tinha quem me chamasse de Cabeção. O seu Lídio, o agente e telegrafista dos Correios, preferia um eufemismo: me chamava de Rui Barbosa. Além disso, o padre gostava muito de mim, e sempre dizia que eu deveria estudar, tornar-me pároco. Então, resolvi ser seminarista. Provavelmente também por influência da minha avó materna, tão beata. Não lembro por que desisti. Talvez porque não poderia namorar. Ou porque meus irmãos mangavam de mim, o "padre cabeludo".

Ficou na cachola que queria estudar em João Pessoa. Acho que falei para minha mãe, que conversou com o meu pai, que aceitou a ideia. Na época, 1954, as escolas de Cruz do Espírito Santo ofereciam apenas curso primário, hoje ensino fundamental. Depois dele, as pessoas do meu grupo social paravam de estudar, como fizeram meus pais. Muito provavelmente teria acontecido comigo o que aconteceu com a maioria dos meus irmãos, parentes e amigos de lá: em determinado momento precisavam arrumar emprego e iam trabalhar na fábrica de bebidas do seu José Sobrinho, na loja do seu José da Cunha ou nas usinas do doutor Renato.

Só os filhos de famílias ricas iam para a escola na capital. Mas a minha família não era rica. E foi um escândalo eu querer estudar fora. Seu José da Cunha foi até em casa, conversar com o meu pai: "Você é louco! Tem essa família imensa para sustentar. Como é que vai mandar um filho estudar em João Pessoa?"

Na época existia apenas um colégio público na capital, o Liceu Paraibano, em que era muito improvável ser admitido: eram muitos candidatos para poucas vagas. Seria como um aluno de escola pública ingressar na Universidade de São Paulo. Seria preciso, ainda, a ajuda de um pistolão. Mesmo que eu conseguisse passar e algum parente aceitasse me abrigar, ainda havia o material escolar, caríssimo. Seria necessário muito sacrifício financeiro da minha família. Mas dona Maria sabia também ser cabra-macho. E, depois de convencido, seu Ia era muito determinado. Decidiu que eu iria mesmo estudar em João Pessoa. E conseguiu ajeitar tudo para que, no final de 1954, eu deixasse Cruz do Espírito Santo. Na Copa daquele ano, comemorei os gols da Hungria sobre a Alemanha muito mais feliz do que qualquer outro na multidão que se reuniu em casa para ouvir a transmissão da Rádio Globo e ver os alemães se tornarem campeões do mundo.

CAPÍTULO II Adolescência em João Pessoa
(1954-1958)

VIDA SEVERINA

Em outubro de 1954, enquanto o pernambucano João Cabral de Melo Neto escrevia *Morte e vida severina*, que seria publicado só em 1966, eu deixava Cruz do Espírito Santo. Como Severino, caminhava rumo ao litoral esperando encontrar uma vida melhor. Maior. A mala era leve como os passos. A alegria sobrepujava o medo. Estava tudo arranjado: eu moraria na casa do tio João Anísio, meu tio rico, funcionário dos Correios. Meus primos abriram um espacinho no quarto deles e ali eu me enfiei. Era muito mais amplo do que o que eu tinha em casa. A cidade também era muito mais vasta, um universo monstruoso de 150 mil habitantes que até então eu só conhecia de relance.

Tio João Anísio, irmão da minha mãe, morava na Rua da Saudade, no Roger, um bairro central, longe da praia, mas perto de todos os lugares que eu deveria frequentar, sobretudo o colégio particular em que eu estudaria assim que fosse aprovado no exame de admissão. O ano inteiro eu havia me preparado especificamente para isso na escola da dona Inês.

Eu procurava, como sempre, fazer tudo direitinho. E acho que fazia mesmo. Ainda assim, logo no segundo mês meu tio pediu para que eu fosse embora, dizendo que não ganhava o suficiente para me dar abrigo e comida. No prazo que ele deu, dava apenas para concluir os primeiros dias no colégio e prestar o exame de admissão, no qual passei.

TIA JOVEM

Durante todo o ano letivo de 1955, morei com a tia Jovem. Seu nome era Jovelina, mas desde criança tinha este apelido. Ela era alegre e seu lar, na Rua São Miguel, refletia isso: estava sempre cheio de gente, incluindo os muitos filhos, uns oito, além de parentes, irmãos, amigos. Como acontecia em Cruz do Espírito Santo, a casa dela era muito democrática: não trancava as portas e qualquer um entrava e saía quando quisesse.

Eu praticamente só saía para o Lins de Vasconcelos, o único colégio misto na cidade até então. Além das matérias obrigatórias, como português, matemática, história, geografia, desenho, latim, francês e canto orfeônico (o coral), ainda havia o esperanto, língua que fascinava o diretor, Professor Nery. Criado em 1887 pelo polonês Ludwik Zamenhof, este idioma artificial, que se pretendia universal, hoje está meio esquecido, mas naquele tempo era muito difundido como alternativa ao inglês "imperialista".

O UNIFORME E EU

Tudo o que eu gostava estava em Cruz do Espírito Santo: os amigos, o futebol, o rio, a família, o padre. Religiosamente todo fim de semana eu estava lá. Logo que fui admitido no colégio, fui para a cidade de farda, uma calça de brim cáqui e camisas de manga comprida que, apesar do calor, tirei só para dormir e vesti de novo. A farda era quente, mas mostrava todo o frescor da minha nova vida de estudante em João Pessoa. Estava todo orgulhoso de mim. Queria exibir para todo mundo, sobretudo às famílias mais abonadas, que recriminavam meu pai pela insensatez de me mandar estudar fora.

Em João Pessoa, me sentia fora do ninho. Estava tão nervoso no primeiro dia de aula que não conseguia nem me coordenar com as coisas que eu carregava, a bolsa, o lanche, o tinteiro... que acabei derrubando na roupa. Foi um desastre! Intimidavam-me aqueles alunos de famílias ricas, que conheciam toda a cidade, sabiam do mundo, falavam de assuntos que eu não conhecia. No meu primeiro ano de estudos, não fiz muitos amigos.

Todo o ano de 1955 foi assim: da escola, para a casa da tia Jovem, estudar. Aqui e acolá um passeio na Praça da Pedra, que ficava a menos de uma quadra dali, ou uma pesca de caranguejos no mangue, perto da Ilha do Bispo. Até que um dia um dos filhos dela brigou com meu pai num jogo de cartas, a que ambos eram adictos, e, de birra, disse a ela que eu não poderia mais morar lá. Terminado o ano escolar e passadas as férias, em Cruz do Espírito Santo, lá ia eu ganhar a rua.

M.N., 13 ANOS, FARDADO E IRREPRIMIDO

No início de 1956, aos 13 anos de idade, fui morar sozinho. Quando fui renegado das casas dos parentes, papai mexeu seus pauzinhos: conversou com um banqueiro do bicho amigo seu, que arranjou que eu morasse no quarto dos fundos de uma casa de família. Mas a comida lá era muito ruim e, quando me queixei à mamãe, fui alojado numa outra pensão. Lá havia vários quartos, separados por divisórias finíssimas e que abrigavam de três a cinco rapazes de 15 a 25 anos. O banheiro, no andar de baixo, tinha um tanque, de onde tirávamos a água para o banho, que, em verdade, não era um hábito tão disseminado por ali. Isso tornava ainda mais comum a coceira, decorrente tanto das pulgas, que eram tantas, quanto de micoses, inclusive as transmitidas sexualmente. Elas eram tão comuns que o cheiro típico da pensão era de Miticoçan, o de um remédio para estes problemas de pele. Havia também um sabão para isso, usado inclusive para lavar os cabelos — só fomos conhecer xampu no início da década de 1960. *Abafei* na pensão exibindo aquela modernidade.

Mesmo sem tanto conforto, higiene ou privacidade, era só festa: eu acordava cedo, como sempre, mas nem sempre ia à escola. Ou só passava lá para encontrar os amigos, Alfredo Floro, Josinaldo, Deraldo e Everaldo, com quem ia para o cinema, para a praia, para o campinho de futebol ou para a Bica, um parque da cidade que, além da mata e da tal bica para tomar banho, tinha quadra de vôlei, pedalinho e até pista de patinação, onde se alugavam aqueles patins de pares paralelos de rodas. Passava o dia por ali mesmo. Quase todos os dias. A maior parte do ano.

Nessa época comecei a fumar, o que não era fácil com a mesada (ou semanada) que recebia do meu pai. Eram dez cruzeiros, com o que dava para comprar uns quatro cigarros avulsos, vendidos pelos fiteiros, muito comuns na Paraíba. São como bancas de jornal pequenininhas, mas não vendem nada para ler. Só cigarro, bombons, bugigangas. Comprava cigarros Astória, um estoura peito, sonhando um dia fumar Columbia, comprido, elegante, suave. De vez em quando achava a *piola* de um desses perto da fila do cinema, nossa fonte mais fumacenta. Outro sonho de consumo era o bombom Sonho de Valsa. Era caro demais.

No fim de 1956 eu estava cheio de amigos. E sem possibilidade de passar de ano. Fui reprovado por faltas e por notas em português e matemática. Quando me dei conta de que não tinha mais jeito, me desesperei. Meus pais não faziam ideia! Confiaram em mim, fizeram esforço para me manter estudando, pagando colégio, material escolar, pensão...

LIÇÃO APRENDIDA

Achei que meu sonho de estudar acabaria ali mesmo, pouco depois de começar. Fiquei aperreado. Quando finalmente contei, papai não disse nada. Fitou-me calado, como era em família. Minha mãe me olhava, triste, decepcionada. Doeu mais que chibatadas.

O começo das aulas de 1957 foi horrível. Ostentava o crachá invisível de repetente. Meus amigos estavam um ano à frente. Eu era aquele que tinha sido incapaz de passar de ano. Acho que foi essa vergonha que me estimulou a me afastar dos companheiros de folias e me tornar o primeiro da turma por todo o restante de meu histórico escolar. Principalmente em matemática. Outro fator que contribuiu para isso foi que passei a estudar no regime de internato: ficava na escola de manhã e à tarde.

CINEMA PARAÍBA

Os fins de semana eu continuava passando em Cruz do Espírito Santo, voltando a João Pessoa no bagageiro do ônibus. Mas às sextas-feiras, quando deixava a capital e a mesada tinha acabado, pegava carona na carroceria de caminhão. Na minha cidade, eu continuava a me sentir rei. E fazia muita coisa, muito além de jogar futebol no campinho e vôlei no clube, nadar no rio, tomar banho em bicas na mata, carregar latas d'água, colher frutas silvestres, vender amendoim, rolete, pirulito e castanha confeitada. Todos me achavam inteligente e me chamavam para fazer de tudo. Ou eu me oferecia, sempre metido a querer fazer as coisas.

Não ganhava dinheiro, não. Mas me divertia, ganhava prestígio, facilidades e, dependendo, entrada grátis. Era o caso do cinema, que também ficava no entorno da praça, a poucos metros de casa. Era um galpãozinho, com umas 30 cadeiras na frente e uns bancos sem encosto nos fundos, para quem quisesse pagar menos. Mais barato ainda era assistir de pé, no corredor. Mas eu ficava na ala VIP: a sala de projeção. Era eu quem projetava as películas 16 milímetros. Sentia-me o especialista em tecnologia: primeiro colocava o rolo do *complemento*, uma pequena comédia ou um noticiário, que chegava com semanas de atraso. Depois rodava os filmes legendados, normalmente em três rolos, com intervalos para as trocas.

Nas telas, nada de Cinema Paradiso, Hitchcock ou filme noir, com seus diálogos densos. Numa cidade de iletrados e semianalfabetos, era preferível exibir filmes em que as imagens fossem suficientes, como os faroestes de Roy Rogers, os filmes românticos de Errol Flynn e as séries do Tarzan, do Capitão Marvel e do Capitão América, com um capítulo por semana.

Quando chegava por lá um filme nacional, era uma alegria, especialmente com Grande Otelo, Oscarito ou Mazzaropi. As décadas de 1950 e 1960 foram o auge das célebres chanchadas da Atlântida e dos musicais e filmes da Vera Cruz sobre a cultura brasileira, como *Tico-Tico no fubá* e *O cangaceiro*, de Lima Barreto, que em 1953 inaugurou o ciclo do cinema sobre o cangaço. Terezinha, a dona da sala de projeção, conseguiu exibir alguns desses clássicos, uma façanha.

INVENTANDO DINHEIRO

Como a projeção dos filmes, muitas das atividades que eu fazia eram de graça mesmo. Mas estava sempre matutando e criando coisas para fazer e ganhar algum dinheiro. Mituca brinca que eu inventava e passava para ele fazer. Mas não é verdade. Ele é que vinha se intrometer nas minhas incursões profissionais, em que o deixava ajudar. E foram muitas. Vendíamos de tudo nos jogos de futebol, tanto em Espírito Santo quanto em João Pessoa, em frente ao cinema e na feira, aos domingos, ou apregoando pela rua: agora também pipoca e algodão-doce.

Na projeção de filmes eu não deixava Mituca ajudar. Mas, certa vez, Teresinha, dona do cinema, pediu para eu fazer o cartaz da sessão daquele dia, "assista hoje...". Comecei a pintar o tecido com capricho até que Mituca me deu um banho de talento, prenunciando sua carreira: se tornaria um publicitário de muito renome em João Pessoa.

Daí a pintar letreiros dos estabelecimentos da cidade foi uma pincelada. Teve até um pintor profissional, o Severino, que se zangou conosco: veio reclamar que não precisávamos do dinheiro, éramos de família de bom nível e tal. Para a cidade, éramos mesmo. Mas não amenizamos a concorrência a ele por causa disso. Ao contrário. Começamos a ser contratados para fazer cada vez mais letreiros, do cinema, das lojas e até faixas, com anúncios de produtos. Misturávamos a tinta com grude, a cola com goma de mandioca, feita em casa, e ela não saía nunca.

A mistura funcionava mesmo. Até demais. Uma vez mamãe, que fazia nossas cuecas, reaproveitou uma faixa enorme que havíamos feito para a fábrica de bebidas, anunciando o Vinagre Topázio. Muitos anos mais tarde ainda usávamos aquelas cuecas. Ainda com as letras. Eram as "cuecas topázio", como brincávamos.

LANÇA-PERFUME

Curtir o Carnaval sendo adolescente era diferente, muito mais divertido do que pular com outras crianças entre os mamulengos. Começava semanas antes, quando eu e Mituca fazíamos as máscaras. Naquela semana esperávamos ansiosamente pelo presente que ganhávamos todo ano para a folia: lança-perfume, que só seria proibido pelo presidente Jânio Quadros em 1961. Até então, era brincadeira de criança e papai comprava um frasco para cada um de nós. Nos divertíamos esguichando uns nos outros, em especial nas meninas, na altura dos seios.

Nos dias de Carnaval, além de sair no bloco Marujos da Folia, esperávamos o *molha-molha*. Enchíamos latas de querosene com água e invadíamos casas para molhar as pessoas, que nos serviam licor ou outras bebidas alcoólicas. No começo do dia, os invasores eram poucos e sóbrios. Mas o grupo ia crescendo: os molhados se juntavam aos ébrios invasores.

RÁDIO TABAJARA

De volta a João Pessoa, uma das minhas maiores diversões entre 1956 e 1960 era ir à Rádio Tabajara, assistir à transmissão, ao vivo, das novelas, admirar os cantores ou participar dos programas de auditório. Até cheguei a ganhar em um programa de perguntas e respostas, com uma questão sobre Anita Garibaldi, dinheiro ou cupons para retirar produtos em alguma loja. Talvez tenha sido nessa ocasião que levei um liquidificador para Espírito Santo, onde a energia elétrica chegara em 1958. Os vizinhos se amontoavam em casa para ver aquilo funcionar.

MITUCA PESSOENSE

Em 1956, chegava a vez do Mituca estudar em João Pessoa. No ano anterior, ele fez os testes, tanto os exames de admissão quanto os de saúde. Na época, a tuberculose ainda era uma epidemia e, anualmente, para poder entrar na sala de aula, precisávamos apresentar nossa abreugrafia, um raio X dos pulmões.

Por esse exame Mituca se ressente até hoje comigo. É que ele, que não conhecia direito a cidade, carregava com a trouxa de roupas a restrita recomendação de mamãe de que eu o acompanhasse. Mas, como aconteceu comigo, ele deveria aprender a andar sozinho. "Vamos?", perguntou ao acordar. Disse-lhe onde devia tomar a *marinete*, como chamávamos o ônibus por ali, onde descer, onde pedir indicações. Ele fez um bico deste tamanho, depois do "mamãe mandou". "Vou dizer de novo: você toma esta *marinete*...". Ele ia aprender. Era para o bem dele.

Para mim, dois anos mais velho, Mituca era um *pivete*. E relegávamos a ele uma das redes do quarto, que tinha apenas três camas para cinco de nós. Eu e meus companheiros não deixávamos que Mituca andasse conosco. Mas fazíamos coisas juntos, sim, para ganhar dinheiro. Logo que ele chegou, aprendi com um vizinho de quarto, o Pernambuco, a fazer estampas em *silk screen* e, juntos, passamos a produzir flâmulas para eventos. Fizemos, inclusive, centenas destas bandeirolas triangulares para uma vaquejada numa cidade do interior. Mituca mais uma vez esbanjou talento desenhando a imagem de rodeio, tão difícil de recortar.

PELÉ

Na Copa de 1958, ainda não havia TV. Ouviríamos as transmissões dos jogos pelo rádio no Ponto de Cem Réis, uma praça no centro de João Pessoa, mais ou menos perto da pensão. Foi a primeira Copa de Pelé, com Zagallo, Gilmar e Joel. Depois da vitória, eles trouxeram a taça para a cidade e a expuseram na vitrine de uma loja ali no Ponto. Fui até a porta do Paraíba Palace Hotel para vê-los. Foi o máximo!

Como ninguém via os gols, no ano seguinte chegava aos cinemas um longa-metragem de uma hora e meia com os melhores momentos da Copa, das concentrações aos gols em câmera lenta. Lotavam os cinemas.

E DEUS CRIOU BRIGITTE

Naquela época, nós adolescentes queríamos mais ainda ver *E Deus criou a mulher*, que Roger Vadim dirigiu em 1956. Por pouco Brigitte Bardot não se torna coadjuvante. Seus seios nus se tornaram as grandes estrelas. Era a primeira vez que uma cena considerada escandalosamente erótica aparecia num filme com tanto público.

A entrada era controlada com rigor, para impedir o ingresso de menores de idade, como nós, o que nos forçou a ludibriar o porteiro. Além de pegar a carteira de identidade de alguém mais velho, tínhamos que decorar todas as informações lá, nome do pai, da mãe e tudo o mais.

ASSUSTADOS COM ALTA DEFINIÇÃO

As festas nós chamávamos de *assustados*, não sei por quê. Eram festas em residências, que tentávamos *furar*, entrar de penetra para comer, dançar e beber de graça. Passamos a chamar de hi-fi quando chegaram as vitrolas eletrônicas, nas quais tocava-se o twist e os discos de Elvis Presley, além de Dalva de Oliveira, Linda Batista, Isaura Garcia, Emilinha Borba, Francisco Alves, Elizeth Cardoso, Ataulfo Alves, Marlene, Ângela Maria, Dorival Caymmi, Orlando Silva, Nelson Gonçalves, Dick Farney, Demônios da Garoa, Cauby Peixoto, Jamelão, Maysa, Aracy de Almeida, Jacob do Bandolim, Nora Ney e o tão popular Bienvenido Gandra, com sua "Perfume de gardênia".

EMBALOS DE DOMINGO À NOITE

Em João Pessoa, era comum que a iniciação sexual dos rapazes fosse na zona do meretrício, na Rua Maciel Pinheiro, no centro, bem próxima à pensão. Para mim era uma aventura andar por lá, admirando os decotes generosos das *raparigas*, que deixavam entrever aventuras amorosas. Muito raramente entrava nos cabarés, já tão bem retratados pela televisão, com decoração espalhafatosamente brega, luz vermelha e perfume barato. Fazíamos mais era beber cerveja nas mesinhas dali.

Para paquerar, preferíamos as 'meninas de bem'. Nas noites de domingo, na Praça João Pessoa, os rapazes se enfileiravam no meio-fio em frente ao Palácio do Governo, com suas melhores roupas, cabelos compridos só no alto da cabeça, alisados com brilhantina no estilo James Dean e desejando sapatos bicolores.

Enquanto as moçoilas desfilavam rodeando a praça, exibindo seus vestidos rodados e fitas na cabeça, corajosos soltavam gracejos. Valentes chegavam a falar com uma delas, o que era um alívio para todos. A moça geralmente lhe apresentava as amigas e aí nós nos aproximávamos para que nosso amigo nos apresentasse também. Namoro era sentar no banco da praça, quando muito andar de mãos dadas ao redor da lagoa. Beijo era o ápice. Eu sonhava com o dia em que levaria uma garota ao Pavilhão do Chá, um prédio histórico no centro de João Pessoa, e lhe pagaria uma *cartola*, uma sobremesa popular na cidade, de banana, queijo coalho e canela. Mas o dinheiro não dava.

O *arrocho*, o agarrão paraibano, com muita cara de pau e ainda mais sorte, acontecia na sacada da casa da namorada, depois de muito tempo e esforço convencendo os pais a deixar os pombinhos a sós durante o tempo de buscar um copo de água. Comigo nunca aconteceu. Nem namorei na praça nem *arrochei* ninguém na sacada. Conheci minhas namoradas dando aulas particulares.

PROFESSOR PARTICULAR

Ali por 1958, a esposa de um dos pouquíssimos fazendeiros que restavam em Cruz do Espírito Santo entre as terras das usinas de açúcar, sabendo que eu era o primeiro da classe em tudo, me convidou a dar aulas de reforço de todas as matérias para seus cinco filhos. O casal era separado — um escândalo — e ela, dona Mariquita, morava numa casa em um bairro nobre de João Pessoa. Pagava cinco cruzeiros por semana, um valor quase simbólico, mas que já incrementava a renda e a vaidade. Além disso, era servido um lanche da tarde delicioso, com bolo de macaxeira, *ponche* de frutas da época, pão com manteiga, queijo e até *raiva*, os biscoitos de polvilho. E tinha a Waldiria, a filha mais velha, com quem tive um namorico.

50 ANOS EM CINCO

Foi por essa época também que comecei a ler jornal, ouvir notícias, inclusive sobre o resto do mundo. Soube da criação da Comunidade Econômica Europeia (CEE), em 1957, embora não atinasse sobre o que se tratava. Mais me interessavam notícias que corriam logo ali no sertão, onde os rios não corriam mais. Em 1958, houve no Nordeste uma seca implacável. Na época, o governo não contava com nenhum mecanismo de assistência, não existia defesa civil nem distribuição de cestas básicas e, sem trabalho nem comida, as hordas de famintos invadiam cidades e saqueavam o que encontrassem. Era apavorante, mesmo que não chegasse ao litoral.

O que o governo fazia era criar grandes obras, imensas fontes de corrupção. Mas, naquele ano, a intensa seca, a grande fome serviu de motivo para um projeto ainda maior, a Sudene, Superintendência de Desenvolvimento do Nordeste, que Juscelino Kubitschek criou naquele 1958. Seu idealizador e primeiro superintendente foi Celso Furtado, um economista paraibano que já se alçara à fama e que todos admirávamos muito. Conhecê-lo me parecia muito além da realidade. Foi um dos motivos por que conviver com ele seria tão gratificante no governo Sarney, eu ministro da Fazenda, ele, da Cultura.

A política desenvolvimentista de JK, dos "50 anos em cinco", de modernizar a indústria e o campo, priorizando a educação, a energia, a infraestrutura, o transporte, a alimentação, soava fascinante. Eu não dispunha de informações suficientes para avaliar o impacto da atração do capital estrangeiro nem o empenho no desenvolvimento da região Nordeste. Parecia bom e pronto. Mesmo porque, no curral eleitoral do doutor Renato, só tínhamos acesso às posições udenistas. Víamos com preconceito e receio as reivindicações dos trabalhadores rurais.

"ROUPAS FEITAS"

Não conseguia unir os pontos. Não associava as políticas de JK ao esmorecimento financeiro da minha família. No final da década de 1950, a alfaiataria do meu pai já estava bem minguada. Ele tinha poucos funcionários ou trabalhava sozinho, às vezes varando a madrugada. Minha mãe costurava incessantemente. Ainda assim, o que ganhavam mal era suficiente para sustentar os dez filhos. Era visível que haviam perdido a batalha na concorrência com as "roupas feitas".

Papai tentava complementar a renda "bancando" o jogo do bicho: os cambistas vendiam as apostas e o banqueiro assumia o risco. Duas vezes, ao ouvir o "resultado da loteria de Pernambuco", papai soube que quebrara. Abandonou a bicharada e decidiu mudar a estratégia.

Em 1957, papai comprou uma fubica, um caminhão velho, da década de 1930, com que passou a fazer frete e transportar pessoas entre Cruz do Espírito Santo, Santa Rita, Sapé, Bayeux e João Pessoa. Uma vez o acompanhei, quando levou uma turma para assistir a um jogo no estádio José Américo de Almeida, o Almeidão, na capital. Como não tínhamos dinheiro para o ingresso, ficamos do lado de fora, ouvindo pelo rádio. Durante duas horas, não falamos palavra...

Dois anos depois deste jogo a *fubica* levou um cartão vermelho: em 1959, o caminhão quebrou e papai o levou à oficina da usina, que podia ser utilizada pelos apadrinhados do doutor Renato. Para voltar a Espírito Santo, pegou carona na carroceria de um caminhão, que derrapou numa curva e *virou*, como dizíamos. Algumas pessoas morreram. Seu Agenor, o operador do gerador de luz, perdeu uma perna. As notícias não corriam, então, rápido como hoje.

NOTÍCIA RUIM VEM DE ÔNIBUS

Naquela manhã, Mituca resolveu não ir à aula, contrariando as recomendações do irmão mais velho. Foi *gazetear* na rodoviária, esperando encontrar alguém de Espírito Santo para papear. Puxava assunto com um e outro, ficava observando quem passava, até que encontrou alguém da cidade, que o olhou surpreso, os olhos estalados, a boca sem palavras por alguns instantes. "O que é que você está fazendo aqui, Mituca?" Diante do sorriso traquina de gazeteador, o interlocutor entendeu. Mituca não sabia. Sorriso e embaraço sumiram logo e Mituca *deu uma carreira* pela ladeira que levava até o colégio, umas seis quadras dali. Esbaforido, invadiu minha sala de aula. Corremos três quadras feito um foguete.

Uma multidão se engalfinhava em frente ao Hospital do Pronto-Socorro de João Pessoa, impedida de entrar. Era tanto burburinho que eu não escutava nada, *atucanando* a entrada do hospital. Mituca pedia a todos notícias. Quem nos deu foi o médico que de vez em quando ia a Espírito Santo. Tranquilizou-nos, dizendo que papai sobrevivera. Foi um choque vê-lo cruzar a entrada do pronto-socorro, na maca, todo enfaixado, com uma enorme bandagem na cabeça, inteiro manchado de mercurocromo. Achávamos que não aguentaria.

Mamãe soube logo da notícia e chegou à cidade naquela noite. Doutor Renato apareceu para confortar as vítimas. Comprometeu-se a pagar todas as contas da Casa de Saúde Nossa Senhora de Fátima, onde papai permaneceu por quarenta dias. Não fosse isso, seria transferido para alguma Casa de Caridade, o disponível a famílias carentes.

A alfaiataria parou e a família foi à bancarrota. Nenhum de nós recebia salário. Eu, o mais velho, ganhava os trocados pelas aulas particulares, que mal chegavam para os lanches, o cinema e o cigarro. Por mais que toda a família e os amigos ajudassem minha mãe a *fazer a feira*, não era suficiente. O pagamento do colégio atrasou. Papai pagava Professor Nery, o dono, semestralmente, quando a alfaiataria recebia encomendas para as festas de fim de ano e para o São João. Mas, sem o pagamento em vista, não poderíamos nem fazer as provas. Eu nem completaria o ginásio.

CAPÍTULO III Um rapaz responsável
(1958-1963)

LINHAS TORTAS
Continuava a visitar papai quase todos os dias, com Mituca e mamãe. Sentia a situação da família se deteriorando rapidamente, mesmo com a ajuda dos amigos. Já tinha rezado demais e não contava mais com a ajuda dos céus. Mas ela veio.

Seu Mororó, um conhecido fotógrafo de João Pessoa que costumava retratar o governador da Paraíba, Pedro Moreno Gondim, sofreu um acidente de automóvel, não muito sério, e foi levado à mesma Casa de Saúde. Houve um rebuliço, uns mexericos e logo a notícia correu fofoqueira até mamãe. O governador estava visitando seu Mororó. Aquela paraíba valente, que tinha lutado tanto para os filhos estudarem, encheu o peito, esvaziou o orgulho e decidiu pedir ajuda.

Foi com medo que a vi irromper pela porta do quarto onde convalescia o fotógrafo. Achei que a barrariam na primeira tentativa, que ela se frustraria ainda mais. Lá dentro, pediu licença ao governador e contou devagar o drama por que passava, contorcendo as mãos, com o olhar fugidio. Gondim disse que a ajudaria, sim, era só eu passar em seu gabinete, no Palácio do Governo. Qualquer político faria isso. Já receber de fato em audiência... provavelmente não.

Mas ele me recebeu. No dia seguinte, lá estava eu. Não tinha mais medo. Parecia natural ir ali conversar com o governador. E foi bem assim que aconteceu, e tempos depois, quando passasse a saber como são feitas as agendas de políticos e membros do governo ficaria ainda mais surpreso. Ao me ver, chamou logo um assessor e disse para *bater um cartão* para o secretário de Educação: "Determino que atenda ao portador deste com a concessão de...", algo mais ou menos assim. *Bater* era datilografar à máquina de escrever e *cartão* era como chamavam uma mensagem emitida por uma autoridade.

Saí do gabinete para encontrar outra autoridade, o secretário da Educação. E que autoridade era Jacob Franck! O coronel Jacob era uma lenda no estado, um dos heróis da Revolução de 1930, quando os gaúchos lutaram ao lado dos paraibanos. Quando os sulistas voltaram às suas terras este gauchão de ascendência alemã decidiu permanecer na Paraíba.

A Secretaria da Educação ficava a umas dez quadras dali. Seguia pela Rua das Trincheiras como se tivesse ganhado uma batalha. Já poderíamos fazer as provas, ao menos concluir o ano letivo. Com Jacob Franck, tudo se resolveu também muito rapidamente. Mandou logo preparar um pedido à Secretaria das Finanças (a única estadual no Brasil que não se chama Secretaria da Fazenda), solicitando a liberação de cinco mil cruzeiros, o valor de nossas dívidas com o colégio, equivalente a pouco mais de dez salários-mínimos. Não sei se existia uma dotação orçamentária destinada a esse tipo de coisa. Desconfio que não houvesse controles mais refinados sobre as finanças do estado. Aliás, nem recursos havia, como me informaram na Secretaria das Finanças, aonde precisei voltar quase duas dezenas de vezes para receber o dinheiro. Ao final, recebi, pagamos as mensalidades e passamos de ano.

CASA DO ESTUDANTE

Seria muito improvável que continuássemos a estudar. Além das mensalidades, havia também os custos de moradia e alimentação, com que não poderíamos arcar. Para amenizar este outro problema, o governador enviara uma solicitação para que eu e o Mituca fôssemos aceitos na Casa do Estudante, uma organização que abrigava estudantes pobres da Paraíba. A instituição era mantida por contribuições governamentais e doações particulares, inclusive de comida a granel cedida por armazéns da cidade. Os beneficiados, chamados sócios, pagavam apenas uma taxa bem simbólica, para morar e fazer todas as refeições. Diversas figuras públicas foram abrigadas na Casa do Estudante, incluindo Wilson Braga, deputado federal naquela e em várias legislaturas futuras, que se tornaria governador da Paraíba em 1983.

MAÍTO — ORIGENS (1942-1963)

A Casa do Estudante era muito concorrida e nem o cartão de Pedro Gondim surtiu efeito. Então o doutor Batista Brandão, deputado estadual e ex-prefeito de Cruz do Espírito Santo, decidiu nos ajudar. Foi comigo conversar com Abílio de Almeida, presidente da instituição, eleito pelos estudantes, ou sócios, que viria a ser um médico famoso em João Pessoa. Não conseguimos alojamento, mas poderíamos fazer lá todas as refeições, o que diminuía a menos da metade nossos custos. A comida era boazinha. A não ser o leite, do Fisi, Fundo Internacional de Socorro a Infância, da ONU, que vinha dos Estados Unidos. Naquela época comecei a ser de esquerda, como a grande maioria dos sócios da Casa. Falávamos mal dos americanos e dizíamos que o que eles mandavam para os pobres era a sobra do soro do leite de lá. Não tinha nem gosto de leite.

SERÁ FELIZ O NOVO ANO?

Naquele ano Papai Noel não veio à nossa casa. E as janelas por onde a cegonha entrava foram lacradas pra nunca mais. Papai saiu do hospital, mas o caminhão já tinha sido vendido e a época das encomendas de ternos já havia passado.

Foi neste momento de tantas dificuldades que as fichas caíram: eu precisava me sustentar, mas também ajudar meus pais. Para o nordestino daquelas bandas, essa era uma obrigação que, sendo de família humilde, eu deveria ter começado a cumprir desde a primeira adolescência. E eu nunca tinha contribuído com um centavo. Ruiu assim meu último sonho de evoluir na vida, de tornar-me engenheiro: em João Pessoa só havia curso de engenharia à tarde. E eu precisava trabalhar.

FAZEMOS QUALQUER NEGÓCIO

Minha mãe pediu ajuda ao doutor Batista Brandão, que gostava muito de meu pai, sabia das dificuldades por que a família passava. Ele falou com o doutor Renato, que resolveu me contratar como contínuo do escritório da Usina São João e Santa Helena em João Pessoa.

Transferi os estudos para o período noturno e, das sete às cinco, transportava os cheques de pagamentos e tudo o mais que fosse necessário. Recebia um salário mínimo, uma boa ajuda para pagar a pensão e a escola. Além de continuar dando aulas particulares nos fins de semana, também passei a fazer uns bicos de datilografia.

Mituca também conseguiu pagar o colégio, com permutas fechadas com a dona Creuza, esposa do Professor Nery, dono da instituição. Já conhecendo os talentos artísticos de Mituca, inclusive as flâmulas e faixas, propôs que, em troca da mensalidade, ele criasse e produzisse todos os cartazes da escola. Ele adorou.

REVOLUÇÃO CUBANA

O ano de 1959 foi de muitas revoluções e batalhas, na minha vida e no mundo. A Guerra Fria parecia muito mais mundial do que a Segunda Guerra. E não tinha nada de fria. Deste lado, a Revolução Cubana, comandada por Fidel Castro, instituiu a única nação comunista na América Latina, alinhando-se cada vez mais à influência da União Soviética. Os Estados Unidos combatiam a expansão do comunismo como podiam, fosse com a expulsão de Cuba da Organização dos Estados Americanos (OEA), ou tentando estender a influência americana até o outro lado do globo, inclusive no sudeste asiático, onde já apoiavam os governos pró-Ocidente, como o do Vietnã do Sul. Na Casa do Estudante, um reduto pró-comunista, torcíamos pelos atletas do país nas Olimpíadas e Copas do mundo, discutíamos a literatura disponível e até ouvíamos a transmissão em português da rádio de Moscou.

BRASÍLIA

Além de ouvir notícias pelo rádio e ler os jornais regionais, *Correio da Paraíba*, *O Norte*, e *A União*, passei a ler as revistas *O Cruzeiro* e *Manchete*, inclusive a sua *Fatos e Fotos*, a primeira revista que destacava com propriedade o fotojornalismo brasileiro. Era nela que toda semana eu admirava as imagens da construção de Brasília, da maquete à migração de brasileiros para o Planalto Central. No dia 21 de abril de 1960 quando foi inaugurada o Distrito Federal deixou de ser o Rio de Janeiro, que virou o Estado da Guanabara. Ele só existiria até 1975, quando se fundiria ao estado do Rio de Janeiro, cuja capital, até então, era Niterói.

Quase todo brasileiro tinha orgulho de Brasília. Construir uma capital no Planalto Central era uma coisa ciclópica que comprovava nossa grande capacidade e nosso futuro promissor. Encantava especialmente o Palácio da Alvorada, que seria a residência presidencial oficial. Se me falassem que um dia frequentaria muito aquele prédio, em reuniões complexas, muitas vezes tensas, com o presidente da República, ministros, outros altos funcionários e líderes políticos, eu daria risadas. E me afastaria do maluco.

CENSO DE 1960

"Deste planalto central, desta solidão que em breve se transformará em cérebro das altas decisões nacionais, lanço os olhos mais uma vez sobre o amanhã de meu país e antevejo esta alvorada com a fé inquebrantável e uma confiança sem limites no seu grande destino." A primeira vez que li este excerto do discurso de JK durante o lançamento da pedra fundamental de Brasília foi no Instituto Brasileiro de Geografia e Estatística (IBGE) em João Pessoa, em que me inscrevi para trabalhar como recenseador no censo de 1960, outra oportunidade de complementar a renda. A frase me impressionou tanto que a memorizei.

Os mapas distribuídos aos recenseadores eram de 1950 e deles não constava uma enorme área da capital, o que me deixou incrivelmente feliz: recebíamos por pessoas recenseadas e por residências visitadas. Era a primeira vez que eu exercia uma função no governo, ainda que temporária. E não tardou para eu ter contato com as mazelas do setor público. Recebemos apenas o primeiro mês. Mais tarde, dei graças a Deus quando um comerciante quis comprar esses direitos, com 30% de desconto. Não sei se recebeu do IBGE.

A VASSOURINHA DE JÂNIO QUADROS

Com seu discurso contra a corrupção, Jânio era indubitavelmente o candidato das massas e dos jovens, quase sem exceção. Mesmo empunhando algumas bandeiras mais à esquerda, até os militares o apoiavam. Não era apenas por suas posições, suas promessas. O carisma do udenista fazia seus discursos arrebatarem as massas. Ele era irresistível, trazia alegria, esperança, confiança num futuro grande e correto. Eu desfilava com um broche de vassourinha, símbolo da campanha, e cheguei a ficar seis horas esperando para ouvi-lo no comício da Lagoa, em João Pessoa. Todos os estudantes pareciam estar ali. As pessoas gritavam por ele. Jânio era imbatível, como comprovariam as urnas.

CORONÉIS NOS DISTRITOS ELEITORAIS

Para "ajudar os eleitores" o doutor Renato cedia os caminhões da usina para transportá-los e lhes oferecia um grande almoço comunitário — que, em algumas eleições, eram servidos pelos meus pais, como mais uma alternativa para complementar a renda familiar.

Aquela de 1960 era a primeira eleição que eu realmente vivia. Era a primeira em que votaria, em Cruz do Espírito Santo. E já fui escolhido como mesário da minha seção eleitoral, por estudar em João Pessoa. Meu voto foi para Jânio presidente, Jango vice (sim, se votava em vice-presidente separadamente) e João Agripino governador da Paraíba, pela UDN. Não suspeitava que os dois primeiros, populistas, escondiam um potencial de instabilidade que em breve acarretaria graves transformações na política nacional.

TV CHUVISCO

Foi no primeiro ano de governo de Jânio, em 1961, que vi TV pela primeira vez. Enquanto caminhava à noite em João Pessoa com colegas do primeiro ano do colegial, uma luz mutante de uma janela conquistou nossa atenção. Olhávamos embasbacados a imagem em preto e branco, cheia de chuviscos e distorções. A dona nos convidou a entrar e assistir a algum programa de auditório da *TV Jornal do Commercio* de Recife, parecido com os da rádio. Impressionante!

Logo surgiu um aparelho de TV em Cruz do Espírito Santo, na casa do seu José da Cunha. A cidade toda entrava e saía da casa dele quando queria. As pessoas sentavam no chão para assistir a qualquer programa.

PARA O ALTO E AVANTE

Jânio e a inauguração de Brasília despertaram em mim a vontade de servir ao país e de conhecer a nação. Ampliar horizontes. Além disso, incomodava demais trabalhar para o doutor Renato, tão autoritário, tão egocêntrico. E era ainda mais incômoda a sensação de estar sempre devendo a ele. Procurava alternativas para me desvencilhar das suas asas.

Na Paraíba, naquela época, existiam três maneiras de um rapaz de origem humilde crescer na vida: entrar para a igreja, de que eu tinha desistido; trabalhar no governo; ou ser oficial das forças armadas. Eu já tinha me alistado na Circunscrição de Recrutamento Militar em 1958, ao completar 16 anos, e, quando li no jornal o anúncio de um concurso para cadete da Aeronáutica, pensei "é agora! Vou ser aviador! Vou sobrevoar o país e além!" Como Elvis cantava no maior hit do ano, "It's Now or Never"!

A prova foi na Base Aérea de Recife, a 110 quilômetros de João Pessoa. Foi a primeira vez que saí da Paraíba. Ia de ônibus, mas sonhando alto. Foi-nos avisado que a lista de aprovados seria publicada no *Jornal do*

Commercio de Recife. De volta à Paraíba, pedia para comprarem todos os dias, mas a lista nunca foi publicada ou saiu em edição que não adquirimos. Minha ansiedade era tanta que num fim de semana, de Cruz do Espírito Santo, mandei para a base militar de Recife um telegrama, respondido no mesmo dia. Veio sem destinatário, mas seu Lídio, dos Correios, me entregou em casa. Eu tinha sido o único paraibano aprovado. E deveria comparecer imediatamente à Base Aérea para os exames de saúde, que já haviam sido iniciados.

A notícia corria velozmente a cidade e eu, mais ainda. No dia seguinte me apresentei. Deixei todos ansiosos, orgulhosos. Mituca contava para todo mundo que eu seria aviador. Meu pai também. Disseram que, com qualquer interlocutor, puxava algum assunto que pudesse encaixar avião, para poder contar. Não duvido, porque faria igualzinho quando eu fosse ministro.

Eu estava achando tudo o máximo, incrível. Minha imaginação ia longe. Voava alto nos hangares, pilotava as nuvens. De Recife iríamos ao Campo dos Afonsos, no Rio de Janeiro, para exames finais. De lá iríamos para Barbacena, em Minas Gerais, onde durante três anos frequentaríamos a Escola Preparatória de Cadetes da Aeronáutica (EP-CAr). Depois mudaríamos para Pirassununga, no interior de São Paulo, onde estudaríamos na escola de pilotos da Aeronáutica. Visualizei tudo! Não parava de sonhar, mesmo os sonhos mais impossíveis. Enxerguei-me num caça, sobrevoando o alto-mar. Visitando Brigitte Bardot na sua nova casa, em Saint Tropez!

SEM OLHAR PARA TRÁS

Logo no primeiro dia, um oficial-médico falou que, como eu havia chegado dias atrasado e ainda eram necessários muitos exames, eu não teria tempo de voltar a Cruz do Espírito Santo. Recomendou que eu enviasse um telegrama a meus pais para que trouxessem um enxoval. Dali eu embarcaria para o Rio. A possibilidade de alçar voo para o Rio de Janeiro me deslumbrou. Não me ressentia nem de não poder me despedir. Enviei um telegrama bem sucinto: "Embarcarei daqui para o Rio de Janeiro. Me mandem a bagagem." Ou algo assim. No dia seguinte meu pai chegou, trazendo uma mala bem bonita, de material rígido forrado de brim cáqui. Lembraria muito dela quando ouvisse, ali por 1967, Caetano Veloso cantando: "No dia em que eu vim-me embora/ Minha mãe chorava em ai/ Minha irmã chorava em ui/ E eu nem olhava pra trás./ No dia que eu vim-me embora/ Não teve nada de mais/ Mala de couro forrada com pano forte brim cáqui./ Minha vó já quase morta,/ Minha mãe até a porta,/ Minha irmã até a rua,/ Eaté o porto meu pai/ O qual não disse palavra/ Durante todo o caminho..."

Apesar de piadista, falador, brincalhão com seus amigos e clientes, conosco meu pai nunca conversava. Não foi diferente daquela vez. Ele não me abraçou, não parabenizou, não perguntou nada, não fez recomendação alguma. Entregou a mala e esperou o ônibus de volta. Ficamos os dois sentados lado a lado, silentes. Em meia hora embarcou. Acenou adeus. E voltei para a base, sem olhar para trás.

VOO DE GALINHA

Naquela semana aconteceram duas coisas incríveis: a primeira foi ouvir de um hangar da base aérea o discurso de posse de Jânio, a que paulistas e cariocas puderam assistir pela TV. Os militares ali eram todos janistas, até pelos problemas que haviam tido com JK. Como em todo o Brasil, era um ambiente de esperança, de grandes expectativas. Jânio mudaria o país, moralizaria, acabaria com a corrupção. Agora o Brasil ia pra frente. E eu alçaria voo junto.

A segunda coisa incrível foi a presença de uma frota de aviões militares americanos. Havia sido localizada ali por perto a embarcação do Comandante Galvão, da Direção Revolucionária Ibérica de Libertação, que lutava contra os regimes totalitaristas de Francisco Franco, na Espanha, e de Antônio Salazar, em Portugal. Galvão fora exilado em 1959 na Venezuela, onde, em 1961, 24 companheiros sequestraram um barco de luxo para levá-lo às colônias espanholas na África, de onde lutariam contra os regimes ditatoriais. Mas a força aérea americana o localizou quando passava pelo litoral pernambucano, no final de janeiro. E o prendeu em 2 de fevereiro. Foi a primeira vez que vi um americano!

Sentia-me prestes a começar uma carreira que me levaria a fazer parte de um esquadrão do ar quando, nas vésperas de embarcar para o Rio, o major médico me chamou a um canto. Disse baixinho que precisava conversar comigo, transmitir uma má notícia. Fui à sua sala e tremi: havia sido reprovado no exame de saúde. Eu tinha um grau e meio de miopia e menos de vinte dentes, o mínimo exigido. Reprovação irremediável. Permaneci uns instantes olhando para ele. Sentia meu rosto, meu corpo todo, derretendo enquanto lutava para manter a compostura. Não sabia o que falar, onde colocar a mão. Porque não tinha o que falar ou onde colocar a mão! Virei as costas e saí. A porta parecia tão distante! Passando por ela, eu já não sabia para onde ir. Nem Rio de Janeiro, nem Barbacena, nem Pirassununga, com certeza.

Tinha vontade de sair andando... correr até Cruz do Espírito Santo, passar da cidade e continuar até não sei onde. Brasília, talvez. Ou sentar ali mesmo, pra sempre. Virar uma pedra, cavar um buraco em que eu pudesse me esconder. Ao invés disso, fui aos Correios. No telegrama: "Não fui aprovado no exame de saúde. Estou voltando." Não usei a palavra "reprovado".

O MUNDO DIVIDIDO

Assim também deveriam se sentir os alemães. Naquele ano, o Muro de Berlim exibia concretamente a divisão do mundo entre direita e esquerda. Também em 1961, o comunista Vietnã do Norte, com apoio dos vietcongues, os guerrilheiros de esquerda do Vietnã do Sul, tentaram derrubar o governo pró-Ocidente e reunificar o país. Foi imediato o auxílio dos Estados Unidos, que só em 1965 iniciariam a intervenção militar que se estenderia até 1976.

Em abril, apenas três meses depois de John Kennedy assumir a presidência, e no dia seguinte ao anúncio de Fidel Castro de que a revolução de Cuba teria caráter socialista, quase 1.300 cubanos anticastristas exilados em território americano e treinados pela CIA invadiram a ilha, pela Baía dos Porcos, para derrubar Fidel. As forças armadas cubanas, treinadas pela URSS, derrotaram os agressores em três dias.

No dia 18, o premier soviético, Nikita Krushev, apelou a Kennedy que cessasse o ataque, para "não permitir passos que possam conduzir o mundo a uma catástrofe militar". As relações entre os países arrefeceram, mas apenas até outubro de 1962, na Crise dos Mísseis. Os americanos, que já haviam instalado ogivas na Turquia, divulgaram imagens de 40 silos em Cuba, a 150 quilômetros do território deles. Kennedy interpretou como um ato de guerra e alertou: ou os russos desativavam os mísseis nucleares e retiravam os silos ou a guerra seria inevitável. Durante 13 dias, só se falou em Terceira Guerra. O mundo explodia em dúvidas, receios e em construção de abrigos nucleares, até que, em 28 de outubro, depois de secretamente convencer os americanos a retirar os mísseis da Turquia, a União Soviética realizou o desarmamento.

CABO MAÍLSON

Eu também fui convocado a pegar em armas em 1961. Com as asas cortadas na Aeronáutica, caí novamente no escritório da usina, sem esperança de que minha rotina de contínuo e estudante mudasse tão cedo. Nem quando precisei me apresentar ao Exército novamente, poucos meses depois. Contei para o tenente Santiago, que nos avaliava, sobre a minha reprovação no exame de saúde da Aeronáutica. Portanto, não poderia servir o Exército. "Meu filho, aviador você não pode ser com a vista e os dentes ruins. Mas soldado você pode." Rebati dizendo que era o filho mais velho de uma família humilde. "Então esta é uma oportunidade para você!" Mesmo sendo a carreira militar uma das únicas vias para que um rapaz pobre ascendesse à classe média, eu não queria mais. Ou havia concluído que esta oportunidade não era mais viável. Eu precisava trabalhar, me sustentar, tentar ajudar a família. Mas agora teria que servir.

Mais uma vez comuniquei ao doutor Renato que deixaria o escritório da usina para vestir o verde-oliva. Perguntou-me como eu faria com a escola e a pensão. Não tendo meios de pagar, abandonaria os estudos enquanto estivesse no quartel. E moraria no alojamento militar. "Não senhor. Vai continuar estudando. Quanto é que você precisa por mês?" Doutor Renato continuou a pagar meu salário durante os dez meses em que servi. Gostava muito do meu pai, sabia do drama por que passava a família, do esforço que tinham feito para que eu estudasse. Todo mês eu retirava um cheque de 3.500 cruzeiros, que equivalia a um salário mínimo e meio. E ouvia "assim que sair, você volta a trabalhar pra mim".

Como Cabo 295, com nome de guerra Maílson, eu era da QMG 1 — Comunicações e da QMP 074 — radioperador, embora aquele rádio militar da Segunda Guerra nunca tenha funcionado. Antes mesmo de aprender a manejar com propriedade um fuzil, fui incorporado à Companhia de Choque. Nos colocaram nas ruas para combater as Ligas Camponesas, criadas na década de 1930 pelo Partido Comunista para lutar pela reforma agrária no sertão paraibano. Eram lideradas por Francisco Julião na década de 1950.

Se alguém batesse o pé mais forte, todos correríamos em retirada. Mas juntos, armados, com capacete de ferro, impúnhamos respeito, eu acho, nas nossas ações mais perigosas: fazer revistas na entrada de cidades próximas à capital e tomar as armas dos trabalhadores do campo, suas peixeiras. Mais aventura que isso, só quando Jânio renunciou.

JÂNIO QUADROS RENUNCIA

No sétimo aniversário da morte de Getúlio, o fantasma do caudilho deve ter assombrado o presidente, porque exatamente no dia seguinte, 25 de agosto de 1961, Jânio Quadros jogou a toalha e a faixa presidencial. Jânio havia prometido varrer a corrupção do país, debelar a inflação (que caminhava para 40% ao ano) e defender a soberania nacional. Antes de se varrer do Palácio, só teve tempo de proibir os jogos de azar, as rinhas de galo, o uso de biquíni na praia e o aumento de salários. Na política exterior, jogou dos dois lados: de um, condecorou Che Guevara e um astronauta russo e estreitou relações com países comunistas. De outro, disse sim ao Fundo Monetário Internacional para equilibrar a economia adotando austeridade econômica.

JOÃO GOULART ASSUME?

Os poderes militar, político e econômico do país demonstraram muito receio quanto à entrega da presidência ao vice esquerdista João Goulart, que no momento da renúncia de Jânio estava em viagem oficial à China. A transferência do bastão só aconteceu com o apoio da popular Rede da Legalidade, criada por Jango e Leonel Brizola no Rio Grande do Sul, que mobilizou milhares de pessoas para pressionar para que a lei fosse obedecida. Alguns dos manifestantes e opositores foram presos pelo Exército, inclusive estudantes de Direito que frequentavam a Casa do Estudante.

O meu receio era ter que conter as massas no caso de um golpe militar, a que eu e a maioria dos meus companheiros nos opúnhamos. Mesmo assim, tínhamos que ficar de prontidão, dormir fardados, com fuzil, coturno e capacete ao lado da cama. Mas o máximo que fizemos foi desfilar armados em veículos militares pelas ruas de João Pessoa.

Para nem depor o presidente de direito, nem entregar-lhe a presidência, os militares esvaziaram seu poder. Jango só pôde assumir depois de reformada a Constituição de 1946 para que o poder passasse ao Congresso, com a instauração do parlamentarismo. Goulart governaria tanto quanto a rainha da Inglaterra. O governo passou a ser exercido por um gabinete ministerial, comandado pelo primeiro-ministro, Tancredo Neves. E eu poderia voltar à vida civil, sete meses depois, sem ter que conter as massas.

NOS ACOSTUMAMOS A TUDO

Como o Brasil e o resto do mundo, minha vida estava confusa. Mas os humanos são os animais mais adaptáveis do planeta: acabamos achando tudo normal. Assim, a vida seguia. Papai abriu um *caldo de cana*, como chamávamos por lá o barzinho que vendia essa e outras bebidas, além de salgadinhos. Voltei a dar aulas particulares, que acabaram tornando minha vida muito mais leve, muito mais feliz.

É que, no final de 1961, Waldiria, minha aluna mais velha, com quem tinha tido um namorico dois anos antes, pediu para que eu desse aulas de reforço também para suas amigas, o que eu fazia aos sábados pela manhã, em uma sala do Liceu Paraibano. Rosinha, uma das alunas, era tão linda, tão doce, tão encantadora, que logo me apaixonei por ela. Foi assim que começou o primeiro e único namoro da minha juventude.

SONHANDO MAIS ALTO

Com a tensão política aumentando, era bem recorrente que ficássemos "de serviço", no linguajar militar. Na prática, significava papear. Assim, acabei fazendo bons amigos como soldado e cabo. Contava a eles meus dramas e ouvia suas histórias.

Um dia, quando eu reclamava que teria que voltar a trabalhar para a usina, Waldir me contou sobre um concurso para o Banco do Brasil, que seria realizado em setembro de 1962. Suspirei imaginando entrar por alguma porta do governo. Me parecia muito distante. Ainda mais impossível parecia tornar-me funcionário do Banco do Brasil, que constituía a elite da cidade. Era o mais alto que se poderia almejar, o que dava mais status. O salário era incomparavelmente maior que os da iniciativa privada e ainda havia a segurança, a certeza de estabilidade e de aposentadoria integral. Para mim, essa possibilidade só era real para os filhos de famílias ricas, que podiam estudar em bons colégios, em boas universidades e poderiam até ficar sem trabalhar para se dedicar exclusivamente à preparação para as provas.

Waldir falou umas três vezes, mas não ouvi, entretido que estava no sonho de impossibilidades. Insistia para que eu estudasse com ele e Sabino, que cursava Direito e, como nós dois, frequentava a Casa do Estudante — e um dia se tornaria desembargador do estado.

DA FARDA AO BATENTE

Quando deixei o quartel, em maio de 1962, a realidade do dia a dia escureceu e afastou estes sonhos, principalmente quando precisei voltar a trabalhar no escritório da usina. Doutor Renato não me queria mais como contínuo. Pediu para que eu trabalhasse em uma nova empresa sua, uma distribuidora de combustíveis e produtos derivados, concessionária da Companhia Atlantic de Petróleo.

Assim, passei a chefiar o escritório da Sodir, Sociedade Distribuidora de Produtos Industriais Ltda, com mais três funcionários. O cargo estava acima das minhas aptidões de jovem de vinte anos. E o trabalho era massacrante! Além de ir para a escola à noite, trabalhava ao menos dez horas por dia, aos sábados até às 13 horas e às vezes também aos domingos. Além de coordenar os funcionários, ajudava a encher tanques de querosene e supervisionava o embarque dos caminhões de combustíveis que abasteciam postos da capital e do interior.

Como não estava preparado para o trabalho, muitas coisas deram errado. Meu chefe, Luiz Teixeira de Carvalho, que também me ajudou muito, era um homem duríssimo, ríspido no trato com as pessoas, principalmente um funcionário que incorresse em erro. E errei bastante. Enfim, acabei odiando trabalhar lá.

FRUSTRAÇÃO CONSTRUTIVA

Tanta era minha raiva àquele serviço que decidi me juntar a Waldir e Sabino para estudar para o concurso. Começávamos depois do curso noturno, com que nem me importava mais, já que cursar engenharia era impossível. Praticamente virava as madrugadas. No mês que antecedeu o concurso, deixei a escola para poder me dedicar ainda mais.

Exceto a Sodir, deixei todas as outras atividades, inclusive os encontros com os amigos, que não souberam nem que eu faria o concurso. No máximo, aos fins de semana, visitava Rosinha. E só.

As provas, de português, matemática, francês, inglês, contabilidade bancária e datilografia foram dificílimas e concorria com seiscentos candidatos para 15 vagas. Não acreditava que pudesse ser aprovado. Então fiz também o concurso para o Banco Nacional de Minas Gerais, prestes a abrir uma agência em João Pessoa. Essa foi fácil.

PRIMEIRO-MINISTRO DO BRASIL

Também passou por teste o regime de governo no Brasil. Em janeiro de 1963, no plebiscito que reinstituiria o presidencialismo, presidi a sessão eleitoral em Cruz do Espírito Santo. Antes do pleito, doutor Renato me cumprimentou. Com um sorriso maroto e um tapinha nos ombros, pediu que escamoteássemos alguns votos contra Jango. Cada eleitor entrava sozinho na sala de votação e assinalava sua escolha na cédula, que deveria ser rubricada por um mesário e o presidente de mesa antes de ser inserida nas urnas. No final do dia, nos últimos minutos do pleito, era esperado dos mesários e presidentes de mesa que conferissem os eleitores ausentes. E, em alguns casos, que votassem por eles. Nenhum de nós fez isso.

APROVADOS EM CONCURSO

Dois meses depois, em março de 1963, recebi no escritório da Sodir a ligação de um amigo, parabenizando-me pela aprovação no concurso. "Eu sabia", respondi tranquilamente. "Sabia?", surpreendeu-se. "Sabia. A prova foi facílima! Mas nem sei se vou trabalhar no Nacional", expliquei, para em seguida descobrir, atônito, a razão da estranheza do meu interlocutor. "Estou falando do Banco do Brasil! Deu no *Correio da Paraíba*."

Achei que *mangava* de mim. Corri para comprar o jornal. Na quinta ou sexta página, das oito que o *Correio* publicava à época, havia uma reportagem com a lista. Nela, meu nome. Não me convenceu. Podia ser engano. Fui à agência confirmar a informação. "Parabéns! Você passou no concurso, Maílson." Ainda assim, duvidei. Achei que o gerente podia estar me gozando. Passei mais de uma semana conferindo rotineiramente o *Diário Oficial*, achando, equivocadamente, que seria publicado lá. Nada. Me convenci de que era conspiração, de que nunca acontecera.

Só acreditei que havia sido aprovado no concurso quando recebi uma carta do banco, dizendo que eu trabalharia em Catolé do Rocha, no sertão paraibano, terra da família de João Agripino Maia. Eu era convocado para a "qualificação", quando deveria apresentar documentos e fazer os exames de saúde. Aí me apavorei. Fiquei ainda mais desconfiado quando recebi outra correspondência do banco, dizendo que a agência de Catolé do Rocha demoraria mais que o previsto para funcionar e que, inicialmente, eu seria *localizado* em Cajazeiras, também no interior do estado.

ALFORRIA

Como nem tinha certeza de que trabalharia realmente no banco e sem querer passar outro vexame de "ser aprovado por uma semana", não comemorei. Aliás, me apavorei. Se fosse mesmo verdade e tudo desse certo, teria que contar a Luiz Teixeira e, ainda mais perigoso, para o doutor Renato. Não tinha coragem. Ele era um homem poderosíssimo e eu tinha medo do que pudesse acontecer. Meu maior pavor era que ele desse um jeito de eu continuar a trabalhar para ele.

Ainda havia tempo. Não existia data certa para começar no BB. Fiquei bem quieto. Cada vez que Luiz Teixeira ou doutor Renato me chamavam, eu achava que era por isso. A tensão foi crescendo dia a dia, até que chegou a tarde do paredão. Doutor Renato me chamou até sua sala. "Quer dizer que você passou no concurso do Banco do Brasil e não me falou..." A cadeira estava ainda mais desconfortável. Me remexi. Mas, naquele dia, o medo trouxe com ele um certo alívio. A tensão estava para se diluir. Estava prestes a deixar aquele emprego.

"Tudo bem." Quando ele disse isso, relaxei completamente. Eu estava livre. Ou assim acreditei. "Você vai continuar aqui. São apenas seis horas no banco, do meio-dia às seis. Então você trabalha aqui de manhã e à tarde vai para lá." Meu sorriso derreteu. Meus braços se soltaram, o relance de liberdade que entrevi trincou. Não sei por que ele queria tanto que eu continuasse com ele, se eu fazia tanta coisa errada! Eu não queria mais trabalhar ali! Mas me sentia preso, sentia que devia a ele e o pagamento era a escravidão remunerada. Me sentia um pouco como Zé do Burro carregando sua cruz em *O pagador de promessas*, o filme de Anselmo Duarte que recebeu a Palma de Ouro em Cannes naquele ano.

Tinha pavor de ser crucificado pelo doutor Renato, mas respirei fundo e disse, baixo, que não seria possível, já que trabalharia em Cajazeiras. Se enfezou. "Bata um *western* para o doutor Samuel Duarte solicitando que você seja localizado na agência de João Pessoa." Não respondi, o que ele entendeu como "sim, senhor". Saí da sala dele e não preparei para o diretor do Banco do Brasil, político paraibano, o *western*, um tipo de telegrama urgente, enviado pela Western Telegraphic Company, entregue normalmente no mesmo dia — o telegrama normal podia demorar dois.

Três dias depois o doutor Renato me cobrou: "Não vi o *western* na minha mesa..." Fingi ter esquecido. "Pois bata agora, na minha frente." Não era possível escapar. Ele mesmo chamou o contínuo para enviar a mensagem. A resposta chegou no dia seguinte: "Infelizmente, a esta altura, é impossível. O candidato já está qualificado e deverá tomar posse em Cajazeiras na próxima semana."

Foram duas ótimas notícias: que eu não trabalharia mais lá e que assumiria antes do que imaginara.

PARTE 2 **MAÍLSON**
Carreira no Banco do Brasil
(1963-1977)

CAPÍTULO IV Escriturário no
interior da Paraíba
(1963)

AGORA *ENRIQUEI*!
Era mesmo verdade! Aquele sonho quase impossível de me tornar escriturário do Banco do Brasil se realizaria em breve. Eu tinha ficado rico! Iniciava uma carreira que me traria prestígio e ascensão social. Era o maior status que poderia sonhar. Não teria mais problemas na vida. Meu primeiro salário seria de 46.800 cruzeiros, o equivalente a cinco salários mínimos, quase quatro vezes meu salário na Sodir, a distribuidora do doutor Renato. Era uma pequena fortuna para um jovem de vinte anos de origem humilde!

QUERIDA, ACERTEI *NA* MILHAR
Trabalhei o resto da tarde na Sodir, mas já estava longe dali em pensamento, visualizando minha nova vida como elite de Cajazeiras, bem-casado, bem-vestido, bem de vida. Era, enfim, "A volta por cima", como a Noite Ilustrada tanto cantou naquele 1963.
Saí da empresa naquele dia sem sentir os pés no chão. Até errei o caminho, embora fosse o mesmo de sempre. Em vez de ir em direção à pensão, meus sapatos foram em busca de Rosinha. No meio do trajeto, quando me dei conta, resolvi fazer isso mesmo: contar a ela. Andei mais rápido. Tive vontade de contar a um transeunte, qualquer um. A todos.

Gritar ensandecidamente para que me ouvissem as curiosas das janelas, os calorentos nas cadeiras nas calçadas, os botequeiros, a lua! Saltitei.

Quando Rosinha abriu a porta da casa onde morava com suas irmãs Thereza e Marcina e seu irmão Marcílio, segurei fortemente suas mãos. A garganta apertou com a vontade de chorar de felicidade e não consegui dizer nada. Seus olhos doces me olhavam curiosos, tentando adivinhar o que me vinha na cabeça: "Agora vamos nos casar."

FELIZ VIDA NOVA

Trabalhei na distribuidora mais dois ou três dias. Em seguida, fui a Cruz do Espírito Santo, me despedir da família, toda orgulhosa. Meu pai não disse nada, como sempre. Se eu tivesse olhado, teria visto o brilho comovido dos seus olhos. Mas ainda não tinha maturidade para compreender.

No mesmo dia, parti, carregando uma mala pequena, cheia pela metade com duas ou três mudas de roupa. Queria ficar o quanto pudesse com Rosinha. Depois seria muito raro vê-la: Cajazeiras ficava a dez horas de ônibus de João Pessoa. Mas a distância seria temporária. Casar se tornara um sonho possível.

RUMO AO SEMIÁRIDO

Parti de João Pessoa na manhã da segunda-feira 15 de abril de 1963, na véspera de tomar posse no Banco do Brasil. O ônibus deixou a rodoviária às sete horas da manhã para chegar às cinco da tarde em Cajazeiras, a 480 quilômetros da capital, já quase na divisa com o Ceará. A BR-230 era asfaltada nos 120 quilômetros que iam da capital até Campina Grande, mas os 360 quilômetros seguintes eram de estrada de chão. Nunca havia ido tão longe. Nem estivera tanto tempo num ônibus.

No percurso, me despedia dos verdes canaviais e florestas da Zona da Mata e penetrava a paisagem cinza tão peculiar à caatinga e depois, já perto de Cajazeiras, ao semiárido. A sequidão e os espinhos eram só das plantas. Naquele dia, meu coração e minha imaginação eram só flores: eu trabalharia com afinco, me preparando para cada novo desafio, até chegar, quem sabe um dia, a morar novamente na Capital, numa casa à beira-mar quando me aposentasse, se as economias dessem.

Rosinha estava comigo neste sonho. Andávamos pela areia de mãos dadas, felizes e quietos, porque entre nós não mais seria preciso falar nada. Cada olhar era compreendido pelo outro. E as mensagens eram só de amor. Um pelo outro, pelos nossos filhos tantos e pelos netos, que se intrometeriam neste diálogo tão profundo e silente pedindo mais um bombom Sonho de Valsa. Ao fim da tarde, iríamos todos lanchar no Pavilhão do Chá, que eu adentraria em meus sapatos bicolores para distribuir *cartolas* para a criançada. Nem os *catabios* e solavancos do ônibus chacoalhavam meus sonhos.

CAJAZEIRAS

Cajazeiras, com vinte mil habitantes, era, como ainda é, a quarta maior cidade da Paraíba, depois de João Pessoa, Campina Grande e Patos. Diziam os cajazeirenses que, embora não fosse a maior, era a melhor, ao menos culturalmente. Orgulhavam-se de ser o único município fundado a partir de uma escola, a do Padre Rolim, em vez da recorrente igreja. "Cajazeiras, a terra que ensinou a Paraíba a ler", eu ouviria com frequência nos discursos e cerimônias.

Do ônibus, admirava as ruas por onde caminharia diariamente, buscava reconhecer os lugares que frequentaria, tentava perceber como eram as pessoas dali. Desci na rodoviária pingando de suor e transpirando felicidade. Balançando minha maleta leve, andei alguns quarteirões olhando tudo: o céu todo azul, os prédios baixos manchados da terra vermelha, os cajazeirenses acalorados se escondendo da brisa quente.

Pedro Pio, irmão de Rosinha que morava lá e trabalhava como contínuo no banco, havia me convidado para dividir o quarto no Hotel Oriente, em que residia com Paulo Trajano, auxiliar de escrita da mesma agência — a única da cidade. O hotel era muito diferente das pensões em que morei em João Pessoa: limpo, sem pulgas ou cheiro de Miticoçan, iluminado, com paredes de tijolos e banheiros sem fila. Este hotel era sofisticado. E ficava pertinho do centro, a duas quadras do meu novo emprego.

Queria perguntar de tudo para meus colegas de quarto: quem seriam meus chefes, como deveria me portar, como era o sistema de trabalho, como funcionavam as promoções... Mas tive vergonha. Era um forasteiro — como eles, mas com anos de diferença — e só ouvia. Paulo Trajano, muito desinibido, é que me fazia infindáveis perguntas — cujas respostas não escutava — e desembestou a matraquear. Contou de si mesmo, suas façanhas... Eu pensava apenas no dia seguinte, quando raiaria meu futuro.

BANCO DO BRASIL

Não é à toa que a vegetação naquele semiárido é tão amarga. O calor é devastador, chegando a 35 graus, sem qualquer brisa, às duas da tarde. Por isso, o expediente do banco não era do meio-dia às seis, como em João Pessoa, mas das sete da manhã à uma da tarde.

Acordei às cinco, numa ansiedade que não me era usual. Podia escolher entre apenas três camisas, mas não conseguia. A calça, eu sabia, era muito bem alinhada — feita por meu pai — mas será que estava rota? Estava bem asseado? Conferi se as unhas estavam sujas. Minhas mãos tremiam incontrolavelmente.

Pedro Pio me esperou para seguirmos juntos à Rua Juvêncio Carneiro, onde ficava a agência, mas deixamos Paulo, atrasado como lhe era usual. Escondi as mãos nos bolsos enquanto Pedro Pio me ciceroneava, mostrando as instalações. Apresentou-me ao subgerente e ao gerente. Não lembro a primeira pergunta que fizeram. Lembro apenas que, na resposta, minha voz não saiu como deveria.

Seu Eudoro Portela Melo, o gerente, o todo-poderoso dali, um piauiense dos mais sérios que conheci, me desejou sucesso na carreira e Hélio Buson, o subgerente, cearense boa-praça e de fala mansa, levou-me à minha mesa e explicou minhas funções: preencher, à máquina, as fichas cadastrais dos clientes e organizá-las nas infindáveis gavetas do arquivo que tomava uma sala toda. Já me sentia *abafando*!

TROTES BRASILIANOS

Nem Pedro Pio nem Paulo Trajano me alertaram sobre os trotes nos novatos. E são muitos. Logo na primeira hora do expediente, me disseram que teria que conferir as somas dos balanços das fichas cadastrais. Havia uma diferença de alguns cruzeiros entre a soma total e o balancete do banco. Na época, não havia qualquer mecanização. Todas as operações de crédito rural eram registradas em fichas — mais de três mil delas. Depois de revelar que era gozação, pediram que eu comprasse no comércio local uma "máquina de achar diferença" e, na única livraria da cidade, pedira CIC, os livrões com a Codificação das Instruções Circulares do banco. O dono da livraria se prestou a participar da brincadeira. "Hoje estamos em falta, mas você encontra em Sousa", uma cidade vizinha.

Outro trote era muito mais torturante. Já nas primeiras horas, meus colegas disseram que, sendo o novato, eu deveria pagar *jacaré de coco* para todos no intervalo para o lanche, das 10 às 10h15. "No semiárido tem jacaré?", estranhei. Mas era outra a questão que mais me afligia: eu não tinha dinheiro. Nem comigo, nem guardado. Como é que pagaria o tal jacaré para todos os mais de trinta funcionários? Cada vez que davam um tapinha em meu ombro e avisavam, tentava sorrir. Não sabia o que fazer. Tinha vergonha de dizer que não poderia pagar. Saía um meio-sorriso, com cara de deus-me-acuda.

No intervalo, enquanto os funcionários tomavam café, fumavam seus cigarros, puxavam papo, eu só pensava no tenebroso jacaré. A iguaria do vendedor ambulante, pão doce em forma do bicho, coberto de coco amarelo, me apavorou. Ainda que confeitado, era um réptil de sangue-frio, quase sangue de barata. Meus colegas se empanturravam, pediam permissão para repetir. "É... claro...". No final das contas (e que contas!), cada um pagou o seu. Não sem antes me torturarem até onde podiam.

ASSOCIAÇÃO ATLÉTICA BANCO DO BRASIL (AABB)

Os meses seguintes não foram nada torturantes. Foram, ao contrário, agradabilíssimos. Todos os meus colegas, meus chefes, o gerente, se revelaram muito corretos, gentis, eficientes, solícitos. Éramos realmente uma equipe, colaborando uns com os outros, ensinando, aprendendo. Além disso, eram ótimos companheiros. Depois da prorrogação de expediente, o trabalho extra, das 15h às 17, os solteiros costumavam passar os fins de tarde na AABB, num modesto prédio de dois andares no centro, dez minutos a pé dali. Os esportes mais disputados eram sinuca e levantamento de copo. Além da sacada em que bebíamos cerveja e das mesas de sinuca, havia uma saleta, com a vitrola que tanto gostava de Roberto Carlos.

Havia também um salão de baile, em que, semanalmente, aos sábados, eram realizadas as festas mais concorridas da cidade. Dançávamos os twists de Chubby Checker, os primeiros sucessos de Jorge Ben, os mais recentes de Nelson Gonçalves e as músicas tocadas pela orquestra de Waldir Calmon. A elite local não faltava, especialmente as moçoilas solteiras em busca de um bom partido — e qualquer um de nós do BB era um ótimo partido. Tinha moça que sobrava!

ESTÁ LONGE O MEU AMOR

Não era possível resistir sempre e beijei algumas moças. Mas não queria saber de nada sério com elas. Só pensava em Rosinha. E fazia todo o possível para visitá-la nos feriados prolongados. Chegava em João Pessoa no fim da tarde e, como determinavam os bons costumes, a via até no máximo as dez da noite, na casa de sua tia. Rosinha e sua irmã Marcina passaram a morar com ela depois que Marcílio mudou-se para o interior e Thereza para Brasília, onde fora morar com o irmão Antunes. Nos vermos tão pouco era torturante. Mas ainda não dava para casar. Era preciso poupar dinheiro para alugar e mobiliar toda uma casa, o que era caríssimo. Decidimos que seria em maio de 1965, mês de nossos aniversários, eu no dia 14, ela no dia 20, ambos taurinos.

O NOVIÇO

Em Cajazeiras, fui me engajando em cada vez mais atividades. Uma delas foi o teatro. A cidade se gabava de ser um centro das artes dramáticas. Alguns críticos de destaque na Paraíba eram originários de lá. Sentindo tamanha efervescência, a esposa de um dos maiores industriais locais, Íracles Pires Ferreira, que estudara com Cecília Meirelles quando morava no Rio de Janeiro, decidiu montar, em 1963, um grupo de teatro amador, o TEAC — Teatro Experimental de Arte de Cajazeiras. Alguns proeminentes jovens da cidade foram convidados a atuar na peça O *noviço*, de Martins Penna, inclusive eu, que fiquei com o papel principal, e outros cinco funcionários do banco. Foi assim que acabei namorando Crisantina Cartaxo, também atriz amadora.

REGRAS DE CONDUTA

Não era assim tão simples fazer parte do mais importante grupo social de Cajazeiras. Os funcionários do Banco do Brasil deviam obedecer a certas regras não declaradas, algumas convenções que ditavam como se vestir e como se portar em público. Elas foram acentuadas quando passou por ali um inspetor conhecido pelo rigor: José Antônio Correia de Oliveira, que chamávamos de Antônio Grampão.

O inspetor do BB, fosse quem fosse, era uma figura a quem se devotava um respeito reverencial. Em certas circunstâncias, podia até destituir o gerente e descomissionar funcionários. Antônio Grampão proibiu os funcionários de usar bermudas e sandálias do tipo japonesa em qualquer ocasião. No banco, que na época exigia gravata, determinou que vestíssemos calças sociais escuras e camisas abotoadas até o colarinho.

Anualmente, os funcionários eram avaliados. Era comum incluir, além de observações de cunho profissional, opiniões como a de que se era "bom pai de família" ou se mantinha "conduta exemplar dentro e fora do banco".

VALORES DO BB

O Banco do Brasil representou para mim uma fonte fundamental de formação e desenvolvimento profissional, mas também pessoal, especialmente de valores. Nem minha família, cujos diálogos eram muito restritos, nem as escolas em que estudei incutiram em mim valores ou formas de conduta tão intensamente quanto o BB. Eram raríssimos os casos de desonestidade, improbidade ou mesmo de desavenças graves decorrentes de parcos valores morais. Seu Eudoro, que acabou tendo para mim o papel de pai, foi um exemplo de conduta, que me permitiu, anos depois, não vacilar em resistir a tentativas de corrupção que se apresentariam.

AQUELE BANCO DO BRASIL

Na década de 1960, no interiorzão da Paraíba, os bancos funcionavam de modo muito diferente de hoje. Para começar, não eram muitos bancos e agências. O BB era o único da cidade, que contava também com uma pequena cooperativa de crédito. O banco atendia apenas pessoas jurídicas e agricultores. Crédito pessoal, ou *papagaio*, só passaria a fazer parte de seu cardápio operacional a partir dos anos 1980.

A agilidade também era bem outra. Para descontar um cheque, o cliente o entregava a um funcionário, que localizava sua ficha. Conferida a assinatura, o cheque seguia para o caixa, que ficava sobre um tablado alto, numa espécie de gaiola, cercado de grades por todos os lados, inclusive no teto. Enfim, levava um tempão para o cliente receber o dinheiro. Os saques passariam a ser feitos diretamente no caixa apenas em 1967, quando o BB criou o "caixa-executivo", imitando uma inovação americana.

As operações de crédito rural, a juros baixíssimos, de no máximo 7% ao ano, mesmo com a inflação beirando os 90% anuais, demoravam semanas para serem aprovadas. Para solicitar o crédito, agricultores e industriais dos 22 municípios a que a agência jurisdicionava, espalhados pelos sertões da Paraíba, do Ceará e do Rio Grande do Norte, se deslocavam pelo menos duas vezes até Cajazeiras, às vezes em charretes. Primeiro, apenas para fazer o cadastro. Depois, para assinar o contrato e fazer cada retirada de dinheiro. Mesmo assim, na época de plantio, o afluxo de clientes era enorme.

Os analfabetos deveriam levar procuradores, o que lhes custava muito caro. Por isso, fechávamos os olhos quando alguns deles se esforçavam para assinar o contrato, muito lentamente. Não era raro que sacassem um papel do bolso com uma assinatura, que copiavam como um desenho qualquer.

CLIENTE PREFERENCIAL

Tendo que realizar todas as operações pessoalmente, os clientes da agência eram conhecidos por todos nós. Certo dia, seu Manoel Moreira, tão correto e organizado, bom cidadão e pai de família exemplar, apresentou um cheque de valor bastante alto. Não havia saldo suficiente e não existia nenhuma possibilidade de a conta ficar negativa. O cheque especial, o cheque-ouro no Banco do Brasil, só seria criado anos depois, em 1968.

O estranhamento foi generalizado. Informamos seu Eudoro, o gerente, que chamou seu Moreira para uma conversa. Com jeito e paciência, perguntou se o cheque era mesmo dele. "Fui eu quem passou o cheque, sim. Mas não é para tirarem dinheiro da minha conta. É para descontarem do Fulano, que me deve e não quer pagar."

MALAS DE DINHEIRO

Praticamente não havia conectividade entre as agências. A comunicação era feita pelos Correios, via cartas ou telegramas. Assim, a Sumoc, Superintendência da Moeda e do Crédito, levava trinta a quarenta dias para consolidar os depósitos que o BB recolhia dos demais bancos. Vinte anos depois, seria esse o tempo que o Banco Central demoraria, em 1983, para se dar conta de que o Banerj, o banco estadual do Rio de Janeiro, havia quebrado.

Além dos balanços mensais, as agências também se conectavam no processo de suprimento de caixa. Quando o caixa baixava, buscávamos dinheiro em Crato, no sul do Ceará. Quando sobrava dinheiro, levávamos para lá. Os funcionários exemplares eram presenteados com esta tarefa, as *viagens de numerário*, feitas a dois. Além de sair da rotina e viajar, ainda ganhávamos uma ou duas diárias, que engordavam o salário no fim do mês.

Para as viagens a Crato, nossos instrumentos de trabalho eram um jipe alugado, sacos de dinheiro e dois revólveres, que não serviam para nada. Sem saber atirar, se um ladrão nos abordasse, correríamos. Uma vez, no posto fiscal na divisa entre os estados da Paraíba e do Ceará, um fiscal quis inspecionar nossa mercadoria. "É dinheiro para Crato, né?" Achei natural.

Vez por outra, a viagem era ainda mais emocionante. Íamos a Campina Grande, num DC3 da Varig. Os sacos eram despachados como bagagem. Uma vez o carregador do aeroporto até brincou: "Tá levando a dinheirama aí?" Saindo de lá, colocamos os sacos no porta-malas do táxi e entregamos à agência. Como teríamos que contar as notas no dia seguinte, o gerente armazenou os sacos na caixa forte e a trancou com uma chave que se repartia em duas, para que somente juntos pudéssemos ter acesso ao dinheiro. Estranhei. Perguntei a razão. "Não quero que você possa abrir sem mim nem você deve querer que eu abra sem você." Achei um exagero!

PLANO DE CARREIRA

Meu sonho profissional passou a ser me tornar caixa. Mas ainda não poderia chegar lá. Para aumentar a receita, sem poder ainda ser um funcionário comissionado, minha única opção era a "prorrogação de expediente".

A não ser "em caráter excepcional", ninguém podia dar pulos na carreira. Anualmente, os funcionários que quisessem ser comissionados preenchiam um formulário, no qual se indicava o cargo almejado e em que cidade brasileira, necessariamente compatível com seu posto efetivo. As solicitações eram avaliadas pela Direção Geral, no Rio de Janeiro, que já contava com um sistema informatizado. No ano seguinte, as vagas disponíveis eram preenchidas de acordo com essas informações.

A PRIMEIRA PROMOÇÃO

Embora não tenha sido selecionado aos cargos a que me candidatei, acabei ascendendo mais rapidamente do que o normal, devido à minha dedicação e a um acaso, entre tantos que me surpreenderiam por toda a vida. Sorte para mim. E azar para Ronald Mendes de Melo, investigador de cadastro da mesma seção em que eu trabalhava, amicíssimo meu, muito querido por todos, mas com um hábito que não lhe era nada conveniente: beber. Quando passava da conta, o que não era raro, ficava agressivo — diziam até que batia na esposa.

Seu Eudoro, primo de Ronald, já o havia advertido diversas vezes de que nem o parentesco o impediria de delatá-lo e levá-lo a julgamento da Direção Geral em caso de reincidência. Mesmo assim, num certo dia de agosto de 1963, Ronald tomou uma *carraspana* que ficou para a história: não apenas falou demais e chorou, mas também xingou e ficou agressivo, violento até. Toda a cidade soube. Inclusive seu Eudoro, que prontamente relatou à Direção Geral o desvio de conduta e me indicou para substituí-lo, sem me consultar. Algumas semanas depois, chegou ao mesmo tempo a punição de Ronald e a minha nomeação como investigador de cadastro. Fiquei triste por Ronald. Mas contentíssimo por mim.

CAPÍTULO V **Investigador de Cadastro em Cajazeiras (1963-1965)**

COLHENDO INFORMAÇÕES NO INTERIOR DA PARAÍBA

Aos cinco meses de banco, me tornava um funcionário comissionado, "em Acaráter excepcional". No meu novo cargo, saía às ruas e aos sertões com uma pastinha debaixo do braço, conferindo as informações dadas pelos clientes e investigando sua reputação entre seus conhecidos e parceiros de negócios. "É uma pessoa correta? É confiável? Paga em dia? É bom pai de família?"

A agricultura naquela região era bem diferente daquela da Zona da Mata, não apenas em relação aos produtos cultivados, mas também ao sistema de trabalho e divisão das propriedades. No semiárido, ao invés dos latifúndios de cana-de-açúcar, havia pequenos e médios proprietários. Em lugar dos *moradores*, os trabalhadores típicos do eito da cana, ali persistiam os meeiros, um tipo de arrendatários que praticava a agricultura familiar cultivando pequenas áreas cedidas pelos proprietários em troca de metade de sua produção, descontadas as benfeitorias e suprimentos cedidos pelo dono das terras.

CINEMA NOVO E CADERNOS DO POVO

Eu já não ia mais tanto ao cinema quanto o fazia em João Pessoa. Mas sabia que muitos importantes filmes nacionais eram ambientados naquela região. O Cinema Novo foi deflagrado naquele 1963, por *Vidas secas*, de Nelson Pereira dos Santos, *Deus e o diabo na terra do sol*, de Glauber Rocha, e *Os fuzis*, de Ruy Guerra. Numa mistura de neorrealismo com nouvelle vague, explorando a "estética da fome", exibiam um Brasil desconhecido no sul do país — assim como seus conflitos políticos e sociais — produzindo filmes sem tanta exigência técnica, o que Glauber Rocha sintetizou em "uma câmera na mão e uma ideia da cabeça".

Era distorcida a visão que esses diretores tinham do interior do Nordeste. Eu achava que conhecia o ambiente, tanto por minha adolescência na Zona da Mata e em meio a usinas de açúcar e no cargo de investigador de cadastro quanto pela leitura dos *Cadernos do Povo*. No primeiro volume, Francisco Julião, líder das Ligas Camponesas, exortava os "campesinos" a participarem da luta armada pela reforma agrária.

DIFUSORA RÁDIO CAJAZEIRAS (DRC)

Apesar de conhecer bem os campos ao redor, passava muito mais tempo na cidade. Meu engajamento na vida social de Cajazeiras se ampliava. No segundo semestre de 1963, Mozart Assis, bastante ativo na comunidade local, possuía em sociedade com José Adegildes Bastos, um sistema de som com alto-falantes espalhados por toda a cidade, a Difusora Rádio Cajazeiras (DRC). Os dois decidiram abrir a primeira emissora de rádio da cidade. Conseguida a licença, convidaram algumas pessoas de destaque para ajudá-los a organizá-la e pô-la no ar. Eu fui uma delas. Não tínhamos ideia do que fazer, mas, animados, improvisamos.

Na maior parte do tempo, a DRC replicava a programação de outras rádios, inserindo publicidade local. Mas, recorrentemente, os pioneiros Mozart e José Adelfides veiculavam o que lhes desse na veneta. Antes mesmo de montar a rádio, nas eleições municipais de 1963, eu e Ronald, que continuava meu amigo depois de eu passar a ocupar seu cargo e presidia a sucursal local do Sindicato dos Bancários da Paraíba, decidimos apoiar o candidato Raimundo Ferreira. Íamos a quase todos os seus comícios e até discursei em um deles, meu primeiro pronunciamento público. Seus rivais não gostaram. Passaram a falar mal de Raimundo Ferreira e de nós bancários.

Em um dos dias de maior agitação política, redigi um manifesto muito agressivo contra os adversários, cujo líder era o dr. Otacílio Jurema, um dos homens mais respeitados da cidade. Com um inequívoco linguajar esquerdista, falava em oligarquias, necessidade de libertar o povo de seu domínio, mudar os costumes. Além de ter muitas tiradas pueris, o texto ficou denso, cheio do vigor de minha juventude e já exibia o estilo direto e claro que caracteriza meus escritos.

Na voz potente de Ronald, o manifesto reverberou por toda a cidade, através dos alto-falantes da difusora. Dezenas de pessoas se aglomeraram em frente ao prédio da DRC, inclusive o próprio Jurema, que andava de um lado para o outro, vigilante à única saída do edifício. Findo o discurso, em cerca de 25 minutos, vimos, do primeiro andar, um grupo se aproximando da entrada. A aparição de Mozart evitou o que parecia ser uma tentativa de invasão. Com medo, permanecemos ali durante horas, até que as pessoas se acalmaram e os grupos se dispersaram.

Muito me arrependi de ter escrito aquele manifesto. Seu Otacílio era um homem muito íntegro e correto. Acabamos por nos tornar amigos nos anos seguintes. Ele deve ter compreendido que eu era apenas um jovem ingênuo que sonhava com um mundo justo e igualitário. Lá em Cajazeiras, como em grande parte do mundo, não se conheciam as desgraças, as misérias e as ineficiências dos regimes socialistas.

NOTÍCIAS MUNDIAIS

Era através da rádio e das revistas *Manchete* e *Realidade* que me informava sobre os acontecimentos mundiais, inclusive a proliferação dos arsenais nucleares, especialmente comentada naquele ano, devido à Crise dos Mísseis. Foi estimulado por ela que, em agosto de 1963, Estados Unidos, União Soviética e Grã-Bretanha assinaram um acordo que proibia testes nucleares na superfície terrestre, em alto-mar e no espaço, restando apenas a possibilidade de testes subterrâneos. Foi pelo rádio também que ouvi sobre o assassinato de John Kennedy, em novembro daquele ano. O presidente americano recebeu dois tiros enquanto circulava no carro presidencial durante a campanha para concorrer à reeleição em 1964.

POLÍTICA NACIONAL

A população cajazeirense não se interessava muito por notícias nacionais ou internacionais. Eram mundos muito distantes para nós. Mas eu gostava de ouvir a *Voz do Brasil*, que àquela altura ainda falava no Plano Trienal de Desenvolvimento Econômico e Social, de João Goulart, que propunha mudanças importantes no sistema produtivo do país, em geral com inspiração intervencionista.

Eu não tinha noção do potencial nocivo das ideias de Goulart para a claudicante economia de mercado brasileira. Mas a oposição, sim. O Congresso e o empresariado, receosos das tendências esquerdistas do presidente, se opunham às suas reformas de base e o responsabilizavam pela altíssima inflação, que beirava os 90% ao ano, um patamar inaceitável na época, mas que, em março de 1990, no meu último mês como ministro da Fazenda, quase seria alcançado em apenas um mês.

Também culpavam Jango pelo desabastecimento, decorrente de uma oferta que crescia menos do que a demanda. A falta de horizontes desestimulava os investimentos ao mesmo tempo em que o governo reajustava generosamente o salário mínimo e apoiava reivindicações no mesmo sentido por parte dos sindicatos de trabalhadores. O ambiente de instabilidade econômica contaminava gradativamente as relações políticas e sociais. As tensões se aguçavam perigosamente, enquanto o presidente era cada vez mais recorrentemente acusado de tramar um golpe comunista.

AS ASSUSTADORAS REFORMAS DE BASE

Apesar da oposição do Congresso e dos empresários, parte da população apoiava as mudanças propostas por Jango. Suas reformas de base — com orientação progressista, mas pintadas pela esquerda em cores socializantes e anticapitalistas — incluíam a agrária, a bancária, a financeira, a tributária, a fiscal e a administrativa.

Mais do que o verdadeiro teor das mudanças, o que mais assustava o empresariado era o tom febril do debate político. A discussão mais apaixonada se dava em torno da reforma agrária, que pretendia facilitar as desapropriações e acabar com o "monstro" do latifúndio. No campo financeiro, uma das propostas mais polêmicas era a de taxar as remessas de capital estrangeiro, o que, para os liberais, era aterrorizante.

Destas reformas, a mais próxima a mim e aos meus colegas no Banco do Brasil em Cajazeiras era a bancária, evidentemente. Na visão de muita gente, especialmente dos sindicalistas e de esquerdistas como eu, o objetivo seria cortar as asas dos bancos, sobretudo dos privados, que, idealmente, seriam estatizados.

A estatização era vista com naturalidade quase duas décadas antes de Ronald Reagan e Margaret Thatcher iniciarem a revolução liberal que sacudiria o mundo nos anos 1980. Ela não faria parte dos planos da reforma bancária, como compreenderíamos em 1964, quando esta e outras mudanças propostas por Jango seriam implementadas no regime militar. Os novos ventos não soprariam como imaginávamos.

MOSCOUZINHO E CÉLULA COMUNISTA

Eu apoiava Jango quase incondicionalmente, em particular suas medidas socializantes. Tal era minha empolgação e a de meus companheiros de hotel que nosso quarto era chamado de Moscouzinho. Pedro Pio, Paulo Trajano e eu enxergávamos a União Soviética como exemplo de futuro, enquanto os Estados Unidos simbolizavam para nós o passado. Éramos entusiastas do regime socialista de Fidel Castro, que acreditávamos ser o primeiro de muitos a serem instalados na América Latina. Defendíamos os ideais igualitários, a distribuição de terras, a tributação pesada dos lucros das multinacionais, o intervencionismo total do Estado. Líamos toda a literatura socialista que aparecia, inclusive os clássicos, como *O capital*, de Karl Marx, que não entendi muito bem. Conversávamos sobre reformas de base, luta contra as hierarquias, a expansão do monopólio do petróleo...

Acredito que, de nós três, eu era o mais firme nestas convicções. Tanto que, no final de 1963, sem que ninguém soubesse (nem ao menos Pedro Pio ou Paulo Trajano), passei a integrar uma célula comunista da cidade, organizada por um dentista, o doutor Abdiel de Souza Rolim. Além de ensinar os preceitos socialistas, este tiradentes paraibano intentava fazer todo o necessário para ajudar a implantar o socialismo no Brasil. Planejava, inclusive, participar de lutas armadas. Ideologicamente, eu iria com ele. Mas o mais provável é que, começadas as batalhas, eu me contivesse — para dizer o mínimo.

GRUPO DOS ONZE

No início de 1964, ouvi falar em Grupos dos Onze, que desde o ano anterior vinham sendo organizados pelo ex-governador do Rio Grande do Sul, Leonel Brizola. Em outubro de 1963, seus pronunciamentos na carioca Rádio Mayrink Veiga, a mais ouvida entre as classes média e baixa, conclamavam a população a organizar seus "comandos nacionalistas" com "onze companheiros, como times de futebol", para que, juntos, formassem o Exército Popular de Libertação (EPL), que levaria o país a adotar uma nova linha política, de esquerda. Estes grupos deveriam ser inspirados nas "Revoluções Populares", nas "Frentes de Libertação Nacional" e na técnica cubana de guerrilha.

Brizola passou a distribuir seu semanário, *O Panfleto*, além das cartilhas de "Precauções", "Deveres dos membros", "Deveres dos dirigentes" e "Código de segurança". Foram formados mais de 5.300 grupos, com mais de 58 mil pessoas, especialmente dos estados do Rio de Janeiro, Guanabara, São Paulo e Minas Gerais. Como Brizola, acreditávamos que a revolução estava pronta para ser deflagrada. Nossos intuitos eram seríssimos. Tanto que, em janeiro de 1964, enviamos uma carta à central, no Rio de Janeiro, pedindo autorização para formar um Grupo dos Onze em Cajazeiras. Dizíamos estar preparados para a luta armada. Na segunda quinzena de março, recebemos um telegrama de Brizola autorizando a formação do grupo e nos dando as boas-vindas. Mas não recebemos cartilhas coisa nenhuma.

DA CENTRAL DO BRASIL

Enquanto aguardávamos instruções, atentávamos para o nosso admirado presidente. Desgastado pela crise econômica e pela oposição feroz, especialmente de militares, João Goulart procurou se fortalecer realizando comícios populares em defesa de suas propostas.

Sabendo com antecedência do mais importante deles, na estação ferroviária Central do Brasil, no Rio de Janeiro, no dia 13 de março, Mozart decidiu transmitir ao vivo o comício pelo sistema de alto-falantes da DRC. Reunidas na Central, 300 mil pessoas, sobretudo estudantes, sindicalistas e participantes de associações de servidores públicos, apoiavam as promessas do presidente de desistir da conciliação com setores conservadores que "bloqueavam suas reformas de base no Congresso por estarem a serviço de grandes companhias internacionais e contra o povo". Jango anunciou uma série de medidas, inclusive de desapropriação de terras, estatização de empresas e reforma constitucional.

A população de Cajazeiras ouviu tudo aquilo sem entender bem o que acontecia — e provavelmente reclamando da substituição das músicas por discursos políticos. No outro dia, nada de extraordinário ocorreu na cidade. A vida continuou, pachorrenta, calma e alheia aos acontecimentos nacionais. Definitivamente não havia sentimentos revolucionários por ali.

As acusações da oposição de que o presidente era subversivo se acentuavam. Uma das potentes vozes que bradavam o xingamento era a do governador da Guanabara, Carlos Lacerda. Mas havia centenas de milhares além dele. Os opositores de Jango, dizendo-se defensores e mantenedores da ordem e da moral, revidaram o comício na Central do Brasil organizando diversas marchas pelo país. A maior delas ocorreu seis dias depois, em 19 de março, em São Paulo: a Marcha da Família com Deus pela Liberdade, com 400 mil manifestantes repudiando Jango e o comunismo.

GOLPE MILITAR

À medida que crescia a tensão, aumentavam também os adeptos de uma posição política e outra. Até os rachas no Exército se tornavam mais evidentes, com militares cariocas apoiando o governo e mineiros e paulistas querendo derrubá-lo.

No dia 31 de março, tropas de Minas Gerais e de São Paulo avançaram sobre o Rio de Janeiro, onde Jango contava com o apoio das Forças Armadas. Mas a temida batalha não aconteceu. O regime militar, chamado por seus protagonistas de Movimento Cívico Militar de 31 de março de 1964, foi instituído sem derramamento de sangue.

Para nós, virou piada. Dizíamos que, quando as tropas rebeladas se aproximavam de Resende, onde encontrariam as do Rio de Janeiro, o general do Primeiro Exército, com sede no Rio, Osvino Ferreira Alves, perguntou ao general do Segundo Exército, de São Paulo, de quantos tanques ele dispunha. "Vinte e dois", teria respondido o general Amaury Kruel. "Eu tenho vinte. Então você ganhou."

FERIADO BANCÁRIO

No dia 1º de abril foi decretado feriado bancário, medida comum em caso de conturbação política ou econômica, para evitar a corrida aos bancos de correntistas mais preocupados e o risco de quebra de instituições financeiras. No Banco do Brasil em Cajazeiras, trabalhávamos a portas fechadas. Já na primeira hora, seu Eudoro convocou todos nós para expressar seu alívio diante do triunfo militar, que acabaria com os terrores provocados pelas Ligas Camponesas e a subversão da ordem e da moral.

Minhas posições esquerdistas inicialmente se rebelaram dentro de mim. Até que lembrei de um episódio ocorrido no ano anterior e concedi alguma razão ao gerente. Ali por outubro de 1963, uma propriedade do doutor Renato em Sapé foi invadida por integrantes das ligas camponesas. Os invasores, armados, subjugaram todos e colocaram um chocalho de gado no pescoço do administrador, para desmoralizá-lo.

Ao receber a notícia, o principal executivo das usinas do doutor Renato decidiu pessoalmente resolver o problema. Doutor Fernando Gouveia, um agrônomo muito corajoso, autoritário e temido, encheu dois jipes de policiais e *vigias*, os guarda-costas, e foi até lá. Desceu audacioso e ordenou aos invasores que transferissem o chocalho do pescoço do administrador para o do líder camponês. Pelas costas, seu Gouveia recebeu um golpe de foice que lhe dividiu em duas a nuca. Seguiu-se uma batalha de facas, foices, revólveres e rifles. Muitos camponeses e quase todos que acompanhavam o doutor Gouveia foram mortos, numa chacina que virou notícia nacional.

REDE DA LEGALIDADE

Sonolenta desde 1961, quando defendera a posse de João Goulart depois da renúncia de Jânio Quadros, a Rede da Legalidade ressurgiu no próprio 31 de março de 1964. Ainda houve, aqui e acolá, quem resistisse com manifestações até a manhã do 1º de abril. Nós do Moscouzinho sintonizamos a Rádio Mayrink Veiga. Na hora do almoço, pusemos na calçada nossos alto-falantes, ignorados pela população. Brizola conclamou os Grupos dos Onze a se prepararem para a luta. "É agora", pensei. À tarde, quando Jango fugiu para o Rio Grande do Sul e, de lá, para o Uruguai, a Rede rapidamente minguou, sem que fosse necessário o uso da força pelo Exército. No dia 2, parecia nunca ter existido. Nós do Moscouzinho ficamos calados, murchos.

Passamos a achar que o regime militar seria um governo provisório, que talvez durasse um par de anos, até que a tensão fosse diluída e o país pudesse retornar à democracia. Quando Mozart falava que os militares ficariam no poder por duas décadas, ninguém lhe dava crédito. Achávamos um exagero.

GOVERNO MILITAR

Sem nem ao menos ter que reprimir manifestações populares, o governo do país foi imediatamente assumido pelos comandantes das três armas: general do Exército Artur da Costa e Silva, tenente-brigadeiro Francisco de Assis Correia de Melo e vice-almirante Augusto Rademaker. Já no dia 9, decretaram o Ato Institucional, que, transtornado, datilografei integralmente do *Diário Oficial*.

Primeiramente, justificavam o golpe, acusando o governo anterior de que "deliberadamente se dispunha a bolchevizar o país" e defendendo que o intuito da "revolução vitoriosa" era a "reconstrução econômica, financeira, política e moral [...] da nossa Pátria". Também asseguravam ser moderados, mantendo a Constituição de 1946, "limitando-nos a modificá-la, apenas, na parte relativa aos poderes do Presidente da República, a fim de que este possa cumprir a missão de restaurar no Brasil a ordem econômica e financeira e tomar as urgentes medidas destinadas a drenar o bolsão comunista, cuja purulência já se havia infiltrado não só na cúpula do Governo como nas suas dependências administrativas". Garantiam a manutenção do Congresso Nacional, "com as reservas relativas aos seus poderes", mas continuavam: "Fica, assim, bem claro que a revolução não procura legitimar-se através do Congresso. Este é que recebe neste Ato Institucional [...] sua legitimação."

Além de dar poderes extraordinários ao presidente, válidos até 1966, e definir a data e a forma de eleição presidencial, tanto daquele mês quanto de 1965, o Ato Institucional suspendia por seis meses a imunidade parlamentar e a estabilidade de quaisquer funcionários públicos. E instituía a possibilidade de inquéritos coletivos sobre "crimes contra o Estado", "contra a ordem política e social ou atos de caráter revolucionário".

Onze dias depois, no dia 20, o general cearense Humberto de Alencar Castello Branco foi eleito pelo Congresso o novo presidente, tendo como vice José Maria Alkmin.

CASSAÇÕES IMEDIATAS

Ainda em abril começaram as punições políticas e as prisões dos opositores do regime, ou subversivos, uma expressão cuja intensidade não imaginávamos que se tornaria tão amedrontadora. Os primeiros alvos foram aqueles que estavam no governo, especialmente os políticos com tendências esquerdistas — e quase todos que apoiavam abertamente João Goulart.

No dia seguinte ao Ato Institucional, em 10 de abril, a junta militar divulgou o Ato do Comando Revolucionário número 1, suspendendo direitos políticos de cem pessoas, entre elas os ex-presidentes João Goulart e Jânio Quadros; o secretário-geral do proscrito Partido Comunista Brasileiro (PCB), Luís Carlos Prestes; o governador deposto de Pernambuco,

Miguel Arraes; o deputado federal e ex-governador do Rio Grande do Sul, Leonel Brizola; o deputado federal e ex-governador do Amazonas, Gilberto Mestrinho; o economista Celso Furtado; os ministros da Justiça, Abelardo Jurema de Araújo, do Trabalho, Almino Afonso, e da Educação, Paulo de Tarso; o reitor da Universidade de Brasília, Darcy Ribeiro; e o jornalista Samuel Wainer; além de 29 líderes sindicais. Anos depois, viria a conviver profissionalmente com Abelardo Jurema, um político paraibano que adquirira projeção nacional. Recuperados seus direitos políticos, se tornaria diretor do BNDES no governo do general Figueiredo, quando eu seria o secretário-geral do Ministério da Fazenda.

No mesmo dia, foi publicado o Ato do Comando Revolucionário número 2, cassando o mandato de 40 membros do Congresso, que já haviam sido incluídos no ato de suspensão dos direitos políticos.

As cassações continuaram nos meses seguintes, atingindo até alguns mais comedidos que criticavam o antigo presidente. Foi o caso de Juscelino Kubitschek, em junho, então senador por Goiás, que votara em Castello Branco e Alkmin em abril. Evidentemente situacionista, JK não foi cassado por fazer oposição ao regime ou defender o socialismo. Seu maior perigo, para o governo, era sua popularidade, aliada ao seu objetivo: ele almejava retornar à Presidência da República. Antes do regime militar, já divulgava para as massas sua intenção de concorrer às eleições de 1965, no projeto JK-65, cujo slogan era "cinco anos de agricultura para cinquenta anos de fartura". Com seu objetivo ceifado, JK foi plantar outros sonhos em diversas cidades dos Estados Unidos e da Europa, num exílio voluntário.

CAÇA AOS SUBVERSIVOS

A perseguição abrangeu até cidades pequenas, inclusive uma bem perto de nós, Sousa. Antônio Mariz, o prefeito da cidade, havia discursado ferinamente contra o movimento e os militares no próprio 31 de março. Logo em seguida, um destacamento do Exército foi deslocado para lá e Mariz foi preso, como muitos de seus assessores. Não foi destituído, como aconteceu com diversos prefeitos por muito menos do que isso. Acabou sendo solto alguns dias depois, por influência de seu primo, o então senador João Agripino, da UDN. E que ironia: anos depois Mariz se tornaria governador da Paraíba pela Arena, o partido que se estruturou com base nos quadros da antiga UDN.

CUNHADO DESAPARECIDO

Cajazeiras era uma cidade pacífica e moderada, de alta moral e onde a ordem era mantida tranquilamente. Não houve, por ali, "prisões de subversivos". Mas este não era um perigo alheio a mim, e isso nada tinha a ver com meu envolvimento na célula comunista do dentista. Antunes, irmão de Rosinha, uns dez anos mais velho do que ela, que se mudara para o Rio de Janeiro havia muitos anos e se tornara funcionário do Banco do Brasil, serviu em Brasília no início da construção da capital e lá ficou. Ativista do sindicato dos bancários, foi aposentado compulsoriamente por um desses atos e preso poucos dias após a instalação do regime militar.

O Ato Institucional estabelecia que, por seis meses, até outubro, não seriam concedidos habeas corpus para os acusados de subversão, que poderiam ficar presos até três meses, mesmo sem serem indiciados. Foi o caso dele. Enquanto esteve na prisão, não soubemos nem sobre seu estado de saúde.

O PODEROSO SARGENTO BARBOSA

Já nas primeiras semanas do regime, os militares de todas as patentes e regiões do país passaram a ser mais respeitados — ou temidos. Assim, o Tiro de Guerra de Cajazeiras passou a comandar diversas atividades ligadas ao poder central e, vez por outra, a exercer o papel de mantenedor da ordem e da moral. O comando passou a ser exercido pelo militar de maior patente de cada localidade. Em Cajazeiras, havia somente um. Foi assim que o sargento José Barbosa de Carvalho Filho passou a ser citado e cumprimentado inclusive nos maiores eventos públicos. Para a sorte de todos os cajazeirenses, era um sujeito bonachão, alegre, que gostava de todos e era muito querido.

SNI: OS MILITARES CONTRA A SUBVERSÃO

A cada mês os militares ampliavam o controle da situação. Em 13 de junho de 1964 foi sancionada lei criando o Serviço Nacional de Informações (SNI), idealizado e dirigido pelo General Golbery do Couto e Silva, com a finalidade de gerar informações estratégicas para o governo, o que certamente incluía o monitoramento das atividades políticas dos opositores do regime.

A partir dos arquivos do Departamento Nacional de Informação e Propaganda (DNIP), que existia, com outros nomes, desde o início dos anos 1930, na Era Vargas, e com o apoio do Instituto de Pesquisas e Estudos Sociais (Ipes), que o próprio Golbery ajudara a criar em 1962, era fichado quem fosse considerado inimigo do Estado ou perigoso à Segurança Nacional. O SNI catalogava todas as informações que poderiam ser relevantes: cidadãos e suas ações eram rastreados, grampeados, fotografados. Caso julgasse oportuno, o SNI expedia ordens de vigilância e quebra de sigilo postal e telefônico. Era o que chamavam de *sangrar linhas*.

Os chefes do SNI passavam a ter muito poder e ficar em grande evidência. Alguns militares que sucederiam Golbery na direção do órgão seriam Emílio Garrastazu Médici e João Batista Figueiredo, futuros presidentes da República.

A MÃO DE SUA FILHA

Apesar de atônito com a queda de Jango, com o Ato Institucional, as destituições e as cassações, as transformações políticas e a perseguição aos opositores, havia uma outra mudança que ocupava mais meus pensamentos: o casamento com Rosinha. Queria que Guilhermina de Queiroz Chaves se tornasse minha esposa. Este era seu nome verdadeiro, com o qual nunca se entusiasmou. Nem ela nem ninguém. Nem mesmo sua mãe o aprovava. Foi por teimosia de seu pai que foi registrada assim. Mas ninguém na família e entre os amigos o adotou.

Quando fui visitar Rosinha em João Pessoa, não conversamos sobre política. Nem mesmo sobre Antunes, embora ela estivesse abalada com a notícia. A preocupação dela era a mesma que a minha: nosso casamento e o pedido formal que eu deveria fazer a seu pai.

Existiam algumas complicações extras. Seu Pedro Pio Chaves nos parecia mais autoritário que os militares. Toda a família suspeitava de que a morte da mãe de Rosinha, quando ela ainda era criança, tivesse tido o agravante de maus-tratos que sofria do marido. Os sete filhos moraram com o viúvo durante alguns anos, até que uma das meninas foi visitar uns parentes da falecida, e nunca mais voltou. Os tios lutaram pela sua guarda, que lhes foi concedida pelo Judiciário. Revoltado e agressivo, o pai resolveu atacar a honra do juiz. Processado por difamação, fugiu de João Pessoa. Os três filhos homens, Antunes, Marcílio e Pedro Pio, estavam no Rio, os dois últimos como alunos de uma escola de pesca na Ilha da Marambaia. As filhas passaram a morar com parentes em João Pessoa. Anos depois, seu Pedro Pio se estabeleceu em Campina

Grande, onde formou outra família. E nunca mais se aproximou dos rebentos das primeiras bodas.

Pedido de casamento era muito sério e, mesmo que o contato entre pai e filha fosse nulo, ele deveria ser feito formalmente. Foi assim que, em junho de 1964, fui a Campina Grande. Cheguei à cidade logo antes do anoitecer, bastante receoso. Não havia razão para que o pedido não fosse aceito, mas seu Pedro Pio era um homem imprevisível, de reações inesperadas e incontidas. Quando o conheci, me pareceu mais jovem do que o era realmente. E mais rígido. Apresentei-me, seguro. Falei repentina, mas claramente. Ele já imaginava. Concordou quase que prontamente que casássemos em maio de 1965, mas impôs sua condição: Rosinha deveria morar com ele até o casamento, para que ele pudesse "prepará-la", como disse. Não sei o que isso significava. Surpreso, a determinação me deixou sem reação. Com sua voz áspera e a agudeza das palavras, explanava as justificações. Não tentei interrompê-lo, não sei se por receio de sua reação ou pela falta de esperança em dissuadi-lo. Era um *cabra* teimoso!

Durante todo o percurso até João Pessoa, refletia sobre a posição de seu Pedro. Deixá-la morar com aquele homem não era uma possibilidade viável. Rosinha tinha medo dele. E não queria abandonar João Pessoa para viver com outra família. A angústia revolvia meus olhos cada vez que imaginava isso acontecendo.

ADIANTANDO O CASAMENTO

Dias depois, conversando com Rosinha e seus tios, decidimos antecipar o casamento. Assim, não haveria tempo para que ela morasse com o pai. Fiz e refiz as contas. Dificilmente conseguiria comprar todos os móveis tão rapidamente, mas, se esta era a única solução viável, então haveria de dar certo.

Viajei novamente a Campina Grande para pedir que seu Pedro concordasse com a antecipação. Não foi concedida. "Você se comprometeu a casar com minha filha em maio de 1965 e vai casar em maio de 1965! Nem antes, nem depois." Diante da resposta incisiva, não pude reagir. Nem quando continuou: "E ela virá imediatamente para cá!" Essa determinação engendrou nossos pesadelos. Não sabíamos o que fazer.

A NOIVA SERÁ ROUBADA

Conversando novamente com os tios de Rosinha, chegamos a outra solução, drástica: eu roubaria a noiva. Era relativamente comum por lá na época, quando a família da moça não aprovava o casamento. Como não havia telefone, era preciso a ajuda de cúmplices para que os enamorados combinassem horário e local de encontro e dali partissem para a nova vida, juntos. Depois da fuga, raramente a família os perseguia. Não era apenas pela dificuldade de encontrá-los. Acreditava-se que não havia volta: a mulher já não era mais virgem, estava perdida, se dizia. Em muitos casos, a família acabava se reconciliando.

No nosso caso, os cúmplices eram muitos: todos nos apoiavam. Na impossibilidade de negar as vontades de seu Pedro, concordamos que Rosinha mudaria para a casa dele no começo de agosto, sim, mas ficaria muito pouco tempo — menos de um dia, se possível. Levaria uma mala de roupas velhas e deixaria outra, a verdadeira, em João Pessoa. No dia seguinte, Queiroz, um primo seu que morava em Campina Grande, arrumaria uma desculpa qualquer para passear com ela e a levaria à rodoviária, onde eu a estaria aguardando. Mas isso aconteceria apenas algumas semanas mais tarde.

QUEIMA DE ARQUIVO

Além de seu Pedro, receava ser perseguido pelos militares. Todos que nos reuníamos na casa do doutor Abdiel, o dentista, ficamos temerosos. Não chegamos a conversar sobre o assunto, porque não conversamos mais de assunto nenhum. Nunca mais nos reunimos lá nem em nenhum outro lugar. O grupo deixou de existir num instante.

Como a perseguição aos opositores do regime se tornava cada vez mais incisiva e as investigações, mais abrangentes, com funcionários ligados de qualquer maneira ao governo passando a ser investigados, temi por mim. Juntei toda a literatura, entre livros, revistas e opúsculos que encontrei e cavei um buraco no quintal de onde seria ainda minha nova casa. Fiz da pilha de papéis uma fogueira e enterrei tudo ali mesmo, esperando que tivessem feito o mesmo na central dos Grupos dos Onze, de Brizola, que também deixou o país já no 1º de abril.

ANUNCIANDO O CASAMENTO

Apenas três dias antes da cerimônia e na véspera de roubar Rosinha, fui a Cruz do Espírito Santo contar à minha família a novidade. Não esperava de meus pais uma recepção calorosa da notícia, muito menos festejos. Mas também não achei que a reação seria negativa. Não ficaram nem um pouco satisfeitos. Mamãe chorou, fingindo que não, escondendo as lágrimas em sua feição irritada. Achavam que eu os esqueceria para nunca mais.

Mais do que uma crise emocional, a preocupação era financeira: desde que ingressei no Banco do Brasil, além de enviar mensalmente uma quantia em dinheiro, o que faço até hoje para minha mãe, sempre que podia, ou achei que pudesse, os presenteava com artefatos que lhe facilitavam a vida.

Meses antes, logo que ingressei no Banco do Brasil, dei a mamãe uma *frigidaire*, como chamávamos as geladeiras, devido à marca mais conhecida do eletrodoméstico. Papai gelava parte das cervejas que vendia no seu caldo de cana e ela aproveitava para complementar a renda vendendo picolés caseiros. Eram caríssimas. Quando comprei os móveis para mobiliar minha nova casa, enviei para eles também um fogão a gás, em que mamãe passou a preparar os tira-gostos servidos no caldo de cana. Para poupá-la de rachar lenha, gastei quase duas vezes o meu rendimento mensal.

Eles acharam que tudo isso deixaria de acontecer. Tentei persuadi-los de que estavam errados, mas não consegui. Diante disso, minha vontade era partir dali no mesmo instante. Foi quando papai se ofereceu para fazer meu terno. Havia esquecido este detalhe! Munido de sua inseparável fita métrica, sempre descansando em seu pescoço, tirou minhas medidas e cortou logo os tecidos com que ele e mamãe costuraram todo o meu figurino.

NOIVA EM FUGA

Saí de Cruz do Espírito Santo dia 6 de agosto, uma quinta-feira, passei por João Pessoa apenas para pegar a mala de Rosinha com seus tios e segui logo para Campina Grande. Não havia meio de me comunicar com Queiroz ou com ela, que chegara lá no dia anterior. O jeito era confiar que tudo daria certo: estariam ambos me esperando na rodoviária no horário da parada do ônibus na cidade. Mas muita coisa podia ter dado errado. Seu Pedro podia ter desconfiado e proibido Rosinha de sair de casa. Queiroz podia ter ficado doente e não ter podido buscá-la. Sei lá...

Essas desconfianças se desmancharam logo que cheguei à cidade. No horário combinado ambos me esperavam, aflitos. Estávamos todos muito tensos. Depois que Rosinha embarcou, minha vontade era pedir para que os outros passageiros se ajeitassem rapidamente e que o motorista pisasse fundo no acelerador. Rosinha apertava tanto as minhas mãos que teria machucado, não fosse tanta a adrenalina. Mesmo enfiados nos bancos, espreitávamos as janelas. Imaginávamos seu Pedro descobrindo a trama e nos perseguindo. Numa das paradas do ônibus, em Patos, tivemos a nítida sensação de que era ele numa Kombi que se aproximou. Mas era o nosso medo que transformava a silhueta de qualquer um na dele.

Só relaxamos quando deixei Rosinha na residência de um colega do banco, João Veríssimo de Lima, que, com sua esposa, Genilda, a abrigaria antes das bodas. Dali, fui à igreja, conversar novamente com o padre, que concordara em dispensar os necessários três proclamas de bodas, diante da "notória situação de rapto", como disse. Nos casaria sem demora, no domingo.

COMISSÃO ESPECIAL DE INQUÉRITO DO BANCO DO BRASIL

Não era apenas o roubo da noiva, a possibilidade de seu pai tentar resgatá-la, os preparativos do casamento e da lua de mel, as mudanças para a nova casa e as assombrosas dívidas que adquirira que me preocupavam. Assim que desembarquei em Cajazeiras, soube que chegara à cidade um inspetor da Cesin, a Comissão Especial de Inquérito do Banco do Brasil, cujo intuito era desmascarar subversivos e expurgá-los. Ele exigiu que eu fosse imediatamente ao banco, assim que retornasse de viagem.

Imaginei que não haveria esse tipo de investigação em Cajazeiras. Mas existia a possibilidade de algum dos participantes do grupo do dentista ter delatado os companheiros. Esses inspetores ouviam pessoas da cidade. Fiquei apavorado. Não podia, de maneira alguma, perder aquele emprego, nem passar pelas agruras de meu cunhado. Só a possibilidade da advertência, com perda do cargo comissionado, já era aterrorizante. Alguns bancários do BB em outras cidades foram presos; outros, destituídos de seus cargos. A pena mais leve para os punidos pela Cesin era a transferência para cidades longínquas, quase perdidas nos cafundós do país, como aconteceu com um colega que recebemos na época, vindo do Rio de Janeiro. Esse era o cafundó para ele. Para onde me mandariam? Para o Acre? Rondônia? Nem devia existir agência lá... Perder meu emprego! Seria a ruína não apenas da minha tão sonhada carreira de funcionário de uma estatal como o Banco do Brasil, mas também do meu casamento e das finanças da minha família em Cruz do Espírito Santo.

Não acredito que tenha realmente conseguido aparentar tranquilidade ao colega que deu o recado. Fingi naturalidade e disse que iria em minutos, mas não fui. Caminhei por alguns quarteirões, matutando uma desculpa qualquer, caso alguém perguntasse. Tentava planejar minha reação, minhas palavras. Não consegui. Começava uma linha de raciocínio e ela invariavelmente terminava num *paredón*. Deveria me concentrar em dar respostas sucintas, diretas; respiração compassada, cordialidade. Isso.

Entrei na agência caminhando devagar. Tentei cumprimentar todos exatamente como fazia todos os dias, sem demonstrar ansiedade ou receio algum. Ainda bem que estava um dia tão quente: ninguém deve ter notado que eu suava frio. Avistei o inspetor. Sorri.

Ele disse que gostaria muito de conversar sobre um assunto muito sério, em particular. Fomos a alguma sala. Para mim, a sala de inquérito. Quase tropecei na cadeira que puxei. Não consegui mais disfarçar a tensão. Principalmente depois da primeira pergunta. "O que é que você tá fazendo, Maílson? As coisas não podem acontecer desta maneira." Eu estava perdido. Ele descobrira tudo. Havia um delator no grupo do dentista! Embora ele tivesse sido desarticulado no próprio 31 de março, os militares varreriam seus integrantes de Cajazeiras. Já haviam levantado todo o meu histórico, minhas manifestações sobre a luta socialista. Meus pensamentos estavam presos às imagens das possíveis consequências. Dali a um minuto talvez eu caísse em prantos.

Ele continuou: "O casamento é sagrado e deve ser feito com o consentimento das famílias." Tentei compreender como concatenava os assuntos. "Se você quiser, converso com seu sogro. Vamos tentar uma reconciliação." O inspetor estava preocupado com o casamento! Queria me ajudar! Talvez ele tenha mesmo recebido alguma acusação ou nota de desconfiança. Mas não deve ter acreditado. Ou compreendeu que eram apenas convicções de um jovem prestes a casar, que, mesmo que continuasse convicto, deixaria todas as armas pela segurança da família. Principalmente depois do susto. Mais tarde eu soube que os colegas mais antigos, como Pedro Baima Barbosa, e autoridades locais, como o juiz, haviam feito referências elogiosas a meu respeito nas conversas com o inspetor.

CASÓRIO E LUA DE MEL

No domingo, Rosinha e eu chegamos à igreja no fusca que dona Íracles nos emprestou. Corri ao altar e, minutos depois, braços dados ao seu irmão, a mais bela noiva que vi até então entrou na igreja. Saímos juntos rumo a uma nova vida, festejando ao som de Roberto Carlos, Rita Pavone e Beatles. Depois da breve recepção na casa de José Veríssimo, partimos no jipe de Pedro Baima, com motorista e tudo, em direção à lua de mel, no Brejo das Freiras, uma estação de águas termais mantida pelo governo, onde passamos nossos dois dias juntos.

Eu juntava meu destino ao do meu primeiro verdadeiro amor. Ela se tornaria a esposa dedicada, que comigo dividiria as dificuldades iniciais da carreira, as dúvidas e as glórias da nossa trajetória naqueles longos e proveitosos anos. Rosinha teria influência fundamental na minha vida e papel quase único na boa formação de nossos quatro filhos. A ascensão profissional me faria cada vez mais ausente das questões familiares.

MILITARES NO MEU ENCALÇO

Lênin, ou Fidel Castro, ou um certo padre, teria dito que o casamento é o túmulo do revolucionário. Seja quem for, devia estar certo. Meus ímpetos revolucionários esquerdistas já estavam enterrados e quase esquecidos. Mas, no dia em que o sargento Barbosa adentrou a agência procurando por mim, em abril de 1964, algo atravancou minha respiração. Quando soube que estava à minha espera, senti frio na espinha. Ele devia ter ouvido sobre meu envolvimento no Grupo dos Onze e me questionaria. Não achei que fosse me prender. Mas já era uma grande tortura que tivesse vindo tomar satisfações. Não sabia que terríveis consequências isso poderia ter. Eu o recebi com um sorriso no rosto, torcendo para que isso lhe adocicasse as decisões. Em vez de algemas, trazia apenas uma pergunta: se eu gostaria de participar da Sunab de Cajazeiras.

CONTROLE DE PREÇOS

Além de calar a oposição, um outro objetivo urgente do regime militar era controlar a inflação. Para isso, a Superintendência da Moeda e do Crédito (Sumoc), criada em 1945 para um dia se tornar Banco Central, impôs medidas de restrição de liquidez e de crédito. O controle rigoroso de preços estava a cargo da Superintendência Nacional de Abastecimento (Sunab).

Criada por João Goulart, a Sunab era usada pelos militares para mostrar que o governo federal se preocupava com o bem-estar da população. Afinal, para retomar o controle da economia, impuseram medidas severas, cujo impacto inicial era bem pouco popular, como o aumento dos preços dos gêneros de primeira necessidade. Naquele momento, o controle rigoroso sobre os preços da cesta básica era necessário.

Na prática, fazíamos mais barulho do que tomávamos medidas. A comissão se reunia semanalmente. Vez por outra conversávamos com comerciantes e conferíamos os preços dos produtos nas mercearias. Mas era mesmo uma ação simbólica.

TRANSFORMAÇÕES NA ECONOMIA

Não apenas simbólicas, grandes mudanças patrocinadas pelo regime militar se desenvolviam na economia. Com o intuito de promover a estabilidade e o crescimento, o regime lançou em setembro de 1964 um ambicioso plano, o Programa de Ação Econômica do Governo (Paeg), que valeria pelo biênio seguinte.

Além de impor medidas severas para controlar a inflação, o Paeg seria fonte de grandes avanços institucionais: a eliminação de restrições ao capital estrangeiro, a instituição da correção monetária e de algumas siglas que passariam a fazer parte da vida dos brasileiros nas décadas seguintes, como FGTS (Fundo de Garantia do Tempo de Serviço), BNH (Banco Nacional de Habitação), INPS (Instituto Nacional de Previdência Social), Embratel (Empresa Brasileira de Telecomunicações) e Incra (Instituto Nacional de Colonização e de Reforma Agrária).

FINANÇAS PÚBLICAS REESTRUTURADAS

A arrancada do formidável crescimento econômico brasileiro entre o final dos anos 1960 e a primeira metade dos anos 1970 começou a ser gestada com as inúmeras mudanças estruturais entre 1964 e 1967 comandado por Castello Branco.

O sistema financeiro, uma das prioridades, foi redesenhado, em meio às transformações indicadas no Paeg, por três grandes leis: a Lei de Reforma Bancária, de dezembro de 1964, que criou o Banco Central; a Lei de Mercado de Capitais, de agosto de 1965; e a Lei de Institucionalização do Crédito Rural, de novembro de 1965. Diante da ambição dos militares de dinamizar o capitalismo brasileiro, estas reformas foram cruciais embora insuficientes para a estabilização econômica, reforçaram as fontes de captação de recursos para financiar o desenvolvimento, com o mercado de capitais fortalecendo a indústria; e o crédito rural, o setor agrícola.

As bolsas de valores, irrelevantes até 1964, passaram por forte desenvolvimento com o Decreto-Lei n. 157, que permitiu o uso do Imposto de Renda para compra de ações.

REFORMA BANCÁRIA DE CASTELLO BRANCO

Um dos problemas econômicos do Brasil era a falta de incentivos para expansão do crédito e de condições para o financiamento da dívida pública. Com taxas de inflação elevadas e a Lei da Usura, que limitava a cobrança de juros nominais a 12% ao ano, qualquer empréstimo que seguisse a regra representava perda para o credor. A reforma bancária consagrou o entendimento de que a Lei de Usura não se aplicava às operações do sistema financeiro. Isso contribuiu para a expansão do crédito.

Ao contrário do que imaginávamos, a reforma bancária nada tinha de estatizante. Seu foco era a criação do Banco Central, em substituição à Sumoc. Embora essa ideia estivesse entre nós desde os anos 1930, o Brasil foi um dos últimos países latino-americanos a criar o seu BC. O que retardou este processo foi a força e o prestígio da instituição em que eu trabalhava: o Banco do Brasil. A criação do BC implicava decidir o que fazer do BB, que até então executava funções típicas de uma autoridade monetária. O estabelecimento de uma instituição exclusivamente para administrar a moeda e regular e fiscalizar o sistema financeiro era inevitável. Implícita na lei estava a autonomia operacional do BC, pois seus diretores teriam mandato por prazo definido. O intuito era dar a eles condições de conduzir a política monetária de acordo com preceitos técnicos. O BC assumiu a Carteira de Câmbio e a de Redesconto do Banco do Brasil, o que completava suas funções de autoridade monetária.

SURGE A "CONTA DE MOVIMENTO"

Para permitir o pleno funcionamento do BC na data estabelecida na lei 4.595, 1º de abril de 1965, foi criada a reboque a chamada "conta de movimento", que transferiria recursos do Tesouro Nacional, via BC, para o Banco do Brasil. Por meio dessa conta, o BB, que deveria ausentar-se da política monetária, manteve um papel determinante, de emissor de moeda. Dentre os maiores destinos dos recursos da "conta de movimento" estava o financiamento agrícola que, ao abrigo do Sistema Nacional de Crédito Rural (SNCR), se expandiu vigorosamente. Nem podia desconfiar que anos mais tarde empreenderia uma penosa jornada para reverter essa disfunção, contribuindo para extinguir a "conta de movimento", que seria apontada como uma das causas da inflação.

CONSELHO MONETÁRIO NACIONAL

O Banco Central, através do Banco do Brasil, passou a ser o responsável pela execução das metas delineadas pelo Conselho Monetário Nacional (CMN), criado no final de 1964, com a lei 4.595, em substituição ao Conselho da Superintendência da Moeda e do Crédito (Sumoc). Composto pelo ministro da Fazenda, que o presidia, os ministros do Planejamento e da Indústria e do Comércio, os presidentes do BNDE e do Banco do Brasil e mais seis membros nomeados pelo presidente da República, o CMN centralizava as decisões sobre a política monetária e creditícia do país, além de regular o mercado de capitais e decidir sobre tributos. Assim, tornou-se um dos principais órgãos da política econômica brasileira.

CORREÇÃO MONETÁRIA

A correção monetária surgiu para dar credibilidade aos títulos do Tesouro e eliminar o incentivo ao atraso no pagamento de tributos. Para tanto, foi criada a ORTN, Obrigação Reajustável do Tesouro Nacional, cujo valor era atualizado de acordo com as variações do Índice Geral de Preços (IGP), da Fundação Getulio Vargas. A correção se aplicava também aos tributos em atraso. Posteriormente, o mecanismo seria estendido às cadernetas de poupança e aos empréstimos concedidos no âmbito do Sistema Brasileiro de Poupança e Empréstimo.

Essas medidas funcionaram. O BNH se tornou uma realidade. A credibilidade do Tesouro se consolidou. Surgiu o mercado de títulos públicos. Mas, ao longo de tempo, a correção monetária se tornaria um dos nossos mais intrincados problemas. Sua ampliação generalizada para os preços, contratos e salários criaria uma indexação infernal da economia, que nos custaria muito e exigiria seguidas tentativas frustradas para sua eliminação, do Plano Cruzado (1986) até a vitória final com o Plano Real (1994).

AI-2

Outras reformas impostas pelo regime não eram tão estimulantes quanto as econômicas: as políticas. Elas também foram numerosas. Nas eleições para governador de outubro de 1965, o governo vencera na maioria dos estados, mas fora derrotado em dois dos mais importantes, Guanabara e Minas Gerais. Para os linha-dura do regime, era inaceitável.

Na noite de 27 de outubro, estava em casa ouvindo a *Voz do Brasil* no meu radinho de pilha, uma modernidade da época, quando foi anunciado o Ato Institucional número dois (AI-2), que reformava novamente a Constituição de 1946, deliberando sobre os partidos políticos e os poderes do presidente, do Congresso e do Poder Judiciário. Além de estabelecer eleições indiretas para Presidente e Vice-Presidente da República, que seriam escolhidos pelo Congresso em outubro de 1966, em votação aberta, o AI-2 instituiu o bipartidarismo, extinguindo todos os outros partidos. Os políticos que não haviam sido cassados se dividiram entre a Aliança Renovadora Nacional (Arena), da situação, que atraiu a maioria da União Democrática Nacional (UDN) e do partido Social Democrático (PSD), e o Movimento Democrático Brasileiro (MDB), criado pelo governo para lhe fazer oposição, vigiada, e a que se filiaram principalmente os representantes do Partido Trabalhista Brasileiro (PTB), mas também alguns do PSD.

Ao presidente foi outorgado o direito de decretar estado de sítio por até 180 dias, realizar intervenção federal nos estados "para prevenir ou reprimir a subversão da ordem", cassar mandatos legislativos federais, estaduais e municipais e decretar recesso parlamentar.

O líder supremo também podia demitir quaisquer funcionários públicos "que demonstrem incompatibilidade com os objetivos da Revolução" e de suspender por dez anos os direitos políticos de qualquer indivíduo, que passava a ser proibido não apenas de ser votado e votar, inclusive em eleições sindicais, mas até mesmo de se manifestar sobre assuntos de natureza política. Poderia ainda ter sua liberdade vigiada e ser proibido de frequentar determinados lugares.

Com o AI-2 também passou a ser crime "propaganda de guerra" ou de "subversão da ordem" e o Supremo Tribunal Militar passou a prevalecer sobre qualquer outro, julgando inclusive civis pelos crimes "contra a segurança nacional ou as instituições militares".

AINDA MAIS ATIVIDADES

Nos primeiros anos do regime militar, minha única ligação com o controle da economia e com o governo era mesmo a Sunab. Essa era umas das muitas atividades que exercia na cidade. De aliança no dedo continuei frequentando a AABB, a DRC e o teatro. Ao invés do Moscouzinho e do grupo comunista, passei a fazer parte de reuniões do Lyons Clube. Tornei-me radioamador, o PY7-AUM. Do interior da Paraíba, conversava às tardes com gente de todo o estado, do Ceará, do Rio Grande do Norte e de Pernambuco. Dependendo das condições meteorológicas, também com pessoas do Rio de Janeiro, São Paulo e até da Argentina. Participei de grupos, chamados "rodadas", que se encontravam diariamente para bater papo. Falávamos de tudo, menos sobre política.

Tornei-me também professor de matemática do curso ginasial no Colégio Diocesano Padre Rolim e no Colégio Estadual. Minhas atividades pedagógicas incluíram também a criação, com um colega do banco, Fernando Dinoá Medeiros, de um cursinho preparatório para os concursos do Banco do Brasil. Todos os alunos foram aprovados, a não ser meu irmão Mituca, que, por minha insistência, passou conosco algumas semanas para estudar e concorrer a uma vaga na instituição. Ele não se empenhou nos estudos para o concurso do BB, o que me deixou extremamente chateado.

AUTO DA COMPADECIDA NO CENTENÁRIO DE CAJAZEIRAS

Em 1965, nós do TEAC ensaiávamos o *Auto da Compadecida*, de Ariano Suassuna. Eu fazia o papel de Chicó e Crisantina era Nossa Senhora, no terceiro ato, em que são julgados por um Deus negro os mortos numa carnificina provocada por cangaceiros. Além do teatro, nos apresentaríamos também nas comemorações do centenário de Cajazeiras, no mesmo ano. Para organizar as comemorações, o prefeito montou uma comissão, integrada por ilustres cidadãos, eu inclusive. Semanalmente, nos encontrávamos na prefeitura e conversávamos sobre os eventos dos três dias de festas. A Avenida Presidente João Pessoa, a principal da cidade, foi interditada para abrigar o público que compareceu à apresentação da peça ao ar livre, em um palco armado sobre o açude local, onde terminava a via. As encenações foram registradas em muitas fotografias, uma delas publicada no início dos anos 1990 no livro *Conhecendo a cultura paraibana*.

INTERESSE PELA LEITURA

Despertei para a leitura ao encontrar, na agência, um folheto de propaganda de uma livraria do Rio de Janeiro que vendia livros por reembolso postal. Entre os dez mais vendidos, estava a biografia de Juarez Távora, *Uma vida e muitas lutas*. Duas semanas depois, começava a lê-lo. Tornei-me assíduo cliente da livraria e passei a me interessar por história, tema de que jamais me afastaria. Comprei em seguida dois livros de Nelson Werneck Sodré, general do Exército, historiador e marxista: *Formação histórica do Brasil* e *Quem matou Kennedy*. Em minha recém-criada biblioteca incluí clássicos da literatura brasileira, que eu devorava.

VOLTANDO A ESTUDAR

No início de 1965 também voltei a ter vontade de estudar. Pensava em um dia, quando voltasse a João Pessoa, cursar faculdade de Engenharia, de que eu desistira. Para isso, seria necessário primeiro concluir meu estudo secundário, ou colegial, que chamávamos científico, quando voltado às ciências exatas, e clássico, quando preparatório às carreiras de humanas. Passei a estudar à noite e a me ausentar ainda mais de casa.

MÁRCIO JOSÉ

Comecei a estudar quando Rosinha engravidou pela segunda vez. Da primeira, perdeu o bebê nos primeiros meses de gestação. Pais de primeira viagem e sem as informações tão acessíveis atualmente, acreditamos que pudesse ser algum problema de fertilidade dela, o que nos preocupou muito. Um casal sem filhos era impensável.

Quando engravidou novamente, comemoramos com bastante comedimento. Não comentamos com quase ninguém até o terceiro mês, com receio de que a semente não *vingasse*. Só quando a barriga já era evidente é que convidamos o casal de amigos mais próximos, Dedé e Socorro, para serem os padrinhos.

Em agosto de 1965, no nono mês de gestação, como havia nos alertado dr. Deodato Cartaxo, o mais famoso ginecologista da cidade, deveríamos ficar de prontidão, como ele ficaria. Qualquer eventualidade, nos atenderia no hospital. Tínhamos até escolhido o nome do bebê, cujo sexo somente seria conhecido no momento em que viesse à luz, como acontecia na época: seria Júlia, nome da minha avó paterna, que eu achava um dos mais belos nomes femininos, ou Márcio, mais um nome começando com M na minha família, além de mim, minha mãe e meus nove irmãos.

Quando Rosinha entrou em trabalho de parto, nos apavoramos. Já tínhamos arrumado tudo: o *moisés* do bebê, seu quarto, os padrinhos, o parto. Mas não havíamos planejado como chegar até o hospital. Corri até a casa de Mozart Assis, meu amigo da DRC e nosso vizinho da frente. Nervoso, lhe contei tão rápido que ele não entendeu da primeira vez. Emprestou-me a camioneta com que transportei Rosinha ao hospital, entre preocupado e contente.

Márcio nasceu forte, saudável e chorão no dia 28 de agosto, com o cordão umbilical enrolado em seu corpo. Na Paraíba, o menino que nasce enlaçado deve se chamar José. Não conheço a penalidade para o bebê ou para a família desobediente, mas não me agradava discordar. Anos depois, eu viria a saber que Rosinha pensava em José para homenagear seu tio José Martins, com quem ela viveu os últimos tempos de solteira, antes de partir para a aventura que nos levaria a Cajazeiras e ao casamento. Márcio, em 2010, reivindicaria outra versão. Defende que o José é homenagem ao santo, de quem a família de Rosinha é devota. De qualquer forma, nenhuma desmente a outra. Seja como for, sempre o chamamos de Márcio. Ele seria o homem da tecnologia de informação da família: trabalha na Microsoft, em Seattle, nos Estados Unidos.

BILHETE PREMIADO

Com o nascimento de Márcio, os gastos aumentaram. As prestações dos móveis da casa tomavam mais da metade do meu salário. Mesmo com as reformas do governo militar, a inflação ainda era alta em 1968. Atingiria 34,2% naquele ano. Em outubro, com muitas dificuldades em pagar as contas, já avaliava a possibilidade de devolver à loja o fogão e a *frigidaire*, para ao menos não continuar pagando as prestações. Uma vez mais, os ventos e o acaso me trouxeram uma lufada de sorte. Os ventos e um certo vendedor, que apregoava pelas ruas bilhetes da Loteria do Ceará exatamente no momento em que eu saía de casa depois de almoçar. Ninguém por ali acreditava na Fortuna. Não sei se por empatia ao rapaz ou intuição irresistível, eu, que não era de arriscar economias, comprei o bilhete.

No dia seguinte, um colega comentou que o terceiro prêmio havia sido ganho para um apostador de Cajazeiras. "Será que não é seu bilhete, Maílson?" E se fosse? O prêmio era de noventa mil cruzeiros, duas vezes meu salário. Quando finalmente encontrei o papel, li nele todas as dezenas sorteadas.

Como Chicó, que ganha uma pequena fortuna e no mesmo dia a entrega a outras mãos, todo o meu dinheiro se esvaiu imediatamente. A diferença é que, em vez da igreja, as moedas foram para outros bolsos: dos meus credores nas lojas de móveis e eletrodomésticos.

MEU PROGRAMA NA RÁDIO

Além de ganhar na loteria, ser locutor de rádio era um desejo que tinha desde a adolescência e que agora podia realizar. Em 1965, passei a ter um programa só meu na DRC, o Festival Popular do Domingo, veiculado por uma hora, ao meio-dia. Adorava especialmente que me ligassem pedindo para dedicar alguma música a alguém. As preferidas dos amantes locais eram as de Roberto, Erasmo Carlos e Jerry Adriani. Eu gostava de tocar os long-plays dos Beatles e, mesmo sem entender inglês, naquele ano me sentia como eles cantavam no maior sucesso estrangeiro de 1965, "I Feel Fine".

Além de tocar músicas eu comentava notícias do Brasil e do mundo, ouvidas em outras rádios. Lembro de ter discorrido sobre assuntos tão diversos quanto o primeiro desembarque de tropas americanas no Vietnã e os Festivais de Música Popular Brasileira.

FESTIVAIS DE MÚSICA POPULAR BRASILEIRA

Naquele ano começavam a ser realizados os grandes festivais transmitidos pela TV Excelsior, que pontuaram o fim da época áurea da bossa-nova e o surgimento do que a partir de então seria chamada de MPB. "Arrastão", o sucesso de 1963, de Vinícius de Moraes e Edu Lobo, na voz de Elis Regina, foi a canção que marcou esta transição.

Em 1966, os vencedores do II Festival de Música Popular Brasileira, até então desconhecidos, começaram a se tornar famosos com o novo gênero musical, como Geraldo Vandré e Chico Buarque de Holanda. Milton Nascimento, Gal Costa, Caetano Veloso, Maria Bethânia e Jair Rodrigues também faziam sucesso. Mas, em popularidade, Robertão continuava imbatível.

PROMOVIDO A CHEFE

Eu também assumia mais responsabilidade no banco. Virei ajudante de serviço da Carteira de Crédito Agrícola e Industrial (Creai), a mais importante carteira da agência. Na região se produzia quase que exclusivamente gado e algodão, insumo principal da indústria de lá, focada principalmente no beneficiamento.

A Creai era integrada por um chefe de serviço e um ajudante de serviço além de três escriturários ou auxiliares de escrita. Em 1966, aquela equipe teve sua tranquilidade abalada por desavenças pessoais, que geraram fofocas e intrigas. Seu Eudoro solicitou a presença de um inspetor na agência para apurar a questão e restabelecer a ordem. Depois dos 15 dias em que permaneceu por ali, o inspetor sugeriu punir exemplarmente os envolvidos, o que foi aprovado pela direção geral. O chefe de serviço, João Marinho de Figueiredo, e o mais antigo funcionário da agência, seu Domício Rodrigues de Holanda, receberam o mais grave cartão amarelo: uma severa censura, como chamavam. O chefe perdeu o cargo.

Eu, que estava na carteira havia poucos meses e apenas assistira ao desenrolar das investigações, tive o meu nome sugerido para assumi-la. A direção geral aprovou.

CAPÍTULO VI **Chefe do Crédito Agrícola e Industrial (1966-1967)**

CHEFE DA CREAI

Uma promoção rápida como aquela, para chefiar a Carteira de Crédito Agrícola e Industrial da agência, era um sonho que eu nem ousara alimentar. Com apenas três anos de casa, eu assumia o terceiro mais alto cargo da agência, depois somente do gerente e do subgerente. A sorte me sorria novamente. Como chefe da Creai, passei a influir nas decisões do gerente sobre a concessão de crédito. O parecer para dar ou não o empréstimo era meu.

Foi como chefe da Creai e depois como funcionário da direção geral que acompanharia mais de perto as consequências das reformas estruturais da economia brasileira e a arrancada do formidável crescimento econômico brasileiro entre o final dos anos 1960 e a primeira metade dos anos 1970.

REFORMA TRIBUTÁRIA

Em dezembro de 1965, houve outra reforma revolucionária, proporcionada pela Emenda Constitucional no 18. Ela lançava as bases do novo Sistema Tributário Nacional, que começaria a funcionar em janeiro de 1967 fundamentado em conceitos econômicos: tributação do consumo, da renda e da propriedade. No modelo antigo, tributava-se indústria e profissão, vendas e consignações. Era uma colcha de retalhos muito complicada. Talvez a reforma tributária tenha sido a mais importante mudança estrutural do governo Castello Branco. O Brasil se tornou pioneiro na América Latina na tributação do consumo pelo método do valor agregado, que tivemos aqui antes do Reino Unido, da Itália, da Áustria, da Alemanha e de outros países desenvolvidos.

COMÉRCIO EXTERIOR

As reformas econômicas não pararam. Em 10 de junho de 1966, foi sancionada a Lei de Comércio Exterior, criando o Fundo de Financiamento à Exportação (Finex) e o Conselho Nacional de Comércio Exterior (Concex), que eu viria a presidir 21 anos depois, como ministro da Fazenda. Para financiar as operações de importação e exportação, no ano seguinte o Banco do Brasil reformularia a Carteira de Importação e Exportação (Cexim), que daria lugar à Carteira de Comércio Exterior (Cacex).

Sucintamente, esses três organismos visavam a oferecer crédito e apoio institucional e logístico aos exportadores, além de emprestar status político ao setor com o estabelecimento de um conselho de alto nível para formular a política de comércio exterior, com participação de ministros e outros representantes dos setores público e privado. Imaginava-se que o Concex seria uma espécie de Conselho Monetário Nacional das exportações. A ambição do governo militar era transformar o Brasil em uma potência comercial, ampliando e diversificando as exportações do país, incluindo produtos manufaturados.

AI-3

As transformações políticas também continuaram. Um ano depois do AI-2, em outubro de 1966, além das eleições para presidente da República, seriam escolhidos prefeitos, senadores e deputados federais e estaduais. Muitos acreditavam que, controlada a inflação, que em 1966 atingiria 39,12%, e realizadas as reformas estruturais, fosse possível que os militares restabelecessem a democracia no país. Havia um claro ambiente de maior estabilidade econômica e o país parecia preparado para a retomada do crescimento.

O governo também acreditava que, com o sucesso das suas medidas econômicas, havia conquistado a simpatia da maioria da população e conseguiria, de maneira comparativamente democrática, eleger seus representantes. Mas a eleição para governadores, no ano anterior, indicara que a população continuava insatisfeita. Os custos pareciam maiores do que os benefícios.

Quando tomaram consciência do provável resultado das urnas naquele ano, as alas mais autoritárias do governo formularam novas regras não apenas para o pleito, mas também para todo o sistema político. Com o Ato Institucional número 3 (AI-3), de 5 de fevereiro de 1966, o processo instituído para a eleição presidencial se estendeu aos estados. Governadores, vice-governadores e prefeitos de capitais estaduais passaram a ser escolhidos pelas respectivas casas legislativas, em sessão pública e votação nominal.

ELEIÇÃO DE COSTA E SILVA E DESTITUIÇÃO DO CONGRESSO

Nos meses seguintes ao AI-3, ainda mais políticos da oposição foram cassados. Discordâncias com iniciativas do presidente ou da cúpula do governo eram tachadas de contrárias à "revolução vitoriosa". Foi neste clima que, em outubro de 1966, o Marechal Costa e Silva, ex-ministro da Guerra, teve o seu nome indicado pelas Forças Armadas e referendado pelo Congresso Nacional. Em vez de encerrar a sessão assim que concluída a votação, o presidente da Câmara dos Deputados, Adauto Lúcio Cardoso, manteve o plenário aberto, em desafio aos atos institucionais. Imediatamente, Castello Branco ordenou a ocupação do Congresso, que foi fechado, e passou os meses seguintes governando por meio de decretos-lei.

AI-4

Seria assim por dois meses. Desde o início do regime, inúmeras alterações já haviam sido feitas na Constituição de 1946. Mas não bastava. O regime entendia que era preciso reformar a Carta. Para esse fim, em 7 de dezembro de 1966, o Ato Institucional número quatro (AI-4) convocava o Congresso Nacional a se reunir extraordinariamente entre 12 de dezembro e 24 de janeiro de 1967, para "a discussão, votação e promulgação do projeto de Constituição apresentado pelo Presidente da República". Na prática, naqueles 42 dias os congressistas disseram "sim, senhor" e aprovaram o projeto quase na íntegra.

PRESIDENTE DA AABB

Enquanto o regime reformava as finanças, centralizava o poder e limitava os direitos individuais, em Cajazeiras, ao menos no Banco do Brasil, continuava havendo processo democrático. Os votos continuavam sendo diretos e populares. Muito diretos, aliás. Fui eleito presidente da Associação Atlética Banco do Brasil por aclamação.

Como o governo, eu achava necessário implantar diversas mudanças urgentemente, para transformar a AABB numa associação atlética de verdade, mudar para uma sede maior e própria, e ampliar o espectro das atividades oferecidas. Com o dinheiro dos trinta associados, conseguimos comprar o terreno, com dez mil metros quadrados. O intuito era construir, além de um grande salão de baile, sala de sinuca, bar, lanchonete, um ginásio de esportes e um "conjunto aquático". Seria a primeira piscina de Cajazeiras.

CONSÓRCIO DE AUTOMÓVEIS

No período em que buscávamos maneiras de angariar fundos para nosso grande empreendimento, um colega, José Carmello de Carvalho Silva, foi a Brasília visitar um irmão, também funcionário do banco. Voltou contando uma grande novidade: o consórcio de automóveis. Mesmo sem nunca ter ouvido sobre isso, criamos um, de jipes. O concessionário local da Willys, José Cavalcanti da Silva, nos deu um desconto de 10% sobre o preço dos veículos. Metade disso repassávamos em dinheiro aos participantes, atraindo ainda mais interessados e com a outra engordávamos um fundo para construir nossa sede.

Foram tantos os interessados de toda a região, que vendemos dois planos, com cem cotas cada um. Passamos a entregar cerca de 40 jipes por ano, o que rendia anualmente à AABB o equivalente a dois jipes. Foi o suficiente para edificar um barracão provisório e construir a quadra de esportes.

CARTEIRA DE MOTORISTA

Eu também quis ter um carro. Mesmo sem ainda saber dirigir. Quando fui contemplado, no terceiro ou quarto mês do plano, a questão passou a ser urgente. Dedé, sempre solícito e paciente, me ensinou, nos arredores da cidade. Quando achei que estava apto, decidi ter minha carteira de motorista. Conversei com o policial responsável pela circunscrição local do Departamento de Trânsito para que me orientasse sobre os exames para a carteira de habilitação. Não havia nenhum material que eu pudesse estudar, nem mesmo havia teste a ser realizado. "É só pagar seis mil cruzeiros." Mas e os exames de saúde, o teste prático...? "Não precisa. É só pagar." Simples assim. Sem alternativa, foi o que fiz. Recebi a carteira semanas depois.

Não a encontraria quando mudasse para Brasília. Precisaria lá de uma segunda via, da Capital Federal. Receei que a habilitação de Cajazeiras fosse falsa e não houvesse registro dela na Paraíba. Não apenas ela existia como dela constavam o resultado dos testes de direção e meus exames de saúde, inclusive de visão, perfeita, e de aptidão física e mental.

A CHEGADA DE GUILHERME

Com carro e apto a dirigir, não passaria, no nascimento do meu segundo filho — ou filha —, o aperreio que passei da primeira vez. Depois do homem da família nascido, o que era importantíssimo no Nordeste, desejávamos uma menina, Júlia. Confiando nas adivinhações populares devido ao formato da barriga, em maio, quando soubemos da segunda gravidez, achávamos que era ela quem viria.

A felicidade foi imensa também quando o bebê nasceu varão, em 15 de dezembro de 1966. Desta vez, homenagearíamos Rosinha. Apesar de não gostarmos de Guilhermina, Guilherme nos soava belissimamente. Seria o único filho que se tornaria economista. Como o pai, também se tornaria formador de opinião como economista de importantes instituições financeiras. Anos depois, eu me convenceria de que Guilhermina é igualmente belo. Não sei por que, no Nordeste o nome costuma ser associado à velhice, o que talvez explicasse nossa má vontade. Contrastava com Rosinha, jovem, bela e muito ativa.

DE CASA NOVA

Não bastava que a família crescesse. Nosso lar deveria crescer também. Passamos a alimentar o sonho de ter nossa própria casa, bonita e confortável, que abrigasse Márcio, Guilherme e os outros que os sucederiam. Quando, no início de 1967, José Carneiro da Cunha Mapurunga, então subgerente da agência, me mostrou fotos da casa que construíra em Nova Granada, no interior de São Paulo, antes de ser transferido para Cajazeiras, me animei a contratar um empréstimo na Caixa Econômica Federal da Paraíba.

Comprei um terreno na Rua dos Ricos, como chamávamos a Avenida Rio Branco. De um livrinho com plantas de casas que Constantino

Cartaxo, o caixa da agência, me emprestou, escolhi uma que se encaixaria ali perfeitamente e, utilizando todos os meus nulos conhecimentos de engenharia e arquitetura, desenhei o projeto numa cartolina. Fui eu também quem criou e desenhou a fachada, com elementos modernistas que lembravam Brasília e esquadrias e afins trazidos de João Pessoa. Seria um deslumbre!

Me achei um gênio também quando decidi economizar no material e fazer a casa sem telhado, com o teto de laje, inclinado. Mapurunga acreditava que poderia dar certo. Sabia de experiências semelhantes bem-sucedidas em São Paulo. E o mestre de obras concordou: era só medir, com a trena, a inclinação de dois por cento, comprar lajotas em Juazeiro do Norte, ali pertinho, no Ceará, onde a industrialização já havia chegado, e construir a laje.

LEI DE IMPRENSA E LEI DE SEGURANÇA NACIONAL

Os generais também se preocupavam, e muito, em pôr ordem na casa e criar uma nova fachada para o Brasil. Para isso, limitavam cada vez mais direitos civis e políticos. O período de Castello Branco acabaria em 15 de março de 1967, mas ele legislou por decretos-lei até o fim. Um mês antes, em fevereiro, a Lei de Imprensa permitiu ao governo controlar as informações veiculadas na mídia nacional. Em 3 de março saiu a primeira Lei de Segurança Nacional do regime militar. Os crimes políticos, de opinião e de subversão agora estavam institucionalizados. As penas incluíam indisponibilidade dos bens, expulsão do país e vigilância sobre os familiares do acusado.

MAIS REFORMAS

Havia também reformas econômicas e administrativas que Castello Branco queria aprovar nos últimos meses de seu governo. Em fevereiro, criou a Superintendência da Zona Franca de Manaus (Suframa) e no finalzinho do mês, com o Decreto-Lei 200, realizou a Reforma Administrativa, que reestruturou a administração pública, introduzindo conceitos de mérito, de carreira, de avaliação de desempenho — infelizmente em grande parte abandonados depois que os civis voltaram ao poder.

Em 13 de fevereiro, passou a vigorar o cruzeiro novo, com três zeros menos que o cruzeiro. As notas do cruzeiro antigo foram carimbadas com os valores atualizados. A nova nota entraria em circulação apenas em

1970, quando a moeda voltara a ser chamada de cruzeiro. A reforma monetária foi necessária mesmo com a queda da inflação, que passou de 91% em 1964 para 24% em 1967.

MORTE DE CASTELLO BRANCO

Castello Branco não pôde ver as novas notas. Morreu antes disso, em junho de 1967, três meses após deixar a presidência. Depois de visitar a amiga Rachel de Queiroz em Quixadá, no Ceará, o aviãozinho que o transportava foi abalroado por um jato da FAB. Ouvi a notícia quase em tempo real, numa rodada como radioamador. Anos depois, veria os destroços expostos próximo ao Palácio do Governo em Fortaleza.

A ANTESSALA DO "MILAGRE ECONÔMICO"

As mudanças estruturais do governo Castello Branco criaram as bases para o chamado "milagre brasileiro", no início da década seguinte. Essas reformas foram lideradas por dois grandes brasileiros: Octávio Gouveia de Bulhões, ministro da Fazenda, que dirigira a Sumoc entre 1961 e 1962, e Roberto Campos, ministro do Planejamento, que havia sido um dos criadores do Banco Nacional de Desenvolvimento Econômico (BNDE) e do Plano de Metas de Juscelino Kubitschek. Nos meus tempos de esquerdista, eu também usava o seu apelido pejorativo: Bob Fields. Duas décadas mais tarde eu viria a conviver com ambos em diversas oportunidades. Doutor Bulhões seria membro do Conselho Monetário Nacional na época em que eu o presidiria, entre 1987 e 1990, como ministro da Fazenda. Roberto Campos eu conheceria quando ele deixasse o posto de embaixador do Brasil em Londres, em 1981, para se candidatar a senador pelo estado do Mato Grosso, nas eleições do ano seguinte. Velho amigo do ministro Ernane Galvêas, de quem eu seria secretário-geral, entre 1983 e 1985, Campos nos visitaria diversas vezes para inteirar-se da situação da economia e trocar ideias sobre seus planos. Nos meus tempos de ministro, ele sempre me apoiaria e me daria conselhos úteis. Depois que saísse do governo, nos encontraríamos muitas vezes no circuito de palestras. Em dezembro de 1994, no lançamento em São Paulo de seu livro de memórias, *A lanterna na popa*, escreveria uma tocante dedicatória: "Para o Maílson, um dos raros lutadores pela racionalidade no país de Macunaíma, um abraço cordial do Roberto."

INSTITUTO DE PESQUISAS E ESTUDOS SOCIAIS (IPES)

Além desses e de outros grandes intelectuais, as reformas estruturais de Castello Branco se beneficiaram também dos estudos do Instituto de Pesquisas e Estudos Sociais (Ipes). Além de contribuir com o SNI, o Ipes era uma espécie de *think tank* identificado com o pensamento liberal que propunha reformas para o Brasil. Seus integrantes se tornaram influentes no governo militar, como ministros ou assessores, entre eles Golbery do Couto e Silva, que viria ser uma das personalidades mais influentes do regime autoritário, e Mário Henrique Simonsen, que se tornaria o ministro da Fazenda em 1974.

COSTA E SILVA E DELFIM NETTO

O governo Costa e Silva, iniciado no mesmo dia em que a nova Constituição passou a vigorar, 16 de março de 1967, também foi integrado por alguns dos mais destacados mentores das transformações econômicas que geraram o maior crescimento que o país já registrara. Seu ministério foi formado majoritariamente por militares, mas com importantes exceções, como o paulista Antônio Delfim Netto, ministro da Fazenda, que se tornaria o membro do governo mais influente do período, nas administrações de Costa e Silva e Garrastazu Médici.

Com Costa e Silva, Delfim começava a se tornar o czar que comandaria o "milagre econômico". Nessa época, eu ainda não entendia de macroeconomia, mas percebia pelo noticiário o prestígio e o poder do novo ministro. Delfim, que havia sido secretário da Fazenda do governador de São Paulo Laudo Natel, já chegou ao ministério como uma estrela. Tinha reputação de defensor do desenvolvimento industrial e de grande conhecedor do setor agrícola. Na Universidade de São Paulo (USP), onde era catedrático, sua tese sobre o café tornou-se um clássico. Sempre fui um admirador de Delfim. Também viria a conviver com ele, no governo Figueiredo, entre 1979 e 1985, como ministro da Agricultura, depois ministro do Planejamento, e eu como secretário-geral do Ministério da Fazenda. Depois que eu saísse do governo, nos encontraríamos muitas vezes em palestras, seminários e conferências.

GUERRA DOS SEIS DIAS

Cada vez eu me interessava mais por política, inclusive internacional. Para produzir meu programa de rádio aos domingos, eu ouvia as fontes mais confiáveis na época, em especial a BBC de Londres, que transmitia de lá seus programas em português e entrava límpida nos ares de Cajazeiras. Foi assim que, entre os dias 5 e 10 de julho de 1967, escutei atentamente a cobertura inglesa para fazer o melhor corta-e-cola da época e abordar a Guerra dos Seis Dias com toda a pretensa autoridade de um comentarista de notícias internacionais, certamente com um viés esquerdista.

Quando Israel percebeu que Egito e Jordânia atacariam seu território, surpreendeu os inimigos com um bombardeio arrasador à força aérea egípcia antes que ela decolasse, enquanto suas forças terrestres investiam contra a Faixa de Gaza e o norte do Sinai. Jordânia e Síria intervieram no conflito, com o apoio do Iraque, do Kwait, da Arábia Saudita, da Argélia e do Sudão. Ainda assim, em três dias Israel derrotou os adversários, passando a controlar também a Cisjordânia e as sírias Colinas de Golã.

A guerra redesenhou o mapa político do Oriente Médio e suas cicatrizes não foram curadas até hoje. Habitantes de territórios ocupados pelos vencedores, como Gaza, Cisjordânia e Jerusalém, os palestinos tornaram-se refugiados lutando por um Estado independente. Egito e Síria se aproximaram da União Soviética, renovaram seus arsenais, instalaram mísseis próximo ao Canal de Suez e voltariam à guerra contra Israel cinco anos depois — sendo novamente derrotados.

Dias depois, na AABB, um caixeiro-viajante perguntou se era eu o Maílson, da rádio. Fiquei radiante. Diante da assertiva criticou: "Acho sua abordagem muito pró-árabe!"

EL CHE SE FUE

Deste lado do globo também se evidenciavam as lutas entre ideais liberais e comunistas. No dia 9 de outubro de 1967 terminava a caçada ao principal líder revolucionário da América Latina: Che Guevara, apanhado no dia anterior, foi executado na aldeia boliviana La Higuera. Che, que em 1959, com Fidel Castro e outros revolucionários, havia transformado Cuba numa experiência de revolução bem-sucedida e exemplo para tantas guerrilhas que nasceriam pelos países latino-americanos, deixara o país socialista para fomentar novas revoluções em 1965. Sua primeira tentativa foi no Congo, onde não conquistou grandes resultados práticos. Mas foi lá que decidiu unir a América Latina no movimento de construção do socialismo. Iniciou seu projeto na Bolívia, de onde avançaria rumo ao seu país natal, a Argentina. Contudo, os camponeses bolivianos, diferentemente da experiência vivenciada em Cuba, viam com desconfiança o projeto revolucionário.

CURSO DE CRÉDITO INDUSTRIAL

A segunda edição do curso de crédito industrial, do Banco do Brasil, de dois meses, foi realizada em Recife, para contemplar o Nordeste, então em forte processo de industrialização, sob o estímulo da Sudene. A agência de Cajazeiras foi uma das escolhidas para enviar um representante, que deveria ser indicado pelo gerente, Hélio Frota Leitão. Imaginei que, como chefe da Creai, seria o candidato natural. Ele achou seu nome mais conveniente. A confirmação teria que ser dada pela direção geral, através dos Correios. Naquela época, só existia telefone local ou regional. De Cajazeiras, falávamos no máximo com Sousa, a 48km de distância. Na quinta-feira anterior à segunda em que se iniciaria o curso, a correspondência da direção geral ainda não havia chegado. Receoso de que a autoindicação houvesse sido recusada, Hélio ordenou que eu comparecesse ao curso.

No dia seguinte, enfrentei umas 12 horas de estrada para chegar à capital pernambucana, na época a cidade mais importante do Nordeste, de longe. Era a maior, mais populosa, mais cheia de história, com seus casarões dos barões do açúcar. A indústria açucareira de Pernambuco era a mais desenvolvida da região e a cidade era o centro irradiador do desenvolvimento industrial. Enfim, Recife era onde as coisas aconteciam.

APRENDENDO ECONOMIA E ADMINISTRAÇÃO

Esperava que se iniciasse a palestra inaugural, de Nestor Jost, à época diretor industrial do BB, que estava uma hora atrasado, quando Hélio apareceu no auditório, calmo. "Chegou a correspondência: a direção geral aceitou minha indicação!" Não compartilhava da felicidade dele. Muito menos de sua tranquilidade. Eu não aprenderia? Voltaria a Cajazeiras? Teria que custear as passagens? À minha sobrancelha arqueada, respondeu, sem que eu perguntasse, que pleitearia a participação de ambos. Assim, despreocupado, extrovertido, foi diretamente ao doutor Nestor, a primeira autoridade de alto escalão do banco que eu via pessoalmente. Explanou o caso: a indicação incerta, o atraso da correspondência, minha viagem antecipada. Mas, como se atrasara, o diretor pediu para que assistíssemos à palestra e conversássemos depois. Ambos acabamos participando do curso.

Mais tarde, também viria a conviver com Jost, tanto quando ele era ministro da Agricultura e eu secretário-geral do Ministério da Fazenda, quanto durante o período em que eu era ministro e ele, presidente de uma associação nacional de plantadores de fumo.

Foi uma ampliação de horizontes para mim. Durante aquelas quatro semanas, ouvi grandes especialistas do país, incluindo professores da Fundação Getúlio Vargas do Rio de Janeiro, diretores da Sudene e do próprio banco, além de visitar algumas das maiores indústrias e ter meu primeiro contato com finanças, contabilidade, mercadologia e avaliação de empresas.

Um dos palestrantes brincou que ouvira que no Banco do Brasil não se gostava de mulher. Todos riram. Eram todos homens. Foi apenas naquele ano que às mulheres passou a ser permitido ingressar no banco. Uma lei de autoria do senador Nelson Carneiro proibiu a discriminação de sexo no emprego.

SECA VERDE

Naquele mesmo ano houve uma grande seca no sertão. E do pior tipo: seca verde. Nem os avisos dos adivinhos do clima, tão respeitados na região, foram ouvidos pelos agricultores. No semiárido existem ainda mais crendices sobre as variações climáticas do que na Zona da Mata. Elas começam em novembro, mês de acasalamento dos joões-de-barro, um pássaro muito comum na região. De acordo com o lugar do ninho e a direção da sua entrada, os adivinhos determinam se haverá ou não inverno, ou seja, se haverá chuva, como disse anteriormente.

A predição é confirmada ou refutada em dezembro, de acordo com os sinais de Santa Luzia, a quem é devotado o dia 13 desse mês. Acredita-se que, se chover nos dias 11, 12 e 13, cairá água em janeiro, fevereiro e março. Mas a profecia toda se completa apenas no dia 19 de março, consagrado a São José. Se não chover até essa data, não há mais esperanças: haverá seca.

Para os agricultores da região, pior ainda que esta seca, que não traz gota, é a *seca verde*. Quando não chove nos primeiros meses do ano, sequer se lançam sementes no solo. Mas se as primeiras chuvas vêm, a terra preparada recebe as sementes e estas começam a brotar. Quando a chuva cessa, as plantas não se desenvolvem: os campos ficam verdes, mas os frutos não vêm. Foi isso o que aconteceu em 1967.

INVASÃO DE FAMINTOS

Pelos idos de junho, a réstia de esperança que ainda poderia resistir em algum coração menos ressequido esmoreceu. A colheita de algodão se frustraria parcialmente, mas a de culturas como milho e feijão praticamente seriam perdidas, e as dívidas continuariam a crescer. Desesperadamente famintos, meeiros e trabalhadores rurais desempregados passaram a invadir as feiras e mercearias da região, carregando tudo o que podiam. Sem comando e sem controle, corriam pelas ruas aos bandos, sem recear consequências. Ainda não havia programas governamentais de assistência à população em caso de calamidades desse tipo, como distribuição de cestas básicas.

Estava em casa numa manhã quando comecei a ouvir uma agitação, ao longe. Quando a confusão começou a se aproximar, receei que fossem os famintos. Corri até Rosinha, Márcio e Guilherme e quis escondê-los na despensa, o cômodo mais afastado das portas da casa. Só relaxei depois do fim de meia hora de passada a agitação.

GENIALIDADE ÁGUA ABAIXO

Essa foi nossa última grande aventura na casa alugada. Nem imaginávamos aquelas com que iríamos nos deparar na casa nova. Ela ficara lindíssima! No finzinho de dezembro de 1967, Márcio corria e Guilherme ensaiava seus primeiros passos explorando todos os 150 metros quadrados, enquanto Rosinha ajeitava cada detalhe da decoração. Alegres e orgulhosos, sentávamos na calçada para espantar o calor e curtir o frescor da vida nova.

Num dia do início de 1968, reunidos felizes na sala, vimos a tempestade de inverno chegando. Daquelas intensas, que prometiam dias de muita água incessante. Aproximava-se escurecendo o dia, mas nem nos importamos. À nossa casa, chuva vinha para fertilizar os campos do futuro. Cerramos as janelas aos gordos primeiros pingos. Os segundos começaram a pingar já dentro de casa. Nem eu, nem o mestre de obras havíamos pensado na necessidade de impermeabilização. A tempestade, naquela noite, foi a mais inconveniente e intrometida das visitas-surpresa. Lembrei do búzio que avisava da enchente em minha cidade natal. Ele não assoviou para nós naquela noite. Mas, como fizeram meus pais na longínqua Cruz do Espírito Santo da minha infância, juntamos meia dúzia de coisas que conseguimos carregar e pedimos abrigo a um vizinho.

Rosinha não reclamava, mas ela não emitir palavra sinalizava sua imensa insatisfação. E tinha razão. Os xingamentos silenciosos nos olhos que não me encaravam eram mesmo procedentes. Mesmo não querendo olhar para mim, ela escutaria o que quer que eu dissesse. Mas eu não tinha o que falar. Estava envergonhado, frustrado, raivoso até. E não tinha alguém além de mim a quem pudesse culpar. Estava paralisado, completamente impotente. Mas meus pensamentos estavam histéricos. Contabilizava o prejuízo. Empobrecia na Rua dos Ricos. Não apenas teria que reformar tudo e construir o telhado, mas talvez tivesse que jogar fora móveis cujas prestações eu ainda pagava. A solução mais viável, àquela altura, foi incluir telas de amianto no teto, o que tornou a casa insuportavelmente quente e contribuiu para mofar definitivamente o que havia umedecido.

CAPÍTULO VII Sonhos de ascensão profissional
(1967-1968)

PENSANDO GRANDE

Eu já não queria mais continuar em Cajazeiras. E não era apenas porque a casa não se tornou tão confortável como prevíamos. Com o curso e com o programa na Rádio, que me estimulava a conhecer mais sobre o Brasil e o mundo, minha visão se estendeu. Meus horizontes, meus conhecimentos e meus sonhos extrapolavam muito aquela cidade e aquela vida. Eu continuava me candidatando a vagas de chefe da Creai de outros municípios, mas meu objetivo, eu enxergava cada vez mais claramente, era trabalhar na direção geral do Banco do Brasil, entre os todo-poderosos e gênios.

Para nós, o Banco do Brasil era o Olimpo. Fora dele, acreditávamos que não existia vida inteligente: éramos os mais éticos, os mais eficientes, os mais patrióticos... Sua direção geral, então, era composta por gênios.

A sede do BB, no Rio de Janeiro, era o ápice da carreira de qualquer funcionário. Era lá que ficava a cúpula que decidia sobre as normas e as nomeações da instituição. Mais do que isso, influenciava decisivamente até decisões do governo. De tão grande, o sonho não cabia na minha boca. Tinha vergonha de confessar a colegas e até mesmo a Rosinha. Era sonhar alto demais. Mas eu sonhava assim mesmo.

Em 1966 passara a propor alterações nas normas da CIC Creai, que podiam ser adotadas nacionalmente. Duas delas foram aceitas e implementadas, uma façanha registrada em meus assentamentos funcionais como "referência elogiosa". Mas, de tão remota — e sem telefonemas interurbanos ou internet — Cajazeiras era longe demais para que eu contribuísse mais ativamente.

NOVA SEDE DA AABB

Queria ir ao Rio de Janeiro o quanto antes. Foi em meio a esses pensamentos que surgiu a oportunidade. A nova sede da AABB estava prestes a ser inaugurada: o salão provisório, a sala de sinuca, o bar e a quadra de esportes estavam prontos. Faltava apenas construir nosso conjunto aquático. Mas o dinheiro que conseguimos com o consórcio de jipes não foi suficiente para essa etapa.

A única opção possível seria recorrer às verbas da direção geral. Para isso, decidi ir ao Rio de Janeiro utilizando alguns dias de folga com que fora presenteado com os "abonos-assiduidade", que eram cinco dias a mais de férias oferecidos aos funcionários que não houvessem faltado justificadamente ou chegado atrasado três vezes durante um ano.

RIO DE JANEIRO

Fui de ônibus até João Pessoa e, no dia seguinte, a Recife, de onde partiu o avião a jato Caravelle, da Cruzeiro. Era noite quando aterrissei no Galeão, de onde um táxi me conduziu à cidade maravilhosa. As luzes do Cristo Redentor iluminavam também meus pensamentos. De braços abertos, a cidade me recebia, convidando para, na primeira oportunidade, ficar de vez. Desembarquei sem ter ideia do que encontraria. Sem nem saber onde me hospedaria, pedi ao taxista que me levasse até algum hotel barato no centro, perto da Rua Primeiro de Março, 66, onde ficava a diretoria do banco. No caminho, admirava tudo, como num sonho. Impossível esquecer a data exata: 31 de janeiro de 1968, o dia da Ofensiva Tet, no Vietnã do Sul.

GUERRA DO VIETNÃ

O apoio dos Estados Unidos aos democratas do Vietnã do Sul havia começado em 1959, mas o conflito armado com participação de tropas americanas só foi iniciado no início de 1965, quando norte-americanos desembarcaram no sudeste asiático com o intuito de impedir a invasão do sul do país pelos comunistas do norte. O objetivo era manter por três anos um bombardeio para destruir as defesas aéreas e a estrutura industrial do inimigo e estimular os sulistas a lutar. Até novembro de 1968, lançariam um milhão de toneladas de mísseis, foguetes e bombas. O ataque terrestre foi iniciado em 1966, com o envio de 3.500 marines americanos, que chegaram a duzentos mil no final daquele ano, tudo feito com o apoio da maior parte da população americana, que apoiava a luta contra o comunismo.

Ho Chi Minh continuava declarando que "se os americanos querem fazer a guerra por vinte anos, então nós a faremos por vinte anos". Os americanos achavam-no prepotente. Também subestimaram a importância de conhecer a região, o clima e as táticas de guerrilha tropicais, com golpes pontuais seguidos de retiradas instantâneas.

Apesar do poder de fogo comparativamente nulo dos norte-vietnamitas, em 31 de janeiro de 1968 o exército de Ho Chi Minh atacou num mesmo dia mais de cem cidades no sul, além do quartel do general Westmoreland e a embaixada dos Estados Unidos em Saigon. A operação ficou conhecida como Ofensiva Tet, o nome do ano lunar chinês que se iniciava, tradicionalmente uma data de trégua regional. Naquele ano, a data comemorava também a mudança do pêndulo da guerra em favor dos vietcongues, protagonistas da maior derrota militar da história americana, que se consumaria em 1976.

RIO — OUTROS DEGRAUS

Naquele verão incrivelmente quente eu também colocava em prática minha ofensiva. Já no dia seguinte, logo cedo, telefonei para o presidente da AABB carioca, Sílvio (não me recordo de seu sobrenome), que prontamente me atendeu, surpreso com minha audácia de chegar à cidade sem nenhuma indicação, sem recomendação alguma. Hoje concordo com ele, mas talvez tenha sido a coragem quem convenceu a sorte a me sorrir mais uma vez: Sílvio era amigo de Geraldo Machado, o chefe de gabinete da presidência do banco, então ocupada por Nestor Jost, e se prontificou a me ajudar.

Quando entrei na sala de Machado, decorada ao estilo dos bancos ingleses que eu viria a conhecer tão bem, não sabia onde enfiar as mãos nem como iniciar a conversa. Não foi preciso. Geraldo já sabia dos meus planos por informação de Sílvio. "Meu caro, você chegou aqui no exato momento em que a diretoria aprovou uma verba para apoiar AABBs do interior. Vou pedir ao pessoal encarregado do programa que receba você."

Eu tinha tudo pronto: plantas, orçamentos, nome e referências comerciais da construtora. Era tudo que eles precisavam. Em dois dias, eu voltaria a Cajazeiras com uma verba de cinquenta mil cruzeiros novos para viabilizar o projeto. Nem o mais empedernido otimista poderia ter previsto tamanho êxito. Cajazeiras teria sua primeira piscina.

NA SALA DO PRESIDENTE

Já que estava na direção geral, decidi conhecer todos os profissionais que pudesse. Assim, acabei sendo apresentado, casualmente no corredor, a João Miranda, da Gerência Especial da Creai (Gespe). Despreparado para tamanha honra, no mesmo dia, entrei em traje esporte no ponto mais elevado do Olimpo. Fui recebido no gabinete do presidente do banco sem paletó ou gravata. Mesmo se tivesse me dado conta da falta de etiqueta, iria vestido assim mesmo, por falta de opções. Não levei o paletó do meu casamento, o primeiro e único, que teimava em sobreviver ao tempo e ao clima de Cajazeiras.

68: O ANO QUE NÃO TERMINOU BEM

Não era só minha vida que mudaria para sempre naquele 1968. O Brasil e o mundo também se transformariam definitivamente. Janeiro já prometia isso, com a Guerra do Vietnã se intensificando e a população mundial se revoltando contra o status quo, tanto à direita quanto à esquerda. A contracultura estava à toda, seja nos festivais de música, no Cinema Marginal e nos romances-reportagem. As ideais a bradar eram muitas, como defendia Glauber Rocha, que em 1967, com *Terra em transe*, foi premiado nos festivais de Cannes e de Havana.

FRENTE AMPLA

No Rio de Janeiro eu sentira a política realmente presente e ela passou a me interessar cada vez mais, mesmo comigo de volta a Cajazeiras. Interessava-me especialmente se o assunto fosse Juscelino Kubitschek, que eu admirava desde a adolescência. Ele retornara ao Brasil em 1966, convencido em Portugal por Carlos Lacerda, seu antigo adversário político. Unidos ao grupo do ex-presidente João Goulart, criaram no mesmo ano a Frente Ampla, que exortava a população a formar um imenso partido popular.

Defendendo eleições diretas, reforma partidária, desenvolvimento econômico e adoção de política externa soberana, conquistaram apoio na chamada "corrente ideológica" do MDB. O ilegal Partido Comunista se dividiu entre os que apoiavam o movimento e aqueles que pregavam que Lacerda objetivava a presidência e seria o único beneficiado. Receando exatamente as pretensões de Lacerda, em agosto de 1967 o governo proibiu sua aparição na televisão. No mês seguinte, 120 dos 133 parlamentares oposicionistas se recusaram a participar do movimento.

Sem muitas alternativas para consolidar a Frente Ampla, a estratégia passou a ser buscar apoio estudantil e trabalhista, enfatizando a luta contra a política salarial do governo. Em abril de 1968, com o apoio do movimento estudantil, a Frente Ampla reuniu mais de 15 mil pessoas em Maringá, a maior manifestação operária até então. O efeito não demorou a vir. Dias depois, Costa e Silva proibiu todas as atividades do movimento e a polícia federal passou a prender todos que violassem a proibição.

UNIÃO DOS ESTUDANTES

Bobo Lacerda não era. Os estudantes eram os mais ativos oposicionistas do governo — e também os mais reprimidos desde 1967. Protestavam contra a política educacional, incluindo o que imaginavam ser a "privatização do ensino superior" e a formação voltada às necessidades econômicas de empresas privadas.

Em 1968, a repressão tornou-se mais violenta, culminando em 28 de março, quando o estudante secundarista Edson Luís, de 17 anos, foi morto pela polícia militar com um tiro no peito e outros seiscentos alunos foram feridos durante uma manifestação iniciada com reclamações sobre a qualidade do restaurante universitário Calabouço, na capital carioca. Os militares defenderam que era um centro de comunistas armando um violento golpe para desestabilizar o regime. A morte comoveu todo o país e acirrou a luta pelas liberdades civis. O cortejo fúnebre, que reuniu cinquenta mil pessoas, foi acompanhado de diversos confrontos com a polícia por todo o Rio de Janeiro, como aconteceu nos dias seguintes, até a missa na Candelária, em que a polícia investiu a cavalo contra a população.

MARCHA DOS 100 MIL

Quanto mais a repressão fazia vítimas, mais protestos e greves operárias ocorriam nas principais cidades brasileiras e mais se radicalizava a ação de opositores ao regime linha-dura de Costa e Silva. A reação do governo ocorria em intensidade semelhante. Em abril de 1968, o presidente transformou 68 municípios brasileiros, incluindo todas as capitais estaduais, em zonas de segurança nacional e indicou todos os seus *prefeitos biônicos*.

Nem leis nem violência eram suficientes para calar as ruas. No dia 26 de junho, 100 mil pessoas, entre estudantes, padres, artistas, intelectuais e mães ainda revoltados com a morte de Edson Luís marcharam durante sete horas pela cidade.

MAIO DE 68

As revoluções populares unindo estudantes e operários contra o governo aconteceram em diversos países, incluindo França, Alemanha Ocidental, Itália, Bélgica, Holanda, Suíça, Dinamarca, Espanha, Reino Unido, México, Argentina, Chile... Mas foi o Maio de 68 francês e a Primavera de Praga que mais marcaram a história, unindo nas ruas o maior estrato da população, de todas as camadas sociais.

As marchas de estudantes franceses liderados por Daniel Cohn-Bendit foram às ruas no final de abril, mas foi em maio que as greves estudantis atingiram dezenas de universidades e escolas secundaristas. No dia 10, 20 mil estudantes montaram barricadas para enfrentar a polícia. Três dias depois, os trabalhadores franceses uniram seu movimento ao deles e decretaram uma greve geral de 24 horas em Paris, em protesto contra as políticas do general De Gaulle. Com apoio de dez milhões de trabalhadores, quase dois terços da força de trabalho francesa, a mobilização teve seu ápice no dia 20 de maio, quando a capital amanheceu sem metrô, ônibus, telefones e outros serviços e 300 fábricas francesas foram ocupadas.

PRIMAVERA DE PRAGA

Estudantes e intelectuais da Europa Oriental, sob o domínio da União Soviética, também se insurgiam, mas contra a rigidez e a burocracia comunista. Os movimentos aconteceram também na Polônia e Iugoslávia, mas o mais evidente foi o da Tchecoslováquia: a Primavera de Praga. Intelectuais reformistas do partido comunista tcheco, comandados pelo líder do partido, Alexandre Dubcek, buscavam desestalinizar o governo, promovendo grandes mudanças na estrutura política, econômica e social. Era o "socialismo com face humana". As reformas que pretendiam fazer na Constituição incluíam o fim do partido único, liberdade de imprensa, independência do poder judiciário e tolerância religiosa, propostas apoiadas pela população.

A União Soviética reagiu. Em poucas horas do dia 21 de agosto, as tropas do Pacto de Varsóvia ocuparam a capital e detiveram Dubcek, mas a reação pacífica da população deixou as tropas sem ação. Através de pequenos transmissores construídos às pressas pelo Exército tcheco, a Rádio Tchecoslováquia Livre transmitia rápidas recomendações à população, especialmente para que aparentassem colaborar sempre com os soviéticos, mas respondendo apenas com frases curtas como "não sei", "não conheço", "não tenho", "não sei fazer". Uma greve geral foi iniciada no dia 23, mas sem efeito prático: as reformas foram canceladas e a política stalinista continuou a vigorar.

ARMAMENTOS NUCLEARES

Com tantos governos autoritários, a ameaça de guerras nucleares amedrontava a população de todo o globo desde 1962, com a Crise dos Mísseis. Em julho de 1968 as duas superpotências e outros 58 países aprovaram o Tratado de Não Proliferação de Armas Nucleares, colocado em prática no ano seguinte, quando 137 países o ratificaram.

QUERO ESTE EMPREGO! QUALQUER QUE SEJA

Outras resoluções e armas tomavam os meus pensamentos naqueles meses: as transformações que almejava fazer em minha vida e as estratégias para implementá-las. Já era pouco para mim o sonho de ter uma casa na praia em João Pessoa. Agora a praia era muito maior. E ficava perto do Vasco, o time de minha predileção. Não imaginava grandes voos, não. Sonhava ascender, crescer, sim, e um dia me tornar assessor de um diretor, talvez. Ainda era necessário pensar em como chegar até o primeiro degrau. Em maio, enviei uma carta ao João Miranda, da Gespe, na direção geral, a quem havia sido apresentado na minha primeira visita ao Rio de Janeiro. Lembrando nosso encontro casual e de propostas que havia enviado, discorri sobre a evolução de minha carreira em curto período e exprimi incisivamente meu desejo de trabalhar com ele. A estratégia não funcionou.

RIO DE JANEIRO AINDA MAIS LINDO

Em julho de 1968 foi inaugurado o "Conjunto Aquático Geraldo Machado", em homenagem ao homem que contribuíra para a realização do nosso empreendimento. Como costuma acontecer em obras pioneiras, o orçamento inicial estourou. Em agosto decidi utilizar mais uns dias de abonos-assiduidade para viajar novamente ao Rio. Pediria complementação de verbas na direção-geral e aproveitaria para, na volta, conhecer Brasília, a cidade que recentemente brotara do cerrado, onde seria ciceroneado pelo meu concunhado João Pires de Oliveira Filho, casado com Thereza, irmã de Rosinha.

Como a anterior, a missão de agosto teve êxito muito rapidamente. Em dois dias consegui da direção-geral mais 30 mil cruzeiros novos para pagar as contas em atraso. Resolvida a questão, aproveitei para ir ao Medic, o departamento médico do banco, na Rua do Acre. Havia mais de um ano eu sentia dores abdominais e suspeitava que houvesse contraído esquistossomose nos banhos no rio Paraíba, o que os exames comprovaram. O tratamento foi feito com apenas uma injeção, mas que veio acompanhada de uma recomendação do médico: repouso. A longa viagem que me esperava, até Brasília, foi vetada.

Obedecendo a recomendação, permaneci no Rio por mais uns três dias. Aproveitei para fazer uma visita à Gerência Especial da Creai (Gespe), que ficava na Avenida Rio Branco, 119. Entrei resoluto no elevador que me deixou no 18o andar. Na recepção, pedi para falar com o doutor Moacyr de Figueiredo Borges, o gerente da Gespe. Era um dos líderes do esforço de modernização da carteira e quem assinava as cartas circulares que recebíamos nas agências. Foi motivado por seus estímulos que me dispus, desde 1965, a fazer sugestões para a melhoria dos serviços. "Qual o motivo da visita?", perguntou o recepcionista. "Quero apenas conhecer pessoalmente o doutor Moacyr." Para minha surpresa, fui autorizado a entrar imediatamente. E em meio a uma reunião repleta de "gênios" e presidida pelo doutor Moacyr. Era o máximo. Eu presenciava uma reunião do Olimpo.

Meu sonho era ser um daqueles homens. Pensava nisso quando, da cabeceira da mesa, Zeus me apresentou. "Está aqui um chefe de crédito rural do interior da Paraíba. Diga, Maílson: o que é que mais demora numa operação de crédito rural na sua agência?" Nem pensei para responder. Lembrei de agricultores humildes copiando de um papel o desenho de seus nomes nos contratos. "A assinatura do cliente." Doutor Moacyr vibrou. Era exatamente esta a tese que ele defendia para seus assessores, incrédulos. A reunião era exatamente para discutir possíveis soluções para reduzir custos e tempo nas operações, todas feitas na mesma época do ano, logo antes do plantio.

ESTUDOS SOBRE CRÉDITO RURAL

Finda a reunião, o doutor Moacyr pediu para conversar comigo, em particular. Perguntou se eu tinha outras ideias para melhorar a qualidade dos serviços. Orgulhoso, abordei diversas propostas. Depois de ouvir, pediu para que eu conversasse com outros dois funcionários graduados, no mesmo prédio.

No dia seguinte, conversei com doutor Celso Viveiros, um maranhense lendário no banco, um dos maiores especialistas em crédito rural da instituição. Ele supervisionava, como gerente, as operações das agências das regiões Norte e Nordeste do país. Perguntou sobre minha trajetória no banco, como cheguei tão moço à chefia da Creai de Cajazeiras, minha opinião sobre as normas e coisas do gênero. Não suspeitei que me entrevistava para uma missão.

Depois de conversar com outro funcionário graduado, voltei ao doutor Moacyr, como ele me havia orientado a fazer. Contou que estava incumbido de indicar alguém para participar de um grupo de trabalho que, por três meses, reveria as normas do crédito rural. Era uma decorrência da nova legislação específica, que surgira com a Lei de Institucionalização do Crédito Rural, em 1965. Era preciso adaptar as normas do banco à nova realidade.

Seriam sete integrantes: três assessores da direção geral — um de cada região da carteira, Norte, Centro e Sul —, três funcionários do interior de cada uma dessas regiões ligados ao crédito rural e um advogado de Brasília, Antonio Ferreira Álvares da Silva. Os trabalhos já haviam sido iniciados, mas Ernane Fernandes, o representante da região Norte, fora incumbido de outra tarefa e não poderia participar.

Eu compreendia as palavras, perfeitamente. Mas achava que me escapava o objetivo daquela conversa. Não era possível que ele estivesse pensando em me convidar. Era muito além do que eu havia sonhado. Tentava esquecer essa absurda suposição que quase me impedia de ouvir suas palavras. Não podia perder o fio da meada agora. "Você topa?" A explosão de felicidade no meu peito foi tão afoita que respondi sim imediatamente. "Então começa amanhã. E, se você se sair bem, vem trabalhar aqui comigo."

Permaneci imóvel. Pisquei algumas vezes. Tentava ter certeza de que ouvia corretamente. Juntei as mãos, não para agradecer a Deus, mas porque as letras que saíram tão fortuitamente no sim se recusavam a entrar em acordo para formar as palavras que explicariam que eu não podia começar sem antes passar em Cajazeiras. Achei que gaguejaria. Quando finalmente consegui explicar, retrucou: "Se você não puder começar na semana que vem, vou indicar outra pessoa." Eu conseguiria. De qualquer maneira.

CAPÍTULO VIII Direção-geral no Rio de Janeiro (1968)

DOU UM JEITO

Saí da sala do doutor Moacyr tentando controlar minha euforia para planejar tudo o que deveria fazer nos dias seguintes para integrar o grupo de trabalho que reformularia as normas de crédito rural do Banco do Brasil na própria direção geral. Eram tantas coisas a comemorar, avaliar e planejar que minha mente não conseguia abarcar todas elas. Nem ao menos conseguia decidir o que era mais urgente. Traçava tantas ações, que fiquei imóvel. Decidi, primeiro, avisar Rosinha de que mudaríamos para o Rio de Janeiro. Foi quando me dei conta de que alguém perguntava se eu não partiria daquele elevador.

Saí quase correndo. Embora já tivéssemos telefone em casa, número 402, nem pensei em passar na estação da Companhia Telefônica Brasileira (CTB), na Praça Tiradentes, de onde era possível fazer chamadas interurbanas. Era caríssimo. Além disso, a espera para ligar para o Nordeste era de cerca de oito horas. E isso era modernidade.

A maneira mais ágil e eficiente de me comunicar com minha família era por rádio. Lembrei que o Monsenhor Abdon, o pároco de Cajazeiras, operava todo final de tarde. Peguei um táxi até a Rua Humaitá e cheguei sem avisar na casa de um radioamador que algum funcionário me indicara. Quando lhe disse que era um *macanudo* do Nordeste, como os radioamadores se tratavam, prontamente concordou em me ajudar. Logo conversava com o monsenhor, que ligou para a Rosinha e conectou o fone ao aparelho. Quando contei que integraria aquele grupo de trabalho e que teríamos que mudar definitivamente de Cajazeiras para o Rio em poucos dias, não se mostrou preocupada. Nem ansiosa. Somente concordou.

Mais do que ousadia, foi uma tremenda irresponsabilidade. Eu não sabia se me sairia bem, nem se o doutor Moacyr realmente me convidaria a trabalhar com ele. Mas o desejo de trabalhar na direção geral, de avançar na carreira, de ser membro do Olimpo ofuscava tudo o mais e obscurecia qualquer prudência.

RUMO À NOVA CAPITAL FEDERAL

Naquela mesma terça-feira de agosto de 1968, embarquei no ônibus que me levaria a Brasília. Como prometido, visitaria meu concunhado, que me ciceronearia pela cidade que eu sonhava em visitar. Mas, de repente, isso não tinha mais a menor importância. Queria passar por lá o mais rapidamente possível, rumar logo a Cajazeiras, vender tudo e mudar de vida.

Embora tenha dormido a noite toda, aquelas vinte horas de viagem pareceram infindáveis. E, já no caminho para Brasília, a sequidão do ar ardia o nariz, a boca, a pele do corpo todo. A umidade relativa do ar rondava os 15 por cento, como no Saara. Nem reparei na mata baixa do cerrado, nas árvores contorcidas, nas planícies vazias que permitiam enxergar tão longinquamente. Meu pensamento estava muito além. Não em Cajazeiras, mas no Rio de Janeiro, anos à frente, quando eu fosse promovido a assessor de algum diretor, ou secretário, como se chamava o cargo, recompensado por tanto me dedicar.

BRASÍLIA DOADA À ONU

Cheguei à rodoviária de Brasília pensando em já comprar a passagem para o próximo trecho, mas João Pires, cunhado de Rosinha, insistiu para que ao menos eu fizesse o *tour* pela cidade. Em pouco mais de uma hora, conheci os pontos principais. Em agosto de 1968, oito anos depois de inaugurada, Brasília ainda parecia uma cidade em formação. Projetado para quinhentos mil habitantes, o Plano Piloto mal abrigava 150 mil. Em 2010, o Distrito Federal, que inclui as cidades satélites, reuniria cerca de 2,5 milhões de habitantes.

Naqueles idos de 1968, grande parte de Brasília ainda era uma imensidão vazia. A maioria dos prédios não havia saído do papel. "Brasília não emplaca", era o que se dizia. O governo não havia se transferido para lá. Funcionavam ali apenas a Presidência da República, o Supremo Tribunal Federal, o Congresso Nacional e uns poucos órgãos federais, incluindo o Sistema Nacional de Informações (SNI). A maioria dos ministérios mantinha na cidade apenas representações. Os ministros iam até lá apenas quando havia necessidade de despachar com o presidente. Embaixadas, não havia. A Avenida das Nações era uma sequência de terrenos baldios, como quase toda a capital. A Asa Norte praticamente só existia nos projetos de Lúcio Costa. Adversários de Brasília chegaram a propor que a cidade fosse doada à ONU.

ADMIRANDO A CIDADE

De qualquer forma, a arquitetura me impressionou. O Palácio da Alvorada, que eu tanto admirava quando adolescente, era quase assustador pela plasticidade, assim como a Catedral, ainda um esqueleto de concreto. O Congresso, imponente, era o prédio mais alto da cidade, para evidenciar a importância do Parlamento.

Pronto. Já vira tudo. Era hora de partir.

O FUSCA DO DEPUTADO

Pensava insistentemente nisso quando nos encontramos casualmente com o deputado federal pela Paraíba José Gadelha, industrial de algodão de Sousa e cliente da agência de Cajazeiras. Quando lhe falei que estava a caminho de lá, perguntou se eu não preferiria percorrer de carro este trajeto. Seu filho, Marcondes Gadelha, médico do Hospital Distrital de Brasília, se candidataria a prefeito da cidade nas eleições daquele ano e o fusca seria de grande serventia durante a campanha. Aceitei conduzir o carro até lá. Contanto que fosse no dia seguinte.

A NOVA IDENTIDADE DE MEU CUNHADO

Ao chegar à casa de João Pires, me surpreendi. Um irmão de Rosinha, Antunes Queiroz Chaves, um grande praça, estava lá. Assim que o cumprimentei, alegre, me corrigiu: Zé Guilherme. Esse era o novo nome, que adotara ao ingressar na clandestinidade e combater o regime militar. Antunes, funcionário do Banco do Brasil, era líder sindical em março de

1964. Nos primeiros momentos do regime, seu nome constou de uma lista de aposentados compulsoriamente com base no Ato Institucional. Ingênuo, permaneceu em casa enquanto seus companheiros fugiam com medo da repressão. Ficou na prisão uns dois meses, sendo torturado.

Libertado, preferiu não requerer os proventos da aposentadoria e passou a viver de bicos, realizando trabalhos simples em escritórios. Seu casamento ruiu. Sua esposa mudou-se com as duas filhas para o Rio de Janeiro, enquanto ainda estava preso.

Talvez tenha sido a falta de perspectivas, mais ainda do que a revolta, o que mais o impulsionou a partir para a luta armada. José Guilherme Marques, imagino que numa homenagem a Marx, se filiou à Ação Libertadora Nacional (ALN), a turma de Carlos Marighella. Raramente ele ia a Brasília, chegando sempre à noite e partindo um ou dois dias depois.

ESTRADA AFORA

Contei a Antunes (digo, Zé Guilherme) as novidades e os planos para o futuro. Inclusive que eu iria com o carro do deputado até Cajazeiras. Animou-se a ir, ver a irmã que deixara criança em João Pessoa quando emigrou para o Rio de Janeiro em meio às confusões armadas pelo pai. Na manhã do dia seguinte, quinta-feira, partimos para enfrentar quase 3.200 quilômetros de estrada, com o porta-malas e o banco de trás entulhados de amostras grátis de remédios, que o candidato distribuiria à população local. A BR-20, que liga Brasília a Fortaleza, rumando a nordeste diretamente ao Ceará, ainda não existia. Era preciso seguir a sudeste, até Belo Horizonte pela BR-40, para depois pegar a BR-116, que conecta o Rio de Janeiro à capital cearense. Paramos para dormir apenas na primeira noite. Depois disso, nos alternávamos no volante.

ESTRADA ABAIXO

A BR-116, no trecho que liga a baiana Feira de Santana a Fortaleza, estava sendo construída, o que nos obrigava a seguir por muitos desvios. A estrada alternativa era péssima e a sinalização, escassa. Os reflexos diminuídos pela noite mal dormida e o sol se pondo à minha frente, atrapalhando a visão, também não contribuíam. Quando faltavam apenas uns 40 quilômetros até Cajazeiras, não completei uma das curvas e o fusca tombou barranco abaixo. O teto grudou no chão.

Não sei por quanto tempo fiquei desacordado. Até alguém me chamar do lado de fora do carro. De ponta-cabeça, não consegui responder nada. Sem cinto de segurança, que não existia, Antunes foi parar no banco de trás. Eu continuei sentado no banco do motorista, preso pelo volante. Quando consegui sair do fusca, vários curiosos já se amontoavam para ver mais um carro tombado por ali. Alguém desligou o motor.

Preocupado com meu estado, Antunes me perscrutava de cima a baixo, apalpava meus braços. Pediu para que eu escarrasse no chão para conferir se eu não cuspia sangue, enquanto o veículo era virado e empurrado até a estrada. Acidentes naquela curva eram tão frequentes — dois ou três carros por dia, pelo que disseram — que já haviam improvisado uma rampa de terra para que o veículo fosse alçado novamente à via. Quando a noite chegou, o valente fusca estava funcionando e com os faróis em ordem. Antunes olhou para o fusca, todo amassado, e propôs que seguíssemos viagem. Ali pelas oito da noite, adentrávamos Cajazeiras, ele dirigindo, eu segurando a porta torta do passageiro, para que ela não abrisse e com a cabeça abaixada, para não batê-la no teto com qualquer *catabio*.

No dia seguinte, entreguei o carro ao pessoal do deputado José Gadelha. Garanti que pagaria pelo conserto, imaginando que eles recusariam. Aceitaram.

AQUELE ABRAÇO

Rosinha, Dedé e Socorro haviam cuidado dos preparativos da mudança: estava quase tudo encaixotado, nosso carro tinha sido vendido e já existia até comprador da casa, que vendemos mobiliada a preço de vento — todos conheciam seus problemas estruturais. Foi um prejuízo! Era suficiente apenas para pagar os custos da viagem e o conserto do fusca do deputado. Não dava nem para continuar pagando a dívida com a Caixa Econômica Federal da Paraíba — até os anos 1970, quando a Caixa foi unificada, cada estado tinha a sua. O jeito foi ignorá-la por dois anos, como um relapso inadimplente.

Mais uma vez, eu seguia rumo ao futuro, sem olhar para trás. *Aquele abraço*, como Gilberto Gil tanto cantaria em 1969. No sábado, viajamos de ônibus por dez horas até João Pessoa, para, no domingo, embarcarmos de Recife, eu para o Rio de Janeiro, Rosinha e as crianças, para Brasília, com Antunes. Ficariam lá, na casa de João Pires, até que eu organizasse tudo para receber a família. Foi o que eu disse a eles, mesmo sem saber se realmente seria aceito na direção geral. Não lhes contei esse detalhe.

GRUPO DE TRABALHO

Na segunda-feira, como prometido, me apresentei na direção geral minutos antes do início do expediente. Os outros integrantes do grupo já trabalhavam havia duas semanas. Os documentos, as normas internas e a legislação referentes a cada um dos quase cem assuntos já estavam separados e organizados em gordas pastas. Uma delas foi logo entregue a mim, para que concentrasse toda aquela complexidade em um conjunto de regras com um texto claro de duas páginas. No meio da tarde, entreguei a primeira versão, datilografada, ao coordenador, Fernando Lima de Queiroz, que me olhou desconfiado. Parecia criticar: "não deve nem ter estudado as leis." Deixei o documento com ele e saí. Minutos depois, foi até minha mesa com uma expressão bem diferente, ainda que séria. E me elogiou.

Modéstia à parte, eu sabia mesmo o que estava fazendo. A agência de Cajazeiras era muito elogiada pela sua consistência e agilidade. Nos orgulhávamos disso e nos esforçávamos por manter a boa fama. Muitos sabiam de cor os números que representavam as normas, seus capítulos e subcapítulos. Podíamos até citar integralmente trechos da CIC, a Codificação das Instruções Circulares.

Eu conhecia bem as leis, os procedimentos e as antigas instruções. Assim, rapidamente me destaquei no grupo. É bem verdade que me dedicava muito. Findo o expediente, levava trabalho para o hotel e voltava minha atenção a isso inclusive aos fins de semana.

UM MUNDO DIFERENTE

A direção geral era bem diferente da agência de Cajazeiras. Éramos muito bem equipados. Tínhamos até telefone. Era só esperar dar linha. Às vezes em "apenas" 15 minutos podíamos ligar para qualquer lugar da cidade.

Não era apenas o ambiente que era muito bem arrumado. Quase todos se vestiam muito bem, com terno, cinza, azul-marinho ou marrom. Eu usava meu terno cinza de casamento, o único que tinha. Mas logo fui a uma loja de roupa feita, onde aproveitei para comprar dois costumes completos, que duraram bem uns dez anos.

No geral, não me sentia um caipira na cidade grande, não. Até meu sotaque, carregadíssimo, era aceito com muito carinho pelos meus colegas de banco. Afinal, eu era o peixinho deles. Com 26 anos de idade e apenas cinco de banco, eu era o rapazinho da turma. Alguns já pensavam na aposentadoria. Os dois outros colegas do interior vieram das agências de Santa Maria, do Rio Grande do Sul, e Juiz de Fora, Minas Gerais. O gauchão Miguel Francisco Schneider, com seus 41 anos, era o vovô da turma. Virgílio de Assis Pereira Silva Jr., o Mineiro, era o mais alegre e tinha um modo de falar engraçado, que jamais esquecerei.

O RIO DA FAVELA, DO FUTEBOL E DOS ACONTECIMENTOS

Andava a pé por onde quisesse, sem receio algum quanto à segurança. Não existia nem ao menos o estigma em relação à favela, muito romantizada para mim. Lembro, ainda em Cruz do Espírito Santo, de emigrantes que voltavam à terra contando que moravam num barraco de favela, o que me parecia muito bacana. Depois, com o filme *Orfeu do Carnaval*, que fez muito sucesso, via esses ambientes com muita alegria, muito samba, ensaio de escola, malandro de terno branco, futebol.

Falando em futebol, eu não poderia deixar de ir ao Maracanã ver o Vasco jogar. Assisti até a um dos primeiros jogos das eliminatórias para a Copa do Mundo de 1970. Não me recordo se Pelé jogou. Só lembro que fez um frio lascado! Era inverno (na acepção dos meus colegas) e fazia uns 15 graus, congelando para um capiau do semiárido paraibano!

Os passeios não eram muito frequentes. Minha atenção estava integralmente voltada para o trabalho. Como dizia um colega meu, "eu dependo do BB, minha família depende dele, o Brasil depende dele. Portanto, antes de tudo, o banco". Ainda assim, meu mundo se ampliava. Pela primeira vez eu travava algum contato com o que acontecia no centro decisório do país. Caminhava pelas avenidas pisadas durante passeatas, poderia facilmente comprar produtos recém-lançados, lia os jornais do dia e sentia a reação das pessoas que viviam diariamente o que era noticiado.

MÁRCIO MOREIRA ALVES

Foi por meio do *Jornal do Brasil* que soube do que viria a ser o estopim do Ato Institucional número 5 (AI-5): o discurso do dia 3 de setembro no Congresso Nacional do jornalista e deputado federal da

Guanabara pelo MDB Márcio Moreira Alves. Ele exortava a população a boicotar os desfiles de Sete de Setembro, em celebração à Semana da Pátria, e recomendava às moças que não namorassem soldados. O pronunciamento foi considerado pelos ministros militares ofensivo "aos brios e à dignidade das forças armadas". Os linha-dura pediram sua cabeça. Como já havia terminado o prazo de seis meses que o AI-1 havia concedido ao presidente para cassar mandatos, era necessária a aprovação da Câmara dos Deputados, num processo demorado.

As reviravoltas no Congresso constaram dos primeiros números da revista *Veja*, lançada naquele mês, com notícias sobre a eleição de Richard Nixon nos Estados Unidos e o golpe de estado no Peru, que passou a ser comandado pelo general Juan Velasco Alvarado, que se manteria no poder até 1980. Um pouco antes disso, eu conheceria Márcio Moreira Alves, quando trabalhasse no governo federal. Nos tornaríamos amigos depois de eu deixar o Ministério da Fazenda.

CAMINHANDO E CANTANDO

Foi também em setembro de 1968 que aconteceu o III Festival Internacional da Canção, em que o paraibano Geraldo Vandré lançou a música "Para não dizer que não falei das flores", que se tornaria o hino da luta da resistência civil e estudantil. Apesar de ser a favorita pelo público, ficou em segundo lugar, perdendo para "Sabiá", de Chico Buarque e Tom Jobim. Os versos "Vem, vamos embora/ Que esperar não é saber/ Quem sabe faz a hora/ Não espera acontecer" foram interpretados pelos militares como um estímulo à luta armada. Ainda sem os instrumentos da censura, só puderam sentar e ouvir o disco de 33 rotações. Mas em breve disporiam de ferramentas para não mais ter que aturar este tipo de ofensa.

LEI DA CENSURA

Os militares tinham razão para temer. Coincidência ou não, no mês seguinte estudantes voltaram às ruas. Em 15 de outubro, a União Nacional dos Estudantes (UNE), em que Vandré militara nos anos anteriores, reuniu clandestinamente milhares de integrantes em Ibiúna, no interior de São Paulo. Foram presos mais de 700 delegados da organização, incluindo Vladimir Palmeira, José Dirceu e Franklin Martins.

A partir de então, os militares enxergaram a necessidade de controlar os eventos públicos. Dois meses depois, em 21 de novembro, foi aprovada lei que determinava que Técnicos de Censura do novo Serviço de Censura de Diversões Públicas da Polícia Federal deveriam previamente autorizar espetáculos e obras cinematográficas. Na visão dos militares mais radicais, não foi suficiente. Seria preciso restringir ainda mais liberdades civis, o que fariam em breve.

O INÍCIO DO "MILAGRE ECONÔMICO"

A sociedade se agitava, mas o caos na economia de 1963 e 1964, com reduzido crescimento do PIB, já não era presente, devido às reformas institucionais e o Plano de Ação Econômica do Governo (Paeg) lançado por Castello Branco. A correção monetária, em seu início, reduzia as disfunções das altas taxas de inflação. A escalada dos preços foi combatida com ações para reduzir a demanda, como o corte de gastos públicos e o fim da política de reajustes reais elevados do salário mínimo. Após alcançar 78% em 1963, a inflação ainda subiu em 1964, para 90%, mas caiu significativamente em 1965, para 34%, e seguiu em queda nos anos seguintes, chegando a 19% em 1969.

As reformas foram fundamentais. A criação do Banco Central e os incentivos a fusões e incorporações de bancos contribuíram para expandir o crédito, incluindo uma novidade: os empréstimos para os consumidores. A reforma tributária simplificou o sistema de impostos, elevou a arrecadação e ampliou a capacidade de investimento do setor público. A Receita Federal, criada em novembro de 1968, o Cadastro de Pessoa Física (CPF) e o Cadastro Geral de Contribuintes (CGC), para as pessoas jurídicas, foram passos marcantes na modernização da gestão tributária.

Foram aumentados os investimentos públicos, particularmente em obras de infraestrutura, e se expandiram os incentivos fiscais para regiões e setores industriais, especialmente aqueles voltados à exportação. Com tamanhos estímulos, uma capacidade ociosa da indústrial nacional — decorrente de meia década de baixo crescimento — e ganhos de produtividade derivados dos novos investimentos, da redução de custos de transação e da expansão dos horizontes de planejamento das empresas, a economia assumiu uma nova e vigorosa dinâmica de crescimento em pouco tempo. O período entre 1968 e 1973, que seria incorretamente denominado de "milagre", teria a taxa de crescimento próxima de 11% ao ano, com um robusto desenvolvimento industrial. O Brasil chamava a atenção do mundo. E o regime militar ganhava legitimidade.

CRESCIMENTO ECONÔMICO E ENDIVIDAMENTO EXTERNO

O ano de 1968 marcou a recuperação da construção civil. Dados os planos do governo para facilitar o crédito habitacional com o Sistema Financeiro de Habitação e o Banco Nacional de Habitação (BNH), adquirir uma casa própria era factível para parte da classe média.

O setor líder do crescimento foi o de bens de consumo duráveis, estimulado pelas políticas de crédito e os ganhos de renda. Muitos compravam suas TVs para assistir às eliminatórias da Copa do Mundo de 1970. Apenas o presidente Médici e pouquíssimos outros poderosos viram os jogos em transmissão colorida, através de um link especial da Embratel. Ela só seria realidade no Brasil em 1972.

A expansão da indústria e do consumo reivindicaria uma quantidade cada vez maior de bens intermediários e de capital demandados pela indústria em expansão. Especialmente entre 1968 e 1970, o governo reviu as tarifas de importação, considerada estratégica para dar suporte aos setores que necessitavam de insumos e equipamentos não existentes no país. Começaram a surgir os déficits na balança de transações correntes, apesar do relativo equilíbrio da balança comercial. Esses déficits precisavam ser financiados. Assim, em fins da década de 1960 aumentou o ritmo de endividamento externo. A dívida, estacionada em torno de 3,5 bilhões de dólares ao longo da década de 1960, atingiria os 12,6 bilhões em 1973.

FICO OU NÃO FICO?

Eu via bem de longe tanto as mudanças na economia do país quanto os rebuliços sociais. O mais próximo que me chegava era pela TV e pelo *Jornal do Brasil*. Vibrava com a contestação e até comprei o disco de Vandré, que, a partir do ano seguinte, ficaria escondido entre livros por muito tempo.

A minha agitação era outra, bem mais pacífica e alinhada ao status quo: minha carreira. Mais especificamente, minha continuidade no Rio de Janeiro. O prazo para o fim dos trabalhos fora estendido por dois meses. Mas o prazo inicial, novembro, já se extinguia. E nada de saber sobre meu futuro ali. Cada fim de expediente e retorno ao hotel era mais angustiante. E se eu não fosse aceito? Voltaria a Cajazeiras? Diria a Rosinha que lhe vendera um peixe podre? Teria que comprar novamente uma casa lá? Tentava evitar pensar nesta possibilidade, mas ela me assombrava, conspurcava meu sono, puxava o lençol.

O desespero era tanto que um dia burlei a censura do medo. Fui até a sala do doutor Moacyr e lhe disse que precisava saber sobre minha continuidade na cidade. Era preciso preparar a vinda da minha família ou meu retorno à Paraíba. Tive vergonha de contar que já vendera tudo em Cajazeiras. Oficialmente, eu ainda era um funcionário de lá, apenas deslocado ao Rio de Janeiro para aquele trabalho. Recebia por isso, inclusive, diárias, o que engordou bastante minha poupança. Mesmo com minha ansiedade tão exacerbada, o doutor Moacyr foi evasivo. Disse que a vontade dele era que eu ficasse, mas dependia da ampliação do quadro da Gerência Especial (Gespe), que não sabia se aconteceria.

Mais uma vez dividi minha consternação com o coordenador do grupo, Fernando Lima de Queiroz, solidário ao meu desalento. Tentou me animar. Disse que havia me elogiado a Camillo Calazans, chefe da Consultoria Técnica do Banco do Brasil, a Cotec, a que éramos subordinados. Grande especialista da área de crédito rural, vez por outra Calazans acompanhava nosso desempenho. Seu cargo era um dos três mais altos da instituição — que eu não poderia nem sonhar em um dia ocupar.

EU FICO!

No início de dezembro, foi autorizada a ampliação dos quadros da Gespe. Iria, enfim, trabalhar com o doutor Moacyr. Ganhei o cargo comissionado de auxiliar de gabinete, o mais modesto da direção geral. Era a glória tão sonhada, afinal conquistada. Já não teria que contar a verdade a Rosinha, pelo menos.

CAPÍTULO IX Gerência Especial e
Consultoria Técnica
(1968-1969)

GERÊNCIA ESPECIAL DA CREAI

Na Gespe, a gerência responsável pelas normas e orientação da Carteira de Crédito Agrícola e Industrial (Creai), eu continuei a trabalhar na mesma área em que atuava na Paraíba. Desde meados de dezembro de 1968, meu trabalho era responder às consultas das agências de todo o país, serviço que eu realizava com uma agilidade que surpreendeu meus colegas e superiores. Só na direção geral passei a ter real consciência da importância da Carteira no desenvolvimento da economia brasileira. A Creai, criada em 1937 com Getúlio Vargas, era, desde então, uma das principais instituições financiadoras da agricultura e da agroindústria. Ao longo do tempo, enquanto o BNDE, de 1952, assumia os investimentos do setor de infraestrutura e das indústrias de base, a Creai se consolidou como provedora de crédito rural e do financiamento de capital de giro para as indústrias, particularmente das processadoras de produtos agrícolas.

Era através dela que o Banco do Brasil executava programas do governo como a Política de Garantia de Preços Mínimos (PGPM), que assegurava aos produtores que, se não encontrassem mercado, a colheita seria integralmente comprada pelo governo, por valores estipulados antes do plantio. Esses mecanismos eram muito importantes, pois não existiam mercados futuros nem mecanismos mais amplos e sofisticados de financiamento da produção. A PGPM estabilizava a renda do produtor, reduzia suas incertezas e criava os estímulos para o plantio da safra seguinte.

Foi também através da Creai que o Banco do Brasil firmou seu papel de principal agente do Sistema Nacional de Crédito Rural (SNCR). Criado em 1965, seria responsável pela maior parte do crédito agrícola nas décadas de 1970 e 1980. Com linhas de crédito acessíveis aos agricultores, auxiliava a expansão da produção e a modernização da agricultura, a juros de subsídio. O sistema teve papel relevante no deslocamento da fronteira agrícola do país. A área cultivada passaria de trinta milhões de hectares em 1960 a quase cinquenta milhões duas décadas mais tarde.

JOÃO MIRANDA

Meu superior direto era João Pereira de Miranda, o mesmo a quem eu escrevera no ano anterior, pedindo para trabalhar junto a ele. Eu o admirava cada vez mais. Era um homem muito culto, com curso superior, raro na época. Foi a primeira pessoa que conheci que havia viajado ao exterior. Discorria sobre Paris, Milão, Londres, Frankfurt com naturalidade de quem visitara diversas vezes.

Miranda, por seu lado, ficava admirado comigo, com a facilidade, a clareza e a velocidade que tinha para responder às dúvidas das agências e discorrer sobre a interpretação das normas. Dizia que eu era um "diamante bruto" e deveria retomar meus sonhos de obter um diploma universitário, mas de economia em vez de engenharia. Com o estímulo, passei a me preparar para o vestibular da Faculdade Cândido Mendes, que ficava perto do meu local de trabalho. Não sabia se o dinheiro ia dar. Mas a possibilidade me encantava.

BENITO MUSSOLINI DO AMARAL

Logo que tive certeza de que mudaria realmente para o Rio, que encontrei Benito Mussolini do Amaral, um funcionário do banco que eu conhecera em 1967, em Recife, durante o curso de crédito industrial e se tornaria um grande amigo. Conversávamos sobre a possibilidade de eu trazer a família quando ele disse que em breve se mudaria. Deixaria o apartamento mobiliado que alugava no Catete para morar em outro, no mesmo prédio, que decidira comprar. Aceitei a oferta de mudar-me para lá. No começo de dezembro, já começava a organizar a chegada da minha família.

AI-5

As mudanças e reviravoltas também faziam parte da política nacional naquele momento. A sexta-feira 13 de dezembro de 1968 foi emocionante e alegre, antes de ser aterradora. Naquela tarde, o Congresso Nacional finalmente votava o pedido de cassação do deputado federal da Guanabara Márcio Moreira Alves por falta de decoro parlamentar. O pedido foi negado pela maioria, o que foi comemorado com júbilo e alarde, com direito a parlamentares cantando em coro o Hino Nacional. No banco, ouvimos pelo rádio as notícias e vibramos. Voltamos para casa contentes com a vitória.

O governo não gostou da brincadeira. Aliás, a tomou como grave ofensa. Imediatamente o Congresso foi fechado e foi entre duas fileiras de soldados que os parlamentares marcharam às férias impostas por tempo indeterminado. Naquela noite, o presidente Costa e Silva assinou o Ato Institucional número 5 (AI-5), o mais draconiano documento dos anos de chumbo, que investiu definitivamente o presidente de poderes absolutos e feriu de morte o Estado de Direito. O presidente podia decretar recesso parlamentar indefinidamente e intervenção nos estados e municípios. Ganhava o direito de cassar mandatos eletivos federais, estaduais e municipais, sem a necessidade de substituir os representantes do povo, e ainda suspender os direitos políticos de qualquer cidadão por dez anos, negando-lhe os direitos de votar ou ser votado, de ser julgado em foro privilegiado e até de se manifestar sobre política. O acusado podia ser obrigado a manter endereço fixo, tendo sua liberdade vigiada, proibido de frequentar determinados lugares. Eram legais inclusive restrições relativas ao "exercício de quaisquer outros direitos públicos ou privados". Até garantia de habeas corpus foi suspensa nos casos de crimes políticos, contra a segurança nacional, a ordem econômica e social e a "economia popular", o que quer que fosse que isso quisesse dizer.

O ato autorizava ainda o presidente a demitir, remover, aposentar ou "pôr em disponibilidade" quaisquer funcionários públicos ou de estatais e também militares, incluindo os da polícia militar. Dava a ele também o poder de decretar o confisco de bens "de todos quantos tenham enriquecido, ilicitamente, no exercício de cargo ou função pública, inclusive de autarquias, empresas públicas e sociedades de economia mista".

SÁBADO DE AGRURAS

Na manhã de sábado eu ainda não havia lido detalhes da decisão da presidência, mas senti as ruas tristes e cabisbaixas. Na padaria, o desalento. O padeiro calado olhava os clientes mais consternados, que comentavam a notícia. Havia revolta, sim, mas todos falavam baixo.

O clima não melhorou muito nem com as festas de fim de ano. Até 30 de dezembro foram presos diversos políticos, jornalistas e artistas que haviam manifestado sua oposição ao governo dentro ou fora do Congresso. Entre eles, Márcio Moreira Alves, claro, mas também o ex-presidente Juscelino Kubitschek, o ex-governador Carlos Lacerda e diversos deputados federais e estaduais. Intelectuais e artistas também foram perseguidos. Foram presos Caetano Veloso, Gilberto Gil, Ferreira Gullar e Carlos Heitor Cony, entre tantos outros. Sem qualquer possibilidade de se opor à truculência do regime, muitos partiram para o exílio ou para a luta armada. Geraldo Vandré mudou-se para a França.

POBRE NOVAMENTE

Aquele final de ano marcou mudanças de muitas famílias, inclusive da minha. Apesar da tristeza e consternação, eu me desesperava mais com outros assuntos. Mais especificamente, dinheiro. Foi só com a Rosinha prestes a chegar que fiz as contas. No total, meu novo salário líquido seria 830 cruzeiros. Só com o aluguel mais o condomínio, eu gastaria 575, 70%.

Eu não havia reparado tanto assim, mas, quando chegou, Rosinha reclamou que os móveis caíam aos pedaços. Por isso e para economizar no aluguel, nos mudamos para um apartamento menor, de apenas 62 metros quadrados. Com as economias trazidas de Cajazeiras, compramos tudo novo: camas, mesas, fogão e um grande luxo: uma TV. Era um alívio quando recebia gratificações semestrais: um salário e meio nos meses de julho e janeiro.

SALTO PROFISSIONAL

Eu trabalhava na Gespe havia duas semanas quando recebi um recado de Camillo Calazans para comparecer à Cotec. Lá, Camillo disse que soubera de meu desempenho no grupo de trabalho e que gostaria muito de contar com alguém com muito conhecimento sobre crédito rural e experiência de campo. Mais, seria ideal ter um colaborador que houvesse participado da reformulação das normas. Essa pessoa era eu.

Era um convite e tanto! A Cotec era o órgão técnico mais importante da direção geral — e o valor da comissão seria maior. Ali eram feitos estudos sobre novas linhas de crédito e de mudanças na estratégia do BB. Minha vontade, sem qualquer dúvida, era aceitar, mas fora o doutor Moacyr quem me convidara para vir ao Rio e quem me absorvera na direção geral. Era com ele, portanto, que eu havia me comprometido. Eu não teria como dizer ao dr. Moacyr, duas semanas depois de começar a trabalhar diretamente com ele, que preferiria trabalhar na Cotec — embora fosse verdade. "Deixe isso comigo", respondeu Calazans.

Nesse dia, saí pelas ruas abafadas do Rio sentindo os novos ventos. Aquele capiau, aos 26 anos, chegava não apenas à direção geral, mas a um órgão da presidência do banco! Era o cargo mais modesto dali, de assistente, mas era da presidência. Em duas semanas, voltaria. Desta vez, para ficar.

NA CONSULTORIA TÉCNICA

A Consultoria Técnica do Banco do Brasil era encarregada de estudos estratégicos, especialmente importantes naquele momento em que o banco era reestruturado para se adaptar às reformas instituídas pelo governo entre 1964 e 1966, especialmente a bancária.

A partir de janeiro de 1969, na Consultoria Técnica, passei a trabalhar com diversos assuntos, não mais apenas crédito rural. Lidava com processos mais complexos, mais sofisticados, realizando quaisquer estudos que a presidência do banco requeresse e fizesse parte do meu campo de conhecimentos. Comecei a me ocupar com temas referentes à atuação do BB no agronegócio — que chamávamos de agroindústria — e correlatos submetidos ao Conselho Monetário Nacional. Eu examinava os votos, como são chamados os documentos submetidos à deliberação do CMN. Despendia atenção especial aos votos dos conselheiros, sobre os quais o presidente do BB deveria se manifestar nas reuniões.

Em todos os casos, estudávamos minuciosamente o assunto em questão, toda a legislação pertinente, impactos econômicos, efeitos na atividade rural e por aí afora. Analisamos, por exemplo, temas como a ampliação da rede elétrica, o que permitiu que, em agosto do ano seguinte, o governo Médici lançasse o Fundo de Eletrificação Rural (Fuer), suprido com recursos do Ministério da Agricultura, Ministério das Minas e Energia, Eletrobras e Incra. O Banco do Brasil era o agente financeiro.

Afora analisar a viabilidade de novas linhas de crédito, a Cotec era responsável por negociações internacionais, como a operação realizada entre o BB e o BID, sobre uma linha de crédito para eletrificação rural. Participei de algumas reuniões com altos funcionários do BB, do governo federal e do BID. Estava orgulhoso.

A equipe era formada por mais três pessoas, Paulo Galvão, Dílson Fonseca e Bhering (não me recordo de seu primeiro nome), subordinados ao coordenador Othon Pinto Cardoso. Eu era o único dali sem curso superior, o que me inspirava ainda mais a me graduar.

COTIDIANO

Mesmo ganhando quase o dobro do que recebia em Cajazeiras, os recursos eram insuficientes para viver no Rio de Janeiro. Ia e voltava do banco de ônibus, sempre de pé, pois os veículos passavam lotados. Rosinha cuidava de Márcio e Guilherme, então com três e dois anos, respectivamente. A diversão era levá-los até um parque infantil que existia nos fundos do Palácio do Catete a uns quinhentos metros de nosso apartamento.

A TV ajudava a passar o tempo. Todas as noites, assistíamos às novelas e aos programas de J. Silvestre, Bibi Ferreira, Flávio Cavalcanti, Chacrinha... No domingo à tarde, se não tivesse jogo do Vasco, que eu ouvia pelo rádio, passeávamos no Largo do Machado, onde as crianças podiam brincar antes de comermos um lanche no fim do dia, um sanduíche, um caldo de cana, sorvete. Ou íamos ao Aterro do Flamengo, à praia do Flamengo, a mais próxima. Era uma vida muito monótona, sem grandes emoções. Mas aquele ano e meio em que passei no Rio foi a época em que mais fiquei com minha família.

MAIS ATOS INSTITUCIONAIS

Já no governo, as coisas não estavam nada monótonas. Em 1969, foram editados 12 atos institucionais, 59 atos complementares e oito emendas constitucionais, abrangendo todas as áreas da vida nacional. Em fevereiro, o AI-6 cassou ou aposentou parlamentares e ministros do Supremo Tribunal Federal e o AI-7 suspendeu todas as eleições estaduais e municipais até novembro de 1970. Em abril, o AI-8 acelerou a reforma administrativa, autorizando o poder executivo dos estados, do Distrito Federal e dos municípios com mais de duzentos mil habitantes a decretar suas próprias reformas administrativas. O AI-9 autorizava o presidente a desapropriar imóveis rurais "por interesse social", indenizando os proprietários com títulos da dívida agrária.

Em fevereiro de 1969, para tentar controlar as organizações estudantis, que continuavam se mobilizando clandestinamente, um ato de Costa e Silva já expulsara das universidades professores, alunos e funcionários acusados de subversão. Os estudantes foram proibidos de frequentar qualquer curso universitário por três anos e os catedráticos, de trabalhar em qualquer instituição educacional por cinco anos. O AI-10, de 16 de maio, aposentou compulsoriamente 219 desses docentes e pesquisadores, inclusive o professor de Sociologia da Universidade de São Paulo Fernando Henrique Cardoso, que já havia sido exilado em 1964, partindo para o Chile e, depois, para a França. Retornou em 1968, mas logo foi obrigado a partir novamente. Também determinou que a suspensão dos direitos políticos ou a cassação de mandatos eletivos acarretavam a perda de todos os cargos ou funções na administração direta ou indireta, bem como em instituições de ensino e pesquisa ou em organizações consideradas de interesse nacional, incluindo os punidos antes do AI-5. Em agosto, o AI-11 alterava novamente a data das eleições municipais, para 15 de novembro de 1969.

GUERRILHA E REPRESSÃO

Diante da resistência ao regime, os militares linha-dura se opunham à realização do pleito. Realmente, com eleições se aproximando, aumentava a tensão entre governo e oposição e os ânimos se inflamavam ainda mais de ambos os lados. Com a repressão mais violenta, dezenas de movimentos partiram para a luta armada ou intensificaram suas ações, com destaque para a Ação Libertadora Nacional (ALN), de Marighella, a Vanguarda Popular Revolucionária (VPR), dirigida pelo ex-capitão Carlos Lamarca, e o Movimento Revolucionário 8 de Outubro (MR-8). Prevendo a radicalização, em julho foi criada a Operação Bandeirante (Oban), uma estrutura extraoficial do Exército financiada por doações de empresários que tinha como objetivo investigar e reprimir organizações e militantes de esquerda.

CINEMA NOVO E UDIGRUDI

Com a censura, o AI-5, a perseguição mais ferrenha às oposições, a restrição da atividade sindical e a prática de tortura nas prisões, artistas e intelectuais também se amedrontaram, o que refletiu na produção cultural de todo o país, em todas as áreas. O Cinema Novo se voltou ao passado ou a projeções alegóricas do país. São de 1969 *O dragão da maldade contra o santo guerreiro*, de Glauber Rocha; *Os herdeiros*, de Cacá Diegues; e *Macunaíma*, de Joaquim Pedro de Andrade.

Mas uma nova geração de cineastas responderia à nova situação política do país com mais radicalidade: a estética do lixo, o Cinema Marginal e o Udigrudi, uma corruptela de *underground*, em referência à contracultura norte-americana dos anos 1960, em vez de se espelhar no melhor do cinema europeu para fazer filmes que o grande público não vê, se inspiraram no pior do cinema norte-americano, o policial B, o western barato, o musical vulgar para produzir filmes como *O Bandido da Luz Vermelha*, de Rogério Sganzerla, e *Matou a família e foi ao cinema*, de Júlio Bressane.

O governo, por sua vez, não estava contente apenas em proibir a exibição de películas que não fossem perfeitas segundo a moral e os bons costumes — segundo eles — ou que incluíssem críticas ao regime. Em setembro de 1969, foi fundada a Embrafilme, cujos produtos já vinham com o carimbo de aprovação governamental.

LUNÁTICOS E DOIDÕES

Quanto mais se ampliava meu conhecimento sobre o mundo, mais eu achava a realidade muito mais surpreendente do que a ficção. O homem pisar o solo lunar e a transmissão dos primeiros passos via satélite era o ápice do assombro, que acompanhei atônito, passo a passo, por rádio, jornal e televisão, desde a construção da nave espacial. No dia 20 de julho, um sábado, liguei bem mais cedo a TV e, grudado à tela, assisti ao desligamento do módulo lunar. Assisti em êxtase à caminhada de Neil Armstrong, como muitos no mundo todo, que viam as cenas ao vivo. Mas havia quem achasse que a filmagem havia sido feita em um deserto norte-americano.

Havia também quem chegasse a outros planetas de outras maneiras. No auge da moda do LSD — que eu nem sabia o que era —, por três dias no meio de agosto, jovens americanos enlouqueceram ao som de rock and roll e ao ritmo de contestação, mas com a onda embriagadora de manifestos pela paz. Uma loucura. Ainda bem que meus filhos ainda nem poderiam entender do que se tratava.

COSTA E SILVA IMPOSSIBILITADO

Na Terra, no Brasil, a tensão não parava de aumentar. Para a população e para o presidente, que ouvia críticas e objeções de todos os lados. Até que, nos últimos dias de agosto, Costa e Silva teve um derrame, que começou no dia 26 e foi se agravando nos seguintes. No dia 30, o alto-comando das forças armadas se reuniu para editar o AI-12: com o "impedimento temporário do presidente", o governo não seria transmitido ao vice, o civil Pedro Aleixo. Assumiria, em seu lugar, uma junta composta dos ministros militares general Aurélio Lira Tavares, do Exército; Brigadeiro Márcio de Sousa Melo, da Aeronáutica; e Almirante Augusto Rademaker Grunewald, da Marinha. Eles passaram a ser "diretamente responsáveis pela execução das medidas destinadas a preservar a segurança nacional, o gozo pacífico dos direitos dos cidadãos e os compromissos internacionais".

SEQUESTRO DO EMBAIXADOR AMERICANO

Houve forte reação dos opositores mais estarrecidos, indignados e revoltados. No dia 4 de setembro, Charles Elbrick, o embaixador americano no Brasil, foi sequestrado pelo MR-8 e pela ALN, grupo de Carlos Marighella. Como resgate, era exigida a divulgação de um comunicado manifestando "repúdio à ditadura militar", além da libertação de 15 prisioneiros políticos.

No mesmo dia, se reuniram Carlos Alberto da Fontoura, chefe do SNI, o General Jaime Portela, chefe do Gabinete Militar da Presidência da República, e os ministros José de Magalhães Pinto, das Relações Exteriores, e Luís Antônio da Gama e Silva, da Justiça. Decidiram que o governo cederia às exigências dos sequestradores, mas, antes disso, seriam promulgados mais dois atos institucionais. Ainda no dia 5, o AI-13 estabeleceu a pena de banimento do território nacional de quem constituísse "ameaça à segurança nacional" e o AI-14 admitia a aplicação da pena de morte e prisão perpétua em casos de "guerra externa, psicológica adversa, revolucionária ou subversiva". No dia 11 de setembro o AI-15 fixaria, mais uma vez, uma nova data para as eleições nos municípios sob intervenção federal: 15 de novembro de 1970.

Antes disso, no dia 9, os 15 presos foram libertados, no aeroporto, de onde embarcaram para o México, na condição de banidos do território nacional. Lembro da foto deles nos jornais, entre os quais José Dirceu e

Vladimir Palmeira. Eles estavam livres e longe, mas a captura de Marighella passou a ser questão de honra para os militares, que o caçaram até surpreendê-lo numa emboscada na Alameda Casa Branca, na capital paulista, no dia 4 de novembro.

CENSURA, PENA DE MORTE E PRISÃO PERPÉTUA

Marighella foi morto a tiros pelos agentes de Sérgio Fleury, o mais famoso delegado do Departamento de Ordem Política e Social (DOPS), subordinado à Polícia Federal. O órgão foi temido durante todo o regime, não apenas por militantes. Civis tinham pavor de serem fichados no DOPS, responsável pelos "Atestados de Antecedentes Políticos e Sociais", conhecido como "Atestado Ideológico", que qualquer candidato a um emprego público deveria entregar ao empregador que o exigisse, incluindo as empresas estatais.

Uma semana depois da libertação dos reféns, em 16 de setembro, o governo publicou nota sobre o afastamento definitivo do presidente e a assunção do poder pela junta militar, que aproveitou para recrudescer ainda mais a repressão e a censura. No dia 27 entrou em vigor uma nova Lei de Segurança Nacional, estabelecendo que a pena de morte seria por fuzilamento se o presidente da República, em trinta dias, não comutasse a pena a prisão perpétua. Também foi intensificado o controle do que seria publicado pela imprensa, prevendo a prisão de jornalistas que divulgassem notícias "falsas ou tendenciosas" ou fatos verídicos "truncados ou desfigurados".

PACATOS CIDADÃOS

Fiquei muito apreensivo com as notícias. Nos preocupávamos muito com Antunes, que era, na época, da Aliança Libertadora Nacional. Por pouco ele não caiu nas mãos do Exército. Depois do susto e de saber de mortes de companheiros, fugiu para construir uma nova vida no interior de Goiás. Depois de morar em diversas cidades, se estabeleceu em Campinasul, onde passou a ser apenas e integralmente José Guilherme Marques, um pacato cidadão e exemplar pai de sua nova família: casou novamente, teve filhos e se tornou um líder na cidade. Anos mais tarde, se tornaria militante político, participando de campanhas da Arena na cidadezinha que o abrigara, enquanto a ALN continuava em atividade, até 1974.

Só depois da Lei da Anistia, em agosto de 1979, Zé Guilherme revelaria à nova família que também era Antunes de Queiroz Chaves, identidade que reassumiria, obrigando sua esposa e seus filhos a mudarem de sobrenome. Voltaria a Brasília e ao Banco do Brasil, onde se aposentaria de fato e de direito. No novo século, Antunes se mudaria para o litoral do Espírito Santo. Depois, passaria a ter uma vida tranquila em Goiânia, com sua nova esposa. Quem o vê, simpático, alegre, bonachão, não consegue imaginá-lo guerrilheiro!

Eu continuava na minha pacata vida de assistente da Cotec, indo do trabalho para casa, esperando chegar o fim de semana para levar os moleques à praia, ao Aterro do Flamengo ou ao Largo do Machado. Vez por outra também ia aos churrascos na casa de um colega do banco na Barra Tijuca, onde começavam a surgir as primeiras construções. No mais, assistia à televisão com Rosinha. O *Jornal Nacional*, que foi ao ar pela primeira vez em setembro daquele ano, veiculava os embates entre os militares sobre quem seria o próximo presidente do Brasil. Como a TV, o *Jornal do Brasil* falava muito de Orlando Geisel, irmão de Ernesto Geisel, e quase nada de Emílio Garrastazu Médici. Eu lia sem fazer ideia de quanto esta decisão interferiria definitivamente em tudo na minha vida e em mim.

ELEIÇÃO DE EMÍLIO GARRASTAZU MÉDICI

No dia 14 de outubro, foram decretados mais dois atos institucionais. O AI-16 declarava vagos os cargos de presidente e vice-presidente da República — destituindo definitivamente Pedro Aleixo —, marcava a eleição presidencial pelo Congresso para o dia 25 do mesmo mês e fixava o fim do mandato do novo presidente para 15 de março de 1974. Pelo AI-17, a junta militar era autorizada a transferir para a reserva os militares que houvessem atentado ou atentassem, comprovadamente, "contra a coesão das forças armadas", o que deixava entrever um racha entre aqueles que apoiavam Orlando Geisel, mais intelectual, na linha de Castello Branco, e Emílio Garrastazu Médici, bem linha-dura. No dia seguinte, os atos complementares AC-72 e AC-73 reabriram o Congresso Nacional, convocando os parlamentares para as eleições do dia 25. Mas, antes de deixar o poder, no dia 17 de outubro, a junta militar promulgou a Emenda Constitucional número 1, incorporando à Constituição dispositivos do AI-5.

No dia 25 de outubro, o general Emílio Garrastazu Médici, comandante do III Exército e ministro-chefe do SNI, foi eleito para a Presidência, tendo como vice o almirante Augusto Rademaker Grunewald. Foram empossados já no dia 30.

BRASÍLIA, DE ERRO HISTÓRICO A AÇÃO ESTRATÉGICA

Uma das primeiras declarações de Médici foi que transformaria Brasília numa real capital federal, para assumir função estratégica no desenvolvimento do país. Provavelmente se convenceu de que a cidade se consolidaria rapidamente se para lá fossem transferidos os atores principais do crédito e do Orçamento da União, que eram o Banco Central e o Banco do Brasil, e o Itamaraty — e, consequentemente, as embaixadas, que somente seriam reconhecidas se estivessem instaladas em Brasília. Tudo o mais se transferiria naturalmente para lá.

O PODER DO BANCO DO BRASIL

No Brasil daquela época, quase tudo dependia do financiamento estatal, feito por intermédio do BB e do BC. Era destas instituições financeiras que vinham dinheiro e decisões sobre benefícios, subsídios, juros camaradas e a própria execução do Orçamento da União. Além deste, aprovado pelo Congresso, havia o Orçamento Monetário, que fazia jorrar dinheiro para tudo, através do BC e BB. O Banco do Brasil, através da "conta de movimento", podia financiar o que fosse. O Conselho Monetário Nacional, criado em 1965, e o ministro da Fazenda tinham poderes financeiros de matar de inveja um rei absolutista da era medieval. A Secretaria do Tesouro Nacional nem era projeto. Tudo isso viria a mudar entre 1986 e 1987 com base em estudos que eu coordenaria.

DELFIM E DELFIM BOYS

Com Médici no poder, Delfim Netto, que assumiu o Ministério da Fazenda pela primeira vez no governo Costa e Silva, se fortaleceu muito. Provavelmente, foi a autoridade civil mais poderosa de todos os governos militares. Ele trouxe para o governo uma equipe formada em sua maioria por jovens e brilhantes economistas que haviam sido seus alunos na Universidade de São Paulo (USP) ou que o haviam assessorado entre 1966 e 1967, quando era secretário da Fazenda do governador de São Paulo Laudo Natel.

Delfim era jovem para um ministro, com 37 anos quando assumiu. Seus assessores, a maioria com menos de 30 anos, seriam chamados de "Delfim Boys", como Eduardo Pereira de Carvalho, Carlos Antonio Rocca, Affonso Celso Pastore, Akihiro Ikeda e Flávio Pécora.

NOVA PRESIDÊNCIA E DIRETORIA DO BANCO DO BRASIL

Ainda em novembro de 1969, houve um rumor de que o ministro Delfim Netto derrubara o titular da presidência do BB, então ocupada por Nestor Jost, e toda a diretoria. Dias depois, outro boato retificava o primeiro: apenas alguns diretores seriam substituídos. Este se confirmou: Camillo Calazans assumiria a diretoria responsável pelo crédito em toda a região Nordeste. Na época, ao menos para nós, ser diretor do Banco do Brasil era mais importante do que comandar certos ministérios.

Enquanto Calazans recebia os cumprimentos, meu chefe imediato, Othon Pinto Cardoso, me chamou para informar que tinha tido acesso à possível composição da equipe. Eu seria o único da Cotec que faria parte dela. Foi realmente o que aconteceu. Tornei-me um dos oito secretários de gabinete do Diretor!

ASSESSOR DE GABINETE DO DIRETOR DO BANCO DO BRASIL

Eu estava esfuziante, mas a comemoração era interna, orgulho de mim mesmo. Não fiz nada de mais, nem ao menos um jantar especial com Rosinha, nem vinho, nem nada. Reduzia o risco de ficar sem dinheiro no Rio de Janeiro. Mas motivos me sobravam para celebrar!

O chefe de gabinete era Jair Massari, um paulista muito figura que falava muito rápido e supervisionava cada um com uma mistura de liderança, simpatia e muito rigor. Foi lá também que conheci Olyntho Tavares de Campos, um dos oito secretários, que se tornaria amigo para sempre, fonte inesgotável de sábia orientação, me acompanharia em todas as etapas da minha vida profissional no setor público, inclusive como meu chefe de gabinete quando me tornasse ministro da Fazenda.

PREPARANDO A MUDANÇA

Médici, que, como chefe do SNI já morava em Brasília, na superquadra 114 sul (SQS-114), erguida pelo Banco do Brasil e uma das mais elegantes na época, estipulou que o Itamaraty e as embaixadas se transferissem para a nova capital no segundo semestre de 1970. Estipulou para o Banco do Brasil um prazo ainda mais curto. Deveria começar a se instalar na capital no primeiro semestre. Foi um atropelo. Ainda não haviam sido concluídas sequer as quadras residenciais que abrigariam os funcionários. O intuito de Médici era que o Ministério da Fazenda também passasse a funcionar em Brasília, o que somente aconteceria em 1974, com a assunção de Geisel e a substituição de Delfim Netto por Mário Henrique Simonsen. Até lá, Delfim continuou despachando principalmente no Rio de Janeiro e em São Paulo.

ATRÁS DO TRIO ELÉTRICO

Camillo Calazans — que passamos imediatamente a chamar apenas de Diretor — se decepcionava com a recusa de muitos funcionários da diretoria e de órgãos subordinados, de se mudarem para Brasília. Com pais, filhos e conforto no Rio, não queriam mudar para aquela cidade no meio do cerrado, longe de tudo, sem praias, sem nada — sem nem ao menos um bom restaurante.

Para mim só havia uma resposta. Nunca tive dúvida de que iria. Rosinha não estava exatamente satisfeita com a vida que tínhamos no Rio de Janeiro. O apartamento era apertado demais. Fantasiados de supermen, Márcio e Guilherme não conseguiam nem simular voos. O vizinho do andar de cima era muito barulhento. As noites eram mal dormidas. Depois de uma reclamação ao síndico, seu filho passou a jogar dentro de nossa casa de bitucas acesas de cigarro a revistas pornográficas, o que a obrigava a fechar as janelas e passar ainda mais calor.

Em Brasília seria bem diferente. Os funcionários morariam em bons apartamentos na superquadra 204 sul, de 102 metros quadrados, 60% mais espaço do que tínhamos, e com três quartos. Não havia motivo para não ir "Atrás do trio elétrico", como Caetano Veloso recomendava no seu grande sucesso daquele ano.

CAPÍTULO X   Assessor de diretor,
do Rio de Janeiro a Brasília
(1969-1970)

NO CENTRO DO MUNDO

Ingressar na diretoria do Banco do Brasil, a távola central do Olimpo, ainda aos 27 anos de idade, era mais uma glória. Meu sonho de ascender mais teria mais chances de ser concretizado em Brasília. No fim de 1969, anunciou-se a mudança das principais áreas da direção geral, incluindo a presidência, do Rio para lá. O processo se iniciaria em meados do primeiro semestre de 1970. Não era somente por isso que estava contentíssimo de em breve me mudar. A transferência acarretaria para muitos jovens uma ascensão profissional muito mais rápida do que a esperada, já que uma boa parte dos funcionários mais antigos preferiu ficar no Rio.

NOVAS ATRIBUIÇÕES

O quadro de assessores de Camillo Calazans na Diretoria do Banco do Brasil para o Nordeste (Dinor) era composto de oito secretários de gabinete. Cada um se tornou responsável por auxiliá-lo no exame de processos referentes a dois ou três estados, no meu caso Paraíba e Rio Grande do Norte.

Além de estudar processos de concessão de crédito, redigir medidas e sugerir decisões a serem tomadas pelo Diretor, comecei a participar de reuniões além dos limites do banco, principalmente nos Ministérios da Agricultura e da Fazenda, e a acompanhar o Diretor em viagens de trabalho para os estados sob minha responsabilidade, mas também para outras regiões do país.

Foi assim que comecei a me relacionar com pessoas de outros círculos e que se iniciou meu envolvimento com o governo federal. Gradualmente, ia me inteirando de políticas governamentais e conhecendo o funcionamento da economia nas altas cúpulas do poder. Encontrava empresários, ministros e logo veria pela primeira vez um presidente da República, bem de perto.

A mudança de cargo também acarretou uma maior projeção. Embora já começasse a ser fonte de jornalistas, nunca havia aparecido numa foto, como a que foi publicada logo em abril de 1970 pelo recifense *Jornal do Commercio*.

INVESTINDO NA BOLSA

Foi ainda na transição entre os cargos e no clima de otimismo sobre a economia e a minha carreira que realizei minha primeira incursão na Bolsa de Valores. Na Cotec falava-se em ações o tempo todo. Era uma coqueluche. Havia sempre um radinho de pilha sintonizado numa estação que transmitia as cotações, particularmente a Rádio Jornal do Brasil.

Eu era o único dos meus colegas que não investia, mas, ainda no final de 1969, logo que Emílio Garrastazu Médici assumiu, houve um boato de que a Companhia Docas de Santos receberia algum benefício do governo, o que valorizaria muito suas ações. Era uma baita oportunidade, que, diziam meus colegas, eu não poderia perder. Mas eu não tinha dinheiro algum. "Peça emprestado", sugeriam tão insistentemente que obedeci: liguei para o meu concunhado João Pires dizendo que conversara com especialistas e que ganharia uma bolada. Ele pediu empréstimo na Caixa Econômica do Distrito Federal e me entregou três mil cruzeiros, mais de três vezes o meu salário.

Assim que comprei as ações das Docas, elas começam a subir, junto com o meu contentamento. Já imaginava o que faria com os lucros quando um dia cheguei na Cotec e meus colegas estavam com cara de guarda-chuva. O governo havia baixado o Ato Complementar 74 (AC-74), alterando as regras da concessão das Docas de Santos, o oposto do que se cochichava que aconteceria. As ações despencaram até o limite de baixa, arrasando meu investimento. Desesperado, vendi tudo pela metade do que havia pago, que devolvi a João, com cara de mané. O resto da dívida só pude quitar anos depois. Com o trauma, só voltaria a aplicar em bolsa na década de 1990, quando retomei o hábito de acompanhar o mercado acionário.

MERCADO DE AÇÕES

O vigor do mercado acionário daquela época não pode ser comparado ao de 2010, com a BM&FBovespa sendo uma das maiores bolsas do mundo, a Petrobras uma das dez maiores companhias do planeta em valor de mercado e a Vale a segunda maior mineradora global. A Comissão de Valores Mobiliários (CVM), que ordenaria o mercado de capitais, só seria criada em dezembro de 1976, com a Lei 6.385, na mesma época em que seriam regulamentadas as Sociedades Anônimas, pela Lei de S/A, de número 6.404.

No início dos anos 1970 os principais estados tinham suas bolsas, mas eram todas muito pequenas e incipientes, mesmo as maiores, de São Paulo (Bovespa) e do Rio de Janeiro (BVRJ). Não havia o livre acesso do capital externo, o que contribuía para a parca liquidez do mercado. Isso o tornava altamente especulativo e sempre sujeito a muitas flutuações. Operações de hedge, nas quais um investidor pode se proteger de baixas ou altas futuras de preços eram inexistentes. Nem havia uma bolsa de futuros, como a BM&F, que seria criada em1986 e se fundiria com a Bovespa em 2008.

O brasileiro médio ainda não enxergava as ações como investimentos de longo prazo. Os chamados investidores institucionais, os fundos de pensão e de investimentos e as seguradoras, cujo patrimônio em 2010 era de cerca de 100% do PIB, eram embrionários e muito pouco atuantes. Se em 1985, suas reservas representavam apenas 5% do PIB, imagine em 1970.

O cenário no Brasil era muito diferente do existente nos Estados Unidos, onde a população aplicava em ações desde o século XIX. Em 1971, Nova York, que já tinha a maior bolsa de valores do mundo, a New York Stock Exchange (Nyse), ganhava mais uma, a Nasdaq, a primeira bolsa eletrônica, voltada a empresas de tecnologia. Na mesma época, o mercado brasileiro viveria uma bolha considerável. O chamado "boom de 1971" terminaria com muitos prejuízos e uma imagem desgastada das ações como instrumento de investimentos.

"MILAGRE ECONÔMICO" BRASILEIRO

Eu estava endividado, mas otimista. Minha carreira deslanchava com todo o Brasil. Embora o prenúncio do "milagre econômico" tenha ocorrido ainda no governo Costa e Silva, quando o crescimento da economia passou a se acelerar, foi no governo Médici que começaram a aparecer os "projetos de impacto" e as grandes obras de infraestrutura, como a ponte Rio-Niterói e a usina hidrelétrica de Ilha Solteira, então a maior do Brasil.

O cenário internacional era róseo. O petróleo era baratíssimo, cerca de dois dólares por barril, e a economia mundial prosseguia surfando na boa onda da recuperação que se seguiu à Segunda Guerra Mundial, embora várias nuvens carregadas já se formassem no horizonte. O país aproveitou o expressivo crescimento do comércio internacional e estimulou muito as exportações, com incentivos fiscais, financiamento subsidiado (via BB) e minidesvalorizações cambiais, realizadas desde 1968. O crédito farto intensificava os investimentos e o consumo.

Qualquer polêmica sobre custos, concentração de renda ou riscos representados por estas políticas era ofuscada prontamente pelo avanço acelerado da economia. O crescimento do PIB passara de 4,2% em 1967 para 9,8% em 1968 e 9,5% em 1969 e se manteria no patamar de dois dígitos até meados da década seguinte. A inflação, que atingira 92% ao ano em 1964, declinava para perto de 19% entre 1969 e 1971. Com o general Médici assumindo o poder, o Brasil entrava nos anos 1970 com otimismo renovado na economia.

NÃO CAI DO CÉU

Delfim Netto, ministro da Fazenda de Costa e Silva e, em seguida, de Médici, reclamava da expressão "milagre econômico" desde que ela despontou. Dizia que milagre é efeito sem causa e o crescimento brasileiro era consequência de muitas transformações, realizadas desde 1964, que permitiram que o Brasil se desenvolvesse daquela maneira. É preciso lembrar que tais mudanças foram feitas sob regime autoritário, pouco ou nada sujeitas a negociações políticas. Por isso, é impossível compará-las às reformas dos anos 1990, realizadas em pleno regime democrático, mediante amplo debate e árduas negociações no Congresso.

IMPRENSA CALADA

Tanto a oposição quanto o debate deveriam ser ainda menores, segundo o governo. Com a intensificação da repressão, pululavam reportagens sobre prisões injustificadas e torturas. O linha-dura Médici, recém-saído do comando do SNI e em início de governo, não deixaria que a imprensa fizesse, incólume, a relação entre seu antigo emprego e o recrudescimento da violência.

A Lei de Imprensa, de fevereiro de 1967, já autorizava a censura aos veículos de comunicação e a apreensão, sem mandado judicial, do jornal ou revista promovesse a "subversão da ordem", divulgasse "notícias falsas" ou que ofendesse "os bons costumes". A proibição era eventual até meses depois do AI-5, que permitiu ao presidente censurar correspondência, imprensa e telecomunicações. As limitações eram impostas apenas a veículos mais agressivos — a fiscalização era muito severa apenas em relação a filmes, teatro, shows, músicas e eventos, monitorados por policiais federais do Departamento de Censura e Diversões Públicas (DCDP). Eram censores civis que avaliavam a imprensa, coordenados pela Divisão de Segurança e Informações do Ministério da Justiça. A partir de critérios vagos, podiam determinar a apreensão de impressos e suspender sua impressão e circulação. Com o decreto-lei de 26 de fevereiro de 1970, livros e periódicos passaram a ser previamente aprovados e a censura nas redações passou a ser exercida por policiais federais. Buscando evidenciar que reportagens haviam sido proibidas, alguns jornais passaram a publicar, nos espaços a elas destinados, poemas e receitas.

Com a censura se acirrando, jovens e talentosos jornalistas e cartunistas lançaram seus pequenos jornais contestatórios. Foi o caso do *Pasquim*, de Ziraldo e Jaguar, com Paulo Francis, Ivan Lessa e Millôr Fernandes, e do *Opinião*, com textos de personalidades que ocupariam postos dos mais elevados na República, como o sociólogo Fernando Henrique Cardoso e o economista Luiz Carlos Bresser Pereira, que seria meu antecessor no Ministério da Fazenda.

Todas as TVs eram acusadas de serem pró-governo: a Tupi, a Globo, a Record, a Bandeirantes. Se acusava mais a Globo, especialmente o programa de Amaral Neto, que exibia as grandes qualidades e feitos do Brasil. Aliás, a audiência da Globo quase alcançava a da TV Tupi.

SEQUESTRO POLÍTICO, A ÚLTIMA MODA

As TVs evitavam até mesmo divulgar notícias sobre atos subversivos notórios, mas não puderam escapar demais disso no início da nova década. Carlos Marighella, o ídolo do pessoal da luta armada do final dos anos 1960, havia sido assassinado, mas só depois de ser bem-sucedido. Com o êxito, a moda de sequestros pegou. Em 1970 foram realizados diversos deles. Em março, a Vanguarda Popular Revolucionária (VPR) raptou o cônsul japonês; em junho, fez o mesmo com o embaixador alemão, em conjunto com a Aliança Libertadora Nacional; e, em dezembro, foi a vez do representante suíço, numa ação conjunta da VPR e do MR-8. Em julho, militantes da Dissidência Estudantil de Niterói foram mais longe — ou mais alto.

SISTEMA DE SEGURANÇA INTERNA E DOI-CODI

Com "subversivos" sendo bem-sucedidos, os linha-dura acreditavam que a população em geral deveria ser ainda mais controlada. Em 1970 colocaram em funcionamento o policiamento político da sociedade, através do Sistema de Segurança Interna (Sissegint). Ele comandava a polícia política, formada por militares das três Armas e integrantes das polícias militares estaduais, polícia civil e polícia federal, incluindo o Departamento de Ordem Política e Social (DOPS) e o Corpo de Bombeiros. A Sissegint, que seria responsável por prisões arbitrárias, torturas, assassinatos e desaparecimentos, era conhecida como "Sistema DOI-CODI". Estes eram os controles estaduais: os Centros de Operações de Defesa Interna (CODIs) e os Destacamentos de Operações de Informações (DOIs).

Na minha visão, assim como a maior parte da sociedade, não havia muito a fazer além de se comportar exemplarmente e fugir de confusões. *Let it be*, como recomendava o último grande sucesso dos Beatles, que se separaram definitivamente nos primeiros meses de 1970. Como "funcionário padrão e pai de família exemplar", eu corria poucos riscos, mas meu envolvimento com o grupo subversivo de Cajazeiras ainda me deixava apreensivo.

MINHA FAMÍLIA MUDA PARA BRASÍLIA

Desde que me casei, o foco era outro: trabalho e família. E continuei assim. Mesmo porque importantes transformações abarcavam ambos na virada da década. Os edifícios de apartamentos destinados aos funcionários do Banco do Brasil em Brasília eram construídos a toque de caixa, mas o primeiro grupo, da Dicen, a Diretoria do banco para a região central do país, só seria transferido em abril de 1970. Nós, da Dinor, iríamos apenas em junho ou julho. Mas era em abril o vencimento do meu contrato de aluguel, o que, por um lado, nos aliviava. Eu ficava muito receoso de deixar Rosinha sozinha o dia todo, com pavor daquele nosso vizinho maluco que metia medo até no síndico do prédio.

Expus meu drama a Camillo, pedindo que minha família se mudasse com o primeiro grupo. Atencioso, redigiu uma carta à presidência do banco solicitando que fosse antecipada a entrega do apartamento a que teríamos direito em Brasília. Com o pedido atendido, em abril, Rosinha e as crianças mudaram para lá.

A NOVA CAPITAL FEDERAL

Com o passar dos anos, me tornaria um crítico da nova capital, mas em 1969 ela era para mim a comprovação de que no Brasil era possível realizar qualquer coisa. Eu concordava com os argumentos de que era preciso desenvolver o Centro-Oeste e afastar o poder central tanto do litoral, para a segurança nacional, quanto das influências do poder econômico.

Estas três premissas se mostrariam falsas. Depois da tecnologia dos mísseis, não importa muito se a capital fica no interior ou não. A tese de que Brasília interiorizaria o desenvolvimento fazia sentido quando este era liderado pelo Estado, mas não depois disso. O Centro-Oeste se desenvolveria de qualquer maneira, impulsionado pela abertura de estradas e pela força do empresário do agronegócio, mesmo que demorasse mais. A terceira premissa, de que em Brasília o poder público se livraria das pressões do Rio sobre o Congresso, também se mostraria falaciosa. A organização dos lobistas melhorou em Brasília, as pressões corporativas puderam se organizar melhor, com todos sempre juntos.

BRASÍLIA CRESCE COM PRIVILÉGIOS

Dinheiro não faltava à cidade. Nos primeiros anos da década de 1960, a infraestrutura já havia sido construída e todas as principais vias de circulação estavam asfaltadas, incluindo as do Lago Sul e Lago Norte, escassamente povoados. Nas regiões de mansões também, embora lá cada casa constituísse uma marcante novidade.

Os primeiros anos do regime militar, com os sucessivos fechamentos do Congresso, foram péssimos para Brasília. A capital dependia do funcionamento do governo e, sem os parlamentares, que voltaram para suas cidades natais, de meados da década de 1960 até 1970 a cidade esteve praticamente estagnada. Não foi construído quase nada. Não havia lá nem supermercado, que só apareceria em 1974. Até então, todas as compras eram realizadas nas mercearias das entrequadras e em centros estatais de abastecimento, e sempre com produtos em falta. Aliás, praticamente não existia setor privado em áreas essenciais. A atuação governamental continuaria avassaladora até o final da década de 1970. Muitos dos benefícios à cidade não seriam diminuídos. A Constituição de 1988 ainda lhe concederia autonomia política e muitos privilégios. A União ficou responsável por organizar e manter sua polícia e seu Corpo de Bombeiros, bem como custear a execução de serviços públicos: segurança, saúde, educação e por aí afora.

BENEFÍCIOS NA NOVA CAPITAL

Só com muitos incentivos os funcionários do governo e de suas empresas aceitavam mudar para a cidade na década de 1960. Profissionais do Banco do Brasil e de outros órgãos do governo que se transferiram para Brasília antes da inauguração ou nos primeiros anos depois dela, recebiam salário dobrado. Funcionários públicos contavam em dobro também os anos trabalhados, para efeito de aposentadoria.

Em 1970, ainda havia muitas facilidades. Aos funcionários do BB foram prometidos preços e financiamentos camaradas para que comprassem os apartamentos onde moravam. O custo do terreno era computado por seu valor histórico de aquisição, uma ninharia, devido aos anos de inflação elevada, 40% anuais em 1970.

Além disso, a escassa ocupação do Lago Sul tornava baratos os seus terrenos. Um lote de 800 metros quadrados em certas áreas, como a quadro interna (QI) 13, onde eu moraria no final da década de 1970, custava o equivalente a um quarto do preço de um fusca. Lotes nas áreas mais nobres na época, das QIs 5 a 7 e nas quadras do Lago (QLs), eram vendidos por 80% do valor desse carro. Foi essa a referência que permaneceu na memória porque compraria um carrinho desses no final daquele ano.

ADMIRÁVEL MUNDO NOVO

Mesmo inacabada, Brasília lembrava o ambiente descrito no livro *Admirável mundo novo*, de 1932, em que Aldous Huxley descreve um mundo todo planejado em que o Estado é absoluto e controla até o nascimento das pessoas, preparadas biologicamente e pré-condicionadas psicologicamente a se adaptar às castas para as quais foram concebidas.

Como previsto no plano de Lúcio Costa, havia lugar para os três poderes, os ministérios, as autarquias, os bancos, o comércio, as escolas, as gráficas, a indústria e o abastecimento, para citar os mais importantes. Exatamente por isso, diariamente era necessário transpor longas distâncias. Como era quase inexistente o transporte público na cidade, acabou-se disseminando uma piada: dizia-se que o corpo humano em Brasília era composto de cabeça, tronco e rodas. Até o final da década de 1970, não havia semáforos na cidade, arquitetada para que os veículos circulassem quase sem parar.

Praticamente só viviam na cidade funcionários do governo. Havia as quadras do Banco do Brasil, do Banco Central, dos Institutos de Previdência, do Itamaraty e assim por diante. O intuito dos que projetaram a cidade era mesmo que todos os profissionais de um órgão, independentemente do nível hierárquico, convivessem dia e noite. Altos funcionários seriam vizinhos dos contínuos, cujas moradias eram bem mais humildes, evidentemente. Nas áreas do Banco do Brasil muitos dos apartamentos eram distribuídos conforme o posto. Assim, percebia-se o status do funcionário pelo local onde morava. Se a centena da quadra era ímpar (como a 114, a 308 e a 303, as melhores do BB), se ele morava no sexto andar, o mais alto, em apartamento de canto, era muito graduado.

CORPORATIVISMO, LOBBY, ENDOGAMIA E RÁDIO CANDANGO

Além de residirem nas mesmas quadras e trabalharem nos mesmos prédios, servidores de cada órgão e entidade matriculavam os filhos nas mesmas escolas e praticavam lazer com as famílias nos mesmos clubes. Após o expediente, voltavam a se encontrar, inclusive nos fins de semana, tornando mais fácil a atuação dos lobistas. Naturalmente, as conversas giravam sobre temas relacionados ao trabalho. A troca de informações permitia saber sobre salários e benefícios. Pode estar aí a gênese dos movimentos por "equiparação" que durante muitos anos animaram funcionários do BB e do BC. Casamentos nos mesmos grupos se tornaram comuns, numa espécie de endogamia brasiliense.

Os eventos sociais constituíam terreno fértil para a disseminação tanto de informações verdadeiras, quanto de boatos e fofocas. Era comum que todos soubessem a posição funcional de cada um, quando eram promovidos e até se chegava atrasado ao trabalho. Versões distintas do mesmo fato eram corriqueiras. Quando não se queria ou não se conseguia identificar a fonte, dizia-se que ela havia sido divulgada pela *Rádio Candango*.

SUPERQUADRA 204 SUL

Foi para esta cidade que minha família mudou em abril, três meses antes de mim. Rosinha, Márcio e Guilherme passaram a morar no bloco H da superquadra 204 Sul (SQS-204), do Banco do Brasil. Foram três meses muito difíceis para eles e para mim. Duas vezes por mês, eu enfrentava quarenta horas de viagem de ônibus, para visitá-los na 204, inacabada como a cidade. Os blocos haviam sido concluídos às pressas e não havia ao seu redor urbanização ou asfalto. Ainda não existia nada na área de lazer. Rosinha não contava ao menos com vizinhos e as crianças podiam brincar apenas no apartamento ou na casa dos tios deles, João Pires e Thereza, a irmã de Rosinha, que tanto a apoiaram e ajudaram naquele período. Como ainda não tínhamos carro, até para ir no mercado ela precisava da ajuda deles. Nem ir à AABB era viável. Como lazer, para ela restava a televisão. Mas em Brasília, até as novelas ficavam sem graça. Elas demoravam um mês para passar lá. As amigas do Rio já sabiam o final da história. Só não contavam detalhes por telefone porque pouquíssimas linhas haviam sido instaladas.

COPA DE 1970

Antes de eu morar lá com eles definitivamente, começou a Copa do Mundo de 70. Como eu já viajava bastante com o Diretor, assisti a cada jogo em um lugar diferente: parte de um deles vi no aeroporto Santos Dumont, no Rio, esperando embarcar para um compromisso. Outro, em Maceió. Mas na final contra a Itália eu estava no meu novo apartamento. Foi uma comoção para a família toda. Sempre que eu gritava gol, eufórico (e foram quatro), Márcio e Guilherme choravam desesperadamente. Rosinha me olhava feio, mas eu não conseguia tirar os olhos da TV, em preto e branco.

A Copa de 1970 prendeu especialmente minha atenção, claro. E não foram apenas as partidas. Houve a polêmica substituição do técnico João Saldanha, que havia comandado uma grande campanha do Brasil nas eliminatórias, mas deu lugar a Jorge Lobo Zagallo meses antes da competição. O fato de ele ser comunista notório e comandar a seleção no auge do regime militar gerou comentários óbvios sobre ingerência política. Essas especulações nunca foram confirmadas. O certo é que Zagallo foi muito bem-sucedido, escalando o time que encantou o mundo, com Pelé, Tostão, Rivelino, Gérson e Jairzinho. Guardo na memória detalhes dos principais gols e jogadas de nossos craques.

PELÉ, O GAROTO PROPAGANDA

O tricampeonato da seleção brasileira foi uma oportunidade e tanto que o regime aproveitou amplamente, martelando propagandas pró-governo. A seleção brasileira recebeu imensos patrocínios governamentais e o regime utilizou o investimento ao máximo. Com a bola nos pés e a consciência no gol, Pelé lhes serviu, sem saber, de garoto propaganda. "Ninguém segura este país", proferiu Médici saindo do palácio do governo com uma bandeirinha em punho assim que o Brasil ganhou a Copa.

Muitos músicos foram acusados de lançar canções encomendadas pelo governo. "Noventa milhões em ação, pra frente Brasil", convocava a composição de Miguel Gustavo que embalou a conquista da Taça Jules Rimet. Mas a dupla Dom e Ravel foi além, com melosas canções de exaltação à pátria. O refrão de uma delas era repetido por todas as rádios. Inesquecível, caiu no gosto popular: "Eu te amo meu Brasil, eu te amo. Ninguém segura a juventude do Brasil."

MINHA PRIMEIRA PARTICIPAÇÃO EM UMA MEDIDA DO GOVERNO

Nunca fui um torcedor dos mais fanáticos, nem era um crítico da imprensa, muito menos um ufanista do governo. Durante a Copa, comemorei muito mais uma outra vitória. Uma conquista pessoal. Entre os jogos, em junho de 1970, fiz uma das minhas primeiras viagens com Camillo Calazans. Foi nessa ocasião que percebi como resoluções do governo podiam ser improvisadas e quanto poder estava concentrado em pouquíssimas mãos.

Estávamos em Maceió quando ele foi convocado para uma reunião em Recife. Nestor Jost, o presidente do BB, pediu que ele preparasse medidas em favor do Nordeste, que sofria os efeitos de uma penosa seca. Ele pensou em uma linha especial de crédito e me orientou a pesquisar experiências anteriores, enquanto ele inauguraria agências no interior do estado.

Na mesma tarde, com o auxílio do chefe da Carteira Agrícola de Maceió, encontrei normas para implementação de uma lei de 1958, que criava este tipo de crédito emergencial. Redigi um voto do presidente do BB ao CMN, acompanhado das normas de financiamento para as áreas atingidas. Na época, eu enxergava como vantagem não ser preciso recorrer ao Congresso, pois o Conselho Monetário Nacional tinha poderes para autorizar despesas públicas. Essa distorção eu perceberia apenas mais de uma década depois, como secretário-geral do Ministério da Fazenda. E me esforçaria em contribuir para corrigi-la.

A linha de crédito que geraria emprego e minoraria o problema do êxodo rural em massa se continha em umas seis páginas. Inseguro com minha primeira incursão nesta seara, sem sequer desconfiar que esse se tornaria um trabalho comum ao longo de minha carreira no governo, apresentei a Calazans o texto, que o elogiou. Fez apenas algumas alterações. No dia seguinte, embarcamos no avião King Air do banco para Recife.

REUNIÃO DE ALTO ESCALÃO

Esperava me deparar com uma reunião pesada, cheia de pastas, estudos e gráficos. Imaginava os assessores levando propostas complexas, com 200 páginas. Afinal, estavam presentes, além do presidente do BB e Calazans, o todo-poderoso ministro da Fazenda, Delfim Netto, com seu principal assessor econômico, Eduardo Carvalho, além de funcionários graduados do ministério e o assessor de imprensa, Gustavo Silveira.

Eu estava ali, fascinado, admirado com o clima bem menos denso do que eu imaginara. Ainda assim, receei pelo fracasso de meu texto. Achava sucinto demais, muito mixuruca. Era com estes fantasmas em minha cabeça que olhava Delfim Netto ler o texto, da cabeceira da mesa. Ao contrário do que sugere sua imagem sisuda, Delfim era um sujeito carismático, brincalhão, alegre... e muito objetivo. "Isso aqui tira", "Isso aqui põe", "reflorestamento corta... não dá emprego". Depois das adaptações, o documento se tornou a principal proposta do Ministério da Fazenda apresentado na reunião com os governadores de estados do Nordeste. No dia seguinte, seria exibida ao presidente Médici.

RESOLUÇÃO 147

Comparecemos à solenidade em que o presidente anunciaria as providências a serem tomadas em favor do Nordeste. Era um encontro e tanto, com a sala do Conselho Deliberativo da Sudene apinhada de governadores, ministros, secretários dos estados, presidentes de órgãos, jornalistas, câmeras de TV, flashes espoucando. Eu nunca havia presenciado nada parecido. Pela primeira vez via de perto um presidente da República.

No discurso, Médici citou resumidamente medidas previstas no meu texto, que Delfim aprovara na tarde anterior. Percebi que ele continha, em um texto conciso, o conhecimento acumulado em vários anos de atuação no BB. Da plateia, vibrava com minha primeira participação em uma medida econômica do governo, ainda mais anunciada pelo presidente da República.

O documento se transformaria na Resolução 147, de junho de 1970, do Conselho Monetário Nacional. Rapidamente, se tornaria muito conhecida. A velocidade com que o BB implementou a medida realmente contribuiu para atenuar o sofrimento das populações atingidas. Meses depois, Calazans me estimulou a escrever uma análise sobre ela, suas origens e benefícios. O texto se tornou meu primeiro artigo técnico, publicado no Boletim Trimestral do Banco do Brasil, que era distribuído em agências do BB, no governo, no Congresso, em associações de classe, em universidades e enviado a órgãos da imprensa.

OS PERIGOS DO PODER

As notícias do Banco do Brasil corriam velozmente. Logo que Camillo Calazans se tornou diretor, doutor Renato, aquele meu chefe e padrinho da Paraíba e então deputado federal pelo estado, viajou ao Rio e aproveitou para me parabenizar pelo novo cargo. Começou com aquela história de quanto o deixava feliz ver um filho da terra galgando cargos tão altos numa instituição do prestígio do BB. Falou que acreditava que eu ascenderia muito na carreira, que sabia que não errara ao depositar tanta confiança na minha capacidade, essas coisas todas.

Eu ainda não tivera muito contato com políticos e desconhecia as estratégias emocionais dos lobistas a que eu tanto me habituaria no governo. Sem imaginar que ele tivesse qualquer intenção além da amizade, aceitei seu convite para almoçar no Hotel Novo Mundo, em que se hospedava, acreditando que seria uma ocasião agradável, em que eu não estaria tão abaixo dele, como da última vez que o vira. Também não me causou desconfiança ou estranheza ele querer que o almoço fosse servido em sua acomodação.

Chegando lá, fui recebido com regalias e cuidados que achei que fossem realmente devidos ao orgulho da minha trajetória. Conversamos amenidades durante cerca de uma hora, inclusive sobre trabalho, família, casa e, claro, as mudanças. "Quer dizer que você vai morar em Brasília? Você sabe que lá carro é necessário, não?", perguntou durante a sobremesa. Respondi que já estudava planos de financiamento para comprar um automóvel antes mesmo de me mudar. Enquanto tomávamos café, gentilmente se ofereceu para pesquisar as condições que poderia me oferecer um amigo seu, dono de concessionária brasiliense. Aceitei.

TENTATIVA DE SUBORNO

Semanas depois, doutor Renato voltou ao Rio e me exibiu as condições do financiamento da concessionária. "Olha, doutor Renato, muito obrigado, mas a Caixa Econômica Federal de Brasília dá condições mais vantajosas", esclareci. "Mas este plano é muito melhor: você não precisa pagar." Foi só nesse momento que percebi que o doutor Renato queria comprar meus bons olhos, fechados. No Banco do Brasil o crédito era aprovado pela agência até um certo valor. Depois de um determinado patamar, as decisões eram tomadas na direção geral. E as operações de interesse do doutor Renato passavam pela diretoria de Calazans. O doutor Renato já sabia que eu cuidava dos processos oriundos de agências da Paraíba e do Rio Grande do Norte. Eu havia mesmo comentado durante o almoço, candidamente, que um desses processos estivera em minhas mãos. Tudo isso passou pela minha mente em alguns segundos. E reagi: "Doutor Renato, o senhor me desculpe, mas não posso aceitar."

Meses depois, quando visitei minha família em Cruz do Espírito Santo, contei o caso a meu pai, com certa indignação. Ele estranhou. "Você se corromperia? Falsearia informações? Não. Então deveria ter ficado com o carro!" Fiquei espantado. Meu pai não estava sendo desonesto. Apenas externava uma visão do bem e do mal, sincera, que ele aprendera em seu meio. Pela primeira vez me dei conta do quanto o Banco do Brasil havia moldado meus valores.

CAPÍTULO XI Assessor de diretor em Brasília (1970-1974)

UM NOVO BRASILIENSE

Em julho de 1970 enfim a Dinor (e eu) se transferia para a nova capital. Brasilienses mesmo, havia apenas algumas crianças. Preconceitos em relação a nordestinos eram semelhantes aos de certos círculos de São Paulo. Os que haviam trabalhado na construção de Brasília, geralmente nordestinos, mineiros e goianos, eram chamados de *candangos*, que eu considerava um termo carinhoso.

Em julho, quando a Dinor foi oficialmente transferida, era pleno inverno, quando o vento brasiliense se torna muito intenso. Diariamente redemoinhos levantavam terra dando a tudo o típico tom avermelhado de lá. A poeira fina "penetrava até os poros", como dizíamos, e encardia tudo. Com a sequidão do ar e o frio que fazia, uns 15 graus, era raro um nariz que não sangrasse.

Nosso alento era acreditar que em breve a cidade estaria muito diferente. Com a determinação de Médici para que, além do governo, todas as embaixadas se transferissem para Brasília, a Avenida das Nações virou um canteiro de obras, como boa parte da Asa Sul e do Lago Sul. Vagarosamente, surgiam novos serviços, de melhor qualidade. No Setor Bancário Sul, o edifício-sede do Banco do Brasil despontava quase solitário, mas imponente. A Asa Norte continuava praticamente deserta.

LAZERES EM BRASÍLIA

Nos primeiros meses, ainda sem carro, não fazíamos muito além de assistir à televisão e, nos fins de semana, ir à AABB ou passear nas imensas feiras livres com a kombi de João Pires. Também frequentávamos o Cine Brasília, a única sala de projeção da cidade. Adorava ir lá, tanto para assistir aos filmes quanto para ver autoridades. Uma vez sentei-me ao lado do jovem ministro da Agricultura de Médici, Luiz Fernando Cirne Lima, que mais de vinte anos depois eu reencontraria em reuniões periódicas na Copesul, em Triunfo, Rio Grande do Sul. Ele então como presidente da empresa, um dos clientes da Tendências, de que sou sócio, e eu como consultor. Nunca lhe contei que, muito curioso, o via assistir aos filmes.

NOVOS GRANDES AMIGOS

Em Brasília, logo passamos a contar com um bom círculo de amigos, o que não acontecia no Rio. Com os funcionários do banco morando todos nas mesmas quadras, era mais fácil interagir, na área de lazer do conjunto. Foi então que comecei a me familiarizar com o churrasco, que mais tarde se tornaria hábito semanal.

Estreitou-se nossa amizade com Olyntho Tavares de Campos e sua esposa, Zélia, e com Benito Mussolini do Amaral e Maza, que em 1971 também se mudaram para Brasília. Passamos também a conviver muito com José Sousa Santos, ou Sousinha, e Idelacy e Marcos Luiz da Cunha Santos e Ângela, de quem nunca nos desligamos.

Um ano depois, Sousinha estudaria nos Estados Unidos, onde obteria um MBA na Michigan State University. Depois, estagiaria na agência do BB em Nova York, onde trabalharia anos mais tarde, quando me receberia durante minha primeira viagem oficial ao exterior, cheia de peripécias. Anos mais tarde, Sousinha chefiaria o escritório do BB em Washington e recepcionaria as missões do FMI que eu integraria na primeira metade dos anos 1980. Por suas qualificações e experiência, 17 anos mais tarde, quando eu assumisse o Ministério da Fazenda, ele se tornaria diretor da área internacional do BB.

MEU FUSCA AA

Já nos primeiros meses na cidade comprei um carro, um fusca bege, zero quilômetro. Foi nele que fui à Paraíba em janeiro de 1971 — desta vez sem capotar. Depois de quatro dias de viagem, chegamos à Paraíba.

Abafei em meu círculo de amizades em João Pessoa e mais ainda em Cruz do Espírito Santo! No Estado ainda vigorava o modelo antigo de placas, com números apenas. A do meu carro já era alfanumérica: AA-1423. Nas férias, curti Rosinha, Márcio e Guilherme tanto quanto pude. No mês seguinte voltaria a vê-los muito pouco.

FACULDADE DE ECONOMIA E CURSOS DE ADMINISTRAÇÃO

Assim que voltei de viagem, fui aprovado no vestibular para o curso de Economia do Centro Universitário de Brasília (Ceub). Preferiria estudar na Universidade de Brasília (UnB), que além do mais era gratuita. Mas lá só havia cursos diurnos.

Devido às aulas, entre 1971 e 1974, via meus filhos apenas aos fins de semana, já que saía às oito da manhã, e só chegava em casa depois das 11 da noite. Nas tardes de sábado, ainda me reunia com um grupo de 15 colegas da faculdade, para ensinar diversas matérias.

Antes mesmo do vestibular, passei também a ser indicado pelo banco para participar de treinamentos internos. O primeiro deles foi o Curso Intensivo para Administradores, Cipad (sempre as siglas de cinco letras do BB), ministrado no Rio de Janeiro. Como se estenderia por quase dois meses, entre outubro e dezembro de 1970, aluguei um apartamento por esse período para abrigar Rosinha e as crianças.

O Cipad era o curso de mais alto nível do BB. Na abertura, compareceram o presidente do banco e o ministro da Agricultura, Cirne Lima. O que aprendi lá foi importantíssimo para minha carreira. Assimilei aspectos de Economia com os quais viria a ter contato na faculdade, incluindo administração e contabilidade, finanças e mercadologia (que um dia se chamaria marketing).

NASCIMENTO DE IVAN

Mesmo que eu passasse a ser menos presente, no começo de 1971, com Márcio e Guilherme indo para cinco e seis anos de idade, já estava mais que na hora de a família aumentar. Quem sabe seria agora que Júlia viria. Da terceira vez eu teria certeza de que nada daria errado. Deixamos a médica de sobreaviso, tínhamos carro para transportar Rosinha ao hospital, programamos quem cuidaria das crianças na nossa ausência. Estava tudo prontinho. Ainda assim, no dia 22 de outubro, quando Rosinha entrou em trabalho de parto, foi um sufoco. A bolsa estourou a caminho do

Gama, onde a médica atendia. Na época era a cidade satélite mais distante de Brasília, uns quarenta quilômetros da SQS 204.

O bebê nasceu saudável e muito rapidamente. Não era Júlia. Então o batizamos Ivan, que, em russo, seria equivalente ao nosso João. A homenagem era a João Pires, cunhado de Rosinha, que tanto nos havia apoiado desde 1968. Ivan se tornaria o artista da família, depois de estudar Desenho Industrial na Universidade Mackenzie, em São Paulo, e frequentar cursos de extensão em desenho gráfico na Universidade da Califórnia, em Berkeley e San Francisco.

GUILHERME EM CHAMAS

Ivan tinha apenas oito meses quando tomamos um baita susto. Mas foi com Guilherme, que tinha quatro aninhos. No final de junho de 1971, Rosinha, eu, Márcio e ele fomos ao maior acontecimento social da cidade: a Festa dos Estados. Ao lado da Torre de Televisão, eram montadas barracas de cada uma das unidades da federação e de alguns países, que comercializavam comidas típicas e artigos de artesanato. Apresentações de danças regionais, roda-gigante e outras atrações nos enlevavam e divertiam as crianças. Foi lá que vimos pela primeira vez uma TV em cores, em um circuito interno instalado em uma das tendas. Deleitados com o evento e tranquilos por podermos dormir até tarde no dia seguinte, um domingo, chegamos em casa depois da meia-noite.

Nós caímos em sono profundo por muitas horas, mas logo cedo Guilherme estava animado para mais festejos. Em busca de mais alegrias, às seis da manhã encontrou uma vela, que equilibrou num banquinho, na despensa da cozinha. Quando descobriu a caixa de fósforos, se alvoroçou para cantar parabéns a você. As palmas foram tão calorosas que desequilibraram o círio. Quando a chama se espalhou pelo pijaminha, ele se deu conta de que aprontava uma arte que seus pais desaprovariam. Receando a reprimenda, evitou gritar. Só berrou quando as dores causadas pelas labaredas se tornaram lancinantes.

Despertado pelos clamores, levantei ainda sonolento e corri em busca de Guilherme. Na despensa da cozinha, onde tentara se esconder, ele estava em chamas. Afoito, rasguei e arranquei cada peça do pijama. Rosinha não sabia como ajudar. Corremos, desesperados, ao Hospital de Base de Brasília, onde foram constatadas queimaduras de segundo e terceiro graus das axilas à virilha. Havia sido grave. Se o tecido do pijama fosse sintético, a vida de Guilherme poderia ter sido ceifada. Rosinha e eu, que tive queimaduras superficiais nas mãos, continuávamos apreensivos, embora aliviados ao saber que sobreviveria.

O tratamento de Guilherme seria longo e doloroso. Voltaria ao hospital diariamente para trocar os curativos sobre a região em carne viva. Carrega até hoje vestígios das cicatrizes, mesmo depois da cirurgia plástica em São Paulo. Depois disso, não restaram sequelas, nem emocionais. Guilherme aproveitaria normalmente a adolescência, estudaria, casaria, teria filhos e se tornaria um economista de prestígio.

A ECONOMIA NACIONAL, IMPULSIONADA PELO BB

As fagulhas em minha cabeça também se alastravam. Com o curso de Economia, as aulas do Cipad e a prática adquirida no BB e nas reuniões em ministérios, passei a compreender melhor a economia brasileira e seus meandros. E a acompanhar de perto e atentamente as decisões do governo, especialmente o que se referisse a crédito rural e industrial.

O financiamento oficial à agricultura ganhou corpo ainda no governo Getúlio Vargas, em 1937, quando foi lançada a Creai, mas o auge do crédito rural aconteceu no regime militar. Nessa época, o BB se tornou a principal fonte de financiamento para o desenvolvimento. Era pau pra toda obra. Dele dependeu muito a expansão da agricultura, do comércio e da indústria.

O investimento industrial era financiado pelas próprias empresas ou pelo Banco Nacional de Desenvolvimento Econômico (BNDE), que agregaria o Social, se tornando BNDES, apenas em 1982. Mas, sem o capital de giro que o BB disponibilizava, teria sido muito difícil para o governo promover a política de substituição de importações e consolidar segmentos relevantes como a petroquímica, a siderurgia e a indústria de bens de consumo durável, incluindo os dominados pelo capital estrangeiro, como o automobilístico.

O BB respondia por mais da metade da oferta de crédito do sistema bancário. Isso acontecia porque era autorizado a operar com acesso ilimitado aos recursos do Tesouro, via uma "conta de movimento" do BC, um singular mecanismo de suprimento de recursos. Bastava a concordância do ministro da Fazenda e a autorização formal do Conselho Monetário Nacional para a realização de empréstimos a juros subsidiados e "sem limites", como se chamavam certas linhas de crédito. Era por isso que o BB podia oferecer aos agricultores financiamento à vontade. No fundo, tratava-se de operações que expandiam o endividamento público, mas sem transparência ou o conhecimento do Congresso. Mas nós do BB achávamos que o dinheiro era do próprio banco.

CRÉDITO E INFLAÇÃO

Era comum que, mesmo em áreas do governo e nas lideranças políticas e empresariais, se acreditasse que financiar a agricultura assim, com emissão de moeda, não causasse inflação. Defendiam que a safra gerava uma oferta que atendia à demanda e, depois de comercializada a produção e pagos os empréstimos, haveria o recolhimento da moeda e tudo se equilibraria. O raciocínio ignorava um aspecto básico, de que o dinheiro do crédito, quando fluía do banco à mão do produtor, passava a circular no mercado, pagava salários e gerava demanda de máquinas, sementes, fertilizantes, transporte e assim por diante. Produzia, assim, uma elevação da demanda muito antes de a safra financiada gerar a oferta correspondente.

POLÍTICA MONETÁRIA

Para neutralizar essas emissões de moeda provocadas por operações do BB e do BC, o governo vendia papéis do Tesouro, que "enxugava" a correspondente liquidez injetada na economia e ajudava a evitar que a inflação subisse ainda mais. A alta dos preços era combatida com um mix de política monetária, controle de preços, manejo das tarifas aduaneiras e intervenções nos mercados agrícolas.

No início da década de 1970 raramente no governo ou no banco se discutiam os juros ou a relação entre eles e a inflação. O Banco Central não contava com nada parecido com o Comitê de Política Monetária (Copom), o colegiado de diretores que seria criado em 1996 e definiria a taxa básica de juros, a Selic. Em vez de metas para a inflação, nos anos 1960 e 1970, prevalecia nos países capitalistas em geral, não só no Brasil, o regime de controle quantitativo da moeda.

Este era o verdadeiro monetarismo, cujo principal mentor foi Milton Friedman, economista norte-americano da Universidade de Chicago que também se notabilizou pela defesa ferrenha do liberalismo econômico. A escola monetarista defendia que a inflação era um fenômeno monetário, geralmente causado pelo financiamento do déficit público pelo Banco

Central. Acreditava-se que, para combater a inflação, era preciso reduzir a oferta de dinheiro, o que o Banco Central fazia vendendo papéis do Tesouro. Não havia uma meta inflacionária. Naquela época, chamar alguém de monetarista era uma espécie de xingamento, que seria substituído posteriormente por neoliberal.

SUBSÍDIOS À AGRICULTURA BRASILEIRA

As causas da inflação ainda eram incógnitas nos anos 1980. Gente bem preparada defendia o fornecimento de crédito rural a juros abaixo do mercado sob o argumento de que, além de "não impulsionar a inflação", "todos os países subsidiam a agricultura". Era parcialmente verdade. Em outros países, o subsídio provinha prioritariamente da pesquisa, que gerava novas tecnologias, do seguro rural, da assistência técnica gratuita, da educação, dos mercados futuros, da manutenção de estoques reguladores e da oferta adequada de serviços de infraestrutura, particularmente transportes, comunicações e energia. Subsídios via crédito eram limitados a produtores de baixa renda, não atrativos aos mercados privados de crédito, ou para certos investimentos como em eletrificação e telefonia rural.

BB NAS EXPORTAÇÕES

Além do maior financiador da agricultura, o BB era o principal responsável pelo fornecimento de capital de giro para incentivar as exportações, através da Carteira de Comércio Exterior (Cacex), criada em 1953, através da qual o BB financiava a produção exportável, abria linhas de crédito para países importarem bens e serviços brasileiros e licenciava as importações. Na segunda metade dos anos 1960, a Cacex se transformara em órgão-chave do governo para ampliar e diversificar a pauta de exportação, particularmente de produtos industrializados e, posteriormente, de serviços de construção civil pesada, como hidrelétricas, rodovias, ferrovias e sistemas de irrigação.

OUTROS BANCOS DO GOVERNO NO DESENVOLVIMENTO DO PAÍS

Embora pouco na economia brasileira fosse realizado sem a participação do Banco do Brasil, havia outros financiadores importantes. Grande parte dos projetos de investimento das maiores empresas privadas e estatais brasileiras nos anos 1970 recebeu financiamento do BNDE. Criado em 1952, no segundo governo Vargas, o BNDE foi ganhando corpo ao fornecer crédito para projetos de maior envergadura.

O Banco Central exercia também atividades de fomento, mediante repasses e refinanciamento através de outros bancos. A Caixa Econômica e o BNH eram importantes principalmente em relação a moradias. Havia ainda três bancos regionais: Banco da Amazônia, Banco do Nordeste e Banco de Desenvolvimento do Extremo Sul, BRDE. Além disso, cada estado tinha a sua instituição financeira, utilizada irresponsavelmente por muitos governadores. Era uma consequência da inexistência ou incipiência de bancos privados que suprissem a demanda de crédito.

REUNIÕES COM MINISTÉRIOS

Por sua importância no financiamento da economia brasileira, o entrosamento do BB com os ministérios da Fazenda, do Planejamento e da Agricultura era muito intenso. Todos os projetos que associassem o crédito e o Nordeste passavam por Camillo Calazans — e por nós, seus assessores. Desde 1971, eu participava ativamente de reuniões que tratassem do tema, especialmente com o Ministério da Agricultura, que funcionava basicamente em função do crédito rural, já que a pesquisa agropecuária e a extensão rural eram primos pobres das políticas de apoio ao setor. Embora eu fosse responsável apenas por dois estados, já me tornava conhecido como um especialista em crédito rural.

INTERVENÇÃO ESTATAL NA AGRICULTURA

A intervenção estatal na agricultura, orquestrada pelos ministérios, era gigantesca e envolvia quase sempre o BB. O governo financiava a produção e a comercialização das safras. Comprava produtos amparados pela Política de Preços Mínimos. Monopolizava as compras de trigo — nacional e importado — e a exportação de açúcar. Estocava carne e acompanhava de perto o abastecimento de produtos sensíveis na cesta básica, como o feijão, que vez por outra importava. O BB se envolvia muito nesse complexo mundo de ações.

Sem ainda a existência de mercados futuros ou eficiente securitização, os agricultores corriam riscos muito elevados, não apenas de que fenômenos naturais arruinassem as plantações, mas também de que o preço de seus produtos despencasse depois da safra. Para estimular o plantio, além do crédito subsidiado, o governo assegurava aos produtores de um grupo importante de produtos agrícolas um valor mínimo para sua colheita. Se o mercado não os adquirisse, o Estado o faria — através do BB.

Nas décadas de 1960, 1970 e 1980, o governo realizava um amplo controle de preços, que se intensificava à medida que a inflação se tornava crônica. O valor de poucos bens deixava de sofrer interferência do governo em algum ponto da cadeia produtiva ou na venda ao consumidor final. Nos serviços, controlava-se telecomunicações, energia elétrica, correios, aluguéis, mensalidades escolares, passagens aéreas e terrestres e por aí afora.

Para moderar os preços, o governo se valia de dois órgãos criados nas décadas anteriores: a Sunab, que fiscalizava supermercados, lojas e outras áreas do varejo, e o Conselho Interministerial de Preços (CIP), que definia valores de bens e serviços. Estas ações eram supervisionadas por assessores do ministro da Fazenda, num processo que eu vivenciaria intensamente na década seguinte.

Outro recurso para tentar manter a inflação dos alimentos sob controle eram os estoques reguladores. O governo comprava produtos na época de safra e vendia em períodos de escassez, evitando assim o desabastecimento e altas mais expressivas. Quando necessário para baixar o preço, o Estado forçava o aumento da oferta, importando ou restringindo ou tributando exportações de produtos agrícolas, o que contribuía para desviá-los para o mercado interno.

No caso do trigo, o monopólio governamental da comercialização facilitava o controle de preços que chegou a ser menor de 10% do seu custo. Dificilmente acreditaríamos, naquela época, que todo esse processo de produção, comercialização e formação de preços funcionaria sem o controle do governo e de seus burocratas.

INCENTIVO À INEFICIÊNCIA

A intervenção do Estado no sistema de preços gerou graves distorções. Empresas começaram a se associar para negociar com o governo, e acabaram formando cartéis e conspirando contra a concorrência. A política sistemática de substituição de importações, adotada desde a década de 1950, conferia às empresas protegidas um inequívoco poder de mercado. Essa era uma das justificativas para o controle de preços.

Eu começava a perceber que o custo do modelo era a ineficiência. Sem concorrência, não era preciso esforço para ser competitivo. Bastava ter em mãos os custos da empresa, acrescentar a margem de lucros desejada e saber negociar com o governo. Desta maneira, o incentivo à inovação era quase inexistente. Um caso exemplar foi o da indústria naval. O país se torna um exportador importante de navios, alcançando a segunda posição em 1980, fruto de um pesado subsídio. Como viria a dizer mais tarde o diretor do Banco Central Cláudio Mauch, "turbinado, até tijolo voa". Nos anos seguintes, muitos de nossos estaleiros naufragariam.

FARTURA DE EMPREGOS E POUCA INSTRUÇÃO

Dado que os principais preços eram determinados pelo governo e não pelo mercado, o setor industrial cedia mais facilmente às pressões salariais. Assim, acabou se formando um grupo privilegiado da classe trabalhadora: os empregados das grandes empresas industriais, normalmente reunidos em poderosos sindicatos. Os metalúrgicos de São Paulo, por exemplo, tinham os maiores rendimentos entre os trabalhadores do setor privado. O avanço do PIB em velocidade de dois dígitos estimulou ainda mais a fartura de postos de trabalho, tanto para os sem qualificação quanto para os mais bem preparados. Nesse ambiente, a qualificação da mão de obra não constituía elemento-chave para a competitividade das empresas. Além disso, prevalecia a visão de que a melhoria na educação seria uma consequência do desenvolvimento econômico, e não o contrário.

Em 1977, nos meus primeiros contatos com equipes do FMI e do Banco Mundial, eu constataria o quão difícil era encontrar funcionários brasileiros naquelas instituições, embora houvesse muitos indianos e paquistaneses. Isso ocorria não devido ao menor nível de instrução dos brasileiros, mas porque existiam muitas oportunidades no Brasil, seja nas empresas privadas e estatais ou na administração pública. Assim, nosso trabalhador mais qualificado não precisava emigrar. Aliás, os melhores postos já não eram privilégio do setor governamental, uma mudança paradigmática para um país em que a carreira no Estado era uma das poucas vias para o sucesso profissional.

FIM DO PADRÃO OURO E FLUTUAÇÃO DO DÓLAR

Não era apenas sobre economia brasileira que eu passava a saber mais. Foi também nesta época, em que meus conhecimentos se ampliavam, que passei a me informar um pouco sobre economia mundial. Aquele foi um momento crucial para as transformações que contribuiriam para levar a economia global à maior integração dos fluxos de comércio e de globalização financeira, com elevada sofisticação e livre movimentação de capitais.

Entre diversos fatos determinantes, talvez o principal tenha ocorrido em 1971, quando os Estados Unidos, sob o governo de Richard Nixon, abandonaram o padrão determinado no célebre acordo de Bretton Woods, de 1944. Por este padrão, o dólar seguia vinculado ao ouro e as demais moedas tinham seu valor atrelado à divisa americana. Era o mundo de taxas fixas de câmbio.

Os Estados Unidos haviam ampliado desmesuradamente seus gastos, com guerras custosas, como a do Vietnã. O país também vinha acumulando elevados déficits comerciais, que geravam transferência de dinheiro para países ricos superavitários. Surgiu, então, uma desconfiança: o ouro disponível no Tesouro dos EUA, no famoso Fort Knox, não seria suficiente para lastrear toda a moeda que o país havia emitido.

O presidente francês Charles De Gaulle ameaçou levar todos os dólares das reservas da França a Washington e exigir que fossem trocados por ouro. Os norte-americanos se viram obrigados a abandonar o sistema. As moedas de outros países, cujo valor era vinculado ao dólar, sofreram forte valorização. Ao desvincular o dinheiro do metal valioso se deu a largada à livre flutuação do câmbio.

O MUNDO EM EBULIÇÃO

Enquanto, na América, os Estados Unidos se desatrelavam do ouro e se preparavam para a inauguração da Disneylândia, erravam pelos céus e pelo Oriente. Envolviam-se na guerra do Camboja e enviavam mais soldados ao Vietnã.

Em 1971, quando o planeta atingiu os quatro bilhões de habitantes, não eram apenas os americanos que faziam o globo tremer. Em abril, o vulcão Etna entrou em erupção, na Itália; em julho, o general Franco nomeou o príncipe Juan Carlos seu sucessor, para que a Espanha voltasse a ser uma monarquia; no mesmo mês Nikita Krushev foi enterrado sem honras oficiais na União Soviética; em outubro o Irã do Xá Reza Pahlevi comemorou 2.500 anos do Império Persa; em dezembro seis xeques no Golfo Pérsico fundaram os Emirados Árabes Unidos.

Mesmo com diversos fatos relevantes, o que mais marcou aquele ano foi o Setembro Negro, na Jordânia, quando o rei Hussein reprimiu duramente a oposição dos palestinos após um período de desconfianças mútuas: eles acusando o rei de ser pró-Ocidente e este, temeroso da crescente influência de uma minoria cuja população se expandia no país. Milhares de palestinos foram mortos, outros se refugiaram nas nações vizinhas, onde passaram a viver em constante conflito com Israel.

EM TERRAS TUPINIQUINS

No Brasil, a economia crescia, mantendo a população feliz. A euforia era incentivada também com o primeiro campeonato brasileiro de futebol. Bem às escondidas, com a censura à imprensa chegando ao seu ápice, os anos de chumbo carregavam aos porões da ditadura não apenas os "subversivos" que optavam pela luta armada, mas também opositores, em especial aqueles de maior destaque. O deputado Rubens Paiva desapareceu para sempre, sem deixar pistas, em janeiro de 1971. Em setembro, a vítima foi Carlos Lamarca, morto numa emboscada na Bahia. Foi este ex-militar que abandonara o Exército em 1969 para integrar o grupo de Carlos Marighella, que, depois da morte do líder, comandara o sequestro do embaixador suíço.

Sem a possibilidade de intervir de forma alguma nesses conflitos, a população praticamente perdia o interesse no governo. Foi assim que ocorreram as eleições indiretas para governador, em 3 de outubro.

PLANEJANDO O "BRASIL GRANDE" — O PND

No máximo, a população mantinha o interesse nos grandes feitos e planos do governo. O planejamento econômico era destaque do regime militar desde seu início, mas se fortaleceu na década de 1970. Dois grandes programas de longo prazo foram lançados, ambos tendo como objetivo transformar o país em uma potência econômica: o Plano Nacional de Desenvolvimento (PND), lançado em 1971 para vigorar entre 1972 e 1974, e seu sucessor, o II PND, lançado por Geisel para manter o ritmo de crescimento econômico brasileiro entre 1979 e 1980.

O primeiro definiu as prioridades do governo Médici: o crescimento econômico e o desenvolvimento, especialmente o da indústria, aproveitando a conjuntura internacional favorável. Ampliaram-se os investimentos públicos em infraestrutura, particularmente energia, transportes e comunicações. A agricultura começou a se preparar para ser uma fonte poderosa de exportações, enviando ao exterior muito além de café e açúcar. Com a abertura ao capital estrangeiro, mais empresas transnacionais, como eram chamadas pela ONU, se instalaram no Brasil.

Embora pouco influenciasse o processo decisório, o Banco do Brasil tinha papel fundamental no PND. Enquanto o BNDE cuidava do financiamento dos investimentos, o BB era a fonte essencial do crédito ao setor rural e suplementava a oferta de empréstimos para capital de giro das empresas comerciais e industriais.

O AVANÇO DAS BRAS

Poucas vezes na história as empresas estatais encontraram terreno tão fértil para prosperar quanto nos governos militares, especialmente com os PNDs. Não só as antigas estatais cresceram como foram criadas novas, algumas pela organização de empresas já existentes em um único grupo governamental, como a Telebras e a Eletrobras, outras pela estatização de empresas privadas, como a Companhia Docas de Santos.

A Telebras foi criada em 1972 com a incorporação de dezenas de operadoras de telecomunicações. A holding incorporaria mais tarde as operadoras estaduais, como a paulista Telesp e as cariocas Telerj e Companhia Telefônica Nacional (CTN). O número de linhas telefônicas foi multiplicado e o serviço melhorou. O sistema de discagem direta a distância, o DDD, criado em 1970, ganhou impulso.

Datam dessa época também os primeiros telefones públicos, a transmissão via satélite, a implantação dos cabos submarinos ligando o Brasil à Europa, aos Estados Unidos e à África e a introdução da TV em cores. A primeira transmissão colorida da TV brasileira aconteceu em 31 de março de 1972, quando foi exibido, por um pool de emissoras lideradas pela TV Difusora de Porto Alegre, o desfile de abertura da Festa da Uva, em Caxias do Sul.

Essa revolução tecnológica se esgotaria com a crise econômica dos anos 1980, quando o sistema Telebras não conseguiria se expandir na velocidade da demanda. A escassez de linhas levaria a uma disparada dos preços do telefone e ao surgimento de mercados secundários. Quem se inscrevia nos planos de expansão da Telebras demorava anos para receber uma. No começo dos anos 1990, linhas telefônicas chegariam a ser vendidas por dez mil dólares. Valeriam tanto que seriam declaradas como patrimônio no Imposto de Renda. Essa situação apenas seria alterada a partir de 1996, com a abertura da telefonia celular ao setor privado, e 1998, com a privatização da Telebras. Pouco mais de uma década depois, o Brasil seria o quinto país do mundo em número total de linhas telefônicas fixas e móveis, mais numerosas, quando somadas, do que os próprios brasileiros.

MINERAÇÃO E SIDERURGIA

Com o PND, militares queriam mesmo desenvolver a indústria de base, para que o Brasil pudesse deixar de ser produtor e exportador apenas de commodities. Para isso, seria necessário produzir cada vez mais minério e aço para alimentar a crescente indústria de bens duráveis e de capital. Com o objetivo de quadruplicar a produção de aço em relação aos cinco milhões de toneladas de 1970, paralelamente ao I PND foi lançado, em 1971, o Plano Siderúrgico Nacional. Seus principais braços foram a Vale do Rio Doce, maior mineradora do país, e a Siderbras, outra grande holding, criada para coordenar as diversas siderúrgicas estatais.

Repetia-se que grupos militares priorizavam a preparação para a guerra, via industrialização forçada, ainda que pouco eficiente. Desde os anos 1920, lideranças militares eram favoráveis a políticas de substituição de importações, pois diziam que os países dotados de condições de defender seu território eram aqueles que se haviam industrializado. A conclusão era correta, mas o remédio para fortalecer as forças armadas com industrialização a qualquer custo era discutível.

Essa visão esteve presente nas diversas fases da industrialização brasileira. A indústria do aço, nascida com a Companhia Siderúrgica Nacional nos anos 1940, era parte da estratégia. Não haveria industrialização, dizia-se, sem autossuficiência na produção de aço. A indústria automobilística permitiria a posterior produção de tanques de guerra. A indústria naval, de navios de guerra. A indústria aeronáutica, de caças de combate e aviões de patrulha.

A Companhia Vale do Rio Doce, criada pelo governo Vargas em 1942, com a estatização de minas de ferro estrangeiras, também cresceu durante o regime militar, sob a liderança de Eliezer Batista. A produção saltou de dez milhões de toneladas anuais em 1966 para 56 milhões em 1974, quando a Vale se tornou a maior exportadora mundial de minério de ferro. Em 1979, a estatal ganharia novo ímpeto com o início da exploração das reservas de Carajás, no Pará, considerada a maior província mineral a céu aberto do mundo. A Vale se expandiria consideravelmente depois de privatizada, em 1997, e se tornaria uma das maiores mineradoras mundiais, mantendo a posição de líder na exportação de minério de ferro.

As maiores siderúrgicas brasileiras, a CSN, a Usiminas e a Cosipa, reunidas na holding Siderbras, também surgiram antes do governo militar e se expandiram durante o regime. Duas novas estatais de aço surgiram: a Açominas e a Cia. Siderúrgica de Tubarão, no Espírito Santo. Totalmente privada, a produção brasileira de aço superaria os trinta milhões de toneladas anuais em 2010.

POLOS PETROQUÍMICOS

Um dos projetos mais ambiciosos deste período foi o de expansão da indústria petroquímica, que recebeu elevado aporte de recursos do BNDE e contou com a liderança decisiva de Ernesto Geisel mesmo antes de ele se tornar presidente da República. Ainda em 1969, quando presidia a Petrobras, Geisel comandou o lançamento do primeiro polo, em Capuava, no interior de São Paulo, que entrou em operações em 1973, como Central de Matérias-Primas do Polo Petroquímico de São Paulo. Os polos seguintes, de Camaçari, na Bahia, e Triunfo, no Rio Grande do Sul, seriam implantados com o II PND — com Geisel na Presidência da República.

No início da década de 1970, o projeto do governo para o setor tinha um cunho nacional-desenvolvimentista. O capital estrangeiro podia participar do empreendimento, mas com até um terço dos investimentos, ficando os dois outros terços divididos igualmente entre o Estado e o setor privado nacional. A participação do governo se dava por intermédio de outra estatal criada pelos militares: a Petrobras Química, Petroquisa, subsidiária da Petrobras, estabelecida em 1967 para formar parcerias com o setor privado nos grandes projetos do setor.

ENERGIA HIDRELÉTRICA E NUCLEAR

Como o "Brasil potência" não poderia funcionar sem energia, os governos militares empreenderam a construção de algumas das mais potentes hidrelétricas do mundo. Itaipu, arquitetada em consórcio com o Paraguai, com base em tratado assinado em abril de 1973, teve sua construção iniciada em 1974. Só passaria a funcionar em 1984 e se tornaria a maior do planeta até 2006, quando perderia o lugar para a usina chinesa Três Gargantas. Outra foi Tucuruí, no rio Tocantins, a maior usina totalmente brasileira. Com isso, a Eletrobras, holding do setor elétrico que funciona de maneira semelhante ao sistema Telebras, se agigantou.

Embora contasse com um dos maiores potenciais para geração de energia hidrelétrica do mundo, o Brasil dos militares não abriu mão do projeto de produzir energia nuclear, estimulado pela necessidade de manter a "segurança nacional". Em 1971, o governo brasileiro comprou seu primeiro reator nuclear, da americana Westinghouse, que funcionaria apenas em 1986, com a inauguração de Angra I, a primeira usina atômica brasileira.

O programa nuclear brasileiro ficaria congelado até 1976, quando seria assinado o polêmico programa nuclear Brasil-Alemanha. O acordo seria interpretado como uma evidência de distanciamento da política externa brasileira em relação aos Estados Unidos. A impressão seria corroborada no ano seguinte, com a declaração do presidente americano Jimmy Carter de que deixaria de apoiar governos autoritários latino-americanos que atentassem contra os direitos humanos. Até a ascendência germânica do presidente Geisel seria citada como possível motivo da preferência brasileira pelos alemães, que forneceriam ao país dez reatores nucleares para o funcionamento de Angra II, que seria inaugurada apenas em 2002.

RODOVIA TRANSAMAZÔNICA

A partir dos anos 1970, especialmente quando a abertura de Geisel permitia algum espaço à crítica, era comum encontrar na imprensa brasileira a expressão "obra faraônica" para se referir ao caráter grandioso de obras do governo militar cuja utilidade seria questionada. Além do Programa Nuclear, nessa categoria estavam a Transamazônica e a Ferrovia do Aço.

A Rodovia Transamazônica, lançada em 1972, com mais de quatro mil quilômetros de extensão, deveria ligar a Paraíba ao extremo ocidental do Amazonas, cortando o Brasil de leste a oeste. É pela parte amazônica que a estrada é conhecida. Foi neste trecho, onde deveria cumprir um papel importante de integração do país, que o fracasso ficou mais patente. Esta parte da rodovia não foi pavimentada e, com as chuvas frequentes, só é transitável, e precariamente, durante parte do ano.

Conheci a Transamazônica na época de sua construção, por conta de meu relacionamento com o Ministério da Agricultura e seus técnicos, com que me articulava em questões ligadas ao crédito rural. Fui convidado por um assessor do Ministério, Luiz Carlos Guedes, que comandaria a pasta no governo Lula, para conhecer as agrovilas que se formavam ao longo da rodovia. Percorremos o barro vermelho até o quilômetro 100, onde conversamos com gaúchos e paranaenses entusiasmados com o que lhes parecia um futuro promissor. Assisti à derrubada de mata e às primeiras plantações de cana-de-açúcar por ali, um equívoco. O clima não era propício à produção de cana com adequado teor de sacarose. Aliás, o equívoco era a própria estrada. Já na época se dizia que ligava nada a lugar nenhum.

Outro projeto grandioso que sucumbiu foi o da Ferrovia do Aço, concebida para conectar as principais regiões produtoras de aço de São Paulo, Minas e Rio. O projeto jamais seria concluído. Apenas depois de iniciado se percebeu a necessidade de construir várias pontes, viadutos e túneis em uma das regiões mais acidentadas do país, o que tornaria seu custo antieconômico.

ESCOLA NACIONAL DE INFORMAÇÕES (EsNI)

Paralelamente ao excepcional crescimento brasileiro, consolidava-se o sistema de controle do governo. Em março de 1972 foi inaugurada a Escola Nacional de Informações (EsNI), que chamávamos de escola de espiões. Inspirada nos modelos adotados por Alemanha, Estados Unidos e Inglaterra, tinha como uma das finalidades "preparar civis e militares para o atendimento das necessidades de informações e contrainformações do SNI". Algumas vezes fui convidado para palestrar aos seus alunos, abordando a conjuntura econômica brasileira. Bem diferente do que imaginava, eram pessoas comuns, sem treinamento militar, que estavam ali. Além de economia, eram instruídos em assuntos tão diversos quanto história e psicologia, comunicação e tecnologia.

"O HOMEM DO SNI" NO BANCO DO BRASIL

Um dos destinos desses alunos seria investigar profissionais para evitar que "subversivos" assumissem empregos ou cargos no governo, o que abrangia as empresas estatais, as autarquias e a administração direta da União. Cada ministério possuía uma Divisão de Segurança e Informação, as DSIs, dirigida, geralmente, por um oficial das forças armadas.

No Banco do Brasil, essa área nunca foi integrada por militares. A presidência do banco tinha em sua estrutura a Assessoria de Segurança e Informação (ASI), para filtrar as nomeações para cargos comissionados na direção geral. O assessor era Aloísio Pestana, um mineirinho boapraça, muito simpático, agradável, alegre, brincalhão. Quando me tornei secretário de gabinete da Presidência, em 1974, trabalhamos durante uns seis meses na mesma sala. Embora meu passado esquerdista de Cajazeiras estivesse cada vez mais distante, nunca me livrei do receio que me acompanhou até o relaxamento do regime militar, no final da década. Pestana não nos metia medo, mas eu sempre me perguntava se ele teria acesso a algum dossiê antigo. E se encontrasse algo a meu respeito nos arquivos do SNI?

Que eu me lembre, nem Pestana nem outro assessor desses deu um parecer negativo contra a indicação de alguém. Mas Olyntho lembra. Ele trabalhava no Instituto Brasileiro do Café (IBC) e precisava da aprovação do "homem do SNI" do Ministério da Indústria e Comércio (MIC) para uma nomeação. A autorização, que em geral levava uma semana, demorou tanto que Olyntho questionou o Comandante Crespo, oficial da Marinha e diretor da DSI, sobre o que impedia ou retardava sua aprovação. "O sujeito é dado a bebidas alcoólicas e mulheres."

LUTA ARMADA E MAIS REPRESSÃO

No mesmo mês da inauguração da EsNI, o DOI-CODI carioca foi responsável pela Chacina de Quintino, o assassinato de várias militantes da luta contra a repressão. Em abril o Exército fez sua primeira incursão no combate à guerrilha comandada pelo Partido Comunista do Brasil, o PC do B, na região do Araguaia, entre Goiás, Maranhão e Pará. A operação era mantida em segredo, mas, em setembro, o jornal *O Estado de S. Paulo* burlou a censura e publicou notícias sobre os combates. O grupo seria completamente desmantelado apenas em 1974, com prisões e torturas dos que sobreviveram.

ARGENTINA E CHILE

Radicalidades e transformações pululavam por todos os lugares e também ao nosso lado, assim como regimes totalitários. Na Argentina, em 1973, o presidente passou de Alejandro Lanusse para Hector José Cámpora, para Raúl Alberto Lastiri, para Juan Domingo Perón, que governou até sua morte, no ano seguinte, quando foi substituído por sua esposa, Isabelita Perón, deposta em 1976 por uma junta militar. Com o presidente seguinte, Jorge Rafael Videla, foi iniciada a "guerra suja", que, até 1983, segundo relatórios do governo, resultaria no desaparecimento forçado de 11 mil pessoas, por motivos políticos e religiosos, obtendo, por esse método, a supressão de todo direito dos familiares das vítimas de realizar ações legais e responsabilizar os criminosos. Os números oficiais ficam bem aquém dos trinta mil desaparecidos contabilizados por grupos de direitos humanos.

As mudanças de governo no Chile chamaram muito mais a minha atenção, antes mesmo do golpe militar de 11 de setembro de 1973, que derrubou Salvador Allende, que me inspirava simpatia quando eleito e de seu suicídio, que me estarreceu.

Como já entendia muito mais de economia, acompanhei com olhar técnico a maneira como o presidente conduziu o Chile ao desastre financeiro, com o intuito de transformá-lo em uma economia socialista. Não havia condições para isso. Ele adotou uma política de distribuição de renda absolutamente inconsequente. Buscou estimular a economia com uma expansão fiscal e monetária irresponsável que gerou uma altíssima inflação. Com o controle insensato de preços que instituiu, gerou câmbio negro e desabastecimento, que se agravava com as medidas restritivas contra o setor privado. Quanto mais a situação se deteriorava, mais irresponsáveis eram as respostas.

Eram realmente necessárias medidas radicais para estacionar esta roda viciada, a marcha inviável para o socialismo e o colapso total da economia chilena. O próprio Allende poderia ter conduzido a transformação. Augusto Pinochet, que se manteria no poder até 1990, foi um exagero indefensável.

APARTAMENTO NA QUADRA 303 SUL

Em 1973, além de começar a deixar de ser esquerdista, eu já me sentia importante e ganhava bem. E a família havia aumentado. Então achei que deveria ampliar o nosso lar. Já estava mesmo na hora de eu mudar de apartamento, morar numa quadra melhor. Naquele ano, pleiteei e obtive, com a ajuda de Camillo Calazans, um apartamento na SQS 303, recém-inaugurada, muito mais sofisticada e com apartamentos bem maiores, de 120 metros quadrados e três quartos. Mudamos para uma unidade muito cobiçada, de canto, no sexto andar.

As condições do Banco do Brasil para os funcionários comprarem seus apartamentos em Brasília eram verdadeiras dádivas. Além de o BB considerar o terreno pelo valor no registro original, sem levar em conta a inflação dos muitos anos decorridos, o imóvel era adquirido por preço muito abaixo do mercado. Sobre o empréstimo incidiam juros de 6% ano. E ainda éramos abençoados com três abatimentos da correção monetária: no primeiro ano, de 15%, no segundo, de 10% e no terceiro, de 5%, o que acarretava a diminuição do saldo devedor, em termos reais. Em 1977, quando decidi comprar uma casa no Lago Sul, vendi esse apartamento por novecentos mil cruzeiros. Devia apenas 160 mil, depois de ter pago menos de 20% do valor total. Era um senhor subsídio!

O subsídio generalizado à taxa de juros, particularmente nos bancos oficiais, era um mau hábito herdado do período anterior ao regime militar e que eu ajudaria a corrigir em meados da década de 1980.

PROTERRA E A FAZENDA DE PAPAI

Em 1970, um projeto de destaque que envolvia enormes subsídios foi o Proterra, o Programa de Redistribuição de Terras e de Estímulo à Agroindústria do Norte e Nordeste. Criado logo após a visita de Médici à Sudene que relatei anteriormente, o Proterra provia financiamento tanto para a compra de propriedades rurais quanto para investimento.

Meu pai foi um dos beneficiários do programa. No início dos anos 1970, ele ainda estava arruinado financeiramente. A alfaiataria deixara de funcionar havia mais de dez anos e o caldo de cana que tinha em Cruz do Espírito Santo não lhe rendia nem recursos nem satisfação. Já com cinquenta anos, ele sonhava em voltar para o campo e plantar cana. O Proterra era a chance de comprar um sítio e voltar às suas origens. A oferta do crédito, a juros subsidiados, era um grande atrativo.

Para auxiliá-lo na realização de seu sonho, fiz o que podia: o orientei a procurar a agência do BB em Sapé, onde encontrara a fazenda que queria, de 83 hectares. Apesar de vê-lo feliz, tive lá os meus receios. Na sua idade, sem ajuda de nenhum dos meus irmãos e com apenas a experiência da infância e da adolescência, quando ajudava o pai, trabalhador rural, não acreditava que conseguiria gerenciar eficientemente a propriedade. Neste caso, seriam seus filhos — eu, especialmente — que pagariam a conta. Além disso, e pior ainda, para um funcionário que já exercia altos postos na direção geral, ter um pai protagonista de uma operação de crédito rural malsucedida era uma vergonha que eu não gostaria de carregar.

Os receios eram tantos que conversei com o gerente da agência, pedindo-lhe que fosse rigoroso ao examinar a capacidade de pagamento de meu pai. "Você está preocupado por quê? Daqui a alguns anos, seu pai vai vender duas galinhas e pagar a dívida!" Fiquei surpreso. "Os juros são de 7% ao ano, sem correção monetária. A inflação está bem acima disso e vai subir. Esqueça."

Ele estava certo. Meu pai quitou o empréstimo antes do prazo de 12 anos, embora a fazenda fosse pouco produtiva, quando comparada a propriedades das regiões mais desenvolvidas. Foi mais um exemplo de como o subsídio viabiliza atividades pouco eficientes. Pelo menos usou bem o dinheiro do governo e conseguiu fugir de uma vida de privações. Morreria feliz e satisfeito, 35 anos depois.

"INTEGRAR PARA NÃO ENTREGAR"

O Proterra tinha um componente de colonização da Amazônia, sob a responsabilidade do Instituto Nacional de Colonização e Reforma Agrária (Incra), criado em 1970. Diversos programas de desenvolvimento regional, como os conduzidos pela Sudene, pelas Superintendências de Desenvolvimento da Amazônia (Sudam) e pela Zona Franca de Manaus (Suframa) promoviam investimentos em áreas distantes do eixo econômico do Centro Sul, como forma de reduzir as desigualdades regionais.

No caso da região Norte, o desenvolvimento tinha uma motivação estratégica, de "segurança nacional". Fantasioso ou não, havia o temor de que a Amazônia, se não fosse ocupada pelos brasileiros, poderia um dia ser internacionalizada. O fantasma da cobiça externa pelas riquezas da maior região brasileira era levado a sério. O lema era: "integrar para não entregar".

REFORMA AGRÁRIA PRÉ-MST

As diretrizes da Reforma Agrária, coordenada pelo Incra, eram determinadas pelo Estatuto da Terra, de 1964. O BB participava financiando a produção nos assentamentos rurais. Na visão dos opositores da esquerda, serviu apenas para amaciar as tensões no campo. Para lidar com tensões sociais, o elevado crescimento econômico, aliado à repressão, era mais eficaz.

COOPERATIVISMO

Para tentar encontrar boas soluções para desenvolver a agricultura brasileira em pequenas propriedades rurais, especialmente as nordestinas, em 1973 viajei pelo Rio Grande do Sul para conhecer melhor o trabalho e o êxito das cooperativas da região. Pretendíamos incentivar a adoção do modelo no Nordeste. Eu e uns dez gerentes do BB no Nordeste visitamos fazendas, instalações de beneficiamento de produtos agrícolas, cabanhas de inseminação artificial, centros de pesquisa e associações conservacionistas de solo, que agregavam agricultores para disseminar técnicas de plantio como as que adotavam curvas de nível.

Nos maravilhamos com o elevado nível da agricultura gaúcha, baseada em grande parte no modelo cooperativista, mas nos parecia difícil reproduzir o modelo cooperativista no Nordeste. Lá, eram raríssimos os casos bem-sucedidos. Lembro apenas de um, de produtores de algodão no Ceará, cujo êxito muito se devia à dedicação de um funcionário do Banco do Brasil, José Apolônio de Castro Filgueiras.

CRIAÇÃO DA EMBRAPA

Aos poucos, o governo se convencia da necessidade de encontrar outras ferramentas afora o crédito para desenvolver o campo. Até o início da década de 1970, a pesquisa agropecuária era incipiente e não raramente conduzida de forma precária por repartições públicas vinculadas ao Ministério da Agricultura. Em 1973, enfim o governo criou a Empresa Brasileira de Pesquisa Agropecuária (Embrapa), com o intuito de integrar ciência, pesquisa e tecnologia para transformar o país em uma potência agrícola.

Embora fosse uma empresa pública, não haveria administração direta do governo, o que possibilitaria que contratasse pessoal sem as limitações do setor público. Muitos temeram que essa flexibilidade administrativa da Embrapa transformasse a empresa em um cabide de empregos e em ralo por onde escoariam recursos públicos. Isso não aconteceu. Diferentemente de muitas empresas estatais, a Embrapa se tornou um dos mais bem-sucedidos casos de ação governamental na economia. A empresa recrutou, selecionou e contratou profissionais de elevada qualificação. Enviou grande parte deles para obtenção do doutorado e pós-doutorado nos principais centros de formação universitária do mundo. Assim, a Embrapa constituiu em poucos anos uma base invejável de pesquisadores, com os quais promoveu uma das maiores revoluções na economia brasileira. Implantou e desenvolveu unidades especializadas nos diversos segmentos da agropecuária, espalhadas de forma cuidadosamente estudada nas diferentes regiões do país.

A EMBRAPA E EU

Desde seus primórdios, a Embrapa foi comandada por profissionais capazes, idealistas e munidos de uma visão de futuro que viria a ser fundamental para construir o competitivo complexo agroindustrial brasileiro, que se tornou fonte de emprego, renda, tributos e receitas de exportação. O primeiro presidente da empresa foi José Irineu Cabral, pernambucano de Surubim. Nos conhecemos em reuniões sobre crédito rural, quando ele era assessor do ministro da Agricultura, primeiro de Luiz Fernando Cirne Lima, depois de seu sucessor, José Francisco de Moura Cavalcanti.

No início de 1974, Irineu organizou um seminário para discutir os rumos da Embrapa, incluindo suas estratégias e seu relacionamento com órgãos do governo, organizações privadas e instituições de pesquisa. Ele me incluiu no grupo que reuniu para analisar o papel do crédito rural nas atividades da empresa. O seminário durou dois intensos dias. O documento final incluiu sugestões minhas sobre o tema de minha especialidade. Me orgulho de ter contribuído.

REVOLUÇÃO VERDE

Um dos maiores êxitos da Embrapa foi alcançado no cerrado, que transpõe a fronteira do Centro-Oeste e invade as franjas das demais regiões. Até o começo dos anos 1970, o solo dali era pobre em nutrientes. O clima quente comprometia a produtividade de culturas adaptadas ao clima mais ameno, como em São Paulo, Paraná, Santa Catarina e Rio Grande do Sul.

As pesquisas da Embrapa atacaram todas essas deficiências. A empresa desenvolveu cultivares adaptáveis aos diversos climas e solos. O plantio direto, já usado com sucesso no Sul, foi disseminado pelos colonos, muitos deles gaúchos e paranaenses. O cerrado se tornaria a mais promissora região produtora de grãos do Brasil e, talvez, do mundo. Com produtividade comparada à dos EUA, o Mato Grosso auxiliaria o Brasil a se transformar no segundo maior produtor e maior exportador de soja, que suplantou definitivamente o café como estrela da balança comercial brasileira.

NEM SÓ DE CAFÉ SE FAZ A BALANÇA COMERCIAL

A soja foi o maior, mas não o único caso de sucesso da Embrapa. No rastro, outras culturas ganharam impulso, como o milho e o algodão.

As pesquisas da empresa e a abundância de grãos para rações também levaria a pecuária de corte e a avicultura a crescerem exponencialmente nas décadas seguintes, tornando o Brasil líder nas exportações mundiais de carne de gado e frango.

Mesmo com o desenvolvimento de outras culturas, no início da década de 1970, o café respondia por um terço das exportações do país, seguido do açúcar. Como carro-chefe, o café era controlado pelo governo em todas as suas etapas: do financiamento da safra, à estocagem, ao preço e à comercialização interna e externa. Ao deixar o país, o produto era taxado pesadamente, numa espécie de confisco cambial chamado Cota de Contribuição do Café. Parte dessa receita financiaria o próprio setor, pois os recursos ficavam acumulados no Fundo de Defesa da Economia Cafeeira, Funcafé. A arrecadação era tamanha que no início na década de 1970 o fundo participara do financiamento da construção da ponte Rio-Niterói, como li, na época, entre as decisões do Conselho Monetário Nacional, que definia as aplicações do Funcafé.

PROAGRO

O governo Médici também se empenhou em auxiliar o desenvolvimento da agropecuária em outras frentes, nem sempre bem-sucedidas, ao menos levando-se em conta os impactos na economia nacional. Foi o caso do Proagro, o Programa de Garantia da Atividade Agropecuária, um dos últimos "projetos de impacto" do período. Recebido como um seguro rural, o Proagro era apenas um seguro de crédito. Mediante o pagamento de uma módica contribuição, os agricultores se libertavam do pagamento total ou parcial de suas dívidas, caso perdessem a produção das lavouras e dos rebanhos devido a doenças, pragas e fenômenos naturais. O seguro rural, instrumento importante para reduzir as incertezas dos agricultores em relação ao clima, não emplacava no Brasil. Por isso, foi com surpresa que nós do Banco do Brasil soubemos, em 1973, da criação do Proagro.

Em 1974, já no governo Geisel, Alysson Paulinelli, o novo ministro da Agricultura, criou um grupo de trabalho para elaborar as normas para a implementação do programa. Fui indicado para representar o BB. Logo verificamos a inexistência de cálculos atuariais que justificassem a modicidade das contribuições. Ao longo dos estudos, concluímos que o Proagro inibiria o surgimento do verdadeiro seguro rural no Brasil. E continha o mesmo defeito do crédito subsidiado: beneficiava apenas os produtores rurais que tivessem acesso ao crédito.

O grupo de trabalho sugeriu ao ministro da Agricultura a revogação do decreto-lei que havia criado o programa. Embora racional, a proposta era politicamente ingênua. Seria impossível ao novo ministro propor a extinção de um programa de "impacto" do governo anterior, também militar. O Presidente Geisel não faria essa afronta a Médici. Na reunião com o ministro, que mais tarde faria parte de meu relacionamento profissional, ouvimos uma recusa terminante à nossa proposta. Era como se ele nos dissesse "não escolhi vocês para que me digam o que fazer, mas para elaborar as normas de implementação do Proagro". Entendemos o recado e as preparamos.

O Proagro geraria déficits substanciais. Como imaginávamos, inibiria o surgimento do seguro rural e foi fonte de casos escabrosos de corrupção. No maior deles, conhecido como o "escândalo da mandioca", milhões iriam para o ralo em operações da agência do BB em Floresta, no estado de Pernambuco, entre 1979 e 1981. Um grupo de espertos, mancomunados com o gerente e funcionários da agência, obteria empréstimos para supostamente plantar mandioca, para depois alegar que a seca havia destruído as plantações, provocando perda total. O Proagro se encarregava de quitar os empréstimos. O caso seria investigado pelo procurador Pedro Jorge de Melo e Silva, assassinado em Olinda em frente a uma de suas filhas.

GUERRA DO YOM KIPPUR ABALA O "MILAGRE ECONÔMICO"

A despreocupação com as eventuais consequências negativas da expansão econômica do Brasil, tão comum em 1973, começaria a diminuir no final daquele ano. Até então, a ausência de um debate aberto sobre esses riscos era reforçada pelo êxito na economia. Estava dando absolutamente tudo certo. Todos acreditavam que o Brasil, que crescia à taxa média anual de 11% entre 1968 e 1973, certamente passaria a figurar entre as maiores potências mundiais ainda naquela década. O cenário externo ajudava a soprar as velas do otimismo.

O amanhecer do "Brasil potência" era claro e belo até a Guerra do Yom Kippur, entre Israel e a aliança Egito-Síria, entre os dias 6 e 26 de outubro de 1973. Em represália à vitória dos israelenses, os produtores árabes de petróleo elevaram o preço do barril abruptamente. O mundo descobria, então, o poder da Organização dos Países Exportadores de Petróleo (Opep), criada em 1960, mas praticamente desconhecida até então.

Antes da globalização, não se imaginava que os efeitos de uma guerra localizada, que ocorria do outro lado do planeta, espirrassem estilhaços por todo lado. Mas chegou como uma bomba no mundo inteiro, especialmente nos países mais industrializados. A disparada dos preços do petróleo assombrou, pressionou a inflação e provocou recessão. Surgia um fenômeno pouco conhecido, a estagflação, mistura de *estagnação* econômica e inflação.

CHOQUE DO PETRÓLEO

Antes da crise do petróleo, ouvi o presidente da Petrobras, proferindo num discurso por volta de 1970, que se opunha à realização de esforços da empresa para prospectar petróleo. Os baixos preços do produto no mercado internacional não justificavam os investimentos necessários, mesmo o Brasil importando 80% do combustível que consumia. A expectativa era que nós e o mundo continuássemos para sempre a comprá-lo por valores insignificantes. Mas o choque do petróleo deu uma reviravolta extremamente impactante neste quadro.

Subitamente, o óleo combustível passou a ser chamado de "ouro negro". O preço do barril quadruplicou em pouco mais de um ano, saltando de US$ 3 para US$ 12 entre outubro de 1973 e dezembro de 1974. Uma gigantesca transferência de renda ocorreria em favor dos países da Opep e esta conta seria paga pelos importadores, entre eles o Brasil.

A POLÍTICA COMO LIMITE DA ECONOMIA

Existe uma frase de Delfim Netto segundo a qual a política determina o limite da economia. A forma como o governo brasileiro encarou o choque do petróleo pode ser ilustrativa. A legitimidade dos militares derivava do quanto podiam gerar de bem-estar para a população. Para eles, era importante controlar a inflação, gerar emprego e manter um ambiente de esperança, expectativas elevadas, autoestima nas alturas. Seria inimaginável, assim, que tanto um presidente que fazia seu sucessor quanto um líder em início de governo desse um tranco na economia, ainda que fosse necessário para ajustar o país ao novo cenário externo.

Não parecia haver clima para se adotar qualquer medida mais restritiva para enfrentar a crise externa. Discutia-se que o país não tinha como ajustar a economia à nova realidade dos preços da energia porque ainda era uma sociedade relativamente pobre, sem instrumentos de proteção social — o que era verdade. Não existia seguro-desemprego e um tranco como europeus e americanos davam em suas economias era incompatível com a realidade socioeconômica brasileira.

Por isso não houve nenhuma grande desvalorização cambial e muito menos qualquer ajuste das contas públicas ou alta dos juros para enfrentar a situação. Houve até uma valorização do cruzeiro em relação ao dólar logo após a disparada do petróleo, ainda no governo Médici, e cuja lógica me escapou. A medida parece ter cumprido uma função simbólica de mostrar à população que o Brasil era um país forte, que resistiria. A lógica predominante na época parecia ser a de manter o pé no acelerador, "aproveitar a crise como oportunidade", como se dizia no governo.

ELEIÇÃO E POSSE DE ERNESTO GEISEL

Foi começando a sentir os impactos que a Opep tanto desejava que em 15 de janeiro de 1974 o Colégio Eleitoral elegeu Ernesto Geisel para a Presidência da República. E já foi com a expectativa de tocar o início do fim do milagre que Geisel assumiu o cargo, em março. Como ministro da Fazenda, indicou Mário Henrique Simonsen, que não teria tanta sorte nem tanto poder quanto Delfim Netto, que naquele mesmo ano se tornou embaixador do Brasil na França. Somente retornaria ao governo em 1979, como ministro da Agricultura de João Batista Figueiredo.

POSSO CAIR A QUALQUER MOMENTO

Ainda no início de 1974, as reuniões de que eu participava começavam a ficar mais densas, com mais embates e discussões. Mas outra coisa me amedrontava mais do que as possíveis consequências do choque do petróleo. Trabalhando para a diretoria ou a presidência do BB, eu poderia perder meu cargo comissionado a qualquer momento. A cúpula da instituição seria substituída, inclusive Camillo Calazans. Eu sairia também.

Aliás, esse era um risco com que eu passara a conviver. Qualquer grande mudança de governo, uma reestruturação, uma troca de farpas mais flamejantes entre poderosos e todos os gabinetes poderiam, em tese, ser demitidos de um dia para o outro. Se isso acontecesse, eu voltaria a receber o salário de escriturário, sem comissão alguma, e teria que buscar outra seara em que plantar. Isso também me levou a ser mais prudente em relação às minhas contas. Em Brasília, a não ser com a compra do meu carro e de minha residência, nunca me endividei, nunca pedi um empréstimo para coisas menos importantes, nem para financiar as viagens de férias.

NOVA PRESIDÊNCIA E DIRETORIA DO BB

Meus receios se materializavam. Logo no início do ano correu a notícia de que Calazans, amigo do novo ministro da Indústria e do Comércio, Severo Gomes, a quem ele havia assessorado quando diretor do BB, seria o novo presidente do Instituto Brasileiro do Café.

Em março, com a mudança de governo, tomou posse do cargo o novo presidente do BB, Angelo Calmon de Sá, até então presidente do Banco Econômico. As normas do BB permitiam que o presidente trouxesse de fora apenas seu secretário particular. Como não conhecia muita gente no banco para formar sua equipe, pediu indicações justamente a Calazans, de quem era amigo. Buscava funcionários de confiança e com ótima qualificação técnica.

Camillo indicou quatro pessoas que trabalhavam com ele: Amílcar de Souza Martins, seu chefe de gabinete, passou a exercer a mesma função na presidência. Olyntho Tavares de Campos, com quem eu convivia desde 1970, se tornou o subchefe de Amílcar. Almany Maia de Farias e eu nos tornamos assessores da presidência. Em vez do rebaixamento que eu temia, ascendi na carreira. Minha comemoração foi comedida, como sempre. Fiquei feliz comigo mesmo, contei para Rosinha e talvez tenha dado mais sorvete aos três meninos no fim de semana.

CAPÍTULO XII Assessor da presidência e chefe da Divisão de Análise de Projetos (1974-1975)

ASSESSOR DA PRESIDÊNCIA DO BANCO DO BRASIL

Em março de 1974, neste novo cargo, me tornei mais visível em toda a direção geral e meus contatos com os altos escalões do governo federal foram intensificados, especialmente os do Ministério da Agricultura. Também passei a interagir com todas as áreas da economia e das regiões do país.

Foi ao longo dessa rápida caminhada como assessor da presidência do BB que assisti, de perto, aos primeiros abalos no "milagre econômico". Os números do PIB, quando vistos superficialmente, mostram que o Brasil continuou crescendo com taxas elevadas até o final dos anos 1970. Mas, a partir de 1974, elas foram muito menores. No quadriênio mais febril, de 1970 a 1973, o PIB crescera, respectivamente, 10,4%, 11,3%, 12,1% e 14,0%, um desempenho semelhante ao de China no início do novo século. Nos quatro anos seguintes, de 1974 a 1977, esses números seriam bem menores, de 9,0%, 5,2%, 9,8% e 4,6%. Claro que ainda são expressivos. Mas, comparativamente, a desaceleração era aguda. As tormentas estavam apenas começando. Ainda não sabíamos, mas era o sonho do "Brasil potência" ruindo.

O BRASIL TENTA SEGURAR O TRANCO

Inicialmente, a população brasileira não sentiu muito o choque do petróleo. Como eram controlados pelo governo, os preços dos combustíveis não foram reajustados em um primeiro momento. O impacto da crise aconteceu por várias outras vias. A inflação dobrou de 1973 para 1974, saindo do patamar relativamente confortável para a época, de 15,5%, para 34,5%, um número bem mais difícil de administrar dentro da política oficial de controle de preços e salários, que variavam segundo uma fórmula que considerava a inflação futura e os ganhos de produtividade. As justificativas técnicas nunca foram aceitas pelos sindicatos nem pela esquerda, que acusavam os militares do que chamavam "arrocho salarial".

Embora os valores dos combustíveis não tenham variado, muitos outros produtos que dependem do petróleo encareceram, caso dos fertilizantes, defensivos agrícolas e petroquímicos. Para minimizar o impacto sobre a agricultura, o Conselho Monetário Nacional aprovou um subsídio de 40% dos preços dos fertilizantes e defensivos. O dinheiro saiu do governo, mas não apareceu no Orçamento da União, diferentemente do que acontecia com grande parte dos gastos públicos. O subsídio ficou submerso no chamado Orçamento Monetário, que eu logo conheceria intrinsecamente.

ELEIÇÕES MUNICIPAIS

O esforço para não impactar sobremaneira a população não foi suficiente para garantir ao governo bons resultados no final do ano. Em 15 de novembro de 1974, foram realizadas eleições municipais, para a Câmara e para o Senado. Influenciada pelos primeiros reflexos da crise e pelas trincas iniciais na legitimidade do regime militar, a população preferiu candidatos da oposição. Das noventa cidades com mais de cem mil habitantes, 79 passaram a ser comandadas por prefeitos do MDB, que também recebeu 48% dos votos para Câmara e 56% para o Senado.

ACOMODANDO O CHOQUE DO PETRÓLEO COM DÍVIDA EXTERNA

Sem acomodar o fortíssimo choque externo, a desaceleração a partir de 1974 teria sido muito maior. Ao não repassar integralmente o custo do petróleo para os combustíveis, o governo permitiu que o consumo de gasolina continuasse alto. Além de desaguar em mais inflação, em virtude do impacto em outros produtos, o encarecimento da importação do petróleo fez com que o déficit externo do país na conta corrente do balanço de pagamentos passasse de US$ 1,5 bilhão em 1972 para US$ 7,1 bilhões em 1974. Em 1980 chegaria a US$ 12,8 bilhões. O financiamento desse déficit seria feito com empréstimos obtidos fora do país, elevando exponencialmente a dívida externa brasileira.

PETRODÓLARES

Paradoxalmente, apesar da desaceleração do ritmo de atividade pelo Brasil e outros países, o choque do petróleo não reduziu a oferta global de crédito. A razão para isso foi o desenvolvimento do mercado que viria a ser conhecido como o de "petrodólares". Sem opções de investimento, interno ou externo, para a montanha de dinheiro que passaram a receber, os países exportadores de petróleo, especialmente os do Oriente Médio, passaram a aplicar os recursos em depósitos a prazo nos bancos europeus e americanos. Esses bancos, por sua vez, precisavam repassar os petrodólares para tomadores de crédito em outras partes do mundo. O Brasil, que vinha embalado e contava com muitos projetos industriais e de infraestrutura, era um destinatário óbvio desses recursos.

Criava-se, assim, uma situação curiosa: o Brasil e outros países importadores enviavam dólares para pagar pelo petróleo e depois recebiam de volta este mesmo dinheiro, via crédito de bancos americanos, europeus e japoneses, para financiar o déficit causado pela respectiva importação.

DÓLARES POR TELEX

As tratativas relativas a operações de empréstimo de bancos estrangeiros a países em desenvolvimento eram realizadas por telex, comum até os anos 1980. Parecia uma máquina de escrever elétrica, mas bem maior, que funcionava de maneira semelhante ao telégrafo: os textos datilografados nela eram transmitidos a qualquer outro telex.

Quando o Brasil queria financiar um projeto como a Usina de Tucuruí, negociava o financiamento com um banco ou um grupo de bancos no exterior, que assumiam o papel de líderes da operação. As negociações envolviam a apresentação de projetos complexos, contratos extensos, um monte de advogados de cada lado, reuniões que podiam varar madrugadas. Depois de aprovado pelos bancos líderes, o crédito era "sindicalizado": estes bancos buscavam outras instituições financeiras com quem dividir o risco, vendendo-lhes parte da operação. Para isso, os líderes mandavam, por telex, centenas de mensagens ao redor do mundo. "Quer financiar a Usina de Tucuruí, no Brasil, que vai precisar de tantos milhões de dólares de empréstimo?"

Parece simples, e era mesmo. Para países em desenvolvimento, era mais fácil do que se submeter à demorada burocracia de organismos multilaterais como o Banco Mundial.

DIVISÃO DE ANÁLISE DE PROJETOS

Dessa maneira, os grandes projetos brasileiros continuaram em plena execução. Na época, o BB começava a administrar linhas de crédito para financiar enormes empreendimentos, especialmente aqueles voltados ao desenvolvimento urbano e à implementação do Proálcool, como o BNDE já fazia. Operações dessa envergadura eram examinadas quase nos mesmos moldes de um crédito para desconto de duplicatas ou custeio agrícola. Doutor Angelo achava insuficiente.

No finzinho de 1974, quando eu já ostentava o diploma de economia e ele estava à vontade na presidência do BB, doutor Angelo se incomodou por não existir na instituição uma área específica para análise destes projetos, dotada de economistas e outros especialistas. Assim, no início de 1975 criou a Divisão de Análise de Projetos (Dipro), para a qual fui escolhido o primeiro chefe.

No dia em que recebi a notícia, me dei conta de que em apenas um ano tinha avançado dois degraus na carreira de funcionário comissionado. Até lembrei da música "Ô Abre Alas", com que Ivan Lins ascendeu às paradas de sucesso em 1974, mas, novamente, não comemorei. Nem imaginava que nos dois anos seguintes seriam dados mais dois largos passos.

VIAGENS AO EXTERIOR

Como chefe da Dipro, viajei pela primeira vez ao exterior. Já havia cruzado a fronteira com a Argentina, durante a viagem para estudar o cooperativismo de crédito no Rio Grande do Sul, mas a cidade de Posadas era em tudo muito parecida com o Brasil, salvo a língua espanhola. Em 1975, cruzei o Equador e cheguei à Cidade do México, onde aproveitei para conhecer as monumentais ruínas de Teotihuacán e suas belas pirâmides. Mas o objetivo da viagem era outro: participar da Conferência sobre o Financiamento do Desenvolvimento, aberta pelo próprio presidente mexicano, Luis Echeverría, que subiu ao palco vestindo sua guayabera, a camisa típica do México e de países da América Central, que para eles equivale ao paletó e gravata.

Assisti de perto à palestra de Raúl Prebisch, o lendário argentino que inspirou as políticas de substituição de importações na América Latina. Ele havia sido conselheiro econômico da ONU, depois de ser secretário executivo da Comissão Econômica para a América Latina e o Caribe (Cepal), vinculada à instituição, e secretário-geral da Unctad, a Conferência das Nações Unidas sobre Comércio e Desenvolvimento. Da capital, fui a Acapulco, representar o BB na Conferência Anual de Banqueiros do México.

A PRIMEIRA VEZ NOS ESTADOS UNIDOS

Depois de todos os compromissos, decidi conhecer por minha conta os Estados Unidos, tão próximo dali. Voei a Nova York, onde visitaria meu amigo Sousinha, munido apenas do meu inglês do curso secundário paraibano. Ele me esperaria no aeroporto, o que me tranquilizava. Mas amassei a aba do chapéu mexicano que carregava na mão quando me dei conta de que, antes de encontrar Sousinha, seria necessário passar pela imigração. Ante as perguntas em inglês, permaneci calado, meio com cara de pateta, até que o funcionário repetiu as questões clássicas sobre quanto tempo eu despenderia no país, o que faria etc. Dessa vez, falou em espanhol. Foi um alívio.

Apesar de ser março, nevava em Nova York. Era a primeira vez que eu observava flocos brancos caírem dos céus. Como uma criança, atirei bolas de gelo nas paredes, com vontade de chafurdar naquele branco todo. No cume do Empire Estate, me lembrei do King Kong no filme a que assistira em João Pessoa na adolescência. E me animei a conhecer a Disneyworld, inaugurada em 1971. Meu receio era com a língua, mas Sousinha me tranquilizou, garantindo que todos na região de Orlando falavam espanhol.

Em Miami, depois de ouvir anúncios em espanhol no aeroporto, fiquei seguro de que tudo correria bem. Bati um bom papo com o taxista equatoriano que me conduzia até o hotel Holliday Inn. Estava tão animado praticando meu portunhol, que esqueci no carro meu casaco, onde guardara o passaporte e o dinheiro. Só me dei conta de que não os tinha em mãos quando me registrava no hotel.

"Do you speak Spanish?", arranhei com meu pobre inglês, confiando numa resposta positiva. "No, sir." Fiquei realmente preocupado. Quando falei algo em portunhol que ele não entendeu, me desesperei. Mas os esforços de ambos, eu com gestos, ele com paciência, deram resultados. Quando disse "passaporte", semelhante ao inglês "passport", percebeu que eu perdera o documento. Deu a entender que se esforçaria em me ajudar e me autorizou, gestualmente, a ocupar o apartamento.

Na hora seguinte, em dúvida se tentaria achar o Sousinha em Nova York ou descobrir o cônsul brasileiro em Miami, o telefone tocou. O taxista encontrara no banco traseiro a capa. Pedi-lhe que a trouxesse para o hotel. Junto ao valor da corrida, lhe entreguei cinquenta dólares de gorjeta. Era uma pequena fortuna para mim, que poderia fazer falta nos próximos dias na Flórida, mas me pareceu pouco para recompensar a honestidade do sujeito.

Na Disney, realmente não foram muitas as dificuldades com o idioma. Ouvia-se muito espanhol e, aqui e ali, não raro, o português, duas das línguas que mais se passou a escutar por lá. Também foi fácil comprar os presentes para a família, os skates para meus filhos, uma incrível novidade no Brasil.

WATERGATE E GERALD FORD

Quando visitei os Estados Unidos, no início de 1975, o presidente americano já era Gerald Ford, que em meados do ano anterior substituíra Richard Nixon. Em plena crise mundial provocada pelo aumento dos preços do petróleo, no dia 9 agosto de 1974, o mundo testemunhara atônito a renúncia do presidente americano, republicano que teve a gestão marcada pelo início da retirada das tropas americanas do Vietnã, o fim do padrão-ouro associado ao dólar e a abertura da política externa com a China.

A renúncia foi o desfecho do escândalo Watergate, assim chamado devido ao local da sede do Partido Democrata, o Complexo Watergate. O escândalo foi detonado em 1972, quando cinco pessoas foram presas por tentar furtar documentos e instalar equipamentos de escuta no escritório dos democratas. O jornal *The Washington Post* deu a notícia em primeira mão e dois de seus repórteres, Bob Woodward e Carl Bernstein, continuaram publicando revelações sobre o caso, com base em informações transmitidas por um personagem que se tornou conhecido como Garganta Profunda. Em 2005, se descobriria quem era o misterioso personagem: William Mar Felt, um agente do FBI que se aposentara em 1973 como diretor assistente da organização.

Em abril de 1975, o país assinou com o Vietnã do Norte os Acordos de Paz de Paris, na capital da antiga colonizadora do país asiático, assumindo a pior derrota militar na sua história, depois de 15 anos de conflitos, dez com a participação ativa de combatentes americanos.

O MUNDO EM CONFLITO

Com o desgaste do poder americano na Ásia, diversos conflitos despontaram no continente e seus arredores em 1975: no dia 13 de abril, ocorreu o atentado em Beirute que daria início à guerra civil no Líbano, que se arrastaria até 1990. No dia 17, o Khmer Vermelho invadiu Phnom Penh, marcando o fim do conflito civil e o início do regime de Pol Pot, que pretendia transformar o Camboja numa república comunista e evacuou as cidades para formar imensos campos de arroz no interior do país. Em 28 de novembro, o Timor se declarou livre do governo da Indonésia, que invadiu o país em 7 de dezembro, dando início aos combates para a independência do Timor Leste. Nesse mesmo ano também foi iniciada a guerra civil de Angola, que terminaria apenas em 2002. Além disso, em 9 de setembro de 1976, morria Mao Tsé-Tung, que liderava a República Popular da China desde 1949, quando ela foi criada.

PORTUGAL E ESPANHA

Os governos se agitavam também na península ibérica. Em 20 de novembro de 1975, o ditador espanhol Francisco Franco morreu e, já no dia 22, a monarquia foi reintroduzida no país. O Rei Juan Carlos foi coroado, como havia sido planejado pelo general.

Já em Portugal, a transição não foi tão bem acordada, embora também tenha transcorrido sem muita violência. A Revolução dos Cravos, em abril do ano anterior, restabelecera a democracia no país, derrubando o governo de Marcello Caetano, que assumira o poder com a morte de Salazar, em 1968. Quando renunciou, Caetano exigiu que o poder fosse assumido por Antônio de Spínola, o vice-chefe do Estado Maior das Forças Armadas portuguesas que ele reformara no início de 1974 e fora um dos líderes do golpe. A exigência foi atendida. O objetivo, defendia, era que não houvesse lutas pelo posto, evitando derramamento de sangue. Foi bem-sucedido: houve apenas quatro mortes durante o golpe.

Cada acontecimento tinha muita repercussão no Brasil. Era notícia praticamente todos os dias. Li com muito interesse o livro que Spínola lançou em 1973 e foi best-seller por aqui, *Portugal e o futuro*, exatamente a obra que levara Marcello Caetano a destituí-lo. Inicialmente, a maioria dos brasileiros apoiava o general Spínola, mas seu governo passou a sofrer resistência quando os militares comunistas aumentaram sua influência. Portugal passou por um processo de grande estatização, incluindo bancos, indústrias, e isso nos assustou.

GEISEL E A ABERTURA "LENTA, SEGURA E GRADUAL"

Achamos que aconteceria no Brasil algo semelhante. Se, em Portugal, uma ditadura antiga, de 48 anos, muito sólida nas defesas contra qualquer movimento revolucionário, o governo caiu como um castelo de cartas, rapidamente, sem grandes estragos, sem violência, aqui isso estaria ainda mais próximo de acontecer.

Quando assumiu, Geisel garantiu que, no Brasil, a transição para a democracia também seria pacífica. Prometeu que realizaria uma "abertura lenta, segura e gradual" para preparar o país para o retorno a um governo civil em 1991, após mais dois governos militares. Geisel garantia que, gradativamente, seriam restituídos os direitos civis e políticos e a liberdade de imprensa. Alheia a qualquer tipo de informação sobre a repressão, a sociedade em geral, eu incluído, acreditava que desde 1972, mais ou menos, isso já vinha acontecendo. E que a abertura total estava prestes a ser deflagrada.

AINDA A LINHA-DURA

O ambicioso projeto de Geisel gerou resistência da ala mais radical das forças armadas, para a qual a ameaça comunista, pretexto do golpe de 1964, ainda não estava afastada. Nem todos concordavam que era o momento de a população retomar seus direitos políticos e civis. Muitos militares linha-dura se opunham ao fim da repressão. E não foram sutis ao bater o pé. Em 25 de outubro de 1975, Vladimir Herzog, diretor de jornalismo da TV Cultura de São Paulo, detido oito dias antes, morreu por enforcamento na sede do DOI-CODI em São Paulo. A versão oficial foi de suicídio, exatamente como aconteceria, em janeiro de 1976, com o operário Manuel Fiel Filho. A morte do jornalista — e sua repercussão — provocou uma crise no governo. Imediatamente, Geisel exonerou o general Ednardo Dávila Melo do comando do II Exército. Era o começo do fim da tortura no DOI-CODI.

FARPAS GOVERNAMENTAIS AFETAM MINHA CARREIRA

Conflitos no governo também ocorriam na equipe econômica. As disputas entre os ministérios gastadores, como a Agricultura, e os controladores, como a Fazenda e o Planejamento, eram muito comuns. Um brigava para que fosse liberado o máximo de verbas, enquanto os outros cuidavam para que não estourassem as metas do Orçamento Monetário.

Os embates eram mantidos em relativo sigilo, especialmente longe da imprensa, mas viraram manchete em dezembro de 1975. Jefferson Augusto Lemos, coordenador de Assuntos Econômicos do Ministério da Fazenda, convidou alguns jornalistas para um drinque em sua casa, onde desferiu firulas e fagulhas sobre o ministro da Agricultura Alysson Paulinelli. Embora tenha falado tudo em off, o jornalista José Milano Lopes publicou. Saiu no recém-lançado *Jornal de Brasília*, que não era muito popular, mas chegou rapidamente às mãos tão bem informadas de Geisel, que exigiu de Simonsen a cabeça de seu subordinado — pedido atendido prontamente.

Para substituir Lemos, Simonsen escolheu Marcos Amorim Netto, consultor técnico do BB, com quem eu havia trabalhado no Rio de Janeiro e agora era meu chefe. Como a Divisão de Análise de Projetos havia sido criada na estrutura da Cotec, eu passara a integrar a equipe dele.

CONVIDADO A SER CONSULTOR TÉCNICO

A reportagem com as palavras de Lemos me estarreceu precisamente na manhã de dezembro de 1975 em que eu me preparava para tirar férias com minha família em Fortaleza. Desta vez, iríamos de avião! Eu ainda estava em casa naquela tarde, quando recebi um telefonema de Silveirinha, secretário particular do presidente do BB que falava sempre no diminutivo. "Mailson, o chefinho quer falar com você. Venha rapidinho." "Que chefinho?" "O presidentinho, ora!" Imaginei mil coisas. Tinha feito algo errado? Receberia uma bronca? Seria destituído?

Imerso nesses pensamentos, telefonei para Olyntho, que então era chefe de gabinete de Angelo Calmon de Sá. Ocupava, portanto, um dos três mais altos cargos da hierarquia técnica da instituição, equiparado a consultor técnico e consultor jurídico. Imaginei que ele me daria uma pista, mas foi evasivo. Apenas recomendou: "Venha de paletó e uma bela gravata, que o assunto é sério." A maneira com que falou me apavorou. Já éramos bastante amigos naquela época e eu não me lembrava de outra ocasião em que ele não tivesse me preparado para o que estivesse por vir. Meus temores se agigantaram.

Obedeci às suas recomendações e parti, tão rápido quanto pude, para encontrar o presidente do banco. Nem precisei conjeturar muito mais. Angelo foi direto ao assunto, seco, como era bem do seu feitio: "Estou te nomeando o novo consultor técnico do banco." Fiquei estarrecido.

Mas não demorei a responder, agradecendo a confiança depositada em mim, dizendo que faria o possível para que tudo desse certo. Balbuciei algo do gênero e saí.

"JOVEM DEMAIS PARA A FUNÇÃO"

Somente 35 anos mais tarde, numa conversa para a redação deste livro, Olyntho contou como se deu a escolha de meu nome. Angelo Calmon de Sá pediu a ele sugestões. Embora, como ele disse, me considerasse apto para o cargo, escolheu outros nomes. Achava que eu era muito novo no banco, com apenas 12 anos de instituição, para chegar a um cargo de cúpula. Com uma ascendência rápida como esta, o funcionário pode se tornar, como falou, "um piano num apartamento": depois de deixar o posto, é difícil encontrar uma recolocação no BB, o que desmotiva o funcionário em sua carreira "de trinta anos". Ele acaba buscando oportunidades de se realizar profissionalmente, em outro lugar.

Angelo não aprovou os nomes que Olyntho sugeriu e questionou: "O que você acha do Maílson?" "Ele é muito novo", ressaltou. "Você acha que pessoas jovens não podem ocupar cargos de relevo? Então o que é que estou fazendo aqui?", retrucou Angelo, então com 38 anos de idade. "Bom, se o senhor sugere que seja ele e não vê inconvenientes na sua idade, acho que não há pessoa mais indicada para ser consultor técnico."

SEM COMEMORAÇÕES

Era, realmente, uma façanha! Aos 33 anos de idade, com apenas 12 anos de Banco do Brasil, eu chegava ao cargo máximo de sua hierarquia técnica. A partir daí, só poderia ser diretor ou presidente, cargos que dependiam de indicações políticas. Neste posto, passei a receber a maior comissão do banco, chamada de Adicional-Padrão 1, ou AP-1. Equivalia a dobrar o salário-base.

Não comemorei, como sempre. Cada degrau que eu ascendia na minha carreira era visto por mim e por Rosinha como um sacrifício a mais para a família. Desta vez, as férias e a praia com as crianças precisaram ser encurtadas para uma passagem rápida por Fortaleza. Além disso, o convívio com o marido, já tão ausente, seria ainda mais raro. Mais uma vez, somente se resignou. Nem quando lhe contei que ela teria nossa Belina só para seu uso se contentou. Como consultor técnico, eu teria direito a um dos carros mais sofisticados no Brasil na época, um Opala Luxo. Preto.

CAPÍTULO XIII Consultor técnico do
Banco do Brasil
(1975-1977)

RUMO A NOVAS ALTURAS

O cargo de consultor técnico, que assumi ainda em dezembro de 1975, constituiu um forte impulso à minha carreira, à aquisição de novos conhecimentos e à formação de uma rede de novos contatos no governo que eu jamais sonhara ter. A Cotec estava presente nas principais reuniões do BB com o BC. Os encontros com o Ministério da Agricultura se estreitaram e passei a frequentar mais amiúde o Ministério da Fazenda, onde se batia o martelo sobre os números finais do Orçamento Monetário, no qual se contabilizava grande parte dos gastos do governo, disfarçados de crédito subsidiado.

A Consultoria Técnica (Cotec), como órgão de assessoria direta ao presidente do BB, cuidava da elaboração anual da parte que cabia ao BB no Orçamento Monetário e examinava a pauta das reuniões de todos os conselhos de que ele participava. O BB tinha assento no Conselho Monetário Nacional, no Conselho de Desenvolvimento Industrial, no Conselho de Desenvolvimento de Siderurgia e Não Ferrosos e no Conselho de Comércio Exterior.

Como chefe da Cotec, eu coordenava três divisões: a que realizava análises econômicas, a que examinava estratégias do banco, linhas de crédito e novos empreendimentos e a que cuidava da comunicação social, incluindo relatórios gerais do BB, assessoria de imprensa, marketing e propaganda. Seriam quatro, se a Dipro não houvesse se transformado em uma gerência subordinada à Diretoria Financeira. Penetrei, por aí, outra rede de relacionamentos, que agora não ficava restrita aos ministérios da Agricultura e da Fazenda e incluía até agências de publicidade. Assim, passei a ser crescentemente uma pessoa conhecida em diversos meios.

COTEC NO DESENVOLVIMENTO TECNOLÓGICO

Logo que assumi o cargo, a diretoria do BB, por sugestão de Angelo Calmon de Sá, passou a destinar 2% dos lucros do banco para constituir o Fundo de Incentivo à Pesquisa Técnico-Científica (Fipec), que passaria a ser administrado pela Cotec. Virei o secretário executivo do Fipec, condição que proporcionou também que eu frequentasse órgãos como o Conselho de Desenvolvimento Científico e Tecnológico (CNPq), o Centro Técnico da Aeronáutica (CTA), além de universidades e centros de pesquisas espalhados pelo país. Como financiamos um projeto no CTA, o Brigadeiro Ozires Silva, presidente da Embraer, nos convidou para visitar o centro e a empresa. Nos maravilharam a complexidade e os avanços que vimos, incluindo a fabricação da nova versão do então bem-sucedido turboélice de passageiros que a empresa vendia em todo o mundo, o Bandeirante.

NO CONSELHO MONETÁRIO NACIONAL

Certamente o lugar mais poderoso que passei a frequentar foi a sala onde se reunia o Conselho Monetário Nacional, no sexto andar do prédio do Ministério da Fazenda, em Brasília. Com poder de regulamentar a cobrança de dois tributos, alterar alíquotas do Imposto de Renda nas operações do mercado financeiro, autorizar o uso dos recursos das "reservas monetárias" e decidir sobre gastos públicos (ainda que os chamássemos de "crédito à produção"), o CMN conferia ao ministro da Fazenda, seu presidente, poderes de matar de inveja um rei medieval. Por isso, as reuniões do CMN em Brasília eram eventos com ampla cobertura da mídia. Fotógrafos, câmeras e repórteres se acotovelavam para capturar as melhores cenas e diálogos, antes de se iniciar a reunião, de que eram excluídos.

Criado no governo Castello Branco, em 1964, no contexto da reforma bancária, era a instância máxima para decisões sobre a política monetária, de crédito e câmbio, além da regulação do sistema financeiro. Em 1971, a Lei Complementar número 12 concedera atribuições ao CMN que o transformaram, na prática, em um Parlamento, com poder de autorizar gastos públicos e financiá-los com expansão da dívida pública.

O CMN acabou ganhando dimensões muito maiores, pois decidia como aplicar os recursos da arrecadação de dois tributos, o Imposto sobre Operações Financeiras (IOF) e o Imposto de Exportação, que constituíam o que se chamava de "reservas monetárias", embora tenham sido mais gastas do que guardadas.

O Brasil era, provavelmente, o único país no mundo em que tributos eram arrecadados e gastos eram definidos à margem do processo legislativo, sem passar pelo Congresso e pelo orçamento público. Nas reuniões do Conselho, autoridades do governo e membros oriundos do setor privado — empresários e banqueiros — tomavam decisões da maior importância para a economia nacional, incluindo aquelas que resultavam em elevação do endividamento do Tesouro Nacional.

MEMBROS DO CMN

Os poderes superdimensionados do CMN atraíam o interesse em ser um de seus membros. Era sinal de prestígio e fonte de exposição à mídia. Em 1964, quando o Conselho fora criado, eram nove os seus integrantes com direito a voto e este número aproximado se manteve até o final do governo Geisel.

A quantidade de participantes seria ampliada no governo Figueiredo e mais ainda no governo Sarney, quando chegariam a quase trinta, incluindo-se os diretores do Banco Central, sem direito a voto. Eram seis ministros, seis presidentes de bancos estatais, banqueiros e representantes da indústria, da agricultura, do comércio e dos trabalhadores. Houve até uma proposta de dar assento a cinco deputados federais, que representariam cada uma das regiões do país. Seria uma aberração institucional, mas justificada pelas circunstâncias. Afinal, o CMN tinha mais dinheiro para distribuir do que o Congresso.

No governo Fernando Henrique Cardoso, quando amadureceriam as reformas que podariam os poderes do CMN, passar-se-ia para o extremo oposto, com apenas três membros, todos do governo: os ministros da Fazenda e do Planejamento e o presidente do Banco Central.

QUEM MANDAVA NO CMN

Nada entrava em pauta do CMN sem autorização do Ministério da Fazenda, como eu perceberia anos depois, quando passei a coordenar a seleção dos assuntos que seriam apreciados nas reuniões. Além disso, todos os votos, como são chamados os documentos submetidos à sua deliberação, chegavam ao Conselho praticamente decididos. Quem detinha, na prática, o poder de aprovar ou não qualquer medida era o ministro da pasta. Diz a lenda que Octávio Gouveia de Bulhões, ocupante do cargo entre 1964 e 1967, costumava deixar a sala quando se discutiam assuntos mais polêmicos. Quando o debate amainava, ele retornava com anotações e, sem perguntar o que havia sido discutido, sentenciava: "os senhores decidiram o seguinte...".

Felizmente para o país, o campo de decisão do CMN seria muito limitado quase uma década mais tarde. Todas as matérias relacionadas a tributos e a gastos se tornariam exclusivas do Congresso. Me orgulho de ter tido um papel decisivo nesta transformação.

O DESENROLAR DO II PND

Como Consultor Técnico do BB, me envolvi muito mais com a execução do segundo Plano Nacional de Desenvolvimento do que com o primeiro. Como seu antecessor, o II PND, a ser executado até 1980, também envolvia grandes projetos de infraestrutura e dava o impulso aos investimentos para revigorar a capacidade produtiva do país e dotar o Brasil de uma consistente indústria de base, com massivos investimentos em bens de capital, insumos básicos e energia.

A maior diferença entre os dois é que o segundo foi elaborado com a crise do petróleo já plenamente instalada no mundo e irradiando seus impactos no Brasil. Outra diferença, muito relevante, era relativa aos investimentos em extração de petróleo, que nunca haviam sido prioritários, mas ganharam impulso. Foi idealizado também com uma grande novidade, que mudaria bastante nossa matriz energética: o Proálcool. O II PND previa a produção de três bilhões de litros em 1980, cinco vezes mais do que em 1975. Nesse ano, como era chefe da Divisão de Análise de Projetos do Banco do Brasil, avaliara projetos de destilarias de álcool, autônomas ou anexas às usinas de açúcar, mas me envolvi mais ainda com estes projetos como consultor técnico.

O "FANTASMA" DA DÍVIDA EXTERNA

O II PND assim como a continuidade dos empreendimentos lançados no I PND dependiam em grande parte do financiamento externo, o que não constituiria um problema até 1979. Os petrodólares ainda eram fartamente oferecidos no mundo inteiro e o Brasil, com grandes projetos de infraestrutura, bem elaborados e apresentados, não encontrava dificuldade alguma para conquistar financiadores.

Embora se diga, jocosamente, que a dívida externa exista desde Pedro Álvares Cabral, é impressionante o salto que ela deu na segunda metade dos anos 1970. O endividamento do país, que já passara de US$ 6,6 bilhões em 1971 para US$ 17,1 bilhões em 1974, seguiria crescendo aos saltos. Em 1979, chegaria a US$ 49,9 bilhões e, em 1982, atingiria US$ 70 bilhões, mais de dez vezes a existente antes do choque do petróleo de 1973.

O custo da dívida era elevado. A Libor, taxa interbancária da City londrina, que balizava os juros da dívida, já passara de 5,8% em 1971 para 10,1% em 1973 e chegaria a 18% em 1983. Como os juros da dívida brasileira eram flutuantes, estas altas foram sendo incorporadas a uma conta cada vez mais extenuante de juros a pagar, o chamado serviço da dívida, que exigia novos empréstimos e se transformaria, até meados dos anos 1990, num tenebroso fantasma da economia brasileira.

BB INTERNATIONAL

Um dos canais para a captação de recursos no exterior era o Banco do Brasil, que em 1975 chegava à posição de oitavo maior banco do mundo em volume de empréstimos. Já mantinha mais de 40 agências no exterior, incluindo Tóquio, Londres e Paris. O BB estava presente em outros países da América do Sul desde 1940 e desde 1969 no Hemisfério Norte, quando a inauguração da agência em Nova York foi transmitida ao vivo, via satélite, com a presença de autoridades, como o próprio ministro Delfim Netto.

Com a liquidez decorrente do eurodólar e dos petrodólares, o banco manteria seu destaque internacional até a década de 1980. A crise da dívida externa, que seria deflagrada em 1982, e a decorrente recessão interna, que reduziria a capacidade de crescer do BB, mudariam esse ambiente que lhe era tão favorável.

LEI FALCÃO E OPERAÇÃO CONDOR

Em 1976, apesar de Geisel afirmar que já estava em curso a recondução do país à democracia e que a censura à imprensa estava se abrandando, o responsável supremo pela Divisão de Segurança e Informações agia de modo contrário. Armando Falcão, ministro da Justiça, não parecia corroborar as intenções anunciadas do presidente. Proibiu até que a Globo transmitisse um espetáculo da companhia de balé do Teatro Bolshoi. Foi outra de suas iniciativas que ficou marcada na história, carregando seu nome: a Lei Falcão. Promulgada em 14 de junho de 1976, proibia à imprensa publicar notícias de teor político em ano eleitoral, medida que começaria a ser revertida apenas em 1985.

A Lei Falcão era um sinal inequívoco do receio dos militares de que o poder lhes escorria por entre os dedos. Se alguns linhas-dura estivessem determinados a lutar contra isso, seriam necessárias medidas desesperadas. Exatamente por isso, mortes de importantes opositores justamente naquele ano suscitaram suspeitas. Em 21 de maio faleceu Carlos Lacerda; em 22 de agosto, Juscelino Kubitschek; e, em 6 de dezembro, João Goulart. Há quem defenda, com bons argumentos, mas sem qualquer prova, que eles teriam sido eliminados em ações da Operação Condor, uma aliança político-militar entre os regimes do Brasil, Argentina, Chile, Paraguai e Uruguai, para coordenar a repressão aos opositores dos governos.

ANGELO CALMON DE SÁ, MINISTRO DA INDÚSTRIA E COMÉRCIO

Eu achava que tudo isso não passava de fantasiosa teoria conspiratória. E continuava a trabalhar duro, como sempre, realizando viagens e participando de inúmeras reuniões. Uma delas, que nem me parecia ser das mais importantes, se revelaria determinante para os rumos da minha vida. Mais especificamente, a sua interrupção.

Em fevereiro de 1977, o encontro de gerentes de agências do Banco do Brasil no exterior, que se realizava em Brasília, foi suspenso momentaneamente para que o presidente Angelo, que discursava, se ausentasse da sala. Deveria atender a um telefonema urgente do presidente da República. O ministro da Indústria e Comércio, Severo Gomes, tivera um atrito com o ministro da Fazenda, Mário Henrique Simonsen, e pedira demissão. A versão oficial, ao menos, foi essa, embora a "rádio Candango" informasse que havia sido uma dispensa brusca, decidida por Geisel.

Quando retornou à sala de reuniões, Calmon de Sá foi direto e conciso: "Gostaria de lhes comunicar que acabo de ser convidado pelo presidente para assumir o cargo de ministro da Indústria e Comércio e aceitei." Imediatamente, foi formada a fila de cumprimentos. Quando o parabenizei, foi lacônico: "Você vai comigo."

MAS QUE NADA!

Quando Karlos Rischbieter deixou a presidência da Caixa Econômica para assumir a do Banco do Brasil, cargo vago com a transferência de Angelo Calmon de Sá para o MIC, coloquei, como de praxe, meu cargo à disposição. Ele queria me manter na posição. E eu também. Adorava chefiar a Consultoria Técnica e não queria, de maneira alguma, trabalhar no governo. Nós considerávamos, é verdade que com algum exagero, o Banco do Brasil como centro de excelência no país. Contava com funcionários bem preparados, com uma ótima estrutura técnica, equipamentos de ponta. Na minha visão da época, o BB era muito melhor, mais importante, mais eficiente que qualquer ministério, onde existia, como sempre, escassez de recursos humanos e financeiros. Trabalhar no governo federal me parecia um rebaixamento.

Fiz ouvidos moucos. Fingi nem ter ouvido o convite do novo ministro.

KARLOS RISCHBIETER

O novo presidente do BB era bem diferente do seu predecessor e tinha outro estilo de trabalho. Enquanto o doutor Angelo era impositivo, exigente, implacável, num estilo Wall Street de quem estudara e trabalhara em instituições financeiras nos Estados Unidos, Rischbieter, também engenheiro, era a tranquilidade em pessoa. Não encaixava no estereótipo de alemão, que era. Filho de germânicos, aprendera a língua dos pais antes do português. Falava baixo e pausadamente, sempre. Jamais o vi levantar a voz por qualquer razão, nem mesmo quando se irritava. Afável no trato com as pessoas, ouvia muito. Exibia preocupações sociais e humanísticas numa época em que ninguém pensava em direitos humanos. Com ele, continuei a trabalhar como antes, coordenando os mais importantes trabalhos e documentos que ele deveria assinar e o acompanhando nas reuniões, no Brasil e no exterior.

INTIMADO A COMPARECER

Nem todos esqueceram que eu havia sido convidado a trabalhar no Ministério da Indústria e Comércio. Angelo Calmon de Sá foi um deles, ao contrário do que eu desejava. No final de março de 1977, um mês após assumir o cargo, Rischbieter recebeu um *aviso*, como se chama um ofício de ministro, em que Calmon de Sá me requisitava para trabalhar no MIC, diretamente com ele. Pedi para que doutor Karlos deixasse que a requisição descansasse em alguma gaveta chaveada.

Em poucos dias, Angelo me convidou a visitá-lo. Como sempre, foi claro e breve: "Soube que você não quer vir. Eu também não queria. Preferiria continuar no Banco. Mas vim, porque fui convocado. E me sinto no direito de convocá-lo. Não admito que você não venha. Espero você aqui amanhã." Fui, sim, mesmo contrariado. E sem imaginar que o ingresso no coração do governo federal me abriria novos horizontes de conhecimento e experiência, e me conduziria ao cargo de ministro da Fazenda pouco mais de dez anos depois.

PARTE 3 **DOUTOR MAÍLSON**
Em ministérios
(1977-1985)

CAPÍTULO XIV No Ministério da
Indústria e do Comércio
(1977-1979)

O MINISTÉRIO

Em abril de 1977 deixei o prédio do Banco do Brasil para frequentar diariamente o edifício do Ministério da Indústria e do Comércio (MIC), que a partir de 1988 receberia diversos outros nomes até se tornar, em 1999, Ministério do Desenvolvimento, Indústria e Comércio Exterior.

Grande parte das ações relacionadas ao Segundo Plano Nacional de Desenvolvimento (II PND) se dava no MIC, um balaio de gatos. Cuidava de comércio exterior, desenvolvimento industrial, café, borracha, açúcar, álcool, construção civil, tecnologia industrial, siderurgia e metais não ferrosos, pedras e metais preciosos, metrologia, turismo, seguros, previdência privada, feiras e exposições... Ou seja, quase todos os setores da economia passavam por nossas mãos. Além de assuntos claramente ligados à pasta, o MIC cuidava de outros que não cabiam nos demais vinte e tantos ministérios da época, que incluíam as cinco pastas militares e o SNI, todos estes com o mesmo status que os outros, ou até mais.

O PODER DO MIC

O ministério comandado por Angelo Calmon de Sá supervisionava órgãos poderosos, como o Conselho de Desenvolvimento Industrial (CDI), o Conselho de Siderurgia e Não Ferrosos (Consider), a Siderurgia Brasileira

S.A. (Siderbras), que supervisionava as maiores siderúrgicas estatais, o IAA, o IBC, a Superintendência de Seguros Privados (Susep), a Superintendência da Borracha, a Secretaria de Tecnologia Industrial (STI), o Instituto de Metrologia e Normalização (Inmetro), o Departamento Nacional de Registro de Comércio (DNRC) e a Empresa Brasileira de Turismo (Embratur).

O MIC tinha poderes para conceder inúmeras facilidades: incentivos fiscais para instalação, modernização ou ampliação de indústrias; cartas-patentes para criação de companhias seguradoras; permissão para abertura ou ampliação de usinas de açúcar e destilarias de álcool; cotas de exportação de açúcar, muito cobiçadas; cotas para importação de borracha natural e assim por diante.

COORDENADOR DE ASSUNTOS ECONÔMICOS

No MIC havia muito mesmo o que ser feito, mas os recursos materiais e humanos eram muito escassos, se comparados aos do Banco do Brasil. Não havia bons equipamentos e, salvo a modesta assessoria econômica, conduzida por quatro valorosos economistas, os demais eram dotados apenas de boa vontade. Realmente me frustrei nos três primeiros meses, ao realizar a principal tarefa de que o ministro me incumbiu: reestruturar esta assessoria, que passaria a se chamar Coordenadoria de Assuntos Econômicos. Fiz isso com o apoio inestimável de Lício Faria, o secretário-geral do ministério, cargo que posteriormente seria intitulado secretário executivo. Para a equipe, trouxe do Banco do Brasil Antônio José de Sousa, João Alberto Wanderley e Dídimo Fonseca Figueiredo. Os dois primeiros se tornariam presidente e diretor-financeiro do IAA, respectivamente. Do Banco do Nordeste, trouxemos Nilo Alberto Barroso. Também integraram nosso time dois técnicos cedidos gratuitamente pelo Banco de Desenvolvimento do Paraná (Badep): Luiz Antonio Fayet e Carlos Fernando Nunes da Matta. O banco pagava-lhes o salário para que, em troca, vivessem uma grande experiência no governo federal. Mais tarde, ambos viriam a presidir o Badep.

MINHA ROTINA

Durante os dois cansativos, mas produtivos, anos em que permaneci no MIC trabalhando, em média, 12 horas por dia, aprendi muito, ampliei minha rede de relacionamentos e fui me embrenhando em novas e amplas áreas da economia nacional. Passei a frequentar diversas reuniões no governo e no setor privado, onde conheci muita gente, tanto do meio oficial quanto do empresariado.

Em nome de Angelo, travava contatos com as federações das indústrias, as associações da agroindústria canavieira e outras organizações do setor privado. Também passei a ser a ponte, em questões técnicas, entre o ministro e os diferentes órgãos e entidades vinculadas à pasta. Era a partir das reuniões com eles que avaliávamos, criávamos e desenvolvíamos programas e propostas a serem encaminhadas pelo ministro à Presidência da República e ao CMN, cujas reuniões eu continuaria a frequentar até 1990, com um breve intervalo entre 1985 e 1987.

Eu também escrevia os discursos que o ministro proferia em solenidades, o que era bem mais demorado do que passaria a ser com o advento do computador.

O MIC NO II PND

Estávamos no auge do dirigismo e da forte intervenção estatal, com o II PND em plena execução. O objetivo era desenvolver ainda mais a indústria, desta vez para substituir não apenas a importação de bens de consumo, mas também insumos básicos, como produtos químicos, barrilha, cobre, manganês... Entre os principais focos do II PND estavam a continuidade da construção de usinas hidrelétricas e a ampliação da capacidade de produção das usinas siderúrgicas, além de colocar o Proálcool em funcionamento. À exceção das hidrelétricas, todas estas áreas tinham interfaces com o MIC.

A mim cabia coordenar o todo e redigir parte dos relatórios mensais enviados ao Presidente Ernesto Geisel sobre o desempenho do II PND. Ele lia, normalmente num fim de semana, e devolvia com observações. Eu ficava impressionado. Alguns daqueles relatórios tinham 300 páginas, incluindo gráficos e tabelas.

PROÁLCOOL

Pode causar estranhamento a cana e seus derivados estarem sob nossa tutela, em lugar do Ministério da Agricultura, mas em 1975 o açúcar e o café compunham um quarto das exportações brasileiras — e o comércio exterior era responsabilidade do MIC.

O Proálcool havia sido lançado em 1975, mas só começaria a dar resultados em 1977. Até 1976, o Brasil produzia anualmente pouco mais de seiscentos milhões de litros de álcool, basicamente para utilização na indústria de perfumes, bebidas e para uso nas residências. Com o Proálcool, o produto também passaria a ser utilizado como combustível automotivo.

O álcool já era misturado à gasolina, em pequena escala, e uma experiência de uso amplo do produto puro em automóveis fora feita durante a Segunda Guerra. Os primeiros automóveis americanos eram movidos a álcool. Mas a produção e uso em larga escala de álcool como combustível era inédito no mundo. Havia, aliás, uma certa euforia com a possibilidade de o Brasil se tornar um grande produtor de um ótimo substituto dos combustíveis fósseis. O Centro Tecnológico da Aeronáutica (CTA) produzira um protótipo de um carro movido cem por cento a álcool. Dirigi este fusca em visita ao CTA. Sua potência não era muito inferior à dos movidos a gasolina.

COORDENANDO A PRIMEIRA SAFRA DO PROÁLCOOL

Ainda mais do que outros segmentos da indústria, a produção de açúcar e álcool no Brasil sofria uma intervenção brutal do Estado desde 1934, quando Vargas criou o IAA. Ao MIC, via IAA, cabia definir quanto cada usina de açúcar e álcool podia produzir. Geria conflitos com os produtores de cana, estabelecia cotas mensais de comercialização e fixava o preço de venda ao consumidor final. Também determinava quanto seria retirado das usinas, transportado e armazenado por conta do Estado.

Dessa maneira, todas as diretrizes, os incentivos e as determinações relacionadas ao Proálcool, inclusive a autorização para instalar destilarias, e normas para financiamento da safra passavam pelo MIC. Para o Proálcool ser implementado, foi necessário criar medidas de incentivo, basicamente crédito subsidiado para a implantação de novas destilarias, transporte e armazenamento do produto.

Com incentivos da linha de crédito especial do Banco do Brasil, a primeira grande safra, que coordenamos, se deu em 1977: 1.387 milhão de litros, pouco mais do que o dobro do ano anterior. Nossa meta para 1980 era de 3 bilhões de litros, tida como ambiciosa demais.

PRODUÇÃO SEIS VEZES MAIOR EM TRÊS ANOS

Empresários do setor se entusiasmaram com a meta. Numa reunião com usineiros no MIC, Jorge Atala, então presidente da Coopersucar, disse que somente o estado de São Paulo seria capaz de produzir um bilhão de litros de álcool. O ministro perguntou a ele o que seria preciso para isso. "Financiamento."

Imediatamente após a reunião, o ministro Angelo Calmon de Sá me incumbiu de elaborar o programa e preparar o novo plano de safra. Assim, a medida poderia ser aprovada na reunião seguinte do Conselho Monetário, três dias depois. Dada minha experiência em casos semelhantes no Banco do Brasil e nos submetidos ao CMN, em apenas dois dias preparei o voto, com previsão de limites de financiamento, taxa de juros, prazos e tudo o mais.

O país já contava com um sistema de fornecimento de crédito para comercialização e estoque de açúcar chamado *warrantagem*, aportuguesado do inglês *warrant*, garantia, embora não tenha o mesmo significado por aqui. Por esse sistema, o Banco do Brasil, em nome do governo, financiava a estocagem do açúcar. Nós pretendíamos estender essa sistemática ao Proálcool. Mas não seria fácil obter a concordância do ministro da Fazenda...

SIMONSEN NÃO APROVA NOSSAS MEDIDAS

O voto foi enviado no final da noite anterior à reunião do CMN à residência de Mário Henrique Simonsen. O ministro da Fazenda — e, como tal, presidente do CMN — trabalhou de madrugada no texto e pela manhã, às 6h30, quando chegamos ao Ministério, já havia lá um envelope dele, que abrimos com grande expectativa. Era uma carta capeando o documento, com críticas ao texto, seguidas de: "Arranjem outro ministro da Fazenda para assinar isso. Eu não assino."

A medida previa expansão das operações do Banco do Brasil, o que significaria mais emissão de moeda e aumento da dívida pública. Preocupado com a inflação, Simonsen temia pelo impacto da expansão da base monetária e do crédito na economia. Na nossa visão, o financiamento era necessário para cumprir as metas de produção de álcool prevista no II PND e essa razão era suficiente para que ele aprovasse sem titubear a liberação da linha de crédito do Banco do Brasil. Simples assim.

Na minha cabeça, o dinheiro vinha do Orçamento Monetário, que tinha, na minha visão de mundo, dinheiro para toda obra. Era essa a cultura do Banco do Brasil, ingênua como achar que o leite vem da caixinha, não da vaca. Eu só compreenderia a abrangência das consequências anos depois, quando passaria do lado dos ministérios gastadores para o time dos controladores.

Alguém deveria conversar com o ministro, esclarecer a importância das medidas para a realização do Proálcool e do II PND. O enviado à Fazenda fui eu. Com os assessores de Simonsen, encontramos uma solução intermediária, que destinava ao programa apenas um terço dos recursos que havíamos previsto. Ainda assim, conseguiríamos que a meta do II PND fosse alcançada, e antes do que imaginávamos: já em 1979 seriam produzidos 3,5 bilhões de litros de álcool no Brasil.

CONTROLE DO ESTADO GERA INEFICIÊNCIA

Outro problema que não percebíamos na época era que tamanha ingerência do Estado acarretava imensa ineficiência. A cana-de-açúcar, por exemplo, era comprada por peso, sem importar sua qualidade, medida pelo teor de sacarose. Os estoques reguladores nem sempre eram capazes de assegurar uma estabilidade mínima para os preços. Vez por outra, quando era necessário recorrer aos estoques, os produtos estavam imprestáveis. Além disso, o financiamento subsidiado para estocagem era muito permeável a fraudes.

PACOTE DE ABRIL

Os grandiosos projetos dos militares estavam em plena execução, mas uma outra promessa do início do governo Geisel ainda não dava sinais de ser implementada. Ainda estávamos à espera da "abertura lenta, segura e gradual" quando tomamos um susto decepcionante. Em abril de 1977, o gaúcho descendente de alemães colocou o Congresso em recesso por duas semanas.

Durante as férias impostas ao legislativo, Geisel baixou uma série de medidas que ficaram conhecidas como Pacote de Abril. Além de estender de cinco para seis anos o mandato do presidente seguinte, incluía diversas alterações eleitorais que beneficiavam a Arena nas eleições em que, no final do ano seguinte, seriam escolhidos governadores, deputados e senadores. Além disso, para assegurar maioria no Congresso, o Pacote de Abril instituiu a polêmica figura do senador biônico, indicado pelo presidente da República e referendado pelo Congresso.

INVASÃO DA PUC DE SÃO PAULO

A repressão também não parecia arrefecer em setembro de 1977. Naquele mês, a União Nacional dos Estudantes (UNE), então na ilegalidade, tentava se rearticular, realizando o terceiro Encontro Nacional dos Estudantes (ENE), que reuniu centenas de simpatizantes na PUC de São Paulo. O secretário de Segurança do estado, Antônio Erasmo Dias, que prometera não responder violentamente à manifestação, comandou a invasão da instituição pela Polícia Militar, usando de muita truculência, bombas de efeito moral, gás lacrimogêneo e cassetetes. Cerca de setecentos estudantes foram fichados na Delegacia Estadual de Ordem Política e Social (Deops); e 37 deles, presos, enquadrados na Lei de Segurança Nacional.

GEISEL EXONERA O MINISTRO DO EXÉRCITO

Dias depois, Geisel exibiu novamente seu caráter de militar resoluto: exonerou Sylvio Frota, o ministro do Exército. General de quatro estrelas, a patente máxima, e representante da linha-dura, ele pretendia suceder Geisel na presidência. Articulou-se politicamente nas forças armadas e com lideranças civis para obter a indicação, mas seria preterido em favor do chefe do Sistema Nacional de Informações, João Batista Figueiredo, também quatro estrelas, mas tido como mais moderado. Ainda assim, Frota insistiu em sua manobra, angariando a simpatia de generais contra a predileção do presidente. O resultado: foi inapelavelmente demitido no dia 12 de outubro de 1977.

O ato de Geisel foi surpreendente. Exonerar um oficial de alta patente era arriscado num período em que os militares comandavam quatro ministérios (do Exército, da Marinha, da Aeronáutica e o Estado-Maior das Forças Armadas), além de dois postos com ainda mais status político: o SNI e a Chefia da Casa Militar. A iniciativa de Geisel de sufocar o princípio de rebelião da linha-dura alavancou a abertura política, ao exibir a supremacia da Presidência da República sobre os quartéis.

JÚLIA? NÃO, JULIANO

Márcio e Guilherme já estavam com 11 e dez anos e Ivan, com seis. Não planejávamos ter outro rebento. Mas Rosinha engravidou novamente, na época em que eu assumia a Coordenadoria de Assuntos Econômicos do MIC. Eu quase não acompanhei a gravidez, tão ausente que passei a ser em casa. A barriga de Rosinha crescia junto com o volume de trabalho, as tensões e a esperança de que, finalmente, Júlia chegasse. Mas não foi ela quem veio. Então o batizamos Juliano.

Juliano nasceu sete meses depois de eu ingressar no ministério, em 9 de novembro de 1977. Devido à coincidência das datas, meus colegas de trabalho o presentearam com um apelido, que pode parecer jocoso, mas era muito carinhoso: miquinho, diminutivo de MIC.

Não pude assistir ao parto, nem ajudar Rosinha em nada. Mal consegui ver Juliano acordado nos seus primeiros anos de vida, a não ser na hora do almoço, quando eu fazia questão de estar em casa, embora só permanecesse fazendo isso até 1980, quando passaria a almoçar diariamente no Ministério da Fazenda. Só fui conviver mesmo com Juliano em 1985, quando nos mudamos para Londres, onde o trabalho era muito menos intenso. Anos depois, ele se tornaria o jornalista da família.

MAIS UMA VEZ, A CASA CRESCE COM A FAMÍLIA

Pouco antes do nascimento, em meados de 1977, vencia o prazo de três anos em que eu não podia vender o apartamento da 303 Sul, que eu comprara em 1974 com tremendas facilidades e financiamento generosíssimo do Banco do Brasil, como relatei. Somando-se todas as prestações, devo ter pago uns vinte mil cruzeiros e devia ainda uns 120 mil. Mas vendi por novecentos mil! Foi um belíssimo negócio que me permitiu saldar toda a dívida e ainda complementar um novo financiamento imobiliário da Caixa de Previdência dos Funcionários do Banco do Brasil (Previ).

Por um milhão e meio de cruzeiros, comprei uma casa de 302 metros quadrados, num terreno de oitocentos metros quadrados no Lago Sul, na região mais nobre de Brasília. Ainda poderíamos usufruir de uma área verde de outros setecentos metros quadrados, contígua à frente do terreno. Esse espaço pertencia à então Prefeitura de Brasília, que deveria urbanizá-la. Como ficava abandonada, os moradores a cercaram e ali plantavam árvores e construíam quadras de esportes e até churrasqueiras. Os meninos aproveitaram muito este espaço, a piscina, a quadra de vôlei, o jardim. Mas Rosinha, apesar de ter muito mais conforto, se ressentia um pouco de ter deixado as quadras do Banco do Brasil, em que já conhecia todo mundo...

MISSÕES OFICIAIS NA ONU

Eu não tinha muito tempo para lazer. Apenas para o trabalho, que só aumentava. Ainda em 1977, o ministro Angelo Calmon de Sá decidiu me indicar para integrar a delegação que participava na ONU das discussões para a formulação de um Código de Conduta para Empresas Transnacionais, um nome que não pegou. Elas continuariam a ser chamadas de multinacionais. Eram realizadas quatro reuniões por ano. Em Nova York! A delegação brasileira era formada por mais três pessoas: um funcionário do Ministério da Fazenda, um da Secretaria de Planejamento (Seplan) e um diplomata, que nos chefiava. Foi assim que travei os primeiros contatos com grandes temas mundiais.

Os encontros se estendiam por duas semanas, em que discutíamos assuntos que, embora fossem importantes, estavam longe de ser prioridade para o Brasil. A orientação que recebíamos era de não nos manifestar sobre questões polêmicas. Para falar a verdade, nosso papel era bem *pro forma*: sentar na cadeira, avaliar tecnicamente os impactos de cada decisão, auxiliar o diplomata brasileiro a redigir os relatórios e só participar ativamente se surgissem conceitos que fossem de interesse do Brasil. Era, realmente, uma posição bem defensiva.

UMA INOVAÇÃO SENSACIONAL: CAIXA AUTOMÁTICO

Mesmo que fossem consideradas pouco relevantes para o Brasil, as viagens à ONU eram, para mim, pequenas glórias. Eu aproveitava para conhecer gente do mundo inteiro, caminhar pela cidade e praticar meu inglês, que eu voltara a estudar em 1975, cinco vezes por semana.

A passagem, classe econômica, era fornecida por nossos respectivos ministérios, que nos pagavam diárias de US$ 71. Elas tinham que cobrir todos os gastos de estada, transporte e alimentação. Para economizar, dividi um quarto de hotel com o colega do Ministério do Planejamento, Walter Hermmesdorf de Barros, com quem partilhava suco, café, iogurte, pão e cereais que comprávamos em um supermercado ou frango assado com arroz, de uma loja de pratos prontos.

Minha primeira vez na ONU foi a mais instigante. No meu dia inaugural em Nova York, fiz turismo no prédio da organização e conheci a sala do Conselho de Segurança. Logo na entrada senti um imenso impacto, com o painel do Portinari e a sensação de estar no mundo inteiro a um só instante. Milhares de pessoas de mais de 150 nacionalidades se reuniam ali naquela época para trocar ideias e tecer acordos. Tudo era novidade e eu não queria perder nada. Me empanturrei com donuts e cheese cake, que eu não conhecia. Fui ao McDonald's, que nem sabia o que era. Assisti a um espetáculo na Broadway. Mas o mais impressionante de toda a viagem foi ver um caixa automático. Era uma senhora inovação do Citibank, divulgada em extensa campanha na TV.

Era quase inacreditável. Não existiam na rua ainda, só dentro do Citi. A porta era aberta com um cartão magnético. Quem tinha um desses detinha o poder de abrir um banco! Eu achava incrível que, sem falar com ninguém, se metia o cartão num buraco e outro cuspia dinheiro. No Brasil ainda se demorava uma hora para sacar na agência. E achávamos pouco, orgulhosos de termos os caixas executivos: a mesma pessoa fazendo os registros nas contas, calculando, buscando e entregando as notas aos correntistas. Contava da novidade para todo mundo no Brasil, onde o caixa automático só seria instalado no final dos anos 1980. Especialmente a colegas bancários, como eu.

NAS DELEGAÇÕES PARA O FMI

Também em 1977, passei a participar das delegações brasileiras que compareciam às reuniões anuais do Fundo Monetário Internacional, chefiadas pelo ministro da Fazenda, Mário Henrique Simonsen. Em setembro, li pela primeira vez meu nome no *Diário Oficial* como integrante da delegação que iria a Washington. Naquela época, duas reuniões anuais consecutivas ocorriam na capital americana e a terceira era sediada em outro país.

Foi só lá que entendi do que realmente se tratava o Fundo, seus objetivos principais e seu funcionamento. Desde a época de Juscelino Kubitschek o FMI era visto por grande parte da população brasileira como um monstro que tutelava países do terceiro mundo para que se curvassem aos interesses dos bancos das grandes potências, em especial dos Estados Unidos. Não era nada disso.

Criado em 1945, a partir de uma conferência em Bretton Woods, nos Estados Unidos, com os então 44 integrantes da ONU, o Fundo Monetário Internacional foi constituído para dar apoio financeiro a países-membros em dificuldades econômicas no pós-guerra. Isso evitava que desequilíbrios nos pagamentos internacionais e nos sistemas cambiais dessas nações prejudicassem a expansão do comércio internacional e do fluxo de capitais. Em 2010, fazem parte do FMI 184 países, os mesmos que integram a ONU, à exceção de Coreia do Norte, Cuba, Liechtenstein, Andorra, Mônaco, Tuvalu e Nauru.

O dinheiro do FMI vem dos países-membros, e é esta contribuição que define o poder de voto de cada nação. Os maiores cotistas são Estados Unidos — com 17,46% —, Japão e Alemanha — com pouco mais de 6% —, seguidos de Reino Unido, França, Arábia Saudita e China, nesta ordem. São exatamente os seis países que detêm assentos permanentes na instituição, junto com a Rússia. A autoridade decisória máxima do FMI é seu Comitê Financeiro e Monetário, constituído por 24 ministros da Fazenda ou da Economia. Os países-membros que não contribuem o suficiente para indicar um representante na diretoria executiva, juntam-se a outros e formam o quórum necessário para participar de uma *constituency*. O Brasil, por exemplo, representa Colômbia, República Dominicana, Equador, Guiana, Haiti, Panamá, Suriname e Trinidad e Tobago. Organizações internacionais como a Unctad e a Organização Internacional do Trabalho (OIT) são convidadas a comparecer, mas não têm voto nem voz.

ARTIGO QUARTO E AJUDA EM CRISES

Desde 1945, o FMI atua de duas maneiras, em duas diferentes situações. Uma delas em períodos de crise financeira de algum dos países que o integram. É a quem um país pode recorrer quando ninguém mais está apto ou disposto a oferecer-lhe crédito. E, sem isso, ele não tem como honrar os pagamentos de sua dívida externa, o que pode causar danos a si e ao comércio e às finanças mundiais.

A outra situação é o acompanhamento constante da economia dos países que não estão em crise, chamado de "artigo quarto", por estar definido neste lugar no convênio constitutivo da instituição. Neste caso, o FMI envia anualmente missões de técnicos a cada uma das nações, para se certificar de que estão sendo realmente cumpridos os compromissos, incluindo restrições à saída de divisas e manutenção de taxas múltiplas de câmbio. Os mesmos profissionais integram as equipes na normalidade ou na crise.

O FMI se atém às questões econômicas. A ingerência do Fundo em questões de política nacional é puro mito. Não avaliam ao menos aspectos institucionais, nem incluem nos compromissos que o país assume nada relacionado a privatização de empresas ou determinadas alterações previdenciárias ou tributárias. Tudo isso são falácias. Essas missões periódicas ao Brasil vez por outra me procuram, como a outros formadores de opinião, para conversar sobre a conjuntura brasileira e tendências da economia.

MINHA PRIMEIRA VEZ

O Brasil já mantinha contatos de diversos graus com o FMI, do qual é membro desde a sua criação, mas nunca havia recorrido ao seu auxílio. Na época, aliás, nenhuma nação precisava dele. Havia muitos petrodólares disponíveis na economia mundial. Naquele ano, de crédito ainda farto, os bancos procuravam a quem emprestar. Ministros das finanças, banqueiros, presidentes e diretores de grandes empresas que compareciam às reuniões aproveitavam a ocasião para se encontrar, conversar sobre ofertas de financiamento e muitas vezes fechar negócios milionários.

Nós do Brasil, liderados pelo ministro da Fazenda, buscávamos manter boas relações com esses banqueiros, fundamentais para que os grandes projetos da década de 1970 fossem concluídos. Eu acompanhava Simonsen e outros membros graduados da delegação em grande parte das reuniões e sentava entre as pessoas mais poderosas do mundo. De vez em quando, no café do edifício do FMI, eu olhava em volta e me dava conta de que aquele capiau paraibano estava mesmo ali, presente onde se discutia a situação mundial e se tomavam decisões que repercutiam em muitos países.

Nem imaginava que continuaria a frequentar esse ambiente até 1989, me ausentando apenas dos encontros de 1983 e 1984, quando, como secretário-geral do Ministério da Fazenda, em vez de viajar com o ministro, deveria assumir interinamente a pasta. Nem desconfiava que, uma década depois, como o titular, presidiria as delegações brasileiras.

DUAS FASES DE REUNIÕES

A primeira fase da reunião anual, a mais importante, se dá no Comitê Financeiro e Monetário do FMI e do Banco Mundial, de que só participam os 24 ministros membros, geralmente com os presidentes de seus bancos centrais para definir diretrizes do Fundo e discutir a economia mundial. Encerrada essa etapa, é iniciada a função pública do Fundo, chamada Assembleia de Governadores, aberta a todos os participantes. O discurso de abertura é proferido pelo presidente ou o primeiro-ministro do país que sedia o encontro, seguido do diretor-gerente do FMI e do presidente do Banco Mundial. Depois deles, falam os ministros que têm assento permanente nos comitês, os que representam as *constituencies* e outros. Na plateia, as delegações são dispostas em ordem alfabética. Nós do Brasil ficávamos bem em frente ao púlpito, o que me permitiu assistir, a poucos metros de distância, aos discursos dos presidentes Jimmy Carter, Ronald Reagan e George Bush pai, bem como do ditador Joseph Tito, da então Iugoslávia. Do auditório para cinco mil pessoas saía gente pelo ladrão. A lotação costumava cair pela metade depois que o presidente ou primeiro-ministro falavam. Finalizados os pronunciamentos do diretor-presidente do FMI e do Banco Mundial, ficava quase às moscas. Nos dias seguintes, quando falavam os representantes nacionais, ficava quase vazio, com apenas 10% a 20% da lotação.

Nos últimos dias o ministro da Fazenda aproveitava para realizar reuniões com representantes de países, bancos e empresas estrangeiras. Para isso, a delegação brasileira alugava diversas salas num hotel próximo ao prédio do FMI, onde montava uma representação, com secretárias e recepcionistas. Ao final, credores, tomadores, gente do governo e burocratas do FMI e do Banco Mundial saíam satisfeitos.

BANCO MUNDIAL, BID E CLUBE DE PARIS

Além do FMI, os principais órgãos emprestadores na época eram o Banco Mundial, o BID e o Clube de Paris. As negociações, quando havia, eram feitas por funcionários de alto nível, mas de escalão inferior ao de ministro. Todas essas instituições foram formadas entre as décadas de 1940 e 1960, no pós-guerra, com o objetivo de contribuir para o desenvolvimento econômico dos países, seja com crédito, seja com assistência técnica. Enquanto o BID era a maior fonte de financiamento multilateral da América Latina e Caribe, o Banco Mundial apoiava outras partes do planeta, em condições semelhantes. O Clube de Paris era onde ocorriam negociações de dívida de países em desenvolvimento com países desenvolvidos, geralmente oriundas de créditos de bancos privados, avalizadas por estes últimos e por ele assumidas após não terem sido honrados pelos devedores.

SINDICATOS VOLTAM A SE ARTICULAR

No Brasil, outro tipo de assembleia voltava a ocorrer. No primeiro semestre de 1978, mesmo com greves ainda proibidas pelo governo militar, os sindicatos se rearticulavam desvinculados da Arena, do MDB, e até do Partido Comunista Brasileiro, ainda na clandestinidade.

Luiz Inácio Lula da Silva, presidente do Sindicato dos Metalúrgicos de São Bernardo do Campo e Diadema, o mais poderoso do país, organizou a primeira greve no ABC paulista desde 1968. A mobilização dos trabalhadores por "reposição das perdas salariais" e contra a política salarial do governo teve seu grande momento em maio de 1978. No dia 12, cerca de três mil trabalhadores da Scania entraram pelos portões da montadora, mas não ligaram as máquinas.

Lula não conseguiu o reajuste que pretendia. Mas foi extremamente exitoso na mobilização dos operários, que não foi reprimida. A paralisação de 1978 foi apenas uma abertura de comportas. No ano seguinte, três milhões de operários entrariam em greve, estimulados pela liberação formal das paralisações, mas também pela crise econômica que despontava. Surpreendentemente, a repressão seria maior em 1979 e 1980, sob o governo Figueiredo. Foram presos muitos líderes sindicais, entre eles Lula, que, em 1980, fundaria o maior partido de esquerda da história brasileira.

FIM DO AI-5

Em 1979, já no governo Figueiredo, a repressão às greves seria retomada. Mas ainda em 1978, no último ano de Geisel no poder, o presidente decidiu, enfim, tomar medidas efetivas para a abertura política. Com a Emenda Constitucional número 11, revogou o AI-5 e outras medidas autoritárias, o que começaria a valer a partir de 1º de janeiro de 1979, pouco antes de deixar o governo. O Executivo perdeu poderes de decretar recesso do Congresso, cassar mandatos, demitir sem justa causa ou aposentar funcionários públicos. Não podia mais privar cidadãos de seus direitos políticos ou de habeas corpus. Além disso, foi formalmente finalizada a censura prévia a espetáculos e publicações. Uma nova lei recriava o direito de greve, embora permanecessem proibidas as paralisações no serviço público e em setores estratégicos, como energia e transportes.

ELEIÇÕES PRESIDENCIAIS DE 1978

Um dos objetivos da liberalização era melhorar a imagem dos militares alinhados a Geisel e reduzir eventuais resistências a seu sucessor. O candidato era o general carioca João Batista de Oliveira Figueiredo, chefe do SNI, egresso de uma família com pedigree militar: era filho do general Euclides Figueiredo, que participara da Revolução Constitucionalista de 1932, em São Paulo.

Embora o candidato Figueiredo fosse escolhido pelo colégio eleitoral, de onde não viriam surpresas, sua fotografia era estampada em todos os jornais, vendendo um presidente vigoroso, mas simpático. Ele aparecia alegre, praticando hipismo e levantando halteres. A linha-dura poderia se convencer de que ele controlaria o país com pulso firme, enquanto os democratas poderiam acreditar que ele era um boa-praça flexível. A imagem destoava, e muito, do Figueiredo que eu conheceria. Figueiredo se tornaria especialmente carrancudo depois da crise que estávamos prestes a enfrentar e a ponte de safena que as tensões decorrentes lhe renderiam.

Figueiredo foi referendado em 1978 para um mandato de seis anos, de março de 1979 a março de 1985, e o governo conquistou maioria no Congresso. Os colégios eleitorais estaduais escolheram os governadores que, também em 15 de março, tomariam posse e nomeariam os prefeitos das principais cidades. Esta foi a última eleição indireta nos estados. Em 14 de novembro de 1980, quando chegaria ao fim a era dos senadores biônicos, seria decidido que os governadores seguintes seriam eleitos diretamente, em 1982.

VOU PARA CASA

A escolha do sucessor presidencial e o recesso parlamentar eram, para mim, um alívio. Nos dois anos anteriores, eu trabalhara demais todos os dias, inclusive aos fins de semana, com muitas viagens. Eu estava cansado. Cansado de trabalhar tanto, com tanta tensão, com tanta pressão. Cansado de estar no governo, de ser pai e marido ausente. Era chegada a hora. Eu já tinha quatro filhos e, saindo pouco depois das seis da manhã e voltando às nove da noite, exausto, não convivia com eles. À noite, estavam todos na cama e eu, exaurido, jantava, tomava banho e fazia o mesmo que eles.

Queria voltar para casa. Aceitaria alegremente um posto inferior àqueles que eu galgara no Banco do Brasil e voltaria a ter uma vida amena e tranquila, ao lado de Rosinha, que tanto esperava que isso acontecesse. No final do regime militar, enfim eu desejava o mesmo que ela.

DIRETOR DO BANCO DO NORDESTE

Eu ainda trabalharia algumas semanas no MIC, mas usualmente os últimos meses de governo são quase tediosos. Até as eleições, o presidente está focado em fazer seu sucessor e, depois disso, todos já passam a trabalhar para que a transição de governos e ministérios seja a mais tranquila possível.

Eu também trabalhava menos. E me concentrava em me articular para conseguir um bom posto no Banco do Brasil. Mas outra oportunidade me surgiu: me tornar diretor do Banco do Nordeste. A família adorou a ideia de morar na praia, em Fortaleza, naquele Ceará tão próximo à querida Paraíba. Além disso, comparativamente, o trabalho neste posto seria um sossego. Ainda assim, declinei do convite. Não era meu desejo deixar Brasília.

PARA CONTINUAR NO MIC

Em fevereiro de 1979, já nos preparávamos psicologicamente para o retorno ao BB, quando recebi a visita de Camilo Penna, que deixava o cargo de secretário de Fazenda de Minas Gerais para ser o novo ministro da Indústria e do Comércio, designado por Figueiredo. Era um homem extraordinário, pela competência, honradez, integridade.

Imaginei que pediria conselhos técnicos ou indicações de profissionais, mas, em vez de fazer perguntas, convidou-me para permanecer no cargo de coordenador de assuntos econômicos do MIC. Declinei, dizendo que estava cansado e que voltaria ao Banco do Brasil, onde poderia me dedicar mais à família, essas coisas. "Maílson, você não pode sair daqui! Você vai ficar e trabalhar comigo." Insistiu tanto que decidi adiar a recusa. Mas, conversando com a minha equipe, percebi que todos gostariam de continuar por ali. Sem mim, muito provavelmente seriam substituídos. "Então tá bom. Vamos ficar!"

ELOGIO INESPERADO DE ANGELO SÁ

Nos últimos dias de Angelo Calmon de Sá como ministro da Indústria e do Comércio, importantes empresários de vários estados ofereceram a ele e à sua equipe um jantar no Clube do Exército, à beira do Lago Paranoá. Salão cheio, diversos discursos exaltavam o trabalho do ministro.

Em seu discurso, improvisado, o ministro agradeceu a homenagem, falou de suas realizações e coisas do gênero. No final, para minha surpresa, dedicou uma boa parte de sua alocação a mim, listando minhas qualidades como um de seus principais auxiliares, relatando como eu cultivava o ideal de servir, profetizando uma longa e profícua carreira no governo. Fiquei emocionado, os olhos marejados. Eu nunca havia recebido um elogio público tão espontâneo e inesperado.

PARA O MINISTÉRIO DA FAZENDA

Eu e toda a família já nos acostumávamos ao adiamento do retorno ao Banco do Brasil e à minha permanência no MIC, quando, no início de março, a duas semanas de Figueiredo assumir a presidência, recebi um telefonema de Karlos Rischbieter, presidente do Banco do Brasil, que havia sido designado ministro da Fazenda e concluía a montagem da equipe do seu ministério. "Karlos com K", como era chamado, disse que faltava apenas uma peça importante: eu. Rischbieter queria que eu exercesse o mesmo cargo que ocupava no MIC, mas no MF.

Seria um baita *upgrade*! Era um convite irrecusável! "Só existe um problema, ministro: me comprometi com Camilo Penna a continuar no cargo", expliquei. "Não quero saber disso. Quero saber se você aceita meu convite", respondeu, incisivo. Afirmei, convicto, que aceitaria, que preferiria, realmente, ir para o Ministério da Fazenda, não fosse o compromisso com o ministro Penna. "Este problema, Maílson, agora é meu", e desligou. Não sei como negociaram meu passe. O fato é que, no dia 15 de março, eu passaria a integrar os quadros do Ministério da Fazenda, exercendo um dos cargos mais importantes dali.

CAPÍTULO XV No Ministério da Fazenda, com Rischbieter (1979-1980)

O BRASIL QUE FIGUEIREDO RECEBEU

O novo presidente, que, sem saber, seria o último da era militar, herdou uma situação difícil na economia, que sofria golpes cada vez mais duros. Ao final do governo Geisel, a inflação rondava os 40% ao ano e a dívida externa chegava a US$ 44 bilhões. O milagre econômico exibia seus limites, embora os megaprojetos do II PND estivessem em plena execução. Começava-se a enxergar a necessidade de uma grande revisão na política econômica brasileira, mas Figueiredo, claro, evitava ser o responsável por uma recessão econômica.

Mesmo com o quadro geral nos parecendo bem ruim, nossas expectativas eram boas: a democracia estava, enfim, renascendo e a dívida externa ainda estava longe de ser um grande problema. Os petrodólares continuavam abundantes e acreditávamos que permaneceriam assim.

NOVA EQUIPE ECONÔMICA

A equipe econômica do novo presidente era integrada por nomes já conhecidos do regime militar. Karlos Rischbieter, presidente do Banco do Brasil no governo anterior, assumia o Ministério da Fazenda enquanto seu antecessor, Mário Henrique Simonsen, que comandara a pasta desde o início do governo Geisel, em 1974, passou a chefiar a Secretaria do Planejamento (Seplan). A Seplan funcionava como um ministério, que mudou de nome uma dezena de vezes depois de ser criado, em 1962. Geisel, em 1976, transformou o órgão numa secretaria diretamente ligada à Presidência da República, o que aumentou seu status político. Fernando Collor integraria o Planejamento à Fazenda, para formar o Ministério da Economia. Itamar Franco recriaria o Ministério do Planejamento em 1992 e, sete anos depois, em 1999, Fernando Henrique Cardoso passaria a chamá-lo de Ministério do Planejamento, Orçamento e Gestão.

O MINISTÉRIO DA FAZENDA

O Ministério da Fazenda tinha muito mais status político do que o MIC. Era, de longe, o mais conceituado e poderoso do governo. À Fazenda cabia o controle de preços e era de lá que emanavam a política monetária, as diretrizes da política de crédito, de câmbio e de mercado de capitais, e a política tributária, os três pilares básicos da política econômica. O ministro da pasta presidia o Conselho Monetário Nacional, o mais importante centro do poder econômico da República, e o Conselho de Política Fazendária (Confaz), que reunia todos os secretários da Fazenda para tratar de questões ligadas ao Imposto sobre Circulação de Mercadorias, o ICM, que incluiria certos serviços e passaria a ser ICMS com a Constituição de 1988.

O comércio exterior, embora supervisionado pelo MIC, dependia da Fazenda para o seu financiamento e para a operação das tarifas aduaneiras, que influenciavam as importações, cujas licenças dependiam da Cacex, pertencente ao Banco do Brasil e vinculada diretamente ao ministro da Fazenda. Era o ministro — e seus subordinados — quem concedia incentivos fiscais em projetos vinculados às exportações, cuja supervisão passaria posteriormente à Fazenda. Esse conjunto de poderes e atribuições conferia ao ministro uma capacidade de influência e veto em quase todas as áreas da economia.

COORDENADOR DE ASSUNTOS ECONÔMICOS DO MF

Logo após Figueiredo tomar posse, em 15 de março de 1979, fiz o mesmo na Coordenadoria de Assuntos Econômicos do Ministério da Fazenda. Já sabia mais ou menos o que me esperava, devido à articulação permanente entre o MIC e o MF e ambas as equipes.

Apesar de eu ocupar o cargo equivalente ao que eu tinha, havia muito mais gente para coordenar. Em vez de uns 15 funcionários, como o MIC, a coordenadoria de assuntos econômicos do MF tinha quase 170. Em Brasília, se articulava com o Banco do Brasil, o Banco Central e a Receita Federal. Nas representações no Rio de Janeiro se entendia com o Conselho Interministerial de Preços (CIP), a Superintendência Nacional de Abastecimento (Sunab) e a Comissão de Política Aduaneira, que cuidava das tarifas de importação. Em São Paulo, eram centralizadas as "operações hospital", como era chamada a recuperação de empresas em dificuldades.

Minhas atribuições eram diferentes e mais complexas. Preparar atos a serem assinados pelo ministro e realizar estudos sobre assuntos submetidos ao ministério passaram a ser rotina. Além disso, passei para outro lado, o que exigia que eu ampliasse meu campo de visão e atuação. Enquanto no MIC eu trabalhava com a produção, na Fazenda passei a liderar estudos e medidas relacionadas a crédito, moeda, controle de preços, comércio exterior, política tributária e inflação.

NEGOCIANDO CRÉDITO

Eu acompanhava o ministro nas numerosas viagens que ele fazia para atender a reuniões, no país e no exterior, que lidavam com questões referentes a financiamento, acordos econômicos, comércio exterior ou simples visitas de rotina. Recebia a delegação do FMI que visitava anualmente o país, de acordo com o artigo quarto. As questões relativas ao Conselho Monetário Nacional não passariam por mim, como antes de assumir o cargo acreditava que aconteceria. Ao ser convidado por Figueiredo para chefiar a Seplan, Simonsen conseguiu que ficasse sob sua responsabilidade o CMN e a representação ministerial no FMI. No ano seguinte, quando Delfim Netto e Ernane Galvêas liderariam, respectivamente, Planejamento e Fazenda, o arranjo seria desfeito.

FALE COM O PRESIDENTE

Havia uma outra tarefa que eu realizava, bem mais leve. Para aumentar a aceitação da população aos militares, a recém-criada Secretaria de Comunicação Social (Secom) criou um programa de televisão chamado *Fale com o Presidente*. Nas noites de domingo, a TV Globo transmitia Figueiredo respondendo a questões enviadas a ele. Como muitas dessas perguntas eram sobre preços, inflação, crédito, abastecimento, investimentos do governo e o andamento da economia, a Secom as encaminhava ao Ministério da Fazenda. Eu era o responsável por respondê-las, sucinta e didaticamente. Me regozijava quando Figueiredo recitava, quase integralmente, o que eu havia escrito.

EQUIPE DO MF

Para me auxiliar nas tantas tarefas, trouxe do Banco do Brasil e do Banco Central duas pessoas que continuariam a ter papéis fundamentais na minha vida e na minha carreira até 1985, quando chegaria ao fim o regime militar: Raymundo Moreira e Paulo César Ximenes. Este seria meu secretário-geral em 1988 e presidiria o Banco Central em 1993, no governo Itamar Franco, e o Banco do Brasil em 1995, no governo Fernando Henrique Cardoso. Do MIC, veio comigo Nilo Alberto Barroso, o competente economista do Banco do Nordeste. Afora estes, mantive nos cargos todos os técnicos que encontrei.

Rischbieter escolheu para seu secretário-geral o empresário carioca Márcio Fortes. O chefe da Assessoria Internacional era o diplomata Lourenço Fernandes e o secretário da Receita Federal, Francisco Dornelles, que em 1985 seria o ministro da Fazenda. O procurador-geral da Fazenda Nacional era Cid Heráclito de Queiroz, que, por sua lealdade e competência, serviria aos muitos ministros da Fazenda até o governo Fernando Henrique Cardoso.

RISCHBIETER, SIMONSEN E DELFIM

O relacionamento entre Simonsen e Rischbieter se tornou tão amigável que as duas equipes trabalhavam como uma só. Mas os embates entre Simonsen e Delfim, que chefiava o Ministério da Agricultura, não tardaram a acontecer. Três meses depois da posse do novo governo, as equipes da Fazenda, do Planejamento e da Agricultura começaram a se reunir para definir o plano de safra agrícola para o período 1979/1980. Delfim havia lançado uma campanha para despertar o interesse dos agricultores em ampliar muito a área plantada, com o mote "Plante que o João Garante". Para ser viabilizada, o Orçamento Monetário precisava ser generoso na dotação de recursos para crédito de custeio e investimento rural. Nós da Fazenda e do Planejamento trabalhávamos em sentido exatamente oposto, com o intuito de controlar a inflação, que dava sinais preocupantes de aceleração.

A reunião para decidir sobre o plano aconteceu no Ministério da Agricultura, com os três ministros e seus assessores. Coube a mim discorrer sobre as limitações do Orçamento Monetário para abrigar todas as propostas da Agricultura. Passei a palavra a Raymundo Moreira, que juntamente com técnicos do Banco Central havia feito as projeções do volume de crédito necessário para tornar viável a proposta da Agricultura. Delfim perguntou a ele qual era o desvio padrão de suas estimativas. Claro, ninguém sabia. Raymundo perdeu a voz. O ambiente ficou insuportável e Simonsen veio em seu socorro, citando de cor o desvio padrão de outras estimativas importantes do orçamento.

Silêncio. Os integrantes se entreolhavam, sem saber como retomar a discussão. A iniciativa coube a Simonsen, que trouxe de volta a questão da incompatibilidade entre as propostas da Agricultura e as metas de expansão da base monetária prevista no projeto do Orçamento Monetário. Em seguida, dirigiu-se ao ministro da Fazenda. "Karlos, o que você acha?" A resposta surpreendeu: "Eu não acho nada." A reunião desandou. No final, a Agricultura não levou tudo que queria, mas conseguiu aprovar um volume de financiamento que praticamente jogava por terra as pretensões da Fazenda e do Planejamento de restringir a expansão de moeda em 1979 e em parte de 1980. No dia seguinte, a imprensa colocou Delfim Netto como vencedor e amigo da agricultura brasileira.

Simonsen começou a sair do governo ao deixar aquela mesa, sentindo-se incapaz de, neste ambiente, realizar seus planos de combate à inflação. Dois meses depois, pediria demissão, em 10 de agosto de 1979. Seria substituído exatamente por Delfim.

DELFIM NETTO VOLTA A CHEFIAR A EQUIPE ECONÔMICA

Delfim deixou seu secretário-geral, Ângelo Amaury Stábile, no comando da pasta da Agricultura para liderar a Seplan, reassumindo o comando da economia, como fizera nos governos Costa e Silva e Médici, quando comandou a Fazenda. Muito rapidamente, mudou a estratégia da política econômica: em vez de conter o crescimento, procurou estimular a produção. Novas linhas de crédito de custeio e investimento foram aprovadas no Orçamento Monetário. O câmbio foi mudado quatro meses depois com uma maxidesvalorização de 30%. E a inflação ganhou novo impulso.

Antes, quando havia assumido o Ministério da Agricultura, Delfim Netto trouxe consigo competentes assessores, alguns de sua época do Ministério da Fazenda, como Akihiro Ikeda e Paulo Yakota, que se tornaria presidente do Incra. José Flávio Pécora, que fora o secretário-geral de

Delfim na Fazenda, reassumiu o cargo na Seplan. Novatos eram José Augusto Arantes Savasini, responsável por assuntos estratégicos, Luiz Paulo Rosenberg e Ibrahim Eris, que viria a ser o primeiro presidente do Banco Central no governo Collor. Comecei a ter contato com Delfim e a conviver com estes economistas, especialmente Ikeda, que ocupava um cargo equivalente ao meu e com quem eu viajava em missões técnicas para reuniões com o FMI, em Washington.

Além desses profissionais, Delfim convidou João Batista de Abreu, que trabalhava com Simonsen desde seus tempos de MF, no governo Geisel, para chefiar a Secretaria Técnica. Estreitei meu relacionamento com ele, com quem construí uma sólida amizade. Cada um representando o seu ministério, tivemos participações ativas nas negociações com o FMI e em quase todas as discussões relevantes sobre medidas econômicas na primeira metade dos anos 1980. Em 1984, ele seria o vice-presidente da Comissão que eu presidiria para discutir reformas nas finanças públicas federais. Entre 1988 e 1990, João Batista comandaria o Planejamento, ao tempo de minha gestão como ministro da Fazenda.

RISCHBIETER E DELFIM

Apesar de ser razoável a integração entre os profissionais, com Delfim no comando da Seplan, perdeu força a harmonia que antes existira entre as equipes de Rischbieter e Simonsen e criou-se novamente o clima de competição entre as duas pastas. O ministro da Fazenda não se adaptou ao estilo mais incisivo e voluntarioso de Delfim, que buscou assumir poderes tradicionalmente atribuídos à pasta. Burocratas subordinados à Fazenda se esforçavam para transferir seus órgãos para a Seplan, que era vista como detentora de maior poder. Isso porque a pasta era subordinada diretamente à Presidência da República e Delfim tinha seu gabinete no Palácio do Planalto, onde despachava Figueiredo. As rivalidades se acentuavam semanalmente.

A DEMOCRACIA FLORESCE, ATÉ NA BUROCRACIA

Os estilos de ambos os líderes eram mesmo bem diversos. Rischbieter se preocupava com o caminho para a redemocratização do Brasil e as reformas políticas e econômicas necessárias para tanto. Precisávamos, dizia, estar preparados para prestar contas. O regime democrático demandava novas e mais complexas responsabilidades.

A Fazenda criou um ambiente de debates internos inédito para mim. Mais de uma vez, nos enfurnamos na Escola de Administração Fazendária (Esaf) em fins de semana, para discussões francas sobre nossos problemas e desafios, nas quais era permitido fazer críticas até ao ministro. O Congresso, pensávamos, assumiria um papel mais relevante nas decisões importantes e na condução dos destinos do país. Era preciso que nos preparássemos para esse mundo novo, inclusive para ajudar os novos atores a entender o ambiente e a decidir. Muito desse ideário se frustraria diante de uma realidade brutalmente distinta da que imaginávamos.

FAZENDA ABERTA AO DEBATE

A democracia florescia novamente em terras brasileiras e o autoritarismo perdia terreno. Com o final do AI-5 e da censura aos meios de comunicação, se ampliaram também as críticas abertas ao regime, na imprensa, na sociedade, no meio acadêmico e até no governo. Nos nossos encontros para debates, eu defendia uma ampliação da participação da sociedade na discussão dos temas econômicos. Preparei um documento sugerindo que nossos debates sobre a condução da economia envolvessem também grandes especialistas. A iniciativa, porém, nem teria muito tempo para gerar bons frutos. O ministro, que aprovava a iniciativa, já perdia terreno na arena do poder... e muito rapidamente.

DEBATES E MUDANÇAS NO BANCO CENTRAL

Não conseguimos institucionalizar esse sistema interno de debate, mas o BC, sim. Seu presidente, Carlos Brandão, criou um comitê para avaliação permanente da conjuntura econômica, que, mensalmente, reunia profissionais da Fazenda, do Planejamento, do Banco Central, do Banco do Brasil, da Fundação Getúlio Vargas, formadores de opinião e membros de governos anteriores. Foi nessas reuniões que conheci Octávio Gouveia de Bulhões e Ernane Galvêas, ex-presidente do Banco Central, então um dos principais executivos da Aracruz Celulose.

Brandão tinha predileção por medidas que melhorassem o relacionamento entre o Banco Central, o Banco do Brasil e a Fazenda. Buscava transformar a instituição que comandava em autoridade monetária clássica e única, numa época em que o BB ainda exercia funções típicas de um banco central. Com esse intuito, enviou à Fazenda uma proposta que transferia funções de fomento do BC para BB. Apesar de bem intencionada, nos opusemos. Para nós, era apenas uma transformação formal, que não alteraria de maneira relevante o arranjo institucional em vigor, cujos defeitos começávamos a perceber. A necessidade de uma grande reformulação requeria tempo e cuidado redobrado, inclusive porque envolvia uma das mais antigas instituições do país, o Banco do Brasil. Além disso, a convivência promíscua entre BB, BC e Tesouro não era a ideal, mas não acarretava problemas graves para o país naquele momento. Sabíamos que o telhado não estava perfeito, mas ainda não havia chovido. O projeto apenas se tornaria urgente uns três anos depois, com as sucessivas crises que enfrentaríamos.

Os debates deixaram de acontecer pouco depois da substituição de Simonsen por Delfim na Seplan, em agosto de 1979. Brandão deixou a presidência do Banco Central no mesmo mês. Para substituí-lo, Rischbieter convidou Ernane Galvêas, que declinou do convite. Já havia comandado o BC, entre 1968 e 1974, e se sentia muito bem na iniciativa privada. "Mas já anunciei o seu nome", retrucou o ministro. Mesmo contrafeito, Galvêas assumiu o cargo no dia seguinte.

1979, O ANO EM QUE TUDO COMEÇOU

As mudanças do final da década de 1970 não ocorriam apenas na equipe econômica do governo, mas em toda a sociedade brasileira. Especialmente 1979 foi de muitas transformações. Naquele ano, entrou em vigor a revogação do AI-5, os sindicatos deram início às grandes paralisações, os sem-terra voltaram a lutar pela reforma agrária, a imprensa passou a criticar abertamente o governo. A população começava a perceber que seus direitos civis eram lentamente restituídos e se mobilizava para exigir mais mudanças. Aumentou muito o número de processos nos tribunais, inclusive de bancos contra o governo. Durante o regime militar, uma causa como essa era impensável. Até o divórcio havia sido legalizado.

Talvez a mudança de maior impacto daquele ano tenha sido a Lei da Anistia. Sancionada em 28 de agosto, libertou os condenados por crimes políticos e permitiu que centenas de exilados retornassem ao país. Expatriados famosos, como Leonel Brizola, Fernando Gabeira e Darcy Ribeiro eram recebidos nos aeroportos com faixas e bandeiras de grupos políticos. Imediatamente, eles e muitos outros "inimigos do regime", como eram chamados pelos militares, passaram a se articular para voltar a ter papéis relevantes na democracia que começava a se estruturar.

A virada da década também trouxe ondas turbulentas e transformações importantes no cenário político-econômico mundial, cujas dimensões ainda não podíamos nem ao menos relancear. No Brasil isolacionista da época, não nos ocupávamos com questões internacionais. Acreditávamos que quase nada vindo do exterior pudesse afetar o país. Mal sabíamos que 1979 traria marcos e traumas que nos afetariam definitivamente, para o bem e para o mal, e que conduziriam o Brasil e o mundo a novas tendências políticas e econômicas.

THATCHER, A DAMA DE FERRO
Com a vitória do Partido Conservador nas eleições parlamentares de maio de 1979 e o início do governo de Margaret Thatcher no Reino Unido, o mundo começava a deixar o modelo dirigista que prevalecera até os anos 1970 para dar início à era do livre mercado e da globalização. Pela primeira vez uma mulher liderava o governo dos britânicos. E comandaria o país até 1990 com pulso mais firme que provavelmente qualquer outro premier inglês. Thatcher sacudiria o Reino Unido com suas reformas e com seu estilo direto e duro de falar e agir, que lhe renderia o epíteto de Dama de Ferro.

Desde a Segunda Guerra Mundial, a economia britânica, comandada na maior parte do tempo por governos trabalhistas, se tornara excessivamente regulada e estatizada, sob forte influência de poderosos sindicatos de trabalhadores. Nos anos 1970, a crise econômica conduzira o Reino Unido à chamada estagflação, que combina crescimento baixo com inflação alta. O Reino Unido perdia mais rapidamente seu espaço na economia mundial, o que já vinha acontecendo nas décadas anteriores. Depois de ser superado pelo Japão e Alemanha no pós-guerra, nos anos 1970 foi suplantado pela França e pela Itália. Em 1975, precisou recorrer ao FMI para enfrentar uma crise cambial.

Thatcher liderou a vitória dos conservadores em 1979 prometendo tirar o país daquela rota de decadência. No poder, a primeira-ministra radicalizaria: privatizaria diversas empresas importantes, como a British Telecom, a British Petroleum, a British Airways, a British Steel e a British Gas, equivalentes às nossas grandes bras. Embora sofresse resistências no início do governo, na maior parte do tempo a governante agiria com apoio da população inglesa, cansada de greves e das ineficiências do estatismo e muito satisfeita com a consequente redução da carga tributária. Com isso, também compraria brigas encarniçadas com sindicatos. Não por pouco. Thatcher não recearia nem em mexer em direitos sociais como o salário mínimo, que extinguiria. Eu veria de perto uma parte dessas transformações institucionais. Mas ainda não imaginava que isso fosse possível.

ABERTURA DA CHINA

Em 1979 também se firmaria o salto nas transformações econômicas na China iniciadas nos anos anteriores. O país era apenas a segunda potência socialista do mundo, muito aquém do poderio da União Soviética.

No ano anterior, Deng Xiaoping, que assumira o poder em Pequim em 1976, com a morte de Mao Tsé-Tung, acelerou as reformas para implementar o que chamava de "socialismo de mercado", uma espécie de modelo híbrido de comunismo e capitalismo. Neste sistema, uma razoável liberdade para empreendimentos privados convivia com a manutenção de um controle férreo do Partido Comunista na esfera política e social. Mais do que leis, Xiaoping manteve, até deixar o poder, em 1989, uma orientação flexível e permissiva em relação aos investimentos e à obtenção do lucro pelos empreendedores.

AFEGANISTÃO, VIETNÃ E CAMBOJA

A União Soviética já estava claramente com seu poderio político e militar abalado e os Estados Unidos se esforçavam para tomar o seu espaço onde quer que fosse, especialmente na Ásia e no Oriente Médio. Vez ou outra, a URSS teimava em tentar impor seu poder a antigos aliados. Foi o que aconteceu no Afeganistão. Para tentar manter sua influência, iniciada em 1973, em dezembro de 1979 os soviéticos ocuparam Cabul, onde sofreram uma derrota aterradora dos grupos guerrilheiros, apoiados por Estados Unidos, Irã e Paquistão.

Depois da vitória sobre os americanos na guerra do Vietnã, os vietnamitas passaram a exercer sua influência na região. Em 7 de janeiro de 1979, auxiliaram os insurgentes cambojanos a derrubar o regime de Pol Pot. O ditador e os principais líderes do Khmer Vermelho bateram em retirada para o reino tailandês.

DE PAPADO EM PAPADO

Em 1978 e 1979 também ocorreram muitas transformações no mundo relacionadas aos poderes religiosos. O primeiro de tantos marcos não foi de judeus ou muçulmanos. Aconteceu na Igreja Católica. Depois de 15 anos de pontificado, em 6 de agosto de 1978, morreu o Papa Paulo VI, sucedido vinte dias depois pelo cardeal italiano Albino Luciani Tancon, que se tornou o Papa João Paulo. Depois de 25 dias, ele também faleceu, dando lugar, no mês seguinte, ao cardeal polonês Karol Józef Wojtila, o Papa João Paulo II, e a muitas desconfianças sobre a naturalidade das fatalidades. O novo sumo pontífice teria um papel relevante nas transformações do Ocidente na década seguinte.

REVOLUÇÃO ISLÂMICA DO IRÃ

Embora essas substituições tomassem a atenção, as transformações no mundo islâmico naqueles anos foram muito mais relevantes para a conjuntura internacional. Em janeiro de 1979, a insurreição da maioria xiita no Irã que fora iniciada no ano anterior se tornou tão afrontadora que o xá Mohammad Reza Pahlevi, governante pró-ocidente, fugiu com sua família para o Egito. Em 1978, este fora o primeiro país islâmico a aceitar publicamente a existência de Israel. Em troca, recuperou a península do Sinai.

Com a queda do xá, a monarquia, acusada pelos rebeldes de ser pró-ocidental, foi substituída pelo governo dos aiatolás, até então líderes somente religiosos do mais populoso país muçulmano de maioria xiita, a facção mais fundamentalista da religião maometana. Já em 1º de fevereiro de 1979, o aiatolá Khomeini, chefe religioso exilado na França, retornou a Teerã com apoio dos militares para proclamar a República Islâmica do Irã, da qual se tornou dirigente religioso e político.

Em 1º de abril, Khomeini proclamou a Revolução Islâmica do Irã, que impunha o retorno de costumes muçulmanos ortodoxos, com a proibição de influências ocidentais, incluindo roupas, músicas e jogos. Também foram reintroduzidos os violentos castigos corporais para quem violasse a *sharia*, o conjunto de regras dos maometanos, que proíbe sexo antes do casamento, adultério e consumo de bebidas alcoólicas. Assim que assumiu, o aiatolá sentenciou à morte defensores do xá, sobretudo militares e ministros do governo anterior, além de prostitutas, homossexuais, não muçulmanos, sobretudo judeus e marxistas, por defenderem o laicismo do Estado.

SEGUNDO CHOQUE DO PETRÓLEO

A revolução iraniana foi acompanhada da paralisação da produção de petróleo do Irã, o segundo maior exportador mundial do produto, e da revisão de seus contratos com multinacionais. Depois de ter quadruplicado com a crise do petróleo em 1973, o preço do barril duplicou em 1979.

Os países em desenvolvimento, já pressionados desde a disparada dos preços de 1973, sofreram outro golpe arrasador para suas economias. Imaginava-se que a alta seria momentânea, apenas enquanto o regime dos aiatolás negociava e punia empresas estrangeiras no Irã. Nós achávamos que os preços não retornariam ao patamar anterior, mas certamente seriam reduzidos. Para nós, o impacto não seria tão violento, já que, com a crise de 1973, o regime militar investira em alternativas como usinas hidrelétricas e o Proálcool, que vinha sendo implementado desde 1977. Além disso, o crédito ao Brasil continuava farto. Ainda podíamos nos endividar mais enquanto esperávamos as águas se acalmarem.

DÉFICIT AINDA MAIOR NA BALANÇA COMERCIAL

Mesmo acreditando que o cenário não continuaria tão negro por muito tempo, a equipe econômica, centralizada no Ministério da Fazenda e na Seplan, se articulou para encontrar soluções para minimizar os efeitos da alta dos preços do petróleo. Em agosto, expandiu-se o crédito para a agricultura e tabelou-se algumas taxas de juros. Também foi criada a Secretaria Especial das Empresas Estatais (Sest), para melhor controlá-las.

Essas medidas representavam o pêndulo que o início do governo Figueiredo viveu. De um lado era esperada uma política contracionista para combater a elevação da inflação, que Geisel não havia assumido como sua responsabilidade. De outro, com o regime militar em processo de perda de legitimidade, o novo presidente não admitia abandonar a direção desenvolvimentista dos anos anteriores.

SADDAM HUSSEIN E VISITA AO IRAQUE

Trincando as esperanças de Figueiredo, o cenário externo se complicaria ainda mais a partir do segundo choque. Em julho de 1979, o general Ahmad Hassan Al-Bakr, presidente do Iraque desde o golpe de estado de 1968, deixou o poder devido a problemas de saúde. Quem assumiu o comando deste outro grande produtor de petróleo foi o general que era seu vice desde o início, Saddam Hussein Al-Takriti, que transformou o governo numa ditadura, tendo os EUA como aliado. Não lhe agradou a radicalidade iraniana, mas demoraria ainda pouco mais de um ano para estruturar seu governo, fuzilar oposicionistas e centralizar o poder, antes de, no final do ano seguinte, realizar sua primeira incursão militar.

Foi logo depois da posse do novo ditador, em setembro de 1979, que fui, pela primeira vez, à Europa, acompanhando Rischbieter à reunião anual do Fundo Monetário Internacional, que naquele ano se realizou em Belgrado. A atual capital da Sérvia fazia, naquela época, parte da Iugoslávia de Tito, que eu vi muito de perto quando discursou abrindo oficialmente a reunião. Depois de escalas em cidades alemãs em que Rischbieter palestrou, visitamos Bagdá, para uma feira internacional. Sem desconfiar que uma guerra seria empreendida por ali, grandes empresas brasileiras realizavam imensas obras no país, como construção de estradas, com financiamento do Banco do Brasil.

Como a feira aconteceu poucos dias depois de o ditador assumir o comando do Iraque, testemunhamos sinais veementes de que não toleraria oposição: degolou ou fuzilou os insurgentes mais proeminentes e exibiu suas cabeças à população. Uma delas era a de um ministro iraquiano, Ansari, que visitara o MIC mais de uma vez em viagem de negócios ao Brasil. Isso chocou sobremaneira empresários brasileiros por lá. E nós também, evidentemente.

BEIRUTE À ISRAELENSE

No retorno dessa mesma viagem, fizemos uma escala em Beirute que não foi menos desconcertante. A hostilidade entre os grupos cristãos e muçulmanos no Líbano já havia causado uma guerra civil e a intervenção armada pela Síria, em 1976, com apoio dos EUA e de Israel. Em 1978, as atividades da Organização para a Libertação da Palestina (OLP) na região haviam servido como justificativa para a ocupação israelense do sul do país. No final de 1979, a guerra civil parecia controlada, mas foi uma tristeza ver arrasada a capital libanesa, chamada de Paris do Oriente até o início dos embates.

Nem suspeitava que as tensões se agravariam até se tornarem, entre os vários conflitos geopolíticos dos anos 1980, um dos que mais chocariam a opinião pública internacional, devido ao massacre de centenas de civis. O conflito prosseguiria até 2000 e seria retomado em 2006, na Segunda Guerra do Líbano.

ALTA DOS JUROS AMERICANOS

Até outubro de 1979, embora os preços do petróleo já houvessem disparado, as economias em desenvolvimento, ainda não chamadas de emergentes, não haviam sido feridas de morte. Mas naquele mês sofreriam uma parada cardíaca que jogaria a última pá de cal sobre o modelo econômico dos governos militares. Ela não estava diretamente ligada a islâmicos, israelenses ou palestinos. Nem mesmo ao petróleo.

Assim como a maior parte do mundo, os EUA também sofreram duramente o impacto dos choques do petróleo, que conduziram o país à estagflação. O índice de preços ao consumidor americano ultrapassara os 10% ao ano, patamar insuportável para um país que desde o começo do século XX estava acostumado a variações modestas de preços.

Para solucionar o problema inflacionário, em agosto de 1979 o presidente Jimmy Carter indicou Paul Volcker para a presidência do Federal Reserve (FED), o banco central norte-americano, que conduzia uma política monetária complacente, de juros baixos. Volcker adotou o arrocho monetário, que seria sustentado no governo Reagan, garantido pelo corte de gastos e de aumento de impostos do governo republicano. Pouco depois de assumir, o FED disparou a taxa de juros, que passaria a 14% ainda em 1979 e alcançaria 18% em 1980. A maior economia do mundo voltava a crescer, atraindo investimentos para o setor produtivo, o que estimularia a economista Maria da Conceição Tavares a escrever, em 1985, o artigo "A retomada da hegemonia americana". Com as medidas, a inflação americana despencaria para 3,2% em 1983, quando os juros começariam a recuar, o que não refletiria na fuga de capitais do país.

Como ocorre sempre que um banco central promove um arrocho monetário, o efeito inicial foi o aprofundamento da recessão e a quebra de empresas e bancos nos EUA. O impacto foi ainda mais drástico para o mercado mundial. Com o segundo choque do petróleo, em 1979, o caixa dos países exportadores, como os do Golfo Pérsico, ficou mais gordo. Porém, os petrodólares, que fluíam generosamente para projetos em toda parte, foram desviados para o mercado americano, o que repentinamente transformou o dinheiro abundante em escasso e caro no resto do planeta. Como o crédito oferecido por muitos bancos no mundo era atrelado ao dólar, o endividamento de muitos países aumentava na mesma toada dos juros norte-americanos.

Eu estava presente à reunião do FMI de setembro de 1979, em Belgrado, quando Paul Volcker, um mês depois de assumir, teria proferido a frase que seria grafada em muitos livros de história econômica como o prenúncio de uma gravíssima e longa crise mundial: "O dólar é nosso e o problema é de vocês."

PROBLEMAÇO PARA O BRASIL

Abruptamente, o país se viu com um déficit externo gigantesco e sem condições de financiá-lo. O déficit em transações correntes chegou a 7% do PIB. E havia um agravante: de maneira geral, os empréstimos captados pelo Brasil nos anos 1970 tinham taxas flutuantes. Que flutuaram mesmo, bem para cima!

A combinação do petróleo mais caro com a alta dos juros americanos surpreendeu o país em plena execução dos projetos iniciados nos Planos Nacionais de Desenvolvimento, que dependiam de capital estrangeiro para ter continuidade. Os empreendimentos não podiam ser interrompidos. Tratavam-se de investimentos indivisíveis. É como a construção da casa que não pode parar quando só o que falta é colocar o telhado. Mas foi necessária uma grande adaptação, no orçamento e no cronograma. Todos os projetos atrasaram e ficaram muito mais caros.

REAÇÃO BRASILEIRA

A equipe econômica entrou num rebuliço. A economia precisava sofrer um incisivo reajuste para que o país se adaptasse à nova conjuntura. Seplan e Ministério da Fazenda reuniam-se constantemente para debater possíveis soluções para a crise que se instalava. A partir de então não seria mais possível manter elevados gastos governamentais como na época do milagre econômico. Voltava-se à cartilha ortodoxa de austeridade financeira: maior controle das despesas públicas, reduzindo gastos com estatais e aumentando alguns impostos como IOF e IR, elevação das taxas de juros, para conter a expansão monetária e o crédito no país, e desvalorização da moeda, para reduzir as importações.

NOVA POLÍTICA SALARIAL E A ESPIRAL PREÇOS-SALÁRIOS

Mesmo com a necessidade de contenção, o governo foi generoso com os trabalhadores. Já em outubro, o Congresso aprovou a lei 6.708, que encurtava o intervalo entre os reajustes de salários, anuais desde os anos 1960, para seis meses. Em novembro foi determinado que os rendimentos seriam corrigidos pelo Índice Nacional de Preços ao Consumidor (INPC), do IBGE, deixando para trás a fórmula que levava em conta a projeção do governo para a inflação do ano seguinte — sempre menor do que a inflação efetiva.

Os reajustes aqueceram a demanda, provocando elevação dos preços, que levavam a correções salariais maiores no semestre seguinte, realimentando o processo inflacionário. Os economistas chamam este processo de "espiral preços-salários". Era como jogar gasolina no fogo. A generosidade era apenas aparente. A inflação anula os "aumentos" e rouba um pouco mais da renda real. Os reajustes pela inflação passada eram sempre superados pela inflação posterior e mais ainda pela subsequente, pois os níveis de preço eram sempre ascendentes.

MAXIDESVALORIZAÇÃO DE 1979

A primeira entre as reações mais drásticas do Brasil à crise externa se deu no mês seguinte: a maxidesvalorização de 1979, anunciada em 7 de dezembro. Mesmo sendo o coordenador de assuntos econômicos do MF, eu soube pela TV. Além do próprio presidente da República, decisões dramáticas como essa só eram conhecidas de antemão pelos dois ministros e o presidente do Banco Central para reduzir ao máximo o risco de vazamentos. Imediatamente, todos os órgãos relevantes da área econômica se reuniram no Ministério da Fazenda, sob minha coordenação, para preparar inúmeras medidas administrativas associadas ou complementares à desvalorização cambial.

Em geral, a mídia apoiou a medida como uma ação do governo para enfrentar a crise internacional. E eu tive meus primeiros minutos de fama nacional, na minha aparição inaugural no *Jornal Nacional*, da TV Globo, para explicar as mudanças.

A maxidesvalorização foi adotada para dar um choque competitivo nas exportações brasileiras, além de barrar e encarecer as importações, aliviando a balança comercial. Para a população significava o aumento dos preços dos importados, mas para a produção nacional era garantia de maior proteção do mercado por meio do encarecimento dos produtos estrangeiros. Para evitar que parte dos ganhos dos exportadores de commodities fosse transferida para o exterior, também foi preciso tributar suas vendas externas com o Imposto de Exportação. Na prática, a desvalorização representou uma queda dos salários reais, o que contribuía adicionalmente para elevar a competitividade de nossos produtos exportáveis.

"ANEXO C"

Uma das medidas complementares à maxidesvalorização foi um comunicado da Cacex, Carteira de Comércio Exterior do Banco do Brasil.

Um de seus componentes, o anexo C, que ficaria famoso, suspendeu a emissão de guias de importação para cerca de três mil produtos, de bens intermediários, como partes, peças e componentes, a itens de consumo, como automóveis, perfumes, bebidas e eletroeletrônicos. A derrubada do anexo C constituiria um dos pontos focais do processo de abertura da economia, iniciado em 1988.

FIM DO MILAGRE ECONÔMICO BRASILEIRO

A máxi de 1979 representou o fim do sonho do "Brasil potência". O milagre havia começado a desmoronar já no primeiro choque do petróleo, em 1973, mas a economia brasileira manteve um crescimento razoável até o final da década, graças, em grande parte, à decisão do governo Geisel de utilizar o financiamento externo para amaciar o impacto da crise no Brasil. O segundo choque do petróleo, porém, tornou inviável manter a mesma trajetória.

A desvalorização provocou um grande salto da inflação mensal, que passou de 2,3% em maio de 1979 para 7,3% em dezembro, fazendo com que a variação anual atingisse 77,2%, quase o dobro do ano anterior, 40,8%. Para evitar que a inflação saísse de vez do controle, o governo adotou medidas ortodoxas, como o controle do crédito e redução da expansão monetária, que se tornariam habituais a partir de 1980.

PLURIPARTIDARISMO

Nada naquele momento transformaria a situação em menos que gravíssima e desconfortável. A população, claro, não estava nem um pouco satisfeita. Ninguém no mundo que não fosse produtor de petróleo ou banqueiro americano, europeu e japonês estava. A oposição, mais vigorosa com o fim do AI-5, a anistia e o retorno dos opositores do regime, se esbaldava com tantas críticas disponíveis a fazer e tanta receptividade, ampliada pelas dores nos bolsos de toda a população, de empresários a trabalhadores e donas de casa. Com a crise econômica, o regime militar perdia definitivamente sua legitimidade.

Talvez para amenizar as críticas ao governo (ou ao menos criar um fato pelo qual pudesse ser elogiado), em 20 de dezembro de 1979, Figueiredo sancionou a terceira Lei Orgânica dos Partidos Políticos. Era o fim do bipartidarismo, instituído em 1965. A governista Arena foi rebatizada como Partido Democrático Social (PDS), enquanto o MDB se tornou

PMDB. Surgiram o Partido Democrático Trabalhista (PDT), liderado por Leonel Brizola; o Partido Trabalhista Brasileiro (PTB), de Ivete Vargas, sobrinha-neta de Getúlio; e o Partido Popular (PP), de Tancredo Neves, que depois se uniria ao PMDB de Ulysses Guimarães. Menos de dois meses depois da liberação, em fevereiro de 1980, sindicalistas, políticos e intelectuais de esquerda fundaram o Partido dos Trabalhadores (PT), sob o comando de Luís Inácio Lula da Silva.

MINISTÉRIO DA FAZENDA X SECRETARIA DE PLANEJAMENTO

A crise e as medidas desesperadas aumentaram exponencialmente as rivalidades entre os chefes e as equipes do Ministério da Fazenda e da Seplan e as disputas por poder e reconhecimento. Quando a Seplan era comandada por Simonsen, Rischbieter não se incomodou em transferir a presidência do Conselho Monetário da Fazenda para o Planejamento, nem a representação no FMI. Com Delfim, ele não se sentia nem um pouco à vontade. E ele queria muito mais do que isso.

No finalzinho de 1979, soubemos que Delfim pleiteava transferir para a Seplan o comando da Inspetoria Geral de Finanças, do Banco Central e da Secretaria da Receita Federal, que eram vinculados à Fazenda. Foi um choque para todos nós. Era absurdo! Na prática, significaria comandar o Tesouro Nacional, que era a própria razão de ser e a origem histórica do MF. Sem controle sobre esses órgãos — e sobre o erário — a Fazenda viraria um apêndice do Planejamento!

Foi devido a essas propostas que a equipe do ministério passou o Natal trabalhando. Tínhamos de examiná-las e redigir um documento para nos contrapormos às ideias da Seplan. Isso me fez perder as férias das crianças, em que sempre viajávamos, e até a ceia de Natal e a entrega de presentes da minha família. Imperdoável!

Dias depois o documento que eu e Márcio Fortes preparamos, com propostas de abertura econômica, mais debate e uma certa crítica ao caráter centralizador da equipe econômica, foi encontrado em um depósito de lixo no setor bancário de Brasília. O fato ganhou enorme destaque no *Jornal do Brasil* e ajudou a azedar o ambiente.

PEDE PARA SAIR!

Com tantas divergências e pressões tão contundentes por resultados, passadas as festas de fim de ano, Rischbieter decidiu conversar com Golbery do Couto e Silva, o chefe da Casa Civil desde 1974, no início do governo Médici, que se manteria no cargo até agosto de 1981. O ministro da pasta funciona como o intermediário do presidente em questões envolvendo desavenças e demissões de ministros. Naqueles tempos, era comum que recorressem ao chefe da Casa Civil durante crises mais tensas. Eu também faria isso em 1989.

Rischbieter expôs suas insatisfações ao ministro Golbery. Reclamou que a situação estava insuportável e, por isso, pensava em deixar seu cargo. Seu interlocutor o apoiou. E foi o que "Karlos com K" fez em 17 de janeiro de 1980. O novo ministro foi anunciado no mesmo dia: Ernane Galvêas, o presidente do Banco Central.

QUE ALÍVIO!

Quando Rischbieter anunciou sua decisão à equipe, no dia 16, senti um grande alívio! Naturalmente o novo ministro traria sua equipe. E eu também sairia daquele inferno, deixaria de trabalhar 15 horas por dia, quase sem descanso, sacrificando fins de semana e até o Natal. Meu casamento se complicava e meus filhos tinham um palmo mais cada vez que eu olhava com atenção.

Indubitavelmente era hora de mudar. Enfim eu deixaria o governo e daria mais atenção a Rosinha, Márcio, Guilherme, Ivan e Juliano, que eu só costumava ver de relance desde que nascera. Depois das férias tão merecidas, que eu não tirava havia tantos anos, eu pensaria no que fazer. Só desejava levar uma vida mais pacata, sem muitas responsabilidades. Diversas propostas haveriam de surgir. Em último caso, voltaria ao Banco do Brasil, num cargo comissionado qualquer.

JURO QUE FOI A ÚLTIMA VEZ

Naquela noite, convidei Rosinha para jantar. Era a primeira vez que fazíamos isso. Nunca havíamos comemorado nenhuma promoção, nenhuma indicação, nenhum reconhecimento, nenhuma vitória. Mas esse era um acontecimento e tanto para se celebrar.

Ela não fazia ideia de que ocasião especial se tratava para levá-la a um bom restaurante. Queria segurar sua mão, mas ela estava distante demais. Não fisicamente. Depois que chegaram os pratos, pedi perdão pelas tantas ausências, pelas muitas lamentações dos últimos tempos, por não estar presente no Natal... Exausto, mas otimista, proclamei meus planos, orgulhoso, contente. Disse a ela que deixaria o posto, naturalmente. Mesmo porque não conhecia bem o novo ministro, que traria toda uma nova equipe.

Diferentemente do que imaginei, ela quase não reagiu. Não sorriu. Parecia até estar chateada. Acho que ela não me dava crédito. Já havia dito isso uma vez. Repeti uma ladainha que ela ouvia muito, quase toda vez que reclamava que eu trabalhava tanto. Eu disse que nunca havia procurado nada, que a culpada era a vida, que me carregara a todas essas situações que eu não poderia deixar de viver. Se muito, ela balançava a cabeça.

Depois de longos silenciosos instantes, ela reagiu. Disse, quase irritada, que eu havia procurado isso, sim. Que me dedicava tanto porque queria isso mesmo: trabalhar insanamente em postos importantes. E que ela não tinha muitas esperanças de que eu fosse diferente disso. Permaneci calado. Não, não era verdade. Minha trajetória era uma sequência de fatos tão interligados que formavam uma espiral sem possibilidades de saídas tangenciais. Ou será que ela tinha razão?

Não conversamos muito mais do que isso. Voltamos para casa assim, pensativos, chateados, calados. Mas eu sabia que conseguiria vê-la sorrir ao meu lado, tranquila e alegre. Eu teria, enfim, uma vida feliz, em família. Faltava apenas entregar o cargo, e eu provaria isso a ela.

MEU CARGO À DISPOSIÇÃO

É claro que, assumindo o ministério assim, de sopetão, é necessário um período de adaptação, até que o novo chefe possa reunir a equipe que deseja. Eu imaginava que não esvaziaria minhas gavetas antes do Carnaval, transmitindo o cargo para algum funcionário do Banco Central que Galvêas traria para o meu lugar. Mas achei mesmo que passaria as semanas seguintes no Nordeste. As crianças ainda estavam em férias. Até havia conversado com Rosinha sobre isso.

Na manhã do dia 17, saí de casa rumo ao ministério para descobrir quem seria meu sucessor. No gabinete, como usual, peguei os jornais para ler. Ernane Galvêas anunciara à imprensa sua equipe. Para minha surpresa, eu estava na lista, sem ter ao menos sido consultado. Não havia problema. Ao final do dia, quando o encontrasse, comunicaria minha decisão.

"FICA, VAI?"

Na cerimônia de posse, durante os cumprimentos oficiais, Galvêas perguntou "você está conosco, né?". Queria agradecer pelo convite e lhe dizer que não tinha interesse em continuar no cargo. Mas não fiz isso. Talvez Rosinha tivesse razão: eu queria continuar.

A essa altura, ela já conhecia, pelos jornais, minha nova decisão. Cheguei em casa de um jeito quase sem jeito, com a cara mais deslavada. "O ministro anunciou o meu nome mesmo. E vamos ter que adiar os planos. Inclusive as férias." Ela reclamou. Mas logo aceitou. Era, afinal, apenas um adiamento.

CAPÍTULO XVI No Ministério da Fazenda, com Ernane Galvêas (1980-1983)

MINISTRO ERNANE GALVÊAS

Até 17 de janeiro de 1980, meus contatos com o novo ministro eram muito superficiais. Se limitavam aos encontros mensais promovidos por Carlos Brandão, quando ele presidira o Banco Central, logo antes de Galvêas assumir seu lugar. Mas eu já o admirava muito. Ernane Galvêas, funcionário do Banco do Brasil como eu, havia sido assessor da Sumoc, que em 1965 deu origem ao Banco Central. Obtivera um mestrado em economia na Universidade Yale, nos Estados Unidos e, por seus próprios méritos, construíra uma invejável carreira no Banco do Brasil, no Banco Central e no setor privado. Presidira o BC em dois momentos: entre 1968 e 1974 e entre agosto de 1979 e 16 de janeiro de 1980, o dia anterior. No intervalo, foi um dos principais executivos da Aracruz, conduzindo brilhantemente o levantamento de recursos, no Brasil e no exterior, utilizados na construção do complexo de produção de celulose da empresa.

Galvêas era centralizador, ao menos no Ministério da Fazenda. Gostava de participar de tudo. Acompanhava das atividades do Banco Central às negociações da dívida externa, às questões tributárias, às atividades de comércio exterior, ao crédito rural e por aí afora. Só com o tempo passou a delegar tarefas a mim e ao secretário-geral.

Era também extremamente dedicado. O trabalho era seu hobby. Depois de correr, fazer ginástica e ler documentos e processos, chegava ao ministério às oito da manhã, de onde saía tarde. Continuava a trabalhar, rotineiramente, madrugada adentro. Dormia apenas três horas por noite. Nas vésperas de depoimento no Congresso, passava a noite em claro, checando e rechecando o material a ser utilizado tanto nas apresentações quanto nos debates. Era incansável. Havia apenas uma concessão: um cochilo irresistível de 15 minutos após o almoço, em um sofá numa sala contígua à sua.

Nos primeiros anos com ele, eu trabalhava das oito da manhã às nove da noite. À medida que as crises se avolumassem, a dedicação aumentaria, minha e dele. No auge da crise da dívida externa, em 1983, sairíamos juntos do ministério para sua residência, onde eu o acompanharia às vezes até à meia-noite.

NOVA EQUIPE

Além de mim, Galvêas manteve em seus cargos apenas o secretário da Receita Federal, Francisco Dornelles, e o procurador-geral da Fazenda Nacional, Cid Heráclito de Queiroz. Trouxe, para o posto de secretário-geral, Carlos Viacava, que nos tempos de Delfim na Fazenda ocupara uma estratégica diretoria no Instituto Brasileiro do Café e, em 1981, se tornaria diretor da Cacex.

Outros ex-assessores de Delfim voltavam à Casa sob o comando de Galvêas: depois da saída de Viacava, Eduardo Carvalho assumiu a secretaria-geral, onde permaneceria até março de 1983 para assumir a presidência do Banco do Estado de São Paulo, o Banespa. Eu seria o seu substituto. Affonso Celso Pastore, ex-secretário da Fazenda de São Paulo, assumiu a presidência do Banco Central em 1983. Até então, o cargo fora ocupado por Carlos Geraldo Langoni, o jovem e brilhante economista, professor da Fundação Getúlio Vargas, que já exercia uma das diretorias do BC. Langoni ficara nacionalmente conhecido pelo estudo pioneiro sobre concentração de renda, no qual provava que o processo estava intrinsecamente ligado à educação: quanto maior o grau de conhecimento, maiores os rendimentos.

GALVÊAS E DELFIM

Com a troca de ministros, a equipe econômica voltou a ser coesa. Galvêas era amigo de Delfim. Havia exercido cargos relevantes durante sua gestão nos governos Costa e Silva e Médici. Comandando a Fazenda, Delfim indicara Galvêas para diretor da Cacex e, posteriormente, para presidir o BC pela primeira vez.

Eles se complementavam. Galvêas tinha um perfil de homem público com o qual me identifico muito, o do mandarim, do burocrata disciplinado, com foco na missão de ajudar a conduzir o país, de forma discreta e eficiente. Assim, não representava ameaça ao brilho do ministro-chefe da Seplan. Nisso, eles eram semelhantes à dupla composta, no governo Castello Branco, por Roberto Campos e Octávio Gouveia de Bulhões, com o primeiro aparecendo como o líder da área econômica e o segundo coordenando, mais discretamente, as mudanças estruturais que criariam os alicerces do "milagre".

Com os dois no comando, as equipes do MF e da Seplan trabalhavam em uníssono, sem rivalidades aparentes. O ambiente se tornou muito construtivo, sem disputas de poder ou divergências relevantes de orientação. Participávamos de reuniões para debater medidas e realizávamos viagens conjuntas no Brasil e ao exterior, em missões técnicas. Com Galvêas, a proposta, que achávamos absurda, de o Planejamento tomar o controle sobre o Tesouro, foi aposentada e a presidência do Conselho Monetário Nacional, que passara à Seplan em março de 1979, retornou, natural, consensual, pacífica e definitivamente, ao Ministério da Fazenda. A secretaria reteve a representação no Banco Mundial e no BID, o que fazia sentido, pois essas duas instituições multilaterais financiavam projetos de investimento, o que mais se adequava às atribuições daquela secretaria.

A PRIMEIRA RECESSÃO DOS MILITARES

Foi com Galvêas e Delfim no comando da economia que os desdobramentos mais críticos da crise externa que atingiu o Brasil em 1979 se evidenciaram. O crédito nos mercados internacionais escasseou em decorrência do segundo choque do petróleo e da elevação dos juros nos Estados Unidos e o comércio externo, cujo crescimento ajudara a alavancar o Brasil dez anos antes, encolheu, dificultando as exportações, mesmo com a maxidesvalorização. A inflação corroeu grande parte das vantagens competitivas trazidas com a mudança cambial. Internamente, a escalada inflacionária espremia o salário real e reduzia o consumo, o que esfriava a atividade em toda a economia e gerava desemprego.

DESACELERAÇÃO ECONÔMICA

O fim do milagre se tornava inequívoco, com o esgotamento do modelo de desenvolvimento baseado na substituição de importações e na ampla intervenção estatal, via empresas do governo, direcionamento do crédito a juros de subsídio e ampla concessão de incentivos fiscais para investimentos na indústria e nos diferentes setores da economia, incluindo estímulos oficiais em favor das regiões menos desenvolvidas do Norte, Nordeste e Centro-Oeste.

Se entre 1974 e 1979 a economia perdera dinamismo gradualmente, a partir de 1981 as quedas passaram a ser abruptas. Em 1980, a taxa de crescimento do PIB ainda teve uma aceleração, passando de 6,8% para 9,2%. Mas, em 1981, sofreria um mergulho, despencando para 4,2% negativos. O crescimento daria sinais de voltar em 1982, quando o PIB fecharia em 0,8%, mas a recessão retornaria em 1983, com uma taxa negativa de 2,9%, de acordo com a revisão posterior do IBGE. As engrenagens que haviam movimentado o crescimento da economia nos anos dourados começavam a parar e até funcionar em sentido inverso.

MEDIDAS ECONÔMICAS DE 1980

O governo foi obrigado a adotar medidas mais restritivas ao crédito e ser mais conservador nos gastos públicos, para evitar o descontrole dos preços. Isso comprometia ainda mais a demanda. Por sugestão de Langoni, o governo adotou o método de controle que vinha sendo aplicado na Europa, que consistia em limitar os empréstimos totais do sistema bancário.

Em 1980, a providência econômica de maior repercussão foi a prefixação da taxa de câmbio e da correção monetária, cuja variação foi estabelecida em 40% e 45%, respectivamente. Acreditava-se que o anúncio da medida afetaria as expectativas e isso contribuiria para arrefecer pressões inflacionárias, que se haviam exacerbado com a maxidesvalorização de dezembro do ano anterior. Não funcionou. Mais tarde, teríamos que abandonar a prefixação e restabelecer parte da inflação omitida naqueles dois indicadores. O câmbio voltaria a ser corrigido pelo diferencial entre a inflação interna e a externa.

TENTANDO CONTROLAR AS CONTAS

Desde o governo Geisel, o controle de preços aumentava em resposta ao recrudescimento da inflação, o que se acentuou ainda mais no governo Figueiredo. Por exigência de Simonsen, Geisel assinou decreto pelo qual os reajustes de preços públicos como energia, telecomunicações e transporte, e alguns preços privados, como mensalidades escolares e açúcar ocorreriam apenas com a aprovação expressa do ministro da Fazenda. O MF continuou a controlar preços privados, com base em planilhas de custos submetidas pelas empresas ao CIP. Simonsen implantou um sistema pelo qual determinados setores e empresas tinham os seus preços reajustados trimestralmente com base numa fórmula ou na inflação passada. Era o que se chamava de "liberdade vigiada". A correção monetária se generalizava qual um vírus na economia, ajudando a fortalecer a inércia inflacionária.

TRÊS DÍGITOS DE INFLAÇÃO

Apesar das medidas de controle monetário e do aperto do crédito, foi impossível impedir a escalada dos preços. A inflação do regime militar tinha declinado até o final do governo Médici, mas readquiriu a trajetória de alta a partir de então, especialmente em consequência dos choques do petróleo de 1973 e 1979. Com o primeiro, a variação anual saltou de 15,6% em 1973 para 34,5% em 1974. Os índices continuaram nesse patamar até 1978, quando o segundo choque contribuiu para que a taxa subisse para 77,2%, em 1979. Em 1980, a inflação atingiu pela primeira vez os três dígitos, fechando em 110,2%. A recessão ajudaria a estabilizar o índice, que fecharia pouco abaixo dos 100% em 1981 e em 1982, respectivamente 95,2% e 99,7%. Essa perversa escalada inflacionária acompanharia o Brasil e os brasileiros por mais de dez anos, sempre piorando.

PAUTA DO CONSELHO MONETÁRIO NACIONAL

À medida que a crise avançava, começamos a ser surpreendidos com propostas que chegavam ao CMN com baixa qualidade técnica, sem a devida consideração sobre fontes de recursos ou sobre sua compatibilidade com as metas do Orçamento Monetário. Para evitar constrangimentos, problemas políticos e divulgação distorcida na mídia, propus ao ministro Galvêas que os votos que comporiam a pauta do CMN fossem minuciosamente estudados antes de serem encaminhados aos conselheiros. O intuito era criar um filtro no Ministério da Fazenda, o que era difícil ao Banco Central, principalmente porque muitas dessas propostas nasciam em ministérios hierarquicamente superiores a ele.

Com a aprovação de Galvêas, passei a coordenar a pauta. Uma semana antes de cada reunião, o funcionário do BC que secretariava as reuniões do Conselho comparecia à minha sala com uma pilha de votos. Como eu estava quase sempre com Galvêas e conhecia seus pontos de vista, eu mesmo decidia sobre a maioria deles. Apenas os mais relevantes eram discutidos com o ministro. Dessa maneira, foi praticamente anulado o risco de embates ocorrerem durante a reunião. Não significa que os baníamos das discussões. Apenas induzíamos seus autores a estudar melhor suas propostas, discutindo-as com as áreas técnicas antes de transformá-las em votos ao Conselho. Na maioria das vezes, o autor desistia. Em assuntos mais polêmicos, nós e o Banco Central fazíamos estudos adicionais para validar ou não as respectivas propostas.

Outra inovação da gestão de Galvêas, para evitar embates desnecessários nas reuniões do Conselho Monetário Nacional, foram os encontros prévios com os membros do setor privado, que tinham a vantagem de se apresentar como uma cortesia: o ministro oferecia um almoço antes do horário marcado, na sala de reuniões contígua, onde discorria sobre os itens mais relevantes da pauta, que empresários haviam recebido dias antes. Os chamados votos extrapauta, incluídos depois da remessa dos documentos aos conselheiros, mereciam maior atenção. Algumas vezes sua não inclusão se devia à delicadeza do tema e os cuidados para evitar seu vazamento à imprensa. Afinal, eram mais de trinta participantes.

SEGUNDA TENTATIVA PARA QUE EU ME CORROMPESSE

Como já se pode notar, embora o nível hierárquico fosse o mesmo que no MIC, no MF o Coordenador de Assuntos Econômicos tinha muito mais prestígio: comparecia a mais reuniões importantes, inclusive internacionais, e falava mais à imprensa. Com isso, passei a ser bastante conhecido.

Foi nesse cargo que sofri a segunda tentativa de corrupção. Depois de uma reunião de algum setor de que não me recordo, um presidente de empresa puxou conversa comigo, perguntou se podíamos nos falar. Na minha sala, conversamos apenas amenidades. Foi um papo muito leve, muito gostoso, em que ele discorreu sobre os lugares por onde andara, os países que conhecera, as culturas que vivera. "Como assim, você nunca esteve na Europa?", perguntou. Respondi que já conhecera os Estados Unidos, mas tinha tido apenas uma breve passagem pelo velho continente, quando acompanhei o ministro Rischbieter para a reunião do FMI em Belgrado, em 1979. Acabei comentando, ingenuamente, que gostaria muito de conhecer a Espanha, um país que me encantava. Depois de alguns minutos, se foi.

Uma semana depois, recebi um envelope. Dentro, duas passagens, de primeira classe, com o meu nome e o de Rosinha. O destino, Madri. Havia também um voucher de um hotel muito bacana. Com aquilo em mãos, fiquei nervoso. Certamente ele queria ao menos conquistar minha boa vontade, minha simpatia aos seus projetos e seus pleitos no Ministério da Fazenda. Não sabia como reagir. Como é que eu faria para devolver aquele presente sem que restassem riscos de acontecer um mal-entendido ou uma acusação de suborno, mesmo com a recusa? Depois de me aconselhar com alguns colegas, decidi enviar-lhe uma carta, polida e sucinta, agradecendo, mas devolvendo os presentes. Registrada.

GUERRA IRÃ-IRAQUE E A AVERSÃO AO RISCO

O acesso do Brasil ao sistema financeiro internacional já se reduzira muito, mas em 1980 a situação se agravou ainda mais, devido à guerra entre Irã e Iraque. No segundo semestre, o mundo sequer havia começado a se recuperar do segundo choque do petróleo — que também teve o Irã como personagem principal — e dos efeitos da alta dos juros americanos.

Em 22 de setembro, quando se acreditava que a situação se estabilizaria, os iraquianos invadiram o país vizinho sob comando de Saddam Hussein. O conflito, devido a litígios fronteiriços pelo canal Chattel-Arab, e com o intuito de também conter a Revolução Islâmica, só terminaria em 1987, depois de acarretar cerca de 1,5 milhão de mortes. Ela manteria nas alturas os preços dos barris de petróleo e abalaria a reciclagem dos petrodólares.

O ambiente de incertezas ficou ainda mais deteriorado, uma vez que o destino de dois dos maiores produtores de petróleo era duvidoso, assim como as consequências para o resto do mundo. Para credores, incerteza é pior que risco, que pode ser calculado. Incerteza, não. A aversão externa ao risco se agravou. Entre os ativos mais arriscados estava, justamente, a dívida dos países em desenvolvimento, como o Brasil.

A PRIMEIRA MISSÃO TÉCNICA AO FMI

Dois meses depois do início da guerra, em dezembro de 1980, participei pela primeira vez de uma missão técnica ao FMI, precursora de uma série. Eu, representando a Fazenda, e Akihiro Ikeda, excelente economista da Seplan, que se tornaria meu amigo, fomos ao Fundo esclarecer a situação da economia brasileira para afastar temores de *default*, isto é, de que o Brasil não conseguisse honrar com seus compromissos financeiros. O objetivo era munir o FMI de informações para seu relatório sobre o Brasil, que o BC distribuiria aos bancos de todo o mundo. Os esforços não acarretaram mais crédito para o país, mas ao menos nossos contatos com os profissionais de lá se tornaram melhores.

GALVÊAS "SEQUESTRA" UM AVIÃO COMERCIAL

Essa viagem ocorreu semanas depois da reunião oficial do FMI, em Washington, que nos marcou a memória devido a um episódio desagradável, alheio às dívidas, de que eu seria um dos responsáveis. Em outubro de 1980, o Brasil tinha a vice-presidência da Assembleia de Governadores. Durante os três dias de reuniões, cabia ao seu presidente, ou chairman, anunciar os discursos dos representantes de cada um dos países membros. Como nada de muito importante era dito, era nesses dias que as delegações se reuniam com outros ministros, empresários e banqueiros, especialmente importantes naqueles tempos tão difíceis.

Devido a um problema pessoal do chairman, Galvêas se tornou o presidente da vez. Com a "honraria", os compromissos mais importantes foram transferidos para o dia posterior ao do término do evento, em Nova York, de onde o ministro retornaria ao Brasil.

Durante a Assembleia, Galvêas foi informado de que deveria acompanhar o presidente Figueiredo em viagem oficial ao Chile, partindo às nove da manhã seguinte ao das reuniões remarcadas. O voo da Varig desembarcaria no Rio de Janeiro depois das seis da manhã. De lá, Galvêas voaria para Brasília no jatinho do Banco Central — o mesmo que eu tanto utilizaria como ministro. Dificilmente chegaria a tempo de passar em casa, tomar banho e barbear-se antes de partir para o Chile.

Ainda em Washington, eu e o diplomata Lauro Moreira, chefe da Coordenadoria de Assuntos Internacionais da Fazenda, almoçamos na cafeteria do Fundo. Juntou-se a nós o jornalista Heitor Tepedino, do *Jornal de Brasília*, que cobria a reunião do FMI. Ele propôs uma solução: "O avião precisa sobrevoar Brasília, não é?" Seus olhos brilharam. "Basta conversar com a Varig para que ele pouse na capital. Os ministros Simonsen e Silveirinha *[Azeredo da Silveira, ministro de Relações Exteriores de Geisel]* fizeram isso diversas vezes."

Eu estava tão preocupado que me entusiasmei, sem avaliar as possíveis consequências para o ministro ou para os demais passageiros. Lauro não compartilhou do meu contentamento, receando imbróglios. Coincidentemente, Galvêas andava por ali naquele momento. Relutou em aceitar, mas eu e Tepedino insistimos, até que ele concordou. "OK, Maílson. Você fica encarregado de tomar todas as providências." Telefonei para Lino Oto Bohn, gerente da agência do Banco do Brasil em Nova York. "Ah, dá, sim! Já fiz isso mais de uma vez!" Em meia hora, ele retornou a ligação, dizendo que a Varig aceitara.

Galvêas embarcou na noite marcada. O comandante não preveniu os outros passageiros sobre a alteração nem quando iniciou o serviço de bordo às três da manhã, duas horas antes do usual. Quando se anunciou a escala em Brasília, houve buchicho, que se transformou em irritação quando desembarcaram somente o ministro e sua esposa, a bondosa, carinhosa e inesquecível Dona Léa. Outros passageiros que tinham a capital como destino final foram impedidos de descer. Galvêas foi para casa, trocou de roupa e de mala e embarcou com o presidente, sem maiores adversidades, diferentemente dos outros passageiros, que se revoltaram mais e mais. E com razões cada vez mais numerosas e contundentes. Quando a aeronave taxiava, uma turbina falhou e teve de ser consertada em solo brasiliense, o que acarretou atraso de duas horas, provocando a perda da maioria das conexões.

No dia seguinte, o jornal O *Estado de S. Paulo* estampava em primeira página: "Ministro da Fazenda sequestra avião da Varig.". Na terça-feira posterior, fui o último a chegar ao primeiro almoço semanal com o ministro. Da cabeceira da mesa, Galvêas brincou: "aqui está o meu assessor aeronáutico." Que vergonha! Não sabia se sorria amarelo ou se me desculpava uma vez mais. No fim de 1980, uma das fotos do ano publicadas pela revista *IstoÉ* era uma cabine de avião com a legenda "o gabinete do ministro da Fazenda".

"AI, DEI UM FURO!"

Menos de um ano depois, eu me sentiria ainda pior, por uma besteira ainda maior. Inadvertidamente, falei a um jornalista mais do que devia, dando-lhe um grande furo jornalístico, o que me rendeu muitas preocupações, um mal-estar imenso e duas noites em claro.

No início da década de 1980, quando ficava cada vez mais difícil fechar o Orçamento Monetário, era preciso uma reunião especial com o ministro da Fazenda e o ministro-chefe da Seplan para finalizar o documento. A dificuldade era acomodar os programas de crédito do Banco do Brasil e do Banco Central, evitando emissões adicionais da moeda e aumento da dívida pública. Em 1981, para evitar um corte maior nos financiamentos para a indústria, a agricultura e as exportações, foi decidido que o buraco seria tapado com perda de reservas internacionais: o Banco Central venderia dólares para captar o montante necessário.

Depois da reunião, a imprensa nos procurou, sabendo das grandes dificuldades de fechar o Orçamento Monetário. O *Jornal do Brasil* me perguntou como havíamos solucionado a questão. "Ah, vamos perder dois bilhões de dólares de reservas internacionais", deixei escapar descuidadamente. No mesmo instante me dei conta de que não poderia ter falado isso. A fragilidade que já se observava nas contas externas tornava inconveniente divulgar a perda de reservas.

Passei aquela noite em claro, apavorado com as consequências, rezando por uma providência dos céus que impedisse a publicação da reportagem. Cheguei ao Ministério mais cedo do que costumava fazer — e com mais cara de sono. Rumei diretamente ao meu exemplar do jornal. "Governo fecha Orçamento Monetário com perda de dois bilhões de dólares das reservas internacionais" era a manchete da primeira página. Pai do céu! Para minha imensa sorte, o jornalista manteve o compromisso de não informar sua fonte. Galvêas ficou uma fera! "Maílson, vou descobrir o desgraçado que vazou a informação!" Desviei o olhar, refletindo que bem poderia fazer eu falar a verdade naquele momento. Não consegui dizer nada além de "é ministro, é preciso desmascarar o sacana".

Imaginei que o assunto esfriasse logo, mas a exaltação só aumentou no decorrer do dia. Delfim também ficou danado da vida. Novamente, não dormi, pedindo aos deuses que ao menos esfriassem os ânimos. Eles não me ouviram. Permaneci encolhido na minha cadeira, tentando ser o mais discreto possível até as dificuldades do dia sobrepujarem o assunto.

ENSINANDO MEUS FILHOS A DIRIGIR

Em 1981, Márcio já estava com 16 anos e Guilherme, com 15. Decidi, então, ensiná-los a dirigir. Achei que seria uma ocasião especial, em que teria contato com eles, transmitiria algo, assim, de pai para filho. Era uma atitude tão carinhosa quanto eu poderia ter. Marquei para um sábado a aventura. Da primeira vez, precisei desmarcar. Da segunda, não faltei. Só não pude lhes ensinar a dirigir. Eles já sabiam.

O FENÔMENO REAGAN

Dois anos depois de assumir a direção do Reino Unido, Margaret Thatcher o transformava definitivamente, disseminando conceitos econômicos liberais, no que seria chamado *neoliberalismo*, epíteto que chegaria ao Brasil no final dos anos 1980. Nessa pregação, a Dama de Ferro teve, a partir de 20 de janeiro de 1981, um companheiro anglo-saxão: o recém-empossado presidente norte-americano Ronald Reagan.

Como Thatcher na campanha eleitoral Reagan criticava excessos do intervencionismo estatal, prometia desregulamentar a economia e reduzir os impostos. Sua política seria batizada de *"reaganomics"*, ou *supply-side economics*, no jargão financista. A "economia pelo lado da oferta", numa tradução literal, postula que a melhor forma de combater a inflação e ativar o crescimento é introduzir políticas que estimulem a produção e a consequente geração de oferta, por meio da redução de impostos sobre o capital e sobre a atividade econômica. As ações de Reagan realmente surtiram efeito. Seu governo começou com recessão, mas o crescimento voltou no *timing* político exato para que ele se reelegesse no final de 1984, se mantendo no poder até 1989.

MITTERRAND, O CONTRAPONTO AO MUNDO LIBERAL

Enquanto Estados Unidos e Inglaterra abraçavam o neoliberalismo, a França trilhou o caminho oposto. Em 21 de maio de 1981, François Mitterrand se tornou o primeiro presidente francês eleito pelo Partido Socialista. É verdade que o socialismo de lá era muito pouco semelhante ao soviético. Estava mais alinhado à tradição da social-democracia europeia, que advogava um Estado forte coexistindo com uma economia de mercado razoavelmente aberta e um sistema político plenamente democrático.

Não demorou muito para o socialismo de Mitterrand enfrentar problemas. Muitas de suas reformas foram rechaçadas pelo Congresso e algumas de suas medidas econômicas, como a elevação dos salários, estatizações de empresas e bancos e o aumento dos gastos públicos, tiveram efeito danoso, gerando inflação e reduzindo o dinamismo da economia. Ao longo dos primeiros anos do seu governo, a França foi superada pela Grã-Bretanha, perdendo o quarto lugar entre as maiores economias do mundo, depois apenas de Estados Unidos, Japão e Alemanha Ocidental.

Felizmente para os franceses, Mitterrand era um verdadeiro líder e estadista, daqueles que sabem aprender com seus próprios erros. Em 1984, abandonaria a aliança com o poderoso Partido Comunista Francês, interromperia as estatizações e instituiria uma política econômica mais austera. Assim, a estabilidade econômica seria restabelecida. Embora o crescimento permanecesse lento, Mitterrand conseguiria se reeleger e permaneceria no poder até 1995, tornando-se o mais longevo presidente da história do país.

Mitterrand foi um dos grandes líderes do Ocidente da época, ao lado de Thatcher e Reagan e contribuiu para firmar as bases do que seria a União Europeia e o euro.

ENQUANTO O MERCOSUL NÃO VEM

Tentando se assemelhar à Comunidade Econômica Europeia, em 12 de agosto de 1980, o Tratado de Montevidéu instituiu a Associação Latino-Americana de Integração (Aladi) para promover o comércio entre os países signatários: Argentina, Bolívia, Brasil, Chile, Colômbia, Equador, México, Paraguai, Peru, Uruguai e Venezuela. Era um desdobramento da Associação Latino-Americana de Livre Comércio (Alalc), da década de 1960.

Ao contrário do Mercosul, que seria criado em 1991, a Aladi e a Alalc nunca obtiveram os resultados a que se propunham. A instabilidade político-econômica da região e o modelo de desenvolvimento seguido pela maioria, o de substituição de importações, inibiam a ampliação do comércio entre os países.

REVISÃO DO PAPEL DO ESTADO

Já percebíamos que a política de substituição de importações e a intervenção do Estado na economia se tornavam um limitador do crescimento e da eficiência. No início da década de 1980, as privatizações entraram na ordem do dia também no Brasil. Ainda no último governo militar foram definidos projetos para diversas desestatizações, como eram chamadas. As primeiras empresas a passar por este processo seriam aquelas que haviam sido privadas e foram estatizadas porque quebraram, como a Livraria José Olímpyo, que voltaria ao comando privado em 1984. No governo Sarney, o processo de privatização seria mantido, ainda focado em empresas menores. As grandes estatais só iriam a leilão a partir da década seguinte. Privatizar qualquer bras ainda era impensável.

Até o final da década de 1970, o governo brasileiro não sabia sequer quantas empresas estatais existiam no Brasil. Com o crescimento exponencial da dívida pública e com o recrudescimento da crise, foi mais evidenciada a necessidade de manter algum controle sobre elas. Em 1979, com Delfim Netto na Seplan, surgira a Secretaria Especial de Controle das Empresas Estatais (Sest), que passou a atuar em 1980. Mesmo que o objetivo claro ainda não fosse a desestatização, a Secretaria acabou contribuindo para este fim. Os investimentos dessas empresas passaram a ser autorizados pela Sest, o que contribuiu para que o governo as conhecesse melhor.

RIOCENTRO

Com a economia deteriorada, o regime autoritário já estava estilhaçado, mas militares linha-dura mais inconformados faziam de tudo para evitar a democratização, vista por eles como a porta de entrada do comunismo. Alguns deles, até monstruosidades. Em 1981 enviaram cartas-bomba e sequestraram representantes da igreja católica com intuito de culpar "subversivos". O episódio mais estapafúrdio ficou registrado nos anais da história como Riocentro. No dia 30 de abril de 1981, milhares de jovens assistiam a um festival de música neste centro de convenções carioca. Era um ambiente perfeito para causar comoção e rebeldia popular quando a mídia, desavisada, culpasse criminosos esquerdistas pelos atentados que militares executavam. Uma bomba explodiu na casa de força do centro, mas uma outra foi detonada antes de chegar a seu destino, num carro com um sargento e um capitão do Exército. O governo não admitiu qualquer envolvimento dos militares no atentado.

GUERRA DAS MALVINAS

Os militares argentinos também perdiam espaço rapidamente. E também optaram por medidas desesperadas para tentar reconquistar apoio popular, baixíssimo quando o país, assim como o Brasil, sofria com a crise externa. Mas a ação mais tresloucada foi determinada pelo próprio presidente, o general Leopoldo Gautieri.

Em 2 de abril de 1982, as forças armadas argentinas invadiram as Ilhas Malvinas, território ultramarino do Reino Unido, onde são chamadas de Falklands. Contestando a soberania britânica diretamente pela via belicosa, dariam uma justificativa a mais para a alcunha da Dama de Ferro. No comando do Reino Unido, a primeira-ministra também enfrentava sua crise. Já havia implementado ou encaminhado quase todas suas duras medidas de ajuste e reformas, mas a economia ainda não se recuperava e sua popularidade havia despencado. A audácia dos argentinos de invadir as Falklands foi uma oportunidade política que a primeira-ministra não perdeu. Thatcher enviou imediatamente a Marinha Real equipada com seus *sea harriers*, caças moderníssimos que decolavam verticalmente — e que nos embasbacavam pelas transmissões da guerra pela TV. Com eles, destroçou as acanhadas forças argentinas em apenas duas semanas

Embora tenha durado tão pouco, a Guerra das Malvinas teve ao menos duas consequências duradouras. Na Argentina, o pouco que restava do prestígio dos militares desapareceu e o regime ditatorial acabou no ano seguinte, quando foram realizadas eleições diretas, vencidas por Raúl Alfonsín. No Reino Unido, Thatcher reconquistou a popularidade. Em 1983, seu partido permaneceria no poder com uma vitória.

A insensata invasão também afetou o Brasil, dificultando ainda mais o acesso do país ao financiamento. Mesmo os credores que ainda nos ofereciam dinheiro, a taxas de juros altíssimas, passaram a evitar ainda mais fazê-lo, devido à percepção de que o Atlântico Sul deixara de ser uma zona livre de guerras e de surpresas.

MILITARES PELO SOCIAL

Com o Brasil em recessão, com menor acesso ao crédito, o problema da dívida externa piorando e os militares perdendo popularidade, o governo tentava compensar a ausência de resultados na economia com demonstrações de preocupação social. Em 1982, o Banco Nacional de Desenvolvimento Econômico (BNDE) ganhou o "S". A inclusão do "Social" no nome de uma instituição de crédito e a criação de uma diretoria voltada a este fim foi emblemática. Embora o BNDE já exercesse uma função social ao promover o desenvolvimento, naquela época a palavra começava a adquirir um simbolismo indiscutível. Era uma reação à concentração de renda engendrada pelo modelo de desenvolvimento dos anos 1970 e de baixa prioridade à educação. Os efeitos negativos destas políticas passaram a ser equivocadamente identificados como produto do regime militar, uma visão que influenciaria desastrosamente a elaboração da Constituição de 1988, a chamada "Constituição Cidadã".

FINSOCIAL, A ORIGEM DA COFINS

Em períodos de crise aguda, a tendência de o governo adotar medidas irracionais, embora bem intencionadas, muitas vezes impacta negativamente a economia. Naqueles tempos desesperadores, isso também aconteceu.

Em maio de 1982, o ministro Galvêas pediu que eu avaliasse uma minuta de decreto-lei recebida de João Leitão de Abreu, o poderoso ministro-chefe da Casa Civil, que em agosto de 1981, com a demissão de Golbery do Couto e Silva, reassumira o cargo que havia ocupado entre 1969 e 1974, no governo Médici. Ele propunha a criação de uma nova contribuição para suprir de recursos um fundo a ser criado, o Fundo de Investimento Social, Finsocial. A contribuição incidiria sobre todas as vendas de bens e serviços, com alíquota de 0,5%.

Imediatamente me posicionei contra, mas queria contar com um apoio técnico de peso. Convidei, então, Jimir Donyak Jr., titular da Coordenação do Sistema de Tributação da Receita, para me ajudar na análise. Ele era um dos mais conceituados profissionais na área tributária. A conclusão foi óbvia: a nova contribuição era inconveniente, pois incidiria em cascata. Na produção de um automóvel, por exemplo, 0,5% incidiria sobre a venda do minério de ferro à siderúrgica, do aço à indústria de autopeças, dessas à montadora, do carro à concessionária e, finalmente, desembolsado pelo consumidor final. Tributos modernos, como o IPI e o ICMS, são cobrados sobre o valor agregado em cada etapa do processo produtivo e abatidos nas seguintes, de modo que a alíquota incidente na etapa final corresponde ao imposto cobrado ao longo da cadeia produtiva. Além disso, proporcionalmente, o tributo em cascata tem impacto maior sobre os bolsos dos mais pobres, pois aumenta os preços de todos os produtos e representa uma proporção da renda que é maior nos segmentos menos favorecidos.

Este tipo de incidência já fora proibido pela reforma tributária de Castello Branco, embora tenha sido utilizado no governo Médici. A desculpa havia sido que o PIS e o Pasep não eram tributos e se destinavam à poupança dos trabalhadores. É exatamente o que ocorreria em 1997 na criação da CPMF, extinta dez anos depois. Embora se chamasse Contribuição Provisória sobre a Movimentação ou Transmissão de Valores e de Créditos e Direitos de Natureza Financeira, seria, na prática, um imposto. O Finsocial também era, assim, apenas mais um imposto, travestido de contribuição social e destinado, pelo menos em tese, a financiar gastos sociais. Outra questão que me preocupava era o risco de o imposto ser aumentado no futuro. Bastaria um decreto-lei.

Galvêas concordou com nossos argumentos. A rigor, ele próprio já percebera os efeitos negativos da nova contribuição. Mas alguém que não fosse ele deveria explicar as implicações negativas ao dr. Leitão.

"ESTÁ ENCERRADA A REUNIÃO!"

Coube a mim e a Jimir explicar a Leitão de Abreu, em seu gabinete, a posição do Ministério da Fazenda, contrária ao imposto. Fiquei orgulhoso da missão tão difícil. Ao ministro, fiz uma exposição a mais didática e técnica possível, ressaltando os impactos negativos da contribuição no processo produtivo. Ouviu pacientemente, sério, sem exprimir qualquer reação. Ao final, questionou: "O senhor está me dizendo que uma contribuição de 0,5% vai criar um problema para o Brasil?" Sem aguardar resposta, sentenciou: "Não aceito! Está encerrada a reunião!"

Transmitimos a má notícia a Galvêas, que não teve alternativa senão encarregar seu chefe de gabinete, José Antônio Berardinelli, de redigir a versão final do decreto-lei que criaria o Finsocial, que nunca nos abandonaria. Rebatizado de Cofins, Contribuição para o Financiamento da Seguridade Social, piorou o sistema tributário e acentuou seu caráter regressivo, isto é, penaliza proporcionalmente mais os menos aquinhoados. Como eu havia previsto, a alíquota foi majorada, primeiro para 0,6%, depois para 2% e finalmente para 3%. Tempos depois, esses 3% virariam 7,6%, mas sem a cascata, pois passou a incidir sobre o valor agregado, como o IPI e o ICMS. Menos mal.

CONHECENDO O MUNDO

Ficava cada vez mais difícil manter os generosos subsídios concedidos à agricultura, o que era feito quase que somente através das operações de crédito rural do Banco do Brasil. Foi por isso que, no segundo semestre de 1982, o ministro Galvêas me encarregou de examinar como outros países apoiavam seu agronegócio.

Viajei o mundo em companhia de José Kleber Leite de Castro, diretor da área de Crédito Rural, Agroindustrial e Programas Especiais do Banco Central, e de Deniz Ferreira Ribeiro, assessor econômico do ministro da Agricultura, Ângelo Amaury Stábile. Conhecemos os mecanismos utilizados nos Estados Unidos, na França, no Chile e Austrália, onde Ibrahim Eris integrou nosso grupo. Além dos estudos in loco, pesquisamos como o crédito rural funcionava na Holanda e na Inglaterra. Muitas vezes eu aproveitava as viagens internacionais que tinham outros objetivos para me inteirar sobre o financiamento de cada país. Isso ocorreu quando fui ao Japão negociar o acordo bilateral no âmbito do Clube de Paris e também aconteceria na viagem ao Canadá para a reunião anual do FMI daquele ano.

Nenhum desses países oferecia financiamento tão paternal quanto fazia o Brasil nem baseava sua política agrícola no crédito rural. Nas nações desenvolvidas a prioridade são ações como ampliação e melhoria da infraestrutura, pesquisa, educação, assistência técnica rural e seguro rural. Os governos até mantêm programas de crédito rural a taxas de juros inferiores às de mercado, mas eles se destinam apenas a produtores de baixa renda e a atividades pouco atrativas para os financiadores privados.

A partir do conhecimento adquirido nesses estudos e viagens escreveria meu primeiro livro, que seria publicado no início de 1985 pela Editora Gazeta Mercantil. *Desafios da política agrícola* comprovava que o crédito rural subsidiado representava elevado custo para a sociedade, muito superior ao de ações governamentais de caráter estrutural e permanente em favor da agricultura. Defendia que o governo atribuísse prioridade a medidas que reduzissem custos da agricultura, elevassem sua eficiência e, assim, contribuísse para proporcionar ganhos permanentes de produtividade.

VAZAMENTO INTENCIONAL

Assim como a agricultura, o açúcar e o álcool continuavam entre minhas preocupações como coordenador de assuntos econômicos do MF. Mas, em vez de ser do lado da produção, como no MIC, agora eu estava no do financiamento. Na Fazenda passei a coordenar estudos e medidas relacionados ao crédito e ao comércio exterior da cana e seus derivados.

Em 1983, um desses estudos sugeria a privatização das exportações de açúcar. Até então o IAA comprava 100% do produto destinado a esse fim, armazenava, levava aos portos e o vendia no exterior através de *trading companies*, as empresas exportadoras. O ministro gostou, mas a responsabilidade pela supervisão das atividades relacionadas ao açúcar era do MIC, que, suspeitávamos, não seria simpático à ideia. Propus a Galvêas que medíssemos o apoio da opinião pública à proposta. Vazaríamos o estudo para a imprensa e aguardaríamos as repercussões. Ele gostou. Escolhemos a jornalista que considerávamos a melhor entre os cinquenta credenciados na Fazenda: Rosa Dalcin, do *Estado de S. Paulo*. O jornal agregou outros jornalistas ao trabalho, que entrevistaram usineiros e formadores de opinião. Saiu uma belíssima reportagem de duas páginas inteiras, que mereceu chamada de capa.

O ministro Camilo Penna, da Indústria e do Comércio, se indignou. Redigiu uma carta delicada, classificando nosso estudo de "superficial, salpicado de ideias desconexas". Autoridades do MIC e do IAA condenaram a intromissão da Fazenda. Usineiros mais eficientes nos apoiaram, mas a reação dos mais atrasados foi totalmente contrária à ideia.

A privatização não foi feita naquele momento, mas em 1988, já ministro, conseguiria emplacar um decreto-lei eliminando o monopólio estatal das exportações de açúcar. A implementação se deu no governo Collor, que aproveitou para extinguir o IAA, já então uma relíquia dos anos 1930.

PAÍS NÃO QUEBRA?

Transformações muito mais relevantes, que descontentariam o mundo inteiro, estavam prestes a acontecer. Na segunda metade dos anos 1970, o presidente do Citibank à época, Walter B. Wriston criou uma teoria, que seria chamada "doutrina Wriston", com três justificativas para que bancos que recebiam os depósitos dos países árabes exportadores de petróleo emprestassem às nações em desenvolvimento: 1) país não quebra; 2) países precisam crédito porque estão importando petróleo mais caro; 3) nós temos esse dinheiro para emprestar.

Diferentemente de empresas e bancos, que desaparecem depois da bancarrota, até países que enfrentam crises gravíssimas algum dia se recuperam. Os problemas passam, as nações permanecem. O que Wriston não avaliou foi o tempo que isso poderia demorar, a possibilidade de muitos países enfrentarem graves dificuldades simultaneamente e a capacidade de a instituição financeira continuar a conceder crédito sem prazo definido para receber o dinheiro de volta. Seria, além disso, impossível tomar os bens da nação como garantia. Pior ainda, vendê-los. Assim, o Citibank, como maior credor de muitos países naquela época, inclusive do Brasil, amargaria enormes perdas com tantos frutos podres que colheria nos anos a seguir.

MORATÓRIA MEXICANA

O primeiro país a dar sinais de insolvência foi o México, que desde o início de 1982 evidenciava os efeitos nefastos da crise internacional na sua economia. O país desvalorizou a moeda, como o Brasil havia feito três anos antes, com a máxi de 1979. Era tarde demais. Não tinha recursos nem para pagar os juros da dívida.

A moratória, em 23 de agosto, foi negociada com os bancos, mas gerou consequências gravíssimas, inclusive para nós. O México integrava a lista dos maiores tomadores de crédito — e os mais endividados — entre os países em desenvolvimento, juntamente com o Brasil. Evidentemente, se o México quebrasse, haveria um efeito dominó e outras nações, como a nossa, ficariam na berlinda. Isso estava prestes a acontecer. E eu assistiria de perto.

SETEMBRO NEGRO

Como membro da delegação brasileira, eu estava presente na reunião do FMI de setembro de 1982, em Toronto, no Canadá, que entraria para a história como uma das mais aterradoras para o mundo. Com a moratória mexicana, o clima estava péssimo! Mas o encontro foi aberto com um misto de temor e esperança. Acreditávamos todos ser uma bênção ele acontecer exatamente na semana seguinte à moratória. Esperava-se que os americanos dessem um jeito, liderando a adoção de medidas para ajudar o México a retomar os pagamentos de sua dívida e evitar o pânico que levaria os bancos a suspender o crédito para os países endividados, principalmente o Brasil. Os próprios credores poderiam quebrar, o que faria a crise transbordar para a economia dos países ricos.

Ficamos ainda mais confiantes durante a conversa particular que tivemos com Donald Regan, secretário do Tesouro americano, logo antes de se reunir o comitê de ministros com direito a representante na diretoria executiva. Neste colóquio protocolar ele parecia menos ansioso que o resto do mundo. Isso, claro, nos tranquilizava.

Nas discussões do comitê, que detinha o poder maior de decisão sobre as atividades do Fundo — e que, por alguma razão que nunca alcancei, era chamado de Comitê Interino — alguém lhe perguntou qual seria a reação americana à moratória. Respondeu, sucintamente, que nenhuma. "E agora?", questionou-se. "Não sei. Não é problema dos Estados Unidos. É de quem emprestou e de quem tomou emprestado." Ficava evidente, naquele momento, que bancos americanos não continuariam a oferecer crédito que permitisse aos países endividados rolarem suas dívidas. A mensagem de Regan era clara: "virem-se".

Foi um desespero mundial. Os buchichos e conversas paralelas praticamente sufocaram as vozes de quem discursava ao microfone. A notícia se espalhou muito rapidamente e explodiu sobre um mercado já estressado. O sistema internacional de crédito privado para os países em desenvolvimento entrou em colapso. Daí deriva o apelido daquele mês na história: "Setembro Negro", o mesmo título atribuído aos eventos na Cisjordânia anos antes.

VOLTAMOS PARA A PANELA ESQUECIDA NO FOGO

Meio mundo deixou o prédio onde se realizava a reunião do FMI entre desesperado e cabisbaixo. Inclusive o Brasil. Ao invés de mantermos nosso itinerário e irmos a Paris atender a algumas reuniões, foi decidido que voltaríamos imediatamente, para tentar salvar o feijão que queimava na panela. Achando que aquela seria uma viagem relativamente tranquila, aproveitei que ficaria longe do ministério para tentar parar de fumar, pela primeira vez. Não foi uma boa ideia. Os momentos mais tensos ficaram ainda menos suportáveis. Minha força de vontade teve de ser redobrada. Não acendi um sequer, por mais de dois meses. As tensões que me aguardavam no Brasil é que não me permitiriam persistir na decisão.

Mesmo sob fogo cruzado, Galvêas não estragou o meu barato. O ministro me concedera férias de uma semana, que eu aproveitaria para passear por minha conta, juntamente com Rosinha, que me acompanhara a Toronto. Eu havia planejado conhecer melhor a cidade que eu vira apenas do táxi em 1977, ao acompanhar Rischbieter, e ficar na Europa depois dos compromissos para espairecer e passear pela região. Ainda que as expectativas de um futuro cinzento para a economia brasileira tirassem um pouco de meu entusiasmo para praticar o turismo, saí do Canadá à francesa e mantive os planos. *Paris est merveilleuse en automne!*

O CRÉDITO SECOU DEFINITIVAMENTE

Voltei ao Brasil primaveril, onde sopravam ventos invernais, como em todo o mundo. Vivíamos tempos duríssimos no começo da década de 1980, com todo o globo enfrentando inflação em disparada, recessão, desemprego e, em muitos casos, conflitos geopolíticos. Não acreditávamos que a situação pudesse piorar. Mas pioraria. E muito.

A combinação entre contas externas deterioradas, um cenário internacional turbulento e o grande irmão negando ajuda aos caçulas teve resultados nefastos para dezenas de nações: a crise da dívida externa dos países em desenvolvimento. O Brasil não apresentava a pior situação e nem foi o primeiro a enfrentar graves dificuldades. Houve vítimas mesmo antes do México. A Polônia, por exemplo, já havia quebrado, em setembro de 1981. Mas, depois do Setembro Negro, dezenas de outras economias iriam para o buraco. A nossa, inclusive. Após o fracasso de Toronto, o crédito internacional para os países em desenvolvimento, que já estava escasso e caro, sumiu. Os bancos americanos e europeus, que haviam sido tão generosos nos anos de fartura e haviam passado, desde 1979, a encurtar os financiamentos para os países em desenvolvimento, desapareceram.

DÉFICITS E DÍVIDA EXTERNA

A notícia pegou o Brasil com as contas externas bastante deterioradas. É verdade que há muito tempo o país trabalhava com resultados negativos em transações correntes do balanço de pagamentos, o que não é nenhum pecado. Pelo contrário. Uma economia com baixa taxa de poupança doméstica e grandes oportunidades de investimento pode conviver com esses déficits, que representam poupança externa, desde que financiados com investimentos estrangeiros diretos, aplicações no mercado financeiro por parte de não residentes e endividamento externo. Ruim é quando os déficits resultam de consumo excessivo, quando seu valor assume uma proporção elevada — admite-se que déficits de até 3% do PIB não constituem exagero — ou quando são financiados exclusivamente com dívida. Nesses casos, os déficits ficam insustentáveis, tornando a economia vulnerável a paradas bruscas do crédito internacional, como acontecia naquela ocasião.

Até 1973, o déficit brasileiro em conta-corrente havia sido mantido em torno de 2% do PIB. A partir de 1974, a forte elevação dos preços do petróleo, sem a expansão das exportações para cobrir o maior custo das importações, levou a um crescimento rápido do déficit comercial e também do saldo negativo na conta-corrente. Os déficits na balança comercial desaceleraram nos anos posteriores, até 1979, mas voltaram a crescer com o segundo choque do petróleo e a alta dos juros do FED.

Uma das contas que mais se deterioraram foi a dos juros da dívida externa, em consequência do aumento da taxa de juros, mas também da evolução da dívida, que havia crescido incessantemente desde o primeiro choque do petróleo. Esse serviço saltou de 3% do PIB, US$ 14,8 bilhões, em 1973, para 7,6%, US$ 55 bilhões, em 1982. Em 1984 atingiria US$ 102 bilhões.

BICO CALADO

O Brasil estava quebrado e não podíamos contar para ninguém. O correto teria sido recorrer ao FMI já em setembro, como fizeram o México, a Argentina e a torcida do Flamengo. E a do Corinthians. Mas o Brasil passava por um momento político muito delicado. Em 15 de novembro seriam escolhidos os governadores dos estados, nas primeiras eleições diretas desde 1964. Também seriam eleitos os senadores, deputados federais e estaduais, parte dos quais comporia o Colégio Eleitoral que elegeria o presidente da República em princípios de 1985. Ele era formado pelos senadores, os deputados federais e seis deputados de cada assembleia legislativa estadual.

No governo se falava muito da necessidade de os militares elegerem o próximo presidente, que deveria ampliar a abertura de Geisel, lenta, segura e gradual, evitando, assim, mudanças políticas abruptas. Como um anúncio de que o Brasil estava na lona poderia estimular ainda mais votos na oposição, a determinação era de manter silêncio. FMI, nem pensar.

O BRASIL SANGRAVA

De setembro a dezembro vivemos um período bravíssimo. Sem novos créditos nem renovação dos antigos, as reservas do país se esgotaram muito rapidamente. O Brasil sangrava. A situação começou a ficar muito complicada em outubro. Para manter os pagamentos externos, utilizamos o colchão de liquidez que o Banco do Brasil mantinha em sua agência de Nova York, de um bilhão de dólares. Ainda assim, entramos em novembro no vermelho, com reservas internacionais negativas.

O BANCO DO BRASIL PAGA A CONTA

Até o final de 1982, o Banco do Brasil integrava uma constelação de estrelas, era sócio de bancos europeus, americanos e japoneses e mantinha agências ou escritórios nas principais cidades das Américas, da Europa e da África, além de Tóquio e Sidney. O BB vivera as glórias do êxito brasileiro: enquanto no país apoiava de forma decisiva a agricultura, a indústria e o comércio, no exterior era o segundo maior credor, seguido pelo Banco do Estado de São Paulo, o Banespa, grande financiador das estatais paulistas. O banco captava a maior fatia de seus recursos mediante depósitos de três a seis meses obtidos de bancos no mundo desenvolvido. Esse mercado desapareceu com o pânico pós-Setembro Negro. E as reservas acumuladas para enfrentar momentos como esse foram utilizadas pelo governo brasileiro.

Na crise da dívida, sofreu a humilhação ao lado do país. Passou por situação muito constrangedora, que deixou cicatrizes no relacionamento com a Fazenda. No final de 1982, na prática, o BB havia quebrado no exterior. Teve que ser socorrido por uma rede de segurança formada por três grandes bancos americanos, que diariamente cobriam suas deficiências de caixa na câmara de compensação de Nova York.

FIADO NA FARMÁCIA

Como o BB, no início de novembro, ciscávamos o chão, catando os últimos grãos. As reservas internacionais haviam se esvaído. Nos reuníamos quase todas as noites na casa de Galvêas, com José Carlos Madeira Serrano, diretor da área externa do Banco Central, e Carlos Eduardo de Freitas, chefe de departamento. Por vezes Langoni, o presidente do BC, também comparecia. Lá, fazia-se uma espécie de conta da mercearia: via-se o que havia entrado de reservas no dia e se decidia o que pagar no dia seguinte. "Paga a insulina e só." Era mesmo bem dramático! Não raramente, as reuniões varavam a meia-noite. Galvêas continuava trabalhando depois de sairmos, até as três da manhã.

ELEIÇÕES PARA GOVERNADOR E PARA O COLÉGIO ELEITORAL

Em 15 de novembro de 1982, foram, finalmente, realizadas as primeiras eleições diretas para governador desde 1965. O adiamento do acordo com o FMI não ajudou muito o PDS, o partido do governo. A oposição venceu nos principais estados, destacando-se Tancredo Neves (PMDB) em Minas Gerais, Leonel Brizola (PDT) no Rio de Janeiro e Franco Montoro (PMDB) em São Paulo.

O pleito para a escolha dos integrantes do Colégio Eleitoral ocorreu como planejado, sem quase ninguém saber de quão fundo era o poço em que nos enfiávamos. O governo estava aliviado com a certeza de que, com a formação que esperava, elegeria seu candidato a presidente da República.

CORRE AO FMI!

Passadas as eleições, as reservas estavam negativas em três bilhões de dólares. Estávamos indubitavelmente na lona. Em viagem ao exterior, Galvêas anunciou que o Brasil iniciava conversações formais com o Fundo Monetário Internacional.

As negociações com os bancos privados, conduzidas por Langoni, foram concluídas no fim do ano em Nova York. O acordo era dividido em quatro projetos. Pelo Projeto 1, os bancos concederiam novos empréstimos, de US$ 4,4 bilhões. O 2 reescalonaria as amortizações da dívida previstas para 1983, que seriam refinanciadas em oito anos. Pelo 3, as linhas de crédito relacionadas ao financiamento comercial, concedidas a bancos brasileiros, deveriam ser renovadas. Finalmente, o Projeto 4 previa que as linhas de crédito para bancos brasileiros no exterior, com as quais financiavam projetos de investimento no Brasil, seriam restabelecidas aos níveis de 1982.

CARTAS DE INTENÇÃO

Até hoje se acusa o FMI de interferir diretamente na administração dos países a que dá socorro financeiro. Não raro, essa suposta tutela é tida como resultante de orientação do governo americano, seu principal sócio. Isso está longe de ser verdade. O que o Fundo fazia e continua fazendo é exigir que o país ajuste sua economia à realidade. Normalmente, os países que recorrem a ele estão vivendo acima de suas posses. O Fundo pode equivocar-se no diagnóstico da situação e prescrever medidas pouco apropriadas — como ocorreu muitas vezes — mas não tem poder para impor nenhuma delas.

Embora o FMI não determine o que exatamente precisa ser feito para o país equilibrar suas contas, naturalmente os acordos com o Fundo implicam ajustes. Os compromissos se referem a metas para as necessidades de financiamento do setor público, a expansão monetária, o nível de reservas internacionais e o montante da dívida externa. As negociações giram em torno desses pontos. Cabe ao país determinar (e convencer) como chegará a cada uma delas.

Naquele caso, eram necessárias medidas duríssimas. Na carta de intenções assinada por Galvêas e Langoni no dia 6 de janeiro de 1983, entre outras resoluções, o Brasil informava que reduziria subsídios, realinharia preços públicos e restringiria o crédito para que fosse diminuído o déficit em conta-corrente do balanço de pagamentos. E o mais difícil: a inflação cairia para 70% ao ano — 99,7% em 1982.

REMÉDIOS AMARGOS

Entre as medidas que seriam adotadas estava um duro ajuste fiscal, que incluía a redução das despesas de custeio e dos investimentos das estatais. O conceito de endividamento abrangia não apenas o governo federal, mas também os estaduais e municipais. Como não era possível dizer aos governadores e prefeitos o que fazer, o Conselho Monetário estabeleceu limites de concessão de crédito dos bancos a eles. Dava no mesmo. Para reduzir a demanda do setor privado, as restrições incluíam limites nos prazos de crédito ao consumidor concedido pelo sistema financeiro.

O "Programa para o setor externo de 1983", aprovado pelo CMN no final de 1982, foi lançado concomitantemente à primeira carta de intenções ao FMI, em 6 de janeiro. A nova política externa tinha como meta um superávit comercial de US$ 6 bilhões, que seria resultado do aumento das exportações em torno de 12% e uma redução das importações na ordem de US$ 2,5 bilhões, US$ 1,5 bilhão somente com a substituição do petróleo e de bens que poderiam ser produzidos internamente. Para encarecer produtos estrangeiros, em 18 de fevereiro de 1983 faríamos uma nova maxidesvalorização de 30%, que não estava explicitada no programa.

MISSÕES DO FMI E CARTAS DE INTENÇÃO NÃO CUMPRIDAS

As metas e as cartas de intenção eram trimestrais, assim como as missões do FMI ao Brasil para aferir o cumprimento dos compromissos assumidos e participar da redação de uma nova carta. Elas permaneciam a maior parte do tempo no Banco Central, mas também visitavam outros órgãos da Fazenda e do Planejamento, particularmente aqueles que lidavam com as finanças públicas e o controle das empresas estatais.

Com a legitimidade do governo militar se esvaindo, mais se firmava no imaginário a ideia de que os técnicos do Fundo aqui chegavam para nos impor suas vontades. Firmou-se também uma interpretação totalmente equivocada sobre o descumprimento das metas. A ideia prevalecente era a de que tínhamos um governo relapso, que descumpria todas elas. Nos acordos com o FMI são assinadas tantas cartas de intenção quanto forem os trimestres de sua vigência. Por isso seriam assinadas sete até 1984. Esses documentos explicitam as metas negociadas para o período seguinte e anunciam novas medidas ou reiteram anteriores. Mesmo que o descumprimento se restringisse a apenas uma meta, a impressão que se tinha era de que nada cumpríamos.

Em abril de 1983, findo o 1º trimestre do acordo, constatou-se que não havíamos atingido a meta referente às necessidades de financiamento do setor público. Em breve perceberíamos que era impossível realizá-las. É que elas eram estabelecidas em valores e não como proporção do PIB. Para fixá-las em cada trimestre, era preciso estimar uma taxa de inflação.

Esta era calculada de forma conservadora, prevendo sua redução. Não faria sentido, afinal, um acordo com o FMI que não reduzisse a taxa de variação de preços.

Sucede que a economia brasileira já estava infestada pela indexação, que, como vimos, impede que a inflação seja reduzida. A tendência era a velocidade de reajuste dos preços aumentar. Assim, jamais conseguiríamos cumprir o que prometíamos em relação ao financiamento do setor público. Mas nos saímos bem em relação a todas as outras metas. Exatamente por isso, não cumpriríamos integralmente os compromissos de nenhuma das sete cartas de intenções que firmaríamos com o FMI até 1984.

SECRETÁRIO-GERAL DO MINISTÉRIO DA FAZENDA

Às vésperas da primeira missão do FMI ao Brasil para aferição do cumprimento das metas, em março de 1983, Eduardo Carvalho deixou a Secretaria-Geral da Fazenda para assumir a presidência do Banespa. Houve tanta especulação sobre quem assumiria o cargo de Carvalho que nem lembro os nomes citados. Havia muito, muito trabalho a fazer e eu estava ocupado demais para me distrair com isso.

Continuava realizando minhas tarefas usuais, quando recebi um telefonema de Rosa Dalcin, repórter do jornal O *Estado de S. Paulo*. Eu havia me tornado uma de suas fontes mais importantes. "Parabéns, Maílson!" Por que as felicitações? "Você é o novo secretário-geral do Ministério da Fazenda." Não acreditei. Ela foi à minha sala e ligou o gravador para que eu ouvisse a declaração de Galvêas. Mais uma vez, ele não havia me consultado antes de anunciar meu nome à imprensa como o novo secretário-geral. Era um elevado cargo em um dos mais importantes ministérios no país, abaixo apenas do próprio titular da pasta! Convite não houve, mas era irrecusável.

CAPÍTULO XVII # Secretário-geral do Ministério da Fazenda (1983-1985)

O NOVO CARGO

As responsabilidades do ministro Ernane Galvêas haviam aumentado muito com a crise e as negociações externas. Com isso e com a confiança que havia depositado em mim e sua convicção sobre minha experiência, passou a delegar cada vez mais funções de coordenação das atividades da Fazenda desde que assumi, em março de 1983. Afinal, já trabalhávamos juntos havia três anos. Minha experiência na administração direta do governo vinha desde 1977, seis anos, portanto. E era quase uma década entre ministérios, presidência do Banco do Brasil e Consultoria Técnica da instituição.

CASA FUNCIONAL

Como secretário-geral, além do Opala Luxo preto, passei a ter direito também a uma casa funcional, na área de chácaras no Lago Sul. Assim, alugamos nossa residência e, no início de 1983, mudamos para lá. A não ser Márcio, que passou a morar num pequeno apartamento com sua esposa, grávida da minha primeira neta, Paula, que nasceria em maio daquele ano.

Era uma casa lindíssima, confortável, ampla, numa área de dez mil metros quadrados, com jardins imensos. E com uma vantagem adicional: era vizinha à casa em que morava Galvêas. Isso foi muito conveniente. Em 1983, quando chegaríamos ao auge da crise, nos reuniríamos lá quase todas as noites.

REUNIÕES SEMANAIS DA EQUIPE

A crise e o acordo com o FMI evidenciaram a necessidade de melhorar a coordenação das atividades da área econômica do governo. Baseados em experiências de outros países, criamos o que se denominava, em inglês, *early warning system*, ou sistema de prévio alerta. O objetivo era detectar riscos de não cumprimento das metas e sugerir medidas preventivas. Era preciso acompanhar de perto o desempenho das finanças públicas, o comportamento do crédito e a situação das contas que influenciavam a oferta monetária. Para isso, foi criado o Comitê de Coordenação dos Orçamentos Públicos (Comor), que se reunia semanalmente, por uma manhã inteira. Era presidido pelos secretários-gerais da Fazenda e da Seplan, eu e José Flávio Pécora. Dele participavam também técnicos da Secretaria de Orçamento e Finanças da Seplan, da Secretaria de Controle das Empresas Estatais, da Comissão de Programação Financeira da Fazenda, do Banco Central, do Banco do Brasil e da Receita Federal.

ALEXANDRE KAFKA

No novo cargo e com as responsabilidades crescentes de coordenação, minhas atividades profissionais foram acrescidas das reuniões com a missão do FMI no Brasil e a mais viagens a Washington. Na Fazenda, eu centralizava grande parte da preparação dos dados e informações demandadas pela missão, particularmente as relacionadas com as finanças públicas.

Foi nessa época que comecei a ter contato mais estreito com Alexandre Kafka, diretor-executivo do FMI representando o Brasil e outros oito países que integravam nossa *constituency*. Estava desde 1966 no cargo que manteria até 1998. Tcheco naturalizado brasileiro, Kafka se mudara para São Paulo durante a Segunda Guerra, em 1941, aos 23 anos, já formado em economia na Universidade de Oxford. Nas décadas de 1950 e 1960, antes de ingressar no Fundo, indicado por Octávio Gouveia de Bulhões, fora membro do Conselho da Superintendência da Moeda e do Crédito, a antecessora do Banco Central.

BRASIL NA MESA DOS DEVEDORES E NA DOS CREDORES

Eu também passei a acompanhar as reuniões do Clube de Paris, onde mais tarde seria gerada uma situação curiosa. Nos anos 1970, o Brasil havia fornecido crédito a diversos países em desenvolvimento para estimular nossas exportações de bens e serviços. Os recursos permitiam ao país financiado pagar à vista suas importações, entre as quais assumiam crescente importância os serviços de engenharia, inclusive estradas, ferrovias e usinas hidrelétricas. Em decorrência disso, nossos negociadores no Clube de Paris acertavam um acordo com os credores governamentais e no dia seguinte sentavam-se ao lado deles para tratar da dívida da Polônia, nossos devedores.

MINISTRO INTERINO

Embora viajasse muito, como secretário-geral eu não podia mais deixar o Brasil ao mesmo tempo em que Galvêas. Sempre que ele se ausentava do país, eu me tornava interino, o que ocorreu 14 vezes. Como tal, adquiria os poderes formais de ministro, como de assinar decretos e portarias ou nomear funcionários para cargos em comissão. Nada, porém, que envolvesse encontros com o presidente Figueiredo. Ele não despachava com interinos.

NO GABINETE DE FIGUEIREDO

Uma vez apenas estive com o presidente. Como a crise realçava a importância de destacar o papel dos exportadores na solução de nossos problemas, ele havia aceito receber os membros da diretoria da Associação dos Exportadores Brasileiros (AEB). Como ministro interino, coube-me conduzi-los até lá.

Esperava que Figueiredo assinalasse a importância do comércio exterior e realçasse a contribuição dos exportadores para a geração de renda e emprego. Mas o presidente estava num tremendo mau humor, com a cara enfarruscada. Sentou na ponta da mesa, sem me olhar ou dizer palavra. "Presidente, estou aqui, como ministro interino..." e apresentei os participantes. Tive impressão de que sequer me ouviu. Permaneceu fitando o chão. Depois de longos instantes, deixou escapar um brevíssimo "muito bem". Continuou silente. E repentinamente desembestou a falar. Eram palavras em nada relacionadas às exportações. Criticou estatais, reclamou de gastos públicos, falou que tudo era uma bagunça. "Esse pessoal não está apostando no Brasil." Sobrou faísca para todos os lados.

Permanecemos ali, parados, ouvindo seus protestos. Todos estávamos perplexos. Enquanto Giulite Coutinho, o presidente da AEB, se portava com absoluta dignidade, fazendo até comentários, eu me questionava sobre a sanidade do presidente. "O que é que estou fazendo aqui? Ele nem sabe que vim. Por que estamos ouvindo este discurso?" Saímos quietos, não tocamos no assunto, e voltamos para nossa rotina.

1983: O AUGE DA RECESSÃO INTERNA

Havia motivos de sobra para Figueiredo estar mau-humorado. Embora em 1983 o déficit público tenha sido reduzido de 6,2% do PIB em 1982 para 3%, a recessão gerada pelas medidas restritivas e de redução das importações acarretou queda do PIB em 2,9%, motivado basicamente pela indústria brasileira, que reduziu os empregos em 7,5%. O objetivo maior, de controlar a inflação, também não foi atingido. Vitaminada pelas duas maxidesvalorizações cambiais, de 1979 e 1983, pela espiral preços-salários e pelo descontrole fiscal, ela só subia. Depois de beirar os três dígitos em 1980, deu um grande salto em 1983, chegando a 211%, situação que seria mantida nos anos seguintes.

ESTADOS IRRESPONSÁVEIS

Assim como o governo federal, os estados também enfrentavam dificuldades. Com a atividade econômica fraca, era difícil ampliar a arrecadação ao ponto de atender às enormes expectativas dos cidadãos naquele ano de 1983, quando começava a ser articulado o movimento pelas eleições diretas para presidente em 1984. Os estados, comandados pelos governadores escolhidos pela população em 1982, buscavam contentar a sociedade com obras públicas, ações sociais e aumentos generosos de salários de servidores.

Para isso, Leonel Brizola, governador do Rio de Janeiro, realizou um saque sem fundos no Banerj, o Banco do Estado, que ficou com reservas negativas no Banco do Brasil, que à época recebia os depósitos voluntários das instituições financeiras, à ordem do Banco Central. Como na época as informações financeiras não eram atualizadas em tempo real, o Banco Central só saberia da operação, absolutamente anormal, cerca de trinta dias depois.

Assim, os governadores descobriram que os bancos estaduais podiam, na prática, emitir moeda. Depois de Brizola, os governadores de Goiás e de Santa Catarina fizeram o mesmo. Wilson Braga, da Paraíba, teve a gentileza de me avisar antecipadamente, por telefone. Fiquei estarrecido. Tentei demovê-lo, convencê-lo de que era uma tremenda irresponsabilidade. Retrucou que precisava dos recursos para pagar os servidores e que, se o governo nada havia feito contra Brizola, estava confiante de que teria o mesmo tratamento.

O governador paraibano tinha razão. Cogitou-se a intervenção no Banerj, mas a Procuradoria-Geral da Fazenda Nacional alertou que a consequência imediata seria a intervenção federal no estado do Rio de Janeiro. A Constituição de 1967 previa essa possibilidade no caso de má administração das finanças estaduais. Isso interromperia o mandato dos governadores, que haviam democraticamente vencido as eleições. Em meio ao processo de abertura política, a medida se tornou inviável. A sangria no Banerj se transformou numa hemorragia, à medida que os outros estados descobriam o caminho das notas.

MAIORES ESTÍMULOS À EXPORTAÇÃO DÃO RESULTADOS

Enquanto, internamente, o quadro só piorava, externamente o Brasil alcançava resultados positivos. A desvalorização do cruzeiro e o consumo doméstico deprimido ajudaram a impulsionar as exportações, embora isso não tenha ocorrido da noite para o dia. Além disso, já exportávamos produtos mais sofisticados, como automóveis, máquinas, tecidos e calçados, assim como serviços, especialmente os de construção civil. Grandes empreiteiras brasileiras de engenharia ganhavam concorrências em países do Oriente Médio, África e América Latina desde a segunda metade da década de 1960, o que se tornou muito mais relevante nos anos 1980. As vendas externas aumentaram, e muito, o que permitiu alcançar um superávit comercial de US$ 6,2 bilhões em 1983, exatamente a meta fixada no programa para o setor externo aprovado pelo Conselho Monetário.

CÂMBIO CENTRALIZADO, MAIS APERTO NAS IMPORTAÇÕES

Ainda assim, havia aguda escassez de divisas. Para enfrentá-la, em junho de 1983 o CMN decidiu centralizar o câmbio. Qualquer remessa de divisas deveria ser autorizada pelo Banco Central. Era uma restrição adicional às importações, que desde 1979 estavam muito racionadas.

LEI DE INFORMÁTICA

Estimulado pela necessidade de controlar importações, em 1984 o governo criaria a Lei de Informática, responsável por muito do atraso tecnológico que o Brasil enfrentaria, anos mais tarde. O governo atuava na área de informática desde os anos 1960, mas o amplo domínio estatal sobre o setor foi iniciado em outubro de 1979, com a criação, por decreto do presidente Figueiredo, da Secretaria Especial de Informática (SEI), vinculada à Presidência da República.

Em 1984, a Casa Civil consultaria a Fazenda sobre um projeto de lei criando a reserva de mercado e concedendo à SEI poderes para influir também na importação de bens de capital que contivessem componentes eletrônicos. Com o auxílio do Serviço Federal de Processamento de Dados (Serpro), manifestaríamos nossas dúvidas, inutilmente. O projeto se tornaria lei em outubro, contribuindo para criar um novo cartel na economia brasileira e reduzir o potencial de ganhos de produtividade e, portanto, de crescimento econômico. A lei de informática somente seria revogada no governo Collor, em 1992.

SACOLEIROS E DOLEIROS

Com as restrições draconianas às importações de milhares de produtos, a sociedade buscou outros caminhos para adquiri-los. O ápice do controle foi também o auge do contrabando e das compras em Ciudad del Este, no Paraguai. Carros importados praticamente não existiam. Mesmo os brasileiros mais abonados deviam se contentar com carros como os nacionais Galaxie Landau, Maverick, Opala ou Alfa Romeo.

Restrições à compra de moeda estrangeira, que já existiam desde os anos 1930, também se agravaram. Um viajante não podia comprar mais do que mil dólares. Estudantes no estrangeiro não podiam receber mais do que US$ 300 por mês — e ainda não existiam os cartões brasileiros de crédito internacional, que surgiriam apenas no final da década de 1980. Remessas para tratamento de saúde no exterior deveriam ser previamente autorizadas. Exportadores necessitavam de permissão prévia para gastar além de uma modesta quantia em moeda estrangeira. A consequência foi o aumento das negociações com dólar no mercado paralelo, o *black*, de *black market*. Em 1983, o dólar do mercado negro chegou a ter ágio de 100%.

MORATÓRIA BRASILEIRA

O esforço exportador e as restrições à importação e à compra de dólares não foram suficientes para melhorar as reservas externas brasileiras a tempo. Após terem atingido o pico de US$ 11 bilhões em 1978, elas retrocederam ano a ano até chegarem a um saldo negativo de mais de US$ 3 bilhões ao final de 1982. Em junho de 1983, com os aportes do FMI e do dinheiro novo dos bancos privados, as reservas praticamente zeraram.

O pior foi inevitável. Em julho de 1983, o governo suspendeu o pagamento dos juros da dívida aos credores, o que foi negociado com o comitê de bancos com o qual havíamos concluído o acordo de fins de 1982. A moratória estava oficializada de maneira civilizada. Não pagávamos porque não podíamos, mas mantínhamos o desejo e o compromisso de fazer isso. Seria muito diferente em 1987, quando o Brasil suspenderia unilateralmente os pagamentos, com a clara intenção de não pagar, o que seria um desastre.

Nós não éramos os únicos. Grande parte dos países latino-americanos estava com suas contas internacionais comprometidas. Moratórias, acordos com o FMI, planos econômicos de estabilização se tornaram comuns. Em março de 1983 Uruguai e Venezuela estabeleceram suas moratórias. Dois meses depois, o Chile, a Bolívia e, pouco mais tarde, o Peru seguiriam o exemplo.

A ECONOMIA AMERICANA REAGE

Enquanto a economia de metade do mundo enfrentava sérios problemas de crescimento, a americana começou a deslanchar entre 1983 e 1984. O mundo crescia a 1% ou 2%, mas os EUA ostentavam taxas próximas de 7%. Investimentos em indústrias de ponta levaram a um boom econômico na Califórnia, que faria todo o globo conhecer o Vale do Silício, *cluster* de empresas de tecnologia.

Como a crise econômica americana, a Guerra Fria se desmanchava. Valendo-se de seu talento retórico, Reagan lançou, em 1983, a Iniciativa Estratégica de Defesa, popularmente conhecida como Guerra nas Estrelas, em referência à saga que George Lucas levava às telas desde 1977. O programa mirabolante previa a instalação de um cinturão de satélites militares ao redor da Terra, com o objetivo de interceptar mísseis em direção aos EUA. Segundo especialistas da época, o verdadeiro intuito era forçar a URSS a investir pesadamente no desenvolvimento de um mecanismo similar. Caríssimo, o programa americano teve ampla cobertura da imprensa, mas jamais foi implementado. Não se sabe se alcançou o suposto objetivo de forçar os russos a comprometer sua economia, já estagnada. De qualquer maneira, o mais poderoso país comunista do mundo não escaparia do colapso que testemunharíamos em 1991.

DIRETAS JÁ

O Brasil não tinha intuitos militaristas. Ao contrário. A caserna era rechaçada cada vez mais pela população. A primeira manifestação suprapartidária exigindo eleições diretas para presidente da República aconteceu em São Paulo no primeiro semestre de 1983, com a participação de PT, PMDB, PDT, CUT e Conclat. Reuniram um milhão de pessoas na Praça da Sé. Nos meses seguintes, outras manifestações ocorreram nas maiores cidades brasileiras, sob liderança do deputado Ulysses Guimarães, que ficaria conhecido como "Senhor Diretas".

O deputado federal Dante de Oliveira, do PMDB do Mato Grosso, propôs uma emenda constitucional que tornaria realidade os clamores populares. Para a aprovação, seriam necessários dois terços dos votos da Câmara dos Deputados. Apesar da pressão da sociedade, a proposta foi rejeitada em 25 de abril de 1984. Foram apenas 298 votos, dos 320 necessários. Assim, o presidente seguinte seria mesmo escolhido pelo Colégio Eleitoral.

TANCREDO, CANDIDATO NATURAL DA OPOSIÇÃO

Assim que a emenda foi derrubada, Tancredo se impôs naturalmente no PMDB como candidato presidencial oposicionista. Havia um consenso de que, se a emenda passasse, o candidato seria Ulysses Guimarães. Atuante na política antes mesmo de ter sido ministro de Getúlio Vargas, em 1953, Tancredo, então com 74 anos de idade, era um dos mais experientes políticos brasileiros. Era governador de Minas Gerais antes de se lançar na disputa e fora senador pelo MDB durante o regime militar. O mineiro era tido como conciliador e capaz de agregar mais apoios políticos do que Ulysses, inclusive entre os militares. Tancredo não apenas uniu o PMDB como conseguiu abrir um flanco nas linhas governistas ao atrair para sua candidatura uma parte do PDS, reunida em torno da dissidência batizada como Frente Liberal.

Apesar de a eleição ser indireta, o ex-governador mineiro fez a campanha como se fosse direta, realizando vários comícios pelo país, enquanto costurava habilmente uma aliança com setores dos militares e do empresariado, além da mídia.

Antes de candidatar-se, Tancredo esteve conosco, para discutir assuntos de interesse de seu estado. Amigo de Galvêas, aceitou nosso convite para um almoço. No meio da conversa, o ministro disparou: "E aí, governador? Vai disputar mesmo a presidência?" Tancredo respondeu com um "depende". E complementou: "Se eu sentir que as chances de vitória são de 50%, fico em Minas. Se forem 60%, vou conversar. Caso cheguem a 70%, serei candidato", respondeu à mineira.

PAULO MALUF COMO PRÓXIMO PRESIDENTE

Mesmo com todas as alianças que Tancredo costurava, com eleições indiretas parecia difícil vencer o favorito na disputa, o situacionista Paulo Maluf, do PDS, deputado federal por São Paulo, que governara o estado entre 1979 e 1982 e fora prefeito da capital entre 1969 e 1971. Como o partido tinha maioria no Congresso, bastavam os votos dos seus correligionários para se tornar presidente em 1985.

Paulo Maluf, com quem me encontrava vez por outra desde 1983, quando governador, já se portava, falava e se articulava como o próximo presidente. Foi como tal que visitou diversos órgãos governamentais para conhecer as equipes e instruir o que deveria ser feito. Com seu jeito dinâmico, antecipava planos para a economia e discorria sobre ideias para projetos. Fez uma visita especial ao Ministério da Fazenda, onde Galvêas, eu e o chefe do gabinete, Berardinelli ouvimos atenciosamente o que pretendia fazer em relação à economia. Devo confessar que não nos deixava muito confortável a maneira incisiva e agressiva com que falava conosco, nem sua postura de sabichão voluntarioso.

SECAS E ENCHENTES

Em 1984, houve uma grande seca no Nordeste e eu já previa invasões de famintos às cidades, como aquelas que eu vivi quando morava no sertão da Paraíba. Para que os efeitos fossem minimizados, no início de julho angariei doações de funcionários dos ministérios da Fazenda e da Indústria e Comércio para enviá-las a Cajazeiras. O grande herói dessa empreitada foi Dedé, amigo querido de lá com quem nunca perdi contato. Ele organizou o cadastramento das famílias afetadas pela seca, a compra e a distribuição de cestas básicas. Com sua esposa, Socorro, recebia, em casa, as entregas das várias toneladas de comida, que separava em cotas, espalhadas pelo quintal. Recebiam os titulares de cada família e entregavam pessoalmente. Distribuiu quase uma tonelada e meia de alimentos para quase quinhentas pessoas.

Enquanto o chão do sertão rachava, a Zona da Mata sofria com o excesso das chuvas, que naquele ano afetou como nunca Cruz do Espírito

Santo, minha cidade natal. Pela única vez em toda a história da cidade, o rio lavou o chão da igreja matriz. As águas carregaram, rio abaixo, até a casa em que nasci e morei na infância.

Meses antes, prevendo ventos ruins, pedi para que um dos meus assessores pesquisasse se o governo federal tinha um programa de ajuda a cidades vítimas de intempéries como cheias. Ele descobriu um e recomendou a assistência a Cruz do Espírito Santo, que, devido ao seu histórico de desastres, acabou sendo uma das beneficiadas: um dique seria construído para proteger a cidade. Mas a enchente chegou antes de a obra começar. Minha família, que já morava numa casa quatro metros além da cruz, assistiu à tomada da casa antiga pelo Paraíba. Contam que o rio roeu a terra que a sustentava e a levou de uma vez. Depois de dar uma pirueta, foi levada íntegra pelas águas.

Com o dique pronto, nenhuma outra vez o rio lavaria Cruz do Espírito Santo, protegida desde então da fúria do Paraíba.

ATRASADO ARCABOUÇO INSTITUCIONAL BRASILEIRO

Mesmo os piores problemas trazem consequências positivas, se tivermos a frieza de olhá-los de frente, perceber suas causas e enfrentá-las. As sucessivas crises por que o Brasil passava serviram para revelar os gravíssimos problemas institucionais das finanças públicas federais e de seus mecanismos, que chegavam até a ser glorificados em certos círculos.

Desde meados da década de 1970 havia entre nós a consciência da necessidade de rever o atrasado arcabouço institucional que governava as finanças federais, mas, como tudo parecia dar certo até então, nenhum esforço fora empreendido para isso. A visão crítica foi ganhando espaço, embora sem estardalhaço, a partir da eclosão do segundo choque do petróleo, em 1979, quando começamos a nos debruçar sobre aspectos mais problemáticos da economia brasileira, que ficavam cada vez mais expostos. As tempestades incessantes evidenciaram o quanto a solução destes problemas era imprescindível. E urgente.

CONHECER PARA CONTROLAR

Não sabíamos exatamente o que deveria ser feito, muito menos por onde começar, mas entendíamos que as mudanças nas finanças federais precisavam ser estruturais. Pensando nisso, em julho de 1983, no mesmo mês em que o Brasil suspendeu os pagamentos da dívida externa, eu escrevera uma nota a Galvêas sobre a necessidade de serem realizados estudos aprofundados com o objetivo de reformular todo o funcionamento das finanças públicas federais. A transição política se acentuava e era preciso preparar o processo orçamentário para uma nova realidade.

Com a concordância do ministro, pedi a Raymundo Moreira, que eu trouxera como assessor da área de política monetária da Coordenadoria de Assuntos Econômicos e que fora comigo para a secretaria-geral, que reunisse toda a documentação disponível e organizasse um grupo para discutir a estratégia que nos guiaria na tarefa a que nos propúnhamos. Convidamos os melhores talentos do MF, da Seplan, do Banco Central e do Banco do Brasil para um mutirão em torno do assunto. Durante um ano, buscamos encontrar o eixo do novo arranjo institucional.

Como as negociações com o Fundo nos obrigavam a detalhar os números dos orçamentos, desde o início de 1983 tivemos que nos debruçar sobre a contabilidade e as estatísticas, o que revelou o caos imperante e a baixa transparência dos processos decisórios.

Ao nos induzir a estudar toda a cadeia que envolvia as operações do Tesouro, do Banco Central e do Banco do Brasil, o FMI nos ajudou a descortinar a promiscuidade entre eles, que era inacreditavelmente alta. Um conjunto amplo de mecanismos e instituições, mantidos como eram, impossibilitavam não apenas o controle eficiente das finanças, mas também o conhecimento de como funcionavam.

ORÇAMENTO MONETÁRIO

Uma questão inicial se impunha: como as finanças federais podiam estar tão ruins se o Orçamento da União era equilibrado? Este era um enigma fundamental, que foi solucionado com nossos estudos: este equilíbrio era ilusório. Os déficits se escondiam nos meandros do Orçamento Monetário, um orçamento paralelo, que não era submetido ao Congresso. Este sequer tinha conhecimento da situação. Para se ter uma ideia da falta de controle, apenas 45% a 50% do dinheiro gasto pelo governo federal passavam pelo Orçamento da União. Anos depois, eu contribuiria para que esta fatia chegasse a 100%, com informações disponibilizadas a todos os brasileiros com tempo e paciência para percorrer, via internet, os meandros orçamentários.

Ninguém se dava conta dessa anomalia porque os desembolsos realizados via Orçamento Monetário não eram classificados como despesa.

A maior parte aparecia como crédito do Banco do Brasil e do Banco Central para atividades produtivas. Imaginava-se que não constituíam gastos, pois o dinheiro retornava aos cofres das autoridades monetárias. Era um equívoco conceitual, pois os empréstimos eram feitos com emissão de moeda e ampliação da dívida pública. Assim, do ponto de vista formal, eram, sim, despesa.

Adicionalmente, muitos desembolsos, que ninguém duvidaria de que constituíam despesa, eram realizados via Orçamento Monetário. Eram os casos dos orçamentos do IBC, do IAA, da Comissão Executiva do Plano da Lavoura Cacaueira (Ceplac) e da Comissão de Valores Mobiliários (CVM), que eram aprovados pelo Conselho Monetário, não pelo Congresso. O mesmo acontecia com subvenções para baratear o preço de fertilizantes e as aplicações com recursos da "reserva monetária", a cargo do Banco Central, que eram financiadas com o IOF e o Imposto de Exportação, não submetidos ao crivo do Legislativo.

Ironia máxima, a ideia de preparar um Orçamento Monetário surgiu nos anos 1950 da necessidade de impor limites à expansão dos empréstimos do Banco do Brasil, financiados por emissões de moeda, pois não existiam mecanismos eficazes para enxugar a correspondente liquidez. A dívida pública era praticamente inexistente.

"CONTA DE MOVIMENTO"

O Orçamento Monetário era a consolidação dos balanços do Banco Central e do Banco do Brasil, que se comunicavam através da "conta de movimento", mantida no BB pelo BC. Este mecanismo utilizado para o fluxo de dinheiro entre os dois era o principal instrumento da injeção de recursos públicos para financiar os diferentes segmentos da economia brasileira, via operações de crédito do BB e as de refinanciamento e repasse a cargo do BC. No início da década de 1980, as atribuições do Banco Central incluíam atividades inexistentes em organizações similares nos países desenvolvidos, como a função de banco de fomento, oferecendo crédito, via sistema financeiro, ao setor rural e agroindustrial.

CONTROLE SOBRE O ORÇAMENTO MONETÁRIO

O Orçamento Monetário era aprovado pelo Conselho Monetário Nacional. Ou seja, na prática, pelo ministro da Fazenda, que o presidia. Não havia a necessidade de ser autorizado pelo Congresso, mesmo que

Maílson, de suspensórios, com quatro irmãos, os pais e quatro funcionários da alfaiataria montada na sala da casa da família.
Cruz do Espírito Santo, Paraíba, 1949.

Como cabo 295, Maílson soube do concurso para o Banco do Brasil, em João Pessoa, em 1962.

Maílson e Rosinha em um fusca emprestado rumo à lua de mel. Cajazeiras, Paraíba, agosto de 1964.

Maílson, ao centro, interpreta Chicó, personagem de O *auto da Compadecida*, de Ariano Suassuna, em 1965.

No aniversário de 25 anos, em 1967, Maílson sonha com um futuro melhor do que aquele que teria em Cajazeiras.

Maílson, com os filhos Márcio e Guilherme, despede-se do cunhado Antunes e do concunhado João Alberto, ao mudar para o Rio de Janeiro, em 1968.

Como consultor técnico do Banco do Brasil, Maílson passa a trabalhar mais amiúde com Olyntho Tavares de Campos (ao centro), alto funcionário do banco, que o acompanharia até 1990. Brasília, 1976.

A família reunida em casa, em Londres, em 1985, quando Maílson era diretor executivo do European Brazilian Bank. Em sentido horário: Maílson, Juliano, Rosinha, Márcio, Ivan e Guilherme.

Na propriedade maranhense de José Sarney, na Ilha do Curupu, prestes a ser
convidado a se tornar ministro da Fazenda, em dezembro de 1987.

Recém-empossado, Maílson visita sua cidade natal, Cruz do Espírito Santo.
Ali, é acompanhado por conterrâneos pelas margens do rio Paraíba.
Ao fundo, a igreja matriz.

As reuniões do Conselho Monetário, de que participavam
João Batista de Abreu e outros ministros, atraíam
grande interesse da imprensa.

Como ministro da Fazenda, Maílson teve de enfrentar graves problemas, como dívida externa, déficit público, inflação altíssima e enormes resistências a medidas de austeridade fiscal.

Num governo com escasso apoio social e político, a ambição inicial da equipe econômica era evitar o descontrole inflacionário sem recorrer a choques como congelamento de preços, salários e contratos, o que ficou conhecido como política do feijão com arroz.

Chico Caruso

Chico

Com o objetivo de conter o déficit da União, a gestão de Maílson ficou conhecida por ações em favor da redução de gastos públicos.

Rodolfo Stuckert

Ministro Maílson assessora o presidente José Sarney em reunião com governadores de estados. Palácio da Alvorada, Brasília, 1988.

Com o objetivo de normalizar as relações com os credores externos, Maílson foi a Washington conversar com Alan Greenspan, presidente do Federal Reserve, e autoridades do Tesouro americano.

Deixando o Tesouro americano, com Marcílio Marques Moreira, embaixador em Washington, e Sérgio Amaral, secretário de Assuntos Internacionais do Ministério da Fazenda.

Maílson e Michel Camdessus, diretor-gerente do FMI, comemoram acordo do Brasil com a organização (ao fundo, Marcílio Marques Moreira).

Com Rosa Dalcin, sua assessora de imprensa, na II Conferência de Harvard sobre a dívida externa latino-americana. Boston, 1989.

A revista *Veja*, em junho de 1988, revelou como a política de controle de gastos desagradava a ministros, governadores de estados, congressistas, empresários e sindicatos de trabalhadores.

A cada mês aumentavam as pressões para que o ministro da Fazenda fosse substituído, numa trama exposta detalhadamente pela *Veja* em agosto de 1988.

Sarney Jones em OS CAÇADORES DA INFLAÇÃO PERDIDA

As Organizações Globo eram vistas como parte da campanha para derrubar a equipe econômica.

IAHUUU! O MAILSON NÃO CAIU!!!

TUDO SOB CONTROLE, RAPAZES.

Mesmo sob pressão e com muito desgaste, Maílson permaneceu na Fazenda até o fim do governo Sarney.

O Plano Verão, de janeiro de 1989, que congelou preços e salários, visava a limitar por lei os gastos públicos, extinguir órgãos e privatizar grandes estatais.

Nem com as árduas negociações com o Congresso as reformas estruturais foram aprovadas. Sem elas, o Plano Verão fracassou em dois meses.

> NÃO HÁ MOTIVO PARA ALARME. EU ESTOU BASTANTE TRANQUILO QUANTO À SITU...

TOC TOC TOC

> É DAQUI QUE PEDIRAM ÁGUA COM AÇÚCAR?

Num governo sem força política ao menos para extinguir órgãos, restava à equipe econômica buscar influenciar as expectativas da sociedade para que não houvesse descontrole e pânico.

Maílson transmite o cargo a Zélia Cardoso de Melo em março de 1990, aliviado por entregar o comando de uma economia que não se desorganizara, apesar da inflação de 84% naquele mês.

Em 1991, Maílson casou-se com Rosa Dalcin, com quem teve Gabriel, em 1994. Foto de 1999.

Em 1997, Maílson tornou-se sócio de Nathan Blanche e Gustavo Loyola, entre outros, e criou a Tendências Consultoria Integrada, em São Paulo.

Maílson, com Rosa e Gabriel, no Vietnã, em 2009, numa das viagens para pedalar.

implicasse ampliação do endividamento do Tesouro. O BB e o BC inundavam o mercado de liquidez, o que engordava as emissões de dinheiro. Cumpria ao BC enxugar essa liquidez, o que fazia vendendo títulos públicos. Tudo muito redondo, não? Redondo como uma rosca sem fim.

Ao ministro da Fazenda cabia, em articulação com o presidente do Banco Central, estabelecer o nível de expansão da base monetária. Como a dívida pública era considerada neutra para efeitos de emissão de moeda, a base monetária adquiria o caráter de âncora única do processo. Definida a expansão, o Departamento Econômico do Banco Central estimava as fontes de recursos: as entradas líquidas de moeda estrangeira — inclusive os empréstimos obtidos pelo BC no Banco Mundial e no BID —, os valores captados pelo Banco do Brasil, os lucros retidos do BB e os resultados do BC.

BC e BB brigavam por cada fatia do bolo, disputando quanto iria para os programas de repasse e refinanciamento do primeiro e quanto integraria as linhas de crédito do segundo. Coadjuvantes nessas batalhas eram os ministérios da Agricultura e da Indústria e do Comércio, pois dependiam do Orçamento Monetário os recursos para financiar a agricultura, compra de café pelo IBC e aquisição dos açúcares de exportação e das operações de warrantagem (capital de giro) em favor das usinas e destilarias de álcool.

RECURSOS ILIMITADOS DO BANCO DO BRASIL

O Conselho Monetário Nacional chegava a autorizar o BB a fazer empréstimos "sem limite", o que tornava o BB uma instituição de crédito singular, que não precisava se ocupar com a captação de recursos. Se, ao fim de um determinado dia, a diferença entre entradas e saídas fosse negativa, o BB lançava o respectivo valor a crédito da "conta de movimento", nivelando o seu balanço. Sobre o saldo dessa conta não incidiam juros ou outras despesas financeiras. Ou seja, o BB era financiado pelo BC a custo zero. Além disso, se precisasse de caixa físico, dinheiro sonante, qualquer agência abria sua caixa-forte e transferia cédulas do monte da "custódia" — o dinheiro colocado pelo BC sob a guarda do BB — para o do BB.

Até a conclusão dos nossos estudos, nós do Banco do Brasil imaginávamos que os recursos pertenciam ao BB, fruto de nosso esforço de captação no mercado.

QUEM RECUSARIA OS PÃES DE JESUS?

O Brasil havia construído mecanismos de interrelacionamento entre o Tesouro, o Banco do Brasil e o Banco Central que equivaliam ao milagre da multiplicação dos pães, com a vantagem, em relação ao feito de Jesus Cristo, de que o processo podia ser repetido todos os anos. Mas os mais pobres, que no fundo pagavam grande parte dessa conta, via inflação, não podiam sequer entrar na fila do pãozinho.

Quem iria contestar? Não o BB ou o BC. Nem os seus beneficiários, que recebiam crédito subsidiado e abundante. Nem os formadores de opinião, que não conheciam o funcionamento do sistema. Nem o Congresso, deixado à margem do processo. Aliás, os deputados e senadores adoravam tudo isso. Não precisavam lutar nas comissões da Câmara e do Senado para obter mais recursos para suas comunidades e seus eleitores. Bastava frequentar os gabinetes do Banco do Brasil e da área de crédito rural e agroindustrial do BC, que por isso viviam apinhados de Suas Excelências.

Não seria à toa que, no ano seguinte, a proposta de pôr um fim a esse processo teria tanta oposição. Uma parte por interesse, como era o caso das associações das classes produtoras e dos parlamentares. Outra, por pura desinformação ou impulso corporativista, como aconteceria com os funcionários do BB e do BC. Mas isso ainda nem nos ocorria.

EM PROL DA DEMOCRACIA

Nosso intuito era modernizar as finanças públicas brasileiras. Eram evidentes os riscos de reiniciar a democracia — em que as pressões se exercem de todos os cantos — com tamanha frouxidão nas normas orçamentárias. Acreditávamos que o novo presidente deveria tomar posse com um arranjo institucional das finanças públicas que protegesse das naturais pressões políticas a ele, ao ministro da Fazenda e a todos os que tinham o poder sobre elas. Para isso, nos parecia imprescindível viabilizar ainda no governo Figueiredo ao menos a aprovação das medidas que não exigissem reformas legislativas. Corríamos contra o tempo. Provavelmente a maioria de nós não integraria a equipe do governo seguinte, muito menos nos mesmos cargos.

ESTUDOS MAIS APROFUNDADOS

Em agosto de 1984, depois de estudar minuciosamente as deficiências institucionais do Orçamento Monetário, estávamos prontos para levar ideias ao CMN. Pretendíamos criar um grande grupo de trabalho com a missão de aprofundar os estudos e, em noventa dias, propor soluções para os problemas que já identificávamos. Preparei nota ao ministro Ernane Galvêas propondo a estrutura dos grupos e as ideias básicas com as quais já estávamos de acordo. "Chegou a hora de passar a limpo!", assinalei. Galvêas levou a proposta a Delfim, que também aderiu, imediatamente. Redigimos um *voto* ao Conselho Monetário Nacional, assinado por ambos.

Já apontávamos algumas necessidades, como extinguir a "conta de movimento" e unificar o Orçamento Monetário e o Orçamento da União em uma só peça, a ser aprovada pelo Congresso. Propúnhamos abolir as funções de fomento do Banco Central e redefinir as funções do Banco do Brasil, permitindo que funcionasse como um banco comercial, sem perder seu papel de principal instrumento da política creditícia do governo federal.

COMISSÃO PARA O REORDENAMENTO DAS FINANÇAS PÚBLICAS

O voto foi aprovado pelo CMN no dia 21 de agosto de 1984. Para conduzir os estudos, montamos uma equipe que reunia alguns dos mais brilhantes e talentosos técnicos das mais importantes instituições econômicas federais. Eram cerca de 160 profissionais divididos em subgrupos, de acordo com temas e instituições envolvidas. Só para tratar de questões relacionadas ao BB havia seis subgrupos.

A Comissão Central, que eu presidia, era composta por mais 11 integrantes. Dois deles eram funcionários do Ministério da Fazenda, Edésio Fernandes, coordenador de assuntos econômicos, e Elyeser de Souza Cavalcanti, secretário executivo da Comissão de Programação Financeira. Da Seplan, faziam parte o chefe da assessoria técnica, João Batista de Abreu, e o secretário do Orçamento e Finanças, Frederico Bastos. Do Banco Central, participavam o diretor da Área Bancária, José Luiz Miranda, o diretor de Crédito Rural e Programas Especiais, José Kleber Leite de Castro, e o chefe do Departamento Econômico, Silvio Rodrigues Alves. Do Banco do Brasil vieram o diretor de Controle, Sadi Assis Ribeiro Filho; o diretor de Crédito Rural, Aléssio Vaz Primo; e o consultor técnico, Geraldo Naegele. Integravam ainda a comissão o secretário da Receita Federal, Francisco Dornelles, e o procurador-geral da Fazenda Nacional, Cid Heráclito de Queiroz.

RAYMUNDO MOREIRA

Raymundo ficou responsável pela coordenação dos trabalhos de cada um dos subgrupos em que foram divididos os técnicos e especialistas. Gerenciava os trabalhos no âmbito mais técnico e, semanalmente, se reunia com cada um dos times para tomar pé do andamento dos estudos, que depois me relatava.

Com o desenvolvimento dos trabalhos, convenci-me de que seria necessário criar uma instância intermediária entre esses grupos e a comissão central, capaz de acompanhá-los mais frequentemente. Assim, constituímos um comitê supervisor, que eu também presidia, composto de sete membros, escolhidos entre os participantes mais envolvidos com as ideias e sua evolução.

PEDRO PARENTE

Outro elemento-chave foi Pedro Parente, chefe do Departamento de Operações Financeiras do Banco Central. Pedrinho, como o chamávamos carinhosamente, devido à sua pouca idade, trinta anos, trazia uma experiência riquíssima para nós: era um dos responsáveis pelos registros da conta de movimento. Seu papel foi fundamental para esclarecer a todos detalhes deste mecanismo. Rapidamente ele se destacou e se tornou um dos coordenadores dos estudos.

Posteriormente, ele também teria papel fundamental para solucionar outros dois problemas: a escassez de informações sobre a execução orçamentária e a fragilidade do seu controle. Parente seria o principal responsável pela criação do Sistema Integrado de Administração Financeira do Governo Federal (Siaf). É com o Siaf que se realiza, desde 1987, todo o processamento, controle e execução financeira, patrimonial e contábil do Tesouro Nacional.

Pedro Parente teria longa e profícua carreira no serviço público, integrando os quadros do FMI, antes de ser ministro de duas pastas no segundo governo Fernando Henrique Cardoso: Planejamento e Casa Civil. Ele também exerceria a crucial função de comandante das medidas para lidar com o apagão de energia de 2001 e se tornaria um bem-sucedido executivo no setor privado.

SENTIDO DE MISSÃO

Os estudos nos impunham a todos uma rotina duríssima. Afinal, de forma nenhuma fomos desincumbidos de nossas atribuições regulares.

Meu trabalho na secretaria-geral, por exemplo, seguia a mesma toada de sempre. Apesar de árduo, o trabalho me gratificava, e muito. Nunca em minha carreira tive um sentimento tão forte de missão a cumprir, de trabalhar em um assunto tão sério, com consequências tão relevantes, que contribuiria para transformar positivamente o Brasil. Os companheiros do grupo não pensavam de maneira diferente. Todos se mostravam entusiasmados com o que descobriam e com as propostas que surgiam a cada reunião. Os olhos de todos brilhavam.

REUNIÕES COM O PRESIDENTE DO BANCO DO BRASIL

Oswaldo Roberto Colin, o presidente do BB, também se mostrava entusiasmado. Tão logo foi aprovado o voto no Conselho Monetário, me convidou para um almoço. Ele disse que acompanharia de perto nossos trabalhos, pois sentia que a sorte do BB dependia de como as futuras medidas definiriam suas operações, seus recursos e sua missão. Assinalou que o BB tinha três funcionários em postos-chave do processo de reordenamento das finanças públicas: o ministro Galvêas, ele próprio e eu.

Combinamos que nos reuniríamos novamente em almoços mensais, à medida que os trabalhos progredissem. Ele desejava que eventuais divergências entre os subgrupos, particularmente os de que o BB fazia parte, fossem resolvidas entre nós dois. Nossas reuniões se sucederam, mesmo sem o surgimento de divergências. Repetidamente ele me dizia estar de pleno acordo com o andamento dos trabalhos e com as propostas que amadureciam.

COMPARAÇÃO COM AS FINANÇAS NORTE-AMERICANAS

Em meio aos estudos, Raymundo Monteiro Moreira foi enviado com uma equipe aos Estados Unidos para conhecer de perto o funcionamento das finanças públicas e sua interrelação com a política monetária. Visitou o Tesouro, o Federal Reserve, que é o banco central americano, e o Congresso, que permitiram livre acesso e ainda disponibilizaram profissionais para esclarecer suas dúvidas.

De volta ao país, nos descreveu um quadro bem diferente do brasileiro. O mais inovador, para Raymundo e para nós, era o funcionamento da Congressional Budget Office (CBO). A Comissão de Orçamento do Congresso, integrada por profissionais indicados pelo Senado e pela Câmara dos Representantes, promove estudos para auxiliar os parlamentares a elaborar o orçamento. Apartidária, esta comissão técnica não sofre ingerência política.

Também não existiam por lá bancos estatais comerciais, que tanto imbróglio geravam no Brasil. Ainda mais relevante era que não havia, nos Estados Unidos, qualquer contaminação entre operações do Tesouro e do FED, bem diferente do que ocorria por aqui. O FED não podia adquirir títulos do Tesouro em leilões primários, uma forma de evitar que financiasse o déficit orçamentário. E repassava ao Tesouro 95% dos seus lucros. Nossos estudos incorporaram esta ideia. Anos mais tarde, os lucros do BC passariam a ser transferidos periodicamente ao Tesouro.

O BRASIL SEM TESOURO NACIONAL

No Brasil, não havia sequer um órgão público que exercesse as funções típicas do Tesouro Nacional, de administrar o caixa e a dívida da União. A expressão era usada sistematicamente em referência aos recursos públicos federais. Mas não havia uma instituição com este nome nem com suas atribuições. Elas eram realizadas pelo Banco Central e pelo Banco do Brasil. A fragilidade era tal que até órgãos como o IAA e o IBC podiam administrar receitas e despesas típicas da União. Enfim, os recursos federais transitavam por um emaranhado de caminhos. Em português bem claro, era uma bagunça.

O BANCO DO BRASIL VAI QUEBRAR!

Grande parte dos recursos do Tesouro passava pela "conta de movimento", o canal por onde fluíam os recursos que faziam a grandeza operacional do BB e a satisfação de agricultores, de industriais e dos membros do governo. Enquanto tudo dava certo e se podia continuar a expandir a dívida pública, era quase impossível enxergar os problemas do financiamento do BB. Mas a chegada da alta inflação evidenciara as primeiras rachaduras desse inacreditável edifício. O Banco do Brasil começou a precisar de cada vez mais recursos para ao menos preservar os níveis reais de seu volume de crédito. Isso porque o que recebia de volta era corroído pela inflação. No ano seguinte, as safras e o capital de giro da indústria e do comércio demandariam novos aportes do Orçamento Monetário para restabelecer ou ampliar seu valor real.

Nossos estudos evidenciaram que o Banco do Brasil era um gigante de pés de barro. Com as tempestades em que vivíamos, iria para o chão quando lhe retirássemos o guarda-chuva da "conta de movimento".

ASSISTÊNCIA TÉCNICA GRATUITA DO FMI

Na reta final dos estudos, Alexandre Kafka, muito entusiasmado com o nosso trabalho, sugeriu que requerêssemos ao FMI a assistência de seus profissionais e consultores. "Não tem custo. E eles vêm conversar com vocês." Concordamos. A equipe do FMI, integrada por um mexicano, um australiano e um inglês, permaneceu no Brasil durante alguns dias. Conversaram com os principais membros do nosso grupo de trabalho, reforçaram pontos de vista sobre o atraso das finanças federais, sugeriram métodos e soluções. A consultoria nos foi utilíssima.

MARKETING PARA QUÊ?

Na despedida da equipe do Fundo, ofereci a eles um almoço no Ministério da Fazenda. O inglês, Sir Kenneth, ex-funcionário do Tesouro britânico de quem não me recordo o sobrenome, discorreu sobre o quão fascinante era o nosso trabalho. "Vocês estão fazendo história", enaltecia. "Mas sabe do que estou sentindo falta? Não vi em qualquer lugar o plano de marketing."

Aquilo me soava estranho. "Como assim plano de marketing?", perguntei. "Como é que vocês vão convencer a opinião pública das medidas que vocês propõem?" Achei aquela preocupação sem sentido. Uma besteira. Para mim era óbvio, como lhe expliquei, inocentemente: a população deveria nos agradecer por estarmos trabalhando, nos sacrificando em prol de todos. "Óbvio para vocês, não para a sociedade. Vocês correm o risco de a opinião pública ser ganha pelos grupos de interesse. Não acredito que não estejam trabalhando nisso!"

Achei aquele inglês um chato. Definitivamente — e muito infelizmente —, não o levamos a sério, acreditando que nossas propostas eram tão cristalinamente positivas que seriam naturalmente aceitas e aprovadas por todos, do governo e fora dele. Eu achava que meus colegas do Banco do Brasil iriam me agradecer por desviarmos o BB da rota da falência.

Faltava-nos malícia. Éramos todos técnicos, sem visão política. Além disso, fôramos educados no governo militar, em que as decisões eram debatidas apenas no plano técnico e as mudanças necessárias eram implantadas, sem qualquer necessidade de ao menos se conhecer a opinião da sociedade ou de seus representantes.

"VÃO ACABAR COM O BANCO DO BRASIL"

As transformações que enxergávamos como remédio eficaz não foram acompanhadas da bula, o trabalho de comunicação que Sir Kenneth ressaltara. E rapidamente, já em outubro, começaram a surgir as reações adversas ao projeto. Figuras públicas importantes, algumas com intenções políticas, mas muitas por pura falta de conhecimento, começaram a nos criticar.

Mário Pacini, o presidente do Tribunal de Contas da União, um antigo e dedicado funcionário do Banco do Brasil, enxergou uma conspiração para destruir o BB. Como depois se vangloriou, procurou o presidente Figueiredo, de quem era amigo, e o alertou: deveria ficar atento ao que estávamos fazendo no Ministério da Fazenda. Se os estudos afinal chegassem para sua aprovação, o melhor seria rejeitá-los, sob pena de ficar na história como coveiro do Banco do Brasil. Pacini acreditava que defendia a casa a que dedicara uma existência. Para mim, era surpreendente que justamente o presidente do Tribunal de Contas desejasse barrar um projeto que viria pôr ordem nas finanças públicas.

Para minha surpresa, a reação mais agressiva veio de funcionários do Banco do Brasil. Nossa visão idealista, de que propúnhamos reformas fundamentais para o país e para o próprio BB, não era compartilhada por todos. Ao contrário.

Preocupados com o futuro do BB, e absolutamente desinformados, esses funcionários começaram a pregar a existência de uma conspiração para liquidar o BB. Para eles, o processo era orientado pelo FMI, pelo Banco Mundial e por banqueiros privados, inclusive internacionais. E, para a indignação de todos, "o líder da conspiração é Maílson, um dos nossos". As reações fermentaram, se ampliaram e se tornaram cada vez mais veementes. Rapidamente, os sindicatos estavam contra nós.

Só em outubro tomaríamos consciência do poder de mobilização que tinham, um pouco antes de o projeto ser submetido ao Conselho Monetário Nacional. Eles se mobilizavam em uma "ação coletiva", que eu não conhecia, mas sobre a qual leria muito mais tarde, como pesquisador visitante da Universidade de São Paulo, para escrever o livro O *futuro chegou*, que publicaria em 2005.

"TRAIDOR DA CATEGORIA"

Passei a ser tratado como uma espécie de traidor. Muitas vezes, a crítica partia para o achincalhe. Um jornal editado pelo sindicato dos bancários de Brasília, o *Cebolão*, me elegeu como alvo prioritário de suas matérias e editoriais. Chegavam a dizer que eu mantinha dinheiro na Suíça, recebido de bancos privados interessados no fim do Banco do Brasil.

Houve um funcionário em particular, Ciro Verçosa, que fundou uma entidade no mínimo estranha: Associação dos Acionistas Minoritários do Banco do Brasil (Unamib). Nenhum acionista fora dos quadros do BB participava dessa associação, que se propunha tão somente a "defender" o BB. Anos mais tarde, depois de deixar o cargo de ministro da Fazenda e iniciar minhas atividades de consultoria no setor privado, Verçosa assinaria um artigo com ataques peçonhentos, atingindo minha honra. Pela primeira vez, esgotaria minha paciência. Moveria uma ação contra ele, que seria condenado, recorreria, perderia novamente e acabaria sentenciado a seis meses de prisão, convertidos em serviços comunitários.

EU DEFENDIA O BB

A princípio, não dei muita importância à mobilização. Embora as acusações incomodassem um funcionário de carreira como eu, que acreditava estar fazendo o melhor para o país, tudo estaria bem quando o projeto fosse aprovado. Eu sabia que tentava evitar o colapso do BB, não destruí-lo. As propostas não apenas eram positivas para a administração das finanças federais como seriam benéficas ao próprio banco, que necessitava se adaptar a novos tempos.

O BB teria mesmo muito a ganhar. Se tornaria um banco comercial, podendo atuar em todos os segmentos do sistema financeiro. Até então, dados os seus privilégios, era-lhe proibido ter corretora de valores, banco de investimento, financeira, seguradora. Não podia financiar o consumo nem atuar em segmentos novos do mercado, como o de previdência privada. Ademais, não perderia a função de principal agente para operações de crédito com recursos do Tesouro. A diferença é que as dotações específicas seriam incluídas no Orçamento da União.

OPOSIÇÕES NO BANCO CENTRAL

Embora menos furiosos, os funcionários do BC também reagiram negativamente aos nossos estudos. Com as reformas que defendíamos, o BC se tornaria uma autoridade monetária clássica, defensora da estabilidade da moeda e do sistema financeiro. Os funcionários temiam perder poder com a extinção das atividades de fomento.

No BC, contudo, contamos com a ajuda providencial do presidente da instituição, Affonso Celso Pastore. Este economista, que construiu sólida reputação acadêmica e se tornaria um de nossos melhores especialistas em política monetária e renomado consultor, era presidente do Banco Central desde 1983.

Em outubro de 1984 já estavam avançadas as articulações contrárias às reformas que propúnhamos. Antes que elas se tornassem vigorosas, Pastore reuniu diretores e chefes dos principais departamentos do banco e lhes disse que eu coordenava algo que havia sido aprovado pelo Conselho Monetário Nacional e que, portanto, ele me apoiava. O BC não apenas integrava o grupo de estudos, mas estava de acordo com as propostas decorrentes deles. Quando soube, fiquei emocionado com sua solidariedade. Foi um ato de muita coragem. E funcionou.

AMBIENTE POLÍTICO DESFAVORÁVEL

A oposição ao nosso estudo ganhou corpo em um ambiente político tenso, em que as forças da sociedade civil se mobilizavam contra o governo. O sindicato dos bancários de Brasília, liderado por funcionários do BB, estava dominado por militantes do jovem — e muito aguerrido — PT. Eles foram às ruas. Promoveram passeatas, fizeram propaganda, falaram o diabo de nosso trabalho. Fomos demonizados. Vendia-se a ideia de que as mudanças que defendíamos eram exigências do FMI.

"TECNOCRATA E MONETARISTA!"

Se, devido à crise e ao esgotamento do ciclo militar, o governo era alvo de críticas, nós da equipe econômica não seríamos poupados. Formadores de opinião mais críticos, e representantes de organizações da sociedade civil como sindicatos, nos chamavam de "tecnocratas". Equivalia a um achincalhe, só comparado a outro xingamento, "monetarista". Este seria um economista que só se ocupava da estabilidade da moeda e do combate da inflação, sem se ater ao sofrimento do povo. Principalmente após os anos 1990, esses termos seriam substituídos por "neoliberal".

ELOGIO EM MOMENTO IMPRÓPRIO

Não recebíamos só críticas. Eram também feitos muitos elogios, especialmente pelos mais bem informados sobre instituições econômicas e finanças públicas. Um dos mais bem conceituados nos enalteceu publicamente, mas no pior momento possível. Exatamente quando argumentávamos que o intuito da reforma em nada tinha a ver com o que pregavam os sindicatos, a revista inglesa *The Banker* publicou uma matéria sobre nossos estudos. O texto, elogioso, dizia que as mudanças abririam mais espaço à atuação dos bancos privados nacionais e estrangeiros. O sindicato dos bancários reproduziu a matéria no *Cebolão*, como uma espécie de "prova cabal" de que tudo o que fazíamos era em prol da banca internacional.

Como a revista inglesa, a grande mídia brasileira publicava principalmente versões positivas sobre os estudos, que intitulávamos de "reordenamento das finanças públicas". Os jornalistas preferiram chamá-los de "reforma bancária", um nome que pegou, embora o título nos parecesse errôneo e superficial.

TENTANDO APAGAR O INCÊNDIO

Já nos arrependíamos, e muito, de termos zombado de Sir Kenneth. Eu já desistira de conquistar os meus colegas do Banco do Brasil, quando Olyntho Tavares de Campos, que seria o chefe de meu gabinete como ministro da Fazenda, ofereceu-se para organizar um jantar em sua residência, para a qual convidaria os mais importantes chefes de departamento e funcionários que ocupavam cargos de diretoria do BB.

Compareceram por volta de vinte funcionários. Durante umas seis horas, procurei evidenciar a importância das medidas que propúnhamos e os ganhos para o banco. Mesmo com tamanho esforço, a reunião foi um fracasso.

"INIMIGO PÚBLICO NÚMERO UM DO BB"

A artilharia contra a reforma continuou pesada. O *Cebolão* não descansava. No próprio governo surgiam opiniões contrárias. Até que fui convocado para explicar as propostas na Câmara dos Deputados, no dia 20 de novembro. Estava tecnicamente preparado, pronto para esclarecer qualquer dúvida, o que me deixava muito confiante. Santa ingenuidade!

Na data marcada, encontrei um palco dominado por parlamentares furiosos, esperançosos de fazer bonito contra quem era tido como conspirador contra uma instituição secular, parte da História do Brasil, sustentáculo da agricultura e por aí afora. O BB tinha sua bancada na Câmara. Doze deputados eram oriundos do banco, inclusive o líder do governo na Casa, o gaúcho Nelson Marchezan.

Na Câmara, me deparei com indiferença e deboche em relação a ideias que visavam a transferir para o Congresso as decisões que lhe eram próprias. O deputado Élquisson Soares, do PMDB da Bahia e o autor do convite, fez um discurso inflamado contra o projeto. Ao final, sentenciou: "Vossa Senhoria é o inimigo público número um do Banco do Brasil." Ninguém se levantou em defesa do nosso trabalho. Não consegui reagir à altura aos ataques pessoais do deputado Élquisson para me contrapor à demagogia de um parlamentar que olhava os votos que podia conquistar.

Deixei a Câmara acabrunhado. Doía muito para quem teve sua carreira profissional alicerçada no BB. Mais do que tudo, saí de lá frustrado por não encontrar qualquer sinal de compreensão sobre as nossas propostas.

Após o massacre na Câmara, as resistências cresceram exponencialmente. O sindicato ampliou a tiragem do *Cebolão* e focos de oposição pipocaram nos estados. Celso Furtado, que estava em evidência em uma época em que o ocaso do regime militar fortalecia o discurso nacionalista e as críticas à política econômica, deu uma entrevista ao *Correio Braziliense* em que considerou a reforma "totalmente inoportuna". O ministro da Agricultura, Nestor Jost, ex-presidente do BB, engrossou o cordão da turma do contra.

BB OFICIALMENTE CONTRA

Sofremos também um ataque inesperado. O presidente do BB, Oswaldo Colin, que inicialmente se mostrara favorável aos estudos, convocou a imprensa para uma entrevista coletiva. "A agricultura pode parar de produzir", exagerou. Pediu até que o projeto fosse enviado ao Congresso, o que não fazia sentido, já que o principal alvo de toda essa corrente de críticas era o fim da "conta de movimento", que havia sido criada por mera troca de cartas entre o Banco Central e o BB.

Chocado com a reação de Colin, que meses atrás nos parecera tão empenhado e de acordo, reclamei a Galvêas. Achava que, no mínimo, ele merecia um puxão de orelhas. O ministro, mais maduro e experiente do que eu, entendia melhor a posição de Colin. Percebeu que o presidente do BB precisava daquilo. Era um discurso para o público interno, ainda que dificultasse o nosso trabalho. Pediu placidamente que eu esquecesse o episódio.

"O PRESIDENTE DESAUTORIZA OS ESTUDOS"

Tentei fazer isso. Tentei, aliás, relevar quaisquer críticas. Mas uma, no final de novembro, me incomodou demais. Nelson Marchezan saiu de uma audiência com Figueiredo ostentando uma bomba. "O presidente me autorizou a informar que desconhece esses estudos. Se existirem, ele não os aprova."

Fiquei indignado! Fui para casa irritadíssimo. O presidente sabia, sim. Havíamos preparado documento logo no início dos nossos trabalhos, resumindo os objetivos. O próprio Galvêas lhe entregara. Ao que eu sabia, o ministro tocara no assunto em audiências com o presidente. Passei aquela noite redigindo um documento para ser entregue por Galvêas a Figueiredo. Tinha poucas páginas, para aumentar a probabilidade de o presidente ler. Nas entrelinhas, sugeria que ele tinha conhecimento dos estudos.

"DEIXA DISSO, MAÍLSON"

Na manhã seguinte, apresentei o documento a Galvêas, que o exibiu a Leitão de Abreu, ministro-chefe da Casa Civil, para decidir se o encaminhava ou não a Figueiredo. Lá, aconteceu o contrário do que eu imaginara. Com seus setenta anos, Leitão era um poço de experiência de vida e de política. Ex-ministro do Supremo Tribunal Federal e um dos principais canais utilizados pela oposição para que os militares viessem a aceitar naturalmente a provável eleição de Tancredo Neves, o ministro sabia que o assunto contido em minha nota era de menor importância àquela altura dos acontecimentos. "Esquece, Galvêas", teria sido a sua mensagem. O ministro me devolveu a nota com um simples "deixa pra lá, Maílson".

NO PRÓXIMO GOVERNO

Apesar da oposição inflamada e do desinteresse de Figueiredo, Galvêas não nos desestimulou, nem determinou a suspensão dos estudos. Disse-me que seguisse em frente. A principal medida, o fim da "conta de movimento", poderia ser aprovada pelo Conselho Monetário. O passo seguinte, o novo governo daria.

Se evidenciava cada vez mais que Tancredo se tornava o favorito à eleição pelo Colégio Eleitoral, prevista para janeiro de 1985. Francisco Dornelles, secretário da Receita Federal, membro da Comissão Especial e sobrinho do candidato, passou a informar o tio sobre nossos trabalhos. O ministro Galvêas também tinha boas relações com Tancredo e explicou nossas propostas ao candidato, que, para nossa satisfação, as aprovava.

Político sagaz, Tancredo imaginava que seria melhor que as mudanças fossem implementadas antes da sua posse. Assim, ele não precisaria enfrentar a oposição ao projeto. Concordava com a necessidade das reformas e as encamparia, caso o governo Figueiredo não o fizesse.

CONCLUSÕES DOS ESTUDOS

Findo o prazo de três meses previsto no voto aprovado pelo Conselho Monetário, os trabalhos foram concluídos. No total, havíamos produzido cerca de dez mil páginas de documentos, que Raymundo mantém consigo. Eu fiquei com cópias de tudo. Sabíamos que aqueles papéis históricos poderiam se perder nos desvãos do Ministério da Fazenda se fossem deixados para trás — e agora não sabemos o que fazer com eles.

A partir dos estudos, elaborei um texto, contendo um resumo das reformas propostas, que entreguei a Galvêas no final de novembro. Os pontos que as sintetizavam eram: 1) aperfeiçoamento legal do relacionamento entre Tesouro, Banco Central e Banco do Brasil; 2) restauração dos princípios de disciplina da reforma financeira de 1964 (que aos poucos haviam sido abandonados); 3) incorporação de todos os gastos federais no Orçamento da União (eliminando o Orçamento Monetário); 4) limitação das funções do BC às políticas monetária e cambial e à fiscalização do sistema financeiro, retirando do banco as atribuições de fomento e administração da dívida; 5) centralização dos interesses do Tesouro no Ministério da Fazenda; 6) centralização do caixa do Tesouro no Banco Central, não mais no Banco do Brasil.

Com isso, seria extinta a "conta de movimento". No BB, passaria a ser feita a distinção entre o dinheiro da execução do Orçamento da União e os recursos próprios do banco. O que fazia parte do Orçamento só poderia ser movimentado com autorização expressa da Comissão de Programação Financeira (CPF), sob alçada da Fazenda. E a eventual insuficiência de reservas do Banco do Brasil o sujeitaria, assim como qualquer outro banco comercial, ao redesconto de liquidez, no Banco Central.

APROVAÇÃO DO CONSELHO MONETÁRIO NACIONAL

Mesmo com o Presidente Figueiredo passivo em relação à questão e com passeatas sindicais aos berros contra nós, não arrefecemos. Os Ministros Galvêas e Delfim, tampouco. Assinaram o voto encaminhado em 27 de novembro de 1984 à consideração do CMN. Naquela quarta-feira caminhei exultante pelo Ministério. Todos estávamos contentes e aliviados por termos cumprido a missão. A proposta foi apreciada pelo Conselho na tarde daquele dia. Não tínhamos qualquer dúvida desta aprovação. A assinatura de Galvêas e Delfim no voto era a garantia inequívoca de sua aceitação pelos demais conselheiros. Era, na verdade, uma mera questão formal. Até o presidente do BB, que havia se manifestado contra, se pôs de acordo. As propostas foram aprovadas.

FÉRIAS MERECIDAS

Eu estava exausto! Desde que me tornara secretário-geral do Ministério da Fazenda, trabalhava 12, 14, às vezes 16 horas por dia enfrentando ferozes dragões: crise interna, crise da dívida externa, negociações com o FMI. Enfrentei o desafio de coordenar os estudos concomitantemente às funções na Fazenda, reações absurdas contra o projeto, xingamentos públicos, acusações estapafúrdias e injuriosas, manifestações populares e, ainda, desaprovação do presidente da República.

Enfim, éramos recompensados! As reformas haviam sido aprovadas e começariam em breve a ser implementadas, ainda que grande parte delas dependesse do próximo governo. Missão cumprida! Eu precisava e merecia descansar. Galvêas também pensava assim. Tanto que me liberou dos trabalhos da quinta e da sexta para que eu viajasse com minha família a Salvador. Mal tinha visto Rosinha e meus filhos no último ano. Quando os encontrava, era muito rapidamente. E muito cansado. Mal-humorado. Reclamão.

Agora eu estava com um humor ótimo. Quase eufórico. Queria mais era tomar sorvete, cerveja ou caipirinha na praia, comer peixe e acarajé, passear pela orla cuidando para que nenhum filho se perdesse e para que todos ficassem felizes da vida.

NO MEIO DO CAMINHO TINHA UMA JUÍZA

A alegria durou pouco. Muito pouco. Na sexta-feira 28 de novembro me ligaram do ministério no hotel em que nos hospedávamos. E era para me dar a pior notícia que poderia ouvir: o projeto fora arquivado por determinação da Juíza Ana Maria Pimentel, da 5a Vara da Justiça de Brasília, famosa por aprovar ações populares. Esta havia sido movida pelo mesmo deputado oportunista do PMDB que me chamara de inimigo público número um, Élquisson Soares, com o apoio dos funcionários do Banco do Brasil. A reforma destinada a mudar as instituições das finanças públicas e da política monetária fora derrubada com uma penada.

Foi uma tempestade de água fria com areia! O céu ficou cinza, o acarajé ficou sem pimenta, o barulho das crianças ficou alto demais. Chuva na praia! Na minha cabeça, ao menos. Tão intensa e fria que gelou meus ossos e até minha vontade de continuar no governo. Não queria mais. Era muito frustrante, muito cansativo, muito sem sentido. Eu estava realmente cansado e desanimado. Não queria nem voltar a Brasília. Mas também não poderia abandonar meus colegas. Afinal, eu os liderara até então.

FIM DO REGIME MILITAR

Dezembro passou bem devagar. Todos estavam muito desanimados, sabendo que todo o nosso trabalho, os fins de semana a ele dedicados, todas aquelas dez mil páginas de estudos não serviam de nada — talvez de papel rascunho. O governo Figueiredo não tinha legitimidade ou vontade de realizar mais nada. Com as festas de fim de ano, Brasília, em especial o governo, ficou quase às moscas. Quem ficou parecia mosca morta.

A CRISE PERDE FORÇA

Embora o panorama econômico não fosse de sonhos, incrivelmente, apesar do acesso limitado do Brasil ao crucial financiamento externo, nos felicitávamos em perceber que a crise perdia força. Mesmo com o consumo doméstico ainda deprimido, a reação das exportações acabou alavancando a recuperação da economia. O PIB voltava ao azul com crescimento expressivo em 1984, de 5,4%. Era muito quando comparado aos quase 3% negativos de 1983. No último ano dos militares em Brasília, o saldo da balança comercial alcançou US$ 13 bilhões, bem distante do déficit de US$ 2,8 bilhões registrado em 1980. O saldo nas transações correntes zerou, com leve resultado positivo, de 0,05% do PIB. As indicações iniciais apontavam que o próximo governo começaria em clima econômico favorável.

TANCREDO NEVES, O PRÓXIMO PRESIDENTE

Outros ventos favoráveis sopravam em Brasília. Em 15 de janeiro de 1985 o Colégio Eleitoral escolheu o mineiro Tancredo Neves, que teve uma vitória arrasadora sobre Paulo Maluf, meses atrás tão confiante de que vestiria a faixa presidencial. Foram 480 votos contra 180. Eu torcera muito por ele. Tínhamos esperança de que o novo presidente levaria adiante os estudos. Dornelles nos dava a entender que sim.

Assim que venceu a disputa, Tancredo passou a agir como presidente irreversivelmente eleito. Fez uma longa e cansativa viagem para reunir-se com chefes de Estado em diversos países: Inglaterra, França, Itália, Portugal e Estados Unidos. Em Roma, foi recebido pelo Papa João Paulo II.

Oficialmente, o intuito era se apresentar às principais nações com as quais o Brasil mantinha relações, mas os objetivos iam muito além. Tancredo sabia que, no Brasil, o cenário político ainda não estava consolidado. Por mais que o presidente eleito fosse moderado e houvesse articulado sua vitória cuidadosamente, incluindo negociações com lideranças militares, ainda existiam riscos de haver reações militares que ameaçassem sua posse. Ao visitar os maiores líderes mundiais, Tancredo buscava uma exposição que inibisse quaisquer veleidades golpistas.

Tancredo também se preocupava com a delicada situação da economia brasileira e as dificuldades decorrentes da crise da dívida externa. Defendia, embora não publicamente, que o Brasil e o FMI firmassem um acordo antes de sua posse, para que não precisasse assumir o desgaste que poderia prejudicar o amplo apoio popular que recebia. Durante a campanha, havia pregado que "não se paga a dívida externa com a fome do povo", o que conquistou ampla simpatia.

Figueiredo também buscava assinar um acordo com o FMI e os bancos credores. Nos últimos meses no poder, o presidente do Banco Central, Affonso Celso Pastore, também fez seu tour para concluir as negociações com os bancos, as quais, entretanto, dependiam do acordo com o FMI. O Fundo não colaborou. Esperava negociar de forma mais firme e definitiva com o novo governo. Foi um lamentável equívoco.

O MINISTÉRIO DE TANCREDO

A formação do novo ministério foi acompanhada por todo o Brasil com grande expectativa. Afinal, era o gabinete do primeiro presidente civil depois de 21 anos de regime militar. A equipe foi formada por nomes de confiança de Tancredo, além de indicados pelos dois partidos que o elegeram, o PMDB e o Partido da Frente Liberal.

João Sayad comandaria o Planejamento; Pedro Simon, a Agricultura; Marco Maciel, a Educação; e Ronaldo Costa Couto, o Ministério do Interior, que acumularia temporariamente com a prefeitura de Brasília. Entre os homens de confiança de Tancredo se destacava o ministro da Fazenda, Francisco Dornelles, que, no governo Figueiredo chefiara a Receita Federal e integrara a Comissão Central do nosso projeto de mudanças das finanças públicas e da política monetária.

Tancredo não teve dificuldades de designar Dornelles seu ministro da Fazenda, embora ele tivesse servido ao governo militar. Era pessoa de sua estrita confiança, além de seu sobrinho. Manda a tradição da democracia brasileira que o titular da pasta seja da cota pessoal do presidente, o que exclui o cargo da negociação com os partidos da coalizão de governo.

CONVITE DE DORNELLES

Devia ser final de janeiro de 1985 quando soubemos que Dornelles seria o ministro da Fazenda. Meses antes, provavelmente prevendo que isso aconteceria, passou a conversar mais comigo. Convivemos por seis anos no mesmo prédio, mas naqueles dias ele queria me ouvir sobre assuntos que não os tributários. Puxava conversa sobre política monetária, queria saber como eram tomadas as decisões no Conselho Monetário, como funcionava o controle de preços e por aí afora.

Numa tarde, logo após o anúncio de sua escolha por Tancredo, foi à minha sala. Desta vez, o assunto não era nem tributário nem monetário. "Tenho um convite do Tancredo para você: ele quer que você permaneça no cargo de secretário-geral. Ele vai levar adiante os estudos que você coordenou e sua permanência é fundamental."

Eu estava realmente cansado. Mas surgia ali a esperança de fazer renascer o projeto. Com a aprovação do presidente e do ministro da Fazenda, isso seria possível. Respirei fundo e aceitei.

CONVITE RETIRADO

Em fevereiro, numa visita à revista *Veja*, Dornelles deixou escapar que eu continuaria no cargo, notícia que foi publicada na seção Radar. Na mesma semana sindicalistas e funcionários do Banco do Brasil se mobilizaram novamente para impedir que isso acontecesse. Dornelles os ignorava.

No dia 8 de março, o ministro indicado foi até minha casa. Entrou sem jeito. Polidamente, disse que Tancredo estava sofrendo pressões políticas para não manter o secretário-geral do Ministério das Comunicações, Rômulo Furtado. A pasta seria ocupada por Antônio Carlos Magalhães, que contava, poucos duvidavam, com forte apoio de Roberto Marinho. A saída era dizer que nenhum secretário-geral de ministério seria mantido no cargo.

Entendi as circunstâncias, mas manifestei a Dornelles minha insatisfação. Disse que ele deveria ter avaliado esse risco antes de me convidar. Eu aceitara porque enxergara na minha permanência a oportunidade de trazer à tona o projeto. Eu havia me preparado emocionalmente, refeito meus planos, convencido a família a se resignar mais uma vez. Uma notícia dessas me abalava, sim.

CONVITE PARA O BANCO CENTRAL

Dornelles tentava me confortar. Tinha algo mais a dizer, mas eu não o deixava continuar. Até que cansei, e ele conseguiu. "Você não será secretário-geral, mas Tancredo não dispensa sua colaboração em seu governo. Você será diretor do Banco Central." Não sei se ele falava a verdade quando usou o nome do futuro presidente, mas minha reação foi imediata. "Não quero. Não estou procurando cargos. Ficaria no governo pelo projeto somente."

Ele se foi, mas não desistiu. Pediu para que amigos em comum me convencessem a aceitar o convite. Angelo Calmon de Sá ligou. "Você tem que entender a situação de Dornelles. O cargo de diretor do Banco Central é muito importante. Você será uma pessoa influente no governo. Aceite!" Camillo Calazans, designado o presidente do Banco do Brasil, veio pessoalmente. Disse ter autorização de Dornelles para me convidar para o cargo de diretor da Caixa Econômica Federal. Repeti que não estava à procura de cargos. Antes de qualquer coisa, precisava descansar. Depois decidiria o que fazer.

DIRETOR DO EUROBRAZ

No dia 9 de março, Camillo voltou para conversar comigo. Imaginei que insistiria no mesmo convite. Em vez disso, ofereceu-me o cargo de diretor do European Brazilian Bank. O Eurobraz era um banco de consórcio com sede em Londres, do qual o BB, por deter 32% de seu capital, indicava uma das duas posições da diretoria. Tampouco aceitei. Eu estava decidido a sair do governo.

Saindo da minha sala, Camillo foi visitar Galvêas. Horas depois o ministro me chamou ao seu gabinete. "Olha, Maílson. Eu apoiei sua decisão de não aceitar cargos no próximo governo depois que retiraram o convite para continuar na Secretaria-Geral. Mas agora você parece ter perdido a razão. Não aceitar ser diretor de um banco em Londres??? Lá você vai se distanciar dos problemas daqui, que não desaparecerão. Vai trabalhar infinitamente menos, viver outra cultura, aprender muito, aperfeiçoar seu inglês. Seus filhos poderão estudar nas melhores escolas... Maílson! Não admito que você recuse o convite de Calazans!"

GOING LONDON
    Galvêas tinha razão. Minha recusa era mais por birra. Eu estava abalado emocionalmente, chateado demais para pensar com frieza no assunto. O ministro podia realmente estar certo. Ainda em dúvida, reuni a família e pedi ajuda de todos para decidir. Guilherme, que cursava o primeiro ano de Economia na Universidade de Brasília (UnB), foi o primeiro a firmar sua posição, entusiasmadamente. "Oba, vou estudar na London School of Economics. Aceita, pai." Os outros se contagiaram e o apoiaram. Rosinha concordou. Eu também.

PARTE 4   **MR. NÓBREGA**
Entreato londrino
(1985-1987)

CAPÍTULO XVIII Rumo a Londres
(1985)

VAMOS JÁ!

Em apenas dois dias o rumo da minha vida mudou completamente diversas vezes. Até a manhã de 8 de março, eu acreditava que permaneceria no cargo de secretário-geral do Ministério da Fazenda, com Francisco Dornelles. Continuaria meu trabalho, agora no governo do presidente Tancredo Neves. Residiria na casa funcional no Lago Sul. À tarde, já pensava que poderia ser diretor de algum banco oficial ou tentar a vida no setor privado. Avaliei um ou outro convite, até o dia 10, quando decidi aceitar a proposta de ir para o European Brazilian Bank, o Eurobraz, em Londres, ligado ao Banco do Brasil. Já no dia 11, começamos a ajeitar tudo para mudar. Mesmo porque, de qualquer maneira, deveríamos desocupar a residência oficial assim que eu deixasse o cargo, no dia 15.

REVIRAVOLTAS NACIONAIS

Os rumos do país também sofreram reviravoltas surpreendentes na segunda semana de março de 1985. As expectativas eram de que a Nova República, como Tancredo Neves denominou a fase que se seguiria à democratização, fosse conduzida a partir do dia 15 por ele, que seria o líder da nação até 1991, quando deveria deixar o cargo para o primeiro presidente escolhido por voto direto. Mas o Brasil se depararia com diversas surpresas.

Incansável, desde meados de 1984 o presidente eleito em janeiro último mantivera uma agenda extenuante, primeiro em campanha, depois em viagem ao exterior. Nos primeiros meses de 1985, e cada vez mais, sentia fortes dores abdominais, oficialmente diagnosticadas como diverticulite, uma inflamação nas paredes do intestino. Seus médicos repetiam sobre a necessidade de extirpar o mal o quanto antes, mas, para ele, não era hora de parar. "Façam comigo o que quiserem. Contanto que seja após a posse", teria repetido entre amigos e parentes próximos.

SE TANCREDO NÃO ASSUMIR
Era para poder assumir o cargo e assim garantir o nascimento da Nova República que Tancredo suportava diariamente as crises de dor. Prometera anunciar a doença na mesma noite em que isso acontecesse.

O maior receio de Tancredo era de que representantes da linha-dura do regime militar, que desfalecia, impedissem a posse do vice e utilizassem o episódio para "defender o país do caos político", que, segundo eles, apenas poderia ser evitado com a manutenção da caserna no poder.

A delicadeza do momento era reforçada por meritórias dúvidas jurídicas: caso Tancredo não vestisse a faixa presidencial, Sarney deveria ser empossado? Se não houvesse oficialmente se tornado vice-presidente, teria direito à sucessão? Caso negativo, ou a presidência seria assumida por Ulysses Guimarães, o segundo na linha sucessória, já que era presidente da Câmara dos Deputados, ou o Congresso elegeria um novo chefe do governo.

Existia ainda outro receio: de ele mesmo não poder assumir após a convalescença, em que acreditava. Segundo a Constituição de 1969, se permanecesse impedido por mais de trinta dias, novas eleições seriam realizadas.

NÃO SE ASSUME NA VÉSPERA
No dia 14, dez dias depois de completar 75 anos e apenas um antes de se tornar presidente do Brasil, Tancredo não resistiu. Durante uma cerimônia no Santuário Dom Bosco, um dos cartões-postais da capital federal, as dores se tornaram tão pungentes que ele aceitou que o levassem ao Hospital de Base de Brasília. Lá, o consenso médico era de que realizasse uma cirurgia de emergência, embora a unidade de tratamento intensivo estivesse em obras. Antes de concordar, Tancredo exigia garantias de que Figueiredo transmitiria a faixa presidencial a Sarney.

Levou poucas horas para que a notícia se espalhasse. Eu a recebi no restaurante Piantella, um tradicional ponto de encontro de políticos, lobistas e empresários de Brasília. Eu havia sido convidado por Benito Gama, de quem me tornara amigo quando ele era alto funcionário da Secretaria da Fazenda da Bahia. Ele havia sido eleito deputado federal pelo PFL e juntou um grupo de políticos para um jantar comemorativo da posse presidencial do dia seguinte, à qual muitos compareceriam, inclusive eu.

Por volta das 21h, um dos participantes foi chamado ao telefone. Voltou com a notícia. Tancredo estava hospitalizado, mas não se sabia a gravidade, embora fosse praticamente certo que não teria condições de assumir. Antes das 23h, a notícia correu país afora. O Brasil inteiro mantinha rádios e televisores ligados. Ninguém sabia exatamente o que havia ocorrido. Pelas ruas (e pela rádio Candango), circulavam teorias conspiratórias, de que militares radicais o haviam envenenado, uma bela oportunidade de culpar opositores esquerdistas e realizar um novo golpe.

SARNEY? ULYSSES? ENTÃO QUEM?

Os ministros militares e civis, além dos maiores líderes do governo e da oposição se reuniram naquela madrugada e durante horas discutiram o futuro da nação. Coube ao ministro-chefe da Casa Civil, Leitão de Abreu, o veredito. Era a favor da posse de Sarney, defendendo que ele era vice-presidente da República, antes de ser o vice de Tancredo.

A decisão de Abreu aconteceu à revelia de Figueiredo, que não atenderia ao pedido de Tancredo. O presidente militar se ressentia com o senador maranhense por ele ter sido um dos líderes da dissidência do PDS que, sob o nome de Frente Liberal, tomou das mãos governistas as rédeas da sucessão. Em seguida, Sarney se filiou ao PMDB para se tornar vice na chapa de Tancredo.

Temendo mais pela democracia do que por si mesmo, o presidente eleito apenas aceitou entrar em cirurgia depois que Dornelles lhe garantiu ter informações seguras de que Sarney seria, realmente, empossado.

JOSÉ SARNEY, PRESIDENTE INTERINO

A posse de José Sarney como primeiro presidente civil depois de 21 anos de regime militar conferiu à história um toque de ironia. Após tanta expectativa pelo retorno à democracia, o presidente empossado era, não um revolucionário opositor, mas um político egresso dos partidos que davam sustentação aos governos dos generais. Ele fora, aliás, uma liderança importante no Congresso e inclusive presidiu a Arena e o PDS. Era impossível esconder a decepção geral, mesmo que, até então, Sarney só exercesse o poder interinamente, à espera da convalescença de Tancredo Neves.

Quando José Sarney assumiu o governo, na manhã de 15 de março, não encontrou Figueiredo para lhe transmitir a faixa-símbolo da investidura presidencial. Enquanto Sarney subia a rampa do Palácio do Planalto e discursava à nação no parlatório da Praça dos Três Poderes, os militares deixavam o governo sem cerimônia, da mesma forma como o haviam tomado, em 1964. Figueiredo deixou o Palácio pela saída dos fundos.

Segundo me contou Ronaldo Costa Couto, que seria ministro chefe da Casa Civil de Sarney — e que, anos mais tarde publicaria a biografia de Tancredo —, ao deixar o Planalto, Figueiredo foi ao hospital, cumprimentar dona Risoleta, esposa do presidente eleito. Sua recusa não era à democracia ou a entregar o poder aos civis. A aversão era pessoal a Sarney.

A NOVA REPÚBLICA

A população não aclamava José Sarney, mas uma miríade de desafios o acolhia de braços abertos e pernas pro ar. O milagre econômico dos militares havia ruído definitivamente. O país convivia com inflação alta e ascendente, baixo crescimento econômico e uma crise da dívida externa. Os últimos anos do governo Figueiredo haviam testemunhado alguma reação da atividade, mas em patamar insuficiente para trazer conforto à população. Para piorar, as relações com os credores externos estavam congeladas, o que dificultava a atração de capitais externos.

O sentimento comum era de urgência. A imprensa divulgava atentamente cada passo da Nova República, acentuando o retorno à democracia e o distanciamento do período anterior. Havia, no governo e na sociedade, uma percepção, ingênua, embora muito compreensível, de que, sem os militares, o mundo se tornaria mais que verde e amarelo. Seria também cor-de-rosa. Todos os problemas seriam sanados. O maniqueísmo foi estendido a diversas áreas, muitas vezes de forma radical e irracional. Tudo o que houvesse sido originado no regime militar era tachado de negativo, como privatização, negociações com credores e com o FMI e qualquer noção de austeridade fiscal ou monetária.

ARRANJOS POLÍTICOS

Para enfrentar tantos desafios, o presidente interino preferiu não alterar o arranjo político que havia garantido a eleição de Tancredo. No ministério, os partidos prevalecentes eram o PMDB e PFL, uma poderosa aliança que se perpetuaria pelo restante da década. No PMDB, a liderança de Ulysses Guimarães, que ganhara relevância especial com a campanha pelas Diretas Já e a articulação da vitória de Tancredo, era inconteste. Ao seu lado estavam figuras como Franco Montoro, Mário Covas, Fernando Henrique Cardoso, Orestes Quércia, Pedro Simon e José Richa. O PFL era liderado pelos senadores Antônio Carlos Magalhães, o ACM, Marco Maciel e Jorge Bornhausen, além de Aureliano Chaves, o vice de Figueiredo.

TEMPORADA CARIOCA

A mesma sexta-feira da posse presidencial marcou a data da minha alforria. Enfim eu deixava o Planalto e seus problemas. Ainda que tivesse de transmitir o cargo na segunda, decretei minhas férias naquela mesma noite. Eram as primeiras em nove anos. Em vez de viajar ou passear, nas primeiras semanas me desfiz de tralhas, encaixotei livros e fiz os últimos preparativos para deixar Brasília.

No final de março, assim que o presidente do Banco do Brasil, Camillo Calazans, me nomeou diretor-executivo designado do Eurobraz, fui para o Rio de Janeiro, de mala e cuia. Eram necessários cerca de dois meses para que o *work permit* inglês fosse expedido.

TANCREDO TRANSFERIDO A SÃO PAULO

Tancredo também se transferiu para o Sudeste. As cirurgias a que se submeteu em Brasília acarretaram complicações, o que exigiu que, no dia 26 de março, ele fosse para o Hospital das Clínicas de São Paulo, mesmo em estado grave. O paciente já apresentava quadro infeccioso, mas a complicação ia muito além: se tratava de um tumor, como vinte anos mais tarde revelaria o corpo médico do Hospital de Base de Brasília. Embora fosse benigno, o presidente eleito receava que a doença fosse compreendida pela população como câncer, um nome indizível na época, e que o anúncio acarretasse efeitos imprevisíveis na política.

A estratégia funcionou. Nem cogitávamos a possibilidade de que ele morresse. Acreditávamos que, por azar, ele precisara ser internado exatamente um dia antes de assumir. Sarney apenas cumpria uma interinidade.

MÁRTIR DA NOVA REPÚBLICA

No início de abril, mesmo todos já cientes de que a doença de Tancredo era grave, ainda existia esperança de que sobrevivesse e tomasse as rédeas da Nova República. Mas, gradualmente, as mensagens transmitidas por Antônio Britto, porta-voz de Tancredo, se tornavam mais lúgubres. Ao todo, foi submetido a seis cirurgias, cada uma para combater um problema diferente. Mais e mais médicos eram consultados, incluindo um respeitado especialista americano. Foi ele que, no dia 12 de abril, declarou que nada mais poderia salvar o presidente.

O atestado de óbito registrou que Tancredo morreu no Instituto do Coração na noite de 21 de abril, vítima de infecção generalizada. Houve grande comoção nacional. O Brasil, que acompanhara tenso e comovido a agonia do político mineiro, promoveu um dos maiores funerais da história brasileira. Calculou-se que, entre São Paulo, Brasília, Belo Horizonte e São João del Rey, mais de dois milhões de pessoas acompanharam o esquife, ao som de "Coração de Estudante", do também mineiro Milton Nascimento.

CORTEJO DE CANDANGOS FÚNEBRES

Foi um acontecimento e tanto, coberto por toda a mídia oficial e ainda mais comentado pela não oficial. As rádios candangos, Brasil afora, cochichavam conspirações. Rumores havia que Tancredo falecera dias antes daquele 21 de abril. O que diferiam eram as versões para o adiamento do anúncio. Uns argumentavam que era necessário fazer os últimos arranjos políticos para a posse definitiva de José Sarney. Outros defendiam uma tese mais romântica: militares patriotas haviam postergado a notícia também para que Tancredo fosse lembrado especificamente no 21 de abril.

Era a mesma data em que, em 1792, fora enforcado Tiradentes, herói da Inconfidência Mineira, um dos primeiros, se diz, a conspirar pela independência do país, que deveria se libertar do jugo de um governo não aprovado pela população. Também foi em dias 21 de abril que o Brasil foi oficialmente alcançado por portugueses pela primeira vez e que foi inaugurada Brasília, em 1960.

Havia também outra coincidência entre os personagens, esta comprovada: ambos nasceram na mineira São João del Rey, onde foram enterrados. Uma estátua do calouro foi erigida ao lado da do veterano de 1792. O epitáfio, na lápide 85, não foi aquele que o presidente eleito teria previsto certa vez numa roda de amigos no Senado: "*Aqui jaz, muito a contragosto, Tancredo de Almeida Neves.*"

RUMO À DEMOCRACIA

Eu não desejava, mas também não resistia a estar muito bem informado. Mas assim, de longe, tomando caipirinha e lendo bons livros, longe dos poderes do Planalto. O novo governo estava em polvorosa, confiando que, de mãos entrelaçadas com o regime de soberania do povo, viria a felicidade ampla, geral e irrestrita e que todos os sonhos seriam realizados. As reformas para consolidar a democracia logo começaram a ser feitas. No mesmo ano da posse, os analfabetos adquiririam o direito de voto. O novo Congresso, que tomaria posse em 1986, funcionaria como Assembleia Constituinte, para elaborar uma nova Carta Magna para um novo Brasil. Dúvida não havia de que um dos pontos altos da nova Carta seria a eleição direta do presidente da República.

A ideia de que o Brasil precisava de uma nova Constituição começara a ser debatida ainda no final do governo militar. O texto constitucional em vigor fora reformado várias vezes nos primeiros governos militares e não estava à altura da democracia. Alguns defendiam que se deveria eleger uma constituinte que funcionaria paralelamente ao Congresso.

POLÍTICA ECONÔMICA

Mesmo com a morte de Tancredo, Sarney manteve todas as nomeações para os cargos que o mineiro havia designado. Ele não poderia abrir mão do apoio da aliança que elegera Tancredo. Mais razão havia para manter a equipe econômica, um dos pilares de qualquer governo. Assim, o ministro da Fazenda era Francisco Dornelles.

Eram duas as principais questões que atormentavam ministros e economistas: a dívida externa e a inflação. Os contatos com o FMI e os credores internacionais permaneciam congelados desde meados do ano anterior. Sabendo da mudança não apenas de presidente, mas de regime, o Fundo decidira esperar, para que as novas negociações fossem realizadas com o novo governo. Mas elas não seriam retomadas. O presidente Sarney tinha limitado seu raio de ação.

Tancredo repetira durante a campanha que "a dívida externa não seria paga com a fome do povo", pura retórica. O mineiro teria legitimidade para contornar resistências e retomar uma negociação com os credores, diferentemente de Sarney, que precisava conquistar credibilidade e, para isso, enfrentar desafios internos mais imediatos, como a inflação. Além disso, com a numerosa participação da esquerda no governo Sarney, do PMDB, crítico do regime militar, e com Sayad se opondo às negociações com o Fundo, Francisco Dornelles não podia agir como Delfim ou Galvêas. Ele teve até que tomar resoluções simbólicas, como negar à missão do FMI no Brasil o direito a carro oficial, em nome da "soberania nacional".

Os comandantes da Fazenda e do Planejamento também divergiam em relação às táticas de combate à inflação, que havia mais que dobrado de 1983 para 1984, passando de 99% a 211%, e sinalizava que manteria no mínimo o mesmo patamar em 1985. Aliás, as equipes das duas pastas pouco se comunicavam.

ORTODOXIA X HETERODOXIA ECONÔMICA

Para controlar a inflação, era necessário extinguir a inércia inflacionária, decorrente do uso generalizado dos mecanismos de indexação, como reajustes periódicos de preços, salários, aluguéis e outros contratos. Esse processo infernal leva a inflação sempre para cima. Se num ano a inflação fosse de 100%, no seguinte os preços indexados seriam corrigidos em 100%. Assim, a inflação do ano posterior seria, ao menos, 100%. Se uma seca tornava o feijão mais caro, isso acarretava aumento dos índices de preços, o que fazia com que a alta fosse repassada, via indexação, a todos os demais produtos e serviços.

Era exacerbado o debate sobre alternativas para a crise econômica brasileira e a inércia inflacionária. Uma percepção que se delineava desde os anos anteriores e tomou força foi a de que o combate à inflação exigia medidas alheias ao receituário clássico nas áreas fiscal e monetária. Era a chamada heterodoxia, que se contrapunha à ortodoxia vigente no governo dos militares.

O economista Francisco Lopes, da PUC do Rio de Janeiro, defendia o congelamento de preços: o governo deveria proibir reajustes. Os economistas Pérsio Arida e André Lara Resende, também da PUC-RJ, defendiam que o governo deveria radicalizar a indexação da economia, atrelando os preços e contratos a um determinado valor. Quando todos convergissem para tal valor, este seria transformado na nova moeda. A proposta, batizada de "plano Larida", num apelido derivado de Lara e Arida, serviria de inspiração, dez anos depois, para o Plano Real.

FAZENDA X PLANEJAMENTO

A implementação de um plano heterodoxo era defendida por João Sayad, enquanto Dornelles buscava recuperar o arcabouço ortodoxo aplicado na primeira metade da década. Foi a posição de Dornelles que prevaleceu no começo da Nova República. Assim, as conhecidas medidas de austeridade fiscal e monetária voltavam à cena: foi anunciada a meta de reduzir em 10% os gastos do orçamento da União. Proibiu-se a contratação de novos funcionários públicos. As práticas administrativas e o aparato institucional herdados do governo militar foram em geral mantidos: tabelamento de preços, minidesvalorizações cambiais periódicas, correção monetária com base na inflação passada e assim por diante. Dornelles conseguiu um bom resultado inicial: a taxa de inflação em abril foi de 7,2%.

Em junho, foi autorizada a elevação dos preços dos serviços como energia elétrica (22%), tarifas portuárias (77,2%) e transporte urbano (60%). As indústrias automobilística e de cimento foram autorizadas a elevar seus preços em 9,5% e 15%, o que prenunciava o insucesso das medidas ortodoxas de Dornelles.

O PLANO AUSTRAL

Também em junho de 1985, a aplicação da heterodoxia era bem-sucedida na Argentina do presidente Raúl Alfonsín, do centro-esquerdista Partido Radical, que assumira o poder em dezembro de 1983, após vencer a primeira eleição direta no país depois do regime militar. Para combater a inflação, que atingira níveis ainda mais altos do que no Brasil, no dia 14 daquele mês, o presidente lançou o Plano Austral, que incluía o congelamento de todos os preços e a criação de uma nova moeda, o austral, em substituição ao peso argentino. O sucesso inicial foi absoluto. A inflação caiu para cerca de 1%, patamar mantido nos meses posteriores. A popularidade de Alfonsín foi às alturas. E a tese de congelamento ganhou peso por aqui.

RUMO ÀS TERRAS DA RAINHA

Eu continuava olhando tudo a distância. Cada vez mais de longe. No início de maio, o Eurobraz, que oferecia salários e benefícios semelhantes aos do Bank of America, um de seus sócios, incentivou que eu e Rosinha visitássemos Londres. Conheceríamos a cidade para confirmar nosso desejo de mudarmos para lá. Eu já tinha toda a certeza e aproveitei a viagem para andar por diversos bairros e decidir onde moraríamos e onde os meninos estudariam. Nos engraçamos de Kensington e Chelsea, bairros de classe média alta. Mas não era necessário decidir apressadamente. O banco alugaria um apartamento onde moraríamos por três meses, enquanto procurássemos a casa ideal para nós.

FÉRIAS NA DISNEY

Passei meu aniversário de 43 anos, em 14 de maio, relaxando na praia com Rosinha e meus filhos, a não ser Márcio, que permaneceu em Brasília, com sua família. Minha neta, Paula, já completava dois anos de idade. Assim que foi emitido o *work permit*, no final do mês, embarcamos, mas não diretamente a Londres. Antes, decidimos passear na Disney por uma semana.

CAPÍTULO XIX Diretor do Eurobraz (1985-1987)

LONDON TIME

Na segunda semana de junho de 1985, numa quinta-feira, chegamos à Carlyle Place, uma rua sem saída próxima à Victoria Station e ao Parlamento. Quando desfazíamos as malas no apartamento provisório, reparamos em um vaso de flores deixado ali pelo proprietário. No dia seguinte, nos ligou, perguntou se tudo estava em ordem e pediu para nos conhecer. Marcamos o encontro para as 11 horas do sábado.

Precisamente no horário marcado, tocou a campainha. Conversamos amenidades, com meu inglês bem mais ou menos, até que não resisti e perguntei se ele havia chegado às 11 em ponto. "Cheguei 15 minutos antes e andei pelos arredores até o horário marcado." Fiquei impressionado. E passei a perceber que este comportamento não é frescura ou esnobismo. Todos saem ganhando. Me tornei um seguidor fiel desse costume.

NAS RUAS DA CITY

Antes de assumir meu cargo no Eurobraz, resolvi caminhar pela região onde trabalharia. Foi uma dificuldade encontrar o prédio do banco. O endereço era apenas Blucksburry House (sem número), Walbrook (assim mesmo, sem "street", "road", "avenue" ou "square"), 8th floor. Encontrar a via não foi tão difícil. Walbrook é uma ruazinha atrás do Bank of England, em meio às vielas da City, o centro financeiro inglês. Na época com cerca de seiscentas instituições financeiras, já era o segundo maior do mundo, depois somente de Wall Street, em Nova York.

Logo percebi que não facilitaria achar o edifício se soubesse o número do prédio. A numeração em Londres é, para nós, um tanto caótica. Não é por metragem, como no Brasil. Pareceu-me totalmente aleatória até eu aprender, meses depois, que em muitas ruas o número é determinado conforme a antiguidade da construção. Assim, o número 17, seguido do 42, pode ficar em frente ao 131. Muitas vezes nem se exibe a numeração. É preciso procurar o diacho do prédio pelo nome. Como Blucksburry House. Pelo menos havia apenas seis edifícios naquela rua...

WELCOME TO EUROBRAZ

No meu primeiro dia de trabalho foi bem mais fácil. Como diretor do banco, eu tinha direito a carro e motorista, um português chamado Ladislau Prego, que me conduziu a Blucksburry House. Lá, meu colega de diretoria, Sir John Hall, me levou a conhecer os 47 funcionários da casa e me avisou que à tarde haveria uma recepção de boas-vindas, com drinques e tudo o mais. Foi uma lisonja muito carinhosa. John me saudou como o novo diretor, aduzindo um breve currículo, a que agradeci em um inglês seguro e fluente — na minha opinião.

John Hall era de uma família de nobres ingleses. Como ocorria tradicionalmente no Reino Unido, quando seu pai, membro da Câmara dos Lordes, faleceu, o irmão mais velho de John herdou a cadeira no Parlamento e o título de lorde, exclusivo dos primogênitos. John Hall se tornou "Sir" e passou a acrescentar, no final de seu nome, a sigla "Bt", de "baronet". Assim, deixava claro que era um "sir" de sangue azul, muito mais autêntico do que aqueles que recebem os títulos honoríficos da rainha. Nosso nobre sangue brasileiro não poderia desmerecer o título de piadista. No banco, chamavam-no, não de Sir John, mas de sir Ginho. Jocosamente, "Serginho".

EUROPEAN BRAZILIAN BANK

O Eurobraz era controlado pelo Banco do Brasil, o Bank of America, o alemão Deustsche Bank, o suíço UBS e o japonês Dai-Ichi Kangyo Bank. Como os dois primeiros detinham cada um 32% do capital, o americano indicava o número um da diretoria, o diretor-gerente, enquanto o presidente do BB chefiava o conselho e indicava o diretor-gerente adjunto, ou *deputy manager director*, como constava de meu cartão de visitas.

Criado nos anos 1970, no auge da oferta de recursos originados dos petrodólares, o Eurobraz captava recursos a prazo de três a seis meses nos mercados internacionais de capitais e os emprestava a dez anos ou mais a seus clientes na América Latina, especialmente o Brasil.

O Eurobraz prosperou até o início da década de 1980, mas em 1985 já estava minguando. Com a crise da dívida externa da América Latina, o banco deixou de receber os empréstimos que havia concedido. No caso do Brasil, onde o banco mantinha 70% de seus empréstimos, os clientes pagavam, mas o dinheiro não era transferido para Londres. A moeda nacional era entregue a um banco autorizado a operar em câmbio, em geral o BB, mas a operação cambial era meramente simbólica. O dinheiro permanecia no Banco Central, que, como não tinha reservas para convertê-lo em moeda estrangeira, abria uma conta em nome do Eurobraz, assim como fazia com todos os demais credores. Mais tarde, com a renegociação da dívida, o contrato respectivo denominou esse procedimento de Deposity Facility Agreement, DFA.

O Conselho Monetário Nacional autorizou o reempréstimo desses depósitos, para empresas no Brasil, evidentemente. O "relending" era uma atividade semelhante à dos bons tempos. Recebíamos visitas dos clientes, viajávamos para visitá-los e os encontrávamos nas reuniões anuais do FMI e do Banco Interamericano de Desenvolvimento.

Em Londres, continuávamos o trabalho de captação de recursos, que serviam mais para substituir os que estavam vencendo do que para servir de base a novos empréstimos. O crédito do Brasil e da América Latina estava no chão. Todos percebíamos que não demoraria muito para o Eurobraz ser extinto, o que viria a acontecer em 1988.

ROTINA DE TRABALHO

Eu cuidava da área de empréstimos, supervisionando o time liderado por um português, José Mirão. Passavam por nós propostas de financiamentos para empresas como Petrobras e Eletrobras, além de companhias mexicanas, argentinas, colombianas... As operações escasseavam, mas a rotina interna era mantida. Todas as segundas-feiras, reunia-se o comitê financeiro. O comitê administrativo se reunia quinzenalmente. Eu redigia relatórios mensais e preparava uma análise da economia brasileira para as reuniões do Conselho de Administração, uma vez por trimestre.

Era um marasmo total para quem se acostumara a trabalhar 14, 16 horas por dia, inclusive em muitos fins de semana. Se eu fosse produtivo como era no Ministério da Fazenda, realizaria todas as tarefas em apenas meia hora diária. Mas a jornada era das nove às cinco. Durante o expediente, eu aproveitava para me atualizar, ler cuidadosamente vários jornais e revistas por dia, inclusive brasileiros. Passei a ler muito, muitos livros, especialmente sobre a história da Inglaterra, interesse que se ampliaria ainda mais depois que comecei a estudar o papel das instituições no desenvolvimento.

HOW GOOD IS YOUR ENGLISH?

Cheguei em Londres acreditando falar inglês, mas logo percebi que me iludia. Se abordássemos apenas economia e os assuntos do dia a dia do banco, eu me safava perfeitamente. Mas em qualquer conversa além disso eu me perdia, especialmente se o sotaque fosse cockney, típico dos trabalhadores do leste da cidade. Essa minha deficiência se evidenciou quando tivemos que chamar um encanador em casa. Quando minha secretária, Suely Hunt, uma brasileira casada com um britânico, me contou que o Eurobraz tinha um programa para aperfeiçoar o inglês dos seus funcionários estrangeiros, decidi ter aulas com um professor particular.

Errei 90% das questões do teste a que ele me submeteu no primeiro dia, o que me apavorou. Travei mesmo. Passei a ter uma hora de aula por dia e sempre que podia ouvia um radinho de pilha, para acostumar o ouvido. Ainda assim, o inglês não fluía. Falar de improviso, debater, era incrivelmente difícil para mim. Para me tranquilizar, João Mirão contou ter passado por idêntica situação. Garantiu-me que um dia, repentinamente, eu teria um estalo e desembestaria a falar inglês. Mas saí de Londres sem ele.

LONDON EDUCATION

A leitura ajudava. A maioria dos livros que li constava de bibliografias sugeridas nos cursos e ciclos de palestras que passei a frequentar na City University, bem próxima ao Eurobraz: um sobre a história do partido trabalhista britânico, um sobre clássicos da ciência política e outro abordando dez ismos: nazismo, socialismo, comunismo, feminismo e por aí afora. Após cada palestra, eram realizados debates, que ajudavam a aprimorar o meu inglês.

NA CITY UNIVERSITY

A City University também oferecia um curso próprio de três semanas chamado *What's Going on in the City*. Era uma imersão na city londrina. Ensinavam como funcionavam as instituições financeiras e de seguro, o papel do Bank of England, o banco central britânico, a venda de papéis do Tesouro, tudo sobre o mercado interbancário, a taxa Libor e assim por diante. Além dos professores da universidade, lecionavam executivos de grandes bancos, relatando como eles operavam e como funcionavam suas instituições.

ADAPTAÇÃO EM FAMÍLIA

Os primeiros meses foram muito difíceis para todos, especialmente para Rosinha. Não tínhamos amigos na cidade, ela não entendia o que passava na televisão e, pior do que isso, ela, que estava acostumada a ter duas empregadas, o que não é comum em Londres, tinha que cuidar da casa sozinha. Ela fez isso com muita disposição e dignidade. Como no início não falava inglês, enfrentava dificuldades até no supermercado. Isso a deixou muito desanimada.

Eu não estava mais acostumado a ficar em casa. Voltava pra lá e sentia que não havia o que fazer. Então lia mais. Ficava enfurnado entre as letras, também para ampliar meu vocabulário. Mas também compartilhava momentos com a família. Passei a conviver muito mais com meus filhos, como em nenhuma outra época.

Guilherme, com 19 anos, estava contentíssimo de estudar na London School of Economics. Mas Ivan, com 14 anos, por bastante tempo teve muita dificuldade de adaptação, mesmo estudando na International School of London, onde a educação era voltada a estrangeiros. Inicialmente, me preocupava mais com Juliano, que tinha só sete anos. Um dia eu e Rosinha fomos à escolinha pública perto de casa em que o matriculamos provisoriamente (depois frequentaria a Hill House, tradicional escola inglesa). Pela grade, o vimos na hora do recreio. Ele estava sentado no pátio, isolado, triste, olhando o mundo e o nada. Parecia desolado e foi assim que ficamos também. Mas, seis meses depois, já estava superenturmado, falando inglês fluentemente. E me corrigindo.

Vivi com Ivan e Juliano a situação que um amigo que trabalhara no exterior me descrevera, composta de três fases. Na primeira, os filhos dependem dos pais para levá-los à escola, ao cinema, às compras. Na segunda, se viram sozinhos. Na terceira, ficam mortos de vergonha quando ouvem os pais falando inglês.

DE OPALA A MERCEDES COM MOTORISTA

Em outros aspectos, não houve dificuldade alguma de adaptação. Pelo contrário. Foi bem fácil me acostumar com vantagens funcionais típicas de grandes instituições financeiras inglesas ou americanas. Não fez falta nenhuma o Opala preto. Em Londres, tinha à minha disposição um Mercedes automático, um luxo sensacional para brasileiros antes da abertura do país a produtos estrangeiros.

O automóvel ficava conosco aos fins de semana, mas na garagem. Não porque eu não pudesse utilizá-lo, mas porque não tinha coragem de dirigir do "lado errado", com o motorista à direita. Só me tornei mais confiante quando Luiz Aurélio Serra, um amigo e ex-funcionário do Banco Central, gerente da agência local do Banco Itaú, me ensinou: "Basta lembrar que o passageiro sempre fica do lado do meio-fio." No fim de semana seguinte, botei a família toda no carro e fomos passear, sem maiores dificuldades.

JULIANO E O DESPENHADEIRO

Nas férias do final de 1986, fomos de carro até a Suíça e, de lá, a Chamonix, uma famosa estação de esqui francesa. Os meninos se divertiam muito, enquanto eu e Rosinha assistíamos às suas peripécias, especialmente de Juliano, que, com oito anos de idade, já esquiava muito bem.

Estávamos tranquilos, quentinhos, de bem com a vida, até que o vimos passar muito velozmente sobre um aclive e voar em direção a um despenhadeiro. Nos desesperamos. Para nós, não havia possibilidade de ele ter sobrevivido. Tentávamos correr até lá, retardados pela neve que chegava até os joelhos. Seguíamos na direção que acreditávamos que ele estaria. Não enxergávamos nada, nem corpinho, nem esqui, nem rastro, nada.

Rosinha estava em prantos, mas eu estava tenso demais para chorar. Era preciso continuar procurando. Ninguém sabia onde havia caído. Estávamos assim, inconsoláveis, quando o vimos. Andava na nossa direção, muito mal-humorado, reclamando alto. "Meu filho! Você está bem?", perguntei chorando, antes de abraçá-lo. "Não", bufou. "Perdi um esqui."

A REVOLUÇÃO NEOLIBERAL DE THATCHER

Não era só inglês, história britânica, manobras de esqui e de carro que eu aprendia. Eu vivia as mudanças britânicas que começavam a ser imitadas por todo o mundo. Como eu estava em Londres em plena era da revolução liberal que Margaret Thatcher realizava no país, no auge do seu poder, minha temporada na Inglaterra consolidaria a conversão às ideias liberalizantes que me invadiam desde o final do governo Figueiredo, quando comecei a me libertar do que me restava de confiança na eficiência do Estado em dirigir uma economia.

A primeira-ministra capitalizou um sentimento que havia germinado na população britânica após décadas de intensa intervenção estatal: o cansaço com a falta de bons serviços, as greves intermináveis e os elevados custos da máquina governamental. Daí o seu foco no programa de privatizações, o primeiro, entre os países com alguma importância no mundo, a incluir a venda de grandes estatais de setores como telecomunicações, energia e petróleo, que acompanhei.

CAPITALISMO POPULAR, *GOLDEN SHARE* E PPPS

A primeira-ministra popularizou este processo. A venda das empresas em leilões na bolsa permitiu que os indivíduos, não apenas os grandes investidores, comprassem os papéis. Com o *share capitalism*, livremente traduzido por aqui como capitalismo popular, a resistência dos sindicatos foi reduzida, já que muitos trabalhadores se tornaram acionistas.

Outra inovação na privatização britânica que influenciaria programas similares em todo o mundo foi a adoção da *golden share*, que o governo mantinha em certas empresas que vendia. Com esta ação, o Estado poderia impedir decisões que contrariassem interesses nacionais, como a mudança de seus objetivos estratégicos ou a venda do controle para estrangeiros em áreas sensíveis como a das telecomunicações. No Brasil, este mecanismo seria emulado na privatização de companhias como a Vale do Rio Doce, que em 2007 se tornaria apenas Vale.

No mesmo período, ocorreu a criação das Parcerias Público Privadas, ou PPPs, uma aliança firmada pelo governo para viabilizar empreendimentos pouco ou não rentáveis, que por isso não atrairiam o interesse do investidor privado, como a construção de uma rodovia que gere muitos benefícios, mas cujo fluxo de veículos é insuficiente para gerar lucro adequado para remunerar o investidor sem que seja necessário cobrar pedágios muito caros.

ORÇAMENTO BRITÂNICO

Por ter participado tão ativamente de estudos, discussões e desenvolvimento de medidas para remodelar as finanças públicas brasileiras, me fascinava estudar as instituições britânicas, especialmente seu processo orçamentário. Encantou-me particularmente acompanhar a maneira como é feito o orçamento público.

O *chancelor of Exchequer*, cargo equivalente ao de ministro da Fazenda, que mora ao lado da residência do primeiro-ministro, na Downing Street, caminha da sua casa até o Parlamento carregando uma pasta com a proposta orçamentária, para abri-la perante os parlamentares, como manda a tradição. A partir daí, mesas-redondas na TV debatem pormenores e a população se mobiliza para o que considera mais relevante.

No Brasil, não é à toa que esse interesse não exista. Embora a Constituição determine que o Orçamento é mandatório, ou seja, o que o Congresso aprovar deve ser cumprido, ele é feito como se fosse autorizativo: o governo não pode gastar o que não for aprovado, mas pode decidir não realizar despesas determinadas na lei orçamentária. Assim, o orçamento definido pelo Congresso é quase uma peça de ficção. Aprova-se muito mais gastos do que aqueles possíveis de serem realizados. As emendas dos parlamentares viram instrumento de barganha política. Costumam ser liberadas a conta-gotas, particularmente quando o governo precisa aprovar algum projeto importante em tramitação no Congresso. O ministro da Fazenda é quem faz o controle "na boca do caixa", como se diz. Salvo as dotações para pessoal, serviço da dívida e transferências constitucionais, tem poderes para bloquear a liberação de recursos para qualquer outra verba orçamentária, o que gera pressões infindáveis.

PERESTROIKA, GLASNOST E CHERNOBYL

Em Londres, nem vi de perto Margaret Thatcher. Curiosamente, quem teve contato direto com ela neste período de grandes privatizações foi Mikhail Gorbachev. Fez isso em 1985, poucos meses depois de ser eleito secretário-geral do já decadente, porém único, Partido Comunista

Soviético, o que lhe outorgava poder supremo na URSS. Sem saber que seria o último a ocupar aquele cargo, Gorbachev assumiu em um momento delicado, com a economia soviética passando por grandes dificuldades. Sofria com a queda do preço do petróleo, produto de exportação do país, e com a estagnação agravada por um regime comunista que estava em franca decadência.

No ano seguinte, em fevereiro de 1986, no Congresso do Partido, apresentou seu projeto de reformar todo o governo. As transformações foram sintetizadas em duas expressões russas: *glasnost*, ou transparência, que visava a ampliar liberdades políticas, e *perestroika*, reestruturação, voltado à economia.

As notícias foram atordoantes. Obviamente, não tanto quanto outra, no mesmo ano, da explosão do reator da usina nuclear de Chernobyl, na Ucrânia, o maior acidente da história da energia atômica. A radiação se estendeu por toda a Europa, contaminando o ambiente e causando câncer em cinco milhões de pessoas, segundo a Organização Mundial da Saúde (OMS).

LADY DI E PRÍNCIPE CHARLES

Embora não tenha tido contato algum com Thatcher, conheci pessoalmente outras figuras importantes no cenário político britânico. Isso se deu através de projetos sociais que o Eurobraz apoiava. Numa época em que as Organizações Não Governamentais engatinhavam, quem realizava ações desta natureza eram as instituições de caridade.

Era assim que Eurobraz apoiava os projetos desenvolvidos na Amazônia pela Royal Geographical Society, que tinha o príncipe Charles como um de seus patronos. Ele compareceu ao coquetel de lançamento de um desses projetos. Durante o evento, se aproximou de cada uma das rodinhas de conversas. A nós do Eurobraz, perguntou sobre o Brasil, principalmente a Amazônia, que havia visitado, e sobre o desmatamento da região.

O príncipe de Gales também compareceu a outro evento que apoiamos, em comemoração aos seiscentos anos do tratado de amizade entre Portugal e Inglaterra. Desta vez, Lady Diana o acompanhava. Durante a festa, muito elegante, no imenso gramado em uma agradável noite de verão, se aproximou do nosso grupo e conversou conosco por uns 15 minutos. Ficamos todos fascinados, maravilhados, boquiabertos enquanto perguntava sobre Portugal, Brasil, futebol.

Em Londres, aliás, o que não nos faltou foram grandes eventos de gala, inclusive na embaixada do Brasil, que recebia dignitários brasileiros, ministros, presidentes de bancos e outras empresas, organizava festas da Independência, da Proclamação da República, além de seminários e debates sobre o país. Eu costumava comparecer, lá ou na residência do embaixador, Mário Gibson Barbosa, ambos em Mayfair, um dos bairros mais sofisticados de Londres.

DORNELLES, O BREVE

No geral, depois de alguns meses, estávamos bem adaptados ao London fog. Quem estava metido em neblina e mal acomodado era o ministro da Fazenda, Francisco Dornelles, no governo do Brasil. O país continuava às voltas com a instabilidade. Dornelles não conseguia colocar a economia nos eixos com suas medidas gradualistas. Foi um dos fatores por que, principalmente a partir de junho de 1985, se acirraram as disputas com Sayad em relação às negociações com o FMI, o controle dos preços e as taxas de juros praticadas pelo Banco Central. O ambiente piorou com o fracasso dos ajustes que tentou aplicar à economia e se deteriorou muito em agosto, quando um choque agrícola acarretou a elevação dos preços em 19%.

Dornelles estava de mãos atadas. Indicado por Tancredo, seu tio, para comandar a Fazenda, fora mantido no posto por Sarney, mas não era exatamente um homem de sua confiança. O próprio Sarney se via em uma condição delicada. Não recebia apoio aberto nem do partido a que se filiara, o PMDB, onde muitos o tratavam como intruso. Assim, nem Sarney tinha condições de arriscar passos ousados, nem Dornelles podia impor sua filosofia de trabalho.

A ausência de resultados no combate à inflação e a falta de sintonia com o Planalto e a Seplan desgastaram Dornelles precocemente. Sua gestão na Fazenda durou apenas cinco meses, terminando em 26 de agosto de 1985. Com ele, também deixava o governo a era do gradualismo e das políticas ortodoxas de combate à inflação.

FUNARO, O AGUERRIDO

No lugar do especialista em finanças públicas, assumiu um empresário paulista, Dílson Funaro, proprietário da indústria de brinquedos Troll. A troca era reveladora da demanda dos meios empresariais por um ministro que tocasse a economia para a frente. Funaro defendia uma meta inflacionária mais modesta que Dornelles, de 10% ao mês, com ênfase no controle da base monetária. Em setembro, reduziu a taxa de juros, o que influenciou expectativas inflacionárias. Em novembro, a variação dos preços passou a 15%, com tendência crescente em decorrência da crise agrícola. Em dezembro, o Brasil estava na rota do que se chama por aqui hiperinflação.

A ortodoxia que inicialmente colocava em prática não combinava com a equipe que Funaro trouxera para o ministério. Eram nomes que vinham assumindo posição de proa nos debates sobre alternativas para conter a inflação, como Chico Lopes, da PUC do Rio de Janeiro, e dois economistas da Unicamp, João Manuel Cardoso de Mello e Luiz Gonzaga Belluzzo. Lopes e João Manuel estavam entre os mentores da proposta do congelamento de preços até então limitada aos debates na academia e na mídia. Funaro ainda perseveraria na ortodoxia, mas apenas o suficiente para sua equipe preparar, durante seis meses, um ambicioso e complexo plano econômico, que seria um dos mais ousados da história da economia brasileira até então.

DÍVIDA EXTERNA

O que mudou imediatamente na postura do Ministério da Fazenda foi a retórica em relação à dívida. Logo que assumiu, Funaro declarou que o Brasil não aceitaria o acordo prévio com o FMI, que era praxe nas negociações com os bancos. Este acerto, além de implicar o fornecimento de recursos do Fundo, serve como um selo de credibilidade para os credores. Se o FMI aceita apoiar financeiramente o país, se compreende que o governo está adotando uma política econômica séria e buscando condições para pagar o que deve. Ainda assim, Funaro declarou que "com o FMI a gente não negocia". Sem isso, os bancos nem queriam conversar.

Funaro deixaria uma herança terrível para quem viria depois dele, impondo condições até pueris. Havia uma cláusula, do chamado *prejudgment attachment*, pela qual se um país devedor de um banco deixasse de pagar uma dívida, o juiz do foro do contrato poderia fazer o sequestro de depósitos para realizar o pagamento. O Brasil não admitiu essa cláusula, aceita por 100% dos países devedores. Para os credores, era uma segurança para casos de ações unilaterais. Quem não intentava adotar esse tipo de ação, não tinha o que temer. Mas Funaro interpretou como se a medida significasse dar aos bancos o poder de sacar das nossas contas, uma coisa bem conspiratória. E os bancos se recusavam a negociar sem esta regra.

FUNARO VAI REQUERER MEU CARGO!

Estranhei as declarações do ministro, que tornaram as negociações muito mais difíceis. Mas o que me apavorava era a possibilidade de ele me demitir, já que meu acerto havia sido firmado com Dornelles. Como o PMDB reivindicava todos os cargos possíveis, imaginei que muito em breve Funaro pediria que eu deixasse o posto.

Esses fantasmas me assombraram. Se eu tivesse que deixar o Eurobraz naquele momento, não saberia o que fazer. Teria que voltar ao Brasil, onde deixara meus contatos se esmaecerem. Não conhecia mais quase ninguém no governo, nem no Banco Central. Nem achava que me aceitariam de volta no Banco do Brasil, a não ser que me mandassem para uma agência nos cafundós. De qualquer maneira, não poderia manter meus filhos estudando em Londres, nem ao menos para concluir o ano letivo.

NO FMI E NO BANCO MUNDIAL

Inicialmente, imaginei que as declarações de Funaro fossem apenas retórica, como as de Tancredo. Como executivo de banco, me habituava cada vez mais a isso, especialmente depois do impacto que tive na reunião do Banco Interamericano de Desenvolvimento (BID) daquele ano, em São José da Costa Rica. Sentado na bancada dos banqueiros, me atordoei com o discurso do ministro da Fazenda peruano. Alan García acabara de assumir a Presidência do país, em 1985. Hoje ele é sóbrio, mas na época era um louco. Rompeu com o FMI, decretou moratória, estatizou bancos, fez um monte de maluquices que conduziram o Peru à hiperinflação.

O ministro da Fazenda, claro, comungava com García de seus conceitos revolucionários e fez um discurso violentíssimo, contra tudo e todos: FMI, BID, bancos estrangeiros e tal. Estarrecido, comentei com o banqueiro inglês sentado ao meu lado que o sujeito era completamente insano. Ele manteve a mesma expressão, bem neutra, bem britânica. "Você ouviu a maluquice que esse cara falou?", insisti. *"That's for domestic consumption."* O ministro proferia aquele discurso para a população do seu país somente. Os financistas tinham plena consciência disso e não deixavam abalar nem o humor, nem as negociações com aquele governo. Contanto que aceitassem as cláusulas habituais, diferentemente do que fez Funaro.

PLANO CRUZADO

Seis meses depois de Dílson Funaro ter tomado posse no Ministério da Fazenda, no mesmo mês de lançamento da *glasnost* e da *perestroika*, medidas revolucionárias eram lançadas também no Brasil. Em 28 de fevereiro de 1986, foi anunciado o Plano Cruzado. Pela primeira vez desde que a inflação começara a se acelerar, com o segundo choque do petróleo, em 1979, o governo lançava um programa tão amplo de estabilização da economia. A meta era inflação zero.

Havia uma grande novidade: o congelamento de preços. O Brasil já o havia experimentado mais de cem anos antes, no governo Floriano Peixoto, segundo presidente depois do fim do reinado de dom Pedro II. Mas, para a geração que viveu a inflação alta dos militares e do governo Sarney, era uma inovação de grande impacto. Os brasileiros estavam acostumados ao controle governamental de preços, mas não esperavam que os empresários fossem indefinidamente proibidos de reajustar os valores de venda de seus produtos e serviços, como aconteceu.

A partir de 28 de fevereiro, a inflação estava eliminada por decreto. Não era permitido aumentar nada. Com três zeros menos que o cruzeiro, a moeda passou a ser o cruzado. Embora remetesse a uma nomenclatura dos tempos de réis, adotada até 1942, deveria marcar o limite entre a época inflacionária e o futuro de estabilidade. O plano, que também congelou a taxa de câmbio, estabeleceu um mecanismo para converter dívidas infladas pela expectativa de inflação no prazo do contrato. Era a "tablita". O nome foi importado do Plano Austral argentino, lançado oito meses antes.

O fato de o Brasil ter adotado um plano semelhante ao do vizinho geraria a percepção de que era sábio, sempre, se atentar à economia argentina. Pacotes lançados lá, logo seriam implementados também por aqui. Fracassos lá se repetiriam aqui. Era o que se chamava "efeito Orloff", inspirado num comercial de TV de uma vodca, que salientava a ausência de ressaca para quem a bebia. "Eu sou você amanhã" afirmava o ator, sugerindo que acordaria o mesmo no dia seguinte.

GENEROSIDADE SALARIAL

O Plano Cruzado foi acompanhado de uma política salarial generosa A conversão dos salários de cruzeiro para cruzado considerou a média dos seis meses anteriores, a que foi acrescido o abono de 8%. Favorecendo a distribuição de renda, os salários mínimos, que ainda não haviam sido unificados, foram fixados pela mesma média, mas com acréscimo de 16%. Em lugar de reajustes mensais, a correção das remunerações passaria a ser anual, contando com um mecanismo de exceção que seria conhecido como "gatilho salarial": seriam reajustados sempre que a inflação alcançasse 20%. O procedimento, considerado favorável aos trabalhadores, não beneficiaria a estabilidade da economia, como se descobriria mais tarde. Tarde demais.

POSTURA CRÍTICA AO PLANO

Eu participava de um seminário em Londres quando o Cruzado foi anunciado. Como brasileiro, fui chamado a explanar o plano aos presentes, entre eles jornalistas e integrantes da City londrina. Como a maioria no Brasil, que se manifestava favoravelmente nas ruas, teci elogios. Depois de tantos anos de inflação alta, havia muita confiança no sucesso do pacote econômico. As escassas críticas brasileiras eram mais manifestações de ceticismo do que oposição frontal. Posicionar-se contra soava quase antipatriota.

Um dos céticos assumidos foi Leonel Brizola. O governador do Rio de Janeiro chegou a declarar que o plano fracassaria. Mas como seu PDT não era parte do bloco de apoio ao governo, comandado por PMDB e PFL, muitos tomaram a crítica como meramente política.

Já em Londres, as análises eram predominantemente negativas. A imprensa britânica desaprovava especialmente o congelamento, defendendo que não se combate inflação com controle de preços. Eu torcia o nariz, desejando que estivessem muito enganados.

APERFEIÇOAMENTO DAS FINANÇAS PÚBLICAS

Ignorei as críticas, defendendo que eles não conheciam a realidade econômica brasileira. E eu a conhecia muitíssimo bem. Além disso, estava esfuziante, soltando rojões, internamente. Não apenas pela convicção de que o Plano Cruzado seria bem-sucedido, mas muito, muito mais, por outras medidas implementadas por Funaro. Logo antes do lançamento do Cruzado, ele ressuscitou o nosso projeto de reordenamento das finanças públicas. A "conta de movimento" foi extinta em fevereiro de 1986 e, no dia 10 de março, nascia a Secretaria do Tesouro Nacional. O maior responsável por isso foi João Batista de Abreu, que havia sido vice-presidente da comissão que coordenava os trabalhos de reordenamento das finanças públicas e era, então, secretário-geral de Funaro.

LUCRO, NADA. É SÓ NUMERAÇÃO

A ressurreição das nossas propostas foi iniciada no começo de 1986, quando Camillo Calazans, presidente do Banco do Brasil, anunciou a Funaro, por telefone, um grande pagamento de Imposto de Renda originário de um bom lucro do banco. O ministro recebeu o telefonema em meio a uma reunião com sua equipe, incluindo André Lara Resende, que era diretor de dívida pública, Belluzzo, João Manuel, Luiz Carlos Mendonça de Barroz e, claro, João Batista de Abreu.

Funaro ficou contentíssimo com a notícia. Mas João Batista rasgou a nota: "Nem um tostão deste lucro entra no Tesouro. São apenas números registrados na contabilidade entre BC e BB." Ele se referia à "conta de movimento", por onde o Banco Central injetava recursos no Banco do Brasil.

Foi uma enorme surpresa para Funaro, que achou inadmissível. Isso não poderia mais ocorrer. Era imprescindível mudar essa situação, com toda a urgência. Prontamente, João Batista revelou que todas as medidas a isso necessárias estavam prontas, dormindo no arquivo desde o final de 1984, por decisão judicial. "Tenho, inclusive, a medida redigida para extinguir o cerne da questão", disse, sacando da sua gaveta o voto, já amarelado.

Funaro assinou, com a insígnia *ad referendum*. A "conta de movimento" foi extinta mais uma vez. Os funcionários do BB protestaram e Funaro decidiu enfrentá-los diretamente. Em reunião no auditório do Ministério da Fazenda, conseguiu acalmá-los, mas o deputado Élquisson Soares, que posava de herói do BB, ingressou novamente com uma ação popular contra a extinção da conta e a mesma juíza concedeu liminar determinando o arquivamento. Felizmente, a realidade era outra, como era outro o presidente da República. Com o apoio de Sarney, a Fazenda recorreu à instância judicial superior, que cassou a liminar. O nosso projeto começava a se tornar realidade.

A CRIAÇÃO DA BM&F

Outra importante transformação ocorrida logo antes do lançamento do Plano Cruzado foi a criação da Bolsa de Mercadorias e Futuros, no dia 23 de janeiro de 1986. Com a BM&F, que em 2008, depois da fusão com a Bolsa de Valores de São Paulo (Bovespa), se transformaria na Nova Bolsa, o Brasil deu um passo muito importante para o fortalecimento e a modernização do seu mercado financeiro. O país passava a contar com uma grande instituição especializada na negociação de contratos futuros de ativos financeiros, como a taxa de juros, o dólar, o índice da Bolsa e mercadorias agrícolas, como café, soja e boi.

Estes contratos com vencimento futuro também são chamados derivativos, numa adaptação da inglesa *derivative*, ou derivado. É um contrato que deriva de um ativo físico, do mundo real. Por exemplo: o dólar futuro tem sua liquidação de acordo com o valor do dólar comercial, na data da liquidação do contrato. Os derivativos são instrumentos importantes no ganho de eficiência dos mercados e da economia. Estes contratos permitem às empresas fazer hedge para sua produção e ampliam o grau de previsibilidade dos negócios, contribuindo para a redução de riscos.

A INFLAÇÃO DESPENCA E O CONSUMO DISPARA

O primeiro objetivo do Plano Cruzado foi atingido muito rapidamente. A escalada dos preços foi contida abruptamente. A inflação, que se mantinha no patamar de dois dígitos, desabou para valores abaixo de 1% nos meses subsequentes à sua implementação. Essa queda, aliada à recuperação dos salários, redundou na preservação do poder de compra da população, que por anos tivera o consumo reprimido pela corrosão inflacionária de sua renda. Era possível não apenas comprar mais, mas planejar investimentos. Os bancos, confiantes, aumentaram a oferta de crédito. E todos saíram às compras.

No final do primeiro semestre de 1986, o aquecimento da economia era patente: as vendas haviam crescido 22%, a produção de bens de consumo duráveis aumentara 33,2%, o desemprego passou de 4,4% para 3,8% da população e os ganhos reais dos salários, em grande parte ajudados pelo bônus e pela elevação real do mínimo, atingiam cerca de 12%.

FISCAIS DO SARNEY

Com todos estes rápidos resultados, o Plano Cruzado foi um sucesso absoluto de público. A popularidade do presidente Sarney, que se deteriorava desde a posse, disparou repentinamente, como se repetiria com outros governos que adotassem medidas incisivas e eficazes de combate à inflação. "Ei, ei, ei, Sarney é nosso rei", bradavam as ruas.

O entusiasmo era tanto que a população se mobilizou no controle do congelamento. Os "fiscais do Sarney" — e para se tornar um não era necessário nem ao menos usar bóton com o título — verificavam se os estabelecimentos respeitavam realmente os preços determinados pelo governo. Na negativa, denunciavam aos órgãos fiscalizadores. Houve até eufóricos radicais. Telejornais exibiam pessoas comuns baixando portas de aço de supermercados que supostamente haviam reajustado valores. "Em nome do presidente Sarney", proclamavam alguns.

FUNARO EM LONDRES

No ápice do sucesso do Cruzado, Funaro foi a Londres, onde lhe foi oferecida uma recepção na embaixada brasileira, à qual compareci. Logo veio em minha direção. Nos conhecíamos desde quando era diretor da Federação das Indústrias do Estado de São Paulo (Fiesp) e da Confederação Nacional da Indústria (CNI). Quando conversamos, perguntou como estava o Eurobraz, como eu me sentia no banco e tal. Ou ele agia muito educadamente ou pretendia sinalizar que havia pressões para que ele me substituísse. Não dividi minhas aflições com ninguém, mas permaneci muito atento nos meses subsequentes.

A VERDADEIRA EXPLICAÇÃO DO VETO A MIM

Alguns meses depois, no segundo semestre, a embaixada brasileira promoveu uma outra recepção. Desta vez, o homenageado era José Hugo Castelo Branco, ministro da Indústria e do Comércio, que eu conhecera nos meus tempos de Ministério da Fazenda, quando ele era o presidente do Banco de Desenvolvimento do Estado de Minas Gerais, BDMG.

Até fevereiro de 1986, ele havia sido o ministro da Casa Civil. Para Tancredo Neves, era uma escolha natural: José Hugo havia sido um dos principais articuladores dos apoios para sua campanha. Quando José Sarney assumiu em lugar do mineiro, Castelo administrou os compromissos de nomeações para cargos, acordados anteriormente.

Eu ainda não atinava para as razões expostas por Dornelles para ter sido vetada minha nomeação como secretário-geral do Ministério da Fazenda. A explicação que ele me dera, de que não seriam aceitos, em ministério algum, secretários-gerais que houvessem participado do regime militar, só foi aplicada no meu caso. Além de mim, só havia Rômulo Furtado, do Ministério das Comunicações, nesta condição. Mas ele acabou sendo confirmado no cargo.

Não havia ninguém melhor do que Castelo Branco para definitivamente me esclarecer o mistério. Conversando com ele durante o evento, perguntei, como que casualmente: "Escuta, ministro, por que é que eu não fui mantido na secretaria-geral da Fazenda?" Franziu as sobrancelhas. "Você não sabe? Você foi vetado. Pelo Ulysses." Retruquei que nem ao menos conhecera Ulysses Guimarães. "Não importa. Um grupo de deputados do PMDB, acompanhado de funcionários do BB e de líderes sindicais, pediu a ele o veto."

Realmente me surpreendi. Nunca havia sequer avaliado essa hipótese. Cheguei a imaginar que o PMDB ou o PFL tivessem reivindicado o cargo, como fizeram com tantos outros, mesmo em se tratando de uma posição tão técnica. Nem depois da descoberta voltei a tocar no assunto com Dornelles, apesar de continuarmos amigos.

SUPERAQUECIMENTO ECONÔMICO MINA O PLANO CRUZADO

O sucesso do Plano Cruzado começou a ser abalado poucos meses após o seu lançamento, ainda que a população não tivesse absoluta noção de como a economia evoluía. Com a explosão do consumo, houve escassez de produtos como leite, carne e automóveis. Outro problema que o governo não conseguira resolver era seu desequilíbrio fiscal.

Diante dessa situação, em julho, o governo se via obrigado a decretar o fim do congelamento, correndo o risco de uma rápida ascensão inflacionária. Mas não fez isso nos meses seguintes. O fracasso do Cruzado, aliás, não era admitido. Havia sempre a ilusão de que algo poderia ser feito para preservar o congelamento. Além disso, havia um empecilho político muito relevante a qualquer medida mais severa de ajuste: se aproximava a primeira eleição a ser realizada sob a égide do governo civil. E ela vinha acompanhada de um ingrediente extra: os parlamentares eleitos formariam também a Assembleia Nacional Constituinte, destinada a reformar a Carta outorgada pelo governo militar em 1969.

BUSCANDO BOI NO PASTO

Em vez de realizar as alterações necessárias, o governo, que se dizia democrático, preferiu o uso da força. Naquele ambiente, propício a atitudes defensivas dos produtores e industriais, pecuaristas não encaminhavam seu gado para os abatedouros. Afinal, os insumos que compravam haviam encarecido, mas eles não podiam reajustar seus preços. Valia mais a pena manter o boi pastando.

O governo tinha outra opinião. Dizia que especulavam contra o Brasil. E passou a utilizar a Lei Delegada número 2, da época de João Goulart, que lhe dava poderes para sequestrar bens e, assim, assegurar o abastecimento. Isso gerou cenas ridículas, como do delegado Romeu Tuma sobrevoando pastagens de helicóptero, comprovando que havia boi ali e prendendo pecuaristas.

O MITO DE CARAJÁS

Exatamente nesse momento de desespero, em junho de 1986, foi realizada a famosa "reunião de Carajás". No encontro neste município paraense, nas instalações da Vale do Rio Doce, a equipe econômica teria proposto ao presidente um ajuste fiscal sem o qual o Plano Cruzado fracassaria. O presidente teria rejeitado. Anos depois, conversei sobre isso com Sarney, que confirmou a discussão do assunto no encontro. Mas garantiu que as conversas ali não tiveram qualquer relevância nos desdobramentos do plano.

A proposta de forte ajuste fiscal defendida pela equipe econômica fazia sentido. Era uma maneira de contrair a demanda e resolver o desequilíbrio enfrentado pelo plano. Acontece que Sarney não dispunha de força política para implementar duras medidas fiscais. A opinião pública não aceitaria a austeridade defendida pelos técnicos da Fazenda e da Seplan.

CRUZADINHO

Para controlar a demanda e evitar que a economia saísse totalmente do controle, o governo adotou, em 24 de julho, um conjunto de medidas paliativas, que seria conhecido como Cruzadinho. Os preceitos básicos do Cruzado eram mantidos, especialmente o congelamento dos preços. O pacote também atuaria no desaquecimento do consumo. Novos impostos foram criados para inibir a aquisição de gasolina, automóveis, passagens aéreas e moeda estrangeira.

O Cruzadinho não foi suficiente para reordenar a economia. Mas, mantendo como prioridade a obtenção de um bom resultado nas eleições para governadores e para o Congresso, o governo não tomou qualquer medida relevante de política econômica entre agosto e novembro de 1986. A população desconfiava que, após as eleições, mudanças bruscas ocorreriam. O temor de um descongelamento dos preços, aliado à proliferação do ágio para produtos que burlavam o controle, agravou a escassez de produtos e matérias-primas e conduziu à irradiação da inflação pelas "bordas" da economia.

No comércio exterior, a situação não era muito melhor: as exportações brasileiras apresentaram resultados ruins nos meses finais de 1986. A elevação do dólar no mercado paralelo gerava a expectativa de desvalorização da moeda pelo governo.

ELEIÇÕES PARA GOVERNADORES E PARA A ASSEMBLEIA NACIONAL CONSTITUINTE

Nas eleições do dia 15 de novembro foram escolhidos os representantes para o Congresso, que também formariam a Assembleia Nacional Constituinte. Além dos senadores e dos deputados federais e estaduais, foram eleitos os governadores. Dentre os 24, 23 eram do PMDB, legenda de que faziam parte mais dos trezentos deputados eleitos. Foi a maior bancada que um partido já teve no Brasil.

CRUZADO II

A população estava certa. Seis dias depois de garantida a vitória do PMDB, o governo lançou o Cruzado II. Ele incluía reajuste de preços públicos, como energia elétrica, telefonia e correios, e a criação de mais impostos sobre carros, cigarros e bebidas. Foi o suficiente para provocar um choque inflacionário e o retorno da indexação da economia. A inflação, que no início do Plano Cruzado havia atingido menos de 1%, em abril de 1986, alcançava 12% em janeiro de 1987. Com isso, em fevereiro, era reintroduzida a correção monetária. A economia voltava à sua trajetória inflacionária e o governo, sem mecanismos de controle monetário, partiria para receitas mais temerárias. Delfim Netto acusou o governo de "estelionato eleitoral".

O CRUZADO NÃO PODERIA TER DADO CERTO

Analisado posteriormente e sem a carga emocional de que a esperança nos imbuía, o plano Cruzado não tinha mesmo qualquer chance de dar certo. Um plano não funciona sem um bom arranjo de sustentação política. O Congresso era fragmentado, dificultando a obtenção de maiorias, e Sarney dividia o governo de fato com o todo-poderoso Ulysses Guimarães, que fazia questão de fazer valer sua influência.

Além disso, como perceberíamos muito posteriormente, quando a inflação cai abruptamente e os salários reais são preservados, a confiança cresce, os bancos ofertam crédito e o consumo explode. A oferta doméstica não consegue atender à demanda aquecida. A saída seria importar, inviável com a economia fechada e a dívida externa sem solução. Não havia como acessar bens de consumo nos mercados externos nem como financiar sua importação. O desequilíbrio se resolvia, primeiro com a falta de produtos e, depois, com o mercado negro. O ato final era abandonar o congelamento, com o retorno da inflação.

CONTRA OS CREDORES, PELA POPULARIDADE

No segundo mês de 1987, saudoso do apoio popular que angariara com o lançamento do Plano Cruzado, Sarney aceitou uma sugestão ingênua de determinadas pessoas do governo, que lhe garantiram que a sociedade brasileira sairia aos brados às ruas em defesa do presidente se ele se impusesse perante e contra os bancos credores do Brasil. A ideia infeliz foi arquitetada por três assessores do ministro Funaro: Luiz Gonzaga Belluzzo, João Manuel Cardoso de Mello e Paulo Nogueira Batista. Paulo Nogueira, economista heterodoxo da Fundação Getúlio Vargas, era o assessor internacional de Funaro. Curiosamente, ele se tornaria, em 2007, representante do Brasil no FMI.

MORATÓRIA UNILATERAL

Em fevereiro de 1987, o presidente Sarney convocou rede nacional de rádio e televisão para comunicar a "brasileiras e brasileiros", como gostava de iniciar seus pronunciamentos, que a partir daquela data o país suspendia o cumprimento de suas obrigações com os bancos estrangeiros, em defesa da soberania do país. Era a moratória. E unilateral, quando o devedor decide cessar os pagamentos sem qualquer negociação com os credores. Ela é completamente diversa daquela de 1983. No governo Figueiredo, a moratória foi técnica, adotada sem qualquer ruptura. O Brasil reconheceu que não tinha condições de pagar a dívida e negociou a suspensão com os credores. Assim também fizeram outros países da América Latina.

Esta de 1987, porém, além de unilateral, foi declarada agressivamente. É verdade que o Brasil, então com dívida externa de US$ 107 bilhões, as reservas escasseando e a economia em frangalhos após o fracasso do

Cruzado, não tinha mesmo como pagar. Os financiadores reconheceriam facilmente esta explicação em uma moratória negociada. Mas o Brasil, tomado mais por motivações político-ideológicas do que qualquer cálculo racional, preferiu a via do confronto, imaginando que os bancos implorariam para negociar e ofertariam ótimas condições de pagamento. Mas eles não morderam a isca. Ignoraram o Brasil e toda sua suposta capacidade de barganha, se negando a negociar desta forma.

BRASIL PUERIL

Os brasileiros não foram às ruas, nem para gritar contra o FMI, muito menos para apoiar o presidente. Mesmo porque era uma moratória apenas contra bancos privados. Não incluía FMI, nem Banco Mundial, Banco Interamericano de Desenvolvimento ou o Clube de Paris.

Em Londres os gritos ressoaram alto. Foi da primeira página do *Financial Times* que eu soube da notícia, antes de chegar ao Eurobraz — eu já estava dormindo quando Sarney anunciara, na noite anterior. Imediatamente convocamos uma reunião interna para analisar os impactos. Foi um descaminho. Como eu, a comunidade financeira internacional ficou perplexa, decepcionada, revoltada. Não se imaginava que um país maduro como o Brasil, que vinha negociando com os bancos nos quatro anos anteriores, com instituições já sólidas, um Banco Central dotado de pessoal qualificado, faria uma loucura daquelas.

Os banqueiros estavam irritadíssimos. O Brasil passou a ser chamado de irresponsável. As ações dos bancos despencaram, especialmente as do Citibank. Havia rumores até de que quebraria, o que foi infantilmente comemorado publicamente no Brasil por funcionários de alto nível do Ministério da Fazenda. Para mim, foi constrangedor.

As empresas brasileiras, desde Eletrobras até pequenas importadoras, também foram terrivelmente afetadas. O crédito já estava difícil devido à nossa situação econômica, mas então as portas se fecharam completamente. O Brasil se tornou uma espécie de pária. As feridas deste episódio demorariam muito para cicatrizar, com muito empenho e muita dificuldade.

FUNARO DISPENSADO

Rapidamente Sarney se deu conta de que entrara numa furada. Se arrepende até hoje de ter aceito a sugestão, o que já reconheceu publicamente. Como era de se esperar, a moratória não solucionou qualquer dos problemas do Brasil. A inflação acumulada de 1986, com Cruzado e tudo, atingiu 65%, um patamar alto considerando-se que o país estivera sob congelamento de preços entre fevereiro e novembro. E 1987 começava com a inflação mensal novamente em dois dígitos e se acelerando. Naquela situação, era natural que o prestígio do ministro da Fazenda diminuísse. Funaro deixou o governo em fins de abril.

JEREISSATI, O COMETA

No dia 29 de abril de 1987, logo após a demissão de Funaro, Sarney anunciou o novo ministro da Fazenda. Tasso Jereissati deixaria o governo do Ceará para assumir a pasta. Nem uma hora depois, Ulysses Guimarães convocou uma coletiva de imprensa e vetou publicamente a escolha: "O PMBD não aceita a indicação do senhor Tasso Jereissati para ministro da Fazenda." Tasso também era do PMDB. Mas Ulysses exigia a nomeação de um paulista.

BRESSER, O NEGOCIADOR

O terceiro comandante da Fazenda em apenas dois anos de governo civil — e, claro, excetuando-se Jereissati, que não assumiu — foi empossado naquele mesmo dia. Luiz Carlos Bresser Pereira era um intelectual de prestígio e tinha formação variada, com mestrado em administração pela University of Michigan, nos Estados Unidos, e doutorado em economia pela USP. Antes de ser chamado por Sarney, lecionara na FGV, de onde trouxe alguns dos seus principais assessores, como Yoshiaki Nakano, Fernando Dall'Aqua, Geraldo Gardenali e Fernando Milliet.

"MAÍLSON, QUERO QUE VOCÊ DEIXE O EUROBRAZ"

Ali pelas dez horas daquela noite, uma quarta-feira, eu estava em casa com meus três filhos, lendo mais um livro sobre a história da Inglaterra, quando tocou o telefone. Uma das secretárias do ministro, que eu conhecia, disse que Bresser queria falar comigo. Pensei: É agora! Dessa vez o cargo a que o BB tem direito no Eurobraz foi incluído na barganha e eu serei substituído.

Este receio estivera muito presente nos últimos meses e, claro, se intensificara com a mudança na pasta. Já tinha meu discurso pronto. Como já conhecia Bresser desde os meus tempos de secretário-geral da Fazenda, quando ele e Nakano eram presidente e diretor do Banespa, sabia que ele seria muito polido e atencioso. Pediria a ele, muito educadamente também, que me mantivesse no cargo até final de junho, quando se encerrava o ano letivo dos meninos. Mesmo porque o *work permit* de quem assumisse meu posto demoraria cerca de oito semanas para ser expedido, exatamente o período de que eu precisava.

Bresser perguntou como eu estava, como iam as coisas no Eurobraz. Ih! Conversa sem compromisso. Tive certeza. Recitava o discurso mentalmente enquanto esperava que ele acabasse o chove-não-molha. "Eu quero que você seja meu secretário-geral." Quase desmaiei. Tive até de me ajeitar na cadeira. O convite me acertou completamente desprevenido.

Ainda me recompunha enquanto ele achava que havia algum problema na linha. "Ministro, o senhor sabe que o seu partido me vetou para assumir este cargo no início deste governo?" Ele não sabia. Mas também não deixou entrever consternação alguma. "Esse é um problema meu. Quero saber se você aceita", insistiu. "Preciso de algumas horas para pensar, ministro. Mas respondo certamente até amanhã."

GARRAFA CONSELHEIRA

Desliguei o telefone sem saber o que fazer. Atordoado. Rosinha estava no Brasil e meus filhos dormiam. A não ser Guilherme, que chamei para conversar. Decidimos abrir uma garrafa de uísque, o que era uma raridade. Peguei a minha agenda com telefones do Brasil e comecei a ligar para quem eu acreditava que pudesse me aconselhar bem. A diferença de fuso era de quatro horas a menos no Brasil, o que me dava tempo para encontrar as pessoas antes que fossem para a cama.

O primeiro deles, Ernane Galvêas. "Maílson, você não é louco de aceitar esse convite! Esse governo não está dando certo. Você vai sair de Londres, onde está se aperfeiçoando, abrindo horizontes, educando seus filhos em boas escolas, trabalhando pouco, lendo, vivendo a vida? Você vai trocar tudo isso por algo pior do que quando você estava aqui? Eu não recomendo!"

Ele tinha alguma razão. Mas gostaria de ouvir mais opiniões. Telefonei a Tasso Jereissati, exatamente devido ao episódio do desconvite. Imaginava que tivesse conversado com Sarney, visto de perto seu drama e, por isso, teria uma boa avaliação do quadro que cercava a nomeação do novo ministro da Fazenda. Tinha mesmo. "Atravessamos um momento muito difícil! O presidente necessita de sua experiência. Funaro trouxe acadêmicos sem tarimba no governo. Sei que é um sacrifício, mas o país precisa de alguém como você, Maílson."

Placar empatado. Já era meia-noite em Londres, oito horas no Brasil. Os goles se aceleravam. O próximo conselheiro que escolhi foi José Luiz Miranda, um dos membros da comissão geral do projeto de reformulação das finanças. Além de meu amigo, havia sido até poucos meses antes o vice-presidente internacional do BB, a quem eu era subordinado. "Maílson, não tenho dúvida alguma. Você tem que vir." Desfiou argumentos semelhantes aos de Jereissati. E foi além. A "conta de movimento" havia sido extinta, a Secretaria do Tesouro havia sido criada, estava tudo fresquinho. A hora de continuar as transformações era aquela. "O projeto começou a deslanchar e você, que foi combatido por políticos e funcionários do BB, vai concluí-lo, o que é uma baita volta por cima." Ainda profetizou: "Você será o próximo ministro da Fazenda." Como?, perguntei. "O Bresser foi imposto ao Sarney, não vai durar muito. Você será o substituto natural." Não levei a sério a predição, mas o conselho para aceitar o convite de Bresser pesou.

Dei mais muitos goles, entre dois ou três outros telefonemas, que nem me lembro para quem. Efeito de tanto uísque. Recordo apenas que Guilherme ficou comigo até o fim, ouviu todas as ligações, escutou minhas dúvidas, opinou. E foi sentindo que eu aceitaria.

Para que eu tomasse a decisão final, era necessário ainda outro telefonema. Não que estivesse empatado. Todos, à exceção de Galvêas, recomendavam que eu aceitasse o convite. Era preciso conversar com Rosinha. Quando liguei para ela, já eram umas 23 horas no Brasil, três da manhã no Reino Unido. Contei, abordei a carreira, a volta por cima, a incerteza da continuidade no Eurobraz. "Você acha que é melhor para toda a família?" Confirmei. "Então vamos." Disse sem hesitar. Assim também poderíamos conviver mais com nossas netas. Com o nascimento da Renata, em janeiro daquele ano, Márcio já era pai de duas meninas.

ACEITO

A garrafa estava sambando, já no finzinho, quando tive certeza. E não quis esperar o sol raiar ou uma maior lucidez e sobriedade para ligar para o ministro. Mesmo quase bêbado, telefonei ao gabinete. Às 23h30, ainda trabalhavam. Mas Bresser acabara de sair, rumo ao Piantella, o restaurante brasileiro mais frequentado por políticos. "Já retornaremos ao senhor." Fizeram isso 15 minutos depois, pouco antes de o relógio de casa indicar quatro da manhã. "O ministro está esperando o seu telefonema." Liguei para o Piantella e lhe disse que aceitava o convite. "Ótimo. Agora resta apenas negociar seu retorno."

"FIQUEI SABENDO..."

Ali pelas 11 horas da manhã, sete da matina no Brasil, recebi uma ligação de Rosa Dalcin, a mesma jornalista do *Estado de S. Paulo* com quem eu tanto conversara entre 1979 e 1985. A notícia havia vazado e ela pedia ratificação do boato de que eu era cogitado para assumir a secretaria-geral de Bresser. Minha resposta foi bem evasiva. Afinal, eu também não recebera confirmação alguma.

PODE VIR!

Eu só teria a confirmação de Bresser naquela noite. Quanto ao Ulysses? Nem deve ter lembrado que um dia me vetara, tantas foram as reivindicações de nomeações que atendeu, vetou e impôs. Nunca mencionei isso a ele, com quem conviveria e de quem logo me tornaria grande admirador.

TINHA QUE SER UM NORDESTINO

Quando Bresser assumiu o ministério, todos acreditavam que nomearia para seu secretário-geral Yoshiaki Nakano, que o acompanhava desde que presidira o Banespa, de 1983 a 1985, e, em seguida, como secretário de governo do Estado de São Paulo, durante o mandato de Franco Montoro. Até eu já ouvira falar disso em Londres. Mas quando Bresser foi apresentado ao presidente, no dia em que assumiu o cargo, já sabia que Nakano não poderia ser o indicado.

Essa havia sido uma exigência de Sarney, que gostaria de ter nomeado como titular da pasta um nordestino, como Tasso Jereissati. Já que Ulysses o impedira, ao menos escolheria o secretário-geral, que deveria ser do Nordeste. Provavelmente, na visão do presidente, típica de muitos políticos, a Fazenda tem o poder de solucionar problemas de desenvolvimento. Como nordestino e com a crise se agravando, ele achava que era de seu dever escolher para um dos cargos mais importantes do ministério alguém com a mesma origem, imaginando que, dessa maneira, a região recebesse mais apoio para vencer seu subdesenvolvimento.

Assim que assumiu, Bresser recebeu de Sarney uma lista com 15 nomes de técnicos nordestinos — o meu não era um deles. Nenhum lhe agradava. A grande maioria, ninguém da sua equipe sequer conhecia. Com o dilema criado, debateram sobre outras possíveis soluções. "Bresser, acho que o Maílson é nordestino", recordou Nakano. Quando confirmaram minha origem paraibana, levaram meu nome a Sarney. Bresser deve ter perguntado "serve o Maílson?". Ao que o presidente, que me conhecia desde que era líder do PDS no Senado e eu, seu interlocutor na Fazenda, deve ter respondido "serve".

PARTE 5 **SENHOR MINISTRO**
Ministro da Fazenda
(4 de maio de 1987-
18 de março de 1990)

CAPÍTULO XX Ascensão ao cargo
(4 de maio-
21 de dezembro de 1987)

É PRA JÁ!
Em menos de três dias parti de Londres. Na sexta-feira, a manhã seguinte à confirmação de Bresser de que eu seria novamente o secretário-geral do Ministério da Fazenda, pedi ao pessoal do Eurobraz para comprar a passagem de retorno ao Brasil e espalhei orientações: Suely Hunt, minha secretária, empacotaria e me enviaria o que deixei no escritório; meus assessores continuariam as negociações entabuladas; meus filhos deveriam manter a rotina: Guilherme, já com vinte anos, e Carla, sobrinha de Rosinha que morava conosco, cuidariam dos pequenos Ivan e Juliano até que a mãe deles voltasse do Brasil. Continuariam em Londres até o final de junho, quando terminaria o ano letivo. Depois disso, apenas Guilherme permaneceria, para concluir o curso de Economia na London School of Economics.

Sir John recusou a sugestão de nossos colegas de me oferecer um coquetel de despedida. "Ele vai voltar exatamente para onde estava e porque quer. Não vamos dar festa nenhuma", respondeu, incisivo e descortês. Parti sem uma *farewell party*.

UM VOO TURBULENTO
Já no domingo à noite eu embarcava em Heathrow rumo a Brasília, carregando apenas uma mala de roupas. Tudo acontecia tão rápido, eram

tantos os preparativos e a ansiedade de retornar que eu não tivera tempo nem de pensar direito. Só quando o avião decolou eu relaxei. Por pouco tempo, porque repentinamente fui tomado de dúvidas e receios. Embarcava rumo ao desconhecido, sem saber exatamente o que me esperava. Será que esta era a decisão adequada? Não me precipitava? Voltar ao Brasil era o mais sábio a fazer naquele momento? A vida estava tão calma, eu me instruía tanto, minha família já se adaptara... Será que valia nos privar de uma permanência maior, para aprendermos mais? Por que decidi que deveria largar o sossego e o ótimo salário, em dólares, para voltar àquela minha rotina ensandecedora, àquela burocracia extenuante, às pressões e oposições de todos os lados?

Era muita vontade de concluir as reformas que propuséramos em 1984! O preço era alto, pessoal e financeiramente. Mas as possibilidades de melhorar as instituições do país em pontos que eu acreditava serem relevantes me estimulavam. Era preciso mudar a estrutura das finanças públicas. Eu provaria a todos que aquele era o correto a fazer, uma grande contribuição para que a democracia e o crescimento se estabelecessem e fossem mantidos no país. Mas era inegável: eu estava apavorado com a possibilidade de me arrepender muito profundamente, sem conseguir mudar o que era necessário. Ainda bem que não era eu o piloto. Se dirigisse um carro rumo ao Brasil, provavelmente daria meia-volta no primeiro retorno.

ATERRISSAGEM DIFÍCIL

O primeiro tranco tomei logo que pousei no Rio de Janeiro, enquanto esperava o embarque para Brasília. A primeira página de política do *Jornal do Brasil* apresentava a equipe do novo ministro. Além de mim, como secretário-geral, o acompanhariam Yoshiaki Nakano, como secretário de Política Econômica; Rubens Barbosa, como secretário de Assuntos Internacionais; Fernando Milliet, como presidente do Banco Central; Antônio Mesquita, como secretário da Receita Federal; Luiz Álvaro de Oliveira, como chefe do gabinete; e Fernando Dall'Aqua e Geraldo Gardenali como assessores especiais.

Quase todos eles, como o ministro, eram professores da Fundação Getúlio Vargas de São Paulo ou oriundos do Banco do Estado de São Paulo (Banespa). Eu era "um estranho no ninho", como assinalava o título do boxe a meu respeito. Apenas eu era um burocrata de carreira. Não conhecia pessoalmente quase nenhum dos colegas da cúpula do ministério. Com o próprio Bresser eu não tinha qualquer intimidade.

Somente naquele momento eu me fazia a pergunta que deveria ter surgido em Londres: por que razão o ministro me convidara se mal me conhecia? Eu mudava todo o rumo da minha vida para estar ali. Será que seria um mero enfeite, como uma cereja no bolo? Seria um rei sem poder ou coisa que o valha, excluído dos trabalhos, sem papel de fato na cúpula decisória? E se eu não me integrasse no grupo?

BEM ANINHADO

Ao chegar em Brasília na manhã daquela segunda-feira, tive tempo apenas de passar no hotel, tomar banho e me barbear para me apresentar a Bresser na Fazenda, depois de mais de dois anos afastado de lá. Todas aquelas dúvidas que me assaltaram durante a noite e a manhã me acompanharam enquanto o elevador subia. Entrei no gabinete do ministro quase cabisbaixo.

Rapidamente minha apreensão se dissipou. Assim que a secretária informou Bresser de que eu havia chegado, ele pediu para que eu entrasse em sua sala. Estavam lá Nakano e Milliet com Alexandre Kafka, representante brasileiro no FMI. Discutiam a retomada das negociações com o Fundo, imersas em água morna por Funaro.

Bresser recomendou que eu sentasse ao lado de Kafka e me apresentou como se eu fosse realmente uma escolha sua, não uma imposição. Logo participava do debate. Era um assunto que eu dominava e sobre o qual tinha fortes convicções. O restabelecimento dos contatos com o Fundo constituía um passo importante para normalizar as relações com a comunidade financeira internacional, que haviam se deteriorado com a moratória unilateral da dívida externa. Quando Bresser disse "Maílson, quero você nesse assunto", me certifiquei de que fazia parte do recheio do bolo, não era um adorno.

FAZENDA, DOCE FAZENDA

Minha integração à equipe do Ministério da Fazenda não foi difícil, como eu e a imprensa imaginávamos. Eu estava feliz em retornar à secretaria-geral e voltar a trabalhar com o que mais gostava: participar do preparo e da coordenação de decisões governamentais na economia. No final das contas, era tudo quase igual: voltei a trabalhar na mesma mesa da mesma sala de antes, cercado praticamente das mesmas pessoas. E ainda havia, sim, muitas pessoas conhecidas. As secretárias, por exemplo, eram as mesmas. Até seu Oscar, o ascensorista que se gabava de ter servido a vários ministros, continuava lá, com seu avantajado bigode, inteiramente branco. As exceções se limitavam aos que vieram com Bresser, com os quais me integrei rapidamente.

Estava quase tudo igual. Mas faltava o principal: minha equipe anterior. Este pequeno empecilho resolvi na mesma tarde em que cheguei. Assim que saí da reunião com Bresser e Kafka, telefonei a Olyntho Tavares de Campos, Paulo César Ximenes e Raymundo Moreira, convidando-os a voltar também, para dar continuidade às transformações que acreditávamos necessárias. Deixaram, respectivamente, a fazenda de cavalos, o Banco Central e o Banco do Brasil. Na mesma semana, já estavam comigo, animados como eu. "Vamos concluir a implantação do projeto", eu os instigava. Certamente seria mais fácil do que em 1984: as animosidades contra nós não mais existiam. Ao menos não aparentemente.

No ministério, rapidamente retomei os vícios que havia deixado: já na segunda semana passei a trabalhar 14 horas por dia e a fumar um cigarro atrás do outro — em Londres o vício havia arrefecido. Já no meu aniversário, 14 de maio, assumi como ministro interino de Bresser pela primeira vez.

ATRIBUIÇÕES

Como nos tempos de Galvêas, eu exercia uma coordenação muito ampla dos trabalhos do ministério, enquanto Nakano coordenava as questões relacionadas com a política econômica. Bresser se envolvia apenas em questões administrativas mais importantes ou no exercício de seu papel político: definição de diretrizes, relacionamento com outras áreas do governo, com o Congresso e com líderes do setor privado, presidência de órgãos colegiados como o Conselho Monetário Nacional e assim por diante.

BRESSER QUEBRA O GELO COM O FMI

Era preciso retomar os contatos, desarmar as desconfianças e preparar o terreno para futuros entendimentos com os credores externos para ter novamente acesso ao crédito. Embora as intenções fossem reais, Bresser manteve a posição de Funaro de não aceitar que o acordo com o FMI precedesse o acordo com os bancos. Era assim que funcionava nas dezenas de casos em curso naquela época. Manter este cavalo de batalha em nada ajudava. Com esta convicção, tentei demover o ministro da teimosia, infrutiferamente. Era uma questão política.

Mesmo assim, Bresser foi responsável por avanços muito relevantes. Criou o cargo de negociador da dívida externa, função até então exercida por equipes integradas por funcionários da Fazenda, do Planejamento e do Banco Central. O primeiro a ocupar o novo cargo foi Fernão Bracher, que gozava de boa reputação entre os bancos estrangeiros. Havia sido diretor da área internacional do Banco Central no governo Geisel. Enquanto Funaro comandava a Fazenda, Bracher presidira o BC, cargo que abandonou logo após a moratória.

Ainda em maio, o FMI enviou ao Brasil uma missão de consulta e Bracher retomou entendimentos com os bancos. Chegou mesmo a formular uma agenda para os encontros seguintes. Infelizmente, pouco ou nada se avançou nas duas frentes. Mas os acenos de Bresser foram importantes para reduzir as animosidades.

UM NOVO PLANO ECONÔMICO

A outra prioridade de Bresser, evidentemente, era combater a inflação, que voltava a acelerar após o fracasso do Plano Cruzado. Em maio superaria os 27%. Para isso, o novo ministro já preparava seu plano econômico, a ser lançado quarenta dias depois da minha chegada.

Nem mesmo eu tinha conhecimento de que um novo plano era gestado. Inicialmente, o pequeno grupo encarregado de estruturá-lo era composto por Nakano, Dall'Aqua e Chico Lopes, professor da PUC do Rio de Janeiro, que participava como conselheiro *ad hoc*. Só fui informado numa reunião do ministro com um grupo muito seleto de técnicos e intelectuais, na sua residência oficial. Além de Nakano, Dall'Aqua e Lopes, também estavam presentes convidados como André Lara Resende, Pérsio Arida e Adroaldo Moura da Silva. Dos dois primeiros eu conhecia apenas trabalhos acadêmicos e sua participação no Plano Cruzado. Adroaldo, então vice-presidente internacional do Banco do Brasil, era responsável pela supervisão do Eurobraz.

Bresser descreveu sucintamente os estudos que eram realizados e ressaltou o caráter secreto do que se daria a partir de então: a estruturação do novo pacote. O nome seria "Plano de Consistência Macroeconômica". Mais uma vez, haveria congelamento de preços. Bresser estava convencido de que também era necessário um ajuste fiscal, cujas medidas ficariam a meu cargo. A ausência de um controle mais eficaz dos gastos públicos havia sido um dos calcanhares de aquiles do Cruzado.

"O MINISTRO DA FAZENDA DEVE PERDER PODER"

Bresser pediu que eu preparasse medidas para aumentar o poder do ministro da Fazenda de controlar os gastos. Para mim, isso só traria mais problemas, a ele, ao ministério e ao país. "Ministro, quanto mais poder a Fazenda tem sobre os gastos, menos ela efetivamente controla. O ministro sofre mais pressões, algumas difíceis de negar. A saída é perder poder." Bresser me olhou com estranhamento, surpreso por alguns instantes. Refletiu. Logo concordou. "O que é preciso para isso?" Eu sabia de cor as medidas necessárias. Eram parte do projeto do grupo de trabalho para reestruturação das finanças públicas, de 1984.

FIM DO ORÇAMENTO MONETÁRIO

Imediatamente, liguei para Pedro Parente, que estava na Secretaria do Tesouro Nacional, prestes a lançar o Siafi, Sistema Integrado de Administração Financeira do Governo Federal. Juntos, preparamos três decretos com as três questões que ainda não haviam sido implementadas, das cinco que propuséramos. O primeiro transferia a administração da dívida pública do BC para o Tesouro. O segundo extinguia as funções de fomento do Banco Central, que passaria a ser um BC clássico. O terceiro unificava os orçamentos, extinguindo o Orçamento Monetário. Todos eles seriam anunciados no lançamento do novo plano econômico.

Com o fim do Orçamento Monetário o ministro da Fazenda não poderia mais decidir sobre gastos num orçamento paralelo, sem o crivo do Congresso. A transparência e o controle das finanças públicas contribuiriam para a estabilidade econômica, anos mais tarde.

A FAMÍLIA RETORNA

Boas mudanças também estavam em curso na minha vida pessoal. No início de junho, Rosinha, Ivan e Juliano voltaram ao Brasil, enquanto Guilherme passou a dividir um flat em Londres com três amigos. Foi então que percebi o quão difícil era, na época de economia fechada e controle de capitais, manter um filho estudando no exterior. Precisei comprovar ao Banco Central que era necessário remeter divisas para pagar a faculdade e o sustento de meu filho na Inglaterra. A meu pedido, a London School of Economics forneceu documento explicitando o valor da anuidade e uma estimativa de gastos pessoais, incluindo alimentação. Somente com ele o BC me autorizou a enviar o valor do curso, em torno de quatro mil libras por ano, e, mensalmente, cerca de quatrocentas libras. Foi uma pequena fortuna para nós. Em Brasília, eu voltara a receber muito menos do que na capital britânica e em moeda nacional.

Por três meses, moramos no apartamento em que eu residia mesmo antes de minha família voltar. Com uns quatrocentos metros quadrados, ficava na SQS 316, uma quadra nobre da época. Continuei a passar muito pouco tempo ali. Almoçava e jantava no Ministério da Fazenda. Só voltaríamos a morar na nossa casa no Lago Sul por volta de outubro, depois de os inquilinos se mudarem. Foi o tempo, também, de chegar o navio com a mudança. Trouxemos todos os móveis, inclusive o valioso piano, que todos os meus filhos tocam, e alguns equipamentos, sobre os quais, por termos residido no exterior, não incidiam impostos de importação. Para o computador IBM 286, por exemplo, os tributos chegariam a cerca de 70% do seu valor.

PLANO BRESSER

Mesmo com Rosinha de volta, o dia dos namorados de 1987 não foi nada romântico. Em 12 de junho, pouco mais de um mês depois da minha chegada, foi lançado o Plano Bresser. Na véspera, o ministro me designou para expor ao presidente Sarney o conteúdo e as razões dos decretos que modernizavam as finanças públicas. Fui o mais didático possível. E firme. Minha voz vacilou em algum momento crucial. Eu estava nervoso, não apenas porque desejava imensamente que as medidas do grupo de trabalho fossem aprovadas. Era a primeira vez que eu me sentava a sós com um presidente.

O "Plano de Consistência Macroeconômica" foi transmitido ao vivo do gabinete presidencial. Em vez de adotar o nome original, Sarney se referiu a ele como "Plano Bresser", um título com maior apelo popular. Não sei se Sarney buscava homenagear o ministro eternizando seu nome na história ou, suspeitando que fracassasse, já dividia com ele a responsabilidade.

CONTROLE DE GASTOS E A SAÍDA DO CONGELAMENTO

Quando se congelam os preços de toda a economia, muitas empresas, com valores defasados de produtos, podem quebrar. Esta defasagem tambén. pode ocorrer com salários e contratos, criando um desajuste dos preços relativos da economia. Quando o congelamento é eliminado, o reajuste pode ser imenso, o que acarreta o retorno da inflação alta. É por isso que previamente o governo aumentou eletricidade, 45%; telefonia, 34%; aço, 32%; pão, 36%; leite, 27%; e combustíveis, 13%.

Por isso também foi tão relevante uma grande inovação: planejar uma saída do congelamento. O Plano Bresser previa atualizações trimestrais de preços e salários, de acordo com a Unidade de Referência de Preços, URP, um indicador criado especialmente para o plano, com base nos índices de preço da Fundação Getúlio Vargas. O novo plano tinha como meta a redução gradual da inflação, com o auxílio do controle do déficit público.

Bresser estipulara que o déficit público, o ponto central do plano, em que trabalhei mais detidamente, deveria atingir, no máximo, a metade do registrado em 1987, quando fora de 6,7% do PIB. Além disso, para evitar a expansão inadequada da demanda e a fuga de capitais para ativos reais e para o mercado paralelo do dólar, a taxa de juros reais passou a ser positiva, maior do que a taxa de inflação. As medidas logo deram resultados: a inflação mensal passou a 3,1% em julho, ótimo naquelas circunstâncias.

TROCANDO PROMISSÓRIA AMARELA POR PROMISSÓRIA VERDE

Por volta de agosto de 1987, Bresser convocou Nakano, Fernão Bracher, eu, Rubens Barbosa e Carlos Eduardo de Freitas, chefe de um dos departamentos da área externa do BC, para uma reunião na sua residência oficial. Nos contou que pretendia propor aos bancos credores trocar os títulos da dívida antiga por novos, com 50% de desconto. Os únicos com maior experiência no assunto, eu e Fernão Bracher, duvidamos do êxito da proposta. "Ministro, um banco somente dá desconto numa dívida se estiver convencido de que receberá a parte restante. Um país que há seis meses decretou uma moratória, que está com grandes dificuldades no balanço de pagamentos, que não tem um acordo com o FMI não tem credibilidade. Qual é a garantia que damos de que pagaremos a dívida nova?" Nossos argumentos não o demoveram. "Eles têm que aceitar! E sem acordo prévio com o Fundo." Rubens Barbosa e Nakano o apoiaram. Carlos Eduardo permaneceu calado.

Depois de anunciar o plano, Bresser se reuniu em Washington com James Baker, secretário do Tesouro americano. Os Estados Unidos tinham o maior poder de voto e influência no FMI e bancos de lá eram os principais credores. Quando Bresser expôs sua proposta, Baker levantou as sobrancelhas. *"Minister, that's a non starter"*, ou seja, sem chance. Era uma maneira um pouco menos sutil de dizer que não havia qualquer possibilidade de o plano ser aceito.

O teor da conversa foi vazada pelo Tesouro à imprensa, que aguardava Bresser na saída do prédio. Jornalistas brasileiros, cientes da proposta, o questionaram. "Olha... passamos a considerar um acordo com o FMI", o que o ministro sempre garantira que não aconteceria. "O senhor recuou?", algum jornalista questionou. "Recuei, mas só um pouquinho." Foi outro desastre! Até Simonsen fez uma brincadeira, divulgada pela imprensa: "O Brasil está propondo trocar uma promissória amarela por uma verde, pela metade do valor."

O DESCONTO DA DÍVIDA EXTERNA AINDA SERIA ACEITO

A ideia do desconto da dívida era defendida abertamente por figuras de destaque do mundo político e financeiro internacional. Assinalava-se que o montante da dívida era excessivo e que pagá-la à custa de fortes e continuados ajustes nos países devedores se tornaria politicamente insustentável. Ainda era preciso amadurecer a ideia e estabelecer quem lideraria essa "reestruturação organizada" e como. A hora chegaria e não demoraria tanto. O desconto seria concedido, de maneira organizada, a partir de fins de 1988, com o Plano Brady. Curiosamente, Bresser ficaria conhecido no Brasil como uma espécie de pai da ideia, o que não corresponde à realidade histórica.

FRACASSO DO PLANO BRESSER

Assim como as propostas externas, as medidas internas do ministro também não foram bem-sucedidas. O Plano Bresser fez água mais cedo do que pensávamos. O "dragão inflacionário", com era chamado, se acelerou a partir de agosto, quando chegou a 6,4%. Em dezembro já contaria com dois dígitos: 14,1%. No acumulado do ano, o índice de preços alcançaria 416%, maior taxa anual da história até então. As razões do insucesso precoce não diferem muito dos motivos que derrubaram o Cruzado. Apesar das medidas fiscais, não foi possível ajustar as contas públicas nem deter a retomada da indexação da economia.

A NOVA CONSTITUIÇÃO

Acredito que o fracasso do plano, o retorno da inflação alta exatamente neste momento e a percepção de que a eficiência de pacotes econômicos como aquele era efêmera, tenham influído decisivamente na redação dos artigos da nova Constituição que influenciam a economia. O ambiente era pouco propício ao debate econômico racional em julho de 1987, quando foi divulgado o Projeto A, a primeira versão da nova Carta. Ela foi elaborada e votada pela Assembleia Nacional Constituinte, que se reunia desde fevereiro de 1987, composta por 559 congressistas, mais de trezentos do PMDB. Todas as propostas aprovadas foram consolidadas pelo relator, deputado Bernardo Cabral, que presidira a Ordem dos Advogados do Brasil (OAB).

UMA CONSTITUIÇÃO PARA "RESGATAR A DÍVIDA SOCIAL"

Políticos, empresários, jornalistas e cidadãos comuns se mobilizavam em apoio a uma Carta baseada em ideais democráticos, na consagração de direitos individuais e na promoção da igualdade. O principal mote era "resgatar a dívida social", inclusive em relação aos negros. No dia 13 de maio de 1988, um dia antes do meu aniversário de 46 anos, seria comemorado um século da abolição da escravidão, o que despertava uma miríade de reflexões sobre o racismo. Equivocadamente, a Constituição era vista como a solução de todas as mazelas do Brasil. Resolveria o problema da inflação, do crescimento, da educação, do meio ambiente... Enfim, todos os problemas do Brasil seriam sanados a canetadas. Mas ninguém fazia contas. Como dizia o advogado Ives Gandra Martins, estava sendo redigida "uma Constituição que não cabe no PIB".

A ação dos lobbies já sinalizava que a Constituição seria estatista e fiscalmente pouco responsável. Os estados exigiam mais recursos; os aposentados queriam mais dinheiro; os servidores públicos, mais vantagens; os agricultores, perdão de dívida; as corporações da educação, mais verbas; e, ao mesmo tempo, todos queriam pagar menos imposto.

COMISSÃO DO SISTEMA TRIBUTÁRIO, ORÇAMENTO E FINANÇAS

A Constituinte era dividida em 24 subcomissões, subordinadas a oito comissões temáticas. Naturalmente, me interessavam especialmente os trabalhos da Comissão do Sistema Tributário, Orçamento e Finanças, a mais importante do ponto de vista da Fazenda. Parte dos seus integrantes conhecia bem os assuntos, mas a maioria era de deputados e senadores pouco familiarizados com economia.

O Projeto A continha ideias as mais estapafúrdias: incluir na Carta a moratória da dívida externa, limitar a taxa de juros, reajustar generosamente aposentadorias, anistiar dívidas bancárias, efetivar funcionários não concursados, criar um regime jurídico único para o setor público, transferir montanhas de dinheiro federal para estados e municípios e ao mesmo tempo aumentar os gastos da União e a vinculação de tributos à educação, entre diversos outros desatinos.

Imaginei que, assim que a empolgação inicial fosse abrandada, a racionalidade seria restituída. Ainda havia mais de um ano para isso. O presidente da Comissão, deputado Francisco Dornelles, e o relator, deputado José Serra, convidaram especialistas do governo e da academia para auxiliá-los a identificar excessos e riscos. Eu estava entre eles, nas reuniões noturnas no apartamento de Serra, juntamente com Pedro Parente e técnicos oriundos da Secretaria da Receita Federal e da Secretaria de Orçamento e Finanças do Ministério do Planejamento.

Serra conseguiu extrair do Projeto A dispositivos particularmente extravagantes e perigosos, como a moratória da dívida externa e o Orçamento regionalizado: pretendia-se separar por regiões do país todas as despesas e os investimentos, incluindo as empresas estatais, o que era uma insanidade.

Havia outra proposta ainda mais biruta: limitar os juros anuais a 12% ao ano. Se a inflação fosse 100% ao ano, por exemplo, e os juros fossem 12%, até o Zé da padaria tentaria obter financiamento. E, obviamente, não conseguiria. Nenhum banco forneceria crédito. Além disso, nenhum investidor externo aplicaria recursos no Brasil e o país estagnaria. Apesar disso, a proposta, formulada pelo deputado Fernando Gasparian, do PMDB paulista, encontrou terreno fértil entre muitos parlamentares que acreditavam que fosse a elevada taxa de juros a causa da crise econômica. Apesar da resistência, Serra conseguiu retirar o tabelamento do texto. Por ora.

ULYSSES GUIMARÃES, O HOMEM MAIS PODEROSO DA REPÚBLICA

Foi durante os trabalhos da Constituinte que me dei conta de que, realmente, Ulysses Guimarães era o homem mais poderoso da República. Nada importante se fazia sem a bênção do multipresidente: além da

Constituinte, presidia o PMDB e a Câmara. E ainda substituía Sarney na sua ausência, já que o presidente não tinha vice.

No regime militar, eu não era exatamente um fã do "Senhor Diretas", que exercia uma oposição excessivamente agressiva e criticava muito severamente a ação do Ministério da Fazenda. Quando retornei ao Brasil para trabalhar com Bresser, passei a admirá-lo muito. Embora sempre mantivesse o aspecto austero, ele era muito afável e simpático. E extremamente trabalhador. Chegava cedo à Câmara e lá ficava até tarde da noite ou de madrugada, quando as últimas votações da Constituinte se encerravam.

Sempre que a Fazenda desejava discutir com líderes aspectos merecedores de melhor reflexão, Ulysses promovia e presidia os debates. Não raramente, convidava Celso Furtado, então ministro da Cultura, que nos ajudou a demover deputados e senadores de levar avante propostas que considerávamos inconvenientes ao país.

O CENTRÃO

A percepção de que se armava um grande desastre, tanto para o funcionamento da economia quanto para os direitos de propriedade, levou alguns parlamentares a formarem o Centro Democrático, um grupo multipartidário com orientação de centro-direita muito influente nas votações. Entre as figuras proeminentes se incluíam os ex-ministros Delfim Netto, Roberto Campos e Francisco Dornelles, do PDS, Roberto Cardoso Alves, o "Robertão", do PTB, e Ricardo Fiúza, do PFL. O "Centrão", como logo foi batizado pela mídia, evitou muitos dos excessos derivados da ação de corporações e de parlamentares de inclinação socialista, mas não conseguiria evitar o viés anticapitalista e corporativista de boa parte do texto constitucional.

DESASTRE FISCAL

A percepção generalizada no Ministério da Fazenda, particularmente na Secretaria-Geral, na Secretaria de Política Econômica, no Tesouro e na Receita Federal, era de que o Projeto A era desastroso do ponto de vista fiscal. Na tentativa de diminuir os impactos da tragédia, Bresser me incumbiu de coordenar uma equipe para examinar cada questão e propor alterações. Listamos cerca de cinquenta sugestões de modificação. O ministro falou de nossos estudos a Ulysses Guimarães que pediu que Bernardo Cabral ouvisse nossas propostas.

Na reunião, na Fazenda, o relator concordou conosco em praticamente tudo. Assim que ele se foi, ficamos eufóricos. Acreditamos ter salvado o Tesouro e a nação. Imediatamente, quis transmitir as boas-novas a Bresser, que recebia José Serra naquele momento. Contei a eles que o país estava protegido, que o mundo seria melhor. "E vocês acreditaram no Cabral?", questionou Serra. "Daqui ele vai para uma outra reunião em que também concordará com todos." Achei que pudesse ser alguma antipatia entre eles. Constataria que Serra não exagerava.

MAIS PODER E RECURSOS AOS ESTADOS

Outro grave problema do Projeto A eram as normas sobre o ICM, que passaria a incidir também sobre serviços, passando a ser ICMS. É o mais importante tributo do país: gera quase um quarto da arrecadação total brasileira e chega a constituir 90% da receita dos estados. Suas regras e alíquotas deveriam ser semelhantes em todo o Brasil. Sem isso, estimula-se a guerra fiscal, os custos de transação para os contribuintes se elevam e a eficiência geral da economia diminui, afetando o potencial de crescimento.

Até a Constituição de 1988, a harmonização era mantida pela necessidade de aprovação de normas pelo Conselho de Política Fazendária (Confaz), criado em 1975, presidido pelo ministro da Fazenda e integrado pelos secretários de Fazenda ou Finanças dos estados. Os estados, um dos mais poderosos lobbies da Constituinte, reivindicavam o poder de decidir sobre o tributo e sobre suas alíquotas e defendiam pesadas transferências de recursos advindos do Imposto de Renda e do IPI. Achávamos uma temeridade, como acho até hoje. Um dos mais ativos líderes dessas demandas, que auxiliaria os estados a ganhar esta disputa, era João Batista de Abreu, então secretário da Fazenda de Minas Gerais. No Planejamento, em 1984, ele participara ativamente defendendo os interesses da federação.

Num domingo do final de agosto de 1987, nos reunimos na casa do ministro da Casa Civil, Ronaldo Costa Couto, para debater, entre outros assuntos, um estudo que eu havia preparado com críticas ao aumento de transferências aos estados e municípios, sem a correspondente transferência de encargos da União. O texto havia sido aprovado pelo ministro Bresser, que o levou ao conhecimento do presidente Sarney.

Como parecia provável que eles vencessem, era preciso encontrar uma maneira de diminuir seus impactos. Para isso, o senador José Richa e eu fomos incumbidos de preparar uma proposta de gradual transferência de encargos da União aos Estados e municípios. Depois de estudar minuciosamente as possibilidades, percebemos ser impossível fazer isso com qualquer ponto além de miudezas.

PRIMEIRO ARTIGO NA *VEJA*

Frustrada a tentativa de reverter ou minimizar os efeitos das novas transferências, o ministro Bresser sugeriu que eu transformasse o texto técnico em artigo, realçando os riscos da medida. Conversei com a repórter da *Veja* Rosa Dalcin para que fosse publicado na revista, que dedicava a última página a um artigo de opinião. No dia seguinte, Antônio Machado, editor de economia da publicação, confirmou o interesse. O título burocrático que eu dera, algo como "Efeitos das transferências constitucionais para as finanças da União" foi alterado para "Reforma rumo ao desastre", publicado em 30 de setembro de 1987.

O artigo despertou acaloradas reações no Congresso. Foi mote para uma reunião extraordinária da bancada parlamentar do Nordeste, que emitiu nota oficial em que repudiou o texto e me acusou de apátrida. "Nordestino da Paraíba, nascido em terra sofrida, o articulista, esquecido de suas origens, investe contra as populações mais pobres..." e por aí afora. O incêndio se alastrou, inclusive por outras regiões, levando Assembleias Legislativas a me considerarem *persona non grata*. O deputado alagoano Albérico Cordeiro, um dos líderes da bancada, foi além: pediu ao presidente Sarney que me demitisse.

QUEBRA DA BOLSA DE NOVA YORK

Desastres financeiros acossaram também outras praças no segundo semestre de 1987, e sem qualquer aviso. A segunda-feira 19 de outubro, que receberia o epíteto de *"black Monday"*, foi o resultado de uma misteriosa fuga de capitais da bolsa de Nova York. O índice Dow Jones, um dos principais indicadores do mercado acionário americano, caiu 22,6% em apenas um dia e 30% no mês, freando o intenso crescimento que registrara nos cinco anos anteriores. Já em fins de outubro, outras bolsas despencavam, como as de Hong Kong (−45,8%), Austrália (−41,8%), Grã-Bretanha (−26,4%) e Canadá (−22,5%).

O Ministério da Fazenda soube do *black Monday* pelo *Jornal Nacional* da TV Globo, o que revela o quanto o Brasil era fechado. A conexão das finanças brasileiras com o resto do mundo era limitada às operações bancárias. Um investidor estrangeiro não podia comprar ações no Brasil nem fazer remessas para o exterior sem autorização prévia do BC.

SEM INTERNET

Naquele ambiente, acompanhar o que acontecia em bolsas internacionais seria apenas curiosidade. Nem a imprensa noticiava o sobe-e-desce das ações, a não ser em crises como esta. Tim Berners-Lee somente criaria a World Wide Web no ano seguinte. Internet banking existia apenas em ficções científicas. No Brasil, caixas eletrônicos eram grandes novidades. Um ou outro banco oferecia cartão de crédito, válido apenas no país, que funcionava com decalque de um formulário. Dava mais trabalho do que assinar um cheque pré-datado. De qualquer maneira, nenhum deles era muito utilizado, principalmente porque a alta inflação induzia à cobrança de taxas de juros elevadíssimas, que inibiam o uso do cartão como instrumento de acesso a crédito.

SARNEY: "NÃO ACEITO"

Mesmo antes da queda da Bolsa de Nova York, com a inflação se acelerando, em setembro Bresser pediu que a Secretaria da Receita Federal encontrasse maneiras de aumentar a arrecadação e assim promover um ajuste fiscal pelo lado da receita. Em meados de novembro, a equipe do MF, sob a liderança de Bresser, se reuniu com Sarney para apresentar as propostas. Mesmo as medidas sendo impopulares — como a tributação de ganhos de capital, heranças e doações, além do fim do incentivo fiscal do Imposto de Renda à exportação — imaginávamos que aquela reunião seria apenas de aprovação. Com a aquiescência do presidente, sairíamos dali para preparar os atos legislativos.

Não foi o que aconteceu. O encontro foi bem tenso. Sarney tomara conhecimento das linhas básicas da proposta devido ao vazamento à imprensa, que despertou reações muito negativas entre o empresariado. O presidente questionou cada ponto, o que nada nos satisfazia. Mas ninguém esperava que Bresser reagisse tão radicalmente. "Sem as medidas, não posso permanecer no ministério!" Sarney se indignou. "Não aceito do senhor este tipo de reação!" Foi das poucas vezes que o vi irritado, falando alto. A reunião acabou. O pacote também, embora ficasse subentendido que reestudaríamos as propostas.

A partir de então, as conversas entre os dois escassearam e o clima ruim começou a vazar para a imprensa. Imaginei que se tratasse apenas de uma crise, entre tantas que eu presenciara no governo. Em breve passaria. Não contabilizava um componente: Bresser nunca havia sido um homem do presidente, como costumam ser os ministros da Fazenda. Ele lhe fora imposto por Ulysses.

A SAÍDA DE BRESSER

Assim foi iniciada a "fritura" de Bresser na cozinha do Palácio, que costuma preceder a demissão de um ministro. É como se chama o ambiente em que circula o presidente, entre ministros, assessores imediatos, pessoas de seu círculo íntimo. Depois daquela reunião, começaram a cochichar mais entre si e divulgar informações negativas para a imprensa.

Mesmo quando passei a enxergar a possibilidade de Bresser ser substituído, não enfrentei os receios de outrora, de repentinamente não saber onde trabalhar. Eu me tornara tão conhecido na Esplanada dos Ministérios e no setor privado, com tão boa reputação dentro do círculo do poder, que, qualquer que fosse o governo, haveria um lugar para mim, seja no MF, em outro ministério, no BC... Ou mesmo em uma empresa privada.

A especulação se concretizou sete meses e meio depois da posse de Bresser e seis meses depois do lançamento do seu plano econômico. No dia 21 de dezembro de 1987, o ministro convocou ao seu gabinete 15 a 20 pessoas da equipe para comunicar que se afastaria do Ministério da Fazenda.

"O PRÓXIMO MINISTRO SERÁ O MAÍLSON"

Às vésperas do Natal, o pedido de demissão de Bresser não me surpreendeu tanto. Foi o que falou a seguir que me assustou sobremaneira. Um dos assessores perguntou se ele sabia quem seria o novo ministro. "Vai ser o Maílson", respondeu sem titubear. Fiquei atônito. Talvez tenha falado, boquiaberto: "Acho que não, ministro. Não faz nenhum sentido." E não fazia mesmo. "Acho que será você, Maílson. Foi o nome que sugeri ao presidente."

Um turbilhão de pensamentos congestionava meu raciocínio. Não tinha cabimento. Desde que comecei minha carreira no setor público, em 1963, no meu imaginário ministros da Fazenda eram quase semideuses, extremamente poderosos, como Bulhões, Campos, Delfim, Simonsen, Rischbieter, Galvêas e Bresser, dotados de sólida formação acadêmica. Soava pouco factível eu entrar para esta lista de notáveis figuras, politicamente muito bem relacionadas. Eu era apenas um burocrata com uma longa carreira, que tinha chegado a um alto posto. Já era bastante ser o secretário-geral do MF.

SERÁ POSSÍVEL?

Estávamos todos de pé na sala do ministro. Eu estava tão confuso que parecia não haver ninguém por ali. Tanto que não lembro bem da cena que se seguiu. Eu estava absorto em conjecturas quando uma secretária adentrou a sala e se dirigiu diretamente a mim. Só então despertei dos devaneios. "Doutor Maílson, o presidente Sarney quer falar com o senhor." Ouvi um murmúrio correr a sala.

Atendi o telefone numa sala adjacente. "Doutor Maílson, gostaria de conversar pessoalmente com o senhor." Diante do pedido do presidente da República, me dirigi imediatamente ao Palácio.

Meus pensamentos me atordoavam. Será que Bresser tinha razão? Vagarosamente, a possibilidade, que até uma hora antes nunca me ocorrera, parecia ter alguma lógica. Afinal, eu era um homem conhecido e de confiança de Sarney, além de, na minha avaliação, ter o preparo técnico e a experiência necessários. Já ocupara cargos de nível elevado na área econômica, desde a Consultoria Técnica da presidência do Banco do Brasil, passando pelos ministérios da Indústria e do Comércio e o da Fazenda. Só neste eram, no total, mais de seis anos e meio. Na Fazenda, eu havia sido o número dois de dois ministros, Galvêas e Bresser. Como interino, já ocupara o posto de ministro 14 vezes. Eu coordenava quase tudo e participava da definição de políticas, juntamente com outros assessores. Podia dizer, sem falsa modéstia, que naquele momento poucos conheciam esta pasta melhor do que eu.

O CONVITE

Quando entrei na sala, o presidente foi muito direto: "Doutor Maílson, quero que o senhor assuma interinamente o Ministério da Fazenda enquanto eu decido quem substituirá o ministro Bresser Pereira." Ele até hoje me trata assim, "Doutor Maílson". "Tudo bem", respondi. Sarney assinou naquele momento o ato de minha nomeação para ministro interino, com diferenças sutis, mas muito relevantes. Das outras vezes, fui designado "para exercer interinamente o cargo de ministro da Fazenda, na ausência do titular". Desta vez, não era decorrente de ausência alguma.

CAPÍTULO XXI Ministro interino
(21 de dezembro de 1987-
6 de janeiro de 1988)

MINISTRO PROVISÓRIO

Minhas 14 interinidades anteriores ocorreram quando os ministros viajaram, por poucos dias, com data de validade. Na ausência do titular, o interino assina atos formais, mas são apenas os rotineiros. Não toma grandes decisões. Para elas, deve aguardar o retorno do ministro ou consultá-lo por telefone.

Dessa vez, seria diferente. A partir daquele momento, me tornava o responsável por conduzir a política econômica, posição que assumi plenamente. Negociei com exportadores e tomei muitas outras decisões naquele final de ano relativamente tranquilo, embora a inflação, no acumulado do ano, atingisse 416%, em escala ascendente.

RUMO À EFETIVAÇÃO

Em entrevista para este livro, Sarney me contou que sua intenção já era nomear-me ministro da Fazenda. Antes disso, porém, era necessário angariar aprovação ao meu nome entre parlamentares, integrantes do governo e personalidades nacionais influentes. Preferiu ser cauteloso. O PMDB e Ulysses tinham enorme poder político sobre o governo e Sarney não queria correr o risco de receber um veto ao meu nome, como ocorrera com Jereissati. Além disso, eram muitas as indicações que recebia.

Nas especulações da imprensa sobre o ministro definitivo, meu nome aparecia ao lado de figuras como Mário Henrique Simonsen e Paulo Rabello de Castro. Eu imaginava que o indicado pelo presidente seria Camillo Calazans, muito experiente e com ampla aprovação política. Como viria a saber mais de vinte anos depois, de Ronaldo Costa Couto, dentre todos os nomes possíveis, eu era o favorito de dois integrantes muito influentes no governo: o próprio ministro da Casa Civil e o da Casa Militar, Ivan de Souza Mendes, chefe do SNI. Eles teriam defendido meu nome, argumentando ao presidente que era necessário que o ministro da Fazenda fosse alguém familiarizado com a pasta e, mais importante, de sua confiança, já que, sabiam, as tensões no governo tendiam a aumentar.

A confiança na minha efetivação aumentou sobretudo após uma entrevista que dei entre o Natal e o ano-novo ao jornalista Paulo Henrique Amorim, no *Jornal da Globo*, em que discorri sobre todas as principais questões econômicas do país. Sarney ligou logo depois da veiculação, elogiando o que falei.

REVISTA À TROPA

No dia 28 de dezembro, Sarney telefonou pedindo que eu fosse à casa de praia da família na Ilha do Curupu, em São Luís, onde passava breves férias. Quando cheguei ao aeroporto da capital maranhense, num avião da FAB, ali pelas 11 da manhã, senti que o clima era muito favorável à minha efetivação. Diversos jornalistas de Brasília me aguardavam, inclusive da TV Globo.

O próprio governador Epitácio Cafeteira estava lá. Me recebeu aos pés da escada do avião, com a guarda de honra da Polícia Militar para eu passar em revista, uma cerimônia reservada a ministros efetivos. "Eu ainda não sou ministro, governador!", alertei. "Mas será!" Tive vergonha de dizer a ele que não sabia como me portar. Todo sem jeito, seguia o oficial de espada eriçada. Caminhava sem saber se deveria ir rápido ou devagar, virar à esquerda ou à direita, retornar ou seguir em frente... Quando o oficial parou e deu meia-volta, espiei os lados, torcendo para que qualquer um me cochichasse indicações.

Tentava recordar o dia em que fiz parte de uma guarda de honra, numa visita de algum ministro a João Pessoa. Tudo o que lembrava era que, como soldado, deveria seguir com a cabeça o caminhar da autoridade.

Meu aperreio não durou tanto assim, uns 15 minutos de eternidade. Logo estava indo para o alto no helicóptero da FAB que me esperava no aeroporto para me levar à Ilha do Curupu.

NA ILHA DO CURUPU

Até então, meus encontros com o presidente haviam sido protocolares. Aquela foi a primeira ocasião em que conversamos longamente, por umas três horas, inclusive amenidades. À vontade na varanda, de *guayabera*, ele principalmente ouvia. Eu, de terno azul-marinho, que alternava com o cinza, discorria sobre a conjuntura econômica. Especialmente, abordei a dívida externa e a necessidade de normalizar nossas relações com a comunidade internacional. Exibindo levantamentos do Banco Central que evidenciavam o quanto a moratória custara ao Brasil, defendi que o Brasil aproveitasse o degelo que Bresser iniciara e deixasse para trás todo esse imbróglio. Sarney ouvia atentamente, sem interromper. Quando falou, me estimulou a entabular as negociações.

Finalmente, Sarney externou seu desejo de me efetivar como ministro. Apenas precisaria de uns dias antes de anunciar a decisão. Havia "arestas a aparar". Ao ser questionado sobre elas, tentou desconversar. "Tenho algumas dificuldades... É necessário conversar com líderes políticos e algumas outras pessoas..." E então revelou: "Quero antes conversar com o doutor Roberto Marinho." Era importante que o presidente do maior grupo de mídia apoiasse o novo líder da pasta.

Voltei a Brasília naquela mesma tarde. Ansioso por saber o enfoque que seria dado à notícia, liguei a televisão assim que cheguei em casa. Apareci em todos os telejornais, exceto nos da TV Globo. Externei meu estranhamento a algumas pessoas. "Pode ser que Roberto Marinho esteja trabalhando por outro nome." Isso seria confirmado a mim 24 anos depois, pelo próprio Sarney. A preferência era por Camillo Calazans, presidente do Banco do Brasil, que tinha boas relações com o dono da Rede Globo.

SABATINADO POR DOUTOR ROBERTO

Apenas no dia 5 de janeiro recebi novas notícias. Naquela manhã, por telefone, Sarney perguntou se haveria problema em conversar com Roberto Marinho. "De maneira alguma. Sou admirador dele e gostaria desta oportunidade." A reunião seria naquela mesma tarde, no escritório da Globo, que ficava no Setor Comercial Sul.

Não sabia o que pensar. Será que doutor Roberto era influente a ponto de indicar o ministro da Fazenda ou desaprovar um nome? Desde então, passei a enxergar muitas semelhanças entre o empresário e William Hearst. Foi esse magnata da televisão americana que inspirou *Cidadão Kane*, filme de Orson Welles de 1941. A impressão seria reforçada em momentos bem menos agradáveis.

Durante nossa conversa cordial, discorri sobre os temas de que já tratara com Sarney e muitos outros: falei da necessidade de serem retomadas as negociações da dívida externa, de ser realizada uma reforma do Estado e de agir sobre a inflação. Ele parecia concordar. Depois da explanação, me questionou sobre tudo. Parecia me sabatinar. Depois de quase duas horas, revelou: "Gostei muito."

Saindo da sala, dei lugar a Antônio Carlos Magalhães, ministro das Comunicações e amigo tanto de Marinho quanto de Sarney. Pediu para que eu o esperasse. Gostaria de me acompanhar até o elevador. Na sala de espera, surgiu ainda mais uma dúvida: Será que ele fora enviado pelo presidente para facilitar a aprovação do empresário ao meu nome? Depois de alguns minutos, ACM deixou doutor Roberto, confirmando que o empresário ficara com uma impressão muito boa sobre mim. Muito bem.

"DEU NO *PLANTÃO* DA GLOBO"

De volta ao ministério, ali pelas seis da tarde, apenas uns dez minutos depois de sair do escritório da Globo, fui surpreendido pela secretária. "Parabéns!" Não entendi. Ao questioná-la, contraiu as sobrancelhas, me olhando com ar inquisitivo. Estava em dúvida se eu estava sendo discreto demais ou realmente não sabia. Hesitante, confessou: "Porque o senhor é o novo ministro da Fazenda." Ao meu cenho franzido, esclareceu: "Deu no *Plantão* do *Jornal Nacional*".

CONVITE OFICIAL

Logo tocou o telefone. O presidente me convocava ao Palácio do Planalto. Quando cheguei, ele estava com o ato de nomeação em mãos, pronto. À cabeceira da mesa de seu gabinete, no terceiro andar do Palácio do Planalto, apenas assinou e entregou a Ronaldo Costa Couto, ministro chefe da Casa Civil, sentado à minha frente. Lembrou minha origem humilde no interior do Nordeste, como a dele. Como eu, Sarney também não sonhara assumir o posto que ocupava. De costas para a janela com vista para o Eixo Monumental, me emocionei. Ronaldo lembra que, com "humildade altiva", como diz, e quase às lágrimas, agradeci ao presidente pela confiança e a Deus pela sorte, presente desde Cruz do Espírito Santo.

Assumiria na manhã seguinte.

BONS SONHOS

Naquela noite, como de costume, não houve qualquer comemoração. Não liguei a nenhum amigo contando a novidade — mesmo porque deviam ter visto nos telejornais. Não abri um vinho, não fui parabenizado por ninguém. Nem Rosinha. Ela ficou orgulhosa e contente, embora imaginasse que eu sacrificaria ainda mais o convívio com a família. Finalmente assisti à reportagem da Globo, que incluiu imagens de minha visita ao Maranhão, e fui deitar.

Dormi entre tenso e alegre. Pode parecer piegas, mas, para mim, era um conto de fadas, dadas minhas origens e minha trajetória. Era o coroamento de uma carreira. Havia diversas razões para eu me orgulhar. Os ministros, até então, tinham sido, na maioria dos casos, grandes empresários, grandes financistas, grandes professores. Eu era um burocrata, formado economista em uma instituição com modestas credenciais, com apenas 45 anos. Me sentia o próprio exemplo da mobilidade social brasileira. E imaginava que tinha muita contribuição a dar ao país.

CAPÍTULO XXII **O novo ministro da Fazenda (1º trimestre de 1988)**

QUE VENHA 1988

Embora a inflação anual de 416% em 1987 fosse a maior da história brasileira, 1988 surgia como um ano de esperança para os brasileiros. Em maio, seriam comemorados os cem anos de abolição da escravidão e em algum ponto do segundo semestre se esperava a promulgação da nova Constituição, que consolidaria a democracia, garantiria direitos e traria mais igualdade social, antes mesmo de ser escolhido o próximo presidente, nas primeiras eleições diretas desde 1960. Estas eram as expectativas da população.

As minhas eram muito mais modestas e pragmáticas. Como ministro da Fazenda, minha intenção era apenas contribuir para que a economia não saísse do eixo de vez, uma tarefa muito complicada. O presidente não contava com apoio político e os congressistas se ocupavam em alegrar seus eleitores incluindo artigos populistas na nova Constituição, que caminhava na pior direção possível nos capítulos econômicos. E todo o país temia um novo congelamento. Afinal, os dois ministros anteriores, Funaro e Bresser, haviam implementado os "seus" planos e congelado os preços. Com a inflação em ascensão, era natural a expectativa de que eu fizesse o mesmo.

O MEDO DA CRISE GERA CRISE

É claro que era necessário controlar a inflação, que continuava como o principal inimigo a ser vencido. Ela se equilibrava precariamente em torno de 15% ao mês entre novembro e dezembro. Mas, a meu ver, deveriam ser utilizados outros mecanismos para isso, não o congelamento. Eu precisava convencer a população disso. Quando se teme que haverá congelamento, a tendência é adotar comportamentos preventivos. Empresários aumentam seus preços, consumidores estocam produtos e as empresas, matérias-primas, peças, componentes. A demanda expandida também estimula os aumentos.

NADA DE CASA FUNCIONAL

Apesar de o ministro da Fazenda ter direito a ocupar a bela casa funcional na Península dos Ministros, no Lago Sul, permaneci morando na QL 13 Sul. Ainda que eu admitisse mudar, Rosinha estava cansada de fazer isso. Não gostou da ideia de deslocar a família por um período que ninguém era capaz de prever qual seria. Eram muitas as incertezas. Eu poderia sair a qualquer momento, o que implicaria um desgaste a mais para todos. Além disso, ela gostaria de continuar mantendo distância da minha carreira. Expôs seus argumentos com tanta convicção que concordei imediatamente.

Comuniquei à área administrativa da Fazenda que eu não moraria lá, mas pedi que disponibilizassem a casa para reuniões de trabalho. A manutenção seria feita de qualquer maneira, e lá era muito bem equipado, com mesas de reuniões, telefones, copiadora, fax... até a cozinha do MF poderia ser deslocada para lá, quando necessário.

Muitos colegas, amigos e pessoas comuns se chocaram com a recusa em morar na suntuosa Península, o que foi objeto de uma reportagem da revista *Veja* intitulada "Bom comportamento". Reagiam da mesma maneira ao me ver dirigindo, eu mesmo, meu pequeno chevete aos fins de semana. Tínhamos também uma belina, mas eu gostava mesmo dele. Também surpreendia como e onde eu comprava meus ternos: nas Casas José Silva, bem populares. Atualmente, seria o equivalente a adquiri-los em algum hipermercado. Uns achavam deselegante demais. Outros apreciavam a modéstia. Eu achava que estava suficientemente bem-vestido.

A POSSE COMO MINISTRO DE FATO

Ali pelas 11 horas da manhã de 6 de janeiro de 1988, exatamente 15 dias depois de Bresser deixar o MF, o motorista me conduziu, no Opala preto, ao Palácio do Planalto, onde seria realizada a cerimônia de posse do novo ministro da Fazenda.

À solenidade compareceram o presidente da República, a maioria dos ministros, diversos parlamentares, muitos jornalistas e poucos convidados. Um deles era meu pai, sorridente e orgulhoso, no fundo da plateia. Sabendo que adoraria estar presente, enviei a ele uma passagem para a sua primeira viagem de avião. A partir de então, mesmo anos depois de eu deixar o governo, toda vez que fosse anunciado um ministro da Fazenda, ele correria à televisão. "Agora é Maílson", repetiria, mesmo que eu lhe garantisse, tantas vezes, que isso nunca mais aconteceria.

Depois de uma breve alocução do presidente e da assinatura do livro, chegou a hora do palavrório do empossado. Li um discurso breve, de uma página, preparado por Olyntho enquanto eu redigia o que falaria na transmissão de posse, quando me estenderia mais sobre os desafios que nos aguardavam.

"SENHOR MINISTRO"

Imediatamente, todos passaram a me chamar de "senhor ministro": meus colegas, jornalistas, o ascensorista, o motorista, pessoas na rua. Apenas o grupo mais próximo, de pessoas que trabalhavam comigo havia muitos anos, continuava a me chamar de Maílson. A não ser Raymundo, que desde sempre me chama de "chefe". Mesmo eles, em frente a outras pessoas, me chamavam de ministro, em atenção à regra de etiqueta de Brasília.

A etiqueta do poder brasiliense, aliás, é salpicada de curiosidades. O protocolo recomendava, por exemplo, que o ministro da Fazenda não aguardasse qualquer pessoa ao telefone, excetuando o presidente da República e líderes do Congresso. Devia comparecer às cerimônias de transmissão de cargo, reuniões especiais na Câmara e no Senado e acompanhar o presidente ao aeroporto cada vez que ele viajasse ao exterior. Em certas cerimônias, há uma ordem de precedência, que determina o lugar na fila de cumprimentos ao presidente da República ou a dignitários estrangeiros. A sequência reflete a data em que as pastas foram criadas. A primeira, a mais antiga, é a da Justiça, seguida da Fazenda e do Exército. Depois destas, sinceramente, não me recordo. Lembro apenas que o ministro do Planejamento era um dos últimos.

MINHA EQUIPE CENTRAL

Depois de deixar o Palácio, almocei com meus colaboradores na Secretaria-Geral. Ali divulguei, em primeira mão, a composição da equipe.

Olyntho Tavares de Campos, que me acompanhava desde a Secretaria-Geral, seria o chefe de gabinete; Mário Bérard, vice-presidente da Caixa Econômica Federal, seria meu secretário-geral; Raymundo Moreira, o assessor de política monetária; e Paulo César Ximenes, o secretário de política econômica. Reinaldo Mustafa assumiria a Receita Federal; Cid Heráclito de Queiroz continuaria na Procuradoria-Geral da Fazenda; Edgard de Abreu Cardoso cuidaria do controle de preços; e José Luiz Silveira Miranda eu convidara na véspera para a presidência do Banco Central. Discutimos também a possibilidade de convidar o diplomata Sérgio Amaral para a Secretaria de Assuntos Internacionais e a jornalista Rosa Dalcin para coordenar a comunicação social do Ministério.

Esta configuração da equipe seria alterada poucas semanas depois, quando Andrea Calabi pedisse para que eu o dispensasse do cargo de secretário do Tesouro. Designaria Ximenes para substituí-lo e João Batista de Camargo, que eu trouxera do Banco do Brasil, tomaria seu lugar na Secretaria de Política Econômica.

OBJETIVOS MODESTOS

Eu não nutria esperanças sobre a capacidade do governo de estabilizar a economia e recolocar o país no caminho do desenvolvimento, o que exigia reformas que não estavam ao nosso alcance. A partir de nossas discussões no almoço, decidimos que as missões cruciais do Ministério seriam somente três: retomar as negociações com a comunidade financeira internacional, controlar a inflação em níveis razoáveis para a situação, de 15% ao mês, e convencer a sociedade de que não haveria congelamento. Ao final, Olyntho resumiu nossos propósitos: "Vamos fazer o feijão com arroz."

O mais importante, realmente, era agir sobre as expectativas até a troca de governo. Ainda teríamos que transpor muitas ondas. Restavam quase três anos para a posse do novo presidente — o mandato de Sarney somente seria reduzido de seis anos, como previsto na Constituição em vigor, para cinco no ano seguinte. Apenas em 1993 uma emenda constitucional fixaria o mandato em quatro anos.

TRANSMISSÃO DE CARGO

No final da tarde, pouco antes da cerimônia de transmissão de cargo, numa rápida entrevista aos jornalistas, listei minha equipe. Fiz, com alguns integrantes, exatamente o que Galvêas fizera comigo: anunciei os nomes antes mesmo que alguns deles aceitassem o convite.

A posse ocorreu no sexto andar do Ministério da Fazenda, que ficou cheio: meu pai, amigos de Brasília, empresários de várias partes vieram me prestigiar. A ausência mais sentida foi a de Bresser. Assim, eu, como seu interino, transmiti o cargo para mim mesmo. Confesso que foi um pouco engraçado. Parecia uma pegadinha do destino. Mas fingi que não estava sem jeito de fazer isso.

O PRIMEIRO DESGASTE COMO MINISTRO

Quase todos ali estavam felizes. Somente um rosto na plateia não exibia contentamento. No dia anterior, assim que recebi de Sarney a notícia oficial de minha nomeação, comuniquei a ele minha intenção de convidar para a presidência do Banco Central José Luiz Silveira Miranda, com quem eu convivera durante os trabalhos para o reordenamento das finanças públicas e no período em que passei em Londres, quando ele era vice-presidente da área internacional do Banco do Brasil. Miranda fora o primeiro gerente da agência do BB em Nova York, aberta em 1969, e se tornara um competente executivo de empresas e bancos privados. Naquele momento, exercia o cargo de presidente do Banco Interatlântico, no Rio de Janeiro. Além de suas ótimas qualificações, era meu amigo. Ele foi quem profetizou que eu assumiria o MF depois de Bresser. Com a aprovação de Sarney, naquela mesma noite convidei Miranda, que aceitou prontamente. No dia seguinte, estaria conosco.

Aproveitei minha ida para a posse, no Planalto, para entregar o ato de nomeação de Miranda a Sarney. Segurando o decreto, me olhou como se se desculpasse: "Olha, doutor Maílson, complicou." Quércia, governador de São Paulo, viera à capital federal com um grupo de políticos e empresários para reivindicar a permanência de Fernando Milliet na presidência do BC. Defendiam que um paulista integrasse a equipe. Inicialmente, eu também desejava mantê-lo no cargo. Milliet é que preferia retornar à iniciativa privada. A pedido de Quércia e com a anuência de Sarney, decidira permanecer por mais alguns meses.

Não havia ainda telefone celular e com tantas decisões e tarefas a realizar, não consegui informar Miranda sobre a mudança de planos. Somente Olyntho e Ximenes sabiam do dissabor. Do púlpito armado no sexto andar, enquanto fazia o discurso de transmissão de cargo, via seu rosto breve, atento. Quando me cumprimentou, como todos os outros, disse a ele que precisava conversar, em particular. Como não havia maneira mais fácil ou mais doce de lhe contar o desagrado, fui direto ao assunto. Falei que acontecera um imprevisto e sua indicação fora barrada na última hora. Foi muito constrangedor. Um gentleman, como sempre, Miranda disse compreender minha situação. Não havia qualquer contentamento em sua expressão.

Somente nas conversas que antecederam à redação deste livro, soube por que ele não reagiu tão negativamente naquele momento. Quando Miranda chegou ao prédio, antes de assistir à cerimônia, preferiu cumprimentar os antigos colegas que também integrariam minha equipe. Estava esfuziante ao encontrá-los. Percebendo que ele não recebera a grave notícia, Ximenes tomou para si a responsabilidade de alertá-lo. Muito rapidamente a alegria esvaiu de seu rosto. Ébrias as pernas, sentou. Olhava o chão enquanto Ximenes explanava. E já se preparava para tomar o avião para casa logo que me cumprimentasse.

CONGRATULATIONS

Finda a cerimônia, retornei à minha sala. Logo a secretária avisou que David Mulford, o secretário adjunto do Tesouro americano, me esperava ao telefone. Transmitiu as felicitações do secretário James Baker III, que estava viajando, e afirmou que estavam todos à disposição para nos auxiliar no que fosse necessário. O governo americano achava muito importante que acelerássemos o processo de normalização das relações com a comunidade financeira internacional. Assegurei a ele que esta era, também, a nossa intenção, inclusive a do presidente da República.

Mulford se tornaria meu interlocutor frequente no Tesouro americano. Viria ao Brasil a meu convite. Depois que ambos saíssemos do governo, nos veríamos algumas vezes, ele como executivo do Credit Suisse First Boston, em Londres, eu como consultor econômico em São Paulo. Em 2004, no governo Bush, ele se tornaria embaixador americano na Índia.

FEIJÃO COM ARROZ

Foi com nossos objetivos muito claros em mente que, em seguida à cerimônia de transmissão de cargo e ao telefonema de Mulford, ali pelas cinco da tarde, concedi minha primeira entrevista coletiva, no auditório do Ministério da Fazenda. Eu já era bastante experiente em conversar com a imprensa e procurei fazer uma explanação didática de nossos planos. Garanti que não haveria congelamento nem mudança no câmbio, abordei a necessidade de negociar com credores e enfatizei a busca de uma política fiscal o mais austera possível.

Durante toda a coletiva fugi de muitas perguntas sobre detalhes da nossa estratégia. "E então ministro, qual será a sua política?", insistiu a repórter Azelma Rodrigues, do *Jornal da Feira*, quando eu já deixava a sala, me dirigindo ao elevador. "Vamos fazer o feijão com arroz", repeti, quase automaticamente, a frase de Olyntho. Com isso, sintetizava que conduziríamos a economia sem surpresas e com o máximo de simplicidade, respeitando a racionalidade econômica.

No dia seguinte, o jornal O *Estado de S. Paulo* estampava em primeira página: "Novo ministro anuncia política feijão com arroz." Que mancada! Que desastre! Simplório demais. Imaginei até acadêmicos falando "além de ser um burocrata, não tem imaginação". Eu arquitetava maneiras de consertar o passo em falso quando recebi uns três telefonemas de congratulações em relação ao anúncio. "Que sacada sensacional!", disse um. "Parabéns", disseram outros. A expressão se tornaria sinônimo da nossa política na Fazenda.

ROSA DALCIN

Mesmo com os elogios, continuava bastante receoso. Eu ainda tinha em mente a imensa falha na comunicação social que tantos contratempos nos trouxera em 1984. Agora, era um dos meus focos principais. No ambiente em que estávamos, precisávamos coordenar bem as expectativas, dar nosso recado de forma séria e competente. Com esses pensamentos, ainda no dia 6 de janeiro convidara Rosa Dalcin para assumir a Coordenadoria de Comunicação Social da Fazenda. Ela pediu um dia para pensar. Antes de seu consentimento, foi anunciada sua participação na equipe.

Eu era sua fonte desde 1979, quando ingressei no MF, que ela frequentava desde 1976, como repórter dos principais veículos da imprensa brasileira: O *Estado de S. Paulo, Jornal da Tarde, Veja, IstoÉ Senhor* e *Folha de S.Paulo*, onde ingressara poucos dias antes de ser convidada. Era unânime a percepção, entre os que na Fazenda conheciam o trabalho dos jornalistas credenciados, de que ela era a mais eficiente. Além de muito sagaz, era extremamente aplicada. CDF, como a chamavam, começava a trabalhar às oito da manhã, enquanto seus colegas raramente estavam lá antes das 11.

Pesquisava, estudava, entrevistava muito incisivamente e tinha um bom texto. Além disso, estava familiarizada com a rotina dos trabalhos da casa e com os temas econômicos e financeiros do MF e do Banco Central. Conhecia tanto o pessoal técnico da Fazenda quanto os jornalistas econômicos de Brasília. Assim, rapidamente se integrou com todos, que já eram suas fontes. Sobretudo com Olyntho, que trabalhara como jornalista muitos anos antes e me auxiliava, muito, na comunicação.

INOVAÇÃO NA ASSESSORIA DE IMPRENSA

Até então, o assessor de imprensa do ministério era um simples porta-voz. Apenas coordenava as entrevistas que o ministro concedia, exclusivas ou coletivas, e redigia *press-releases*, informando a imprensa sobre medidas ou comunicados da pasta. Desejava que a nossa comunicação fosse muito além disso. Queria que a assessora participasse de tudo, ainda mais do que fizera Gustavo Silveira, o lendário assessor de imprensa de Delfim Netto, na Fazenda, na Embaixada em Paris e no Planejamento. Ele já realizava um papel mais abrangente do que o usual, participando de algumas reuniões do ministro. Queria que Rosa participasse de todas, inclusive as mais secretas, as definidoras de estratégias e aquelas com o presidente, quando fosse permitido. Desta maneira, se manteria muito bem informada e compreenderia melhor cada decisão. Assim, poderia comunicá-las com maior precisão e eficiência. Além disso, durante a reunião, já poderia avaliar se, quando e como cada assunto seria divulgado.

ESTRATÉGIAS DE COMUNICAÇÃO

Rosa Dalcin nos auxiliaria a melhorar nosso relacionamento com os jornalistas. Assim que chegou, passou a nos aconselhar e treinar. Garantia que um jornalista raramente mente. Os erros publicados decorrem, normalmente, de ele ter sido mal informado. Para evitar isso, o ministério deve sempre lhe fornecer as informações solicitadas, de forma clara, objetiva e o mais rapidamente possível. O ideal é que todos se preparem antes de falar aos jornalistas. Depois das entrevistas, técnicos devem estar disponíveis para solucionar eventuais dúvidas. Se necessário, o ministro conversa uma segunda vez. Certa feita, fui acordado às duas horas da madrugada para dar uma explicação a um repórter de uma revista semanal.

Evitávamos ao máximo conceder entrevistas após as quatro da tarde. A maioria dos jornais fecha suas edições ali pelas sete da noite, intervalo razoável para que os repórteres pudessem escrever bem seus textos e, mais importante, esclarecer suas eventuais dúvidas. Deveríamos sempre iniciar a entrevista pelo que imaginávamos ser o *lead*. No jargão jornalístico, é a informação principal da reportagem, a mais relevante, recente ou intrigante. Se o ministro não fornecê-lo, o repórter tentará encontrá-lo em meio às declarações. Sem enxergar claramente o que é mais importante, o repórter de TV o buscará nos estúdios, numa ilha de edição, e, premido pelo tempo, pode escolher algo que o MF considere irrelevante ou prejudicial. Nas coletivas, era evidente quando eu acertava: repórteres de TV e cinegrafistas muitas vezes desmontavam seus equipamentos e partiam.

ROTINA DO MINISTÉRIO

Uma vez que gerir as expectativas era um dos principais objetivos da minha administração — seria quase o único no ano seguinte —, logo de manhã conversávamos sobre o que havia sido publicado na imprensa. Entre oito e nove horas, me reunia com Rosa e Olyntho, que comentavam as principais matérias, apontando aquelas que eu não poderia deixar de ler. A partir de então, Rosa começava seus contatos para tentar identificar as possíveis pautas dos jornalistas naquele dia — o que, em 90% das vezes, acertava.

Às nove horas, começava o *tirinete*: eram audiências, reuniões internas, despachos, decisões e muitos telefonemas, algo como cinquenta a setenta por dia, além daqueles desviados para os assessores e chefes de unidades. Entre uma e duas da tarde, almoçava com a equipe no sexto andar, quando continuávamos a conversar de trabalho. Era o momento de treinar para a entrevista. Rosa fazia as perguntas que imaginava que seriam apresentadas pelos jornalistas. Após minhas respostas, os participantes do almoço faziam correções e adendos. Dificilmente me saía mal.

Depois do almoço e do treinamento, voltávamos à correria, que se estendia até as oito da noite, quando, em geral, havia outras reuniões internas e sessões de despacho. Invariavelmente trabalhávamos até nove horas e não raramente além da meia-noite.

OLYNTHO TAVARES DE CAMPOS

Meu dia a dia massacrante era suavizado por Olyntho, um grande maestro do MF, um sábio orientador, com enorme capacidade de reflexão sobre o governo e o Brasil. Além de me auxiliar no trato com a imprensa, cuidava de toda a minha agenda. Avaliava as reuniões a que eu deveria comparecer, as viagens a realizar, as entrevistas a conceder, os convites a aceitar. Mais importante ainda, filtrava os pedidos de audiências. Não era fácil. Governadores, ministros e parlamentares não podiam ser preteridos. Dignitários estrangeiros e presidentes de multinacionais, tampouco. Empresários e formadores de opinião eram recebidos de acordo com a importância do assunto a tratar. Muitos eram encaminhados para outras instâncias da Fazenda, pelo próprio Olyntho.

Sobretudo, Olyntho era um fiel conselheiro e ótimo redator. Sempre tinha argumentos sólidos sobre os mais diversos assuntos e criava, com soberbo talento, frases que sintetizavam nosso pensamento. Eu as repetia nas entrevistas à imprensa, que costumava publicá-las nas seleções diárias e semanais de citações.

MÁRIO BÉRARD

Mário Bérard fora meu adjunto na época em que eu era secretário-geral do ministro Galvêas. A experiência como secretário de Finanças de Alagoas o transformara em peça-chave no relacionamento com os estados, particularmente nas questões envolvendo ICM e Confaz. Seu vasto relacionamento em Brasília e uma invejável reputação o credenciaram a participar da equipe de Francisco Dornelles. Tornou-se vice-presidente da Caixa Econômica Federal. Foi de lá que o recrutei para a Secretaria-Geral. Culto, muito habilidoso, um gentleman, Mário era talhado para enfrentar casos difíceis, como o de dizer não a parlamentares.

Mário seria meu secretário-geral apenas até março de 1988. Em menos de três meses, se tornaria presidente do Banco do Brasil. Enfrentaria o maior desafio de sua carreira, especialmente devido ao ambiente hostil a ele por parte dos sindicalistas e muitos funcionários do banco. Seria muito bem-sucedido.

PAULO CÉSAR XIMENES

Ximenes também mudaria de cargo no ministério nos primeiros meses. Inicialmente, era secretário de Política Econômica, mas em menos de um mês substituiria Andrea Calabi na Secretaria do Tesouro Nacional. Nem bem esquentaria a cadeira, em 15 de março de 1988 tomaria o lugar de Bérard na Secretaria-Geral, logo depois de conhecer Roberto Marinho, no Rio de Janeiro.

Com meu tempo crescentemente tomado com as ações sobre as expectativas e as negociações externas, eu faria com Ximenes o que o Galvêas havia feito comigo: delegaria mais e mais tarefas a ele. Ximenes supervisionaria o dia a dia dos órgãos vinculados ao ministério e coordenaria ações relacionadas à execução do Orçamento, ao controle de preços, à política monetária, ao relacionamento com os estados, às questões tributárias, à política aduaneira, ao patrimônio da União entre tantas outras. Traria a mim as questões mais complexas, que resolveríamos juntos ou em audiências com os titulares dos órgãos e entidades vinculadas. Não deleguei, todavia, as funções do ministro nos órgãos colegiados, o Conselho Monetário, o Confaz, o Conselho Nacional de Comércio Exterior e o Conselho Nacional de Seguros Privados, que fazia questão de presidir.

Ximenes seria fundamental não apenas na condução das responsabilidades próprias de secretário-geral, mas principalmente depois que a crise se aprofundasse, quando conduziria mesmo os casos mais difíceis. O cargo revelaria suas inequívocas qualidades de liderança. Ximenes sabia comandar, distribuir tarefas, cobrar. Era duro quando preciso e leve quando necessário.

LUIZ ANTÔNIO GONÇALVES

Com a saída de Ximenes, em abril de 1988 Luiz Antônio Gonçalves passaria a comandar a Secretaria do Tesouro Nacional. Oriundo do Banco Central, trabalhara conosco no grupo de trabalho de 1984. No início do governo Sarney, servira como assessor na Casa Civil e no Ministério da Educação.

Experiente, Luiz Antônio seria fundamental na gestão do caixa do Tesouro naqueles tempos de tantas pressões. Com sua fala, seu jeito e sua alma mineira, Luiz permaneceria tranquilo mesmo sob a pior das tempestades. Sua voz era a mesma, o mesmo tom, timbre e volume, independentemente de seu estado de espírito. Acho que era esse o segredo para que ninguém saísse de sua sala chateado, nem ao receber definitivos nãos.

É verdade que mantinha no bolso um trunfo, além de servir-se a toda hora de café quente e água gelada: uma frase do ministro da Fazenda Joaquim Murtinho ao Presidente Campos Sales, em 1901: "É triste, senhor presidente, reconhecer que há entre nós homens públicos que pensam ainda que o governo tenha outra fonte de recursos a não ser a do imposto, ignorando que o empréstimo é simplesmente um adiantamento de imposto, que tem de ser cobrado para pagamento de juros e amortizações daquele empréstimo." Também mantinha uma placa na sala do secretário do Tesouro, de autoria de Marcus Tullius Cícero, de 55 a.C.: "O orçamento nacional deve ser equilibrado. As dívidas públicas devem ser reduzidas, a arrogância das autoridades deve ser moderada e controlada. Os pagamentos a governos estrangeiros devem ser reduzidos, se a Nação não quiser ir à falência. As pessoas devem novamente aprender a trabalhar em vez de viver por conta pública."

JOÃO BATISTA DE CAMARGO

Com a transferência de Ximenes para o Tesouro, antes de se tornar meu secretário-geral, João Batista de Camargo assumiria, em fevereiro de 1988, a Secretaria de Política Econômica. Comandaria, com competência e entusiasmo, o órgão que centralizava os estudos sobre questões vitais das atividades da Fazenda. Presidiria a Comissão Técnica Permanente do ICM (Cotepe), como eu fizera entre 1979 e 1983, coordenando os trabalhos sobre ICMS. Por ele passariam também os votos ao Conselho Monetário Nacional e muitos estudos. Por isso viajaria comigo, inclusive para as reuniões do FMI em Washington.

Na década de 1990, Camargo acompanharia Ximenes na diretoria do Banco do Brasil. Responsável pela área de recursos humanos, a ele caberia a difícil tarefa de planejar e executar o primeiro programa de demissão voluntária do BB. Com o êxito do programa, se tornaria um requisitado consultor em empreendimentos semelhantes.

SÉRGIO AMARAL

Para a Secretaria de Relações Internacionais, vaga com o pedido de demissão de Rubens Barbosa assim que Bresser deixou o cargo, queria convidar Luiz Felipe Lampreia, bem reputado diplomata do Itamaraty que se tornaria ministro das Relações Exteriores no governo Fernando Henrique Cardoso. Paulo Tarso Flecha de Lima, secretário-geral do Ministério das Relações Exteriores, queria mantê-lo no MRE. "Mas há uma pessoa do Itamaraty com nível de qualificação semelhante." Eu não conhecia ainda o diplomata Sérgio Amaral, que trabalhara na equipe de Delfim Netto e era ministro-conselheiro na embaixada brasileira na capital americana. Como auxiliar do embaixador Marcílio Marques Moreira, em Washington, participava de reuniões com banqueiros para tratar da dívida externa, assunto em que se tornava expert.

Liguei para Sérgio antes mesmo de tomar posse. Aceitou sem hesitar. Com sua atuação e a colaboração de funcionários do Banco Central, entre eles o diretor Antônio de Pádua Seixas, experiente nas muitas batalhas anteriores, conseguiríamos firmar um entendimento com o Clube de Paris e concluir o que seria, na época, o maior acordo entre um país devedor e os bancos credores.

Ao deixar a Fazenda comigo, em março de 1990, Sérgio voltaria a exercer cargos de destaque no Itamaraty, em Genebra e novamente em Washington. No governo Fernando Henrique, seria ministro da Comunicação Social, ministro do Desenvolvimento e embaixador em Londres. Encerraria sua carreira diplomática como embaixador em Paris, no governo Lula.

OUTROS MEMBROS DA EQUIPE

Não eram apenas estes. A equipe na Fazenda era excelente Todos tinham ampla experiência no setor público e eram dotados de boa formação acadêmica. Era o caso de Reinaldo Mustafa, secretário da Receita Federal, experiente e leal funcionário de carreira, que exercera uma espécie de secretaria executiva da Cotepe; de Cláudio Adilson Gonçalez, que contribuiria muito para a formulação e a execução do Plano Verão, de 1989; Michal Gartenkraut, que deixaria a Secretaria-Geral do Planejamento em março de 1988, seria um valioso assessor, na formulação do Plano Verão e na análise do panorama macroeconômico; de Edgard de Abreu Cardoso, meu colega de Banco do Brasil, com o qual convivera na Consultoria Técnica em 1978 e a quem competiria a difícil tarefa de controlar preços e tourear as pressões das empresas.

A esses e diversos outros talentos devo muito no turbulento período à frente do Ministério da Fazenda. Com o apoio de todos, podia me empenhar melhor nas tarefas que somente eu poderia realizar, como a articulação com outros ministros, as discussões com o presidente da República e os entendimentos com líderes do Congresso, do empresariado e das representações dos trabalhadores. Sem essa equipe a missão teria sido ainda mais difícil.

DESPACHOS COM SARNEY

Eu despachava com o presidente Sarney toda terça-feira, às 16 horas, por ao menos meia hora. Era a oportunidade de conversar informalmente, obter assinaturas em documentos e nomeações, discutir a conjuntura e responder a suas indagações. Eu o atualizava sobre o andamento dos nossos programas, das negociações externas e da situação da economia. Sarney me falava de ideias que lhe levavam sobre como enfrentar a crise e tratar assuntos complexos (não raramente de forma simples). Pedia que eu as examinasse ou simplesmente me entregava os papéis.

O presidente não assina decretos, medidas provisórias ou projetos de lei nessas ocasiões. É necessário, antes, que eles passem pelo crivo da Casa Civil, que era comandada por Ronaldo Costa Couto desde abril de 1988. A pasta verifica a redação dos textos, a compatibilidade com a Constituição, a coerência com outras políticas de governo, a conveniência política, o momento certo. Somente depois o presidente apõe sua assinatura.

ALMOÇO COM ROBERTO MARINHO

Pouco depois de minha posse, Roberto Marinho me convidou para um almoço, reservado, no Jardim Botânico do Rio de Janeiro, onde a TV Globo funcionava. Aceitei, claro. Eu era um admirador da sua liderança e capacidade empresarial. Era a oportunidade de revê-lo e retomar as conversas que havíamos tido no dia de minha nomeação, além de estreitar os laços com o presidente do mais bem-sucedido império de mídia da América Latina, muito importante para uma das principais metas do ministério, a de gerir expectativas.

O encontro foi muito agradável. Conversamos sobre conjuntura econômica e política do país, num papo muito leve. Não sei como se intrometeu nisso outro assunto. Ele disse, sem pedir reservas, que indicara dois dos ministros de Tancredo Neves, confirmados por Sarney: ACM, das Comunicações, e Leônidas Pires, do Exército. Não sei se era verdade, nem se ele exibia como era poderoso. Não abordou, na ocasião, minha ascensão ao cargo de ministro, mas, anos depois, me chamaria publicamente de ingrato, numa entrevista em que afirmava ter contribuído para minha nomeação. Nosso almoço seguinte seria muito menos cordial e agradável.

VISITAS A VEÍCULOS DE COMUNICAÇÃO

Também buscávamos estreitar contatos com outros veículos de comunicação. Com o inestimável auxílio de Rosa Dalcin, eles passaram a ser mais organizados e sistemáticos. Já na segunda semana no cargo, voei a São Paulo, onde visitei as redações da revista *Veja* e dos jornais *O Estado de S. Paulo*, *Folha de S.Paulo* e *Gazeta Mercantil*. Faria o mesmo na semana seguinte no Rio de Janeiro, com a revista *Manchete* e os jornais *O Globo*, *Jornal do Brasil* e *Jornal do Commercio*.

A partir de então, além das entrevistas coletivas ou exclusivas, que se tornaram muito frequentes, passei a me reunir periodicamente com diretores de redação dos principais veículos da imprensa. Repórteres que cobriam o ministério também eram convidados para almoços ou jantares, onde as conversas eram informais. Este relacionamento seria importante para estabelecer uma confiança mútua. Construiríamos uma credibilidade que seria fundamental na travessia dos períodos turbulentos que nos aguardavam.

DESCOBRINDO A AVENIDA PAULISTA

A primeira visita a São Paulo recebeu ampla cobertura da mídia. Além das redações, visitei a Federação das Indústrias do Estado (Fiesp), a Federação do Comércio e a da Agricultura, e a Associação Comercial. Tudo em apenas dois dias. Um dos jornais, se não me engano a *Folha de S.Paulo*, publicou um infográfico com meu périplo pela cidade, destacando a Avenida Paulista, onde fica a sede da Fiesp. O motivo era uma troça de autoria do governador Orestes Quércia. Dando a entender que eu era um caipira perdido na grande metrópole, disse que eu me perderia, sem conseguir encontrar aquele marco viário da cidade.

VISITA OFICIAL À PARAÍBA

Duas semanas depois da posse, o governador paraibano Tarcísio Burity cobrou uma visita ao meu estado natal, o que agradava também a Sarney. Como o primeiro ministro efetivo da Fazenda originário de lá, deveria saudar os conterrâneos que queriam me homenagear.

Ainda em janeiro, eu, Olyntho e Rosa, fomos para João Pessoa num avião da FAB. Foi quase apoteótico: no aeroporto se acotovelavam espírito-santenses, amigos e curiosos para me ver. O governador havia preparado guarda de honra, banda de música, batedores.

À noite, foi oferecido um jantar de boas-vindas no Esporte Clube Cabo Branco, o mais elegante da capital, que eu sonhava frequentar quando adolescente. Estavam ali os principais políticos, líderes empresariais, profissionais liberais e jornalistas do estado. Mais importante, para mim, era outra presença: a do ex-governador Pedro Gondim, a quem dediquei meu discurso. Discorri sobre a história da minha vida e seu papel na minha trajetória. Revelei o encontro com minha mãe na Casa de Saúde, a audiência que me concedeu no Palácio do Governo. Assinalei sua ajuda para que eu e Mituca conseguíssemos vaga na Casa do Estudante da Paraíba e bolsa para pagar as mensalidades em atraso no colégio. Agradeci publicamente sua contribuição, sem a qual eu provavelmente teria de parar de estudar. Sem isso, nunca teria sido alçado a ministro de Estado. Quase trinta anos e muitos casos semelhantes mais tarde, se emocionou com a deferência e a homenagem.

EM CRUZ DO ESPÍRITO SANTO

Na manhã seguinte, segui à minha cidade natal, no que deve ter sido a única visita de um ministro ao município. Tinha a impressão de que todos os habitantes me recebiam para a festa — e já devia ter o dobro da população de quando parti, agora com quatro mil munícipes. Os espírito-santenses caminharam comigo e o prefeito inaugurou qualquer coisa para marcar minha presença na cidade. Equipes de TV cobriram a recepção festiva e uma repórter do *Fantástico* me acompanhou até o almoço, na pequena fazenda de meu pai, em Sapé. Minha família, numerosa, nos recebeu muito orgulhosa. E com muitos pedidos nas mangas.

Desde que ingressei no governo, em 1977, passei a receber inúmeros pedidos de parentes, amigos e conhecidos na Paraíba para que eu lhes conseguisse emprego no governo. Até hoje existe, em muitas regiões nordestinas, a visão de que político serve para empregar — inclusive entre políticos de lá. Os pedidos se tornaram muito mais recorrentes quando virei ministro. Já explicara inúmeras vezes que era impossível. Além de eu condenar o nepotismo, no MF não há mesmo vaga a arrumar. Os cargos exigem muito preparo técnico — e, na quase totalidade, concurso público. Mas não havia jeito. Quando assumi o ministério, muitos pensaram "agora ele consegue". Minha mãe se tornou a grande barreira para este tipo de reivindicação. Alguns conhecidos vinham diretamente a mim. Um amigo próximo dos tempos de João Pessoa, quase parente, queria que eu arranjasse emprego para suas duas filhas. Diante da negativa, cortou relações comigo, depois de dizer que eu me esquecera das minhas origens, que ficara arrogante, que não ajudava a Paraíba, coisas do gênero.

Essa visão de que o ministro deve ajudar o seu estado ainda predomina nas regiões menos desenvolvidas e mesmo dentro do governo. Até pode ser assim em certos ministérios, como o dos Transportes, que pode priorizar, por exemplo, pavimentação de estradas na terra natal do ministro. O Ministério da Fazenda, nem que quisesse! A pasta gerenciava políticas públicas gerais: tributação, execução orçamentária, comércio exterior, crédito, moeda, negociações internacionais, além de controle de preços, na época. Nada disso pode ser direcionado para um estado ou grupo.

CONGRESSO CONGESTIONADO: CONSTITUINTE E CPI DA CORRUPÇÃO
Enquanto isso, em Brasília, prosseguiam os trabalhos da Constituinte. No dia 28 de janeiro foi aprovado o Projeto B, o definitivo, que se transformaria, após as emendas finais, na nova Constituição. Alguns achavam que não era bastante trabalho o Congresso funcionar concomitantemente como Poder Legislativo e como Assembleia Nacional Constituinte e criaram uma Comissão Parlamentar de Inquérito: a CPI da Corrupção. Ela era, para mim, apenas um palco criado pelo senador Carlos Chiarelli, do PDS gaúcho, para chamar atenção para si, sem resultados notáveis além de impulsionar sua reeleição. Ainda assim, a CPI foi instalada, no dia anterior ao início das votações da Constituinte, 27 de janeiro.

Não que não houvesse corrupção no setor público. As negociatas continuam a aparecer (ou a não aparecer). A Polícia Federal escancara casos escabrosos, que, infelizmente, pouco têm resultado em enviar poderosos à cadeia. Aconteceria isso também com toda a barulhenta bateria de acusações de Chiarelli, mas porque eram inconsistentes. Mesmo assim, a sociedade se emocionava com suas "descobertas". A jovem democracia estimulava demandas para que se "passasse tudo a limpo", numa época em que se acreditava que a corrupção era consequência do regime militar. "Brasil, mostra a tua cara, quero ver quem paga, pra gente ficar assim!", cantava Cazuza, que morreria no ano seguinte de Aids, que se disseminava assustadoramente.

A facilidade com que se criavam CPIs, a maioria para funcionar como palanques, e a fúria investigatória do nascente Ministério Público contribuíram para inibir o processo decisório em casos mais complexos. Aprovar um relatório, um parecer, um ato envolvendo bancos e empresas privadas passou a constituir um risco enorme. "Cuidado! A assinatura de hoje pode ser a CPI ou o processo criminal de amanhã", como dizíamos no serviço público. Não é brincadeira. Por isso também alguns trâmites passaram a ser muito mais lentos, como a emissão de licenças ambientais.

JOÃO BATISTA DE ABREU NO PLANEJAMENTO

Diversas vezes depus no Congresso para esclarecer o funcionamento de distintos tópicos ligados a economia e finanças. Meu companheiro nas explicações e, mais tarde, nas acusações da CPI, seria João Batista de Abreu, que voltava ao governo federal no início de 1988. No dia 21 de janeiro, durante um despacho com Sarney, o presidente sorriu. "Doutor Maílson, quero lhe dar uma notícia de que acho que o senhor gostará muito: Aníbal Teixeira de Souza está deixando o Planejamento e eu estou designando João Batista de Abreu para assumir o lugar dele." A notícia me surpreendeu. E alegrou muito. Voltaríamos a trabalhar juntos, a partir do dia seguinte.

Conhecera o novo ministro ainda em 1977, quando ele era assessor de Simonsen no Ministério da Fazenda e eu, coordenador de assuntos econômicos de Angelo Calmon de Sá no Ministério da Indústria e do Comércio. Na época, não havia tanta afinidade entre nossas funções. Nossos contatos e nossas vidas profissionais começaram a se cruzar em 1979, quando João Batista foi para o Planejamento, assumido por Simonsen. Na gestão de Delfim, que o manteve no cargo, nossa convivência se estreitou, por conta do grupo de trabalho para estudar as finanças públicas. Em 1985, quando mudei para Londres, voltou à Fazenda, sob o comando de Dornelles, como secretário de Política Econômica, o novo nome da Coordenaria de Assuntos Econômicos, que eu chefiara sob o Ministro Galvêas. Ao substituir Dornelles, Funaro manteve João na equipe e o promoveu a secretário-geral, posição que levou Funaro a implementar medidas que propuséramos em 1984.

Em março de 1987, João deixou o governo federal para se tornar secretário da Fazenda de Minas Gerais, na administração do governador Newton Cardoso. Sua liderança no processo de ampliação das transferências federais em favor dos estados e municípios e de descentralização do poder de legislar sobre o ICM não me agradou nada. Nesse período, ficamos em lados opostos.

Isso tudo ficou para trás quando ele se tornou ministro do Planejamento. Iniciaríamos o auge do estreitamento de nossas relações. Embora, naturalmente, tenhamos discutido muito incisivamente algumas vezes, dificilmente houve uma integração tão forte e tão autêntica entre Fazenda e Planejamento quanto na época em que comandamos estas pastas. Talvez algo semelhante tenha ocorrido na época da dupla Bulhões-Campos e na de Galvêas-Delfim.

Numa coisa diferíamos bastante. Ele não tinha papas na língua. Muito direto, muito franco, sem sutilezas ao falar de suas ideias, João Batista defendia suas convicções com muita veemência, com muita fluência, com robustos argumentos, depois de estudar profundamente o assunto. Era difícil ganhar dele num debate.

ELMO CAMÕES NO BANCO CENTRAL

Pouco depois, no início de março de 1988, haveria outra substituição de pessoas com quem eu trabalhava. O presidente do Banco Central, Fernando Milliet, que permanecera no cargo quando assumi, por pressão de políticos de São Paulo, comunicou que realmente desejava sair. Para substituí-lo, Sarney sugeriu Elmo Camões, um técnico formado no BB, que havia sido gerente do Banespa em Nova York e depois presidente do banco. Não era um nome da minha preferência, mas aparentava dispor das credenciais para assumir o cargo. Seu currículo evidenciava vasta experiência no sistema financeiro, incluindo o exercício de cargos no exterior.

Galvêas, que o conhecia, me aconselhou a aceitar. Observou que Camões, além da vivência operacional, trazia dos tempos do BB disciplina e lealdade. Mesmo assim, me renderia dissabores.

DEMISSÃO DE CAMILLO CALAZANS DA PRESIDÊNCIA DO BB

De onde eu não esperava vieram desgostos muito amargos, talvez no episódio mais triste e angustiante de toda a minha carreira. Ainda em março, me vi obrigado a demitir o presidente do Banco do Brasil, Camillo Calazans, a quem devo grande parte da minha ascensão profissional. Em 1968, fora Calazans quem me convidara para um cargo de assistente na Consultoria Técnica do Banco do Brasil, ainda no Rio de Janeiro. Levou-me consigo quando assumiu a diretoria do BB, com a qual me transferi para Brasília, em 1970. Foi ele quem me indicou para a assessoria do presidente do BB, Angelo Calmon de Sá, e quem me encaminhou para a diretoria da Eurobraz, em 1985. Além de tudo isso, era um amigo querido e um homem que eu admirava.

Eu sabia, muitíssimo bem, que Camillo Calazans era tido como um presidente do BB que derrubava ministros e que ele enfrentara disputas acirradas com meus antecessores Bresser e Funaro. Não acreditei que isso aconteceria também comigo, exatamente pelo nosso longo relacionamento e mútua admiração. Em março de 1988, porém, um episódio nos colocou em rota de colisão. Olyntho me informou que o BB propunha mudanças nos critérios de aposentadoria da Previ, o robusto fundo de previdência complementar do banco. A proposta beneficiava os funcionários mais antigos, faixa em que eu, Olyntho e o próprio Camillo nos encaixávamos. Não queria ser acusado de tomar — ou deixar que tomassem — medidas que me favoreceriam. Além disso, os técnicos do MF concluíram que a mudança não tinha bases atuariais sólidas.

Solicitei a Camillo que reexaminasse a proposta. Sem resposta, dias depois, liguei para ele. Desconversou, diminuiu a importância das medidas, falou que eu estava sendo envenenado, mas iria avaliar melhor. Não obtive posição alguma nos dias seguintes. Para registrar, oficialmente, minhas objeções, enviei a ele um aviso — como são chamados os ofícios enviadas por ministros — recomendando o reexame do assunto. Camillo parece ter sido tomado de brios. No dia seguinte, anunciou a medida em uma reunião de superintendentes do BB.

Também me enchi de brios. Além de confrontar as conclusões técnicas, sua atitude desmoralizava ao menos dois ministros, eu e João Batista. Responsável pelo controle das empresas estatais, João Batista se preocupava com o impacto negativo do benefício no resultado do BB e o precedente que abriria para que outras empresas do governo fizessem o mesmo.

Imediatamente encaminhei aos ministros Ronaldo Costa Couto, da Casa Civil, e Ivan de Souza Mendes, do SNI, cópia da circular que divulgara as mudanças. Condenaram a atitude de Camillo e informaram ao presidente, que prontamente recebeu a mim e a João Batista no Planalto. Diante da posição de quatro ministros, concordou que Camillo deveria ser demitido. "Então aqui está o ato." Eu levara comigo o decreto de exoneração, que foi assinado.

TENTATIVAS DE REVER A DECISÃO

Trouxe comigo o ato de demissão. Tão simples, decretos como este não precisavam passar pelo crivo da Casa Civil. Além de evitar arrependimentos, agilizaria o processo. Bastava, então, encaminhá-lo ao *Diário Oficial*. Ali pelas 11 horas da manhã, quando cheguei ao ministério, já me interpelavam diversos jornalistas, cientes da divergência de opiniões entre BB e MF. Questionaram qual seria a reação da Fazenda à medida de Camillo. "Estamos examinando o que fazer." Eu não podia anunciar a demissão do presidente do BB sem falar pessoalmente com ele nem antes do final do expediente bancário, para evitar seus eventuais efeitos no mercado. Faria isso no final da tarde, depois do fechamento da Bolsa.

Ali pelas três, o presidente Sarney ligou, sugerindo que reconsiderássemos a decisão. Insisti que ele não devia recuar. Era um caso de indisciplina grave, que questionava a autoridade do MF e do próprio governo. "Farei isso mesmo sendo amigo de Camillo — o que provavelmente deixará de ser verdade." Só então revelou que o doutor Roberto Marinho intercedia por ele. Diante do meu silêncio, perguntou se eu ouviria as razões do empresário. Aceitei.

Minutos depois, Roberto Marinho me falava, ao telefone, que "ouvira rumores" sobre a demissão. Pedi que ele ainda não divulgasse a notícia, mas que, realmente, Calazans estava demitido, por um ato presidencial. Lembrou que era amigo de Camillo há muitos anos, que o governo perderia um colaborador valoroso e pediu para que eu ponderasse. Concordei sobre as qualidades de Calazans, mas repeti: tratava-se de um caso grave de indisciplina. "Imagine que o senhor mandasse um executivo da Globo reexaminar uma decisão e ele, além de não cumprir a ordem, a anunciasse publicamente. O que o senhor faria?" Sem argumentos, respondeu apenas "é". Ainda tentou contemporizar, mas fui irredutível.

CAMILLO, SINTO MUITO

Parti, então, para a tarefa dolorosa, mas necessária, de comunicar pessoalmente a demissão a Camillo Calazans. Ainda que fosse emocionalmente difícil, achei que merecia esta deferência. Quis convidá-lo ao ministério, mas ele estava no Rio de Janeiro, o que me obrigou a conversar por telefone. "Camillo, não precisava ter acontecido desta maneira. Nós conversamos, eu enviei um aviso pedindo reconsideração da medida e, mesmo assim, você a divulgou. Me deixou sem alternativa." Tentou me convencer a reavaliar, propor algum acordo. "Como, Camillo, se você já anunciou? Estou com o ato do presidente em mãos. Terminado esse telefonema, divulgarei oficialmente. Sinto muito."

Seu sucessor seria Mário Bérard, até então meu secretário-geral, posto que passaria a ser ocupado por Ximenes.

"MAÍLSON, SACANA, DEVOLVE A NOSSA GRANA!"

Para os funcionários do BB, Camillo era uma espécie de herói, que defendia a instituição e buscava beneficiar seus quadros. Desnecessário dizer que minha decisão de demiti-lo e vetar as alterações na Previ desagradou a eles, já com uma tremenda indisposição comigo desde 1984 por conta da proposta, que eu defendera, de extinção da "conta de movimento". Além de mexer no bolso de muitos dali, quem fazia isso era o "inimigo número um do BB", que provava, mais uma vez, "ser contra o banco e seus funcionários".

A demissão de Camillo estimulou os sindicatos a voltarem a fazer barulho contra mim. Muito barulho. Diariamente, carros de som apinhados de sindicalistas estacionavam em frente ao Ministério da Fazenda. Os mais inflamados discursavam ao microfone, me acusando de tecnocrata, monetarista, vendido ao FMI e a bancos estrangeiros, toda essa balela. Além de arrochar os salários. Em seguida, estimulavam o coro: "Maílson, sacana, devolve a nossa grana!" A barulheira era instalada logo abaixo da janela do meu gabinete, que ficava no quinto andar. Ouvia a ladainha enquanto me reunia com assessores, lia documentos, recebia pessoas em audiência, atendia a chamadas telefônicas. Às vezes ia para casa e a frase permanecia lá, como um mantra negativista.

Logo, nossa resistência a leis mais generosas de salários, a proibição de concessão de reajustes acima da inflação, os vetos de propostas feitas pelo Congresso e o controle de gastos do governo engrossariam a massa de manifestantes, inclusive pela Central Única dos Trabalhadores, a CUT, que assumiria o comando e se tornaria grande fonte de crítica e pressão.

Algumas vezes comitivas de funcionários lutando por plano de cargos ou protestando contra a nossa resistência invadiriam o MF, exigindo falar com o ministro. Olyntho os receberia ou barraria, não eu. Insistentes, acampariam nos corredores. Uma vez, quebrariam a porta de entrada para a ala do gabinete do ministro. Por sorte, eu não teria que passar por eles. Havia saída e elevador privativos a mim.

DOIS MIL PMS GARANTINDO MINHA SEGURANÇA

A transmissão do cargo de Camillo a Mário Bérard seria feita dois dias depois da demissão, no prédio do Banco do Brasil, como manda a tradição. A cerimônia exige a presença do ministro da Fazenda. Era mais um evento incancelável na minha agenda.

O general Ivan Mendes, ministro-chefe do SNI, não compartilhava da minha opinião. Logo cedo, ligou. "Ministro, temos informações muito preocupantes sobre o ambiente no BB que me levam a desaconselhar o senhor a comparecer à posse." Estranhei muito. Não era do feitio do general exagerar. Mas acreditava que era isso que acontecia naquele momento. "Achamos que o senhor corre muito risco. Líderes sindicais mobilizaram os funcionários." Informei que manteria meus planos. O MF seria desmoralizado se eu não estivesse presente. O general não gostou. "Eu não assumo nenhuma responsabilidade sobre sua integridade física. Mas tomarei providências para garantir a segurança."

Quando entrava na garagem do prédio, vi que, realmente, centenas de manifestantes ocupavam a praça em frente ao banco, ao lado de potentes carros de som. Na plateia, havia uns cem convidados. E, segundo escutei, dois mil policiais militares cercaram o banco enquanto eu me sentava entre Camillo e Bérard. Eu achava que a ação dos militares seria discreta. Não imaginei que o SNI pudesse estar tão apavorado.

Apesar de incomodado, mais pela situação com o Camillo do que com riscos à minha segurança, não estava tenso. Discursei, elogiando Calazans, aludi à longa convivência entre nós, o papel que ele teve no BB. Depois disso, saudei Mário Bérard, que eu também conhecia e tal. Calazans fez um discurso emocionado, com críticas contundentes ao presidente da República e ao governo. Abordou, em linguagem da velha esquerda, a negociação da dívida externa, com o FMI, com muita veemência. Em seguida, Bérard fez um breve discurso de posse. Finda a transmissão de cargo, deixei o prédio do banco, intacto. Nunca mais encontraria Camillo.

CAPÍTULO XXIII "Feijão com arroz"
nas mesas de negociação
(1º semestre de 1988)

SERVINDO O "FEIJÃO COM ARROZ"

Findas as nomeações, feitos os contatos iniciais com a imprensa e o empresariado e vencida a primeira crise, era hora de servir o feijão com arroz. Nessa missão, o auxílio de João Batista de Abreu e de toda a equipe do Planejamento foi fundamental. Unidos, tínhamos fé de que conseguiríamos navegar as águas já turbulentas, promover reformas e implementar propostas para conduzir a economia com a maior racionalidade possível, quem sabe até o governo seguinte.

Para avaliar a situação da economia, identificar os desafios e começar a discutir ações que poderiam ser realizadas de forma integrada entre os técnicos das duas pastas, realizamos uma grande reunião das equipes da Fazenda e do Planejamento na residência oficial do ministro da Fazenda. Enfatizei que era a primeira vez que os dois principais ministros da área econômica e suas equipes se conheciam há tempos. Assim, as chances de controlar a inflação e de propor medidas para ampliar o potencial de crescimento da economia eram elevadas.

A integração das duas equipes, apesar de todos os problemas que enfrentaríamos, se manteria até o fim de nosso período à frente das pastas, consolidando amizades. A capacidade de trabalhar em conjunto, muitas vezes sob a liderança dos dois secretários-gerais, Ximenes, na Fazenda, e Ricardo Santiago, no Planejamento, seria fundamental para enfrentar as crises e contribuir para uma boa negociação da dívida externa.

PODERES DO MINISTRO DA FAZENDA

Ainda que os poderes da Fazenda houvessem sido reduzidos com a extinção do Orçamento Monetário, eles ainda eram imensos. O ministro definia o reajuste de todos os preços controlados pelo governo, de energia elétrica a mensalidades escolares, de gasolina a pão francês; influenciava a política de crédito oficial e a política monetária; presidia o Conselho Monetário, o Conselho Nacional de Comércio Exterior, o Conselho de Seguros Privados e o Confaz; aprovava a constituição de companhias seguradoras, as diretrizes para o controle das importações e para a concessão de incentivos e subsídios às exportações, as normas sobre a política aduaneira — citando apenas os pontos mais relevantes.

Por isso, cerca de 80% do meu tempo era dedicado a receber ministros, parlamentares, formadores de opinião e líderes empresariais, inclusive representantes de associações da indústria ou da agricultura. As conversas com o setor privado muito raramente incluíam a discussão de ideias. Tratavam de casos específicos, do interesse de meus interlocutores: liberação de recursos pelo Tesouro, apelos para resolver pendências ou justificar tratamento especial na Receita Federal, na Cacex, no Banco do Brasil e em outros órgãos do governo. Empreiteiros cobravam a liberação de recursos por obras realizadas.

Ministros requeriam liberação de recursos do Tesouro ou apoio às suas propostas. Governadores pediam autorização de empréstimos de bancos oficiais ou o relaxamento dos limites de endividamento ou das regras de acesso ao sistema financeiro. Congressistas, que eu identificava não pelas legendas partidárias, mas pelas bancadas de interesse — álcool, café, açúcar, saúde e assim por diante — invariavelmente pediam para liberar recursos para emendas parlamentares e resolver problemas a eles levados por empresários de suas regiões. Muitas vezes também indicavam pessoas para cargos nos órgãos vinculados à Fazenda. Os parlamentares não precisavam informar previamente o assunto que iriam tratar nas audiências, mas eu estava sempre preparado para ouvir reivindicações. Ideias para atacar as mazelas do país apareciam em raríssimas ocasiões. A maioria delas, ingênuas, superficiais e interesseiras.

"VOCÊ DEVIA FAZER TAMBÉM"

Havia quem me incentivasse a tirar proveito financeiro da minha posição. Num papo regado a drinques com alguém que também ocupara cargos no governo, depois de conversarmos sobre economia, política e amenidades, veio a pergunta: "Maílson, você está se preparando para quando sair do governo?" Dei a entender que não havia compreendido. "Fazendo uma poupança. Nunca se sabe com quantos processos e perseguições você sairá do ministério." Provavelmente, se referia a algum esquema escuso ao qual eu poderia recorrer para "garantir meu futuro". Não queria entender o que ele insinuava, tamanha seria a decepção. "Todo mundo faz isso, Maílson. Há tantas maneiras!" Recusei-me a assimilar o que dizia. Fingi que não ouvi. Falei, talvez, da ótima qualidade do uísque. Repentinamente, ele também fingiu que não tinha falado. Nunca voltou a tocar no assunto.

EMPRESARIADO BRASILEIRO

Embora houvesse, sim, muitos casos entristecedores, como ministro da Fazenda me tornei um admirador do empresário brasileiro, particularmente daqueles que souberam gerir suas empresas e sobreviveram nos longos anos de instabilidade macroeconômica e os que se adaptaram ao novo ambiente da abertura da economia, que começava a ser construído em 1988.

Muitos outros, entretanto, que diziam pensar apenas no Brasil, não eram assim tão patriotas. O longo período das políticas de substituição de importações e de intervenção estatal na economia criou uma cultura de acomodação. O ambiente institucional gerava incentivos a atitudes de *rent seeking*. Muitos se haviam preparado, inclusive via associações de classe, para lidar com o governo e tirar o máximo proveito das políticas da época.

O velho corporativismo e o interesse individual, em detrimento do coletivo, desfilaram muitas vezes em minha sala e em reuniões de que participei. Empreiteiros de obras públicas se manifestavam publicamente em favor da austeridade fiscal, mas pressionavam ministros e parlamentares para liberar verbas para a construção de estradas e buscavam apoio do Itamaraty para aprovar financiamentos a países que compravam seus produtos ou contratavam seus serviços. A maior mobilização para pressionar a área econômica que vivenciei foi protagonizada pelos produtores de soja, que reivindicavam algum benefício que nos negávamos a conceder.

Para convencer o presidente a se alinhar aos seus interesses, reuniram seis governadores: do Rio Grande do Sul, Santa Catarina, Paraná, Mato Grosso, Mato Grosso do Sul e Goiás. No campo político, minha impressão era a de que muitos empresários julgavam que cumpriam seu dever cívico se financiassem campanhas eleitorais (não raro de todos os partidos).

ACORDOS DA DÍVIDA EXTERNA

Nas negociações conduzidas durante a gestão do ministro Funaro, o Brasil estabelecera duas condições que emperravam nossos esforços: não aceitar o compromisso prévio com o FMI nem a cláusula de *pre-judgment attachment*, pela qual, caso um país devedor de um banco deixasse de pagar uma dívida, o juiz do foro do contrato poderia fazer o sequestro de depósitos para realizar o pagamento. Ela era corriqueira, aceita até pela União Soviética. O risco de os bancos recorrerem àquela cláusula era quase inexistente. Se o país não pudesse pagar, os credores sempre estariam dispostos a negociar. Nossa recusa em aceitá-la despertava receios de que maquinássemos um calote.

Não aceitar a demanda dos bancos por um acordo prévio com FMI, como premissa para a negociação da dívida, era outro grande obstáculo. Para os credores, o acerto com o Fundo pressupunha que o governo manteria uma política econômica minimamente racional. Sem ele, dificilmente haveria acordo com os bancos e com o Clube de Paris.

REUNIÕES COM FMI E O TESOURO AMERICANO

Desejando evitar qualquer percepção de que não éramos sérios em nossos propósitos, já em fevereiro viajamos aos Estados Unidos, por onde deveria começar o degelo. O governo americano era crucial, seja porque os bancos locais eram os principais credores do Brasil, seja porque detinha a maior cota nos recursos do FMI e a maior influência em suas decisões.

Em Washington, fomos recebidos pelo embaixador brasileiro no país, Marcílio Marques Moreira, que seria ministro da Economia no governo Collor. Ele já agendara um jantar com Michel Camdessus, diretor-gerente do FMI; um encontro com Alan Greenspan, presidente do Federal Reserve, o banco central dos Estados Unidos; e uma reunião entre a equipe da Fazenda e a do secretário do Tesouro americano, James Baker III, talvez o homem mais poderoso da capital americana naquela época, à exceção do presidente Ronald Reagan.

O TESOURO AMERICANO

Fiquei surpreso com o tempo que Baker reservou ao Brasil: 40 minutos a sós comigo, mais uma hora com as duas equipes, a minha e a dele. Conversamos sobre os objetivos brasileiros em relação ao controle do déficit público, ação anti-inflacionária, privatização, desregulamentação. Ficou evidente que o governo americano atribuía grande importância à plena reentrada do Brasil na comunidade financeira internacional e que estaria preparado para nos ajudar. Afinal, a continuidade da moratória prejudicaria o Brasil, mas também criaria sérios problemas para os grandes bancos americanos. Os assessores do secretário, entre os quais David Mulford, que me parabenizara na assunção de cargo, e Charles Dallara se entenderam muito bem com Sérgio Amaral e nos auxiliariam nos acordos com o FMI e o Clube de Paris.

Também me surpreendeu no Tesouro a calmaria do ambiente. As portas ficavam abertas, quase ninguém circulava pelos corredores, numa total tranquilidade. O Ministério da Fazenda era uma zoeira! Na entrada principal se vendiam biscoitos, chocolates, amendoim, refrigerantes, bilhete de loteria, jornais, revistas, cigarros — ainda era permitido fumar nas suas dependências. Posteriormente, refleti muito sobre aquela diferença. Concluí que se devia à tamanha ação do MF sobre a economia: o prédio vivia apinhado de pessoas para participar de reuniões. Somente o gabinete do ministro tinha três salas, todas sempre ocupadas. O ministro dava audiência em uma, enquanto produtores de frango (os "frangueiros"), líderes da indústria automobilística ou do aço aguardavam nas outras e um grupo de exportadores esperava na recepção. O Tesouro americano não se envolvia em nenhuma das questões de que tratávamos no MF. Essa era mais uma razão por que o secretário podia dedicar uma hora e 40 minutos para conversar conosco.

COM ALAN GREENSPAN

No FED, permaneci apenas uma meia hora muito agradável. Greenspan falou de sua admiração pelo Brasil, mencionando a assessoria que prestara, como consultor, a empresas americanas que operavam no país. Ele me pareceu um vovô, com seus sessenta anos, afável e simpático. Com sua fala mansa, me encorajou muito: "O senhor tem um desafio muito grande pela frente! E pode contar com nossa ajuda."

JANTAR A SÓS COM CAMDESSUS

A reunião-jantar com Michel Camdessus, o diretor-gerente do FMI, se deu entre apenas nós dois, numa suíte do hotel em que eu me hospedava. Buscávamos evitar vazamentos e especulações sobre o teor da conversa. Realmente, os termos abordados dariam o que falar. Entre outros assuntos, discutimos as metas do déficit público brasileiro num eventual acordo com o FMI. Nosso objetivo era reduzi-lo de 8% para 4% do PIB. Inicialmente, ele achou o número muito alto, mas se convenceu, diante de meus argumentos, de que essa era uma meta que poderíamos cumprir. Com base nela foram desenvolvidas as negociações com a equipe do Fundo, que viajaria ao Brasil poucas semanas depois. Camdessus acreditava que a inflação brasileira, crônica e elevada, não podia ser enfrentada apenas com instrumentos fiscais e monetários. Era necessário desenhar e implementar um programa viável para desindexar a economia, como ele enfatizou diversas vezes durante o jantar. "*Remember, Mr. minister: D.I.*". Era o código, no FMI, para *de-indexation*. O que deixaria atônito quem ouvisse era um outro termo da negociação. Ninguém poderia sequer desconfiar dele.

DEPOIMENTOS NO CONGRESSO

Logo ao retornar dos Estados Unidos, no final de fevereiro, fui convidado a depor pela primeira vez no Senado, para abordar a situação geral da economia, com ênfase nas negociações com o FMI e os bancos credores. Discorri sobre as vantagens para o Brasil da normalização das relações com a comunidade financeira internacional e do quanto isso contribuiria para a retomada do acesso do país ao financiamento externo, essenciais para o revigoramento do comércio exterior e para o crescimento da economia.

Eram evidentes a má vontade de uns parlamentares, a desinformação de outros e o desejo de exploração política do tema pela oposição. O combativo senador Fernando Henrique Cardoso buscou me desafiar com argumentos bem fundamentados, mas passíveis de contestação. Apesar de discordarmos da sua visão, ele era muito respeitado por mim e por minha equipe.

Depois deste, eu faria muitos outros depoimentos em plenário e nas comissões das duas Casas, nos quais seria questionado por seis, às vezes oito horas seguidas. Antes dos encontros mais importantes, nosso assessor parlamentar, Humberto Lacerda, se articulava com os líderes, para nos relatar a receptividade ao tema. Muitas vezes também sugeria à base parlamentar do governo e a deputados e senadores mais próximos questões que eles podiam apresentar a mim. Isso facilitava a prestação de esclarecimentos que julgávamos importantes e preenchia espaço que poderia ser ocupado pela oposição, particularmente pelos agressivos parlamentares do PT.

A MALDIÇÃO DAS CARTAS DE INTENÇÃO AO FMI

Contribuía para o clima hostil às negociações externas a visão negativa sobre as cartas de intenção assinadas entre 1983 e 1984 por Delfim Netto e Ernane Galvêas. Elas eram vistas como prova irrefutável da submissão. Afora isso, dizia-se, o fato de o Brasil não ter cumprido os compromissos nos impunha a pecha de relapsos, uma desmoralização a mais.

Na verdade, o Brasil cumpriu todas as metas a que tinha se comprometido, exceto uma, a do déficit público nominal. Isso porque o déficit era fixado em valores e não em percentuais do PIB. Se a inflação fosse maior do que a prevista no acordo, tornava-se quase impossível cumprir a meta, pois os valores da dívida eram indexados à variação de preços, sempre ascendente. A tendência era subestimar a inflação, estabelecendo-se uma trajetória declinante, mais ilusão do que realidade. Era difícil explicar que, apesar da austeridade prevista no acordo com o Fundo, a inflação subiria.

Teimosamente, todavia, batia-se na tecla do fracasso total. Uma prova seria a quantidade de cartas de intenção, sete ao todo naquele período. Todo acerto deste tipo gera mesmo muitas delas, pois as metas são negociadas trimestralmente. A cada três meses, é necessário uma carta. Anos mais tarde, Delfim Netto faria troça dessa visão e capitalizaria o "descumprimento" assinalando que tínhamos enganado o FMI.

UMA CARTA DE INTENÇÕES COM OUTRO NOME

Seja como for, esse documento era visto como sinônimo de capitulação a interesses alienígenas. Era preciso fugir dessa armadilha. Eu tinha uma saída política para isso, que submetera a Camdessus em nosso jantar. Sugeri uma pequena alteração: a carta de intenções tomaria uma forma distinta, integrando um programa do governo. A mudança era apenas na forma, mas ajudaria. Além de metas para o déficit público, as reservas internacionais e outras habituais, constariam objetivos mais amplos, temas usualmente alheios a esta declaração de compromissos. O programa seria enviado ao Fundo com uma carta de apenas um parágrafo, informando sobre o programa e solicitando o seu apoio. No Brasil, diríamos que era um programa de nossa autoria, não imposto pelo FMI. Na verdade, sempre foi assim, embora se acreditasse que não. O acordo foi selado e foram raras as acusações de que havíamos sucumbido às pressões do FMI.

SUSPENSÃO DA MORATÓRIA BRASILEIRA

Concluído o acordo com o FMI, partimos para o degrau seguinte: suspender a moratória, em vigor desde fevereiro de 1987. A decisão foi levada ao Conselho de Segurança Nacional (CSN), convocado pelo presidente sempre que fosse necessário tratar de questões que diziam respeito à defesa do Estado democrático e à soberania nacional. Na visão da época, a moratória se inscrevia neste caso, um evidente exagero. Participavam do CSN umas 25 pessoas, incluindo os presidentes da Câmara e do Senado, os ministros militares, da Justiça, das Relações Exteriores, da Fazenda e do Planejamento. Depois da promulgação da nova Constituição, o CSN seria substituído pelo Conselho da República e pelo Conselho de Defesa Nacional.

Naquela reunião, em abril de 1988, defendi com vigor o fim da moratória, argumentando que a suspensão dos pagamentos alijara o Brasil do mercado mundial de crédito e do fluxo de investimentos estrangeiros. Lembro de apenas uma voz discordante. Celso Furtado, ministro da Cultura, alegou que o Brasil abriria mão de um trunfo nas negociações com os bancos. Ao rebater este argumento, tive em meu favor vários ministros, como João Batista, Ronaldo Costa Couto, da Casa Civil, e Jorge Bornhausen, da Educação, que foi muito enfático. Vencemos.

À ESPERA DE NOVOS CRÉDITOS

O acordo com o FMI e a suspensão da moratória não significavam a imediata normalização das relações com a comunidade financeira internacional. Com esses passos, foram estabelecidas as primeiras linhas voluntárias de crédito de comércio para bancos brasileiros, mas teríamos de esperar o acesso normal aos mercados financeiros internacionais. Era preciso concluir as negociações com os bancos credores, o que ainda levaria mais dois meses, e, em seguida, fechar um acerto de dívidas perante governos, renegociado no Clube de Paris.

ESTALO INGLÊS

Foi numa reunião com banqueiros, em meio aos esforços para normalizar as relações do Brasil com a comunidade financeira internacional, que, finalmente, comecei a falar inglês segura e fluentemente. O tão esperado estalo, que José Mirão, meu colega no Eurobraz, garantia que viria, aconteceu em Caracas, durante uma reunião do BID, em abril de 1988.

Sérgio Amaral, secretário de assuntos internacionais da Fazenda e negociador da dívida externa, organizou um encontro paralelo, em que eu faria um pronunciamento, aberto a debates, para uma plateia de cerca de 400 banqueiros de todo o mundo. Embora eu costumasse falar de improviso em encontros desse tipo, ler um texto garantiria que transmitíssemos a mensagem mais correta possível aos presentes. Depois de discutir com Sérgio os temas a abordar, ele redigiu o discurso.

Imaginei que falaria em português, uma das línguas oficiais no BID, e haveria tradução simultânea. Só descobri que Sérgio escrevera o discurso em inglês minutos antes de falar. Sentado entre os três principais representantes do comitê de bancos credores, não pude externar minhas preocupações tanto quanto queria. "Sérgio, vou falar em inglês???", indaguei discretamente, para que não ouvissem Bill Rhodes, do Citibank e presidente do comitê, ao meu lado, nem os representantes do Lloyds Bank e do Manufacturers Hannover. Ia, sim. "E o debate, também será em inglês?", questionei baixinho. "Qual o problema, Maílson? Você fala inglês!"

Era verdade. Mas também não era. Quer dizer, eu não estava seguro disso. Hesitante, subi ao palco, alternando o olhar entre os papéis em minhas mãos e a plateia, atenta a cada letra em falso. Segurei o microfone e li o texto sem tropeçar. Quando Rhodes anunciou *"now the minister will kindly answer some questions"*, tentei engolir o titubeio. Receava nem compreender as perguntas. Para minha surpresa — e alívio da minha equipe — falei fluentemente durante uns 45 minutos. As respostas saíram naturalmente. Até fiz troça de algumas questões, arrancando risadas da plateia.

POUCOS AMIGOS

Algum leitor mais curioso e emotivo pode estar se questionando por que não contei muito da minha vida pessoal, emocional e familiar nos períodos em que trabalhei nos ministérios. Posso até ser acusado de ser discreto demais ou esconder o jogo. Não é isso. É que, realmente, minha vida social era quase inexistente. Trabalhava quase sempre de segunda a segunda, de cedo da manhã até tarde da noite. E ainda levava trabalho para casa.

Não frequentava as famosas festas de Brasília, promovidas por embaixadas e frequentadas por pessoas da alta sociedade e empresários. Não costumávamos nem comer fora, já que Brasília era muito modesta em restaurantes e o salário não permitia que os frequentássemos amiúde. Os eventos sociais a que eu comparecia se limitavam a festas de aniversários e casamentos. Habituais eram os churrascos aos domingos, na casa de algum colega do Banco do Brasil ou de outros amigos.

PARCA ATENÇÃO À FAMÍLIA

Desde que me tornei ministro, a vida familiar foi quase que extraída da minha rotina. Diariamente, eu saía de casa às sete da manhã para retornar apenas às nove. Às vezes chegava mais tarde. Não raramente, trabalhava nos fins de semana. Além disso, viajava muito. Era como se não morasse lá.

Não era sem razão que meu casamento desandava. Rosinha é muito recatada e não gostava de holofotes. Se incomodava de a família ter perdido muito da sua privacidade, ter se tornado alvo de muita curiosidade, não apenas da imprensa, mas também dos círculos sociais. Em momentos de agravamento da crise ou de gestação de medidas, jornalistas faziam plantão em frente da nossa casa. Dei muitas entrevistas na calçada. Nossa residência não tinha segurança, nem muro, apenas uma grade de ferro pela qual se podia observar o movimento interno. No princípio ninguém gostou, mas logo todos se acostumaram. Uma única vez fiquei chateado: quando entrevistaram Juliano, então com 11 anos, para uma matéria da revista *Veja*. Ivan também seria pauta de reportagens.

FILHOS EM PAUTA

Na manhã de um domingo, no início de maio de 1988, chegando de viagem ao exterior, entrei em casa, mas senti como se chegasse a um funeral. Rosinha explicou: Ivan, com 17 anos, havia sido preso com três colegas devido a traquinagens de adolescentes. A delegada percebeu que ele era meu filho, mas garantiu que a informação não chegaria à imprensa. Apenas conversamos com ele, o aconselhamos a escolher melhor as companhias.

Na segunda-feira, logo que cheguei ao ministério, recebi um telefonema do general Ivan, ministro-chefe do SNI. Pediu para que eu me tranquilizasse, que a informação não vazaria. "Que informação?", perguntei. "Essa história do seu filho sendo pego pela polícia no sábado."

Imediatamente, convoquei Rosa e Olyntho. Se a informação já havia chegado ao SNI, muito provavelmente seria do conhecimento dos jornalistas. Suspeitando que a notícia receberia muito destaque se fosse um segredo, decidi admitir publicamente antes que fosse criado qualquer buchicho. Ditei uma declaração sucinta à Rosa, dizendo que era verdade que Ivan havia sido preso, um problema a que todo pai está sujeito, e que apoiaria e aconselharia meu filho como pudesse.

Muitos jornalistas chegaram ao ministério com essa pauta, achando que tinham uma bela matéria em mãos. Com a notícia já pronta, esvaiu-se o interesse pela história. O *Jornal do Brasil* noticiou o fato, defendendo a minha atitude, "rara para uma autoridade de Brasília". A *Veja* publicou uma pequena matéria, trocando os R pelos S. Ao tentar fotografar Ivan, retratou outro rapaz do mesmo colégio, com o mesmo porte físico. Recebi inúmeros telegramas elogiosos, de pais solidários que viveram o mesmo drama. O da deputada Tutu Quadros, filha do ex-presidente, foi especialmente marcante: "Não concordo em nada com sua política econômica, mas hoje o senhor cresceu como homem em meu julgamento."

Pouco depois, foi a vez de Juliano ser parte de matéria jornalística. Em negociações com o Ministério da Educação, havíamos liberado o controle do governo sobre as mensalidades escolares. Numa concorrida entrevista para explicar a decisão, politicamente sensível, um jornalista me perguntou o que os pais deveriam fazer se a escola fizesse um reajuste considerado excessivo. "Transferir o filho para outra escola." O repórter procurou Juliano no colégio para perguntar qual seria sua reação se o seu pai o tirasse de lá no meio do ano letivo. A declaração de Juliano, de que não gostaria, ganhou destaque. Achei um abuso.

PAI AUSENTE

Eu era tão ausente em casa que um dia Rosinha se chateou de verdade. Carregou o Juliano até a Fazenda para dizer "olha! Este é seu filho". Em meio a uma reunião com empresários, não pude recebê-los. Quem fez isso foi Olyntho. Passado o tempo, creio ter sido indelicado. Poderia ter deixado a sala para vê-los. Provavelmente achei, naquele momento, que era necessário me concentrar nas questões da economia enquanto estivesse no trabalho. E havia algumas bastante problemáticas.

TENTANDO REDUZIR O DÉFICIT PÚBLICO

Para cumprir o compromisso com o FMI, era necessário muito além do palavreado e cartas de intenção disfarçadas. Para diminuir o déficit público era preciso cortar e controlar rigorosamente os gastos do governo e das empresas estatais, inclusive investimentos, e encontrar meios de aumentar a receita.

Em conjunto com o Planejamento, estudamos as mais diversas possibilidades. Diminuímos ou extinguimos subsídios, congelamos incentivos fiscais, cortamos despesas da União e fixamos metas de cortes de gastos correntes e de investimentos para as empresas estatais. Também criamos novas restrições para a concessão de crédito pelas instituições financeiras, públicas e privadas, a estados, municípios e empresas do governo. Para tentar reduzir os quadros do funcionalismo, ainda em abril anunciamos um plano de aposentadoria antecipada e incentivos para a demissão voluntária de servidores. Além disso, suspendemos reajustes de salários de servidores acima da inflação.

ORÇAMENTO LIBERADO A CONTA-GOTAS

Para a sintonia fina do desempenho do Tesouro, fazíamos o chamado "controle na boca do caixa", liberando a conta-gotas as dotações previstas do Orçamento da União. A rigor, esse procedimento dá ao ministro da Fazenda o poder de não cumprir o que foi previsto na lei orçamentária, um primitivismo institucional das finanças públicas brasileiras que as tradições se encarregaram de preservar até os dias de hoje. O ministro só não podia reter as dotações para pagamento de pessoal e aposentadorias. A partir da promulgação da nova Constituição, também não poderia reter as transferências constitucionais para estados, municípios, fundos regionais e para aplicações obrigatórias em educação. Por razões óbvias, liberávamos habitualmente as verbas para o serviço da dívida pública federal e nos casos em que a suspensão podia ser caracterizada como crime ou gerar muita encrenca.

Ximenes e Luiz Antônio eram meus fiéis escudeiros, os baluartes na ingrata tarefa de racionar as liberações de recursos do Tesouro. Impressionava a habilidade com que Luiz Antônio toureava as pressões. Independentemente de quem estava do outro lado e de como falava, ele mantinha o mesmo semblante, a mesma voz calma, no mesmo tom mineiro.

NÃO POR HÁBITO, SIM POR INTERESSE

Na minha gestão, o não era generalizado na Fazenda. Quase que invariavelmente negávamos as reivindicações de aumento de gastos. Depois de ouvir as recusas de Ximenes e Luiz Antônio, os interessados vinham a mim, usualmente com fortes argumentos em favor da liberação: pagar a merenda escolar, evitar a interrupção de obras e semelhantes. Na maioria dos casos, eu enfatizava a necessidade de cumprir metas, mas prometia examinar. Muitas vezes, liberávamos pelo menos uma parte. Imagine o leitor o tempo que se perdia nessas tratativas.

Em alguns casos, o presidente Sarney me pedia para socorrer um ou outro órgão do governo. Nas votações de grande interesse do governo, a liberação virava moeda de troca política. Muitos deputados e senadores somente votavam a favor se liberássemos os recursos das suas emendas orçamentárias, geralmente associadas a obras em seus municípios. A coordenação política do Planalto nos fornecia os nomes dos parlamentares e normalmente atendíamos suas demandas. Esse atraso institucional continua contribuindo muito negativamente para a qualidade do sistema político.

DESCONTENTAMENTOS

A contenção de gastos e as decorrentes negativas diárias a ministros, dirigentes de órgãos federais, governadores, parlamentares e empresários gerou muitas insatisfações. O descontentamento era imenso, assim como as pressões sobre o Ministério da Fazenda. Cortar gastos é comprar briga com órgãos públicos e líderes políticos. Acabar ou reduzir incentivos fiscais e subsídios é arrumar encrenca com regiões e empresas que dele se beneficiavam. Juros altos desagradam a empresários e sindicalistas.

Era muito desgastante. Dois casos me trouxeram grandes dissabores, os protagonizados pelos governadores Orestes Quércia e Tarcísio Burity, respectivamente de São Paulo e da Paraíba. Ambos reivindicavam autorização para tomar empréstimos acima do permitido pelas regras em vigor.

COMO NEGAR À PARAÍBA?

A bandeira da Paraíba traz em si um "nego" que representa a recusa de João Pessoa em apoiar o candidato de Washington Luiz à Presidência da República e assim posicionar o estado ao lado do Rio Grande do Sul na Revolução de 1930. Minha negativa em autorizar empréstimos acima do limite foi vista como um "nego" ao contrário. Para o governador Burity, como para a maioria de meus conterrâneos, eu deveria ceder. Não ajudar o estado era uma desfeita.

Talvez confiando demais nas minhas origens paraibanas e no efeito das homenagens que prestara a mim quando visitei o estado, Burity foi generoso com servidores paraibanos e com obras públicas. Se desse errado, acreditava que a salvação federal viria pelas minhas mãos. Quando a Paraíba quebrou, desembarcou em meu gabinete com o presidente do Senado, o também paraibano Humberto Lucena. Esclareci que negara o mesmo para outros estados. Não poderia abrir uma exceção precisamente para a minha Paraíba.

Mesmo assim, diante da minha promessa de estudar uma maneira de ajudar, eles saíram confiantes. Pedi a Mário Bérard para que examinasse possibilidades. O BB possuía uma pequena margem para um tipo de operação, "antecipação de receita orçamentária", ou ARO, que deveria ser paga até 31 de janeiro do ano seguinte. Não satisfazia Burity, que voltou para o estado com tantos recursos quanto viera — e uma esperança a menos.

Na Paraíba, o governador deflagrou uma cruzada contra mim. Passou a dar entrevistas diárias tachando-me de insensível, aliado a interesses sulistas, arrogante, filho ingrato e por aí afora, transferindo a mim a responsabilidade pelos seus pecados. A repercussão na imprensa local, simpática a ele, era enorme. Quando avaliamos a conveniência de uma resposta, preferimos nos calar e, assim, restringir a arenga aos domínios do governador. Caso contrário, a contenda se tornaria notícia nacional. A impressão de que eu esquecera minhas origens seria mantida por lá.

Anos depois, um grande jornalista paraibano, Biu Ramos, ao escrever a biografia de Burity, me ouviria sobre o episódio. Redigi uma longa carta com as razões de minha recusa em atender ao governador, que seria publicada integralmente no livro, seguida de uma nota do autor assinalando que outros ministros haviam ajudado sua terra, como o piauiense João Paulo dos Reis Velloso, ministro do Planejamento de Médici e Geisel. A comparação era inadequada. O Planejamento administrava programas que previam transferências a estados e municípios. Não era o caso da Fazenda.

QUÉRCIA CONTRA MIM

Orestes Quércia, a segunda maior liderança nacional do PMDB, depois apenas de Ulysses, era um político voluntarioso, que não se intimidava em fazer valer nacionalmente a influência de São Paulo. Em 1987, se reunira com dois outros governadores do Sudeste, Newton Cardoso, de Minas Gerais, e Moreira Franco, do Rio de Janeiro, para pedir, em entrevista coletiva, a demissão de Funaro da Fazenda. Agora, era a minha vez de entrar na sua mira.

Ele fazia um governo tocador de obras, sem economizar. "Quebro o estado, mas faço o meu sucessor", teria dito. Seu objetivo era eleger seu secretário Luiz Antônio Fleury, então desconhecido do grande público. Quando o caixa do estado foi à lona, me procurou para que eu autorizasse uma determinada operação de crédito, que não se enquadrava nas normas. Minha resistência provocou iradas reações de Quércia, que me criticava venenosamente nos jornais. Provavelmente se irritou ainda mais depois que declarei à *Folha de S.Paulo* que "quanto mais o governador Quércia me ataca, mais aumenta o meu prestígio". Duvidando que resistíssemos, fez gestões junto a Sarney para me convencer, o que não aconteceu. Seu secretário da Fazenda, Antônio Machado, acampou por dias no Ministério da Fazenda, ao lado de Ximenes, insistindo dia e noite. Não foi bem-sucedido.

TROCA DE DÍVIDA EXTERNA POR EXPORTAÇÃO

Além de cortar gastos, era necessário reduzir o peso da dívida externa e promover o crescimento da economia. Com esta finalidade, ainda em março de 1988, o Conselho Monetário Nacional, sob minha presidência, aprovou uma ideia inovadora: trocar dívida externa por exportações. Funcionaria assim: uma empresa exportadora enviaria seus produtos ao exterior. O importador pagaria em títulos da dívida externa brasileira, em vez de dólares. Ao entregar esses títulos, o exportador receberia cruzados pelo taxa de câmbio vigente. O benefício, aplicável se a empresa comprovasse que a exportação somente seria viável se o obtivesse, permitiria novas vendas externas e aumentaria a competitividade dos produtos exportáveis. Isso porque o importador se disporia a pagar mais por eles, pois compraria os títulos no mercado secundário com grande desconto, por volta de 50% naquela época. Assim, gastando um milhão de dólares, se habilitava a comprar dois milhões em produtos brasileiros. Com isso, o Brasil também reduziria sua dívida externa.

Anunciei o programa no Encontro Anual dos Exportadores (Enaex), no Rio de Janeiro. A repercussão foi grande e o interesse, muito maior do que prevíramos inicialmente. Em poucos dias, o Banco Central recebeu cerca de dez bilhões de dólares em propostas de enquadramento no programa. Nas condições instáveis da economia brasileira naquela época, esse volume de negócios provocaria uma explosão no volume de dinheiro em circulação e impulsionaria a inflação para níveis que nem queríamos imaginar. Tivemos de revogar a medida. Nenhuma proposta seria aprovada. Diversos empresários ficaram decepcionados, pois já estavam engrenando negócios promissores. Eles tinham razão, mas as nossas eram, evidentemente, muito mais relevantes. Um dos desgostosos com a revogação foi o doutor Roberto Marinho, o que nos traria muitos aborrecimentos.

AUMENTO DE RECEITA

Além de cortar gastos e propor novos programas para estimular a indústria, também tentávamos aumentar as receitas da União. A principal medida que tomamos para amplificar a arrecadação tributária foi aumentar a alíquota do Finsocial para 1%. No ano anterior, ela já passara de 0,5% para 0,6%, sob o pretexto de angariar recursos para a reforma agrária. Quando tentei demover Leitão de Abreu de criar esse imposto disfarçado de contribuição, em 1982, um dos argumentos era, exatamente, que seria uma válvula que podia ser utilizada nos momentos em que fosse politicamente mais palatável o aumento da contribuição do que o corte de despesas. Minha profecia sobre o aumento de alíquota se cumpria, com minha ajuda.

A medida era ainda mais atraente porque, não sendo formalmente um imposto, e sim uma contribuição, o Finsocial não seria cobrado apenas no ano seguinte. Era preciso apenas um decreto-lei — ainda não havia a medida provisória — para começar a arrecadar quase que imediatamente. A cobrança poderia ser iniciada 90 dias depois. Em um governo politicamente frágil, aumentar o Finsocial era a saída menos difícil. Em 1989, a alíquota seria elevada novamente, para 2%. Fernando Henrique Cardoso aumentaria para 3% em 1998, já com o nome de Cofins.

REVOLUÇÃO NO IMPOSTO DE RENDA

Apesar de aumentarmos o Finsocial, reduzimos o Imposto de Renda da pessoa física, numa grande mudança inspirada nas ideias de Ronald Reagan, que diminuiu o número de alíquotas nos EUA para apenas duas. Estudos da Receita Federal em 1988 indicavam que, ao invés de 11 porcentuais diferentes, o mais alto de 45%, poderíamos ter apenas dois, de 10% e 25%, com inúmeras vantagens.

A aposta era a de que a sonegação seria reduzida. Com alíquotas baixas, muitos profissionais liberais, por exemplo, prefeririam emitir recibos do que correr o risco de sanções por sonegação. As simulações, mesmo dificultadas pelas altas taxas de inflação, mostravam que a arrecadação poderia cair inicialmente 15% a 20%, mas os ganhos com a simplificação mais do que compensariam a perda. No médio prazo, a receita se recuperaria à medida que mais contribuintes se convencessem da necessidade de trazer seus negócios à luz tributária. Eu e João Batista levamos a proposta a Sarney, afirmando que seria possível até não haver perdas. Aprovada e implementada a medida, tivemos uma ótima surpresa: em vez de diminuir, a arrecadação aumentou 23%, descontada a inflação.

No governo Fernando Henrique, com a necessidade de aumentar a arrecadação para enfrentar os efeitos da crise da Rússia, as alíquotas passariam para 27,5% e 15%. O governo Lula voltaria a complicar o tributo, criando mais duas, de 7,5% e 22,5%, sem qualquer sólida justificativa.

ABERTURA DA ECONOMIA — JUSTIFICATIVAS

As medidas que tomávamos tinham caráter emergencial. Eram necessárias também transformações estruturais, muito além do que havíamos proposto em 1984. A abertura da economia começou a amadurecer ainda nos anos 1980, em discussões da Fazenda, do Planejamento e do Banco Central com as equipes do FMI e do Banco Mundial. Estudos mostravam que o fechamento se tornara disfuncional. O sistema tarifário, alterado seguidas vezes a partir da segunda metade dos anos 1970 para desestimular importações, estava um caos. As restrições a elas, das quais o licenciamento prévio era uma das mais importantes, começavam a prejudicar as exportações. Com a proteção decorrente do fechamento da economia, as empresas não se preocupavam com a concorrência dos produtos de fora. Sem ela, não havia necessidade de inovar ou investir em máquinas e equipamentos mais modernos. Como não se modernizavam, seus produtos não conseguiam competir nos mercados externos.

Para interromper esse círculo vicioso, era preciso desmontar a parafernália de controles, reformar o sistema tarifário, com redução substancial das alíquotas, e permitir que a economia respirasse. A expectativa era a de que a diminuição da burocracia e dos custos de transação, ao lado de menores barreiras às importações, exporia a indústria a uma cuidadosa exposição à competição internacional, o que forçaria uma modernização competitiva, favorável ao crescimento das exportações e da economia.

No início dos anos 1980, o Banco Mundial criara uma linha de crédito de rápido desembolso, vinculado a reformas estruturais. Ao invés de financiar projetos de investimento, apoiaria mudanças institucionais de grande alcance. Participei diretamente das negociações de um desses empréstimos. Em troca de US$ 500 milhões, numa época de difícil acesso aos mercados financeiros internacionais, o Brasil reformaria o seu comércio exterior e abriria a economia.

ABERTURA DA ECONOMIA — MEDIDAS

Embora não tenhamos conseguido cumprir todas as exigências para assinar o empréstimo, esse processo não foi interrompido. No início do governo Sarney, o economista José Tavares de Araújo Júnior assumiu a secretaria executiva da Comissão de Política Aduaneira (CPA) e iniciou o trabalho de revisão tarifária. Deixou o cargo quando me tornei ministro, mas o seu trabalho teve continuidade, com a mesma equipe, sob a liderança de Heloíza Camargos, especialista em comércio exterior que assessorara João Batista no Planejamento e que desloquei para a CPA. Após duas rodadas de negociações com a indústria, em 1988 e 1989, a tarifa média de importações seria reduzida de 58% para 35%. A máxima cairia de 105% para 85%.

Em maio de 1988, anunciamos as diretrizes para a reformulação da política industrial brasileira. Compatível com a ideia de abertura da economia, incluía uma completa transformação dos incentivos fiscais. Em 1989, começaríamos o desmonte do licenciamento de importações e a eliminação da lista de cerca de 3.500 produtos com importação suspensa. Acertei o cronograma com Namir Salek, o experiente funcionário do Banco do Brasil, especialista em comércio exterior, então diretor da Cacex. Mensalmente, liberávamos cerca de quinhentos produtos começando pelos itens de menor impacto na balança comercial. Na última leva, programada para fevereiro de 1990, quando restariam apenas automóveis, computadores, eletroeletrônicos e assemelhados, Salek me convenceria a suspender o processo diante dos riscos de uma súbita elevação das importações numa época em que nossas reservas internacionais eram modestas. Deixaríamos a decisão para o governo Collor, um erro de que me arrependeria.

Collor eliminaria de vez a lista logo após a sua posse, sem que se concretizasse o temido efeito previsto por Salek. Repentinamente, automóveis estrangeiros passariam a circular pelas ruas e as lojas venderiam produtos importados de grande visibilidade. Por isso, no imaginário popular (e de muita gente culta), a abertura teria sido feita por Collor. Não diminuo seu papel no processo. Ao trazer a abertura para as páginas dos jornais e adotar medidas adicionais para reforçá-la, de que é exemplo um cronograma de reduções adicionais da tarifa, o novo presidente conquistaria uma grande parcela da opinião pública para a abertura. Sua declaração de que "o carro brasileiro é uma carroça" valeria por inúmeros seminários em defesa da ideia.

AQUELE DELEGADO DA RECEITA FEDERAL CARIOCA

As dificuldades para importar produtos e equipamentos gerava também outros problemas, como contrabando e sonegação. Por causa deles, já em maio, aborreceríamos novamente Roberto Marinho, tentando demitir um delegado da Receita Federal do Rio de Janeiro, tido como seu protegido e sobre quem pairavam denúncias de corrupção, principalmente em facilitar a entrada ilegal de produtos importados.

Mesmo sem provas cabais, era inconveniente manter no cargo alguém sob tamanha suspeição. Acontece que todas as vezes que uma investigação chegava aos seus calcanhares, algo irritava o doutor Roberto, como uma fiscalização em uma das unidades do grupo. Pelas normas, uma empresa não fiscalizada em cinco anos ou que apresentasse resultados destoantes de seu setor se tornava automaticamente alvo da fiscalização. O computador emitia a lista com todas elas e cabia ao delegado da Receita Federal de cada região escolher as que seriam visitadas. Não sei por que razão, as empresas de TV não costumavam ser fiscalizadas. E sempre que o delegado se sentia pressionado fazia questão de mandar os fiscais à Rede Globo.

Um dia, quando a fiscalização bateu às portas de uma das unidades, o delegado informou que eu emitira a ordem para realizar o serviço. Provavelmente mostrou a lista do computador, mas omitiu a informação de que a escolha final era sua. Talvez usado sem saber, imediatamente, o doutor Roberto voou a Brasília para expor seu desgosto ao presidente.

Quando Sarney me telefonou, garanti que sequer sabia da fiscalização. De qualquer forma, ela foi suspensa.

Dias depois, conseguimos fortes indícios de irregularidade na liberação de um contêiner de produtos importados no aeroporto do Galeão, envolvendo um diplomata paraguaio, que confessou não ser o destinatário da mercadoria. Duas funcionárias da Receita que serviam no aeroporto e presenciaram a liberação, acrescentaram novas suspeitas sobre o delegado. Contei o ocorrido ao ministro Antônio Carlos Magalhães, pedindo para que informasse Roberto Marinho de que ele poderia estar protegendo alguém com sólidas suspeitas de irregularidade. No dia seguinte, ACM comunicou que não haveria objeções à demissão, que foi feita.

OS CINCO ANOS DE SARNEY

Semanas depois, ocorreu um dos momentos mais tensos do governo: a negociação da duração do mandato do presidente. Sarney assumira para governar durante seis anos, como indicava a Constituição de 1969. O Projeto A da nova Carta, porém, previa que o mandato presidencial passaria a ser de quatro anos. O presidente aceitava perder um ano de governo, reduzindo o mandato para cinco anos, mas o Congresso sinalizava que poderia exigir a redução de dois anos.

Numa reunião convocada pelo ministro da Justiça, Paulo Brossard, para avaliar a antecipação da campanha eleitoral para 1988, ressaltei que haveria sérios riscos caso o mandato fosse reduzido para um quadriênio em meio às negociações da dívida externa e da elaboração da nova Constituição. Embaralhar tudo isso com uma campanha eleitoral poderia ter consequências muito negativas.

A mídia publicou muitas informações sobre negociatas envolvendo favores a deputados e senadores, como a concessão de centenas de emissoras de rádio e TV, para que o meio termo fosse aprovado, o que ocorreu no dia 2 de junho de 1988. À opinião pública, ficou a impressão de que Sarney lutara para ter mais um ano de mandato e não para perder somente um.

Os cinco anos tinham um inconveniente. Como o mandato dos deputados é de quatro anos, as eleições do presidente e dos parlamentares somente coincidiriam a cada vinte anos, o que dificultaria a formação de coalizões e, assim, a governabilidade. O período de quatro anos, estabelecido por emenda constitucional de 1993, permite a coincidência do mandato do presidente e dos parlamentares, tornando o governo mais coeso.

DÍVIDA EXTERNA NEGOCIADA

No mesmo mês, depois de longas, complicadas e exaustivas negociações, coordenadas do lado brasileiro por Sérgio Amaral, com o auxílio de Antônio de Pádua Seixas e de uma valorosa equipe de procuradores da Fazenda e de funcionários do Banco Central, o acordo com os bancos credores foi concluído. Na cerimônia de assinatura em Nova York sentamos à mesa eu, Elmo Camões, presidente do Banco Central, e William Rhodes, vice-presidente do Citibank e presidente do comitê de bancos. Mais de cem instituições financeiras compareceram, o que formou uma fila enorme para assinar os documentos, um calhamaço de centenas de páginas.

O evento recebeu ampla cobertura da imprensa mundial. Em valor, cerca de US$ 80 bilhões, o acordo multianual era o maior do mundo na época. Também havia sido o mais demorado dentre aqueles celebrados por países devedores, por conta da moratória e de condições desimportantes — mas tomadoras de tempo — estabelecidas pelo governo brasileiro. Tínhamos agora vinte anos para pagar, em condições melhores. Estávamos mais aliviados do que felizes. E por pouco tempo. Meses depois, o agravamento da crise nos levaria a suspender os pagamentos.

RUMO AO CLUBE DE PARIS

Depois dos acordos com o FMI e os bancos, a prioridade seguinte era renegociar a dívida oficial com o Clube de Paris, que reúne os países ricos, normalmente membros da Organização para Cooperação e Desenvolvimento Econômico (OCDE). A secretaria executiva é exercida por um alto funcionário do Banco Central Francês, o Banque de France, na época Jean-Claude Trichet, que se tornaria presidente do Banco Central Europeu (BCE) em 2003.

Para reforçar o apoio dos grandes países ao acordo, previamente visitei os ministros da Fazenda dos principais países credores. No Reino Unido, fui recebido por Nigel Lawson. Conversamos apenas de assuntos gerais e sobre os acordos que eu havia concluído. Não mencionei o Clube de Paris, como não o faria em outros encontros. Oficialmente, aquelas eram visitas de cortesia, embora estivesse implícito que eu buscava o apoio para as negociações.

SOBERANIA NÃO É O MAIS IMPORTANTE

Na visita à Alemanha, o ministro da Fazenda perguntou sobre o andamento dos trabalhos da nossa Constituinte. Ouvira que eu a criticava com frequência. Os constituintes haviam acabado de aprovar o que seria o artigo 170, sobre a ordem econômica, que estabelecia nove princípios. O primeiro era a soberania nacional; emprego, o oitavo; estabilidade econômica ou compromisso com uma inflação baixa nem eram mencionados.

Perguntei ao ministro qual seria a ordem na Alemanha, caso a Constituição germânica incluísse um artigo como aquele. Não titubeou: estabilidade de preços. Depois da hiperinflação alemã dos anos 1920 e, novamente, depois da derrota na Segunda Guerra, os alemães desenvolveram uma forte aversão à inflação.

Na Europa, o conceito de soberania evoluiu. Com o Tratado de Roma, de 1957, os europeus renunciaram a uma parte dela, que passou a ser exercida por organizações supranacionais, em Bruxelas. Pelo Tratado de Maastricht, que seria firmado em 1992, vários países europeus renunciariam às moedas nacionais e adotariam a moeda comum, o euro. Tudo isso em troca de um projeto de integração bem-sucedido, que poria fim a séculos de guerras recorrentes entre eles. Vivem sem guerra desde 1945, o mais longo período de paz de sua história, à exceção do conflito da Bósnia, que se daria entre 1992 e 1995, muito localizado.

RECEPÇÃO CALOROSA NO JAPÃO

No Japão, me demorei mais do que nas visitas anteriores. Além do ministro da Fazenda, fui recebido por três outros: da Agricultura, do Comércio Exterior e das Relações Exteriores. Para culminar, tive uma audiência com o primeiro-ministro Noboru Takeshita. No setor privado, tive uma carinhosa recepção na Keidaren, a poderosa associação empresarial que reúne um variado número de empresas e organizações japonesas, onde fiz uma palestra sobre a economia brasileira.

Ministros de outros países, inclusive da França, que também visitavam o Japão naquele período, não mereceram a deferência. Só encontrei uma justificativa: os japoneses queriam prestigiar o ministro da Fazenda que havia contribuído para suspender a insensata moratória da dívida externa, que eles muito condenaram.

ACORDO FECHADO COM O CLUBE DE PARIS

No início do segundo semestre, finalmente era hora de negociar com o Clube de Paris, o que foi surpreendentemente ágil. Sérgio Amaral selou o acordo em 24 horas. Completadas as três negociações, sentimos que era preciso um sinal forte de apoio dos países desenvolvidos ao Brasil. David Mulford, a nosso pedido, coordenou entendimentos com os ministros da Fazenda daqueles países. Dias depois, anunciou-se um empréstimo de US$ 600 milhões, que seria pago com os desembolsos do FMI. Repercutiu bem, aqui e lá fora. Com isso, se evidenciava que o Brasil não apenas reingressava na comunidade financeira internacional, mas já começava a se beneficiar disso.

CAPÍTULO XXIV Salada de pepinos
(2º semestre de 1988)

O ARROZ COM FEIJÃO AZEDA

Por mais que as coisas não estivessem nada fáceis, com pressões e oposições de todos os lados, CPI, protestos de sindicalistas, até o final de julho de 1988 eu conseguia tocar o Ministério da Fazenda, com bastante otimismo. Nossas duas prioridades estavam sendo atendidas. Normalizávamos as relações com a comunidade financeira internacional: concluíamos acordos com o FMI, os bancos credores e o Clube de Paris. E mantínhamos a inflação a 15% ao mês, o que não era considerado uma tragédia naquelas circunstâncias.

Em julho, porém, as nuvens começaram a ficar carregadas demais. Na metade do ano, nossa meta de manter a economia relativamente estabilizada, a essência da política feijão com arroz, começava a parecer distante. A inflação de julho, que conhecemos em agosto, assustou. Chegou a 22%, ameaçando fugir de vez do controle. E só pioraria. A inflação anual de 1988 ultrapassaria os 1.000%.

O índice de preços seria apenas um dos graves problemas que enfrentaríamos. Até o final do ano, nos desentenderíamos com sindicatos, ministros, governadores, constituintes e poderosos empresários. As desavenças incluíram até o líder das Organizações Globo.

É NECESSÁRIO UM NOVO PLANO ECONÔMICO

Divulgado o surpreendente índice de julho de 1988, o presidente Sarney convocou uma reunião comigo e com os ministros do Planejamento, da Casa Civil e do SNI. Concluímos que, contrariamente ao que imaginávamos no início do ano, era inevitável preparar um novo plano para estabilizar a economia. Mencionei um novo congelamento de preços. "Pois era nisso mesmo que eu estava pensando", concordou o presidente. O assunto seria mantido em segredo. Apenas os participantes da reunião saberiam do plano, além dos selecionados técnicos responsáveis por sua elaboração. O prazo: final de 1988.

GESTAÇÃO DO CONGELAMENTO

De volta ao meu gabinete, chamei Ximenes, a quem confidenciei a decisão de um novo congelamento. A ideia era que ele fosse associado a duras medidas fiscais — incluindo extinção de órgãos públicos e demissão de funcionários não estáveis — e a um vigoroso programa de privatização de empresas. Ximenes coordenaria essas medidas, juntamente com Ricardo Santiago, o secretário-geral do Planejamento. Em seguida, me reuni com Cláudio Adilson Gonçalez, meu assessor para assuntos macroeconômicos. Nosso "choqueiro", que atuara também na gestão do Plano Cruzado e do Plano Bresser, cuidaria das regras do congelamento, incluindo preços, salários e contratos.

Gradativamente, outros técnicos seriam incorporados. Da Fazenda, Michal Gartenkraut, que também me assessorava em questões macroeconômicas, e João Batista de Camargo, secretário de Política Econômica. Do Planejamento, Raul Velloso e Everardo Maciel.

Imaginei que poderia acompanhar de perto a formulação do plano e liderar, com João Batista, a preparação das medidas de reforma do Estado, mas graves problemas desviariam o meu foco.

CONFLITO DISTRIBUTIVO

Décadas mais tarde, seria amplamente aceita a ideia de que a escalada inflacionária dos anos 1980 foi causada por fenômenos como a ausência de disciplina fiscal e monetária, agravada pelos mecanismos de indexação e pelo fechamento da economia. Esta percepção era clara apenas entre os economistas que partilhavam de uma visão mais liberal, bem menos influentes naquela época.

A esquerda e boa parcela do meio político defendiam que, para controlar a inflação e assegurar o crescimento, era preciso que o governo aprofundasse negociações entre empresários e trabalhadores. Havia a ilusão de uma saída indolor, que só dependeria da boa vontade e da liderança dos negociadores. A teoria do "conflito distributivo" encantava muita gente: a alta dos preços seria um mecanismo usado pelos empresários para ampliar a concentração da renda do país nas suas mãos. Subiam seus preços apenas porque queriam ganhar mais dinheiro a expensas dos trabalhadores e consumidores. Como os reajustes sistemáticos e frequentes de salários, que já eram mensais, promoviam uma fugaz recuperação da renda do trabalhador, o empresário, logo em seguida, aumentava os preços para recuperar a situação anterior de detentor da maior parcela da renda nacional. Simples assim.

Esses eram os sintomas visíveis do processo inflacionário. As causas da inflação eram muito mais complexas. Tanto que o Brasil só conseguiria controlá-la a partir da metade da década seguinte, quando uma combinação de um plano para extirpar da economia a indexação generalizada, com políticas monetária e fiscal mais austeras e uma economia mais aberta quebraria o moto-contínuo da espiral preços-salários, amplificada pelo processo de indexação.

PACTO SOCIAL, UMA BELA UTOPIA

No segundo semestre de 1988, decidiu-se pela celebração de um pacto social que desse fim ao problema inflacionário, acelerasse a transição política e consolidasse o processo democrático. O sonho era reproduzir, aqui, o êxito do que chamavam Pacto de Moncloa, na verdade Pactos de Moncloa. Os acordos celebrados em outubro de 1977 entre o chefe do governo espanhol, Adolfo Suarez, e os principais partidos políticos permitiram a aprovação de medidas legislativas e deram respaldo político a uma dura política econômica, contribuindo para vencer a galopante inflação, que chegava a 47% ao ano.

Sempre questionei as chances de êxito de algo semelhante no Brasil, inclusive porque se pensava em um Pacto Social centrado apenas na inflação: o governo negociaria um acordo de preços e salários com empresários e sindicalistas. Na Espanha, os acertos foram feitos exclusivamente com os partidos políticos, o que propiciou a aprovação legislativa de reformas estruturais. Eu havia estudado esforços semelhantes, que fracassaram na Inglaterra, mediante as chamadas "políticas de renda". A expectativa era controlar a inflação com acordos de preços e salários e não com duras medidas de austeridade fiscal e monetária, vistas meramente como "monetaristas".

O caso daqui também não se enquadrava no receituário ortodoxo clássico. O problema mais intrincado era a indexação generalizada de preços, salários e contratos, que eu achava impossível de ser revertida mediante um pacto social. Manifestei essa opinião dentro e fora do governo. A imprensa me apresentava como inimigo do pacto.

PACTO SOCIAL — AÇÃO SOBRE EXPECTATIVAS

Mesmo com meu ceticismo, o presidente Sarney decidiu levar adiante a ideia de assinar um pacto social com empresários e líderes sindicais. Entregou a coordenação das negociações ao ministro chefe da Casa Civil, Ronaldo Costa Couto, que acumulava o cargo de ministro do Trabalho. Das reuniões participávamos eu, ele e João Batista de Abreu. Acabei concordando com a iniciativa, que poderia influenciar positivamente as expectativas dos agentes econômicos. Assim, seria evitada uma aceleração grave do processo inflacionário, o que dificultaria o êxito do plano de congelamento que estávamos arquitetando. A imprensa destacou minha adesão. Ótimo. O sonho nos ajudaria a ganhar tempo.

ROBERTO MARINHO E CASAS PRÉ-FABRICADAS

Não acreditava que seria efetivo, mas também não achei que o pacto social pudesse me trazer problemas tão grandes. Em meados do ano, com as negociações da dívida entrando em sua fase final, imaginei que logo poderia dar atenção quase exclusiva às questões internas. Mas se iniciaria em breve uma contenda que tomaria quase todo o meu tempo, num período especialmente conturbado da minha vida como homem público.

No fim de uma manhã fria, recebi uma ligação do presidente Sarney. Ele almoçava com Roberto Marinho e me convidou a acompanhá-los. Logo que me sentei, após uma breve troca de amabilidades, doutor Roberto revelou que tinha um plano para resolver o problema da dívida externa. Disse que conversara pessoalmente com o presidente Bush, que prometera apoiar ideias inovadoras que contribuíssem para enfrentar a questão. Ele apresentou um projeto de produzir casas pré-fabricadas para exportação, que seriam trocadas por dívida externa, num negócio de um bilhão de dólares. Defendeu que a operação poderia contribuir ao mesmo tempo para o crescimento da economia e para reduzir a dívida.

Ouvi respeitosamente os argumentos do empresário, os mesmos que nos tinham levado a criar o programa. Ao final, sustentei a posição da Fazenda, do Planejamento e do Banco Central de não retomá-lo. Irritado por interpretar que ele me pressionava perante o presidente, afirmei que aquela operação não interessava ao país. "Ô ministro, então o senhor acha que proponho algo contra os interesses do Brasil?" Tentei contemporizar. "Doutor Roberto, não pense dessa forma. Existe uma quantidade imensa de propostas semelhantes. Nós avaliamos os seus efeitos na economia e concluímos que o impacto monetário dessas transações tem um efeito negativo que supera os esperados benefícios. Por isso suspendemos o programa. E não é possível restabelecê-lo."

PRESSÕES PARA RESTABELECER O PROGRAMA

Roberto Marinho não teria sido um dos empresários mais bem-sucedidos do Brasil se fosse homem de desistir com o primeiro ou segundo obstáculo. Construíra um eficiente e competitivo império de comunicações a partir de um então modesto jornal, *O Globo*, que passara a dirigir após a morte de seu pai, Irineu Marinho, em 1925.

Começamos a perceber outras iniciativas para influenciar nossa opinião. Tentou-se conquistar empresários e sindicalistas para a ideia, inclusive no âmbito do Pacto Social. Uma figura se destacava nesse processo: o advogado Jorge Serpa, que havia assessorado João Goulart até 1964. Duas décadas depois, era assessor influente que, se dizia, realizava articulações de bastidores para Roberto Marinho. Este poderoso lobista, respeitado e temido, era também muito discreto e misterioso. Não se deixava fotografar, em Brasília hospedava-se apenas no Hotel Carlton, cinco estrelas, e se recusava a viajar de avião.

Foi Jorge Serpa quem me procurou, dias depois do almoço com Marinho, para conversarmos novamente sobre o negócio envolvendo as casas pré-fabricadas. Ouviu outro não. Imaginei que, depois disso, o assunto morreria, como era normal nas reivindicações empresariais que nos negávamos a atender. Só me daria conta de que estava enganado meses depois

INVESTIGAÇÕES NO BRASIL

As pressões para permitir trocar dívida externa por exportações eram tão fortes que decidimos examinar cuidadosamente a operação. Iniciamos pela carta-proposta, datada de abril, que Jorge Serpa me entregara, dizendo ser a mesma que havia sido remetida ao Banco Central. Havia muito ali de artificial e estranho, a começar pelo nome da companhia. A empresa interessada em adquirir um bilhão de dólares em casas pré-fabricadas no Brasil, com endereço na Califórnia, era a Interamerican Gas Corp., IGC. Era uma empresa de gás? Com "longo histórico neste tipo de produção"? Por que estaria interessada em importar para a Califórnia casas pré-fabricadas, ramo em que o Brasil não tinha grande tradição? A Interamerican garantia que escolheria uma empresa parceira no Brasil, para onde enviaria técnicos americanos. Por que assumiria os riscos de uma operação tão vultosa, pela qual entregaria ao Banco Central títulos da dívida externa, quitados, no valor de um bilhão de dólares? Outro fato chamava a atenção: a proposta continha apenas duas páginas, além de catálogos anexos sobre casas pré-fabricadas, sem justificativas.

Pedimos à área internacional do Banco do Brasil que estudasse o projeto. A análise, com quase dez páginas, recomendava que fossem obtidas mais informações sobre o proponente, para averiguar sua capacidade de importar os produtos.

INVESTIGAÇÕES NOS ESTADOS UNIDOS

A agência do BB em Los Angeles foi orientada a investigar esse misterioso importador. Em 21 de setembro, o escritório especializado contratado para realizar o trabalho informou que não havia registro de que a Interamerican Gas Corp., do ramo de combustíveis, atuasse na área de casas pré-fabricadas. No endereço fornecido, em um conjunto de pequenos escritórios, existia outra empresa: CR-P, cujo proprietário, um ex-ministro da Fazenda peruano e ex-executivo do Bank of America, Carlos Rodriguez-Pastor, era um notório negociador de títulos de dívida externa de países latino-americanos, especialmente do Peru. Tudo indicava que era sócio da IGC e de seu presidente, Leon Sragowicz.

O senhor Sragowicz veio ao Brasil na mesma época que a investigação era realizada, entre setembro e outubro. Visitou o vice-presidente da área internacional do Banco do Brasil, Narciso da Fonseca Carvalho. A ata do encontro registra que ele estava acompanhado de Jorge Serpa e Miguel Ethel, ex-vice-presidente da Caixa Econômica Federal.

As investigações foram mantidas em sigilo até que decidíssemos a melhor estratégia para neutralizar as pressões para restabelecer o programa.

Talvez nem fosse necessário utilizá-las. Era também preciso conceder o benefício da dúvida a Roberto Marinho. Ele poderia ter sido inocentemente envolvido. Por mim, continuariam a ser secretas. Mas alguém as revelaria em breve, sem o meu consentimento.

SERVIDORES PÚBLICOS VENCEM BATALHAS

Havia também outras pressões: a dos funcionários públicos. E com muito barulho. Desde abril de 1988, os protestos contra mim e João Batista aumentavam. Os carros de som continuavam ressonantes sob minha janela. Passeatas de sindicatos carregavam faixas pedindo minha saída. Mesmo assim, não cedíamos.

Outros ministérios, ao invés de apoiarem as medidas do governo para diminuir o déficit público e controlar a inflação, preferiram ser populares entre os servidores públicos. Alguns davam a entender que, se dependesse deles, o aumento seria concedido. O que os impedia eram as políticas de contenção da área econômica. Mesmo estes não suportaram por muito tempo. À nossa revelia — às vezes até mesmo sem o nosso conhecimento — cederam. Em junho, o ministro de Minas e Energia, Aureliano Chaves, autorizou pagar aos funcionários da Petrobras e da Vale do Rio Doce a diferença salarial que eles exigiam. Prisco Viana, ministro da Habitação, liberou financiamentos para os estados acima dos limites estabelecidos pelo Conselho Monetário, através da Caixa Econômica Federal.

Eu e Mário Bérard resistíamos a uma greve geral dos funcionários do Banco do Brasil. Antônio Carlos Magalhães fazia o mesmo com a greve dos Correios. Ambas duravam quase um mês quando a oposição da opinião pública começou a minar a greve do BB. Um dia de agosto, Bérard me informou que ela poderia acabar se oferecêssemos um adiantamento de dois salários, a serem repostos em dois anos. Era um preço relativamente baixo a pagar, inclusive porque mantinha inalterada a política salarial do governo. Concordei.

Nem bem comemorávamos o fim da greve do BB e fomos informados de que ACM havia cedido à pressão dos carteiros, cujos benefícios, se dizia, seriam estendidos aos trabalhadores da Telebras e Eletrobras. Não era possível! Telefonei para ele, que me respondeu com arrogância: "Se você cedeu ao Banco do Brasil, eu não podia ficar atrás. E pronto." Argumentei que ele deveria ter me ouvido, inclusive para saber que eu não havia cedido. "Você é que deveria ter me avisado. O que foi feito está feito."

ASSIM NÃO DÁ! EU ME DEMITO!

Quando terminei a conversa com ACM e me dei conta da desmoralização da Fazenda e do estrago que os aumentos provocariam, desanimei. Era pressão demais, desgaste demais e resultados modestos demais. O apoio, quase nulo. Reconhecimento, quase nenhum. O ministro da Fazenda levava a culpa por tudo. Era o lobo mau de todo conto de fadas que os presidentes de órgãos e autarquias estatais contavam. Quando se concediam benefícios, eles se tornavam os heróis que lutaram pela defesa dos interesses de seus funcionários. Mais salários e mais dinheiro em circulação favoreciam a inflação. Que também era culpa da área econômica.

Foi neste estado de espírito que fui ao Palácio do Planalto para conversar com Ronaldo Costa Couto e com o general Ivan Mendes. Desabafei. Comuniquei a eles que não via mais sentido algum em comandar a Fazenda. Mesmo porque, fui claro, eu não via o presidente demitindo ACM do Ministério das Comunicações. Ele era um dos principais líderes do PFL e contava com o apoio decisivo de Roberto Marinho. Depois de me ouvir pacientemente, o general Ivan concordou comigo. Ronaldo, não.

"FICA, VAI?"

"Não pense em sair, Maílson!", disse Ronaldo. "Sua saída criaria problemas graves na economia." De fato, a situação piorava, mas, se as minhas tentativas de preservar a austeridade não eram levadas em conta, eu não fazia diferença alguma ali. Insisti para que arranjassem uma audiência com Sarney no dia seguinte. Apresentaria mesmo meu pedido de demissão.

A notícia vazou, e muito rapidamente. Jornalistas já se preparavam para repercutir minha saída. Recebi inúmeras mensagens de apoio. Até ACM declarou à imprensa que defendia a minha permanência. Mário Amato, presidente da Fiesp, se dirigiu ao presidente para afirmar que o empresariado preferia que eu ficasse. "O país não aguenta uma nova mudança na política econômica", disse em entrevista. Em audiência com o presidente, me defendeu John Reed, presidente do Citicorp, dono da maior parcela da dívida brasileira. "A negociação da dívida externa não será congelada, mas ficará mais difícil. Confiamos no Maílson, porque ele faz o que promete", defendeu publicamente. Até Otávio Frias, o pai, proprietário da *Folha de S.Paulo*, pediu ao telefone que eu não me demitisse. Tive vontade de pedir que, então, seus colunistas parassem de bater na equipe econômica. Mas não fiz isso. Apenas agradeci seu apoio.

ENROLADO NA BANDEIRA NACIONAL

Antes de partir para a audiência com o presidente no Palácio da Alvorada, onde ele costumava despachar durante a manhã, avisei Ximenes, Olyntho e Rosa da minha decisão. Levaria o ato de exoneração e, na volta, todos estariam dispensados. Eles concordaram com minha posição. Também estavam cansados.

"Então, temos um problema, doutor Maílson?", começou Sarney. "É. E muito sério. Não tenho como continuar no cargo. Peço que o senhor aceite meu pedido de demissão." O presidente não fez menção de pegar uma caneta para assinar o ato que eu levava. Em vez disso, pediu que eu me sentasse. "Não vejo motivo para a sua saída. Sei de suas razões e já conversei com o ministro Antônio Carlos. Ele reconhece que errou e já fez declarações favoráveis à sua permanência no cargo."

Àquela altura, não fazia muita diferença. "Presidente, o problema é que a atitude dele não tem conserto. O melhor para o governo é ter na Fazenda alguém que não tenha sido desmoralizado", defendi. "Doutor Maílson, há momentos em que é preciso colocar o país acima de nossas próprias agruras e de desejos legítimos de abandonar o barco. Eu sei como se sente. Eu também já pensei em desistir, mas não tenho alternativa a não ser permanecer. O Brasil assim o exige." Quando balbuciava alguma reação, o presidente retorquia com novos argumentos. "O país reconhecerá sua contribuição neste momento tão grave. Fique. Não é hora de desistir. O senhor continuará a ter o meu apoio. Esqueça os dissabores destes dias. Precisamos do senhor na Fazenda." Eu não conseguia argumentar. Era como se ele me envolvesse com a bandeira nacional, invocando meu patriotismo.

Voltei para o ministério com o decreto exatamente como estava quando partira: sem a assinatura do presidente. Houve, sim, certa decepção na minha equipe.

RONALDO COSTA COUTO

Como na acepção da palavra "couto", Ronaldo era, para mim, um refúgio que me fornecia abrigo e alento. Era um amparo que filtrava pressões, abrandava os instintos mais críticos de opositores da área econômica, amainava a ira de ministros e parlamentares, desmantelava conspirações para me derrubar.

Sempre que eu estava angustiado, achando que não aguentaria mais, recorria a ele, que sempre me recebia, com café e cigarros, ouvia atentamente tanto quanto eu precisasse desabafar. Três vezes conversei com ele determinado a deixar o governo. Na sua fala mineirinha, lembrava que não era apenas eu quem sofria graves pressões. Também ele e, mais ainda, o presidente Sarney, a quem era muito fiel. Me exortava a continuar, confiando que o meu "espírito público venceria aquela tentação passageira". Me convencia de que eu exercia um papel essencial naqueles momentos difíceis de transição política. Principalmente depois do início da campanha eleitoral, seria muito prejudicial ao país que eu saísse, que se mudasse a equipe do Ministério da Fazenda e as linhas da política econômica. Enfim, como fizera Sarney, me enrolava na bandeira nacional.

Eu conhecia a figura pública de Ronaldo Costa Couto muito antes de ele saber da minha. Era um brilhante economista já no final dos anos 1960. Na segunda metade da década de 1970, se tornou secretário de Planejamento do governador carioca Floriano Peixoto Faria Lima, cargo que também exerceu em Minas Gerais quando Tancredo Neves era governador, entre 1983 e 1984.

Ao formar sua equipe de governo antes de tomar posse, em 1984, Tancredo decidiu que Ronaldo seria seu ministro do Interior. A indicação foi mantida por Sarney, mas apenas no primeiro mês de governo. Depois disso, Costa Couto se tornou prefeito de Brasília. Em 30 de abril de 1987, quando eu era convidado por Bresser a voltar ao Brasil, foi nomeado ministro chefe da Casa Civil, posto que acumulou com o de ministro do Trabalho entre 1988 e 1989, até que Dorothea Werneck assumisse a pasta. Depois de deixar o governo, se tornaria doutor em História pela Sorbonne e passaria a escrever livros memoráveis, inclusive sobre o regime militar e as biografias de Tancredo e do Conde de Matarazzo.

GENERAL IVAN DE SOUZA MENDES

General Ivan, sexto e último ministro chefe do SNI, foi a outra grande figura a quem recorri tantas vezes em busca de apoio. Conselheiro confiável, o general acabou se tornando meu anjo da guarda fardado no governo Sarney, destruindo com precisão os torpedos lançados em minha direção. Evitou diversos equívocos. Em duas ocasiões, conversei com ele convicto de que pediria demissão — concordou com uma delas, que apresentei a Costa Couto. Sem sua orientação, nosso trabalho, meu e de João Batista, teria sido muito mais árduo.

Ivan Mendes foi um dos maiores patriotas que eu conheci. Equilibrado, sensato, provido de uma inteligência incomum e de autoridade e integridade a toda prova, possuía uma grande sensibilidade política. Contribuiu muito para a travessia daqueles momentos turbulentos do governo Sarney, ao qual serviu no mesmo posto, do início ao fim. Também participara de outros governos militares, inicialmente como prefeito do Distrito Federal, depois no Gabinete Militar, na presidência da Petrobras, no Ministério do Exército.

Sempre muito bem informado, muitas vezes me orientou sobre caminhos a seguir para enfrentar obstáculos. Ronaldo Costa Couto diz que, nas conversas entre eles, o general costumava exibir dossiês sobre investigações envolvendo pessoas, órgãos do governo e empresas privadas, incluindo conversas telefônicas que chegavam ao seu conhecimento. Certamente informava disso o presidente que, certa vez, me alertou: "Doutor Maílson, o senhor precisa ter mais cuidado ao falar ao telefone." Levei um susto. Segui o conselho.

O PRIMEIRO ORÇAMENTO UNIFICADO

Ainda em agosto de 1988, pouco depois da minha tentativa frustrada de me demitir, o Orçamento de 1989 foi encaminhado ao Congresso, já obedecendo às regras previstas na nova Constituição, mesmo que ela somente fosse promulgada semanas depois. Embora fosse um desastre fiscal, a nova Carta era moderna e responsável nas questões orçamentárias. Adotava os princípios de universalidade e unicidade que havíamos defendido no projeto de reforma das finanças públicas: o Orçamento, único, deve conter todas as receitas e despesas da União.

Os dois ministros responsáveis pela elaboração e pela execução do primeiro Orçamento unificado do país, éramos João Batista e eu, que havíamos liderado os estudos que contribuíram para essa nova e auspiciosa realidade. O Orçamento Monetário e grande parte do atraso institucional das finanças federais se tornavam coisa do passado. Era a coroação do trabalho que se iniciara cinco anos antes.

O relator desse capítulo, o deputado José Serra, conseguira o que nos parecia um milagre. O texto reinstituiu o poder dos parlamentares de emendar o Orçamento, que havia sido abolido pelas constituições do regime militar, numa reação à irresponsabilidade que caracterizava a elaboração do Orçamento até 1964. O parágrafo terceiro do artigo 166 permite emendas, desde que sejam compatíveis com o plano plurianual e com a lei de diretrizes orçamentárias. Os parlamentares somente poderiam emendar o Orçamento se anulassem uma despesa correspondente e desde que não mexessem nas dotações relativas a transferências constitucionais, despesas de pessoal e encargos financeiros. Ficamos animados. Estaríamos livres das farras fiscais do passado. Ao menos acreditamos nisso, por algumas semanas.

CONGRESSO BAGUNÇA O ORÇAMENTO

O Congresso conseguiria um meio de restabelecer emendas sem a observância das práticas sadias inseridas por Serra. O mesmo parágrafo terceiro continha um dispositivo óbvio, dizendo que poderia haver emendas para "corrigir erros e omissões". O relator do primeiro Orçamento unificado, deputado Eraldo Tinoco, do PFL da Bahia, interpretou o dispositivo de forma generosa. O governo teria "errado" na estimativa da receita. Ao inscrever uma arrecadação maior do que havíamos projetado, conseguiu um grande espaço para emendas.

João Batista e eu sugerimos ao presidente que vetasse a manobra, que abriria precedente para os futuros orçamentos. Sarney ponderou que, em fim de governo, seria complicado vetar o primeiro orçamento sob a égide da nova Carta. A prática acabou sendo consagrada. O Orçamento, que poderia assumir ares de primeiro mundo, se tornou um exercício de ficção. O Poder Executivo subestima de propósito a receita, pois sabe que ela será reestimada pelo Congresso. Como a "reestimativa" costuma exceder a realidade, o Poder Executivo mutila o Orçamento com um simples decreto, pelo qual determina o que vai cumprir. Valida-se, assim, uma interpretação apoiada pelo próprio Congresso, o de que o Orçamento é "autorizativo", o que não tem justificativa histórica ou institucional.

LETRAS FINAIS DA CONSTITUIÇÃO

Logo que o Orçamento foi encaminhado ao Congresso, os trabalhos das comissões da Constituinte se encerraram. No início de setembro de 1988, faltavam apenas os ajustes finais: corrigir ortografia e gramática, uniformizar estilo, eliminar redundâncias e incoerências para que este chamado Projeto B — alterado pelas emendas — fosse aprovado no dia 22. A nova Constituição seria promulgada pelo Congresso em 5 de outubro.

Mesmo com o esforço que empreendemos durante 1987 e 1988, perdemos praticamente todas as batalhas em relação ao capítulo econômico. Não conseguimos dissuadir os parlamentares de quão absurdas e inconsequentes eram muitas "novidades". A área econômica foi a grande derrotada. Ou terá sido o país?

O Brasil pagaria o custo de ter feito uma Constituição em época de crise, sem diagnóstico adequado sobre os problemas brasileiros, ausente de liderança política transformadora e sujeita a ações de grupos de interesse. Os principais lobbies da Constituinte foram os grandes vencedores: aposentados, funcionários, estados, municípios e corporações do setor público, em especial as das empresas estatais. Para limpar a Carta Magna de seus principais equívocos seria preciso muito tempo, talvez uma a duas gerações.

ÚLTIMAS ALTERAÇÕES NA NOVA CARTA

Só lembro de uma batalha que ganhamos, e foi na fase final de redação, depois que o Projeto B foi aprovado. Havia um dispositivo que determinava que todos os tratados internacionais deveriam ser submetidos ao Congresso, incluindo acordos com FMI e empréstimos em bancos, o que era absolutamente fora de propósito. O Congresso deve, sim, aprovar os acordos — o do FMI havia sido desde os anos 1950 — mas não cada operação. Numa reunião com a comissão de redação, o procurador-geral da Fazenda, Cid Heráclito de Queiroz, conseguiu convencer que se tratava de um erro. Com isso, foi alterada sutilmente a redação do artigo. Sem ter nenhum voto, mudou a Constituição, fazendo um grande favor ao país.

Outra das propostas absurdas da Constituinte que também teve seus efeitos desastrosos atenuados nos últimos instantes tratava do perdão de dívidas bancárias, particularmente dos agricultores.

O TETO DE 12% PARA OS JUROS

Como contei, o teto de 12% para a taxa real de juros, que o deputado Fernando Gasparian aprovara em uma subcomissão, fora suprimido no relatório do deputado José Serra, relator da Comissão do Sistema Tributário, Orçamento e Finanças. Comemoramos a morte do absurdo, sem contar com a insistência e a combatividade do parlamentar e o desejo de seus pares de pagar juros camaradas. Gasparian propôs um Destaque de Votação em Separado (DVS) para reincluir a proposta, que foi aprovada por maioria acachapante.

Pedimos ao Banco Central para avaliar os riscos da entrada em vigor da medida. As conclusões, referendadas pela equipe liderada por Ximenes, que também se debruçara sobre o assunto, eram assustadoras: a inflação explodiria e perderíamos o controle da situação.

No sábado anterior à promulgação da Constituição, Sarney presidiu uma reunião no Palácio do Planalto para buscar minimizar o desastre, que àquela altura parecia inevitável. Comparecemos eu, João Batista, Ronaldo Costa Couto, Ivan Mendes e Saulo Ramos, consultor da República, todos preocupados. Quem conseguiu restabelecer os ânimos foi Saulo Ramos. "Posso provar que a regra não é autoaplicável." Até então, esta era a interpretação: o dispositivo entraria em vigor imediatamente após a promulgação da Constituição. "Preparo um parecer evidenciando a necessidade de uma lei complementar para regulamentar o teto de juros. O presidente aprova e duvido que algum tribunal derrube a interpretação, diante das consequências para a economia e para a sociedade." O parecer estaria pronto no domingo.

O consultor da República trabalhou madrugada adentro produzindo o parecer de cinquenta páginas que sustentava aquele seu ponto de vista. Funcionou. O Supremo Tribunal Federal confirmaria o entendimento e recomendaria ao Congresso que regulamentasse a matéria, o que nunca aconteceria. Já como senador, José Serra apresentaria proposta de mudança constitucional, eliminando a aberração, o que aconteceria com a emenda nº 40, de 29 de maio de 2003, no governo Lula.

PROMULGADA A "CONSTITUIÇÃO CIDADÃ"

Minhas críticas públicas e frequentes à nova Carta não impediram que Ulysses me convidasse para a solenidade de promulgação da nova Constituição, na manhã de 5 de outubro de 1988, como todos os meus colegas de ministério. Ele me enviou o belo exemplar de capa verde, com letras douradas: "Dr. Maílson Ferreira da Nóbrega, Ministro da Fazenda."

O discurso de Ulysses faria história. Ele acreditava realmente que a nova Carta resolveria as piores mazelas brasileiras a golpes de artigos, parágrafos e incisos. "Vamos resgatar a dívida social", confiava. Implícita na frase estava uma crítica ao regime militar, que supostamente se preocupara apenas com o pagamento da dívida externa.

Menos implícita ficou a crítica ao presidente da República, que, na véspera, proferira um discurso à nação, dizendo que a Carta poderia tornar o

Brasil ingovernável — o que não se confirmaria, principalmente porque foi possível eliminar os mais temidos disparates econômicos, como o limite para a taxa de juros. Ulysses reagiu imediata e agressivamente, sem medir palavras. Foi neste momento que cunhou a expressão "Constituição cidadã".

ECONOMIA NADA CIDADÃ

Os avanços institucionais eram inegáveis. Direitos e garantias individuais, liberdade de opinião e outras conquistas da cidadania, tantas vezes conspurcados no regime militar, foram consagrados. Do ponto de vista econômico, todavia, aquela não era uma Constituição a comemorar. O deputado Roberto Campos, que tentara barrar muitas das propostas irrealistas, a chamava de "constituição besteirol".

Aumentou o papel do Estado na economia numa época em que os ideais intervencionistas eram abandonados em todo o mundo, o que ocorreria particularmente depois da queda do Muro de Berlim, no ano seguinte. O controle do Estado foi garantido nas telecomunicações, na energia elétrica, no resseguro e nos combustíveis. A Petrobras ficou com sete monopólios, o que o deputado Roberto Campos denominaria "o avanço do retrocesso".

O Estado assumia compromissos intervencionistas enquanto a União via diminuídos os recursos para atender às novas responsabilidades. Se elevavam brutalmente as despesas e se reduziam substancialmente suas receitas, em grande parte transferidas aos estados e municípios. O resultado não poderia ser diferente: inflação e dívida para financiar a festança nos primeiros anos e, em seguida, elevação da carga tributária, quando a inflação deixou de fazer o jogo sujo da redução real das despesas.

Nasceu uma Constituição detalhista, paternalista, fiscalmente irresponsável. A nova Carta é, acima de tudo, um empreendimento corporativista, que banalizou a ideia de Constituição. Quase tudo está lá. Chegou ao ridículo de estabelecer onde deveria morar o juiz e criar um artigo listando os cinco tipos diferentes de polícias. Uma briga de vizinhos pode chegar ao Supremo, que por isso passou a julgar 150 mil casos por ano — são menos de trezentos na Suprema Corte dos Estados Unidos

OPÇÃO PELOS IDOSOS

O déficit previdenciário, incluindo o INSS e os gastos com inativos do setor público, é uma das terríveis consequências da nova Constituição para as finanças públicas. O Brasil, com estrutura demográfica de país jovem, gastava em 2010 em benefícios previdenciários tanto quanto países maduros e ricos. A situação seria agravada a partir de 1995, com seguidos aumentos reais do salário mínimo. Os gastos previdenciários passariam de 4,5% do PIB em 1988 para 11,2% do PIB em 2010. Na Coreia do Sul, são de 1,4% do PIB. Na China, 2% do PIB. A média mundial é inferior a 6% do PIB. Especialistas calculam que, dada a nossa razão de dependência demográfica — população entre 15 e 64 anos dividida pela de 65 anos e mais —, os gastos previdenciários do Brasil deveriam ser de apenas 3,5% do PIB. No Brasil, o rendimento médio dos aposentados é 21% superior ao rendimento médio dos trabalhadores industriais. Ou seja, em média, ganha-se mais aposentado do que trabalhando. Isso é praticamente inexistente em outros países.

Houve, pois, uma opção preferencial pelos idosos em um país onde, segundo dados do IBGE para 2009, 44% das crianças de até 14 anos vivem em famílias pobres, das quais cerca de 20% são extremamente pobres. Per capita, o estado gasta com idosos pobres cerca de trinta vezes mais do que com essas crianças.

OS RECURSOS VÊM DE ONDE?

Todas as iniciativas "sociais" da Constituição foram fundamentadas em belos ideais. Pena que recursos são limitados. O efeito da nova Constituição no Orçamento da União foi desastroso. Mais de 90% da receita federal foi comprometida com transferências a estados e municípios e com gastos para custear a folha de salários do funcionalismo público, as aposentadorias, a destinação obrigatória de recursos para a educação, e com os encargos da dívida pública.

Tanta generosidade agravou a situação das contas públicas, principalmente devido à rigidez orçamentária nascida da pletora de despesas obrigatórias. O aumento do gasto público nos anos seguintes acarretaria a quase duplicação, entre 1988 e 2010, da carga tributária, em relação ao PIB. E sacrificou os investimentos públicos, que hoje representam, em relação ao PIB, menos de um terço do que antes da Constituição.

CÂMBIO TURISMO, O EMBRIÃO DO CÂMBIO FLUTUANTE

Outra mudança relevante na economia, desta vez positiva, aconteceria pouco depois da promulgação da nova Carta. Em dezembro, o Conselho Monetário aprovaria uma proposta que permitiria a negociação de moeda estrangeira por preços e condições livremente pactuadas por instituições financeiras. Surgiria, assim, o Mercado de Câmbio de Taxas Flutuantes (MCTF), que passou a ser chamado de "câmbio turismo", já que permitia que turistas em viagem ao exterior comprassem o quanto quisessem de dólares e outras moedas conversíveis. O Brasil passaria a ter duas taxas de câmbio, do dólar comercial e do dólar turismo. O objetivo era restringir o mercado paralelo, fazendo nascer um mercado transparente e competitivo, regulado pelo Banco Central. A medida teria efeito educativo e prepararia o terreno para as novas mudanças que nos trariam ao câmbio flutuante propriamente dito, que passaria a vigorar com êxito a partir de 1999.

O convênio constitutivo do FMI, que assinamos, proíbe a existência de duas taxas de câmbio, a não ser que justificado, caso em que o país é desobrigado de seguir a regra. O Fundo aceitou a situação, convencido de que era um passo essencial para a modernização do nosso regime cambial, o que seria comprovado mais tarde.

Outra medida, que seria adotada pouco mais de um ano depois, daria novo impulso à modernização do mercado cambial: a autorização para arbitragem entre o ouro e o dólar, que seria aprovada pelo CMN em janeiro de 1990. A Caixa Econômica Federal poderia comprar ouro por ordem e conta do Banco Central, pagando a taxa cambial do mercado paralelo. Com isso, passaria a ser possível a transferência eletrônica de ouro para o exterior e da quantia correspondente de dólares do estrangeiro para o Brasil, pela cotação do câmbio turismo. Na prática, esta operação significava transformar dólar paralelo em ouro e vice-versa.

Para combater o contrabando, aumentado especialmente depois das descobertas de ouro de Serra Pelada, em 1979, o Conselho Monetário já obrigara a venda do metal ao Banco Central, à taxa do câmbio paralelo.

O projeto da Constituição implicava um aumento da tributação das exportações de ouro, um estímulo adicional ao contrabando. Para que isso não ocorresse, Nathan Blanche, que eu não conhecia e que em 1997 se tornaria meu sócio na Consultoria Tendências, se mobilizou, com outros operadores do mercado de câmbio, e conseguiu sensibilizar os constituintes. Pelo artigo 153, parágrafo quinto, da nova Carta, o ouro classificado como ativo financeiro ou instrumento cambial sujeita-se apenas à incidência do IOF, à alíquota mínima de 1%. Não se pode cobrar

IPI, ICMS, ISS, PIS/Pasep, Confins, Imposto de Exportação e outros que gravam os demais produtos.

NEGOCIAÇÕES DO PACTO SOCIAL E DÍVIDA EXTERNA POR EXPORTAÇÃO

Depois de promulgada a nova Constituição, as reuniões sobre o Pacto Social passaram a ser mais frequentes. Representantes de trabalhadores e de federações e confederações de indústrias se reuniam conosco do meio da tarde até de madrugada. Alguns acordos foram assinados, com impacto positivo sobre as expectativas. Embora a maioria dos acertos fosse relativa a preços de produtos, também eram firmados compromissos genéricos sobre a reformulação do papel do Estado na economia, privatização, redução do déficit público via corte de despesa, adequação de linhas oficiais de financiamento e por aí afora.

Vez por outra, as discussões incluíam propostas de medidas específicas, inclusive de exumar o programa para trocar dívida externa por exportação que Jorge Serpa tanto apoiava. Eu não acusaria publicamente ninguém de pressionar para isso, mas tinha minhas suspeitas. Quando o assunto aparecia, eu reafirmava a impossibilidade de ressuscitá-lo. Não falava além disso.

BOMBA GLOBAL NO *JORNAL DO BRASIL*

Alguém falou. No dia 31 de outubro, o *Jornal do Brasil*, inimigo figadal do dono de O *Globo*, publicou um artigo eletrizante na coluna do Castello, assinado às segundas-feiras por Etevaldo Dias, diretor da sucursal do JB em Brasília. Ele relatava as pressões que eu e João Batista sofríamos para restabelecer o programa de troca de dívida externa por exportação. Não citava o doutor Roberto Marinho, mas contava que uma operação de um bilhão de dólares, relacionada à exportação de casas pré-fabricadas, estava sendo inserida nas negociações do Pacto Social. Insinuava que Sarney sofria pressões de "empresários de expressão" que lhe davam "apoio junto à opinião pública" para aprovar o programa e até mesmo substituir os ministros da área econômica.

Uma bomba no ministério talvez não causasse tamanho rebuliço. Já comecei a semana esbaforido. Contraía os dedos nas mãos, não conseguiria me concentrar em mais nada. Nem Olyntho e Rosa, que também chegaram mais cedo ao gabinete. Como é que aquela informação mantida entre tão poucos podia ter chegado aos ouvidos do jornalista? E logo do *Jornal do Brasil*? Rosa nos disse que Etevaldo e outros jornalistas já a haviam abordado sobre o assunto. Ele teria sido o primeiro a registrar a informação. Àquela altura, mais importante do que saber a origem do vazamento era encontrar a melhor maneira de reagir. Decidimos que, ao menos naquele dia, nem eu nem ninguém do ministério falaria sobre o assunto.

ROBERTO MARINHO EXIGE UM DESMENTIDO

Logo cedo, o gabinete estava apinhado de repórteres, todos eles com a mesma pauta e a maioria com a mesma desconfiança: se tratava de Roberto Marinho? Rosa e Olyntho gerenciavam a pressão por novas revelações, enquanto eu tentava me concentrar em outros assuntos. Os compromissos foram mantidos. Eu é que não estava presente realmente. Aguardava a qualquer momento um telefonema que não poderia deixar de atender: do presidente da República.

Não esperei muito. "Doutor Maílson, o Roberto está indignado. Precisamos desmentir essa informação do *Jornal do Brasil*." Tentei inspirar devagar, como médicos recomendavam que fosse feito em momentos de estresse. "Presidente, o vazamento é lamentável, mas é impossível atender ao pedido do senhor. A informação é verdadeira." Sarney também respirou. Continuei. "O doutor Roberto não me pressionou pessoalmente para incluir o programa no Pacto Social." Só então expirei. "Mas o que está na coluna do Castello é procedente."

No final da manhã, a reação do doutor Roberto e o pedido do desmentido já era do conhecimento das redações. Os jornalistas credenciados na Fazenda passaram a esperar o desfecho. Eu resistiria às pressões? Eu não tinha certeza. E ficava ainda mais preocupado cada vez que um dos assessores adentrava minha sala. Podia desconfiar de que cada um deles teria sido o autor do vazamento.

Por volta das 18h, Sarney telefonou novamente. "O senhor falaria com o Roberto?" Respondi afirmativamente. "Então diga a ele o que o senhor me falou hoje de manhã", pediu. "Perfeitamente, presidente." Imaginei que o empresário ligaria logo em seguida. Pela segunda vez naquele dia, pedi para que alguém me comprasse cigarros, que se esvaíam mais rapidamente.

Pouco depois das 19h, doutor Roberto me telefonou. Falava baixo, em tom sensato, proferindo um discurso politicamente correto e emocionalmente manipulador. "Doutor Maílson, estou muito chateado, indignado. Não mereço tudo isso. Estou trabalhando pelo país. Meu interesse é ajudar" e coisas afins. "Não aceito essa insinuação de que estaria pressionando para incluir esta tal operação no Pacto Social. Não admito. Preciso passar isso em pratos limpos."

Procurei ser diplomático. "Doutor Roberto, também não gostei do que aconteceu, mas não vejo razão para o senhor se preocupar." A conversa começou a ficar difícil. "Nunca ouvi do senhor qualquer pressão para incluir no Pacto Social a troca de dívida externa por investimento." Era essa a expressão que se usava nas discussões. "Ótimo. Vou mandar uma equipe da TV Globo para gravar essa declaração." Esta era outra história. "Desculpe-me, doutor Roberto, mas isso eu não farei", respondi com firmeza. "Digo isso para o senhor, porque não quero que o assunto tenha repercussão maior do que está tendo. Lamento, mas não posso gravar a entrevista." Não era suficiente. "Então eu não estou satisfeito", reagiu. "Sinto muito."

DEU NO *JORNAL NACIONAL*

Talvez meia hora depois, Rosa entrou na minha sala. "Você viu???" Na sala ao lado, ligamos a TV para assistir ao *Jornal Nacional*. O noticioso tinha sido aberto, na voz grave de Cid Moreira: "veja nesta edição: ministro da Fazenda desmente acusações contra o jornalista Roberto Marinho." No final do programa, uma foto minha era exibida ao lado de um texto com minhas declarações no telefonema de minutos antes. A novela das oito estava prestes a começar.

Os jornalistas no MF estavam decepcionados. Para eles, eu havia capitulado. Não era toda a verdade, mas a maneira como foi noticiado transmitia realmente esta impressão. Não havia o que fazer. Resolvi deixar passar, esperando que o episódio fosse esquecido. Ilusão. Os jornalistas escreveriam muito sobre os desdobramentos dessa crise, até mais de um ano depois.

EMBATE PÚBLICO

Nem mentidos nem desmentidos. A matéria do *Jornal do Brasil* foi o estopim para uma guerra aberta. A partir de então, o jornal *O Globo* passou a publicar, quase diariamente, editorial na primeira página com críticas à minha atuação. Os textos me acusavam de incompetência no controle da inflação, de subjugar o país aos interesses dos banqueiros estrangeiros, na linha do discurso típico da velha esquerda. Identificamos semelhanças de estilo com os editoriais e artigos do jornalista José Carlos de Assis, que vinha assinando textos contra a Fazenda e eu próprio. Assis era então assessor de Albano Franco, presidente da Confederação Nacional da Indústria (CNI). Meu nome desapareceu novamente do noticiário da TV Globo. Eu somente aparecia em casos de grande repercussão ou quando anunciasse medidas que seriam veiculadas por todos os canais.

Tanto eu quanto nossa equipe e inúmeros colegas ficávamos perplexos com tamanha artilharia. Era inacreditável. Decidi abordar o assunto com o doutor Olavo Setúbal, presidente do Banco Itaú e amigo de Roberto Marinho. Era um homem sensato e versátil, que associava a qualidade de líder empresarial à experiência política como prefeito de São Paulo e primeiro ministro das Relações Exteriores do governo Sarney. Pedi para que conversasse com doutor Roberto, o alertasse para a inconveniência dos textos para a opinião pública e para a economia brasileira. Doutor Olavo foi muito sincero: não se sentia à vontade para falar disso com Roberto Marinho.

IMPRENSA AO MEU LADO

A maioria dos outros veículos de comunicação ficou do meu lado. Foi com muita satisfação que percebemos que colhíamos os frutos do relacionamento aberto e profissional desenvolvido com a imprensa desde que assumi o ministério. Os jornalistas que cobriam nosso trabalho, mesmo aqueles que criticavam nossas medidas, pareciam não ter dúvidas sobre nossa integridade.

O *Jornal da Tarde* fez editorial em nosso apoio. A revista *Veja* publicou na capa uma foto de minha cabeça em uma frigideira sobre labaredas. Em matéria de oito páginas, relatou detalhadamente o caso. Pôs no centro da campanha duas destacadas figuras envolvidas com o episódio: Jorge Serpa e José Carlos de Assis. Discorria sobre as pressões que o Planejamento e a Fazenda sofriam por liberação de recursos, as demandas de servidores, a concessão de benefícios por outros ministérios e o fundamental apoio que recebíamos da Casa Civil e do SNI, do empresariado e de banqueiros internacionais, ouvidos pela revista.

ABALO EMOCIONAL

Mesmo que tantos estivessem me apoiando, confesso que me abalei, e muito Eu estava com "uma insônia terminal", como dizia, comia mal, dormia mal. Estava pálido, cansado, o que ficava evidente nas fotografias. Mergulhado nesse torvelinho, passei a ter dificuldades de realizar tarefas corriqueiras no ministério, incluindo coordenar reuniões. Naquele momento decisivo, deveria estar trabalhando com João Batista e as equipes de ambos os ministérios na discussão e coordenação das medidas estruturais que serviriam de suporte fiscal ao plano de congelamento. Meu comportamento abalava a Fazenda. Até meus assessores começavam a ficar inseguros.

Ximenes foi quem me despertou do que se aproximava de um torpor. Um dia, em minha sala, interrompeu um lamento meu para falar duro. "Ministro, para com isso! Esquece. Desperta! Enfrenta! Vamos trabalhar no plano! Não temos muito tempo. Se você vai continuar assim, é melhor que saiamos todos." Apesar da crítica com jeito de injeção de ânimo, continuei desmontado. Pedi a Ximenes para trabalhar com João Batista, com quem já havia falado a respeito. Eu não teria a serenidade para contribuir. Foi o que ele fez. E foi muito além. Garantiu que conseguiria tocar as coisas sem mim, mesmo que tivesse que trabalhar vinte horas por dia. Foi a minha fortaleza.

A vontade era mesmo de sair. Conversei novamente sobre esta possibilidade com o general Ivan e com Costa Couto. Eles concordavam que o sacrifício era cada vez maior. Mas, pelo país, valia a pena. Sem mim, eles temiam que não haveria o novo plano econômico, nem o apoio que angariávamos entre empresários e alguns líderes dos trabalhadores. A economia se abalaria ainda mais, o que seria responsabilidade minha. Então, tá. O jeito era aguentar.

EU NA *TV PIRATA*

Ainda naquele ano, a TV Globo criaria um quadro num programa humorístico em horário nobre em que eu seria imitado. O humorista Guilherme Karan, vestido de terno cinza, gravata e imensos óculos quadrados, falaria com sotaque nordestino sobre déficit público, dívida externa e outras das expressões econômicas que eu utilizava mais frequentemente. Tenho que admitir: era muito gozado. Eu me divertia.

IMPRENSA PEDE DINHEIRO

Foi no meio do entrevero com Roberto Marinho que recebi em audiência um representante de um influente jornal. Conversamos uns cinco minutos sobre generalidades e logo disse a que viera. "Meu jornal precisa de tantos milhões", não lembro a quantia, mas era uma fortuna. Foi minha vez de explicar: a Fazenda não tem verba para isso. "Não estou solicitando ao ministério, estou pedindo a você que arranje uma maneira de suprir o jornal desse valor. Já precisei outras vezes e me ajudaram." Achei uma coisa de outro mundo, mas escorreguei. "Eu vou pensar, mas eu acho muito difícil. Se eu encontrar alguma maneira, ligo para o senhor." Nunca liguei.

ACORDOS FIRMADOS NO PACTO SOCIAL

No início de novembro, assinamos um acordo inédito entre trabalhadores, governo e empresários, estabelecendo prefixação dos reajustes para os dois últimos meses do ano, que não deveriam ultrapassar 26,5%. Era uma vitória importante. A inflação mensal de julho a outubro rondara os 28%. O cenário não era o ideal, mas ao menos ganhávamos cerca de dois meses para ajustar os elementos necessários para a implantação de um novo plano de combate à inflação.

INFLAÇÃO LATINO-AMERICANA

A escalada inflacionária na segunda metade dos anos 1980 não era exclusividade brasileira. Ela vitimou diversos países latino-americanos que tinham similaridades conosco: transição de governos autoritários para a democracia, populismo econômico e crise da dívida externa. Argentina, Peru, Nicarágua e Bolívia também enfrentaram descontrole inflacionário. No caso do Peru, a crise se agravou no governo de Alan García, que adotara medidas como a nacionalização dos bancos, provocando uma profunda desorganização da economia. O García dos anos 1980, como se vê, era totalmente diferente daquele outro, com ideias renovadas que buscaria transformar o Peru no "tigre latino-americano" nos anos 2000.

PLANO PRIMAVERA NA ARGENTINA

A experiência que acompanhamos com mais atenção foi a da Argentina, não apenas pela proximidade territorial, mas também por ser um país com problemas semelhantes aos nossos, tanto em relação à inflação quanto ao endividamento externo, além do governo politicamente fraco e com legitimidade em baixa. Também porque o degelo nas velhas desconfianças entre Brasil e Argentina, iniciado com a diplomacia presidencial de Sarney e Alfonsín, dava frutos. Estávamos discutindo com os argentinos meios de ampliar o comércio entre os dois países.

Em 1985, o governo Alfonsín havia tentado enfrentar a inflação com o congelamento do Plano Austral, que fracassara, como o nosso Cruzado, de 1986. Em outubro de 1988 lançou o Plano Primavera, às vésperas das eleições presidenciais. O objetivo era estabilizar a economia e reduzir a inflação mensal de 25% para um patamar entre 4% e 5%. O pacote de medidas, que incluía congelamento de preços e de salários, foi comemorado pelo empresariado nacional e pelo sistema financeiro internacional. Rapidamente, a inflação despencou e o FMI voltava a se acertar com a Argentina.

O Plano Primavera também fracassou. No final de 1989, a inflação anual alcançaria os 3.000%. Diferentemente do Brasil, a inflação argentina se transformaria em hiperinflação aberta, pois as transações da economia eram referenciadas em dólares. A população há muito se acostumara a guardar moeda americana. A hiperinflação argentina seria acompanhada de saques de lojas e supermercados e revoltas populares contra os preços altos e salários corroídos.

CAPÍTULO XXV Plano Verão
(dezembro de 1988-
julho de 1989)

PLANO DE ESTABILIZAÇÃO DA ECONOMIA
Com ou sem bombardeios de O *Globo* e crise emocional, a economia brasileira precisava continuar funcionando, para que não tomássemos o mesmo caminho que a Argentina. A inflação se acelerava desde julho: passou de 24% para quase 29% em dezembro. O feijão e o arroz haviam aumentado cerca de 1.200% em 1988. Na mesma proporção, aumentava a desconfiança de que um novo plano econômico estaria a caminho, o que provocava atitudes defensivas que contribuiriam para acelerar a inflação, como estocar alimentos.

Embora o prazo estimado para o lançamento fosse o final do ano, em dezembro, ainda não podíamos implementá-lo. Prometêramos firmar antes os acordos do Pacto Social, mas não conseguíamos colocar empresários e trabalhadores do nosso lado — muito menos um ao lado do outro.

Além disso, o plano ainda não estava suficientemente alinhavado. Nossa esperança era a de que o novo plano duraria mais do que os anteriores, porque estaria alicerçado em forte ajuste fiscal, extinção de vários órgãos e privatização de empresas estatais. Imaginávamos que, com a amplitude do programa, manteríamos a inflação baixa, para os padrões da época, até entregar o bastão ao novo presidente. Para isso, era preciso ainda acabar de estruturar as regras do congelamento, da conversão dos salários, e o tratamento dos contratos, dos índices e das transações no mercado financeiro. E também redigir os últimos textos sobre extinção de órgãos, corte de gastos e por aí afora. Era tanto a fazer que trabalharíamos até no Natal e no ano-novo, entre tantas reuniões.

JORNALISTAS ESPIÕES

Em meados de dezembro, apenas uma dúzia de pessoas sabia do plano: eu, Sarney, João Batista, Ronaldo Costa Couto, Ximenes, Cláudio Adilson, Michal Gartenkraut, Ernesto Guedes e outros poucos técnicos da Fazenda e do Planejamento que preparavam os textos. Uma das reuniões finais ampliaria bastante este número.

A equipe discutia detalhes do plano na residência oficial do Ministério da Fazenda. Entre eles, o nome do novo título do Tesouro, que substituiria a OTN. Mesmo sem o "R", de "reajustável", suprimido no Plano Cruzado, a sigla ainda lembrava indexação. O presidente Sarney havia sugerido Apólice do Tesouro Nacional, APN. Achávamos que poderia ser confundida com apólice de seguro. Na reunião, sugeri Bônus do Tesouro Nacional, BTN. João Batista brincou: "vão chamar de Bomba do Tesouro Nacional."

Talvez tenha sido uma risada diferente que nos fez perceber que três jornalistas se acocoravam atrás do sofá da sala em que estávamos. No dia seguinte, publicaram detalhes do nosso diálogo, inclusive a descontração e o BTN, o nome que seria adotado e ainda vigorava em 2010. Por sorte, não falamos em congelamento.

CONSULTA A SIMONSEN

João Batista sugeriu que eu conversasse com Simonsen. Embora trabalhássemos em sigilo, concordei. O ex-ministro era uma das grandes autoridades em economia, com vasta experiência de governo, e valia a pena ouvi-lo, para diminuir o risco de equívocos. Com a aprovação de Sarney, liguei para ele. Aceitou me receber em seu apartamento, no Rio de Janeiro.

Cheguei lá por volta das 21h30, confiante de que neste horário seriam reduzidas as chances de minha visita ser descoberta. Zelávamos para evitar que o congelamento se tornasse público, o que poderia ser um desastre. Debatemos diversas ideias. Depois de concordar com a necessidade do plano, fiel à sua tradição de formulador de políticas econômicas, propôs: "aproveita para alterar a tributação do mercado financeiro", não me lembro por quê. Logo datilografava uma medida em sua máquina de escrever.

Lá pelas 23h, o porteiro do prédio avisou: havia jornalistas no térreo, querendo falar com nós dois. A notícia vazou? O porteiro, que me reconheceu? Alguém que me viu entrar no edifício? Àquela altura, mais importante do que identificar o informante, era inventar uma mentira. Disse aos jornalistas que viera ouvi-lo sobre a conjuntura, dado o agravamento da situação inflacionária. Foi o que noticiaram, insinuando que não era verdade.

KIT CRISE

Naqueles anos turbulentos, crises repentinas eram seguidas imediatamente de medidas, que a muitos pareciam improvisadas. Não funcionava assim. Muitas soluções eram amadurecidas previamente, como o caso daquela proposta de Simonsen. Outras estavam prontas, redigidas, aguardando o momento propício para serem assinadas. Nos meus tempos de assessor de ministros, sempre tinha medidas na gaveta, como muitos outros colegas. Na crise, elas se materializavam na mesa do ministro, o que impressionava os menos familiarizados com os meandros do setor público. Era o que chamávamos de "kit crise".

LEIS E SALSICHAS

Nem sempre importantes decisões são precedidas de grandes estudos. Muitas vezes funciona a intuição, a experiência. Primeiro se faz o projeto de lei ou de decreto para então se redigir a exposição de motivos, não o contrário. No dia a dia do governo, atuam pressões, de lobbies, do governo, de uma crise. Recorrentemente, é preciso tomar uma medida rapidamente, às pressas, e, portanto, sujeita a erros. Otto Von Bismark, unificador da Alemanha no final do século XIX, dizia que "leis são como salsichas. É melhor não ver como são feitas".

OUTRAS CONSULTAS

No dia seguinte, Sarney ligou para falar sobre o encontro com Simonsen. "Doutor Maílson, pegou muito bem. Acho que você devia fazer o mesmo com Funaro." Respondi que, neste caso, eu haveria de consultar outros ex-ministros da Fazenda, como Delfim e Galvêas. O presidente aprovou.

Não houve tempo de trocar ideias com Galvêas. Assim como Simonsen, Delfim, que era deputado federal e que recebi no prédio da Fazenda em São Paulo, apoiou. "Não há muita saída." A conversa com Funaro foi muito mais marcante. Desde a moratória, que critiquei publicamente, minhas relações com ele haviam se tornado bastante frias. Ao tentar contatá-lo em São Paulo, soube que se tratava nos Estados Unidos do câncer linfático. Fazia uma sessão de quimioterapia quando liguei para o hospital, mas me retornou no mesmo dia. Embora com dificuldade de falar, Funaro conversou longamente comigo, emocionado por eu o estar consultando. Também me comovi. Elogiou nossa iniciativa e assegurou que, ao retornar ao Brasil, daria entrevistas em apoio ao plano. Infelizmente, o ex-ministro não emitiria as declarações que prometera. Poucos meses depois, voltaria ao país, mas sua saúde se agravaria rapidamente. Faleceria no dia 12 de abril de 1989, em São Paulo, onde eu acompanharia o sepultamento.

APOIO DA TV GLOBO

Muito mais do que dos ministros anteriores, era imprescindível obter apoio da sociedade ao nosso plano econômico. A formação de expectativas favoráveis era fundamental. Qualquer programa de estabilização precisa ser crível. Para que a sociedade acreditasse que funcionaria, precisávamos do apoio da mídia, inclusive às fortes medidas fiscais e administrativas. Se a TV Globo, a emissora de maior audiência, não apoiasse, seria um mau começo, que diminuiria as chances de sucesso.

Os editoriais do jornal *O Globo* haviam arrefecido desde dezembro, até que sumiram. Eu voltava a ser entrevistado normalmente pelo *Jornal Nacional*, pelo *Bom Dia Brasil*, pelo *Jornal da Globo*. Mesmo assim, pedi que o presidente Sarney se empenhasse em um armistício formal. No início de janeiro, Jorge Serpa me procurou. Conversamos amistosamente, como se nada tivesse acontecido. Fui direto: "Gostaríamos muito do apoio de vocês." Serpa também foi: "Pode contar." Foi incrivelmente mais rápido do que imaginara. "Preciso de informações com exclusividade, na manhã do lançamento. A TV Globo se preparará para fazer a melhor cobertura." Assim seria feito.

JANTAR COM ROBERTO MARINHO

Na segunda semana de janeiro, Roberto Marinho me convidou para jantar em sua casa, no bairro carioca do Cosme Velho, o que era uma grande honra, reservada a amigos, parceiros e presidentes da República. Talvez houvesse se convencido da impossibilidade de retomada do programa de troca de dívida externa por exportação e da inconveniência daquela contenda. Podia, como divulgava, "pensar realmente no bem do país", pensei.

O jantar foi muito agradável. Conversamos sobre a conjuntura, as dificuldades que o novo ano prometia, o risco das eleições do final do ano, as chances de cada candidato. Concordamos, por exemplo, que seria Ulysses Guimarães o próximo presidente da República. Depois disso, fui muito franco com ele. Contei que estávamos formulando o Plano de Estabilização da Economia, que teria poucas chances de ser duradouro sem reformas profundas no Estado. Ele ouviu com muita atenção. "Daremos ampla cobertura e apoiaremos as medidas", garantiu.

PACTO SOCIAL QUEBRADO

Na noite de sexta-feira 13 de janeiro de 1989, anterior ao lançamento do plano, nos reunimos com representantes dos trabalhadores, na residência oficial do ministro da Fazenda. Pelo governo, além de mim, estavam presentes João Batista e Dorothea Werneck, que assumira o Ministério do Trabalho naquele dia. Entre os sindicalistas, Jair Meneghelli e Vicentinho, da CUT, Rogério Magri, Luiz Antônio Medeiros e Joaquinzão, da CGT.

Queríamos o apoio deles para a regra de conversão dos salários à nova moeda, calculada pela média dos meses anteriores. A reunião foi tensa, ao ponto de eu voltar a fumar — em uma das minhas inúmeras idas e vindas com o cigarro. Os líderes sindicais reivindicavam reajuste pelo pico, o que significaria matar o plano no nascedouro, pois os salários entrariam em nível muito superior à produtividade, gerando pressões inflacionárias. Também foram contrários a qualquer demissão de servidores públicos, mesmo os não estáveis.

Não houve acordo e a reunião acabou afundando, como acontecera com o *Bateau Mouche*, o barco que naufragou em frente à praia de Copacabana na virada do ano. Para os sindicalistas, havíamos quebrado a promessa, feita nas negociações do Pacto Social, de que não haveria um novo plano sem que os acordos fossem firmados. Nada a fazer. A saída foi deixar em aberto a regra para os salários.

No domingo de manhã, foi a vez de nos encontrarmos com líderes do setor produtivo. Estavam presentes, entre outros, Albano Franco, da CNI, Mário Amato, da Fiesp, João Donato, da Firjan, e José Alencar, da Fiemg, que uma década depois se tornaria vice-presidente de Lula. Ouviram com atenção e também manifestaram descontentamento com o descumprimento da promessa, sem a ênfase posta pelos sindicalistas. Apesar disso, garantiram apoio ao plano, aceitando inclusive juros altos, necessários para conter a demanda.

LANÇAMENTO DO PLANO

No final da tarde do domingo 15 de janeiro de 1989, divulgávamos o Plano de Estabilização da Economia, o terceiro em quatro anos. Eram congelados preços, salários e contratos e eliminada a correção monetária. Cerca de noventa mil funcionários públicos não estáveis seriam dispensados. Diversos órgãos do governo seriam extintos, incluindo cinco ministérios e o Incra. Em relação à privatização, optamos por uma lista negativa, composta das empresas que não poderiam ser vendidas: Petrobras, Banco do Brasil e demais instituições financeiras federais. Seria permitido privatizar as empresas não constantes da lista.

Seguindo preceitos clássicos, elevamos a taxa de juros real de curto prazo, visando a reduzir a liquidez do sistema, diminuir a oferta de crédito e, assim, evitar o aumento da demanda que nos planos anteriores havia contribuído para o fracasso. Suspendemos também os leilões mensais de conversão da dívida externa em capital de risco, que ainda estava em vigor.

A taxa de câmbio seria uma das âncoras do programa. Promovemos uma desvalorização de 18% e fixamos a paridade de 1 para 1 entre a moeda nacional e o dólar, o que implicava suspender as minidesvalorizações diárias. Foram cortados três zeros da moeda, que passou a ser chamada cruzado novo (NCz$), no lugar do cruzado. Era a terceira moeda em circulação na década de 1980. As notas eram substituídas com tanta frequência que até brincávamos: não haveria mais heróis para estampá-las. Um dia ainda seriam animais, como alguém mencionou.

HETERODOXIA E DESINDEXAÇÃO

A inflação brasileira era diferente das outras e os mecanismos de combate deveriam considerar suas características peculiares. Era necessário um choque de desindexação. Aliás, seria preciso eliminar a correção monetária, a não ser em contratos superiores a um ano. O novo plano erradicava todos os mecanismos de perpetuação do processo inflacionário, inclusive a URP, Unidade de Reajuste de Preços, criada no Plano Bresser.

A nova regra para reajustes dos salários seria definida somente no dia 15 de abril, em reunião entre os Ministérios da Fazenda, do Trabalho e a Casa Civil, que deveriam buscar informações e sugestões de empresários e trabalhadores. O reajuste de alguns produtos e serviços havia sido autorizado no dia 12 de janeiro. No dia 15, os valores seriam congelados por tempo indeterminado. Apostávamos que a queda da inflação, que se beneficiaria da leve recessão da época, permitiria aumentar a periodicidade dos reajustes. Quando o congelamento fosse suspenso, um novo cenário garantiria uma inflação baixa e sob controle.

COBERTURA DA TV GLOBO

A TV Globo transmitiu ao vivo, durante meia hora, a entrevista coletiva que eu e João Batista concedemos no Palácio do Planalto para divulgar e explicar as medidas. *O Fantástico* deu flashes ao vivo em diferentes momentos. Com tal divulgação, esperávamos que as pessoas entendessem os detalhes do plano e o apoiassem. Nas primeiras noites, dormimos tranquilamente, sonhando que o plano efetivamente funcionaria.

É O PLANO VERÃO

"Governo lança Plano Verão". Foi essa a chamada de capa do jornal *O Estado de S.Paulo*. A inspiração certamente era o Plano Primavera, da Argentina, lançado meses antes e que já fracassava. Achamos de mau agouro. E parecia ridículo. Para nós, remetia a algo efêmero, que duraria apenas uma estação. Além disso, lembrava o título da peça de Shakespeare *Sonho de uma noite de verão*, sugerindo algo irrealista e transitório.

Apesar do nosso esforço em continuar a chamá-lo de Plano de Estabilização da Economia, o apelido pegou rapidamente, inclusive na nossa equipe. Também passamos a nos referir a ele como Plano Verão. Aprendêramos: se este é o nome que a população comprou, não há como refutar. Ficou assim, até mesmo nas inúmeras ações judiciais que tramitariam no Judiciário.

AÇÕES NA JUSTIÇA

Todos os planos econômicos provocaram ondas de ações na Justiça contestando rendimentos de aplicações e reajustes de salários ou aposentadorias. O Plano Verão foi um dos campeões, ao lado do Plano Collor. Ambos foram lançados em períodos de inflação altíssima, o que legava mais distorções e maior potencial de reclamações.

No caso do Plano Verão, destacaram-se as ações em que se reivindicava que os bancos pagassem a diferença entre o rendimento da caderneta de poupança e o que seria devido adotando-se a inflação cheia do período. Estudos do governo e do setor privado provaram que essas ações não faziam sentido. O índice foi o mesmo para os que tinham empréstimos cujos saldos eram corrigidos pela poupança. Os bancos não ganharam nem perderam nesse processo.

O Brasil é o único caso de país que viveu um processo hiperinflacionário no qual foi possível documentar supostas perdas. Daí os milhões de ações na Justiça. Em outros países, como Alemanha, Hungria, Polônia, Argentina, Peru e Bolívia, não havia indexador baseado em índices de inflação. Os agentes se indexavam ao dólar, tornando inviável reivindicar perdas.

APROVAÇÃO DO CONGRESSO

O Plano Verão foi o primeiro a ser implementado por medidas provisórias. Foram seis delas. Já havia um certo ceticismo se a MP era uma ferramenta eficaz e tínhamos receio de rejeição. Era uma novidade da Constituição de 1988: passou a ser possível reverter uma decisão do Executivo, mediante um Decreto Legislativo.

De acordo com a Constituição, se o Congresso estiver em recesso, deve ser convocado até cinco dias depois da publicação de uma medida provisória no *Diário Oficial*. Assim, os parlamentares retornaram mais cedo de suas férias. Conversei com Ulysses Guimarães na noite de lançamento, sobre a necessidade de as medidas serem aprovadas, em especial o congelamento. O deputado garantiu que isso ocorreria, o que me deixou confiante.

Dias depois, a MP do congelamento, a mais importante, havia sido examinada pelas comissões técnicas do Congresso e estava pronta para ser votada em reunião conjunta de suas duas Casas. Acompanhei a tramitação através de informações que o assessor parlamentar me dava por telefone. Por volta de meia-noite, cansado e tranquilo, dormi. Acordei às cinco, com o telefone tocando. "Acabamos de aprovar o Plano Verão", contava Ulysses. Entendi que todas as nossas medidas haviam sido aprovadas.

RESISTÊNCIAS POLÍTICAS

Não foi bem assim. Já na segunda-feira posterior ao lançamento do plano começaram os problemas. Uma das medidas provisórias de maior

SENHOR MINISTRO — MINISTRO DA FAZENDA...

impacto nas expectativas era a demissão de cerca de 90 mil funcionários não estáveis. O presidente do senado, senador José Inácio, que ainda seria governador do Espírito Santo, devolveu a MP, alegando se tratar de assunto de competência exclusiva do presidente da República.

Se ele estivesse certo, bastaria um decreto para consumar as demissões. Os órgãos jurídicos do governo lançaram dúvidas, sustentando que fazer demissões por decreto abriria um grande flanco para contestações no Judiciário. Dada a natureza da medida, suscetível de sensibilizar juízes, era muito provável que os funcionários obtivessem liminar para mantê-los no serviço público. O presidente desistiu, devido aos efeitos políticos. Os jornais deram grande destaque a esse fracasso inicial, que teria inequívocas consequências negativas nas expectativas. O plano começava a morrer no mesmo dia em que entrava em vigor.

À medida que o tempo passava, ficavam mais escassas as chances de sobrevivência das demais medidas que davam credibilidade ao plano. O Congresso rejeitou aquela que extinguia o Incra. Decreto legislativo anulou os decretos presidenciais que haviam extinto algumas superintendências. Só não ressuscitaram os ministérios.

Minha esperança era a de que uma das reformas estruturais seria aprovada: a privatização de empresas estatais. O relator da matéria, deputado João Agripino Filho, um velho amigo e conterrâneo, foi ao meu gabinete para conversar sobre o assunto. Cedi em uma de suas emendas à MP, que incluía a Vale do Rio Doce entre as empresas não privatizáveis. Não adiantou muito. Fomos também derrotados nessa área. Além do congelamento, o Congresso aprovou apenas a MP que estabelecia a regra de gastar apenas o que se arrecadasse.

O Plano Verão não perdia apenas credibilidade. Ele perdeu sua essência, ficou oco sem as medidas estruturais a que havíamos dedicado tempo, noites indormidas e o melhor de nossa criatividade. Àquela altura, tinha limitadíssimas chances de durar. Lembrando Shakespeare novamente, foi "muito barulho por nada". Rapidamente, o plano começaria a fazer água. Seria o mais breve do governo Sarney.

Analisando posteriormente, concluí que nenhum plano teria chances de êxito naquela época devido à combinação de desequilíbrio fiscal, economia fechada, baixo ou nenhum acesso aos mercados financeiros internacionais, fraqueza política e uma enraizada cultura de indexação.

GRANIZO NO PLANO VERÃO

Diferentemente do que sonhávamos, já no primeiro mês a inflação voltava: 3,6% em fevereiro e 6,1% em março. O ajuste fiscal não fora bem-sucedido. As medidas estruturais, tampouco. Afinal, 1989 era um ano eleitoral. Negociar questões salariais era muito difícil. Nossa intenção era não admitir reajustes, mas, para isso acontecer, era preciso que os preços se estabilizassem. Já em fevereiro, ao observar os resultados da inflação, oferecemos reposição salarial de 7,5%, dividida em três parcelas. Não foi suficiente. Impasses se formavam. Nos dias 14 e 15 de março foi realizada uma greve geral. Diante das pressões, em abril determinamos a recomposição salarial de até 13,1% para determinadas categorias. A nova política salarial foi aprovada no mês seguinte, considerando para as faixas de renda mais baixa reajustes mensais.

A INDEXAÇÃO VOLTA À ECONOMIA

O plano inicial de manter uma economia sem indexação escorria por entre nossos dedos, como areia de praia numa brincadeira de veraneio. Paralelamente à elevação dos salários, foram feitos os primeiros reajustes de tabelas de preços. Para evitar a rápida propagação da inflação, foi definido que os aumentos deveriam ocorrer trimestralmente, sob controle governamental. Mesmo tentando liberar os preços de setores considerados competitivos, para induzir a concorrência e a manutenção dos valores, nos meses seguintes a inflação continuaria sua escalada. Em maio, atingiria 12%. Anunciaríamos, então, nosso modestíssimo objetivo de mantê-la no nível de 10% ao mês. Nem isso conseguiríamos. A inflação dispararia. Seriam 26% em junho.

Se os reajustes voltavam a fazer parte da dinâmica da economia, seria preciso ao menos definir regras claras para tal. Assim, em fins de abril, o Bônus do Tesouro Nacional (BTN) se tornou o indexador oficial da economia. Seria reajustado mensalmente, de acordo com a variação do INPC. Voltamos a centralizar o câmbio, que passou novamente a ser ajustado diariamente.

OUTRA MORATÓRIA DA DÍVIDA EXTERNA

O fracasso do Plano Verão contribuiu para a frustração dos efeitos positivos da negociação da dívida externa. Ao contrário do que nós, o FMI e os banqueiros esperavam quando assinamos o acordo, o crédito externo para o Brasil continuava estagnado, em boa parte por nossas próprias deficiências. Naquelas circunstâncias, seria impossível manter nossos compromissos de pagar. Desta vez de forma negociada, sem os arroubos e a inconsequência da moratória unilateral e barulhenta de 1987, procuramos os bancos para informá-los da impossibilidade de continuar servindo a dívida externa. Expusemos francamente a situação do país e eles aceitaram, sem retaliações.

PLANO BRADY

Não era apenas o Brasil que enfrentava grandes dificuldades para pagar a dívida externa. Muitos países, incluindo praticamente todos os latino-americanos, se encontravam nessa situação. Logo que assumiu, em janeiro de 1989, o presidente norte-americano George Bush, o pai, anunciou que se empenharia em resolver definitivamente o problema. Ainda em março daquele ano, um mês depois de convencer os soviéticos a retirarem todas as suas tropas do Afeganistão, o governo americano lançou o Plano Brady, coordenado pelo experiente secretário adjunto do Tesouro para Assuntos Internacionais, David Mulford, e apresentado pelo novo secretário do Tesouro, Nicholas Brady. O objetivo era restaurar a confiança dos investidores nos países emergentes. Especificamente 17 deles, da América Latina, África, Ásia e Leste Europeu. Os bancos dariam desconto de 35% e prazo de trinta anos para pagar.

Como garantia, os bancos receberiam um título emitido pelo Tesouro americano, chamado *Zero Cupon Bond*. Os juros desse papel estavam embutidos no seu valor, a ser pago de uma vez, no final do prazo. Além disso, os devedores fariam um depósito em dólares, vinculado ao pagamento dos juros durante três anos. O valor da dívida seria expresso em títulos, que podiam ser negociados nos mercados secundários. Era uma solução que combinava mecanismos de mercado com a coordenação do governo americano e a participação do FMI, com o qual os devedores precisavam negociar um acordo.

O Plano Brady seria o passo final na longa crise da dívida externa. A iniciativa seria fundamental para encaminhar a abertura comercial e financeira que seria a tônica das economias emergentes na década de 1990. Afinal, o endividamento não resolvido comprometia o desenvolvimento e reduzia o interesse de investidores estrangeiros de arriscar seu capital em economias financeiramente fragilizadas.

O México concluiria o acordo ainda em 1989, a Venezuela o faria em 1990 e a Argentina, em 1992. O acordo brasileiro viria apenas em 1994, com Itamar Franco na presidência, Fernando Henrique Cardoso no Ministério da Fazenda e Pedro Malan como negociador. Só então, 12 anos depois de iniciada, a crise da dívida externa seria deixada para trás.

ALMOÇO COM FRANÇOIS MITTERRAND

Mesmo sabendo que não haveria efeito prático para o Brasil, fui a Paris, a convite do governo francês, para uma conferência em que se discutiria a dívida externa dos países da América Latina. A conferência valeu pelos debates e por um almoço com o presidente François Mitterrand, no Palais de l'Élysée, sua residência oficial. Eu e o ministro da Fazenda do México, Pedro Aspe, fomos convidados a compor a mesa com Mitterrand, juntamente com o presidente do BID, Enrique Iglesias. Foi uma conversa sobre generalidades, mas muito agradável e honrosa para mim. Eu admirava a coragem do presidente francês em voltar atrás em seu programa socialista para a economia, salvando-a do abismo, bem como sua liderança na consolidação do Mercado Comum Europeu e no nascimento da União Europeia, da qual viria o euro.

NAHAS ESPECULA NA BOLSA DO RIO DE JANEIRO

Na mesma época, em maio de 1989, o mercado brasileiro foi chacoalhado por uma grande crise na Bolsa de Valores, que só não acarretou maiores consequências para a economia porque o mercado de capitais ainda não tinha muita importância no financiamento das empresas.

O megainvestidor Naji Nahas, cujas operações costumavam influenciar o comportamento dos índices de mercado, não honrou um cheque que entregara à Bolsa de Valores do Rio de Janeiro (BVRJ), então a maior do Brasil, como pagamento de margem em suas operações com ações. Ele montara uma grande posição em ações, alavancadas com dívida bancária. Esperava que a alta dos papéis lhe garantisse o suficiente para pagar a dívida com o banco e ainda obter bons lucros. A operação deu errado. Com isso, a Bolsa entrou em apuros, sem poder honrar seus compromissos com as outras partes no negócio.

No final da tarde daquela sexta-feira, Ximenes me informou sobre o ocorrido. "Não devemos concordar com qualquer ajuda do Tesouro para remediar a situação", determinei. Na crise que o país vivia, com um governo politicamente enfraquecido, não tinha cabimento colocar dinheiro público para sanear o mercado acionário, visto pela população como coisa de especuladores. Se a Bolsa quebrasse, colocando em risco a estabilidade do sistema financeiro, veríamos o que fazer.

PRESSÕES PARA SALVAR A BOLSA

Ximenes alertou que a área do mercado de capitais do Banco Central estava apavorada e provavelmente seria favorável a algum tipo de assistência financeira estatal à Bolsa carioca. Não seria surpresa se a Bolsa mobilizasse apoio político para obter ajuda. Era preciso nos prepararmos para enfrentar as pressões. Imediatamente liguei para o general Ivan Mendes e para Ronaldo Costa Couto, que concordaram com minha posição. Pedi que prevenissem o presidente, sugerindo que ele deixasse por nossa conta a condução da crise. No início da noite, Sarney me ligou em apoio. Depois de me munir com mais argumentos, com Ximenes e Luiz Antonio, telefonei a Keyler Carvalho Rocha, diretor de Mercado de Capitais do BC, para entender melhor o caso e lhe transmitir a posição do governo.

No final da noite, telefonaram Jorge Serpa e Sérgio Barcellos, superintendente da BVRJ. Sérgio pintou um quadro dramático: se a Bolsa não fosse socorrida, seria "desastroso" para o mercado de capitais. Pediam para reunir-se comigo, com o que concordei. Na manhã de sábado, os recebi em casa. Foi uma reunião difícil. Tenso, Barcellos gesticulava muito, anunciando o fim do mundo. Serpa, frio como sempre, usava sua fala mansa para acentuar a gravidade da situação e a necessidade de apoio do governo. Saíram sem qualquer promessa, a não ser a de que a área de mercado de capitais do BC se reuniria com participantes do mercado na segunda-feira.

O Tesouro não auxiliou com um tostão sequer, o que provavelmente contribuiu para acelerar o natural declínio da BVRJ. Além de a confiança ter sido abalada, o mercado de capitais crescia em São Paulo, enquanto o Rio perdia sua condição de centro financeiro do Brasil. A BVRJ seria incorporada pela Bovespa vinte anos depois do incidente.

Nahas jamais assumiu qualquer responsabilidade pelo acontecido.

ELMINHO E A QUEDA DE ELMO CAMÕES

O episódio não acarretou o desmantelamento do sistema financeiro, mas alguns de seus participantes não resistiram. Uma das vítimas foi Elmo

Camões Filho, primogênito do presidente do Banco Central. Elminho, como era conhecido, quebrou, juntamente com seus sócios na Corretora Capitânea. O pai, viajando ao exterior, retornou imediatamente para assumir o comando de uma operação de resgate. Convidou os principais banqueiros para uma reunião em sua residência, onde lhes fez um apelo para que ajudassem seu rebento. A reunião vazou imediatamente, provavelmente por banqueiros que não cederam à pressão.

Foi um escândalo. As gestões do presidente do BC receberam amplo destaque na imprensa. Em entrevista ao *Bom Dia Brasil*, Ximenes, que estava como ministro interino, já que eu me encontrava no Uruguai participando de uma reunião de presidentes da América Latina, fez duras críticas a Camões, defendendo que "uma pessoa que negocia por seu filho com o sistema financeiro não pode ser presidente do BC". A declaração gerou desconforto no governo.

Já era difícil conviver com Elmo antes do ocorrido. Eu e João Batista já havíamos sugerido ao presidente Sarney a demissão de Camões em ocasião anterior, quando percebemos que ele não reunia as condições para exercer a função. O presidente nos pedira paciência. Com seu envolvimento na operação salvamento, Camões perdia completamente as condições de permanecer. Mesmo assim, não pedi sua demissão, deixando que o Palácio do Planalto se convencesse da inconveniência de mantê-lo no cargo e tomasse a iniciativa. Foi o que aconteceu.

XIMENES NÃO SE TORNA PRESIDENTE DO BC

Com a demissão de Camões, o candidato natural à sucessão seria Ximenes. Funcionário do BC, experiente na matéria, com grande capacidade de liderança e entrosado com a equipe, dificilmente haveria nome melhor. Eu e João Batista pedimos uma audiência com o presidente para indicá-lo. Na audiência, o presidente disse que lhe agradava uma sucessão interna, como Wadico Buchi, diretor da Área Bancária do BC. Perguntou se nos opúnhamos à sua decisão. Não havia nada contra a escolha. Saímos frustrados. Ximenes se tornaria presidente do BC no governo de Itamar Franco, depois de ser diretor do BID e do Banco Mundial.

RENÚNCIA NA ARGENTINA

Assim como o Brasil, a Argentina vinha tentando, sem sucesso, controlar a inflação mediante choques econômicos. Como o Plano Verão, o

SENHOR MINISTRO — MINISTRO DA FAZENDA...

Plano Primavera fracassara rapidamente. A escalada dos preços voltou mais forte. Com a campanha eleitoral do peronista Carlos Menem, recheada de um discurso populista contra banqueiros e a favor de um "salariazo", como eram chamados os generosos aumentos de salários, o pânico se instalou e a Argentina entrou em hiperinflação aberta.

Seis meses separavam a eleição e a posse do presidente argentino, período suficiente para o país se desorganizar, com graves consequências sociais, econômicas e políticas. Temendo pelo pior, o presidente Alfonsín negociou com Menem a antecipação da posse, cinco meses antes do término oficial do seu governo. Carlos Menem iniciou seu mandato em julho de 1989, com legitimidade e apoio político para enfrentar a crise. Contrariando seu discurso, adotou medidas conservadoras que fizeram com que a inflação cedesse, ainda que se mantivesse em níveis elevados.

RECEIO DO "EFEITO ORLOFF"

Acompanhei a transição com apreensão, assim como a hiperinflação argentina. Preocupavam-me sobretudo as similaridades com a economia brasileira. Falava-se aqui em "efeito Orloff", expressão inspirada em um comercial de TV da vodca, que dizia "eu sou você amanhã". Brincadeira à parte, nós também já havíamos queimado nosso derradeiro cartucho com o Plano Verão, e a inflação havia retornado com toda a força. Aqui os preços não estavam indexados ao dólar, o que não caracterizava uma hiperinflação clássica. Mesmo assim, o processo era semelhante. A inflação era altíssima. Depois de cair para 4,2% em março e se manter moderada em 5,1% em abril, começou a disparar. Passou a 12,7% em maio, 26,7% em junho e 37,8% em julho. Atingiria 36,4% em agosto; 38,9% em setembro; 39,7% em outubro; e 44,2% em novembro de 1989.

ARQUEOLOGIA DA INFLAÇÃO

Uma característica marcante dos brasileiros é a flexibilidade. Aqui a população se acostuma a qualquer coisa. Até mesmo à inflação altíssima, que em março de 1990 ultrapassaria 80% ao mês. Há senhoras que sentem saudades dos tempos em que a poupança "rendia muito". "Rendia muito", principalmente, a "conta remunerada", criada pelo curitibano Banco Bamerindus. Os juros eram pagos diariamente, depositados em conta corrente. Com a ajuda do produto inovador, copiado por outros bancos, o Bamerindus se tornou o terceiro maior banco privado brasileiro, atrás apenas do Bradesco e do Itaú. Naquela época, o governo rolava sua dívida se refinanciando diariamente no *overnight*, ou *over*, vendendo seus títulos em um dia com garantia de recompra no dia seguinte — a dívida pública em um país sério é rolada em prazos de anos ou até décadas. O Bamerindus percebeu, antes dos outros, que era possível repassar parte do rendimento para seus clientes.

As contas, "remuneradas" ou não, eram movimentadas sobretudo com dinheiro vivo e cheque. Cartões de crédito eram praticamente inexistentes, inviáveis com a inflação alta e o controle de capitais. Parcelamento de compras com inflação mensal de 20%, 30%, 40%, 50% ao mês ou mais era praticamente impossível. O crédito ao consumidor quase desapareceu. Nem as instituições financeiras nem os compradores tinham confiança suficiente para se engajar neste tipo de operação. Não por acaso, uma das consequências do fim da inflação nos anos 1990 seria a explosão do crédito e do uso de cartões.

As contas bancárias não eram acessíveis aos mais pobres, que perdiam ainda mais com a inflação. O máximo que podiam fazer para se defender dela era, assim que recebessem seu salário, correr aos supermercados, que se alastravam, antes que os preços fossem reajustados. E seriam, muito em breve. Em alguns casos, mais de uma vez ao dia. Batalhões de funcionários eram contratados exclusivamente para etiquetar e reetiquetar produtos. Em qualquer horário, as máquinas etiquetadoras avisavam: "compre logo, que vai subir!" Era preciso estocar a compra do mês adequadamente, principalmente produtos perecíveis, como as carnes. Assim, os freezers se tornaram comuns, mesmo entre a classe C. Não se dava qualquer importância para o gasto extra de energia.

O PREÇO DA ÁGUA INDEXADO AO DA GASOLINA

As filas nos postos de gasolina também eram comuns. Quando os telejornais divulgavam reajustes, imediatamente se formavam filas de carros nos postos de abastecimento, especialmente no começo da noite, antes que o novo preço começasse a vigorar.

Houve um episódio envolvendo o preço da gasolina de que nunca me esqueci. Um vendedor de água de uma cidade do interior do Nordeste carregava os barris em um burro. Foi flagrado por uma equipe de TV aumentando o preço. "Porque o senhor está vendendo água mais caro?", perguntaram. "Ora, porque a gasolina aumentou." O repórter ficou perplexo: "Mas o seu burro come capim." E ficaria mais. "É, moço, mas, quando a gasolina sobe, aumenta o preço de tudo que eu compro, feijão, arroz, pão, leite...". A estratégia dele para se defender da inflação era reveladora de como a mentalidade da indexação de preços estava entranhada na população.

Na época, havia um senso comum segundo o qual os derivados de petróleo eram os culpados pela alta da inflação. Achava-se que todos os preços subiam devido aos reajustes da gasolina e do diesel. Era uma maneira equivocada e simplista de ver as coisas, mas que, naquele caso, tinha lógica.

CAPÍTULO XXVI Os últimos recursos: juros e ação sobre expectativas (2º semestre de 1989)

NÃO HÁ MUITO O QUE FAZER

Após o fracasso do Plano Verão, nosso horizonte se escureceu. Estávamos no pior dos mundos. A inflação crescia muito rapidamente. A partir de julho de 1989, ameaçava passar dos 40% mensais. Depois disso, só pioraria. Nesta reta final, já sabíamos que não havia mais qualquer hipótese de conter a espiral inflacionária. A variação de preços atingiria os 50% em dezembro. Em março de 1990, último mês do governo Sarney, alcançaria 84%, recorde histórico. A inflação anual de 1989 também seria recorde: ultrapassaria os 1.000%.

Era inviável tomar qualquer medida drástica para barrar essa escalada. O governo Sarney não conseguia sequer extinguir um modesto órgão. Acreditávamos que a intensificação da campanha eleitoral para presidente da República pioraria muito o ambiente. Ainda mais acentuadamente, os últimos nove meses de governo seriam marcados por possibilidades estreitas no campo da política econômica.

JUROS E AÇÃO SOBRE EXPECTATIVAS

Mesmo assim, era nosso dever deixar o terreno minimamente pavimentado para que o novo governo pudesse assumir e caminhar com condições mínimas de sucesso. A única medida prática que podíamos tomar, além de manter tudo o mais funcionando, como o controle de preços, era manter a taxa de juros em limites que desestimulassem a fuga não apenas de capitais, mas também para ativos reais, como imóveis. O Brasil ainda tinha uma grande liquidez em moeda nacional. Se os juros não fossem altíssimos, esse dinheiro seria direcionado à compra de bens, o que agravaria mais ainda o processo inflacionário.

Por essa falta de possibilidades, cada vez era mais fundamental uma eficiente ação sobre expectativas. Precisávamos convencer a opinião pública de que o país continuaria funcionando. Com Olyntho e Rosa, passei a me dedicar quase em tempo integral a isso. Dava entrevistas ainda mais assiduamente à imprensa.

Ximenes passou a coordenar ainda mais intensamente o cotidiano do ministério. Luiz Antônio tinha autonomia para enfrentar as pressões sobre o caixa do Tesouro. Sérgio Amaral se articulava com os credores. Edgard de Abreu Cardoso tocava o controle de preços privados. E João Batista de Camargo supervisionava reajustes de preços públicos.

Confiando na eficiência de cada um deles, passei também a realizar ainda mais viagens, às vezes duas por semana, para reuniões em quase todos os estados, com líderes da indústria, do comércio e da agricultura, sindicalistas, formadores de opinião, economistas, consultores, veículos de comunicação locais. Visitei em três meses as principais cidades do país, muitas vezes com os ministros João Batista de Abreu e Dorothea Werneck. Fornecíamos informações, discutíamos a conjuntura, respondíamos questões.

A mensagem, tanto para a mídia quanto para o empresariado era "não se desesperem. Vamos manter a economia com o mínimo de controle. O Brasil não vai caminhar para uma hiperinflação aberta". Olyntho criou, inclusive, uma frase que passei a repetir muito: fazíamos tudo para que a economia funcionasse "muito próximo do normal". Normal não era.

SENTIMENTOS CONFUSOS

Ainda mais do que antes, Rosa passou a ser presença indispensável nas reuniões internas, nos encontros, nas viagens. Assim, fomos construindo uma forte relação de amizade. Meu respeito e admiração por ela, por sua eficiência, sua retidão, seu empenho, se intensificaram. Eu não percebia que o relacionamento profissional caminhava para algo a mais. Eu estava me apaixonando.

Fiquei extremamente confuso. Meu casamento já não se sustentava. Eu e Rosinha mal conversávamos. Os diálogos se resumiam, praticamente, a reclamações de ambos: minhas, sobre as dificuldades no governo; dela, que eu estava cada vez mais ausente.

Em 1991, quando a crise conjugal me levaria a buscar ajuda de um terapeuta de quem me tornaria amigo, Roberto Shinyashiki, ele defenderia que a paixão teria me ajudado a transpor os últimos meses do governo Sarney, os mais tensos, mais difíceis e mais arriscados de toda minha vida. E provavelmente o mais desafiador. "O mundo ruía sobre seus ombros e, ainda assim, você transmitia uma imagem de serenidade! A paixão foi provavelmente a origem de grande parte da energia e da coragem necessárias em tão grave momento."

TODOS CONTRA SARNEY E A EQUIPE ECONÔMICA

Nosso esforço sobre as expectativas eram cada vez mais necessários. No segundo semestre de 1989, com a inflação ameaçando ultrapassar os 30% ao mês, enfrentando greves e pressões políticas, Sarney não tinha o apoio nem de seu partido, nem da imprensa, nem da população. O governo e o presidente eram alvos fáceis de bater. A equipe econômica também.

O nosso transparente e constante contato com a imprensa pelo menos nos assegurava tratamento profissional, isento e não raramente simpático por parte dos repórteres e editores. Salvo comentários às vezes rudes, aqui e acolá peçonhentos, de articulistas e comentaristas, gozávamos de uma cobertura equilibrada nos jornais, no rádio e na TV.

Na campanha eleitoral, porém, valia de tudo. A equipe econômica era acusada de incompetência no combate à inflação, de entreguista na negociação da dívida externa, de insensível no controle dos gastos. Mesmo candidatos da coalizão do governo externavam essas posições. Publicamente, nenhum admitia ter apoio do presidente Sarney. Todos os candidatos o criticavam. Uns mais, outros menos. Alguns de maneira muito violenta, como Collor, Lula e Brizola. Outros mais brandamente, como Covas e Maluf. Ulysses e Aureliano Chaves, aliados de primeira hora de Sarney, preferiam criticar indiretamente. Falavam mal da política econômica.

MEU CARGO À DISPOSIÇÃO DO PRESIDENTE

A crise e a perda de popularidade estimularam o presidente a se articular com líderes do Congresso para reconquistar o mínimo de apoio. A ideia parecia ser a de restabelecer, no plano político, acordos do tipo que foram engendrados nas conversações sobre o Pacto Social, centrados no combate à inflação. Por isso eram chamados pela mídia de "acordo anti-inflacionário". Os encontros, de natureza política, aconteciam desde maio sem a presença de representantes da área econômica.

Eu e João Batista sabíamos que muitos dos participantes desses encontros gostariam que fôssemos substituídos. Rumores sobre nossa demissão eram muito comuns. E passaram a ser mais frequentes com o agravamento da crise e o início da campanha eleitoral. Solidários com o presidente, no início de julho pedimos uma audiência com Sarney. Estávamos preparados para ficar até o fim do seu mandato, mas realçamos que veríamos com absoluta naturalidade nossa eventual substituição. Sarney agradeceu, mas descartou a ideia.

ULYSSES GUIMARÃES

Já não acreditávamos, como no início de 1989, que Ulysses seria o próximo presidente. Era dele, de fato, o poder sobre o país. Restava ostentar a faixa presidencial. Em 1984, havia sido o "senhor Diretas"; entre 1987 e 1988, presidira a promulgação da "Constituição Cidadã". "Dr. Ulysses é uma figura nacional, o homem da constituinte, o homem da democracia. Vamos ganhar esta eleição", preconizava um dos coordenadores da campanha.

Até meados de 1989, os favoritos eram Ulysses e Aureliano. No final do primeiro semestre, ficava evidente que a sociedade escolheria um candidato que se distanciasse dos políticos tradicionais, embora ninguém apostasse que Lula ou Collor chegariam à reta final. Ambos eram desconsiderados nas análises políticas e nos prognósticos eleitorais do início do ano.

A votação desprezível que Ulysses receberia comprovaria que a nova Constituição respondera a pressões de grupos de interesse, não a demandas da sociedade. A população, inequivocamente decepcionada ao constatar que a vida não havia melhorado com a democracia, estava preocupada com inflação, desigualdade, o dia a dia. O eleitorado se sensibilizava particularmente com promessas de ataque à corrupção, aos privilégios e à classe política, com a qual estava desiludida.

No início de agosto de 1989, crescia a percepção de que a disputa presidencial poderia ser entre Lula e Collor, dois grandes críticos do governo e, em especial, da equipe econômica. Pretextos não lhes faltavam

A inflação de julho beirara os 40% e, realmente, não era possível a essa gestão fazer nada além de tentar convencer a todos de que não caminhávamos rumo à hiperinflação.

LUIZ INÁCIO LULA DA SILVA

Apesar de meus seguidos comparecimentos ao Congresso, nunca tive contato com Lula, então deputado federal. No máximo, um cumprimento formal aqui e ali. Ele se tornara a opção natural de esquerda. O candidato do Partido Comunista do Brasil, Roberto Freire, não empolgava a maioria dos socialistas, diferentemente de Lula, que construíra, ao longo dos vinte anos anteriores, a imagem de grande defensor dos interesses dos trabalhadores. Era o principal líder do PT, então um partido com discurso radical, de cunho socialista. O candidato era apoiado por segmentos da Igreja e por um grande número de intelectuais de esquerda. Provocava medo na população, pavor nos militares e ojeriza nos agentes do mercado financeiro.

O JOVEM POLÍTICO FERNANDO COLLOR

Em junho, mesmo antes da oficialização das candidaturas, um jovem político, até então praticamente desconhecido da população, passou a ser o favorito a ocupar a cadeira presidencial: Fernando Collor de Mello. Nosso relacionamento não era exatamente amigável, devido a dois problemas que protagonizou. O primeiro ocorreu em 1983, quando ele era prefeito nomeado de Maceió e renunciou para concorrer a uma cadeira na Câmara dos Deputados.

Confesso que minha primeira impressão de Collor foi a pior possível. Como secretário-geral do Ministério da Fazenda, participei dos estudos e medidas para salvar a prefeitura de Maceió do caos financeiro que ele havia criado com uma enorme ampliação do quadro de servidores, o que contribuiu para que fosse eleito deputado federal. Nos anos seguintes, o recebi algumas vezes na Secretaria-Geral da Fazenda, quando ele integrava a bancada do açúcar na Câmara e trazia demandas de usineiros.

CAÇADOR DE MAFUÁS

Essa má impressão foi reforçada em novembro de 1988, quando Collor era governador de Alagoas, posto que ocupou de março de 1987 a maio de 1989, quando decidiu disputar as eleições para a Presidência da

República, outro cargo que deixaria antes do término do mandato. O Banco do Estado de Alagoas, Produban, concedera empréstimos fartos aos usineiros e acabou vergando sob uma montanha de dívidas não pagas. O Banco Central interveio no Produban, mediante uso do Regime de Administração Especial Temporária (Raef). Uma nova diretoria assumiria o comando do banco, que seria devolvido ao estado assim que fosse saneado. Capitaneada por Collor, Alagoas reagiu contra a medida. Por vários dias, um cordão de funcionários cercou a sede, impedindo a entrada do interventor do BC, enquanto a bancada alagoana no Congresso pressionava em favor da reabertura.

Duas semanas depois, decidimos levantar a intervenção. Como Collor requisitara uma audiência comigo, em que, claro, abordaríamos a situação do banco, decidi dar-lhe as boas-novas pessoalmente. O intuito de Collor era bem menos conciliador. Buscava mais uma oportunidade de ter destaque na mídia como agressivo combatente dos inimigos do povo, ou algo assim. Antes mesmo de chegar ao prédio do ministério, falou ao *Estado de S. Paulo*, criticando o governo, a política econômica, o Banco Central, o Ministério da Fazenda e eu. A entrevista, como típico dele, foi afirmativa, raivosa, agressiva.

Ao recebê-lo, sem saber de seus compromissos anteriores, o saudei muito cordialmente. Anunciei que o BC havia concluído o saneamento do Produban e em breve seria encerrada a intervenção, provavelmente com mudança de diretoria, com algum compromisso do estado de capitalizar o banco, não me lembro bem. Não reparei nenhum desconforto dele. Saindo dali, ligou para o jornalista que o entrevistara, pedindo para que a matéria não fosse publicada, no que não foi atendido. Ainda naquela tarde, o jornal pediu minha posição sobre o que o governador dissera. Quando soube dos impropérios desferidos por ele, me irritei. O chamei de irresponsável, imaturo, inconsequente, descortês... No dia seguinte, as entrevistas foram publicadas lado a lado.

Depois disso, Collor passou a ser ainda mais agressivo, especialmente depois de oficializada sua candidatura. Em comícios, utilizava, inclusive, expressões das mais chulas ao se referir a mim. Só nos encontraríamos novamente quando o cumprimentei, na posse como presidente.

"CAÇADOR DE MARAJÁS" E OUTRAS ALAVANCAS ELEITOREIRAS

No governo de Alagoas, Collor enfrentou de maneira corajosa a corporação de funcionários públicos estaduais. Na época, os privilégios que servidores públicos haviam extraído da Constituição haviam escandalizado os segmentos mais bem informados da sociedade. Matérias na imprensa os comparavam aos príncipes indianos, que numa sociedade de castas eram detentores de vários tipos de privilégio. Ganhou, talvez por isso, o título de "Caçador de Marajás".

Um grupo de jovens empresários que se reuniam em torno de um projeto de moralização da política brasileira se encantou com aquele jovem e destemido governador. Entre eles, um herdeiro da família que controlava o *Jornal do Brasil*. Não sei se foi por essa razão que o *JB* passou a destacar em suas páginas o trabalho de Collor, incluindo entrevistas de página inteira. Foi assim que o governador começou a construir uma imagem de líder capaz de enfrentar as corporações.

Na campanha presidencial, Collor capitalizou ainda mais essa imagem, que se encaixava nas demandas de uma população ansiosa pelo fim dos privilégios. "Marajá" passou a ser associado não apenas aos funcionários públicos. Podia ser o patrão, o síndico do edifício, o dirigente esportivo, os velhos políticos.

Collor brandia a bandeira do combate aos privilégios, embora fosse, entre todos os candidatos, um dos que melhor se enquadravam no figurino da elite brasileira: era de família tradicional de políticos alagoanos, pertencera à Arena durante o regime militar e ao PMDB após a abertura política. Ou seja, esteve sempre nos partidos mais próximos ao poder. Além do mais, era muito rico. Salvo o fato de que era jovem e proveniente de um estado não desenvolvido, Collor não representava, a rigor, nada de novo.

MARKETING AGRESSIVO

Era a primeira vez que um político brasileiro explorava ostensivamente os recursos audiovisuais permitidos pela televisão. A estratégia era igualmente agressiva: atacar ferinamente o que a população pudesse considerar negativo. Embora se situasse à direita do espectro político, o conteúdo ideológico de seu discurso era vago e ambíguo. Buscava conquistar a esquerda mais informada com críticas duras à negociação da dívida externa. Agradava a população de baixa renda, mediante ataques furiosos às elites, contra "marajás", em defesa dos "descamisados", termo que o caudilho Juan Perón utilizara para dirigir-se aos argentinos pobres.

Faltava-lhe encontrar um termo para o terceiro anseio da sociedade, o de renovação de representantes. Percebendo que o presidente, desgastado, poderia ser apontado como símbolo de uma classe política a ser combatida, Collor recorreu à palavra "Sarney". Falava mal dele todos os dias, de forma impiedosa. Chamou-o publicamente de ladrão, exibindo algemas que usaria para prender Sarney quando ele deixasse o governo. Claro, também sobravam farpas a nós.

DEMITIDO PELO JORNAL *O GLOBO*

Muitos dos ataques passaram a ser recorrentes na mídia. Até a boatos de demissão eu estava me habituando. Na noite de 3 de agosto de 1989, na saída de um jantar em São Paulo, na Câmara de Comércio Brasil-Israel, a repórter Célia Chaim, do jornal *O Globo*, me abordou. "O que o senhor tem a declarar sobre sua demissão, ministro?" Disse que não tinha conhecimento do assunto. Não dei importância alguma.

Na manhã seguinte, dia 4, a convite do professor Carlos Rocca, compareci a um debate com o grupo de análise da conjuntura da Faculdade de Economia, Contabilidade e Administração (FEA) da USP. Ao chegar, recebi um telefonema do general Ivan. "Fique calmo!" Eu estava calmo. "Você já leu *O Globo*?" Não lera. "Então leia e não declare nada. A notícia é falsa." Perguntei qual era a notícia. "O jornal está anunciando a sua demissão. É mentira. Mas não faça declarações, por favor."

Pedi para que comprassem o jornal e dei continuidade ao meu compromisso, como se não tivesse ouvido a notícia. Olhava os rostos de cada participante que se manifestava, mas não os ouvia. Só pensava no jornal. Será que a campanha negativa de *O Globo* estava sendo reativada?

Assim que o debate foi encerrado, pedi o exemplar. A primeira página estampava "Inflação derruba Maílson". A manchete era seguida apenas de um pequeno texto anunciando minha demissão, a de João Batista e de Roberto Cardoso Alves, ministro da Indústria e do Comércio. O jornal anunciava a criação de um "superministério da economia", que uniria as três pastas. Era uma das propostas de um documento entregue ao presidente pelas lideranças de 13 partidos: PMDB, PFL, PSDB, PDS, PCB, PTB, PRN, PL, PSC, PPB, PST, PDC e PMB para o acordo anti-inflacionário. Este chamado "programa de emergência" continha 24 medidas para conduzir a economia até o governo seguinte. Apenas PT, PDT, PC do B e PSB não assinaram.

"NÃO PERTURBEM. HOMENS TRABALHANDO"

Aproveitei o voo no jatinho do governo até o Rio de Janeiro para conversar com Olyntho e Rosa. Ele defendeu a necessidade de me declarar sobre isso, no que ela concordou. Não havia como fugir de comentar a notícia. Haveria dezenas de jornalistas no encontro que eu teria com Marcus Pratini de Moraes, presidente da AEB, e exportadores naquela tarde no Jockey Club. Concordei. "Já pensei numa frase", revelou Olyntho, nosso grande frasista, que já maquinara uma, sensacional. "Depois você se desculpa com o general Ivan."

Assim que cheguei ao Jockey, vi as equipes de televisão, câmeras armadas, diversos jornalistas com seus microfones e gravadores prontos para a entrevista. Pediam que eu falasse sobre minha demissão. "Realmente, li num prestigiado jornal carioca que fui demitido. A informação que tenho do Palácio do Planalto é de que a notícia não procede. Como esse tipo de especulação está se tornando mais usual, e agora frequenta a primeira página, orientei meu gabinete em Brasília a confeccionar uma placa e pendurá-la na porta de minha sala: 'Não perturbem. Homens trabalhando'", como sinalizado em obras rodoviárias.

MEU NECROLÓGIO

Em nenhum momento, nem mesmo na manhã do dia 4, houve qualquer impacto da notícia no mercado financeiro. Seus participantes também se haviam acostumado aos boatos. Mesmo assim, e embora o porta-voz da presidência tivesse anunciado que não tinha conhecimento da demissão dos ministros, *O Globo* insistiu no assunto nos dias seguintes.

A primeira página da edição do sábado dia 5 informava: "Sarney escolherá com o Congresso o novo coordenador da economia." Duas páginas internas desenvolviam o assunto. Apresentava possíveis candidatos ao "superministro da Economia" e um "necrológio" da minha gestão na Fazenda, intitulado "Um interino que acabou ficando quase vinte meses no Ministério". Nos dias seguintes, continuou batendo na mesma tecla.

IMPRENSA NOVAMENTE AO MEU LADO

Eram bem diversas as manchetes e reportagens de outros veículos de comunicação. Em vez de anunciar as demissões e a criação de uma nova pasta, delatavam as articulações para me derrubar e explicavam a trapalhada. Refutando a notícia, estavam veículos como *Jornal do Brasil*, evidentemente, *O Estado de S. Paulo*, *Folha de S.Paulo*, *Jornal da Tarde*, *Correio Braziliense*, entre outros.

A versão mais comum era a de que Jorge Serpa, sabendo das conversas em torno do acordo político dos líderes dos partidos com Sarney, se encarregara de estimular a oposição de congressistas à minha permanência. O senador Ronan Tito, do PMDB de Minas Gerais, teria sido seduzido pela promessa de ocupar o superministério. Também se dizia que o senador contava obter o apoio da Rede Globo para seu projeto de candidatar-se ao governo mineiro. Na entrega ao presidente do programa de emergência proposto pelas lideranças partidárias, teria assinalado: "um acordo com o Legislativo só é possível com a nomeação de uma nova equipe econômica", o que incluiria a demissão dos dois ocupantes das pastas. Segundo pessoas presentes, Sarney respondeu que "Maílson e João Batista não são impedimento para o acordo".

Animado, Tito teria saído do gabinete presidencial já em direção ao telefone. Ao saber da notícia, Serpa teria presenteado o chefe com a manchete. Jornalistas me contariam, dias depois, que Roberto Marinho foi pessoalmente à redação às nove da noite para mudar a primeira página das edições finais daquele dia.

Na semana que se seguiu, minha defesa na mídia se multiplicou. O *Jornal do Brasil* chegou mesmo a resgatar o caso das casas pré-fabricadas, em que, segundo eles, Serpa teria interesse. Havia indícios de que Serpa contra-atacava espalhando boatos a meu respeito, mas o nosso relacionamento profissional com a imprensa exibiria seus frutos mais uma vez. Os repórteres percebiam a trama e traziam informações para Rosa. Apuraram que o jornalista José Carlos de Assis estaria dizendo para repórteres que eu tramava a desestabilização do governo. Na versão do então assessor da CNI e amigo de Serpa, eu estaria atuando em três frentes: com o ministro ACM, com alguns governadores e com o SNI e os militares. De tão fantasiosa, essa fofoca não foi levada a sério por ninguém. José Carlos denunciava ainda que eu estaria contra a conversão de dívida em exportação porque teria uma sociedade com Galvêas para fazer negócios e ganhar muito dinheiro. Ninguém acreditou.

APOIO À MINHA GESTÃO

Nossa estratégia de comunicação foi mostrar que estávamos tranquilos, mantendo nossa agenda. Até me deixei fotografar pedalando pelo

Lago Sul, o que gerou matérias e artigos elogiando minha postura e minha calma. Começaram a surgir declarações de parlamentares e de líderes empresariais. No dia 8, membros do Congresso, inclusive Ronan Tito, vieram em meu apoio. No dia 11, fui aplaudido ao sair de um debate na Comissão de Economia e Finanças da Câmara. Em sua coluna na *Folha de S.Paulo*, o jornalista Clóvis Rossi me chamou de "Mike da Nóbrega", em alusão a Tyson, o pugilista que não caía. Uma das manchetes do mesmo jornal assinalava: "Maílson não se abala com articulação para derrubá-lo."

Não era verdade. Eu estava emocionalmente em frangalhos, de novo. Tinha dúvidas se aguentaria outra batalha aberta com as Organizações Globo. Um dia, não contive as lágrimas. O que conseguiu me animar foi a fala mansa de Luiz Antonio, o mineirinho que tanto me ajudou a falar "não" durante minha gestão. "Ô ministro! Você já aturou tanto! Não é um boatinho desse que vai te abalar, né?"

RAZÕES PARA EU NÃO SER DEMITIDO

Acredito que Sarney tenha mesmo cogitado nossa substituição. Talvez estivesse com isso em mente quando recebeu os parlamentares naquele 3 de agosto. Ou planejasse dar a entender que a demissão era possível para sentir as reações.

Algumas vezes me perguntei por que não me demitia, tantas eram as pressões. Meses depois, ouvi que os ministros militares se reuniram com o presidente para se manifestar contrários à minha substituição. Eles sabiam da gravidade da situação do país e me consideravam um fator de equilíbrio mínimo na economia. Em uma ocasião, recebi o apoio explícito de militares. *O Globo* publicou, em 1º de novembro, um editorial dizendo que as forças armadas haviam considerado o acordo com os credores externos "um ponto vulnerável". O Ministério do Exército divulgou nota negando a crítica.

Em 2010, Ronaldo Costa Couto me revelaria que o apoio militar era capitaneado pelo general Ivan Mendes, que me defendia especialmente porque confiava na firmeza do meu caráter, na minha integridade moral e no meu esforço hercúleo naqueles momentos. Muitíssimo bem informado, sabia que, apesar de a economia cambalear, era praticamente impossível, naquela conjuntura, fazer melhor.

À medida que o governo Sarney caminhava para seu fim, dizia-se que eu era um ministro indemissível, inclusive porque não fazia sentido uma mudança àquela altura. O apoio que eu recebia das redações, das lideranças empresariais e de formadores de opinião reforçava essa percepção. "O país não aguenta uma nova mudança na política econômica", declarou à *Veja* Albano Franco, presidente da Fiesp. Até Octávio Gouveia de Bulhões se mobilizou em minha defesa. Pediu que eu estivesse presente na audiência que marcara com o presidente. Para minha surpresa, seu intuito na reunião era apenas defender minha permanência no ministério, assim como a manutenção de João Batista de Abreu como ministro do Planejamento. O presidente não titubeou, afirmando que jamais cogitara nos afastar de nossos cargos.

Eram minoria, mas também havia críticos, artigos e colunas com alto teor de veneno. Especialmente entre os aliados dos candidatos à Presidência da República.

INDICIADO NA CPI DA CORRUPÇÃO

À medida que as eleições se aproximavam, as críticas à Fazenda aumentavam no mundo político, em especial por parte daqueles mais acostumados a ouvir os meus nãos. E foram muitos, inúmeros e firmes nãos Na minha ingênua percepção, todos deveriam compreender que meu objetivo não era desagradar, mas tentar evitar o pior na economia. Estava longe de ser pouco.

O senador gaúcho Carlos Chiarelli, que se engajaria na campanha de Collor, era um incansável jogador de pedras. Relator da CPI da Corrupção, que se arrastava fazia mais de um ano, usava ao máximo o palanque propiciado pelos debates e pelas declarações à imprensa. Um dia, eu e João Batista fomos surpreendidos pelo noticiário noturno da TV. Era anunciado que havíamos sido indiciados na CPI.

Na falta de qualquer prova consistente, o pretexto de Chiarelli foi a medida provisória, incluída no Plano Verão, determinando que o governo não poderia gastar mais do que arrecadasse. Nós a assinamos. Ele alegou interferência indevida no Orçamento da União, o que caracterizaria corrupção. Por indiciar os ministros da Fazenda e do Planejamento, Chiarelli foi notícia na TV, no rádio e nos jornais. De tão absurda, a acusação não foi além do destaque relâmpago na mídia.

Eu fiquei irritado; João Batista, abaladíssimo. Chiarelli ganharia o Ministério da Educação quando Collor assumisse, em março de 1990.

O MUNDO SE AGITA E SE TRANSFORMA

O ano de 1989 não foi turbulento apenas no Brasil. O mundo inteiro foi transformado naquele ano, marcado por profundas transformações que alteraram os rumos de muitos países, de todos os continentes. Nelson Mandela foi libertado depois de 28 anos preso por combater o apartheid sul-africano. Morreram o presidente da Colômbia, Albero Llleras Camargo; o imperador do Japão, Hirohito; o líder supremo do Irã, aiatolá Khomeini; o ex-ditador romeno, Nicolae Ceausescu. As mortes não foram apenas de líderes. No início de junho, o exército da China de Deng Xiaoping reprimiu violentamente uma manifestação estudantil, no que ficou conhecido como Massacre da Praça da Paz Celestial. Em outubro, um terremoto de 7,1 na escala Richter abalou San Francisco.

QUEDA DO MURO DE BERLIM

Embora tudo isso tenha sido muito relevante, o evento mais representativo, fadado a ter ampla repercussão mundial, particularmente no Leste Europeu, foi a queda do Muro de Berlim. Construído pela Alemanha Oriental, o muro era um monumento à Guerra Fria e um símbolo da divisão ideológica do mundo.

As manifestações que tomaram as ruas de cidades como Leipzig e Berlim em outubro de 1989 eram contemporâneas de ações semelhantes do sindicato polonês Solidariedade, liderado pelo metalúrgico Lech Walesa.

Assim que o primeiro-ministro da Alemanha Oriental, Willi Stoph, e o chefe de Estado, Erich Honecker, renunciariam a seus cargos, nos primeiros dias de novembro, seria permitido o livre trânsito dos alemães entre as duas regiões. Em 9 de novembro uma multidão se reuniu para cruzar a fronteira e iniciar a derrubada do muro e da separação dos mundos comunista e capitalista.

O DEGELO DA GUERRA FRIA

A queda do Muro de Berlim foi o sinal mais retumbante de que a União Soviética estava extremamente fragilizada e a Guerra Fria, derretendo. A URSS enfrentara sérios problemas econômicos e políticos ao longo da década de 1980. Havia crise de produção energética, siderúrgica e petrolífera, e pouquíssimos ganhos de produtividade nos mais diversos setores da economia. O país sofria os efeitos dos elevados gastos militares e da manutenção de gigantesca e ineficiente burocracia. Era cada dia mais difícil justificar a manutenção do bloco soviético, menos ainda ocupações como a do Afeganistão.

Em 1989, era visível que a URSS estava se desestruturando. Críticos de Gorbachev, inclusive grupos militares e alas tradicionais do Partido Comunista, tentaram um golpe para reverter os esforços de abertura. Sem apoio popular para o retrocesso, os grupos liberais, liderados por Boris Yeltsin, reagiram, preservando o comando nas mãos de Gorbachev.

A crise política não seria vencida. A União Soviética se tornaria crescentemente inviável até desaparecer, em 25 de dezembro de 1991, quando renasceriam 15 países.

PRIMEIRO TURNO

Menos de uma semana depois da queda do Muro, que simbolizou o fim da Guerra Fria, algo novo, mas promissor, acontecia no Brasil. Em 15 de novembro de 1989, quando se comemorava o centenário da República, realizou-se a primeira eleição direta para presidente desde a de Jânio Quadros, em 1960. No primeiro turno, Lula e Collor atropelaram candidatos conhecidos e de grande experiência política, como Leonel Brizola, Ulysses Guimarães, Aureliano Chaves, Paulo Maluf e Mário Covas.

Aos olhos dos investidores, o segundo turno se daria entre uma proposta do velho trabalhismo inglês dos anos 1950, misturado a visões socialistas ingênuas, e a de um jovem desconhecido e aguerrido governador. Ao mesmo tempo, havia a percepção de que a Constituição geraria um desequilíbrio fiscal grave e permanente. A inflação também se acelerou. A de outubro chegou a 40% e a de novembro atingiria quase 45%.

DEBATE COM AS EQUIPES ECONÔMICAS DOS CANDIDATOS

No final de novembro, a *Folha de S.Paulo* promoveu um debate entre mim e as equipes econômicas dos dois candidatos. Zélia Cardoso de Mello, pelo PRN, e Aloízio Mercadante, pelo PT, apresentaram seus programas de governo e eu, a conjuntura econômica.

As estratégias de ambos me pareciam rasas. Criticavam a condução do combate à inflação e os entendimentos com FMI e credores internacionais, apresentando soluções mirabolantes que milagrosamente conduziriam o país à estabilidade e ao crescimento econômico. Afinal, estavam em campanha. Eu me atinha a explicar as razões de o governo Sarney não ter podido atacar estas questões e colocava abertamente minha crítica ao que propunham. No dia seguinte, um colunista do jornal escreveu que nenhuma das equipes dos candidatos havia sido a melhor. Considerava que havia sido eu o vencedor.

"PERFEITAMENTE, PRESIDENTE"

O presidente perdia cada vez mais apoio e sofria cada vez mais pressões, difíceis de negar naquelas circunstâncias. No final de 1989, o Banco Central realizou uma intervenção no BRDE, o Banco do Desenvolvimento do Extremo Sul, uma espécie de BNDES dos estados sulistas. O governador gaúcho, Pedro Simon, do PMDB, reagiu e passou a pressionar o governo para reabrir o banco. Mobilizava industriais e agricultores do estado, muitos deles com dívidas no BRDE.

Em um encontro com empresários em Porto Alegre, Sarney foi instado a reverter a situação. Ligou para mim na frente deles, pedindo para que eu reconsiderasse a decisão de intervir no banco. Coerente com as decisões anteriores, disse que não havia razões técnicas para o Banco Central suspender a intervenção. Perguntou se eu falaria por telefone com os líderes empresariais que lhe solicitavam a medida. Repeti a eles os argumentos contrários ao pedido. O presidente insistiu comigo. Impaciente com as pressões, perguntou se a intervenção poderia ser levantada por um decreto presidencial. Era impossível manter minha posição. "Presidente, a decisão de suspender a intervenção é do Banco Central, mas, se houver uma determinação sua, o presidente do BC, com meu apoio, acatará a determinação do senhor." Sarney não titubeou. "Determino a reabertura do banco." A resposta foi sucinta: "Perfeitamente, presidente."

PLANOS DE ALFORRIA

Comecei nessa época a pensar em planos para o futuro. Ainda faltavam mais de dois anos para a aposentadoria no Banco do Brasil, mas era impossível retornar à casa que me acolhera e na qual iniciei minha carreira profissional. Seguindo conselhos de amigos, pretendia montar uma consultoria em São Paulo, num voo solo, e integrar alguns conselhos de administração de empresas.

Também tinha o sonho de voltar a estudar, fazer um curso de pós-graduação. Em outubro, tive a grata surpresa de receber uma oferta da Brookings Institution, em Washington, para ficar por lá durante seis meses, na condição de "visiting fellow". Meu compromisso seria participar de debates que envolvessem o Brasil e a América Latina e escrever um artigo sobre tema de minha escolha. Era tentador, mas terminei declinando do convite.

Concretamente, eu tinha prometido a mim mesmo, tão logo deixasse aquele inferno, abrir duas garrafas de uísque Royal Salute, que eu recebera de presente e guardava como a um troféu. Eu beberia até o último gole. Seria a carraspana de alforria.

CAPÍTULO XXVII Até passar o bastão
(dezembro de 1989-
18 de março de 1990)

CHEGAMOS AO INSUSTENTÁVEL

Em países como o Brasil, a transição de governos costuma ser marcada por um certo marasmo na administração pública. O governo que sai não tem condições para realizar atos relevantes. Esse era particularmente o caso do governo Sarney. Quando Collor se elegeu, a economia começou a desandar de vez. Em dezembro, a taxa mensal fecharia em 51,5%, um recorde histórico. Alguns preços eram reajustados diariamente.

Obviamente, não havia decisão de política monetária, fiscal ou cambial que tivesse qualquer efeito sobre uma inflação dessa magnitude. As incertezas, típicas daqueles momentos, se aprofundaram diante das expectativas em relação ao governo seguinte, que só tomaria posse em março de 1990, quase três meses depois.

Era natural que a população, dada a experiência até então, esperasse um congelamento. Começaram os sinais de reajustes preventivos de preços e aumento de compras nos supermercados visando à estocagem de produtos.

O governo estava paralisado. Eu e João Batista éramos administradores de uma situação quase insustentável, uma tempestade vigorosa que não foi criada por nós e só piorava. E com as mãos amarradas, nada de efetivo podia ser realizado. Como escreveu um jornalista, levávamos "no gogó". João Batista preferia uma metáfora marítima: "Estávamos à frente de um navio avariado, velas caídas, máquinas mal funcionando, tínhamos de conduzi-lo a algum porto, qualquer que fosse." De fato, estava sob minha responsabilidade, com a decisiva ajuda de colegas de governo como João Batista, Dorothéa, Ivan Mendes, Ronaldo Costa Couto e as equipes da Fazenda e do Planejamento, contribuir para evitar, à míngua de instrumentos, o colapso da economia e um desastre social e político.

SARNEY DEVE RENUNCIAR

No início de dezembro, expus a João Batista de Abreu minhas preocupações. A inflação disparava, ainda faltavam três meses para o novo presidente assumir e não poderíamos fazer muito mais. A taxa de juros e a ação sobre as expectativas pareciam esgotar-se como instrumento para gerir a situação. Temíamos que o Brasil chegasse à desorganização vivida pela Argentina seis meses antes. A comparação levou inevitavelmente a avaliar a aplicação do recurso argentino no Brasil.

Como no caso de Alfonsín, a renúncia de Sarney, igualmente negociada com seu sucessor, poderia restabelecer as condições políticas para deter e reverter o grave processo inflacionário. O novo presidente poderia assegurar um choque de credibilidade e legitimidade. Sobre Collor, o candidato favorito, a população repousava grandes esperanças. Desconfiávamos de que ele lançaria um plano de estabilização imediatamente após assumir. Com a renúncia de Sarney, a economia podia ser beneficiada do novo ambiente, mais cedo.

Sabíamos que a ideia era para lá de polêmica, mas julgávamos ser nosso dever apresentar uma solução que acreditávamos positiva, embora demandasse, também, árduas negociações com o eleito, Collor ou Lula. Decidimos levar a ideia ao presidente antes do segundo turno. Diante dele e dos ministros Ivan Mendes e Ronaldo Costa Couto, apresentamos nossa proposta e nossos argumentos. Depois de ouvir calma e atentamente, Sarney não rejeitou. Iria refletir.

Era preciso muito mais do que reflexões. Para abreviar o mandato seria necessário alterar a recém-nascida Constituição, o que exigiria apoio do Congresso. O responsável por fazer sondagens foi Costa Couto. Em meio a uma conversa com Ulysses, apimentou à mineira, como que por acidente: "Dr. Ulysses, a gente fica pensando... o novo presidente está eleito, carregando as esperanças todas do país, com um novo projeto de desenvolvimento... não teria sido melhor que a constituinte tivesse fixado a entrega de poder para o início de janeiro? Março fica tão longe da eleição... O senhor acha impossível mudar isso?" Ulysses respondeu que não era impossível. Mas seria difícil, muito difícil. Ainda assim, depois de outras sondagens, Ronaldo acreditava que, se houvesse consenso no Executivo, entre a área econômica, militar e Palácio do Planalto, seria possível viabilizar a antecipação do mandato, sim.

Dias depois, o presidente ligou. "Doutor Maílson, devíamos discutir aquela proposta. Ronaldo está organizando uma reunião no Palácio do Planalto, para isso." Seria na tarde do sábado seguinte, para evitar publicidade.

RENÚNCIA E CENÁRIO ECONÔMICO PERICLITANTE

Pouco depois das cinco da tarde de 7 de dezembro de 1989, nos reunimos previamente com o presidente eu, João Batista e os ministros da Casa, Ivan Mendes e Ronaldo Costa Couto. Dali, seguiríamos para uma reunião mais ampla, em que estariam presentes mais seis ministros. A ideia era que esse grupo menor, o mais influente na decisão que viesse a ser tomada, se inteirasse do teor dos argumentos que embasavam a proposta de renúncia do presidente.

Somente eu falei. Expus brevemente a situação, começando pelas dificuldades de gestão da política econômica depois da vigência da nova Constituição, que ampliara brutalmente as despesas da União. Os poderes Legislativo e Judiciário podiam agora propor seus próprios salários, sem participação do Executivo. Ao Tesouro cabia apenas pagar a conta.

Lembrei que a inflação se aproximava dos 50% em dezembro, um número mágico tido como detonador da hiperinflação, embora no Brasil a indexação funcionasse como um amortecedor. Disse que o governo não possuía instrumentos para deter a aceleração dos preços, o que nos colocava em rota perigosa. Em seguida, discorri sobre os riscos que a economia sofreria após o segundo turno. O mínimo de confiança ainda existente poderia desaparecer diante das incertezas sobre a política econômica do novo governo, qualquer que fosse ele. Era de se temer uma série de movimentos preventivos pelos agentes econômicos, que poderiam desorganizar a economia. Com esse cenário em mente, nos dirigimos à sala de reuniões do gabinete do presidente.

AÇÃO CONJUNTA COM O PRÓXIMO GOVERNO OU RENÚNCIA

O relógio marcava 18h20 naquele sábado que poderia fazer história. Recostado em sua espaçosa cadeira, Sarney aparentava calma. Não era o mais comum. Especialmente no último ano do governo, vivia sempre muito tenso. Anunciou, em voz grave, baixo tom, que naquele dia decidiria se daria ou não continuidade ao seu governo. Era um cenário propício a decisões extremadas. O ambiente era de expectativas. A economia em frangalhos, a legitimidade escassa, a capacidade de ação, praticamente nula.

Sarney passou a palavra a mim, pedindo que eu apresentasse o quadro da grave conjuntura que vivíamos. Sentado à sua direita na mesa redonda, repeti a exposição que fizera na reunião anterior. Acrescentei que o Banco Central havia começado a perder reservas, que havíamos decidido proteger ao nível de US$ 7 bilhões, mediante a suspensão negociada dos pagamentos da dívida externa com os bancos. Era um sinal adicional de risco de perda de controle. João Batista fez alguns complementos para facilitar o entendimento mais amplo da situação.

Concluí apresentando dois cenários possíveis para reduzir os riscos de desorganização da economia. O primeiro era a antecipação da posse do próximo presidente, a exemplo do que ocorrera na Argentina. O segundo era a adoção de medidas de ajuste econômico em conjunto com a nova equipe de governo. Sarney ressaltou que, devido aos ataques que vinha recebendo há meses do candidato favorito, não acreditava que o segundo cenário fosse viável. Assim, era preciso discutir a hipótese da renúncia.

DEBATES ACALORADOS

Eu ainda estava concentrado nas explanações, quando o general Leônidas se irritou. Lembrou, enfático como era, que vivíamos a transição do governo militar para a democracia. Era um momento histórico importantíssimo, que não deveria ser maculado com um ato de covardia presidencial. Para ele, nós da área econômica, que tão bem conhecíamos as ferramentas utilizadas em crises, também deveríamos permanecer em combate, para assegurar a entrega do comando da nação ao novo presidente no prazo estabelecido pela Constituição. "Missão é para ser cumprida!", João Batista lembra de ele ter falado ao que pensou: "é uma missão comprida!"

Foi a vez do general Ivan Mendes ser contundente contra seu colega militar e em defesa de minha tese. Sentado ao lado do general Pires, quem contemporizou foi Costa Couto, especialista que era em amornar situações quentes.

A minha opinião, que não externei, era de que o presidente Sarney não ficaria bem de nenhuma maneira. Poderia, sim, não transmitir uma boa imagem ao renunciar. Também não seria lembrado docemente se permitisse que a economia do país degringolasse de vez. Para nós, mais importante do que livros de história era o interesse nacional.

Se seguiram mais quase duas horas de debates. Em alguns momentos, meus pensamentos deixavam aquela sala e se transportavam à minha juventude, aos desafios que enfrentara e aos lances do destino que me conduziram por toda a minha trajetória até ali. Às vezes, o presidente também parecia não estar realmente presente. Sarney se manifestou pela primeira vez somente depois das discussões entre os ministros. Apenas quando todos o olhavam, respirou mais profundamente, parou o tamborilar dos dedos na mesa e pediu para que cada um dos ministros expusesse sua opinião.

O PRESIDENTE DEVE PERMANECER?

Era chegada a hora de cada um emitir seu parecer. Saulo Ramos, ministro da Justiça, foi o primeiro a se manifestar. Depois de esclarecer que a renúncia do presidente exigiria uma reforma constitucional, que apenas seria possível concluir em fins de janeiro, disse que aos ministros da Fazenda e do Planejamento era possível realizar muito e que o presidente deveria permanecer no cargo. O almirante Henrique Sabóia, da Marinha, concordou, ressaltando que via o perigo de uma emenda constitucional introduzir o parlamentarismo, uma proposta recorrente que desagradava muito aos militares. Veementemente contra a antecipação, preferia entendimentos com o novo governo.

Menos exaltado desta vez, embora bastante enfático, o general Leônidas manteve sua posição. Expôs sua visão pessimista em relação à equipe de Collor que comandaria a economia. Eles poderiam se beneficiar, todavia, da ajuda minha e de João Batista e do tempo para se prepararem até lá, num ambiente mais tranquilo, o das férias escolares. E lembrou, com apreensão, que suas tropas estavam em processo de renovação de comandos, o que atrapalharia muito o controle de uma eventual convulsão social decorrente da renúncia.

O ministro chefe da Casa Militar, general Rubem Bayma Denis, concordou com Saulo Ramos, assim como o ministro chefe do Estado-Maior das Forças Armadas, almirante Valbert Lisieux Medeiros de Figueiredo. Sabóia interrompeu para indagar se não seria possível adotar as mesmas medidas unilateralmente. A discussão mostrou a inviabilidade dessa saída.

O brigadeiro Otávio Moreira Lima, ministro da Aeronáutica, preocupado com a situação, se postou ao nosso lado, defendendo que a renúncia não diminuía a figura do presidente, "que já tem seu lugar definido na história" e que realizava o melhor para a nação. Um governo renovado teria condições de tomar as medidas exigidas pelo momento. As Forças Armadas apoiariam o presidente até o fim, "qualquer que seja a data da posse do novo chefe do governo".

João Batista, obviamente, defendeu a antecipação. General Ivan Mendes concordou, lembrando que Sarney cumprira seu papel histórico: conduzir a transição para a democracia. Costa Couto pediu mais tempo para refletir.

A votação pendia, pois, para a permanência de Sarney. Cinco ministros, a metade, manifestaram essa opinião. Quatro apoiaram a renúncia. Um ficou em dúvida.

O DILEMA DE SARNEY

Sarney não se manifestara durante toda a reunião. Recostado elegantemente, com as pontas dos dedos de uma mão dialogando com os da outra, apenas ouvia. Já enfrentara crises medonhas e enormes desgastes, críticas inflamadas e opositores dos mais traiçoeiros. Fugiria agora, a menos de três meses da conclusão do seu mandato?

Nos livros de história, ele apareceria como o primeiro presidente do período democrático. Aquele que assumira após o infortúnio do presidente eleito pelo Colégio Eleitoral. Se tornara presidente por uma conspiração do destino. Diriam que ele não tinha ascendência nem ao menos sobre seu partido. Aquele que se submetia aos militares e a Ulysses. Que lançara três planos econômicos fracassados e em cuja gestão a inflação passara de 1.000% ao ano. Se renunciasse, os livros registrariam que ele não resistira até o fim. Teria sido um covarde, como dissera o ministro do Exército Preferira delegar responsabilidades inarredáveis antes do final da luta.

A opção de ficar não era menos difícil. Seriam três meses incertos aqueles que nos aguardavam e muitos os riscos para a sociedade, para manter o rumo institucional, importante para o futuro do país. Sequer imaginava como seria um governo Collor ou Lula. As incógnitas eram muitas. Ele provavelmente tinha dúvidas sobre a capacidade de liderança do presidente eleito, qualquer que fosse, para conduzir o país naquela turbulência e resolver seus graves problemas. A equipe econômica certamente adviria de quadros alheios a esta gestão e não contaria com a experiência de governo que nós tínhamos. Collor não era admirado por ser responsável, nem experiente, nem equilibrado. Nem Lula pela racionalidade econômica. Não haveria o risco de medidas insanas?

"EU FICO!"

Já passava das oito da noite quando o presidente tomou a palavra, depois de mais de três tensas horas e de discussões, acirradas em certos momentos. Revelou que, diante da conjuntura acinzentada e do panorama negro, avaliara nos últimos meses a hipótese de deixar o governo antes do término do mandato. Manifestou seu questionamento sobre qual era seu dever maior, ficar até 15 de março ou antecipar a transmissão do cargo. Ressaltou que não o faria "sem estar em sintonia com as Forças Armadas", que tanto o apoiavam.

Embora da ata da reunião conste que o presidente apenas pediu para que todos continuassem refletindo sobre o assunto, sem tomar qualquer decisão, entendi que decidira ficar. Pelo menos foi assim que ficou registrado na minha memória, como na do próprio Sarney, de Costa Couto e de João Batista, com os quais conversei anos depois. De qualquer maneira, nem o presidente renunciaria nem se confirmariam os nossos mais graves temores. O navio avariado singraria os mares revoltos e conseguiria atracar no destino. Passada a tormenta e com o benefício da reflexão à distância daqueles tempos conturbados, estou seguro que foi o melhor para o país.

Eu e João Batista saímos da reunião com um claro recado: "Virem-se!", nos disseram implicitamente. "Em nome das instituições e da história", deveríamos conduzir o barco até o porto, mesmo sem os instrumentos necessários para garantir a normalidade até a transmissão do cargo.

CONTATOS COM AS EQUIPES DE LULA E COLLOR

Se não poderíamos passar antes do tempo o bastão para a próxima equipe econômica, faríamos o possível, então, para auxiliá-los a iniciar o governo da melhor maneira possível. Em relação à economia, nenhum dos candidatos que disputavam o segundo turno despertava maior confiança sobre suas estratégias de política econômica. Lula mantinha seu discurso esquerdista, contra os mercados, e Collor em nenhum momento delineou claramente seus planos para a economia, o que acirrava as expectativas em uma população cansada da crise e sedenta de mudanças.

Era necessário redobrar os esforços para assegurar a preservação do tecido econômico em uma mínima ordem e transmitir esta imagem à sociedade. Sabíamos que um desarranjo absoluto, como ocorrera na Argentina, poderia ter desdobramentos sociais e políticos nefastos. Por isso, antes mesmo da eleição, decidi iniciar contatos com as equipes dos dois candidatos. O intuito era permitir o acesso dos seus principais assessores econômicos aos dados do governo, para que começassem a tomar pé da situação e, assim, minimizar riscos na partida do governo. Abríamos as informações as mais amplas, principalmente as do Tesouro, da Receita Federal e do Banco Central: finanças, moeda, balanço de pagamentos, reservas internacionais, dívida externa, dívida interna, tributação, a situação do orçamento.

Collor recusou a oferta. Provavelmente, o ex-governador de Alagoas, que havia passado a campanha atacando o presidente e me hostilizando, imaginou que a visita de seu pessoal ao Ministério da Fazenda quebraria a imagem de distância do governo e de oposição que vendia ao eleitor. Desta maneira, nossos contatos se limitaram aos assessores de Lula, Guido Mantega, que seria seu ministro da Fazenda, e Aloízio Mercadante, que seria senador. O primeiro contato oficial recebeu ampla cobertura da imprensa, como esperávamos. Por uma semana conversaram com nosso pessoal.

FERNANDO AFFONSO COLLOR DE MELLO, O PRÓXIMO PRESIDENTE

No dia 17 de dezembro, Collor venceu Lula no segundo turno. Era um alívio! As votações, seguidas das festas de fim de ano, marcavam, para mim, a aproximação da liberdade. Faltavam apenas três meses para deixar o governo.

Eu e João Batista levamos ao presidente a proposta de ampliar nossa ajuda à nova equipe, o que foi aprovado. Muitos da nossa equipe haviam participado de três congelamentos, que acreditávamos seria adotado uma vez mais. Nossa contribuição incluiria alinhar preços públicos e privados sob o controle da Fazenda para que o plano não enfrentasse defasagens nos níveis desses preços.

SERÁ A ZÉLIA?

Ainda não se sabia quem comandaria a economia. O presidente eleito, por sua arrogância e ilusão de autossuficiência, dava a entender que seria ele próprio. Os ministros seriam meros "auxiliares". A economista Zélia Cardoso de Mello, que trabalhara no Tesouro nas gestões de Funaro e Bresser, havia sido a coordenadora de economia na campanha e assumia a mesma posição na transição até a posse. Era ela quem falava sobre economia, participava de debates e acompanhava Collor nos encontros com empresários e banqueiros. A nosso ver, ela trabalharia com o novo presidente no Palácio do Planalto, enquanto o Ministério da Fazenda seria entregue a um nome de peso. Especulava-se que seria Mário Simonsen ou Daniel Dantas, então um executivo do grupo Icatu. Ninguém apostava no nome da Zélia, pouco experiente. Ainda assim, Olyntho acreditava nisso, para espanto geral. "Pode acreditar que será ela. Collor, megalomaníaco, não admitiria um ministro de prestígio, do porte de um Simonsen." Todos duvidamos.

BOLO DE NOIVA

Em janeiro, quando Collor e sua equipe trabalhavam no seu programa econômico, começou a surgir um mal-estar no Ministério da Fazenda. Técnicos começaram a ser chamados, secretamente, ao Bolo de Noiva, apelido do edifício em que o presidente eleito dava expediente. Os rumores sobre quem passava pelo Bolo de Noiva geravam desconforto e pioravam o ambiente de trabalho.

Preocupado, procurei Zélia. Ofereci, novamente, toda a ajuda de que ela precisasse. Pedi apenas para que ela fosse transparente. Que as pessoas fossem convocadas para trabalhar com ela de maneira adequada, com requisição formal. "Com pedido oficial, não há problema algum", reiterei. Polidamente, se desculpou. Disse que estudaria o que poderia ser feito para evitar novos constrangimentos. Horas depois, propôs um jantar na casa de Pedro Paulo Leoni Ramos, funcionário de uma empreiteira, conhecido como PP. Ele trabalhara na campanha e provavelmente integraria o novo governo. Ela levaria duas pessoas da sua equipe e eu, duas da minha: Ximenes e Luiz Antônio.

EQUIPES INTEGRADAS

O jantar foi marcado para uma discreta sexta-feira à noite, quando Brasília fica vazia. Além dela, nos esperavam PP e Pedro Bara. Foi muito agradável. Jogamos conversa na entrada e no prato principal. Na sobremesa, levantei o ponto que nos havia levado até ali: a forma de Zélia convocar funcionários. "Maílson, temos respeito por você. Serei franca", começou. "O presidente não quer que eu me relacione com você." Eu disse que entendia, agradecia a franqueza, mas meu interesse não era me relacionar com ela, mas resolver o problema causado com os convites secretos de funcionários. Sugeri que isso poderia ser feito em articulação com Ximenes e o Luiz Antônio. Fechamos o acordo.

No domingo, o jornal *O Globo* informava que Collor determinara a Zélia que se entendesse com Ximenes e Luiz Antônio para obter a colaboração da Fazenda para a preparação do plano do governo. Foi desagradável, mas fazer o quê? A paternidade da estratégia era muito menos importante do que sua efetividade. E funcionaria.

A partir de então, os contatos entre as equipes do governo e de Zélia se ampliaram. Entre os técnicos do presidente eleito, me lembro especialmente de Eduardo Teixeira, que seria secretário executivo da ministra e, depois, presidente da Petrobras e ministro de Infraestrutura. Teixeira era amigo de Ximenes e de Luiz Antônio, o que ajudou a azeitar a integração.

O PLANO ECONÔMICO DO NOVO GOVERNO

O grupo de economistas e advogados liderados por Zélia avançava na elaboração de mais um plano econômico. Dentre eles, se destacavam Ibrahim Eris, Venilton Tadini, Luís Otávio da Motta Veiga, Eduardo Teixeira e João Maia. Depois da posse do novo presidente, se integraria à equipe Antônio Kandir, que havia apoiado Lula até o segundo turno. As possíveis medidas eram objeto de boatos sobre o que se anunciaria já nos primeiros dias do governo. Falava-se em ações radicais, dados os limitados resultados dos planos anteriores, tanto os apoiados por congelamentos quanto os que, na primeira metade da década de 1980, recorreram à ortodoxia fiscal e monetária.

CORREÇÕES DAS TARIFAS

Em pouco tempo, já não tínhamos dúvida de que o novo governo começaria com congelamento de preços, salários e contratos. O sucesso dependeria, entre outros aspectos, do menor desalinhamento possível dos preços relativos. Se, por exemplo, o congelamento fosse feito com preços do trigo defasados, isso poderia acarretar quebra dos agricultores ou dos moinhos. Se o reajuste fosse feito depois do congelamento, a inflação retornaria. Para evitar esses quadros, passamos a fazer ajustes em grande quantidade de casos, com base nos estudos dos órgãos técnicos.

Os reajustes inflamavam ainda mais a inflação, mas era o preço a pagar para minimizar os riscos de fracasso do plano do futuro governo. Na discussão que tive com o presidente para obter o seu sinal verde, na qual estavam presentes João Batista, o general Ivan Mendes e Ronaldo Costa Couto, assinalei que prestávamos um serviço ao país e que isso seria reconhecido um dia. "Em algum momento, quando vier a público de maneira adequada, será positivo para o senhor. Mesmo diante de um adversário tão virulento, como Collor, tão desleal, tão baixo nas suas acusações ao governo, o senhor vai fazer esse gesto generoso, em prol do país." Todos concordaram.

CONTRA OS REAJUSTES

O reajuste da gasolina foi um dos primeiros. Fizemos em duas etapas, uma na primeira, outra na segunda quinzena de janeiro. A *Folha de S.Paulo* destacou em uma de suas edições, na primeira página: "Gasolina sobe 109% em janeiro." À medida que os reajustes eram anunciados, alguém buzinou nos ouvidos de Sarney que nós estávamos procurando ser simpáticos ao governo seguinte, à custa da popularidade do atual, ao qual seria debitada a culpa pela inflação mais alta. Era uma acusação descabida para quem sabia que Collor não nutria qualquer simpatia por mim.

No despacho comigo daquela semana, o presidente perguntou, de forma delicada, se não era a hora de parar com os reajustes. Usei, provavelmente de forma enfática, os mesmos argumentos. Seria um desserviço manter ou agravar as defasagens nos preços. Talvez por não ter contra-argumento técnico, o presidente se conformou. E continuamos.

Um certo dia de fevereiro, notamos que as portarias com os reajustes não estavam sendo publicadas no *Diário Oficial* da União. Nosso pessoal contatou o órgão responsável pela publicação e descobriu que o ministro da Justiça, a quem se subordinava a Imprensa Oficial, determinara que não fossem publicadas portarias da Fazenda que contivessem reajustes de preços. Era uma irregularidade grave, passível de punição. Liguei para

Saulo Ramos, mas a conversa não foi produtiva nem amistosa. "Não concordo com a medida e ela não será publicada." Relatei o ocorrido a Sarney. Prometeu providências, mas nada aconteceu.

Avaliamos como reagir. Expor Saulo à imprensa como o ministro da Justiça que desobedece deliberadamente a lei? Causaríamos um escândalo a poucos dias do término do governo? Preferi registrar, em aviso ao ministro, o fato de minhas portarias não serem publicadas e pedi providências para sanar a irregularidade. Caso os interessados levassem o governo à Justiça, estaria documentado a quem imputar a culpa. Não a mim.

REAJUSTE DOS AUTOMÓVEIS

Felizmente, o bloqueio de Saulo foi iniciado quando já havíamos feito os reajustes dos preços públicos mais relevantes. Continuamos a reajustar os preços privados, cujas mudanças, por um destes caprichos da burocracia, não precisavam de portarias nem de publicação no *Diário Oficial*. Era um simples despacho do secretário executivo do Conselho Interministerial de Preços (CIP), exarado nos respectivos processos.

Pouco depois, o reajuste dos preços dos automóveis ganhou também manchetes nos jornais. O presidente me telefonou. "Doutor Maílson, precisamos suspender esses reajustes. Eles colocam o governo em má situação." Repeti meus argumentos. "Acho que estamos indo longe demais nisso. Quero que o senhor revogue o aumento dos preços dos automóveis", falou, firme. "Presidente, me desculpe, mas não farei isso. Seria um desastre para a economia e para o governo, além de uma desmoralização para a Fazenda. Neste grave momento, é impossível."

Apesar daquela conversa desagradável, minha relação com o presidente não se abalou, nem naquela hora nem nos anos vindouros. Tampouco se abalou minha estabilidade no governo. A duas semanas do fim, minha demissão era impensável.

SARNEY COM COLLOR E COMIGO NO PERICUMÃ

Nos primeiros dias de março, Collor anunciou que seria Zélia sua ministra da Economia — o novo ministério, que reuniria o da Fazenda, o do Planejamento e da Indústria e do Comércio. Logo depois, visitou Sarney em seu sítio Pericumã, próximo a Brasília, com direito a todo mise-en-scène que era de seu gosto: helicóptero, seguranças, cobertura da imprensa... A visita foi interpretada por comentaristas como um gesto de conciliação depois de uma campanha pouco civilizada. Não era.

No mesmo dia, depois da partida do presidente eleito, também fui chamado até lá. Sarney contou que Collor lhe havia feito dois pedidos, aos quais acrescentou um terceiro: não me contar nada. O presidente não atendeu a este último. Nem poderia. A primeira solicitação era para encaminhar ao Senado uma proposta de nomeação de Ibrahim Eris para a presidência do Banco Central. A explicação era convincente: gostaria de iniciar o seu governo com o presidente do BC empossado. Achando que fazia sentido, apoiei.

O segundo pedido era para decretar um feriado bancário. Sarney questionou se, para isso, seria necessário alguma lei ou decreto. Não. Bastava um comunicado de um departamento do BC. "Quais podem ser os objetivos deles?", perguntou. Minha interpretação era de que, empossado, o presidente eleito lançaria um ousado plano de estabilização, que incluía um congelamento de preços. Essa percepção não era só minha, o que despertava o risco de uma corrida aos bancos às vésperas de sua posse. Um feriado surpresa evitaria isso. Eu também era a favor desta medida, positiva para ambos os presidentes, o que saía e o que entrava. Como se comprovaria depois, minha interpretação deste ponto da conversa entre os dois estava equivocada.

"Quando deverá ser este feriado, presidente?" Collor avisaria.

Nada disso foi falado ao telefone, é bom que se ressalte. E, claro, eu não deveria falar sobre isso com ninguém, nem pessoalmente.

ATÉ A POSSE DE COLLOR

A posse do presidente eleito seria realizada apenas em 15 de março de 1990. Até lá, grandes expectativas e incertezas marcariam o cenário da economia brasileira. Sem definições do que seria o próximo plano econômico, o mercado financeiro viveu momentos de nervosismo, com grande variação nas cotações dos mais diversos ativos, além de especulações sobre a esperada e provável redução da relevância das operações de curto prazo no *open market*.

Uma semana antes da posse de Fernando Collor de Mello, o nervosismo se transformou num pequeno pânico: ativos financeiros se transferiam para novas posições sem nenhuma regra ou lógica. Cada informação, ou mesmo um rumor, era suficiente para novos movimentos no mercado. Nos últimos dias, havia mesmo o risco de uma corrida aos bancos, se estivessem abertos.

O ÚLTIMO ATO

Na terça-feira 11 de março, a três dias úteis do término do governo, Sarney me ligou. Falou em código. "Recebi aquela informação, doutor Maílson." Era hora de agir. Por volta das 15h, me reuni com Wadico Buchi, presidente do BC, que não tinha ideia do que viria a seguir. Ele se posicionou totalmente contra a decretação do feriado bancário. A medida transmitiria um sinal muito ruim à opinião pública. Todos se alarmariam. Contei que isso havia sido acordado entre os dois presidentes. "Acho uma loucura! Você me autoriza a tentar dissuadir Ibrahim?", perguntou. "Tudo bem. Se você convencê-lo, eu conversarei com o presidente."

Wadico correu ao Bolo de Noiva, mas não foi bem-sucedido. Telefonou de lá. "Eles não abrem mão", resumiu. Naquele dia, após o fechamento do mercado financeiro, o BC decretava feriado bancário por três dias.

A PENÚLTIMA CERIMÔNIA

A posse do presidente Fernando Affonso Collor de Mello aconteceu no sábado 15 de março. A investidura ocorreu de manhã, na Câmara dos Deputados, onde prestou o juramento de praxe, de que serviria à nação, sendo leal à Constituição. Em seu discurso de posse no Congresso, Collor expôs um plano de voo consistente sobre as questões que deveriam ser atacadas pelo novo governo, enfatizando a necessidade de reforma do Estado e de busca da eficiência para assegurar a modernização e a estabilização da economia. A redação era de um mestre: o diplomata e filósofo José Guilherme Merquior, que, ao lado de Roberto Campos, se tornara um dos grandes apóstolos do liberalismo no Brasil. Eu convivera muito com ele, quando ambos trabalhávamos em Londres, eu no Eurobraz e ele como ministro conselheiro da Embaixada do Brasil.

À tarde, Collor subiu a rampa do Palácio do Planalto para receber o cargo das mãos do presidente Sarney. Eu nunca havia presenciado a transmissão da faixa presidencial, comum em países latino-americanos. No interior do Palácio, Sarney retirou-a de si e a colocou em Collor. O primeiro ato do recém-empossado, como decreta a tradição, foi nomear o ministro da Justiça, que, além de ser o mais antigo, referenda os atos de nomeação dos demais ministros.

Depois disso, se iniciou a cerimônia de cumprimentos. Os ministros que deixavam os cargos ficaram ao lado do seu presidente. Os que iriam começar se postaram do lado do novo chefe do governo. Todos, de forma organizada, em fila e orientados pelo cerimonial do Palácio, apertaram as mãos dos dois presidentes. Éramos muito mais numerosos do que os novatos, pois Collor havia extinguido pastas e aglutinado outras. Dentro do que apresentava como uma política de racionalizar a máquina administrativa e reduzir custos, além da área econômica, Collor também fundiu outros ministérios, como os de Minas e Energia, Comunicações e Transportes, reunidos na pasta da Infraestrutura. O número de ministérios caiu pela metade, de 23 para 12. Apesar do seu caráter simbólico importante, o efeito dessa medida para a redução das despesas era mínimo. Isso porque, apesar do número menor de ministros, a estrutura dos ministérios originais, com todos seus órgãos, secretarias e estatais, foi mantida.

Ao saudar Collor, desejei-lhe sucesso. Era a primeira vez que nos cumprimentávamos desde aquela visita atabalhoada dele ao Ministério da Fazenda. "Ministro Maílson, somos muito gratos pelo seu trabalho." Talvez estivesse sendo sincero.

Finda esta cerimônia, os ministros antigos desceram com o ex-presidente a rampa do Palácio. Collor recebeu cumprimentos dos convidados antes de se dirigir ao Parlatório, um púlpito contíguo ao Palácio. De lá, discursou para a multidão que se acotovelava na Praça dos Três Poderes para ouvir e ver o novo líder. Acompanhei Sarney ao aeroporto, de onde partiria, num avião da Força Aérea Brasileira, para o Maranhão.

QUASE LIBERTO

Na segunda-feira, com os respectivos atos publicados no *Diário Oficial* da União, os novos ministros assumiriam os cargos. Na terça pela manhã, eu transmitiria o meu para Zélia. Meus planos: depois do almoço, sentaria na varanda de casa ouvindo um bom jazz e tomaria, dose a dose, minhas duas garrafas de uísque, inteiras, sem pausas. Completamente embriagado, dormiria de porre até a hora que fosse. Em poucas semanas, me mudaria para São Paulo e esqueceria Brasília e seus problemas.

A ÚLTIMA CERIMÔNIA: PASSANDO O BASTÃO

Na manhã de terça-feira 18 de março de 1990, depois de 26 meses e 12 dias, 806 no total, compareci ao meu último compromisso como ministro: a cerimônia de transmissão de cargo, no auditório do Ministério da Fazenda. Fiz um discurso muito simples, uma prestação de contas mínima, finalizando com desejos de sucesso para a nova equipe. Zélia anunciou as intenções de governo, de estabilizar a economia, de colocar o país num novo ciclo de desenvolvimento, essas coisas. Muito gentil, me fez um elogio. Disse que a equipe reconhecia o meu trabalho no MF e que muitas das minhas ideias teriam continuidade. Muito simpático.

DE VOLTA PARA CASA

Aquele dia foi o último em que utilizei o Opala preto da Fazenda. Apenas para ir ao ministério. Depois de deixar meus filhos na escola, o motorista conduziu meu Chevette ao MF. Foi nele que saí do prédio, feliz da vida. Aliviado. Parecia ter trinta quilos menos. No caminho, pensava no uísque que me aguardava. Cheguei em casa ali pelo meio-dia e almocei com Rosinha. Foi então que me bateu a exaustão. Relaxei. Adiei a carraspana para a tarde. Estava tão sonolento que resolvi tirar uma soneca, sem hora para acordar. Ufa!

PARTE 6 MAÍLSON DA NÓBREGA
Consultor em São Paulo
(1990-)

CAPÍTULO XXVIII **Mudanças e turbulências (1990-1993)**

SONO DOS BONS

Depois de mais de dois anos dormindo mal, com graves preocupações sobre os dias e meses vindouros, assim que transmiti o cargo, no dia 18 de março de 1990, e almocei, em casa, dormi como uma criança num jardim feliz. Não faria nada mais naquele dia ou na semana seguinte. Passaria os dias todos dormindo, ouvindo jazz e pintando as cores e detalhes do meu futuro. Acompanhado de minhas duas garrafas de uísque, eu nem pensaria em finanças públicas. Nem em governo. Inflação, déficit público, salvação ou perdição da economia seriam abolidos do meu vocabulário e dos meus pensamentos ao menos até o fim do mês, enquanto eu estivesse descansando.

SARNEY ME ACORDA, ESTUPEFATO

Acho que sonhava com meu futuro cor-de-rosa quando soou o alerta vermelho. Rosinha me chamava para atender o telefone. Eu não havia pedido para não ser acordado? "O presidente Sarney quer falar com você." O sono estava tão gostoso que até pensei em dizer que retornava depois. Afinal, o que de tão urgente ele poderia querer de mim, tão logo? Não era mais meu chefe, nem o da nação. Impulsionado pelo hábito, pela consideração com o ex-presidente e pela curiosidade, levantei agilmente para atendê-lo.

"Senhor presidente, tudo bem?", perguntei. "Maílson! O que é que eles estão fazendo???" Do que ele poderia estar falando? Minha voz sonolenta deve ter me delatado, porque ele não esperou minha resposta. Digo, minha pergunta. "Liga a TV, Maílson! Eles estão anunciando um novo plano. Me parece uma loucura. Confiscaram a poupança!"

PLANO BRASIL NOVO

Também demorei a entender o que acontecia. A ministra da Economia, Zélia Cardoso de Mello, seu secretário de Política Econômica, Antônio Kandir, e o presidente do BC, Ibrahim Eris, tentavam explicar alguma coisa. Evidentemente, até por seus cargos, se tratava de um novo plano econômico, mas eu não conseguia sequer ter ideia do que era. Além de pegar o trem andando, ele parecia descarrilado. Zélia gaguejava, o outro olhava para os lados, como que clamando por alguém que soubesse responder às perguntas de Lílian Witte-Fibe, âncora da TV Globo. A jornalista, como seus colegas, não conseguia mais disfarçar a irritação com tanta confusão.

Naqueles dez minutos, tudo o que eu conseguia apreender era que se tratava de um choque econômico, como esperávamos que acontecesse nos primeiros dias do novo governo.

DO QUE SE TRATA?

Mudei de canal e vi Cláudio Adilson, meu ex-assessor, dando entrevista sobre o plano. Liguei imediatamente para ele. Minha expectativa era de que já tivesse digerido o anúncio oficial. Talvez pudesse me esclarecer do que se tratava. Se é que alguém poderia compreender o que aquela equipe tentava esclarecer. Parecia, realmente, que nem eles entendiam.

Cláudio me explicou o que assustara Sarney: além do congelamento de preços e do restabelecimento do cruzeiro como moeda nacional, o Plano Brasil Novo sequestrou parte substancial da riqueza financeira no país. O "confisco", como ficaria conhecido, não poupou sequer a sagrada poupança, favorita dos mais humildes e considerada garantida pelo governo.

Pela Medida Provisória 168, que em 12 de abril se transformaria na Lei n. 8.024, foram bloqueados quase 50% dos depósitos à vista, 80% das operações de *overnight* e fundos de curto prazo e cerca de um terço do saldo das cadernetas de poupança. Os valores dos depósitos à vista, de poupança até cinquenta mil cruzados novos e das aplicações no *open market* até 25 mil cruzados novos seriam convertidos ao cruzeiro, com cobrança extraordinária de 8% de Imposto sobre Operações Financeiras (IOF). Tudo que excedesse esses limites seria recolhido ao Banco Central por 18 meses. Poderiam ser resgatados a partir do 19o mês, em 12 parcelas, acrescidos dos juros de 6% mais correção monetária.

O intuito era, realmente, impactar. Ou, como havia dito Collor, deixar a esquerda perplexa e a direita indignada. Isso ele conseguiu. Tudo aquilo era absolutamente novo para todos, embora não fosse inédito. Depois se saberia que medidas semelhantes haviam sido adotadas em vários países europeus entre os anos 1930 e 1950.

O PETELECO DA ABERTURA ECONÔMICA

Além do congelamento de preços e da limitação ao consumo, via "confisco", a abertura econômica foi outro alvo prioritário do plano. Com ele, foi extinto o Anexo C, da Cacex, que listava produtos com importação proibida. Dos mais de três mil itens que a lista chegou a ter no início da década de 1980, havíamos deixado apenas quinhentos, aqueles que havíamos considerado supérfluos demais ou cuja importação traria riscos excessivos para as contas externas em final do governo. Coube ao novo presidente dar o peteleco que faltava. Além de permitir a entrada no país de qualquer produto e eliminar de vez as burocráticas licenças de importação, as tarifas aduaneiras passariam a ser reduzidas de acordo com um cronograma que em quatros anos estabeleceria um limite superior de 20%. A alíquota modal, isto é, a mais frequente, seria de 12%. Era uma senhora aceleração do processo que havíamos iniciado em 1988. O câmbio flutuante, o chamado "câmbio turismo", se tornou a regra, ainda que com limitações, que seriam removidas nos anos seguintes, até a implantação definitiva da flutuação, em 1999.

O grupo de Zélia também considerava fundamental eliminar o déficit de 8% do PIB. Para isso, seria preciso realizar reformas fiscal e administrativa que incluíssem o enxugamento das funções do Estado por meio de privatizações de empresas estatais e extinções de órgãos públicos. O governo Collor daria grandes passos neste processo, que começara timidamente uma década atrás. Ainda em 1990 seria criado o Programa Nacional de Desestatização (PND), que incluiria 34 empresas estatais e 32 participações minoritárias do governo. Para tanto, aproveitariam a medida provisória que tentáramos aprovar, sem sucesso, no Plano Verão, contendo uma lista de empresas que não poderiam ser privatizadas. O setor siderúrgico, por exemplo, seria totalmente privatizado e consolidado em três grandes grupos nacionais: CSN, Gerdau e Usiminas.

EU APOIO!

Passado o susto, apoiei. Uma das deficiências dos congelamentos anteriores era a ausência de instrumentos poderosos para conter a demanda. Com o fim da inflação, logo a população, sentindo que seu salário não se desvalorizava no fim do mês, passava a consumir mais e os bancos se sentiam confiantes para ofertar mais crédito de consumo. O resultado era um crescimento muito mais rápido da demanda do que da oferta, o que gerava o esvaziamento das prateleiras dos supermercados e a volta da inflação. Impedindo a sociedade de gastar mais, este processo não se repetiria. Com um governo com legitimidade renovada, um presidente jovem, que falava muito bem, que mobilizava a população, eu achava que o plano poderia dar certo.

Depois de explicar as medidas ao presidente Sarney e expor minha opinião, o telefone não parou mais de tocar. Jornalistas dos mais variados veículos de comunicação pediam explicações e opiniões sobre o Plano Brasil Novo — já chamado por alguns de Plano Collor. Emiti declarações muito positivas em relação ao plano e o defenderia num artigo para a revista *Veja*. Meu receio era de que a população se revoltasse, houvesse quebra-quebra, como ocorreu em casos semelhantes no mundo, mas a sociedade aceitou tudo com muita resignação. No Brasil, a demanda por estabilidade era tão elevada que a reação mais negativa foi recorrer à Justiça para desbloquear os recursos sequestrados.

O UÍSQUE FICA PRA OUTRO DIA

Dei tantas entrevistas naquela tarde que, quando me dei conta, já eram seis horas. Jantei, assisti aos jornais televisivos e fui dormir. Não tomei sequer uma dose do uísque que me esperava tão ansiosamente. Nem lembrei dele no dia seguinte ou no outro. Quando finalmente me recordei, decidi bebê-lo apenas na minha vida nova, em São Paulo. Faria isso somente anos mais tarde, mas em goles esparsos, durante muitas ocasiões. Não seria a carraspana que eu me prometera.

VIDA DE PAULISTANO

Meses antes de sair do governo, também decidi que me mudaria para São Paulo, assim que deixasse o Ministério da Fazenda. Como ministro,

MAÍLSON DA NÓBREGA — CONSULTOR EM SÃO PAULO (1990-)

visitava quase semanalmente a capital paulista, onde estavam os maiores bancos e as grandes indústrias e empresas comerciais. Enfim, era onde o mundo financeiro brasileiro acontecia. Em São Paulo, eu poderia montar uma pequena consultoria, sozinho, realizar palestras, integrar conselhos de administração de empresas, que me pagariam mensalmente, cada uma, quase metade do que eu recebia como ministro. Não queria, nunca mais, pensar em planos econômicos, repercussão de medidas na mídia, *spots* de televisão, gravadores, administração de recursos públicos. Nunca mais.

O Plano Collor me impossibilitou de investir na minha nova empreitada os cerca de vinte mil dólares que eu economizara dos meus tempos de Londres (outros oitenta mil tinham sido aplicados num pequeno apartamento no Leblon, no Rio). Com ou sem poupança, realizaria meus objetivos, mesmo que mais modestamente do que imaginara inicialmente.

O DESTINO DA MINHA EQUIPE

Também saíram do ministério quase todos os membros da minha equipe. Olyntho deixou a Brasília que tanto criticava e mudou-se para o Rio de Janeiro, onde moravam uma filha e netos. Ximenes e Luiz Antônio permaneceram no governo, trabalhando com Ozires Silva, no Ministério da Infraestrutura. Ainda em 1990, Luiz Antônio se tornaria vice-presidente de finanças do Banco do Brasil e Ximenes seria diretor do Banco Mundial, depois diretor do Banco Interamericano de Desenvolvimento em Washington. Retornaria ao Brasil no governo Itamar Franco para presidir o Banco Central e, em 1995, com Fernando Henrique Cardoso, revolucionaria o Banco do Brasil, realizando as transformações de que o BB necessitava para se tornar um grande e competitivo banco comercial.

CANDIDATO A DEPUTADO FEDERAL PELA PARAÍBA

Embora estivesse muito cansado do governo, confesso que, um pouco antes de deixar o ministério, avaliei a possibilidade de me aventurar na atividade político-partidária. Sarney e muitos colegas me estimulavam a concorrer a deputado federal. Escolhi a minha terra, a Paraíba, para avaliar se valia a pena me embrenhar por esses caminhos tortuosos demais, como se evidenciaria muito rapidamente.

Filiei-me ao PSDB no fim de 1989 e comecei a me informar sobre o funcionamento de uma campanha eleitoral. "Com seu nome, conseguirá uns três mil votos de eleitores esclarecidos", apostou um especialista paraibano. E o restante? "Você terá que comprar. Basta desembolsar um milhão de dólares para ser o deputado mais votado da Paraíba", revelou. Diante do meu espanto, explicou: "Não é o que você está pensando, de dar dinheiro para os eleitores", desanuviou. "Será preciso angariar o apoio de cabos eleitorais e de candidatos a deputado estadual, para fazerem 'dobradinha' com você. Eles vão precisar de financiamento para a campanha." Seria necessário também gastar com santinhos, camisetas, bonés e outros brindes. Quando falei que não tinha esse dinheiro, foi enfático. "Como ex-ministro da Fazenda, você faz umas duas ligações para o pessoal da Febraban e o dinheiro estará logo em suas mãos." Comecei a desistir.

"AGORA VOCÊ É UM POLÍTICO, MAÍLSON"

Mesmo assim, fui à Paraíba. Marcara um encontro com Wilson Braga, ex-governador e meu amigo. Ele me indicaria os colégios eleitorais que eu deveria trabalhar. Recomendou: eu deveria manter o apoio a esses colégios, visitando-os com frequência e lutando por seus pleitos em Brasília. Do contrário, eles se bandeariam para outro político, nas eleições seguintes. Entendi melhor por que os parlamentares pedem tanto pela liberação de suas emendas. Não era meu feitio. Dei mais um passo rumo à desistência.

No dia seguinte, os jornais da terra noticiaram o encontro e destacaram meus planos de concorrer a uma cadeira para a Câmara. Foi com essa ampla divulgação que cheguei a Sapé, onde moravam meus pais. Havia uns 30 primos me esperando. Nos semblantes, a mensagem: "agora você é um político". Ou seja, não tinha mais desculpas para recusar os pedidos de emprego no governo. Enterrei a natimorta carreira política. Melhor ser consultor em São Paulo.

NOVA CHANCE AO ANTIGO AMOR

Abolidos os planos paraibanos, ainda em março, viajei a São Paulo para escolher onde moraria com Rosinha, Ivan e Juliano. Márcio ficou em Brasília e Guilherme, trabalhando em Londres numa companhia de seguros, depois de concluir o curso na London School of Economics. Logo voltaria ao Brasil, para cursar o mestrado na PUC do Rio de Janeiro.

Propus a Rosinha que permanecessem em Brasília por um semestre, até que eu ajeitasse tudo, como havia feito ao nos mudarmos para o Rio de Janeiro em 1968 e, em 1985, antes de morarmos em Londres. Ela não quis. Desde o último trimestre do ano anterior, ela se esforçava para estar mais presente. "Quero ir para São Paulo já, com você", insistiu. Depois de 26 anos de casamento, merecíamos, sim, outra chance.

Era o primeiro grande conflito afetivo da minha vida. Sentia-me culpado por fazer Rosinha sofrer tanto. Ela, que me acompanhara desde a juventude, enfrentara comigo os momentos mais difíceis, acompanhara e partilhara comigo as alegrias e as tristezas, suportara as incertezas, as dívidas, as ausências, sempre me apoiando, sempre presente, sempre solícita. Rosinha era a companheira da vida, do início, da construção. Dos medos. Dos erros. Absorvia tudo com muito heroísmo. Vivia o que achava sacrificante. Mas permanecia junto a mim.

Além disso, Rosa Dalcin se mudara para Porto Alegre, para trabalhar na campanha de Nelson Marchezan, que se candidatava a governador do Rio Grande do Sul pelo PDS. Entre todos os trabalhos que poderia aceitar, inclusive em qualquer veículo de comunicação, entre todos os políticos com quem poderia trabalhar, ela escolhera justamente aquele que ajudou a barrar as nossas propostas de reformulação das finanças públicas. Seria birra?

UM ESCRITÓRIO DECORADO DE PRESENTE

Em abril, aluguei um bom apartamento na Rua José Maria Lisboa, nos Jardins. Rosinha, Ivan e Juliano chegariam em maio, quando eu voltasse de viagem ao exterior, programada com o pessoal do Banco Garantia. O imóvel para meu escritório eu ainda procurava, quando, ainda nos primeiros dias, o ex-ministro Angelo Calmon de Sá, que fora meu chefe no MIC e presidia o Banco Econômico, ligou para me congratular por eu ter conduzido a economia até o porto e me desejar prósperos anos na nova rota que escolhia para navegar.

Em meio ao bom bate-papo, comentou sobre meus planos de me tornar um consultor. "Você deveria montar um belo escritório, no Itaim." Respondi que era, sim, uma boa ideia. "Então está resolvido. A arquiteta que trabalha para o banco te ajudará no planejamento do uso da sala e na decoração. Os móveis, nós fornecemos." Eu não podia arcar com todas essas despesas. "Você nos reembolsa quando puder, Maílson. Sei que não vai demorar muito. Já tem o primeiro cliente: o Econômico."

Aceitei, sim. O doutor Angelo alugou uma sala de cem metros quadrados, na Rua Jesuíno Arruda e logo acertei com a arquiteta Márcia Chaves como seriam as instalações. Quando eu retornasse, no início de maio, encontraria o escritório pronto.

PALESTRAS COM O BANCO GARANTIA

Durante as três últimas semanas de abril, viajei o mundo. Antes de deixar o governo, recebi um convite do Banco Garantia, que ganhara espaço e prestígio no mercado brasileiro nos anos anteriores. Associado à Foreign & Colonial, tradicional casa britânica de gestão de recursos, o banco lançava um fundo de investimentos na América Latina, que começava a se abrir para o capital estrangeiro. Realizaria um *road show* para apresentar o fundo a investidores, nas maiores praças financeiras do mundo: Tóquio, Hong Kong, Londres, Paris, Frankfurt, Amsterdã e Nova York.

Fui convidado para acompanhá-los, para destacar o potencial do Brasil a investidores institucionais. Pela tarefa, receberia o equivalente a dez vezes o meu salário mensal de ministro. O convite era a prova de que a inflação dos meus tempos — um termômetro para medir o prestígio de qualquer ministro da Fazenda — não havia afetado minha reputação. A opinião pública e o mercado reconheciam que não cabia a mim a culpa pelo descontrole inflacionário.

Logo depois da instalação do fundo, fui convidado a me tornar membro de seu conselho de administração, que se reunia quatro vezes por ano em Londres. Participaria dele durante os vinte anos seguintes.

A DÉCADA DE 1980 NÃO FOI PERDIDA

Em maio, quando retornei da viagem, as mudanças eram visíveis nas ruas, nas casas, nas lojas. O mercado foi inundado de produtos importados: televisores e outros produtos eletrônicos, como computadores, perfumes e, claro, automóveis.

Embora repentinamente esses avanços se evidenciassem, eles eram a continuidade e ampliação das realizações de anos anteriores, particularmente do decênio precedente. A ideia, muito difundida, de que a década de 1980 foi perdida para o Brasil, é equivocada. É inegável que o país cometeu muitos erros, como a irresponsabilidade fiscal da nova Constituição. Inflação alta, baixo dinamismo econômico e moratória da dívida foram sintomas dos descaminhos brasileiros de outras épocas.

Não se pode deixar de reconhecer, todavia, que muitos passos foram dados na direção certa e ajudaram a construir os alicerces para a conquista da estabilidade, que aconteceria na metade da década seguinte. A atual estabilidade da economia repousa sobre responsabilidade fiscal, câmbio flutuante e um regime de metas para a inflação, perseguido por um Banco Central com autonomia operacional. Este tripé seria consolidado nos governos de Fernando Henrique Cardoso e Lula, mas uma série de iniciativas tomadas ao longo dos anos 1980 contribuiu para construir as bases desses fundamentos.

O país modernizou seu software econômico. Mas a operação desse novo sistema na década de 1980 era inviável. A situação só melhoraria com mudanças mentais importantes — como a que levou a sociedade a se tornar intolerante à inflação — e com a atuação e a legitimidade de governos diretamente eleitos.

MAÍLSON DA NÓBREGA CONSULTORIA

Passaria a discorrer sobre esse assunto, entre muitos outros, para plateias cada vez maiores. Quando retornei do giro pelo exterior, a sala para a minha consultoria já estava pronta, dividida em três ambientes: um para mim, um para economistas que me assessorariam e um para a recepção. Logo trabalhava para o Banco Econômico, meu único cliente. Em seguida, me contrataram a Vicunha e a Grendene. Depois, o banco BMC.

Ainda nos primeiros meses, comecei também a ser contratado para realizar palestras sobre a conjuntura macroeconômica e política. Era muito frequente que, em meio à minha exposição, questionassem a minha credibilidade ao abordar o assunto. "Por que deveríamos aceitar as suas análises sobre economia se não solucionou os problemas quando estava no governo e a inflação mensal chegou a 84%?"

Eu enxergava como naturais essas provocações. Afinal, muitos brasileiros ainda acreditam no governo providencial, capaz de fazer o que quiser. Para muitos, "basta vontade política" e tudo se resolve. Sem me sentir ofendido, explicava que havia sido um ministro da Fazenda num dos momentos mais difíceis da história do país. Vivíamos a exaustão de um modelo de desenvolvimento centrado no Estado, que deixara suas sequelas: déficit fiscal, negociações trabalhosas da dívida externa e a decorrente dificuldade de acesso ao crédito externo, a economia fechada e ineficiente, a indexação, a inércia da inflação e muitos outros. Não existiam instrumentos, ambiente institucional nem conjuntura internacional favoráveis a vencer a inflação, como viria a ocorrer anos depois.

EM CONSELHOS DE ADMINISTRAÇÃO

Logo passei a ser convidado a participar de diversos conselhos de administração como os da Brasmotor, holding da Brastemp, e da Solvay, da área química, para analisar os cenários econômicos e políticos, avaliando tendências e riscos. Rapidamente, os convites se multiplicaram. Na segunda metade da década de 1990, eu me tornaria o recordista brasileiro em participações em conselhos de administração. Além disso, passei a ser membro de organizações sem fins lucrativos, como o Instituto Fernão Braudel de Economia Mundial, de São Paulo e o Conselho Superior de Economia da Federação das Indústrias do Estado de São Paulo (Fiesp), de que participei por cerca de dez anos.

MCM CONSULTORES ASSOCIADOS

Em junho, Cláudio Adilson, que montou também uma consultoria assim que deixou o governo, me propôs a fusão da empresa dele com a minha. Assim, fundamos, juntamente com Celso Martone, professor da FEA-USP, a MCM Consultores Associados, com iniciais de nossos nomes.

Nossos clientes, além de receberem relatórios e poderem nos telefonar para conversar sobre a conjuntura econômica e política, tinham direito a uma visita mensal do consultor à empresa, para uma apresentação geral. Já nos primeiros meses, nossa carteira de clientes incluía, além daqueles da consultoria solo, os grandes nomes do sistema financeiro e as maiores empresas brasileiras. A demanda era tamanha que havia fila para nos contratar. Não dávamos conta de atender a todos que nos procuravam, mesmo depois de mudarmos para um escritório maior, em novembro, na Rua Iaiá, também no Itaim. Eu já recebia, num trimestre, o equivalente ao meu salário anual como ministro da Fazenda.

VIDA INTELECTUAL

Durante os 27 anos de atuação no setor público, entre Banco do Brasil e ministérios, angariei conhecimentos e uma rica experiência sobre política econômica e governo. Em Londres, fiz cursos rápidos e mergulhei em leituras estimulantes sobre economia, política e história. Mas foi a partir dos anos 1990 que vivi a minha fase intelectual mais profícua.

MAÍLSON DA NÓBREGA — CONSULTOR EM SÃO PAULO (1990-)

Além de as atividades de consultor e palestrante exigirem estudo e pesquisa, passei a frequentar seminários e círculos de debates em eventos do setor privado e em universidades relevantes em questões econômicas, como a FEA e a FGV. Em Brasília, até existiam oportunidades para participar de discussões de ideias, mas eu não tinha tempo para isso. Em São Paulo, um novo mundo se descortinou.

BOAS LEITURAS

Enquanto estava na Fazenda, não tinha tempo sequer para descansar, quanto mais para ler no ritmo que gostaria. O máximo que consegui foram cinco livros num ano. Em São Paulo, essa média subiu para vinte a trinta. Minhas leituras não se restringiam mais a estudos técnicos. Voltaram a incluir, como nos tempos do Eurobraz, assuntos pelos quais eu me interessava sem finalidade prática, como história, particularmente a dos países anglo-saxônicos. Depois, ficou muito fácil adquirir livros estrangeiros através da internet. Os *papers* e artigos técnicos não deixaram meu raio de interesse. Ao contrário. Ganharam espaço maior, com a diferença que os estudos do governo foram substituídos pelos da consultoria, de empresas privadas e da academia, nacional e estrangeira. A leitura semanal da revista *The Economist*, frequente em Londres, foi retomada e nunca mais se interromperia. Além dela, tornei-me assinante e leitor assíduo de uma das mais importantes revistas de análise política do mundo, a americana *Foreign Affairs*, editada bimestralmente.

ARROCHO DA ECONOMIA

Assim como os estudos, minha nova carreira deslanchava, como acreditava que aconteceria ao Brasil. Não foi esta a realidade com que os brasileiros se depararam. Como ocorrera nos planos econômicos anteriores, o Plano Collor reduziu drasticamente a inflação nos primeiros meses. A variação mensal dos preços caiu do recorde de 84% em março de 1990 para 11% em abril e 9% em maio. O custo disso, porém, foi elevadíssimo. O sequestro de dinheiro levou a uma redução tão dramática da liquidez da economia que acarretou uma profunda retração da atividade. A política de Collor gerou atraso no pagamento de dívidas, redução real dos salários e desemprego. Em abril, a produção industrial recuou cerca de 30% em comparação ao ano anterior. No segundo trimestre de 1990, o PIB caiu 8%.

A desaceleração da economia, o retorno da inflação e as denúncias de corrupção, que já se tornavam muito frequentes, inclusive entre o empresariado, minavam o apoio político e da opinião pública ao presidente. Embora eu tenha defendido o plano quando ele foi lançado, no início do segundo semestre, passei a criticar a gestão macroeconômica. Minhas opiniões eram divulgadas e atingiam pessoas com quem convivera, no governo e fora dele. Depois de um debate no Congresso em que fiz análises negativas, visitei Ibrahim Eris, presidente do Banco Central. Zélia telefonou a ele naquele momento. Tapando o bocal do aparelho, ele questionou: "O que você falou no Congresso? A ministra está irritada com você."

MAIS UM PLANO COMEÇA A FRACASSAR

Muito mais pessoas estavam irritadas naquele momento. Embora o bloqueio dos recursos tenha sido planejado para durar 18 meses, muitas pessoas e empresas conseguiram na Justiça a liberação antecipada. Isso mais a impopularidade do sequestro e a subsequente retração da economia obrigaram o governo a abrandar as medidas ainda em maio. Buscando evitar o aprofundamento da recessão e uma pressão popular ainda maior, foi iniciado um relaxamento do controle dos preços e se acelerou a chamada "abertura das torneirinhas do BC", expressão cunhada pelo próprio Collor em referência à devolução programada dos recursos bloqueados. Menos de dois meses depois da divulgação do Plano Collor, os meios de pagamento cresciam cerca de 60%. Como o dinheiro voltava a circular, a liquidez excessiva que se verificava até o início de 1990 era retomada e a inflação acelerava. No segundo semestre de 1990, se evidenciava que, como os predecessores, o Plano Collor fracassava.

AMPLIAÇÃO DA MCM

Em períodos de crise e incertezas, são ainda mais relevantes e procurados os serviços de consultoria. Assim, a MCM não parava de crescer. Novos nomes de prestígio começaram a se agregar aos nossos, como continuaria a ocorrer nos anos seguintes: Emílio Garófalo, ex-diretor da área externa do Banco Central e da área internacional do Banco do Brasil, trouxe para nossas análises sua notável experiência no mercado cambial e o conhecimento impressionante das respectivas normas. Gustavo Loyola, doutor em Economia pela FGV, se juntaria a nós depois de deixar o

Banco Central, que presidiria entre novembro de 1992 e março de 1993, no governo Itamar Franco.

Antes disso, no início de 1991, meu filho Guilherme, depois de concluir o mestrado na PUC do Rio de Janeiro, se mudava para São Paulo. Queria integrar o nosso time. Receoso de ser acusado de estar movido por razões familiares e de que ele se sentisse menos valorizado por estar "sob as asas do papai", relutei em atender a seu pedido. Foi Cláudio Adilson quem insistiu em entrevistá-lo e contratá-lo, não pelo parentesco, mas pela confiança no seu potencial como economista e colaborador da MCM.

Não demorou muito para que eu me desse conta de que o sucesso da MCM se devia também a algo além da qualidade profissional dos sócios e de nosso corpo de economistas: o prestígio de meu nome e a percepção de que tínhamos acesso a informações privilegiadas do governo, o que não era verdade. Eu fazia questão de esclarecer isso a cada interessado no nosso trabalho. Deveríamos conquistar clientes pela qualidade de nossas análises e projeções, apenas.

SEPARAÇÃO CONJUGAL

No casamento, também tentava separar uma coisa da outra. Tentei, realmente, voltar a fazer parte daquele contexto, daquela vida familiar. Mas era impossível. Apesar de admirar demais Rosinha, reconhecer o papel que a primeira paixão da minha vida havia exercido em cada passo de minha trajetória naqueles 26 anos, a convivência tinha perdido sua liga. Talvez eu fosse cruel, egoísta e injusto. Mas não queria continuar um casamento por reconhecimento, não por amor. Eu estava apaixonado por outra mulher.

Foi ótimo que tenhamos tentado, mas a situação se tornou insustentável. Mesmo assim, não conseguia encontrar coragem para falar em separação. Foi Rosinha quem pediu que eu saísse de casa. Em setembro de 1990, passei a morar em um apart hotel na Rua Uruçuí, próximo da MCM. Levei comigo apenas as roupas, os meus livros e as duas garrafas de Royal Salute, que permaneciam intactas.

Eu estava solteiro quando Rosa Dalcin veio a São Paulo, logo depois da derrota de Marchezan no segundo turno das eleições para governador do Rio Grande do Sul, em novembro de 1990. Assim, passamos juntos a virada para 1991 em Santiago, admirando o vale Nevado e a Cordilheira dos Andes. Em março de 1991 ela partiu novamente, desta vez rumo a Londres, para um curso de inglês que duraria seis meses. Nossos dois encontros seguintes seriam durante as reuniões do Conselho de Administração do Latin American Investment Trust.

GUERRA DO GOLFO

Quando Rosa partiu, os ares ficaram turbulentos, ao menos pela TV, para o mundo todo. Em janeiro de 1991 foi iniciado um intenso bombardeio no Iraque, com caças moderníssimos e mísseis teleguiados. O conflito havia sido deflagrado repentinamente em agosto de 1990, quando o governo de Saddam Hussein, acusando os kuwaitianos de ocuparem território iraquiano e não colaborarem no controle dos preços do petróleo, invadiu o vizinho numa operação relâmpago. Os Estados Unidos reagiram energicamente. Liderados pelos americanos, a ampla coalizão, com potências como Reino Unido e França, além de países árabes, incluindo Arábia Saudita e Egito, iniciaram, em janeiro de 1991, a operação Tempestade no Deserto. Massacradas, as forças do Iraque se retirariam do Kwait em 28 de fevereiro.

PLANO COLLOR II

Em janeiro de 1991, também se buscava estabilizar a economia brasileira, com novos ataques. O Plano Collor II, como o primeiro, incluiu congelamento de preços e medidas de austeridade fiscal. Sabíamos das poucas chances de alcançar êxito. Era, a meu ver, o reconhecimento do fracasso. O efeito foi temporário. A inflação passou ao patamar de 20% ao mês e o sistema de indexação de preços e salários retomava seu pleno funcionamento.

MINISTÉRIO DE NOTÁVEIS

Juntamente com a inflação aumentavam os comentários, no mundo político, entre jornalistas e no empresariado, de que PC Farias, o misterioso caixa de campanha de Collor, coletava dinheiro. Dizia-se que cobrava comissões para aprovar projetos, para liberar recursos do Orçamento e até em situações menores, em benefício do grupo político do presidente. A arrecadação seria sistemática em quase todos os órgãos do governo. Com as tão recorrentes acusações, no campo político, e os insucessos, no econômico, era necessário mudar estruturalmente a cúpula do governo, numa tentativa de recuperar o prestígio que se esvaía.

Ainda em maio de 1991, Collor compôs o que foi batizado de Ministério de Notáveis. Trouxe para o governo nomes de peso em todas as áreas, substituindo a equipe provinciana, com nomes praticamente sem expressão, que o acompanhava desde o início. Marcílio Marques Moreira, Marcus Pratini de Moraes, Célio Borja, Jorge Bornhausen, Eliezer Batista, José Goldemberg, Hélio Jaguaribe, Celso Lafer. Angelo Calmon de Sá voltou ao governo, como secretário de Desenvolvimento Regional. Com eles, renasceu a esperança de que Collor retomaria uma agenda mais ousada e melhoraria a gestão e a articulação de governo.

Zélia foi substituída por Marcílio Marques Moreira, economista, diplomata, com vasta experiência na administração pública e no sistema financeiro, que servia como embaixador do Brasil nos Estados Unidos. Assim que seu nome foi anunciado, Marcílio pediu minha opinião sobre Luiz Antônio Gonçalves, que havia sido secretário do Tesouro Nacional no meu tempo de ministro. Obviamente, não economizei elogios, merecidos, a ele, que passou a integrar uma equipe de primeira. Roberto Macedo, de reconhecida competência como professor da FEA/USP, se tornou seu secretário de Política Econômica. Para presidir o Banco Central, Marcílio convidou Francisco Gros, que havia exercido o mesmo posto com Funaro na Fazenda. Armínio Fraga se tornou colega de Gustavo Loyola na diretoria do BC.

PLANO CAVALLO

Assim como no Brasil, na Argentina a escalada inflacionária também exigia medidas impactantes. Em março de 1991, dois meses depois do Plano Collor II e dois antes do anúncio do Ministério de Notáveis, o ministro da economia, Domingo Cavallo, lançou um plano econômico inusitado na América Latina. A grande novidade era a instituição de uma estratégia tipo *currency board*, na verdade o ressurgimento do padrão-ouro de outros tempos. A moeda nacional, que retomou seu nome histórico, peso, se tornou conversível: podia ser trocada por dólar americano a qualquer tempo, com paridade de 1:1. O governo emitiria moeda apenas no correspondente à elevação das reservas internacionais. A aprovação do novo regime cambial pelo Congresso era uma garantia a mais de que as regras seriam cumpridas. A privatização, o ajuste fiscal e a abertura da economia formavam as bases estruturais do sucesso do plano, marcando uma guinada definitiva do presidente Menem, cujo governo em quase nada fazia lembrar o candidato populista da eleição.

Diferentemente dos anteriores, o Plano Cavallo teve efeito mais eficaz e persistente. A inflação caiu rapidamente e seria mantida como uma das mais baixas do continente durante toda a década de 1990, com variação mensal próxima de zero. Houve quem sugerisse a adoção do *currency board* por aqui. Mas não cabia no Brasil uma estratégia como a do plano Cavallo.

MERCOSUL

No mesmo mês do lançamento do Plano Cavallo, em março de 1991, foi assinado o Tratado de Assunção, que estabeleceu o Mercosul, ou Mercado Comum do Sul, entre Brasil, Argentina, Paraguai e Uruguai. A partir de 1995, 95% dos produtos produzidos nos quatro países passariam a ser comercializados sem alíquota de importação. Chile e Bolívia se associariam em 2005 e, em 2006, a Venezuela seria integrada. Em 2010, o livre-comércio abrangeria um país não sul-americano, Israel.

O objetivo grandioso de uma união econômica nos moldes europeus seria frustrado por resistências à integração, que pressupõe completa abertura ao comércio. A Argentina jamais conseguiria cumprir seus compromissos, adotando, vez por outra, posturas protecionistas. A incorporação da Venezuela, numa decisão de cunho essencialmente político, agregou um país instável, liderado por um presidente autoritário e propenso a uma grande crise econômica e política. A integração deste país ao bloco é especialmente inconveniente devido à necessidade de aprovação unânime para que qualquer membro firme tratados de comércio com outros países.

UMA NOVA BERLIM

Eu estava mais interessado no continente europeu naquele momento. Mais especificamente, a uma pessoa que estava lá e que eu só via a cada três meses. Numa das viagens a Londres, eu e Rosa decidimos voltar à Alemanha, inclusive Berlim que havíamos visitado antes, por ocasião da reunião anual de governadores do FMI, em setembro de 1988. Estávamos curiosíssimos em ver, de perto, como haviam ficado ambos os lados depois da queda do Muro, em 1989. Em 1991, embora os prédios oficiais do lado oriental continuassem imponentes e cinza, já havia movimento nas ruas, cores, alemães orientais alegres. As lojas e restaurantes já eram outros, incluindo o McDonald's. Como turista, comprei um pedaço de argamassa pintada por grafiteiros, que o vendedor jurou ter pertencido ao muro. Até acreditei, embora pudesse ser da reforma do bar do seu Franz. A imponente divisão de dois mundos virou isso: um suvenir de camelô.

DESINTEGRAÇÃO DA UNIÃO SOVIÉTICA

Com a queda do muro de Berlim, em 1989, uma enorme energia foi liberada e movimentos pelo fim dos regimes autoritários comunistas começaram a proliferar pelo Leste Europeu, sem que a União Soviética interviesse. As pressões também se avolumavam na URSS. Várias repúblicas começaram a buscar independência.

Em julho de 1991, pouco depois da nossa visita a Berlim, Boris Yeltsin, prefeito de Moscou tido como independente em relação à cúpula comunista, venceu a eleição para presidente da República Russa, a mais poderosa da URSS. No mês seguinte, os militares soviéticos cercaram com tanques a cidade, numa tentativa de golpe. Liderando a reação, Yeltsin se transformou num herói da democratização russa. No mesmo mês, o golpe foi rechaçado e o Partido Comunista foi posto na ilegalidade.

Em 8 de dezembro de 1991, foi formada a Comunidade dos Estados Independentes (CEI), integrada por 11 repúblicas que pertenciam à URSS: Rússia, Bielorrússia, Armênia, Moldávia, Ucrânia, Azerbaijão, Casaquistão, Quirguistão, Tajiquistão e Uzbequistão. No dia seguinte, foi formalizada a desintegração da União das Repúblicas Socialistas Soviéticas.

UNIÃO EUROPEIA

Enquanto a União Soviética se dissolvia, libertando o leste europeu, os países da Europa Ocidental davam novos e decisivos passos rumo à plena integração. Em 7 de fevereiro de 1992, com o Tratado de Maastrich, a Comunidade Econômica Europeia (CEE), criada em 1957 e reestruturada, passou a se chamar União Europeia. O tratado fixou as bases para a criação da moeda comum, o euro, e do Banco Central Europeu, a entidade supranacional independente que se encarregaria de executar a política monetária do bloco e de defender a estabilidade da nova moeda. O euro entraria em vigor como moeda escritural em janeiro de 1999 e, na forma de notas e moedas, em janeiro de 2002. Em 2010, 16 dos 27 países membros da União Europeia já adotavam o euro.

SEPARAÇÃO E UNIÃO

Como no mundo todo, na minha vida também aconteciam separações, conflitos internos e uniões. Em maio de 1991, me separei judicialmente de Rosinha. Seis meses depois, Rosa voltou para o Brasil, para morar em São Paulo. Em dezembro, passamos a morar juntos, num apartamento de dois quartos que aluguei, na Rua Baltazar da Veiga, na Vila Nova Conceição.

"PEDRO COLLOR CONTA TUDO"

Problemas familiares estariam também em foco no Brasil a partir de meados do ano seguinte, fazendo a ainda jovem democracia brasileira passar por um dos maiores testes desde o retorno do poder aos civis, em 1985. Em 25 de maio de 1992, a capa da revista *Veja* prometia: "Pedro Collor conta tudo." A entrevista com o empresário abalaria a nação. O irmão do presidente escancarou o que muitos já denunciavam: um amplo esquema de corrupção comandado pelo tesoureiro de campanha de Fernando Collor, Paulo César de Farias, o PC, acusado de ser o "testa de ferro" de Collor. A opinião pública se indignou. O Congresso criou rapidamente uma CPI. Investidores temeram pelo futuro da economia, ainda longe de se livrar do fantasma da hiperinflação. A bolsa sofreu forte turbulência. As ações da Telebras, cuja privatização chegou a ser sinalizada no governo Collor, despencaram.

"O PRESIDENTE VAI SE SAFAR"

Com a entrevista de Pedro Collor, acabaram as esperanças de que o presidente pudesse retomar as grandes mudanças que iniciara em 1990. Eu achava que a CPI não daria em nada. Não acreditava que Collor sofreria um impeachment, mas achei que o governo seria um zumbi a partir de então. Teria que manobrar, liberar dinheiro para deputados, fazer alianças. Assim, sobreviveria. Mas seria um governo inútil até o final, quando quer que ele fosse. Este era o cenário que a MCM apresentava aos seus clientes.

As investigações prosperaram no Congresso. Inicialmente, a aposta de que o mandato de Collor estava condenado não era uma unanimidade. Ele contava com uma aguerrida tropa de defensores no Congresso. Novos fatos desabonadores, contudo, não paravam de surgir.

O IMPEACHMENT DE COLLOR

Não incluíamos nas análises a reação da opinião pública aos desmandos do governo Collor. O presidente conclamou a população a sair às ruas em sua defesa. Ela saiu, mas para exigir que ele deixasse o posto. O movimento dos "caras pintadas" foi emocionante. Milhares de jovens vestidos de preto, com os rostos pintados de verde e amarelo fizeram manifestações em diversas capitais e grandes cidades. Foi assistindo à mobilização que minha percepção mudou: Collor cairia.

Em 29 de setembro de 1992, a TV transmitiu ao vivo a votação na Câmara, que decidia pela instauração do processo de impeachment do presidente por crime de responsabilidade. Com a votação esmagadora, Collor foi afastado temporariamente do cargo para aguardar a decisão do Senado. Em 29 de dezembro, percebendo a tendência desfavorável, o presidente renunciou minutos antes do encerramento da votação dos senadores, que decidiriam mesmo assim encerrar seu mandato. Os direitos políticos de Collor foram suspensos por oito anos.

Tamanho descontentamento da população com o governo coincidiu com o debate sobre uma mudança radical nas estruturas do poder nacional. As disposições transitórias da Constituição previram que, cinco anos após sua promulgação, haveria um plebiscito para decidir sobre a forma de governo (república ou monarquia constitucional) e o sistema de governo (parlamentarismo ou presidencialismo). Em 21 de abril de 1993 a população escolheria não fazer mais grandes mudanças.

PRESIDENTE ITAMAR FRANCO

O vice de Collor não seria o último presidente do Brasil, mas isso não melhorou tanto sua situação. Em 29 de dezembro, Itamar Franco, presidente interino desde 29 de setembro, assumiu o governo num ambiente não apenas de crise política, mas também em um cenário de intensa crise econômica. Sua chegada ao poder foi vista com reservas pelo mercado financeiro, dadas as conhecidas posições nacionalistas e estatistas do político mineiro, que contrastavam com os pendores liberais do antecessor.

Essa não era a maior dificuldade. Itamar herdou uma inflação altíssima, 1.157% em 1992. Sua orientação inicial de evitar quaisquer medidas de austeridade monetária ou fiscal, priorizando o crescimento, acarretou um novo salto na escalada inflacionária, que atingiria 2.708% em 1993, a maior variação anual dos preços na história brasileira.

Tamanho desequilíbrio refletiria na instabilidade do comando do Ministério da Fazenda, que mudaria diversas vezes em apenas dois anos. O pernambucano Gustavo Krause assumiria a pasta, que voltou a ser separada da pasta do Planejamento, em outubro de 1992, quando Itamar fora empossado interinamente. Antes mesmo do impeachment, foi substituído pelo mineiro Paulo Haddad, que em março de 1993 deu lugar ao também mineiro Eliseu Resende, que permaneceu apenas até maio. Ainda o sucederiam Fernando Henrique Cardoso, Rubens Ricúpero e Ciro Gomes.

Apesar da dança na cadeira da Fazenda e do conhecido humor instável do presidente, o período de Itamar Franco traria avanços para a economia. Ele daria continuidade ao programa de privatização do governo Collor, levando a leilão uma das empresas símbolo do estado-empresário brasileiro, a Companhia Siderúrgica Nacional. No final do governo, em dezembro de 1994, outra estatal importante, a Embraer, passaria ao controle privado. Além disso, foi com Itamar no Planalto que o Brasil daria o passo decisivo rumo à estabilização. Mas apenas no ano seguinte.

XIMENES NO BANCO CENTRAL

Em março de 1993, o anúncio de um dos mais importantes líderes da equipe econômica de Itamar Franco me deixaria muito contente. Paulo César Ximenes, que comandara a secretaria-geral da Fazenda durante minha gestão, se tornou presidente do Banco Central. Como a maioria dos integrantes da área econômica no período, logo Ximenes entraria em atrito com o presidente. Itamar falava publicamente mal do BC e do mercado financeiro, quase todos os dias, normalmente sem qualquer fundamento. No semestre seguinte, Ximenes se posicionaria publicamente contra uma posição do presidente, gerando o primeiro grande mal-estar entre eles. Pediria demissão menos de seis meses depois de assumir, em 9 de setembro de 1993, quando seria substituído por Pedro Malan.

NASCIMENTO DA CPMF

Cinco meses depois de Ximenes assumir a presidência do BC, nasceu o que viria a ser a CPMF, Contribuição Provisória sobre Movimentação Financeira. O tributo, criado como imposto, IPMF, com alíquota de 0,25%, logo ganharia a alcunha de "imposto do cheque", embora incidisse sobre qualquer movimentação de dinheiro. A mudança de IPMF para CPMF não foi trivial. Como *imposto* novo no panorama tributário, 20%

de sua arrecadação deveriam ser transferidos para estados e municípios. Como *contribuição*, 100% de sua arrecadação pertenceriam à União.

O tributo foi criado para aumentar a arrecadação imediatamente e reduzir o déficit público. Para o governo, era cômodo: a cobrança era fácil, à prova de sonegação. Para a economia, no entanto, era um retrocesso, pois incidia em cascata. O imposto seria extinto apenas em 2007.

CAPÍTULO XXIX **Ótimas novidades (1993-1996)**

O QUINTO FILHO

O ano de 1993 transcorreu sem grandes surpresas na área econômica. Elas surgiram na minha vida pessoal. Em setembro, no que eu achei que fosse uma noite qualquer, cheguei em casa esperando conversar com a Rosa sobre política ou economia. "Você vai ser pai de novo", foi a primeira frase que desferiu ao me ver. Havíamos decidido não fazer controle de natalidade, confiando que o destino nos traria o melhor, como sempre fez.

Ainda assim, o anúncio fez minhas pernas bambearem. Eu estava com 51 anos, Juliano, meu filho mais novo, 17; Márcio acabara de completar 28 em agosto. Paula, minha neta mais velha, da primeira esposa de Márcio, Vânia Maria Machado Coelho, já estava com dez anos. Renata, sua irmã, completara seis. Passado o assombro inicial, comemoramos, um hábito que eu havia adotado, finalmente.

No dia seguinte, na MCM, chamei Guilherme à minha sala. Queria que fosse o primeiro a saber. Quando ouviu, sentou. Teve uma crise de hipotermia, que era cada vez menos recorrente desde as queimaduras de 1971. Sua esposa, Carla Glufke Reis da Nóbrega, havia dado à luz Tomás, o primeiro filho deles — e meu primeiro neto homem — em 11 de janeiro. Talvez por isso a surpresa tenha afligido Guilherme mais do que os meus outros filhos. Três anos depois, em 28 de maio de 1997, Tomás ganharia um irmãozinho, o André, e eu, meu quarto neto.

Três meses depois, em dezembro, Rosa contaria outra novidade: "Você só sabe fazer homens." No mesmo mês em que soubemos o sexo do meu quinto filho, dei meu primeiro grande presente ao caçula: parei de fumar, depois de tantas idas e vindas. Eu já diminuíra bastante o vício. Fumava apenas no trabalho e em algumas reuniões sociais. A partir de então, nem isso. Já são 17 anos.

UM SOCIÓLOGO NA FAZENDA

No final do ano, outra grande novidade já estava em gestação e nasceria mais ou menos na mesma época que eu recebesse nos braços meu novo rebento. Meses antes, em maio de 1993, o presidente Itamar Franco nomeou para o cargo de ministro da Fazenda, Fernando Henrique Cardoso, que chefiava o Ministério das Relações Exteriores.

O novo ministro era respeitadíssimo, mas seu perfil destoava dos seus antecessores. Fernando Henrique era sociólogo, com carreira na área acadêmica, como prestigiado pesquisador e professor. Sua grande experiência executiva era recente, como chanceler de Itamar. Na área política, em que já atuara como senador, porém, trazia credenciais animadoras. Era tido como moderado, um centro-esquerdista identificado com as vertentes mais modernas da social-democracia europeia. Além disso, exercia grande influência sobre o presidente, de quem havia se tornado conselheiro político.

Como não era um especialista na área, buscou cercar-se de economistas experientes e renomados, a maioria egressa da PUC do Rio de Janeiro e alguns com participação em governos anteriores, incluindo em planos de estabilização. Entre eles estavam Pedro Malan, Pérsio Arida, André Lara Resende, Edmar Bacha, Gustavo Franco, Chico Lopes e Winston Fritsch. Todos defendiam o controle das contas públicas e a abertura econômica. Trouxeram com eles a expectativa de um novo plano contra a inflação, como o Plano Larida.

PLANO REAL

A percepção de que o perfil da equipe do novo ministro prenunciava um novo plano econômico foi confirmada em 27 de fevereiro de 1994, quando começou a ser implementado, por etapas, o Plano Real. Além disso, incorporava medidas prévias para melhorar a situação fiscal, outro dos calcanhares de aquiles dos anteriores.

No dia seguinte, entrou em vigor a Unidade Real de Valor (URV), reajustada diariamente em linha com a inflação. A partir daquela data, todos os preços, salários e contratos da economia deveriam, obrigatoriamente, ser convertidos em URV. Era a superindexação.

Oficialmente, a moeda do país continuava sendo o cruzeiro real, criado em agosto de 1993, com o corte de três zeros do cruzeiro. No comércio, nas operações bancárias e pagamentos de salários, todas as transações continuavam sendo realizadas em cruzeiros reais, mas com os valores convertidos em URV. O mecanismo cumpria parte do papel que o dólar exercera em muitos países que haviam passado por hiperinflação aberta: funcionava como uma espécie de moeda forte. Um produto que custasse cinco URVs em um determinado mês tinha seu preço alterado em cruzeiros reais no mês, mas valia as mesmas cinco URVs. Quando o uso deste valor se generalizasse, ele seria transformado na nova moeda. Logo que o plano foi apresentado, sustentei na MCM que três meses seriam suficientes. Nos relatórios para os nossos clientes, apostávamos que a nova moeda nasceria em julho.

GABRIEL

Foi um mês depois, em março de 1994, na grande expectativa de saber se o inovador plano econômico seria bem-sucedido que, no dia 25, vi pela primeira vez os olhos castanhos de Gabriel. Presenciei o parto do começo ao fim, como fizera no nascimento de quase todos os meus outros filhos. Meu caçula, tão inesperado e tão bem-vindo, foi o filho mais acompanhado por corujas: eu, Rosa, a enfermeira, os irmãos, os sobrinhos.

FUNDO SOCIAL NADA SOCIALIZANTE

O Plano Real também recebia muitos cuidados. Seus artífices sabiam que qualquer programa estaria fadado ao fracasso se não fosse alicerçado em uma política fiscal sólida. Esta premissa não foi ignorada. No ano anterior, o governo criou o Fundo Social de Emergência (FSE), que passou a vigorar em março de 1994. O objetivo era primordialmente fiscal. Ele apartava 20% dos recursos vinculados do orçamento — aqueles que tinham aplicação obrigatória, como educação e seguridade social — para livre utilização pelo Tesouro. O mecanismo seria rebatizado de Desvinculação de Receitas da União (DRU).

CANDIDATO FERNANDO HENRIQUE CARDOSO

Assim que assumiu a Fazenda, Fernando Henrique se tornara um candidato potencial à sucessão presidencial. Em março de 1994, os institutos de pesquisa mostravam o tucano com cerca de 15% das intenções de voto, menos da metade do favorito Lula, do PT, com 40%. Mesmo assim, no dia 30 daquele mês, depois de dez meses no cargo, FH se demitiu do Ministério da Fazenda, assumido pelo embaixador Rubens Ricúpero, para oficializar sua pré-candidatura.

O BRASIL FINALMENTE ADERE AO PLANO BRADY

A Rubens Ricúpero como ministro da Fazenda coube formalizar, em 15 de abril, a adesão do Brasil ao Plano Brady, o que outros 16 países latino-americanos haviam feito desde 1989. Assim, o problema da dívida externa foi deixado para trás.

O negociador foi Pedro Malan, que conheci pessoalmente, em 1988, quando ele era diretor do Banco Mundial pelo Brasil. Nas reuniões de que eu participava, como ministro da Fazenda, presidindo a nossa *constituency* no banco ou nas reuniões dos seus comitês, ele sentava ao meu lado, prestando eficaz e competente assessoria.

APOSTA NO SUCESSO DO PLANO REAL E DE FHC

Por volta de maio de 1994, eu, Gustavo Loyola, Cláudio Adilson e Ernesto Guedes, todos experientes na montagem e execução de planos econômicos nos governos anteriores, apostávamos no sucesso do Plano Real. O Fundo Social e a URV eram capazes de contornar as maiores dificuldades dos seus antecessores: controlar o déficit público e desindexar a economia. Ainda mais relevante, o Plano Real encontrava um país mais amadurecido. O regime militar ficara definitivamente para trás, a abertura econômica se aprofundara, canais de importação haviam sido criados, o financiamento do comércio exterior começava a ser restabelecido, as privatizações caminhavam e o Banco Central contava com reservas cambiais. Nunca tantas condições favoráveis tinham sido reunidas.

Com o sucesso do plano, em que apostávamos, sustentei que Fernando Henrique venceria as eleições devido à grande demanda por estabilização no Brasil. Ousado, defendi que ele ganharia no primeiro turno. A MCM assumiu minha visão, transmitida aos nossos clientes. Em junho, receava ter feito uma aposta errada, mas ficávamos cada vez mais otimistas à medida que percebíamos o uso crescente da URV.

URV É SUBSTITUÍDA PELO REAL

A nova moeda recebeu a unção do seu batismo semanas depois do de Gabriel. No dia 1º de julho de 1994, uma sexta-feira, ninguém escondia a ansiedade. Toda a moeda em circulação no país seria trocada pela nova, o real. Desta vez não era tão simples quanto cortar três zeros. A URV teve seu valor final estabelecido em 2.750 cruzeiros novos. Imediatamente, passou a valer um real. A aceitação contou com uma ampla campanha de orientação do governo e disseminação de informações pela imprensa. No mesmo dia começou a lua de mel da população com o real.

DEU CERTO!

Sábado, para mim, era dia de comprar verduras e frutas e comer pastel na feira perto de casa. No dia seguinte ao lançamento do plano, não foi diferente. "Deu certo!", falei para Rosa, surpreso e encantado, com amplo e irrestrito contentamento, assim que chegamos lá. Todos os preços estavam em reais.

A taxa de conversão de cruzeiros reais a URVs era 2,75, o que exigia calcular cada transação com duas casas decimais. Quando vi tomate, alface, caldo de cana, pastel, tudo em reais, sorri. "Funcionou mesmo!" Em Campos do Jordão, onde fomos naquele dia, pagávamos com cruzeiros reais e o troco, recebíamos em reais, inclusive moedas. Era impressionante!

Na volta da viagem, passei a ter certeza que Fernando Henrique seria eleito. Cláudio Adilson contou que perguntou a opinião de um pedreiro que trabalhava em uma reforma de seu prédio sobre o candidato. "É o maior homem do Brasil!", bradou. O reconhecimento do autor dessa maravilha, de quem o pedreiro não tinha ouvido falar seis meses antes, se transformaria em votos. Embora minha amostra não fosse nem de longe representativa, eu não tinha mais dúvidas.

Como eu, a população se entusiasmava. Ficaria eufórica duas semanas após o lançamento da nova moeda, quando o Brasil conquistou o tetracampeonato no futebol. Até a morte de Ayrton Senna, em 1º de março, foi esquecida em meio às comemorações pelo título.

PARABÓLICA INDISCRETA

Entre gols e comemorações da Copa, conquistada nos Estados Unidos, a campanha de lançamento da nova moeda contou com o empenho formidável do ministro da Fazenda, Rubens Ricúpero, que passou a dar entrevistas diárias para orientar a população sobre a importância de valorizar a moeda que nascia com a ambição de ser permanentemente estável.

A missão de Ricúpero foi interrompida cinco meses depois de assumir o ministério, pelo que viria a ser conhecido como o "escândalo da parabólica". Na tarde da sexta-feira 2 de setembro de 1994, o ministro, aguardando ser entrevistado ao vivo e sem saber que as câmeras já estavam ligadas, afirmou: "Eu não tenho escrúpulos. O que é bom a gente fatura, o que é ruim a gente esconde." O comentário, assistido por telespectadores que captavam os sinais da TV por meio de antenas parabólicas, foi rapidamente disseminado.

Imaginei que poderia ser o fim da candidatura de Fernando Henrique. Depois, duvidei. Se Ricúpero pedisse desculpas, evidenciasse que Fernando Henrique não estaria envolvido em nada, o cenário pessimista poderia não se confirmar. Foi o que fez. Renunciou no mesmo dia, convocou a imprensa e pediu desculpas à sociedade. Foi substituído por Ciro Gomes, então governador do Ceará, que comandaria a Fazenda até o final do governo Itamar Franco.

A VITÓRIA DE FERNANDO HENRIQUE

Realmente, o escândalo não afetou a campanha de Fernando Henrique. O ex-ministro da Fazenda, que ultrapassou Lula nas pesquisas logo depois do lançamento da nova moeda, continuou conquistando eleitores à medida que a população confiava na estabilização. De janeiro a junho, a inflação mensal fora sempre superior a 40%. Em julho, primeiro mês do real, a variação de preços ao consumidor (IPCA) caiu para 6,8%. Em agosto, para 1,9%. Os índices permaneceriam em torno de 1,5% ao mês até o final de 1995, desacelerando ainda mais nos anos seguintes. Os preços passaram a subir em um mês o que antes do plano subiam em um dia. A inflação anual, que atingira o recorde histórico de 2.477% em 1993, despencou para 1.093% em 1994, o que incluía os meses anteriores à nova moeda. O acumulado dos 12 meses encerrado em junho fora de 4.922%

Com o sucesso do planos, em outubro, Fernando Henrique venceu no primeiro turno com mais de 50% dos votos. O PSDB, que desde sua fundação, em 1988, era um partido de porte médio, pegou carona na popularidade do real e elegeu vários governadores, inclusive os de São Paulo, Minas Gerais e Rio de Janeiro, além de uma sólida bancada no Congresso, que contribuiria para as reformas encaminhadas pelo novo governo.

EXPLOSÃO DO CONSUMO

Com o fim do chamado "imposto inflacionário", os rendimentos da população não eram mais corroídos pela inflação. Isso era mais verdadeiro nas classes menos favorecidas, cuja demanda aumentou rapidamente. O frango se tornou o herói da mesa: o quilo custava em torno de um real. Os pobres passaram a ter acesso a produtos antes típicos da classe média, como iogurte, além de artigos eletrônicos, mais baratos em virtude da abertura da economia — que funcionava melhor em ambiente de estabilidade —, da apreciação cambial e da maior disponibilidade de crédito ao consumidor. A classe média, por sua vez, aproveitou os ganhos de renda, a oferta de planos de financiamento a perder de vista e o real forte para viajar como nunca para o exterior.

Houve uma explosão do consumo, mas, desta vez, o desequilíbrio entre oferta e demanda, principal fonte de fracasso dos outros planos econômicos, não aconteceu. Com a economia aberta, canais de importação funcionando, o problema da dívida externa solucionado e disponibilidade de crédito para importação, foi possível aumentar a oferta com compras de produtos no exterior. As prateleiras não se esvaziaram nem foi preciso laçar boi no pasto. A consequência natural foi uma substancial redução no superávit da balança comercial, que caiu cerca de seis bilhões de dólares em relação ao ano anterior. Nada grave, com a segurança de que não incorreríamos no custo de mais um plano naufragado.

ÂNCORA CAMBIAL

Ao lançar o real, o governo determinou uma taxa de câmbio de um real para um dólar, mas permitiu a livre flutuação da nova moeda. Como as reservas internacionais eram elevadas, uma balança comercial com superávit — ainda que declinante — e renovada confiança no Brasil, os fluxos externos aumentaram. Houve um excesso de dólares no mercado, que fez a cotação da moeda americana cair para o patamar de R$ 0,80.

Em processos de estabilização de moeda, é preciso coordenar as expectativas dos agentes econômicos. A taxa de câmbio fazia exatamente o papel da âncora de um navio: não permitia que os preços saíssem de um determinado lugar. Além de um referencial para coordenar expectativas, a taxa de câmbio contribuía para manter o ambiente de competição. Se o preço de um bem subia muito, passava a ser vantajoso importá-lo. O produtor nacional era, assim, "vigiado" por mecanismos de mercado.

ORGANIZAÇÃO MUNDIAL DO COMÉRCIO

O momento em que o Brasil consolidou a estabilidade e a abertura comercial coincide com um passo decisivo na globalização. Em 1º de janeiro de 1995, foi criada a Organização Mundial do Comércio (OMC), órgão da ONU que arbitra disputas entre países em relação às trocas comerciais, com poder de fazer cumprir suas decisões: seu tribunal pode impor punições a países flagrados descumprindo as regras do comércio mundial.

PRESIDENTE FHC E CRISE DO MÉXICO

Também em janeiro, dava-se início ao governo de Fernando Henrique Cardoso, que começou em um cenário ambíguo. De um lado, o otimismo da população com o sucesso do Plano Real. De outro, a explosão da primeira de uma série de crises externas que começariam a atingir o Brasil ao longo da década de 1990.

A política de manter o câmbio apreciado para segurar a inflação era apontada por muitos críticos como culpada pelo déficit e pela expansão do endividamento externo do México. No dia 20 de dezembro de 1994, o governo do segundo país mais populoso da América Latina anunciou uma desvalorização de 15% do peso, para incentivar as exportações e reduzir o déficit em conta corrente, que vinha crescendo. Investidores correram para fazer a conversão e as reservas internacionais caíram assustadoramente.

Com o pânico instalado, o México recorreu ao apoio dos EUA e do FMI. Um grande pacote de assistência financeira de US$ 50 bilhões, até então o maior da história, foi organizado para resgatar os mexicanos de um desastre. O mercado passou a temer o "efeito tequila", um processo de contágio que poderia ser estendido a outros países, como o Brasil, que havia acabado de entrar para o grupo de países que mais atraíam o capital externo.

O PRIMEIRO TESTE DO REAL

O impacto da crise mexicana no Brasil acabou sendo tênue. O Banco Central elevou os juros para preservar a estabilidade do câmbio e da inflação e não houve fuga relevante de capitais. Concomitantemente, o governo promoveu um aumento de certas tarifas de importação para reduzir a demanda e, em março, foi adotado o regime de bandas cambiais, pelo qual o dólar passaria a flutuar entre limites restritos. O Banco Central estipulava os valores máximos e mínimos entre os quais podia oscilar. Quando o dólar caía para o piso de flutuação, o BC comprava; se atingia o teto, vendia.

Excetuando-se estas medidas, o desempenho da economia, em linhas gerais, pouco se alterou. O crescimento do PIB foi preservado e a inflação continuou baixa. Numa entrevista que concedi no auge da crise, por volta de março, previ que a estabilidade sobreviveria, pois o país contava com instrumentos para manter a situação sob controle. Sérgio Amaral, então porta-voz da Presidência da República, ligou transmitindo o elogio de FHC às minhas declarações.

COLUNISTA DE JORNAL

Não era apenas Fernando Henrique que gostava do que eu falava. Em 1994, Otávio Frias, publisher do jornal *Folha de S.Paulo*, me convidou para ser colunista. Não aceitei. Disse ao empresário, cujo dinamismo eu muito admirava, que eu achava não dispor de tempo nem assunto para escrever um artigo semanal com análise econômica. "Como não? Você tem tanta experiência, passou por tantos lugares, claro que tem! Peça para um de seus meninos redigir e você apenas revisa. Quero você no jornal!" Não adiantou dizer que eu mesmo escrevo meus textos. Insistiu tanto que acabei aceitando. Meu primeiro artigo foi publicado em julho de 1995, com uma grande surpresa para mim: não foi difícil. O conhecimento acumulado em mais de duas décadas dava suas letras.

INFORMAÇÕES EM TEMPO REAL

A divulgação das minhas opiniões e das análises da MCM foi além. Em 1994, Ernesto Guedes criara um sistema de comunicação que fez barulho no mercado. Passamos a distribuir para nossos clientes *bips*, aparelhos muito utilizados por médicos numa época em que o celular ainda era artigo de luxo no Brasil e os serviços em tempo real de empresas como a Reuters e a Broadcast, da Agência Estado, ainda não estavam muito disseminados.

Através do *bip*, passamos a enviar textos curtos aos clientes toda vez que a projeção para a taxa de inflação, baseadas em pesquisas de campo que realizávamos, ficava pronta ou quando cabia analisar uma informação relevante divulgada pelo governo ou circulada no mercado. Especialmente antes do lançamento do real e o fim da inflação, essas projeções tinham importância decisiva na assunção de posições de risco no mercado financeiro. Elas começaram a ganhar credibilidade, pois éramos capazes de antecipar qual seria a taxa de inflação a ser divulgada semanas depois. Quando o *bip* soava nas mesas de operação, se anunciava: "o *bip* do Maílson" e se corria para ler a informação.

INFORMAÇÃO PRIVILEGIADA

Eu admirava nosso serviço de projeção da inflação e me orgulhava de termos lançado sua transmissão por *bip*. Minha opinião mudou em 12 de junho de 1995. Neste dia, o "*bip* do Maílson" divulgou, em primeira mão, que o presidente do Banco Central, Pérsio Arida, deixava o cargo.

No meio daquela tarde, Gustavo Loyola me ligara, contando a novidade. Já estava em Brasília, pronto para assumir o posto de Arida, no dia seguinte. Depois de receber meus desejos de boa sorte — ele ia precisar —, ligou também para Cláudio Adilson. Era apenas uma deferência, para que os sócios não soubessem pela mídia. A informação oficial seria divulgada depois que os mercados fechassem.

No fim da tarde, saindo de uma palestra, telefonei para minha secretária. "Doutor Maílson, já ligaram uns vinte jornalistas querendo conversar com o senhor." O assunto: a saída de Pérsio e a informação do "*bip* do Maílson", anterior à divulgação pelo governo. Não foi anunciado o nome do novo presidente do Banco Central, mas a mensagem tinha teor explosivo semelhante. Ninguém esperava a saída de Pérsio.

Nos dias seguintes, fui acusado de ter feito uso da informação privilegiada para favorecer clientes — o acusado era eu, não a MCM. Parlamentares fizeram declarações deselegantes contra mim. Foi muito desagradável. Por sorte, o computador registrou o horário que o *bip* foi enviado: três minutos depois do fechamento dos mercados. Minutos antes e os clientes poderiam realmente ter utilizado as informações para operar no mercado — e eu poderia responder a processo judicial, mesmo sem ter autorizado a circulação da mensagem.

TRANSBORDOU

Foi Cláudio Adilson quem autorizou a divulgação. Seu objetivo não foi o de privilegiar clientes, dado que o *bip* soava instantaneamente em todas as mesas de operação. Acredito que o intuito era exibir como a MCM era bem informada. A atitude indicou os riscos de imagem que eu corria. Minha paciência já se havia esgotado antes, quando falei que deixaria a consultoria. Cláudio insistiu tanto, exibiu tantos argumentos, que acabei ficando. Este episódio evidenciou que isso não era mesmo possível. Comecei a pensar em alternativas.

VICE-PRESIDENTE EXECUTIVO DO BANCO BMC

Em mais um lance de sorte da minha vida, em que tudo acontece no tempo certo, duas ou três semanas depois do imbróglio do *bip* fui convidado para assumir uma vice-presidência executiva do Banco BMC, que tinha atuação destacada em crédito e pretendia montar um banco de investimentos. A oferta era tentadora: me pagariam quase o dobro do que eu ganhava na MCM. O desafio me animou. Havia uma percepção de que a conquista da estabilidade econômica abria espaço para crescimento dos bancos médios. Além de mim, seriam contratados executivos de muito renome no mercado.

Ainda assim, receei. O cearense BMC fora citado em denúncias envolvendo os escândalos do governo Collor. O banco contribuíra para a campanha e recebera depósitos de PC Farias. Por isso, me aconselhei com profissionais do mercado financeiro, que também me estimularam a aceitar. Um amigo do Banco Garantia disse que "o banco está atraindo profissionais respeitados do mercado. É uma mistura de profissionalização e ganhos de credibilidade, para se contrapor ao seu envolvimento com PC Farias", analisou. "Sua idoneidade é reconhecida, Maílson." Não sabia se tinha razão, mas eu também queria um motivo irrefutável para deixar a MCM. Aceitei o convite. E as análises se mostrariam corretas.

CONSELHO DE REFORMA DO ESTADO

Em dezembro de 1995, meses depois de ingressar no BMC, aceitei também o convite de Bresser Pereira, então ministro da Administração Federal e Reforma do Estado, que existiu entre 1995 e 1998, para presidir, sem remuneração, o Conselho de Reforma do Estado, que estava sendo criado. Periodicamente, nos reuníamos em São Paulo e em Brasília para discutir ideias. Entre outros integrantes, figuravam Joaquim de Arruda Falcão Neto, presidente da Fundação Roberto Marinho; João Geraldo Piquet Carneiro, advogado em Brasília; o ministro Bresser; e Cláudia Costin, secretária executiva daquele ministério. Em maio de 1999, o Conselho seria sucedido pela Comissão de Ética Pública, com outros integrantes. O órgão ainda existia no momento da publicação deste livro.

TREND, O EMBRIÃO DA TENDÊNCIAS

No início de 1996, os jovens analistas da MCM começaram a debater entre si o seu futuro profissional numa empresa de consultoria baseada em grandes nomes. Pensavam nisso quando Gustavo Loyola e eu, os sócios de maior renome da empresa, anunciamos nossa saída. Não querendo permanecer ancorados apenas em Cláudio Adilson, decidiram tomar outros rumos.

Meu filho Guilherme e o analista político da MCM, Matthew Taylor, foram os primeiros a deixar a consultoria. Se juntaram a Luís Nassif, na época proprietário da Agência Dinheiro Vivo para gerar novos produtos de análise econômica, utilizando os recursos tecnológicos da agência e os conhecimentos técnicos dos dois. Não deu certo.

Resolveram, então, fundar uma nova empresa, a Trend Consultoria, composta de seis egressos da MCM: além de Guilherme e Matthew, Ernesto Guedes, Luiz Fernando Lopes, Denise de Pasqual e Adriana Castro. O entusiasmo deles não se refletiu na conquista de clientes.

Emílio Garófalo, que permanecera na MCM, e em quem muito confiavam, contatou seu amigo Nathan Blanche, sócio e chefe da tesouraria do Banco Fonte-Cindam, do Rio de Janeiro, que, numa de suas visitas a São Paulo, quis conhecer a turma. Na tentativa de vender os serviços para o banco, Guilherme foi ao Rio. Nathan o recebeu como analista e, depois, como alguém que pedia socorro. Guilherme contou das dificuldades, pediu para a Trend ser contratada, solicitou o adiantamento de um ano de honorários. Nathan, empresário experimentado, farejou o potencial daquele grupo. Uma a uma, atendeu a todas as solicitações.

Ainda assim, a Trend não deslanchava. Seus jovens fundadores aprenderam que não basta apenas conhecimento, experiência e entusiasmo para o êxito de uma empresa desse tipo. É preciso tempo, paciência e bons analistas, mas, principalmente, até que firme seu próprio prestígio, dispor de nomes de grande peso, de credibilidade reconhecida, que possam funcionar como líderes e âncoras da consultoria.

CONSULTORES ASSOCIADOS

A sorte da nova consultoria começaria a mudar meses depois, quando os economistas da Trend convidaram Nathan Blanche para comprar uma parte da empresa. Ele, que acabara de vender sua participação no Banco Fonte-Cindam, aceitou. Não foi por comiseração. Nathan, que fora um dos desbravadores de novas oportunidades nos mercados de ouro e câmbio nos anos 1980, farejou uma grande oportunidade. Adquiriu 30% do capital da Trend, mudou-se para São Paulo e passou a comandar a empresa. Com os "meninos", como os chamava, alçou novos voos.

Nathan trazia para a Trend um elemento que costuma estar ausente nas empresas formadas de profissionais de um mesmo ramo: a capacidade empresarial. Ele enxergou naquele grupo as sementes do que poderia ser uma grande consultoria econômica. E resolveu apoiá-los gerencial e financeiramente. A empresa foi instalada em uma bela casa no Jardim América, onde se tornou a Consultores Associados, que recebeu reforços: Emílio Garófalo, que também deixara a MCM; Alcindo Ferreira, um dos grandes especialistas em normas de câmbio, que havia se aposentado do Banco Central; Omar Carneiro, ex-presidente da Shell; e Nelson Carvalho, conceituado contabilista, professor da FEA e ex-diretor do Banco Central.

SEM NOVO BANCO DE INVESTIMENTO

Outra sociedade não funcionava tão bem. Por quase um ano, a partir do início de 1996, meu papel seria basicamente o de intermediar a desgastante separação comercial entre os irmãos Pinheiro, o que exigiu muita paciência, articulação com dois grandes escritórios de advocacia de São Paulo e tensas reuniões com cada um dos três lados.

BANCO ECONÔMICO, DE ANGELO CALMON DE SÁ

Não era apenas o BMC que buscava novos rumos. O ambiente criado pelo Plano Real exigiu que os bancos comerciais brasileiros se reestruturassem. Os ganhos da inflação desapareceram e era preciso se adaptar à nova realidade, inclusive por conta do acirramento da concorrência, tornada possível com a ausência da inflação desembestada. Muitos bancos foram vítimas da dificuldade de adaptação.

A intervenção do Banco Central no Econômico é um tema muito controverso, que eu evito abordar. A começar pelo dia em que foi fechado. Antônio Carlos Magalhães deu declarações à imprensa, inclusive ao *Jornal*

Nacional, me acusando de ter fornecido informações privilegiadas a meus clientes, para que retirassem seus investimentos daquele banco ou até para que lucrassem antecipando-se à intervenção. Isso se devia à minha ligação pessoal, desde 1974, com o presidente e um dos acionistas controladores, Angelo Calmon de Sá. Tanto eu não fazia ideia de que isso ocorreria que mantive 100% das minhas poupanças lá, como a *Veja* publicou.

Apesar de continuarmos amigos e conversarmos frequentemente, Angelo e eu nunca tocamos abertamente no assunto. O presidente do Banco Central que determinou a intervenção era Gustavo Loyola, que logo se tornaria um dos meus sócios e é também meu amigo. Angelo não guarda mágoa. Outro dia almoçamos os três. Ele defende que não havia razões para a intervenção e pleiteia o levantamento da medida, inclusive porque a instituição, que continua sob intervenção, estaria hoje superavitária.

BANCOS MAIS SÓLIDOS COM O PROER

A intervenção no Econômico levou à criação do Programa de Estímulo à Reestruturação e Fortalecimento ao Sistema Financeiro Nacional, o Proer, em novembro de 1995. Foi uma resposta do governo ao risco de crise bancária na metade do primeiro ano do novo governo. A nova realidade vitimaria ainda dois outros grandes bancos brasileiros, o Nacional e o Bamerindus, que também sofreram intervenção do Banco Central. Pela primeira vez, o BC adotava o método de separar os bancos sob intervenção em duas partes. A primeira, o "banco bom", seria vendida; a segunda, "o banco ruim", ou quebrado, ficaria sob intervenção.

Dizia-se que o Proer era um programa para salvar banqueiros, quando se destinava a livrar o sistema financeiro de uma catástrofe. A quebra de três instituições financeiras de porte poderia ser o rastilho de pólvora que provocaria uma implosão do sistema bancário, com graves consequências para a economia. Os banqueiros perderam seus bancos. O Proer fortaleceu o sistema financeiro brasileiro, ao estimular a formação de instituições maiores e mais sólidas, além de proporcionar o ingresso de bancos comerciais estrangeiros no país.

Outra crítica improcedente sobre o Proer era sobre o seu supostamente elevado custo. Estimado em 1% do PIB, não foi alto. O preço a pagar seria muito mais elevado se o governo não tivesse agido a tempo para evitar uma crise bancária. Na da Venezuela, o governo gastaria 20%

do PIB. Na crise financeira de 2008 o custo superaria os 10% do PIB nos Estados Unidos.

AUTONOMIA AO BANCO CENTRAL

Enquanto os bancos privados sofriam intervenção, o Banco Central ganhava mais autonomia. Em junho de 1996, foi criado o Copom, o Comitê de Política Monetária do Banco Central, formado pelo presidente da instituição e os seus oito diretores. Foi um passo importante para modernizar a gestão da política monetária, institucionalizar o processo de decisão sobre a taxa de juros e consolidar a autonomia operacional do BC Com o regime de metas para a inflação, o BC teve confirmada a autonomia operacional. O instrumento básico para cumprimento de sua missão é a taxa de juros, estabelecida sem qualquer ingerência externa, do presidente da República ou do ministro da Fazenda. A ele se deve grande parte do êxito da estabilidade de preços no Brasil. Malgrado as críticas que recebe quando decide sobre a taxa de juros, o BC consolidou a imagem de uma instituição séria, dotada de corpo técnico de alto nível e com elevada capacidade de coordenar expectativas dos agentes econômicos.

BANCOS, SÓ DE LONGE

No final de 1996, a separação difícil dos sócios e irmãos Pinheiro caminhava para um desenlace, depois de oito meses difíceis para mim. Em dezembro de 1996, finalmente foi acordada a venda, a Jaime Pinheiro, das participações de seus irmãos no banco BMC, que dez anos depois, em janeiro de 2007, seria adquirido pelo Bradesco. Terminada a negociação, era hora, finalmente, de focalizar os projetos. Mas eu não tinha mais pique. A desgastante experiência me levou a desistir de ser executivo de bancos.

Logo uma ótima oportunidade apareceu. Em dezembro de 1996, Nathan Blanche sugeriu um almoço. Em meio ao seu bom papo, me convidou para integrar a Consultores Associados. Disse que eu poderia ganhar tanto quanto ou mais do que no BMC, trabalhando com pessoas que conhecia, fazendo o que gosto de fazer. Embora não tivesse qualquer garantia dos rendimentos imaginados por ele, aceitei. No dia seguinte, comuniquei a Jaime que deixaria o BMC, para voltar a me dedicar às atividades de consultoria. Ele me fez uma oferta tentadora, mas nem a avaliei.

CAPÍTULO XXX Tendências de estabilização
(1997-2010)

O NASCIMENTO DA TENDÊNCIAS

Em janeiro de 1997, comecei a trabalhar com os "meninos", num ambiente mais interessante e mais enriquecedor intelectualmente. Era um grupo heterogêneo em termos de experiência profissional e formação acadêmica, o que tornava o debate sobre cenários políticos e econômicos muito rico e estimulante. Em seguida à minha chegada, outras pessoas de renome começaram a se agregar ao grupo, como o cientista político Sérgio Abranches e os economistas José Márcio Camargo e Edward Amadeo, professores da PUC-RJ. Em fins de 1997, Gustavo Loyola também se juntaria a nós, ao deixar novamente a presidência do Banco Central.

Era preciso agora escolher um nome para a empresa. Descartamos Trend para uma consultoria com foco na economia brasileira. Consultores Associados nos parecia genérico demais. Só em 1998, com os trabalhos a pleno vapor, emergiria "Tendências Consultoria Integrada", um nome muito forte na opinião de especialistas. Em poucos anos, ela seria a maior em seu ramo de atuação.

SEM INFORMAÇÃO PRIVILEGIADA

Nosso código de conduta estabelece que a Tendências somente utiliza dados que sejam de conhecimento público. Não usamos informação privilegiada. Também não aceitamos pedidos de estudos especiais se não acreditarmos na tese proposta. Não admitimos ser contratados apenas para respaldar a tese do cliente, ou, como se diz, ser "pena de aluguel". Também já fui procurado por interessados em fazer andar um processo na Receita Federal, derrubar uma multa ou facilitar a aprovação de um projeto no governo. O Código de Conduta da empresa se torna um argumento poderoso para recusar polidamente este tipo de serviço. Com base em experiências semelhantes no exterior, eu mesmo o redigi. Está disponível no site *tendências.com.br*.

CRISE DA ÁSIA E "PACOTE 51"

Mesmo sem utilizar informações privilegiadas, a Tendências angariava cada vez mais clientes, impulsionados também pelas incertezas que invadiam o mundo logo que integrei os quadros da nova consultoria, em 1997. Pouco mais de dois anos depois da crise mexicana, o governo se deparou com um choque mais impactante: a crise da Ásia, deflagrada em junho de 1997, quando a Tailândia desvalorizou sua moeda, o bath. Nas semanas seguintes, a crise contagiou outros países emergentes do sudeste asiático: Indonésia, Malásia e Filipinas, que adotavam regimes de câmbio fixo e exibiam elevados déficits em transações correntes de seus balanços de pagamentos. Em outubro, a crise se alastrou para o restante da Ásia, atingindo os chamados tigres asiáticos, como Hong Kong, Coreia do Sul e Taiwan, com regimes cambiais semelhantes, embora sem déficits em conta-corrente.

Se a crise mexicana teve efeito limitado no Brasil, o mesmo não aconteceu com a crise asiática. A inflação, que caíra de 14,8% em 1995 para 9,3% em 1996, continuou em queda e fechou 1997 em 7,5%. No entanto, o Banco Central teve de elevar a taxa de juros para evitar uma fuga de capitais que colocaria o Plano Real em perigo. O resultado foi uma desaceleração do crescimento econômico. Depois de avançar em um ritmo médio anual de 5% de 1993 a 1996, o PIB perdeu fôlego e cresceu apenas 2,7% em 1996 e 3,3% em 1997.

Para combater as consequências da Crise da Ásia, o governo anunciou um pacote econômico com 51 medidas, a maioria de contenção de despesas, para reduzir o déficit público. A mim pareceu um daqueles pacotes de que eu havia participado, quando ideias que dormiam na gaveta dos burocratas eram repentinamente despertadas. Ficou conhecido como "Pacote 51".

CONVITES PARA INTEGRAR O GOVERNO FHC

Por volta de julho de 1997, Gustavo Loyola comunicou ao presidente da República que deixaria o comando do Banco Central. Dias depois, fui convidado para uma reunião no seu gabinete de São Paulo, na Avenida Paulista, onde transmitiu o convite de Fernando Henrique Cardoso para que eu o sucedesse. Disse que o presidente, mais de uma vez, manifestara o desejo de que eu fizesse parte de sua equipe.

Voltar a integrar os quadros do governo não se incluía nos meus planos — embora meu pai continuasse correndo à TV a cada anúncio de um novo ministro da área econômica, esperando ouvir meu nome. Eu estava satisfeito na Tendências, adorava o ambiente da empresa. Fazia o que me agradava, com um grupo leal e de alto nível intelectual, ganhando bem e feliz em morar em São Paulo. Nada me incitava a voltar para Brasília.

No início de 1999, receberia outro convite de Fernando Henrique, em seu segundo mandato. Pedro Malan, único ministro da Fazenda durante os oito anos de FHC, transmitiria o chamado para presidir a Petrobras. Mais uma vez, declinaria.

GRANDES REFORMAS: PREVIDÊNCIA E BANCOS ESTADUAIS

Eu também não faria milagre. Embora o Fundo Social tenha melhorado a gestão da política fiscal, o governo continuava com dificuldade para gerar uma redução estrutural do déficit público. Era preciso partir para novas reformas. Duas batalhas se destacariam entre 1997 e 1998: a reforma previdenciária e a renegociação das dívidas estaduais.

A primeira despertou aguerrida oposição, liderada pelo PT, que não teve êxito em barrar as mudanças, tímidas, nem em derrotar o projeto de lei que instituiria o fator previdenciário em novembro de 1999. Este fator, que ajusta o valor do benefício conforme se eleva a expectativa de vida, minimiza o problema fiscal derivado da aposentadoria por tempo de contribuição ao INSS. O Brasil é dos raros países em que não se leva em conta a idade.

Entre 1997 e 1998, o governo federal liderou um processo de negociação das dívidas estaduais, com valor de R$ 101,9 bilhões, 11,3% do PIB. Elas foram assumidas pela União, que se tornou credora dos estados. Para sanear suas finanças e permitir o pagamento da dívida ao longo do tempo, os devedores se comprometeram a privatizar empresas estatais e a vender ou extinguir seus bancos estaduais ou transformá-los em agência de fomento — com apoio de um programa semelhante ao Proer. Assim, deixaram de ser fontes importantes de instabilidade financeira.

MAIS PRIVATIZAÇÕES

Depois de ganharem ímpeto no governo Collor, as privatizações entraram em uma nova fase no governo de Fernando Henrique. O grande foco foram os setores ligados à infraestrutura. Empresas de energia e ferrovias foram a leilão. A Vale, maior mineradora brasileira, foi privatizada em maio de 1997. Mais relevante ainda foi a abertura e privatização do setor de telecomunicações. O Brasil, que tinha cerca de vinte milhões de linhas, entre telefones celulares e fixos, passaria a contar com mais de duzentos milhões em 2010, mais numerosas do que os cidadãos brasileiros. As filas de anos para se obter uma linha dos tempos da Telebras viraram história com o leilão de concessões ao setor privado para explorar a telefonia celular em 1996 e a privatização da Telebras, em 1998.

O governo arrecadou US$ 20 bilhões com a venda da estatal no maior leilão de desestatização da história do país. Por sorte, a Telebras foi vendida dias antes da crise da Rússia. Se demorasse mais um mês, empresas estrangeiras não pagariam tanto para adquirir as frações da empresa.

CRISE RUSSA E NOVO ACORDO COM O FMI

O Brasil começava a se recuperar da crise asiática quanto foi sacudido pela crise russa, em agosto de 1998. Grande exportadora de petróleo, a Rússia vinha sofrendo com a queda do preço do produto, que, após atingir os US$ 80 por barril, no segundo choque de 1979, caíra para o patamar de US$ 10 nos anos 1990. A decisão do governo de Boris Yeltsin de não honrar pagamentos da dívida externa provocou uma forte aversão ao risco, levando os investidores a fugirem tanto de lá quanto de outros países emergentes, principalmente os que também exibiam preocupante desequilíbrio fiscal, como o Brasil.

O Brasil passou a ser apontado como a "bola da vez". A intensa fuga de capitais atingiu o país com as reservas internacionais reforçadas pelas entradas de divisas decorrentes da privatização da Telebras. Ainda assim, o governo teve de recorrer em outubro ao FMI. Um pacote de US$ 42 bilhões acalmou os mercados. Cumprindo o programa apresentado, houve cortes de despesas e aumento da arrecadação. O governo aumentou em 50% as alíquotas da Cofins (de 2% para 3%) e em 10% a faixa superior do Imposto de Renda das pessoas físicas, que passou de 25% para 27,5%. O Banco Central elevou novamente os juros e o crescimento do PIB voltou a se desacelerar, fechando 1998 em apenas 0,2%. No entanto, a inflação não apenas não voltou como continuou se desacelerando. O IPCA fechou 1998 em apenas 1,6%, o mais baixo patamar de inflação registrado pelo indicador.

REELEIÇÃO DE FHC

Os estilhaços da crise russa e o acordo com o FMI aconteceram em plena campanha eleitoral. Um ano antes, o Congresso havia aprovado a emenda que permitia a reeleição do presidente da República e Fernando Henrique disputava um segundo mandato. Mais uma vez, o principal adversário do tucano era o petista Lula. A Tendências previu que o presidente não apenas se reelegeria, como venceria no primeiro turno. Acertadamente.

CRISE DO BRASIL

Após a reeleição de Fernando Henrique as saídas de capital continuaram elevadas, mesmo após o acordo com o FMI. Assim, no dia 13 de janeiro de 1999, 11 dias depois de iniciado o novo mandato, o governo alterou o regime cambial. O economista Chico Lopes, que se tornara presidente do BC naquele dia, para ficar menos de um mês no lugar de Gustavo Franco, anunciou a criação da "banda cambial endógena". Com este mecanismo complexo, o real ganhava uma maior margem de desvalorização. O dólar passou de menos de R$ 1,00 no início do primeiro mandato de FHC para R$ 1,32 no mesmo dia.

O mercado não assimilou o novo mecanismo e iniciou um ataque especulativo contra o real, apostando na sua desvalorização iminente. Em apenas dois dias, o governo abandonou a "banda" e permitiu a livre flutuação do real frente ao dólar. A moeda americana atingiu R$ 1,47 já no dia 15 e ultrapassou R$ 2,00 no final do mês, num *overshooting*, quando o preço de um ativo sobe abrupta e exageradamente. A queda de confiança no país, o ataque especulativo e a forte desvalorização do real compuseram os elementos do que ficou conhecido no exterior como a "Crise do Brasil".

Chico Lopes deixou o Banco Central antes mesmo de ter seu nome aprovado pelo Senado. Em 2 de fevereiro, assumiu seu lugar Armínio Fraga, que havia sido diretor do banco no governo Collor e trabalhava então com o financista George Soros, o mesmo que em 1992 liderara um ataque especulativo vencedor contra a libra britânica.

O BRASIL RESISTE

Pela primeira vez desde o lançamento do Plano Real, cheguei a temer o retorno da inflação. Foi um dos momentos de maior pessimismo da Tendências. Achávamos que o dólar poderia ir a R$ 3 e que a variação de preços ao consumidor chegaria a 15% no ano — em 1998 havia sido de 1,7%. Felizmente erramos. A inflação anual subiu, mas ficou em um dígito: 9,5%. O crescimento do PIB caiu a 0,8%. Apesar dos nossos receios, o país resistiu à "crise brasileira", sem pedir ajuda. Em 2000, a variação anual de preços desaceleraria, passando a 5,2%. O crescimento do PIB alcançaria 4%.

A atuação do Banco Central foi fundamental. Logo que assumiu, Armínio Fraga disparou a taxa de juros para 45%, o que freou a alta do dólar e reverteu as expectativas inflacionárias. Propôs, e o governo aprovou, a criação do regime de metas para inflação, uma inovação criada pela Nova Zelândia em 1990. Pelo sistema adotado no Brasil, o BC teria autonomia operacional para manejar a taxa de juros com o objetivo de perseguir metas para a inflação definidas pelo Conselho Monetário Nacional.

UMA NOVA REALIDADE INSTITUCIONAL

A adoção do regime de câmbio flutuante e de metas para a inflação, mais a política fiscal crível, geraram uma política econômica de alta qualidade, cujos frutos o país continua colhendo. Em maio de 2000, o lado fiscal seria reforçado por um grande avanço institucional: a Lei de Responsabilidade Fiscal. Ela estabeleceria regras inéditas para a gestão austera das finanças nas três esferas de governo.

No novo século, a sociedade brasileira se tornara intolerante à inflação. Seriam criados incentivos para preservar a estabilidade, pois a inflação poderia ser mortal para a popularidade do governo e do presidente da República. Seria uma transformação e tanto, com repercussões positivas duradouras na sociedade e na economia.

MINISTÉRIO DA DEFESA

Outras mudanças institucionais: em 10 de junho de 1999, foi criado o Ministério da Defesa e extintos os ministérios do Exército, da Marinha e da Aeronáutica, transformados em Comandos. Também deixaram de existir o Estado-Maior das Forças Armadas, a Casa Militar e o Serviço Nacional de Informações, transformado em Agência Brasileira de Informações (Abin). Assim, o poder dos militares na cúpula central do governo brasileiro era formal e profundamente diminuído.

BUG DO MILÊNIO

Os medos no final do século XX eram outros. Na virada de 1999 para 2000, temia-se que a era da informação acabasse. Suspeitava-se que todos os computadores entrassem em colapso ao mudar de milênio, pois os softwares não haviam sido programados para a passagem de 99 para 00. Inúmeras empresas investiram fortunas para se proteger do caos. O réveillon daquele ano foi tão comemorado quanto temido. Enquanto a maioria celebrava o início de uma nova era, muitos receavam o amanhecer de um mundo da idade do papel e caneta.

A meia-noite foi felicitada como nunca. Exatamente porque o apocalipse não nos assolou. Apesar de acreditar que aquele medo era gerado por alarmistas, eu me preocupava. No dia 31 de dezembro, às 10h, liguei a TV para assistir à primeira virada de século, a da Nova Zelândia, 14 horas antes do nosso. Não aconteceu nada. Continuei acompanhando as viradas até que elas chegassem à Europa. Os fogos de artifício foram especialmente felicitantes. O mundo da informação sobreviveria.

BRASIL EM TRANSFORMAÇÃO

Foi um alívio! Se o medo do bug se concretizasse teria sido muito mais difícil publicar meu segundo livro. Eu teria perdido os originais, cuja história e conteúdo remontam a quase uma década antes. Ainda no primeiro semestre de 1990, quando mudamos para São Paulo, Rosinha me convenceu a fazer psicoterapia, como ela, para vencer a crise conjugal. As consultas com Roberto Shinyashiki, no Instituto Gente, não propiciaram a reconciliação, mas ganhei um novo amigo, o psicólogo.

No início de 2000, Roberto, que também era sócio da Editora Gente, me estimulou a escrever um livro. Combinamos que seria uma coletânea de meus artigos que tratassem das transformações em curso no Brasil e seus desafios, aos quais eu acrescentaria dois textos, inéditos, e mais amplos. Um deles seria uma análise das mudanças, em seis seções: as transformações no mundo, as mudanças na economia brasileira, a abertura da economia, o mercado de capitais e os avanços na agricultura. O outro seria uma crítica à Constituição de 1988, apontando seus principais erros. A jornalista Denise Campos de Toledo ajudou a completar a obra, selecionando 78 entre mais de trezentos artigos meus publicados na imprensa. *Brasil em transformação* foi lançado em abril de 2000, em noite de autógrafos no Museu Brasileiro da Escultura (MuBE), em São Paulo.

SAÍDA DA *FOLHA*

Muitos dos artigos haviam sido publicados na *Folha de S.Paulo* durante os mais de seis anos em que escrevi semanalmente para o jornal, sem falhar nenhuma vez. Pouco depois de lançar o livro, em fins de julho de 2000, deixei de ser colunista deles devido a um mal-estar. Um pouco antes, a *Folha* publicara uma matéria afirmando que a dívida pública havia dobrado no governo FHC. Em meu artigo daquela semana, argumentei que a tese era equivocada: não considerava fatos como a assunção da dívida dos estados pelo Tesouro nem os chamados "esqueletos", compromissos estaduais que passaram a ser explicitados nas contas do governo federal. Nem um nem outro caso era relacionado a aumento de gastos, como sugeria a matéria.

Eu me habituara a comentar em minha coluna, de forma crítica, certas matérias do jornal sem qualquer reparo por parte deles. Naquele caso, todavia, eles se sentiram ofendidos. Em editorial, o diário defendeu sua posição, criticando "técnicos como Maílson da Nóbrega". Escrevi outro artigo em que rebati a posição, com novos e fortes argumentos. A chefe de redação, Eleonora de Lucena, ligou. "Ministro, apesar de suas críticas ao jornal, seu artigo será publicado. Mas será seguido de nota. Tudo bem?" Que eu soubesse, era a primeira vez que um artigo saía com uma opinião do jornal. A deselegância ficou por conta do colunista Luís Nassif, um jornalista que eu admirava. Segundo eu soube, ele era um dos autores da equivocada tese. A partir de então, falar mal de mim se tornaria um de seus esportes preferidos.

Senti que não havia mais clima para continuar. Na semana seguinte, enviei meu artigo com o *post-scriptum*: "Depois de mais de 260 semanas ininterruptas, deixarei de escrever esta coluna. Agradeço aos leitores que a acompanharam nesse período." Antes de publicá-la, Otávio Frias tentou me demover. Não conseguiu.

ESTADÃO

Dois meses depois, fui convidado para um almoço com Antonio Pimenta Neves, diretor de redação do *Estado de S. Paulo* até agosto, quando deixaria todo o Brasil perplexo por ter sido acusado de assassinar a namorada. Eu o conhecera como correspondente do jornal em Washington, antes de se tornar alto executivo do Banco Mundial, responsável pela área de comunicação social da organização. Pimenta me oferecia espaço no caderno de Economia para escrever um artigo semanal. Eu havia prometido a mim mesmo que não mais assumiria compromisso de escrever textos regulares para a imprensa, mas não resisti à ideia de voltar a ter uma coluna em um grande jornal. Seriam oito anos seguidos preparando artigos para eles, com uma única interrupção, de quatro semanas, em que me recolheria a um hotel fazenda para escrever meu terceiro livro.

VOO DE GALINHA

Novamente, assunto a abordar não faltaria. Depois da estagnação em 1999, o ano de 2000 mostrava-se promissor: o PIB cresceu 4,4%. Depois de meia década lenta, era o momento de o governo anunciar o início de um período de crescimento sustentado, depois de todo o esforço para ajustar a economia. As condições pareciam muito favoráveis: a queda na taxa de juros estimulara o crédito e o consumo, que se expandia adicionalmente com os ganhos de renda dos trabalhadores. Os investimentos agregavam mais demanda e ampliavam a capacidade produtiva da economia. As exportações cresciam. Em todo o Plano Real, era a primeira vez em que as exportações pareciam caminhar para superar as importações, revertendo a tendência de déficits na balança comercial de anos anteriores.

Era mais um "voo de galinha", na expressão recorrente da década de 1990 para descrever o tipo de crescimento da economia brasileira. Ela dava sinais de crescer e depois desacelerava, como a galinha que decola para voar, mas pousa dois ou três metros à frente. A expectativa de crescimento robusto, continuado e sustentável esbarraria em dois obstáculos. Em 2001, uma crise internacional e outra interna dificultariam a manutenção do ambiente que se afigurava promissor. A crise da Argentina — resultante do colapso de seu regime de conversibilidade da moeda — e a crise energética brasileira — o "apagão" — contribuiriam para os resultados econômicos medíocres dos dois últimos anos do governo de Fernando Henrique Cardoso. As taxas de crescimento do PIB seriam de apenas 1,3% em 2001 e 1,9% em 2002.

DESASTRES AMERICANOS

Os Estados Unidos também enfrentaram problemas, bem mais graves. Em março de 2000, estourou a bolha da internet, quando a Nasdaq, bolsa americana especializada em empresas de alta tecnologia, que subia sem parar nos anos anteriores, devido ao fenômeno das empresas pontocom, despencou. A crise estava longe de causar o abalo provocado pelas turbulências dos meses seguintes. Depois de uma eleição controversa, permeada de acusações de fraude na contagem de votos na Flórida, quem assumiu a presidência, em 20 de janeiro de 2001, foi o texano George W. Bush. Pouco mais de oito meses depois de assumir, em 11 de setembro, o mundo ficou em choque com os ataques inesperados e contundentes em seu território, que levaram ao chão as torres gêmeas do World Trade Center (WTC) de Nova York, e vitimaram mais de três mil pessoas. Foi o pior ataque a um alvo americano desde o bombardeio japonês sobre Pearl Harbor.

GUERRA AO TERROR

O atentado às torres gêmeas teve impacto limitado nos mercados, apesar de os escritórios de muitas instituições financeiras no WTC terem sido destruídos. A ação rápida do Federal Reserve, promovendo a queda dos juros e a injeção de liquidez foi uma contribuição decisiva para evitar o pior. Já geopoliticamente, o ataque acarretou graves consequências. O presidente George W. Bush instituiu a política da "guerra ao terror", impondo severas restrições às entradas de estrangeiros e limitações a alguns direitos civis.

No plano externo, os Estados Unidos deflagraram duas guerras. A primeira, ainda no final de 2001, foi a invasão do Afeganistão, em 7 de outubro. Controlado pelo grupo fundamentalista islâmico Taliban, o país, segundo o presidente americano, servia de abrigo a Bin Laden, mentor declarado dos ataques às torres gêmeas.

A segunda guerra ocorreria em março de 2003, quando Bush ordenaria o ataque ao Iraque, em uma iniciativa ainda mais controvertida. A Casa Branca acusaria Saddam Hussein de possuir armas químicas de destruição em massa e de abrigar células do grupo terrorista Al Qaeda. Nenhuma das acusações seria comprovada. Ainda assim, os Estados Unidos ocupariam o Iraque e deporiam Saddam, que seria executado por enforcamento em 30 de dezembro de 2006. Bush seria duramente criticado pela invasão iraquiana, inclusive por aliados ocidentais, como Alemanha e França. Contudo, a opinião pública americana, traumatizada pelo 11 de setembro, mostraria que aprovava a política antiterrorismo de Bush ao reelegê-lo para um segundo mandato, no final de 2005.

CRISE ARGENTINA

Na América do Sul, as coisas também não iam bem no início do novo milênio. A Argentina havia resistido a várias crises externas desde que adotara o regime de conversibilidade, no governo Menem. Sobretudo a partir do ano 2000, com Fernando de La Rúa, do Partido Radical, na Presidência, a economia do país passou a sofrer forte pressão diante da perda de competitividade, agravada com a desvalorização cambial brasileira, que tornou seus produtos mais caros no Brasil. O déficit em transações correntes do balanço de pagamentos e o crescimento da dívida externa pioraram.

A situação se tornou especialmente aguda em 2001. Sem alternativa, o país abandonou o regime de conversibilidade e suspendeu o pagamento da dívida externa. A crise se aprofundou e a taxa de desemprego ultrapassou 20%. Os níveis de pobreza aumentaram assustadoramente e os argentinos foram às ruas protestar contra o governo. Como fizera uma década antes Raúl Alfonsín, também do Partido Radical, de La Rúa renunciou à presidência, em 21 de dezembro de 2001.

A crise Argentina teve reflexos em toda a América Latina. No Brasil, houve fuga de capitais, que acarretou mais desvalorização da moeda nacional e a necessidade de um novo acordo com o FMI. Internamente, o apagão reduziu a demanda. As pressões inflacionárias aumentaram e a confiança caiu, contribuindo para reduzir o consumo e o investimento. Baixo crescimento e oito meses de racionamento cobrariam um preço político alto a Fernando Henrique.

A SUCESSÃO DE FHC

O Brasil iniciou 2002 acreditando que se recuperaria dos traumas do ano anterior. Os mercados haviam se normalizado rapidamente no exterior após o efeito do atentado em Nova York, a crise argentina não afetou tanto a economia brasileira e o racionamento de energia começava a abrandar.

A calmaria era apenas aparente. Quando a campanha eleitoral para a sucessão de Fernando Henrique Cardoso apareceu no radar, os investidores começaram a se preocupar com a possibilidade de Luiz Inácio Lula da Silva ser eleito. O histórico e o programa do PT lhes metia medo. Intitulado "Uma ruptura necessária", era recheado de ideias econômicas equivocadas. Atribuía os problemas do país aos juros altos e à privatização. Com a ida ao FMI, publicamente apoiada pelos principais candidatos à presidência, inclusive o próprio Lula, o PT adotaria o lema "herança maldita", para culpar exclusivamente o governo pelas dificuldades da época. Mesmo sem a menor procedência, foi facilmente vendida ao eleitorado e ainda hoje habita muitas mentes.

TURBULÊNCIA NOS MERCADOS

Apesar de Lula ser o favorito no início do ano, eu e boa parte do mercado acreditávamos que José Serra venceria. O petista também liderara o ranking até alguns meses antes da eleição de 1994, quando foi derrotado por FHC ainda no primeiro turno. A aposta de que ele perderia sua quarta eleição presidencial começou a se evaporar em abril, quando já conquistava 40% das intenções de voto.

À medida que Lula se firmava como favorito nas pesquisas de opinião, o fantasma do retrocesso se espalhou, gerando temores de moratória, confiscos e retorno da inflação. O "pânico Lula", o medo de "Lula Lá", o hino da sua campanha, fez despencar o valor dos títulos da dívida brasileira no exterior. A bolsa desabou e o dólar disparou — chegaria a quase R$ 4 pouco antes da eleição. Isso encareceu as importações e pressionou a inflação, que fecharia o ano em 12,5%, a maior taxa desde 1995.

Além disso, a dívida pública, parcialmente atrelada a títulos que acompanhavam a variação cambial, passou a subir, acirrando o temor de um calote. A situação nas contas externas também ajudava a deteriorar o ambiente. A desconfiança do mercado internacional freou o fluxo de recursos para o país e diminuiu as reservas internacionais brasileiras. Em agosto de 2002, o governo voltaria ao FMI para pedir mais US$ 30 bilhões.

MAIS NETOS

No início da campanha, outra disputa se acirrou. No dia 12 de julho de 2001, com o nascimento de Rafael, filho de Márcio com Adriana Zveiter, os homens viravam o jogo. Passaram a ser três netos e duas netas. As meninas empatariam novamente um ano depois de Lula e seus companheiros comemorarem a histórica eleição para presidente da República, no dia 27 de outubro de 2001. Em 2 de novembro de 2002 nascia Carolina, quarta filha de Márcio, e primeira de Stefany Soares Alvarez da Nóbrega, sua terceira esposa.

LULA LÁ, NOSSO MAIOR ERRO

Pouco depois do nascimento de Rafael, a Tendências divulgou o maior erro de previsões da consultoria e eu contribuí muito para isso, pois liderava a área de análise política. Em junho, percebendo o medo que sua candidatura incutia aos mercados, Lula divulgou a "Carta ao Povo Brasileiro", em que se comprometia a manter a estabilidade e cumprir os compromissos do país, inclusive com o exterior. A carta foi vista como um mero estratagema, tanto pelos mercados quanto pela militância do PT. Se ganhasse as eleições, Lula retornaria às velhas ideias, confirmando os sentimentos dois lados: medo para os investidores, esperança para os militantes. Nós da Tendências interpretamos que o gesto de Lula era sincero, mas ainda assim ele não seria eleito. Provavelmente estávamos confiantes demais depois de dois acertos nas vitórias de FHC em 1994 e 1998. Imaginávamos que os ganhos da estabilidade econômica ainda falariam mais alto e favoreciam José Serra. Mesmo depois de Lula ter liderado no primeiro turno, dobramos nossa aposta e mantivemos a previsão de que Serra sairia vitorioso no segundo turno.

Lula venceu.

O consolo para nós da Tendências foi ter sustentado, logo depois das eleições, que Lula manteria a política econômica herdada de FHC. Enquanto o mercado ainda mantinha seus receios, fazíamos uma leitura positiva das declarações do coordenador da campanha, Antônio Palocci, que seria o primeiro ministro da Fazenda de Lula. Nesta questão, pelo menos, acertamos.

LULA CHEGOU LÁ NA HORA CERTA

Minhas críticas às ideias econômicas do PT, às suas visões autoritárias e ao governo Lula são numerosas e públicas. O Brasil teve sorte de a vitória do petista ocorrer em 2002, quando havia duas condições indispensáveis para o sucesso do novo governo, que não existiam nos períodos anteriores. A primeira: o Lula de 2002 era muito diferente do Lula que quase venceu a eleição de 1989: mais maduro e pragmático. A "Carta ao Povo Brasileiro" era, para mim, uma prova inequívoca dessa evolução, como a escolha de um executivo do mercado financeiro para a presidência do Banco Central. Henrique Meirelles presidira o braço internacional de um banco americano, o BankBoston, e havia sido eleito deputado pelo PSDB. Com todos os méritos, seria agraciado com o título de melhor banqueiro central do mundo em 2007 pela revista *Euromoney*. Em 2009, seria eleito membro do Conselho do Bank for International Settlements, o Banco de Compensações Internacionais, considerado o banco central dos bancos centrais.

Segunda condição: o Brasil estava preparado. Os muitos avanços institucionais haviam gerado ganhos de produtividade fundamentais para o crescimento e criado os incentivos para a gestão macroeconômica responsável: as privatizações, a abertura da economia, a eliminação das restrições ao capital estrangeiro em energia e petróleo, o câmbio flutuante, o regime de metas para a inflação, a Lei da Responsabilidade Fiscal. O Banco Central ganhara autonomia operacional e nasciam agências reguladoras igualmente autônomas. Em resumo, o Brasil havia construído instituições que limitavam o arbítrio e o aventureirismo na gestão da economia, reduzindo dramaticamente o risco de retornar o descontrole inflacionário permanente.

O BOM É QUE ELE NÃO FEZ NADA

Logo após a posse de Lula, a restauração da confiança se acelerou com a primeira decisão do Comitê de Política Monetária sob a presidência de Meirelles: a taxa básica de juros, a Selic, foi elevada para 26,5%. A expectativa de sensatez na política econômica se acentuara com a confirmação de Palocci como ministro da Fazenda.

Apesar da minha simpatia pela pessoa do Lula, apesar de discordar amplamente de suas posições políticas, costumo dizer em minhas palestras, como provocação, que o grande mérito do presidente foi não ter feito nada. Falo isso não como crítica, mas em reconhecimento. Ele repetia sistematicamente que mudaria "tudo que está aí", que não seria eleito para manter a política econômica, mas deu continuidade à linha-mestra da política econômica. O tripé macroeconômico foi mantido e reforçado com uma maior autonomia para o Banco Central e elevação do superávit primário e preservação do regime de câmbio flutuante.

Nenhuma das ideias radicais e equivocadas do PT para a economia vingou. O alívio do mercado com Lula foi generalizado. O risco Brasil e o dólar despencaram. A bolsa disparou mais de 90% em 2003, um dos melhores desempenhos da sua história. O alívio dos mercados com a ausência de sobressaltos deixou o Brasil livre para aproveitar o *boom* do crescimento mundial, que começava a se desenhar mais claramente em 2003. Bastou manter a política econômica e efetuar alguns novos avanços institucionais para deixar o terreno livre rumo à decolagem da economia. Foi o caso do crédito consignado, da nova Lei de Falências e de medidas para ampliar a confiança nas operações de crédito imobiliário, adotados sob inspiração do ministro Palocci.

GOVERNO DUAL

O presidente combinou uma política econômica responsável com tropeços em outras frentes. Havia duas bandas do governo Lula: uma para acalmar os mercados, outra para satisfazer os radicais do PT. Daí a política externa, com visões terceiro-mundistas e antiamericanas.

As ideias do PT esquerdista também prevaleceriam na política agrária, no apoio ao MST e, assim, em certa leniência em relação às invasões de propriedades rurais. Intenções de controle da mídia se tornariam quase uma obsessão. No front fiscal, depois da saída do ministro Palocci, em março de 2006, em que pese a manutenção das metas de superávit primário, o governo patrocinaria um vigoroso crescimento dos gastos correntes, com reajustes generosos para o funcionalismo e novos aumentos reais do salário mínimo além do razoável, comprometendo de forma duradoura as contas da Previdência Social. O processo de reformas se interromperia.

Apesar de tudo isso, mais de uma vez, em artigos e entrevistas, considerei positivo o balanço da atuação dessas duas bandas do governo Lula.

MEU LIVRO SEGUINTE

Manifestar minhas análises e opiniões nos meus artigos passou a me parecer pouco. Era impossível desenvolvê-los com a profundidade que eu almejava. Já havia redigido medidas e estudos mais aprofundados, nos meus tempos de Banco do Brasil e ministérios, mas meu objetivo, agora, era escrever mais extensamente. Comecei a ter anseios e ambições intelectuais mais amplas: escrever um livro inédito, mantendo o estilo dos meus artigos, em que procuro abordar temas econômicos de forma simples e didática, buscando satisfazer especialistas e me fazer entender por leigos em economia. Já publicara dois livros e guardava no íntimo o desejo de usar as anotações dos tempos de ministro para compor uma obra com reflexões sobre o governo. O projeto de uma autobiografia, acalentado algumas vezes, havia sido abandonado. Eu ainda não sabia, exatamente, qual poderia ser o link entre minha experiência e reflexões e os temas sobre os quais eu gostaria de discorrer na nova obra.

O aclaramento veio em 1999, quando a seção *Economic Focus* da revista *The Economist* me despertou para o papel das instituições no desenvolvimento, ao comentar um artigo dos economistas William Easterly e Ross Levine. *Tropics, Germs, and Crops: How Endowments Influence Economic Development*, que se tornaria um dos mais citados na literatura econômica. Os dois autores investigaram a influência, para o desenvolvimento, de vantagens herdadas por um país, incluindo geografia, cultura, religião, educação, entre outros, chamando a atenção para o papel fundamental das instituições.

Li outros textos citados no artigo e passei a me interessar ainda mais pelo tema das instituições. Ele se conectava com o estudo da história e, mais intimamente, com a evolução da Inglaterra — um dos meus assuntos preferidos — e de alguns de seus herdeiros culturais no mundo anglo-saxônico, com destaque para os Estados Unidos.

Eureca! Era um ângulo inteiramente novo sob o qual poderia analisar as medidas que resultaram no fim da "conta de movimento" e em outros avanços institucionais. Parecia possível mostrar que estas mudanças eram parte fundamental de um novo processo de evolução institucional do Brasil, que contribuía para criar as bases para uma arrancada brasileira rumo ao grupo dos países desenvolvidos.

Comentei o assunto com meu então sócio José Márcio Camargo, que me estimulou a continuar a pesquisa. Indicou-me o livro *Institutions, Institutional Change and Economic Performance*, obra seminal do economista americano Douglass North, que contribuiu para que ele ganhasse o prêmio Nobel de Economia de 1993. A partir dessas leituras, minha convicção sobre o papel crucial das instituições no desenvolvimento econômico se cristalizou. Começava a surgir o fio condutor do meu novo livro.

PARA ESCREVER NA UNIVERSIDADE DE OXFORD

Já tinham se passado quatro anos entre as pesquisas quando, com Gustavo Loyola, fui solicitado pela professora Lourdes Sola, socióloga ligada à USP, para escrever um artigo sobre a evolução institucional das finanças públicas brasileiras. O texto foi apresentado em fevereiro de 2003 em um seminário na Universidade de Oxford, no qual se discutiu a autonomia dos bancos centrais.

Lá, conheci o professor Leslie Bethel, daquela universidade, que ali havia fundado o Centro de Estudos Brasileiros. A organização patrocinava, entre outras iniciativas, a ida de brasileiros para realizar pesquisas, participar de seminários e de outros eventos de interesse do centro. Quando contei a ele sobre minhas pesquisas, ficou interessadíssimo. Sugeriu que eu escrevesse o livro em Oxford durante os dois ou três meses que eu estimava fosse suficiente para concluí-lo.

O convite era tentador, mas, no Brasil, percebi a dificuldade de me ausentar por tanto tempo de minhas atividades profissionais. Uma saída seria ir para Oxford em julho, quando se reduz a demanda por palestras e serviços da Tendências. Permaneceria em agosto, o que exigia sacrificar apenas um mês dos trabalhos de consultoria. Propus estar lá em 2004, naqueles meses. "Maílson, este período coincide com as férias de verão, quando a universidade está praticamente vazia." Eu perderia um dos melhores aspectos da estada: a oportunidade de discutir minhas pesquisas com alunos e professores, inclusive em seminários que o centro organizaria. Decidi adiar os planos até encontrar uma solução viável.

"VENHA PARA A USP"

No entretempo das dúvidas se iria ou não para Oxford, comecei a refletir sobre instituições em minha coluna dominical no *Estado de S. Paulo*. Em um e-mail o professor Décio Zylberstajn, da FEA, estimulou-me a continuar. Ao agradecer a mensagem, o informei de que trabalhava em um projeto de livro sobre instituições, com foco nas mudanças em curso no Brasil. Acrescentei que tinha um convite para escrever a obra na Universidade de Oxford. "Não é melhor e mais prático você escrever esse livro na USP?" Marcou uma reunião com ele e outros professores, para discutir a ideia.

Na sala do professor Décio estavam presentes a diretora da FEA, professora Maria Teresa Leme Fleury, e a responsável pela área de Economia, professora Elizabeth Farina, que mais tarde presidiria o Conselho Administrativo de Defesa Econômica (Cade), um órgão federal que cuida da defesa da concorrência nos mercados. Ao final, me convidaram para ser pesquisador visitante na universidade. Ressaltei que não possuía o título de doutor, imaginando que fosse pré-requisito para a posição. Tinha apenas o diploma de economista no Ceub de Brasília. Certos do interesse acadêmico no trabalho, submeteram meu nome à congregação da universidade, que aprovou o convite. Desisti de Oxford.

AS PESQUISAS AVANÇAM

A partir de abril de 2004, entrei na reta final das pesquisas na sala que me foi reservada na FEA, meu escritório às sextas-feiras. Participava também de reuniões promovidas pelo professor Décio com outros pesquisadores e com alunos de mestrado e doutorado que ele orientava. Quando eu já dispunha dos termos de referência do livro, organizamos um seminário para discutir o trabalho, com professores da faculdade e alguns doutorandos.

O período na FEA, que se estendeu até junho de 2005, foi extremamente rico em troca de experiências e descobertas. Dei algumas aulas sobre o tema e escrevi um artigo para um livro organizado pelo professor Décio, *Economia e Direito*, publicado pela Editora Elsevier. Também fui convidado pela professora Rachel Sztajn, da Faculdade de Direito do Largo de São Francisco, para discorrer sobre o assunto aos seus alunos.

INSTITUIÇÕES

No Brasil, o termo instituições costuma estar associado às atividades políticas. O sentido que lhe atribui o mundo anglo-saxônico é muito mais amplo. Para Douglass North, que ganhou o prêmio Nobel de Economia por seus estudos sobre o tema, instituições são as regras do jogo, que moldam a interação humana e alinham incentivos para ações de natureza política, social ou econômica. As instituições, segundo ele, são formais, como regras criadas pelos governos, ou informais, como convenções e os códigos. Nesta linha, as organizações também são parte do arcabouço institucional, pois contribuem para a interação humana. O Congresso, os partidos, os ministérios, as agências reguladoras, as empresas, os sindicatos, as Igrejas etc. surgem à medida que as instituições são construídas.

Compõem ainda as instituições dois outros elementos: as crenças da sociedade e a imprensa. As crenças determinam as escolhas, contribuindo para promover mudanças institucionais. A imprensa livre e independente fornece informações à sociedade e vocaliza opiniões, ampliando a educação e permitindo o exercício de pressões em favor de avanços.

Douglass North — que eu conheceria pessoalmente durante a semana que permaneceria conosco na FEA — foi quem melhor sistematizou o estudo das instituições e seu papel nas mudanças na economia desde a Revolução Gloriosa inglesa, em 1688. Outros economistas exploraram ângulos distintos, como Ronald Coase e Oliver Williamson, igualmente contemplados com o prêmio Nobel de Economia. Todos esses estudiosos evidenciaram, com suas pesquisas, que as instituições constituem, no fundo, as razões que levam o empresário a investir e, assim, a promover o interesse público descrito por Adam Smith, o economista escocês que primeiro teorizou sobre o sistema capitalista, em obra clássica de 1776.

O FUTURO CHEGOU

Em julho de 2005, era hora de passar da teoria à prática. Passei seis semanas num chalé do aprazível hotel Unique Gardens, próximo de Atibaia, a cerca de 70 km de São Paulo, onde me enfurnei em meio a mais de duzentos livros e numerosos *papers*. Nem aproveitei as facilidades e confortos de lá. Durante 12 horas por dia só escrevia, inclusive aos sábados e domingos. *O futuro chegou — Instituições e desenvolvimento no Brasil*, com quatrocentas páginas, publicado pela Editora Globo, foi lançado em novembro de 2005, em São Paulo. Ao longo dos trabalhos, contei com a ajuda valiosa de Eduardo Aubert — então concluindo o mestrado em História na USP — e Ana Carla Abrão Costa — que obtivera recentemente o doutorado em Economia e em seguida se tornaria minha nora. Aos dois devo a revisão cuidadosa do texto e ótimas sugestões.

OS MEUS, OS SEUS E OS NOSSOS

Outras criações felizes passavam a fazer parte da minha vida. No dia 8 de abril de 2006, nasceu Maria, terceira filha de Guilherme e de sua segunda esposa, Ana Carla, e a primeira de ambos. As mulheres reassumiam a liderança: quatro a três, mas apenas até o ano seguinte. O quarto rebento de Guilherme, segundo com Ana Carla, chegou no dia 27 de agosto de 2007, um dia antes de Márcio completar 42 anos. Pedro empatou novamente o jogo: quatro a quatro.

A MORTE DE PAPAI

Desde que saí da Paraíba, procuro visitar minha família ao menos uma vez por ano. Até 2004, além de ir a Cruz do Espírito Santo, também visitava Sapé, onde meu pai adorava exibir para mim, orgulhoso, sua pequena fazenda de cana-de-açúcar. Ele voltara a morar na minha cidade natal, mas diariamente seguia até lá, para cuidar pessoalmente das plantações, que também incluíam um pequeno roçado de milho, inhame e mandioca, para consumo da família. Num dia como qualquer outro, demorou demais a voltar. Preocupado, meu irmão Marcos o foi buscar. Encontrou-o desmaiado. Sofrera um acidente vascular cerebral, AVC, quatro horas antes, segundo informou a equipe do hospital.

As sequelas foram graves. Embora tenha mantido a saúde mental, perdeu o movimento das pernas, o que o prendeu a uma cadeira de rodas. Por mais de um ano, foi um disciplinado paciente de sessões de fisioterapia. Não obteve progressos relevantes, mas preservava o otimismo, que lhe era habitual. Continuava indo à fazenda frequentemente. As visitas foram se tornando mais raras, até que, em 2005, decidiu vender a pequena propriedade e partilhar entre os dez filhos o que recebeu por ela. Embora mantivesse seu jeito brincalhão, piadista, seu ânimo começava a esmorecer. Além de precisar de cuidados constantes e ajuda para quase tudo, não tinha mais a distração e o entusiasmo de quando podia cuidar da fazenda pela qual tinha tanto carinho.

Em setembro de 2006, minha irmã Marilene, dotada de um sexto sentido, ligou. "Maíto, acho que papai não vai viver mais por muito tempo. Você devia vir para o aniversário dele." Desvencilhei-me de compromissos importantes e obedeci. No dia 8 de outubro, todos os filhos se reuniram ao redor dele, o que o deixou tremendamente feliz.

Pouco mais de três semanas depois, em 1º de novembro, Marcos levava papai para uma consulta médica em João Pessoa, quando ele deu um suspiro e desmaiou no banco do passageiro. Marcos ligou para Marilene, preocupado por não conseguir acordá-lo e informou que o levava ao hospital. Lá, o diagnóstico: Wilson Ferreira da Nóbrega falecera de um ataque cardíaco, aos 86 anos de idade.

BANCO CENTRAL E PAC

Naquele ano, antes da reeleição de Lula para o segundo mandato, entre 2007 e 2010, se acirrou um conflito interno ao governo, que já se acentuara com o desgaste do PT em função dos escândalos do mensalão e a debandada de parte de aliados históricos do partido. Um novo grupo começou a tomar força dentro do governo. O ministro da Fazenda Antônio Palocci, fiel defensor da política monetária de Henrique Meirelles, foi substituído em março de 2006 por Guido Mantega, representante de uma corrente que se autodenomina "desenvolvimentista". A taxa de juros voltava ao centro das discussões. Declarações do novo ministro o identificaram como opositor da ação do Banco Central.

Receios de guinada populista começaram a frequentar os mercados, mas não passaram disso. O BC continuou a tomar decisões de forma autônoma, por mais duras que fossem. Consolidou-se a percepção de que o apoio a Meirelles vinha do próprio presidente. Ninguém passou a prestar mais atenção às zangas da Fazenda em relação à taxa Selic, nem aos vazamentos da cozinha do Palácio, que vez por outra davam a jornalistas selecionados a informação de que Lula estaria pouco satisfeito com Meirelles.

O grupo "desenvolvimentista" foi contentado com o Programa de Aceleração do Crescimento (PAC), que se tornou o foco do segundo mandato de Lula. Eram mais de 12 mil projetos de infraestrutura, espalhados pelo país. Muitos não se concretizaram ou foram mal executados. A oposição acusava o programa de ter fins eleitoreiros.

REELEIÇÃO DE LULA: INTUIÇÃO, CORAGEM E SORTE

Não foi à toa, mas não decorreu exclusivamente de mérito próprio a reeleição de Lula em 2006. O sucesso de seu governo, e daí o êxito eleitoral, se deveu a uma combinação de intuição, coragem e sorte. Intuição para perceber o risco de cumprir a reiterada promessa de mudar a política econômica; coragem para escolher um banqueiro para presidir o Banco Central e para apoiar incondicionalmente uma política monetária responsável, mas odiada por seus companheiros petistas; e sorte por presidir o Brasil em um momento de colheita dos frutos das reformas de períodos anteriores e da vigorosa expansão da economia mundial, que entre 2003 e 2007 cresceu como não o fazia havia muitos anos.

O governo Lula se beneficiou de outra dádiva: o surgimento de mais uma locomotiva na economia mundial, a China. Crescendo mais de 10% ao ano, esse país passou a demandar quantidades descomunais de produtos primários, de minérios a petróleo, passando por grãos e celulose. O dragão chinês encontrou, no Brasil, a riqueza em recursos naturais, o avanço tecnológico do agronegócio e a provada capacidade de extração e exportação de minérios da Vale, que se tornou uma gigante depois da privatização, em 1997. Estávamos preparados para atender à demanda chinesa e de outros mercados emergentes, como a Índia. As exportações anuais brasileiras saltaram de cerca de US$ 70 bilhões para quase US$ 200 bilhões no período. O Brasil passou a exibir megassuperávits na sua balança comercial, o que ajudou na formação das robustas reservas internacionais, que nos protegeriam dos efeitos da crise financeira de 2008.

Lula, político esperto, se lançou à desconstrução sistemática das realizações de governos anteriores, particularmente o de FHC. Ao repetir à exaustão o seu bordão "nunca antes na história deste país", o presidente convenceu a maioria de que devíamos a ele todas as conquistas do Brasil, o que explica também seus altos e inéditos índices de popularidade ao final de oito anos de mandato. Junte-se a isso o carisma, a habilidade de falar ao grande público e as viagens sistemáticas pelo Brasil para comemorar o que considera seus feitos e temos a explicação básica para o êxito político de Lula.

PROGRAMAS SOCIAIS DE FHC E LULA

A estabilidade e os programas sociais criados nos governos FHC e Lula produziram uma verdadeira revolução. O Bolsa Família, que beneficia mais de quarenta milhões de pessoas de baixa renda, contribuiu, ao lado dos aumentos reais do salário mínimo, para reduzir os níveis de pobreza e desigualdade. Entre 2001 e 2008, a renda per capita dos pobres aumentou 72%. Com o Plano Real, a classe C passou de 32% para 37% do total. Com Lula, quando foi maior a colheita dos frutos das mudanças, saltou para 52%. Apenas entre 2004 e 2009, segundo estudos do economista Marcelo Nery, 32 milhões de brasileiros subiram para as classes A, B e C. As classes A e B representam outros 15%. Dois terços da sociedade, pois, são constituídos das classes média e alta.

O NONO NETO: A VIRADA

Diferentemente dos filhos, 100% homens, a distribuição dos sexos entre os netos continuou meio a meio. Isso até a ala masculina assumir a liderança. Ivan, o filho mais carinhoso com crianças, o grande sucesso entre seus sobrinhos, ganhou seu primeiro filho. Valéria Alves, sua segunda esposa, trouxe Murilo ao mundo em 28 de agosto de 2008. Passaram a ser cinco os netos e quatro as netas.

DO *ESTADÃO* À *VEJA*

As minhas criações também tomavam uma cor mais definida. Nos oito anos em que escrevi para o *Estadão*, recebi alguns e-mails elogiosos de Roberto Civita, presidente do Conselho Editorial da editora Abril. Em 2008, ele me convidou para integrar a lista de colunistas da *Veja*, escrevendo quinzenalmente para a revista. Como tal, teria de deixar o *Estadão*. O diretor de redação da *Veja*, Eurípedes Alcântara, informou que a colaboração deveria ser feita em caráter de exclusividade. Eu adoro o *Estadão*, com que me identifico e pelo qual sempre começo a leitura dos jornais. Mas eu já estava com eles havia oito anos. Achei que era a hora de mudar, inclusive porque a *Veja* atinge um público cinco vezes maior, numa cobertura nacional. A partir de setembro de 2008, meus artigos circulariam por todo o Brasil.

A GRANDE CRISE DE 2008

Como das outras vezes que comecei a escrever uma coluna, assuntos a abordar se multiplicaram. A economia mundial, muito próspera durante boa parte da década de 2000, especialmente a partir de 2003, quando o PIB global passou a crescer em média 5% ao ano, sofreu um grande solavanco. Desta vez a origem não era nenhum país emergente, mas os próprios Estados Unidos, a maior potência do planeta, abalada por uma grave crise financeira, que começara em 2007. Atingia o seu ponto mais grave com a falência do banco americano Lehman Brothers, em setembro de 2008, que aprofundou e globalizou a turbulência. Foi a pior crise desde a Grande Depressão dos anos 1930.

Pela primeira vez na história recente, o Brasil não quebrou com uma crise externa. A economia brasileira enfrentou dois trimestres seguidos de queda do PIB, o último de 2008 e o primeiro de 2009. Nos países desenvolvidos, a desaceleração durou seis ou mais trimestres. Por aqui houve queda do emprego e da produção industrial, mas sem maiores consequências. O Brasil retomou o crescimento antes da maioria dos outros países. Já no segundo semestre de 2009 o PIB voltou a aumentar. O crescimento americano só seria retomado, sem grande vigor, no final de 2009. A Europa ainda patinaria em 2010.

POR QUE O BRASIL NÃO QUEBROU

O Brasil estava preparado para enfrentar a crise de modo eficaz, a começar pela existência de um sistema financeiro sólido, fruto da estabilidade macroeconômica, dos resultados do Proer e do saneamento dos bancos estaduais. O país contava com um regime de câmbio flutuante amadurecido. A inflação estava baixa e sob controle, graças ao regime de metas e à autonomia operacional do Banco Central para persegui-las. No campo fiscal, a austeridade prevalecente desde 1998 havia eliminado os riscos de insolvência no setor público. Foram conquistas de governos anteriores, particularmente no de Fernando Henrique Cardoso, que Lula teve o bom-senso de preservar.

O Brasil também contava com a intensa participação de bancos públicos no sistema financeiro e com elevados recolhimentos compulsórios no Banco Central, provenientes dos bancos comerciais, privados e públicos. O que a muitos parecia um defeito, era virtude naquele momento. O BC liberou rapidamente um bom volume de compulsórios, injetando liquidez, enquanto os bancos centrais dos países ricos precisaram inventar formas novas de fazer isso. Os bancos públicos, que têm normalmente maior apetite pelo risco em momentos como esse, continuaram suprindo crédito, evitando a paralisia que se verificou nos países ricos, uma das causas da grave recessão.

Finalmente, o Brasil obteve o grau de investimento das empresas classificadoras de risco ainda em 2008, o que representou um selo de garantia para a qualidade da gestão macroeconômica. Havia acumulado reservas internacionais de US$ 220 bilhões, recorde histórico, no auge da crise. E as reservas continuaram a subir em 2009 e 2010.

O Brasil passou a ser credor externo líquido, o que sinaliza reservas internacionais maiores do que a dívida externa total, que inclui os débitos do governo e das empresas privadas. Era um fato inédito para um país que já nasceu endividado quando, em 1825, o governo do imperador d. Pedro I aceitou assumir a dívida de Portugal com bancos ingleses como uma espécie de indenização pela independência.

ELEIÇÕES DE 2010

No momento em que os originais deste livro eram concluídos, vivíamos a plenitude da campanha presidencial de 2010, a quarta consecutiva sob as mesmas regras: mandato de quatro anos, direito a uma reeleição e exigência de maioria absoluta dos votos, no primeiro ou no segundo turno. Essa continuidade ocorrera, pela última vez, no século XIX.

A eleição era acompanhada pelos mercados com muita tranquilidade, bem diferente dos pleitos de 1989 e de 2002. A grande mudança não está nos candidatos, mas no país. O investidor percebeu a ausência de risco de retrocesso permanente na política econômica. A valorização da estabilidade inibiu aventuras e ações voluntaristas dos governantes.

O Brasil se tornou um ator global, com participação ativa no G-20 e em outros foros, malgrado a visão terceiro-mundista da política externa de Lula. Segundo a *The Economist*, dois temas fundamentais da atualidade — a regulação do sistema financeiro e as questões ambientais — não podem ser discutidos sem a participação do Brasil. O país ficou de fato diferente, melhor e promissor. Não é sem razão que aumentou o interesse dos investidores que apostam no seu futuro.

O FUTURO CHEGA A CADA DIA

Eu também aposto. No dele e no meu. Costumo brincar que trabalharei até os 90 anos, reservando os 15 restantes para relaxar. Não é um objetivo inatingível, se considerado que pertenço a uma família de longevos. Meu avô, carpinteiro, morreu com 94 anos. Meu pai, aos 86 anos. Mais do que eles, eu cuido muito bem da saúde, faço exercícios regularmente e procuro estar sempre ativo intelectualmente. Segundo os entendidos, estes são bons ingredientes para se viver bem e muito.

Assim, acredito que, em 2032, aos 90 anos, escreverei artigos sobre alguns aspectos do Brasil, que já figurará entre as mais relevantes potências econômicas mundiais. Dez anos depois, no meu aniversário de 100 anos, lançarei ao menos mais um novo livro, o segundo volume de minha biografia.

Munido dessa expectativa e sem querer colocar um ponto final neste primeiro volume ao tempo em que permaneço tão ativo, decidi concluir o livro com uma análise prospectiva, abordando megatendências dos próximos anos em alguns campos da atividade humana. Trata-se de um conjunto de reflexões sobre o futuro, sem ambição científica, abrangendo temas que me pareceram relevantes. Afinal, a melhor maneira de passar os últimos anos da vida é trabalhando com o que se gosta, refletindo e brincando.

O RUMO É UM SÓ: DEMOCRACIA, DESENVOLVIMENTO E PRESERVAÇÃO AMBIENTAL

Nas próximas décadas, a humanidade continuará a trilhar o caminho da democracia, do desenvolvimento, da ampliação do acesso à educação, dos cuidados com a saúde e do consumo gerador de bem-estar. Tudo isso buscando preservar o meio ambiente. O que pode variar é a velocidade com que cada nação ampliará essas conquistas, o que depende dos seus líderes. Nem mesmo grandes catástrofes naturais ou provocadas pelo homem, como terremotos e conflitos militares, barrarão esta trajetória. Podem, no máximo, retardá-la.

Diferentemente do que ecoterroristas prognosticam, a água pode escassear, mas não será cara como o ouro. Com inovação tecnológica a humanidade solucionará criativamente os problemas relacionados aos riscos de esgotamento dos recursos naturais que, segundo muitos acreditam, poderia limitar o acesso ao consumo e ao desenvolvimento.

O pensamento econômico será influenciado pelo debate sobre o meio ambiente. A lógica econômica incorporará a ideia de sustentabilidade. O conceito do IDH evoluirá para captar as diversas esferas de bem-estar da sociedade. Uma delas será o meio ambiente, isto é, o bem-estar de viver em um espaço econômico menos poluente.

As mudanças institucionais e políticas dos países emergentes avançarão ainda mais. Nas nações ricas, as reformas realizadas em resposta à crise financeira de 2008 evitarão por muitas décadas a repetição de problemas de semelhante gravidade e contribuirão para assentar as bases de um novo e promissor período de prosperidade mundial, particularmente a partir dos anos 2020. O mundo estará mais integrado e a democracia plenamente consolidada em países como Brasil, Cingapura, Coreia do Sul, Índia, Indonésia e México.

NÃO HAVERÁ TERCEIRA GUERRA MUNDIAL

Os avanços nas comunicações e o barateamento do custo de deslocamento de pessoas contribuirão para a disseminação dos ideais democráticos por mais nações. O binômio democracia-economia de mercado se disseminará mundo afora, reduzindo o espaço para tiranias e outras formas de governos autoritários, que ficarão restritas a uns poucos países.

Com a redução dramática do universo dos tiranos e a pressão pela abertura política, que se acentuará, diminuirá o risco de conflitos e será cada vez mais difícil que regimes como o iraniano se sustentem isolados de influências externas. A maioria dos países de religião muçulmana ampliará a abertura cultural, como o Marrocos e o Egito vêm fazendo há anos. Com maior acesso à informação, serão gradualmente reduzidos os grupos radicais que lutam pela destruição do mundo democrático e da sociedade do consumo.

Conflitos localizados, embates retóricos entre potências e mesmo entreveros mais sérios não serão capazes de provocar a Terceira Guerra Mundial, que seria suicida devido à utilização em larga escala do armamento nuclear.

O BRASIL DO FUTURO

Nos próximos anos, com novos ganhos de produtividade e avanços institucionais, que nos legarão um sistema tributário decente e uma previdência social sustentável, haverá expansão dos investimentos em transportes, melhoria da operação da logística e aumento da competitividade dos nossos produtos e serviços. O Brasil rivalizará com os Estados Unidos a posição de maior potência agrícola do planeta. Na década de 2020, o país já terá confirmado sua condição de um dos maiores celeiros do mundo. A agricultura se consolidará como fonte de geração de emprego, renda e bem-estar. Será uma das alavancas do comércio exterior e do desenvolvimento do país. A condição de potência agrícola aumentará a importância das exportações de commodities, enquanto o avanço tecnológico no sistema de transporte e na gestão das empresas consolidará o Brasil como maior polo de minério de ferro do planeta. Isso não diminuirá a relevância da indústria na economia brasileira.

As desigualdades sociais diminuirão sob os efeitos da melhoria da qualidade da educação e de novas ações para inclusão social. A porcentagem de pobres será reduzida a 10% da população, nível semelhante ao dos países desenvolvidos em 2010. A expansão da classe média impulsionará outras transformações, especialmente no campo institucional. Cidadãos mais informados e participantes demandarão reformas, melhoria da qualidade do sistema político, avanços na educação e radicalização da democracia.

Mudanças institucionais da segunda metade dos anos 2010, como a trabalhista, melhorarão o funcionamento do mercado de trabalho e o potencial de geração de emprego, ampliando o potencial de crescimento da economia. A reforma fiscal reduzirá a rigidez orçamentária, ampliando a capacidade de investimento do setor público. O Brasil adquirirá condições para ter taxas de juros próximas das praticadas nos países desenvolvidos. O acesso ao crédito será ampliado. A relação entre o crédito e o PIB chegará a 150%, pouco mais do triplo do observado em 2010. A expansão do crédito será impulsionada essencialmente pelo financiamento habitacional, que passará de 3% do PIB em 2010 para mais de 50%. A demanda pela redução da carga tributária, porém, não será atendida no curto prazo, especialmente devido ao déficit da Previdência Social. A tendência é que a qualidade do sistema tributário piore, o que aumentará o apoio para uma mudança estrutural na década de 2020.

Os avanços institucionais prepararão o país para a condição de ator global e parte integrante da governança mundial. Daremos as primeiras batidas à porta do clube dos desenvolvidos, exibindo credenciais que nos permitirão ser um sócio relevante. A economia brasileira será a quinta maior do mundo por volta de 2025, quando a nossa renda per capita alcançará níveis semelhantes aos da Espanha em 2010.

CHINA E ESTADOS UNIDOS

O crescimento brasileiro, no entanto, não poderá ser comparado ao chinês. A China continuará a crescer mais rapidamente do que o resto do mundo. Enriquecerá a taxas elevadas ainda por muitos anos. Por volta de meados da década de 2020, o PIB chinês ultrapassará o dos Estados Unidos, transformando o país asiático na maior economia do planeta. O Brasil será um dos grandes beneficiários dessa evolução, pois se transformará em um dos principais parceiros comerciais dos chineses (em 2010 já era um dos dez mais importantes).

Mesmo assim, os Estados Unidos permanecerão por décadas como a nação de maior renda per capita — dez vezes a da China em 2009 — e mais poderosa em termos bélicos, maior espírito comunitário e inventividade. A força da sua economia repousa na solidez de suas instituições e na geração continuada do conhecimento, que lhe assegura inigualável capacidade de inovação, a fonte básica dos ganhos de produtividade e, assim, do crescimento. Em 2010, os Estados Unidos realizavam um terço dos gastos mundiais em pesquisa e desenvolvimento. A produção de artigos científicos por sua comunidade acadêmica era superior à do resto do mundo. Isso continuará acontecendo. Segundo o ranking da Times Higher Education, quinze das vinte melhores universidades do mundo são americanas. No levantamento da Universidade de Xangai, esse número sobe para dezoito.

Além disso, segundo David Brooks, do *New York Times*, o enriquecimento mundial aumentará a demanda por "um tipo de produto em que os americanos são bons em oferecer: experiências emocionais". E continua: "Eles vão continuar a criar companhias como a Apple, com as iden-

tidades revestidas de moral e significado psicológico que os consumidores afluentes almejam."
Diante de tudo isso, como é possível falar em declínio?

EURO

O euro não declinará, tampouco. Ele é mais do que um projeto econômico. Sob o aspecto geopolítico, o projeto europeu é um completo sucesso. Nos próximos anos, assistiremos ao alargamento do bloco, com a inclusão da Turquia, o primeiro país não cristão a integrá-la. Novos avanços institucionais melhorarão a coordenação das políticas fiscais, mediante um tratado que criará uma espécie de "Lei de Responsabilidade Fiscal Europeia". Mecanismos de coordenação também serão criados para lidar com crises de endividamento, mesmo que elas tendam a ser contidas com as medidas fiscais. Novos passos serão dados rumo ao projeto final, o da união política sonhada por Churchill, que não será plena em 2042.

TECNOLOGIA

A tecnologia de *cloud computing* (computação em nuvem) se disseminará, ampliando a utilização de capacidade de armazenamento e cálculo de computadores e servidores compartilhados e interligados pela internet. As informações do governo estarão disponíveis na nuvem, o que barateará custos e facilitará o acesso do cidadão. As pequenas e médias empresas terão acesso à tecnologia, podendo acessar servidores em qualquer parte, a qualquer hora, sem precisar dispor de seus próprios programas ou bancos de dados. Será possível usar sistemas de relacionamento com clientes, bancos de dados, e-mail e outros apenas com um computador pessoal, o que impulsionará o empreendedorismo.

O intenso desenvolvimento tecnológico não significará a extinção do livro nem do jornal, embora sua distribuição e comercialização sejam alteradas. As vendas via comércio eletrônico superarão as das lojas de varejo. Nos países ricos, determinados itens de consumo somente serão encontráveis via internet, como livros e CDs.

A tecnologia continuará a transformar conceitos e comportamentos sociais e a restringir, cada vez mais, a privacidade. Será possível localizar e monitorar cada cidadão, seja por câmeras de segurança, seja por dados sobre compras e hábitos, seja por informações e imagens divulgadas por pessoas comuns através de mídias com que nem ainda sonhamos.

A tendência da sociedade, de qualquer maneira, é se tornar mais tolerante à exposição. As pessoas poderão, inclusive, vender sua privacidade, como sua localização geográfica e as preferências de consumo.

MAIS TEMPO PARA MIM

Talvez aos cem anos de idade eu não me incomode com esta falta de privacidade, se ela for o preço de me comunicar em tempo real, em especial depois do meu aniversario de noventa anos, em 2032, quando passarei a trabalhar apenas por prazer. Até lá, continuarei mais ou menos no ritmo em que vivo, viajando muito, fazendo palestras, escrevendo artigos e participando de conselhos de administração.

A grande diferença em relação às décadas anteriores é que darei cada vez mais atenção à minha vida pessoal, como já venho buscando. Cada vez mais, comemorarei as novas conquistas, desfrutarei ainda mais o bem-estar que me proporciona a leitura de bons livros, reunirei mais frequentemente a família. Nas conversas mais habituais com meus filhos, deixarei de ser monotemático, como eles dizem, por focar sempre economia e política.

Também viajarei mais amiúde com o único objetivo de fazer o que me apraz. Frequentarei as cidades que mais me encantam, como Londres. Conhecerei países que nunca visitei, especialmente para contemplar suas belezas, sorver sua cultura e andar de bicicleta. Terei tempo de aprender a usar cada novidade eletrônica que circulará nas mãos dos meus bisnetos para poder dividir com eles, em 3D, os passos turísticos que eles gostariam de dar, se tivessem tempo. Será um bem cada vez mais valioso.

Entrevistados

ANTÔNIO JOSÉ DE SOUZA
EVERALDO BELMONT
GUILHERME CHAVES DA NÓBREGA
INÊS CUNHA
JOANA D'ARC DA SILVA
JOÃO BATISTA DE ABREU
JOÃO PIRES DE OLIVEIRA FILHO
JOSÉ ALENCAR BEZERRA (DEDÉ)
JOSÉ SARNEY
JOSÉ EDUARDO CUNHA
LUIZ ANTONIO GONÇALVES
MAÍLSA DA NÓBREGA FARIAS
MÁRCIO JOSÉ CHAVES DA NÓBREGA
MARCOS FERREIRA DA NÓBREGA
MARIA JOSÉ PEREIRA DA NÓBREGA
MARIA MADALENA DA NÓBREGA BRITO
MARIA MARISA DA NÓBREGA CUNHA
MARILENE GOMES DA NÓBREGA
MARIZETE FERREIRA DA NÓBREGA
MAURÍCIO FERREIRA DA NÓBREGA
MILSON FERREIRA DA NÓBREGA
MILTON FERREIRA DA NÓBREGA
OLYNTHO TAVARES DE CAMPOS
PAULO CÉSAR XIMENES ALVES
PAULO TRAJANO DA SILVA
PEDRO PULLEN PARENTE
RAYMUNDO MONTEIRO MOREIRA
RONALDO COSTA COUTO
ROSA MARIA DALCIN

Índice remissivo

Afeganistão, 249, 463, 483, 550
Alemanha, 47, 115, 132, 190, 191, 233, 248, 271, 426, 427, 455, 460, 482, 520, 551
Aliança Renovadora Nacional (Arena), 96, 108, 156, 228, 235, 256, 324, 476
América Latina, 44, 62, 91, 115, 122, 206, 207, 235, 291, 333, 351, 396, 463, 464, 466, 485, 512, 519, 533, 551
Argentina, 19, 109, 122, 132, 192, 206, 218, 272, 274, 281, 329, 451, 452, 453, 459, 460, 464, 466, 467, 487, 489, 493, 519, 520, 549, 551
Assembleia Nacional Constituinte, 327, 348, 350, 370, 399
Associação Atlética Banco do Brasil (AABB), 81, 109, 116, 117, 122, 128, 129, 170, 176
Associação Latino-Americana de Integração (Aladi), 272
Associação Latino-Americana de Livre Comércio (Alalc), 272
Ato Institucional, 94, 95, 97, 98, 108, 116, 139, 142, 149

Banco Bamerindus, 467, 468, 539
Banco BMC, 513, 536, 538, 540
Banco Central (BC), 20, 84, 104, 105, 106, 107, 144, 158, 169, 179, 180, 181, 182, 184, 213, 215, 242, 243, 244, 245, 246, 247, 255, 257, 258, 259, 261, 262, 265, 266, 267, 268, 269, 270, 276, 283, 285, 288, 290, 291, 297, 298, 299, 300, 301, 302, 304, 307, 308, 310, 312, 315, 317, 333, 336, 340, 342, 345, 352, 362, 364, 365, 366, 367, 368, 375, 376, 380, 386, 387, 390, 393, 395, 401, 420, 422, 426, 433, 434, 442, 445, 465, 466, 475, 484, 489, 493, 498, 499, 506, 507, 509, 513, 516, 517, 519, 524, 529, 533, 534, 535, 538, 539, 540, 541, 542, 543, 545, 546, 554, 560, 561, 564
Banco Central Europeu (BCE), 426, 521
Banco do Brasil (BB), 10, 13, 17, 38, 41, 45, 70, 72, 73, 75, 77, 78, 79, 81, 82, 83, 84, 90, 93, 97, 101, 102, 106, 107, 109, 115, 116, 117, 123, 124, 127, 136, 138, 142, 147, 148, 151, 152, 157, 158, 159, 161, 164, 166, 168, 169, 170, 171, 172, 173, 174, 175, 176, 177, 179, 180, 181, 182, 183, 187, 191, 193, 194, 195, 196, 198, 199, 201, 202, 203, 206, 207, 211, 212, 213, 214, 216, 217, 218, 219, 223, 224, 226, 227, 230, 237, 238, 239, 240, 241, 242, 243, 246, 247, 252, 255, 258, 261, 269, 276, 282, 283, 287, 288, 290, 297, 298, 299, 300, 301, 303, 304, 305, 306, 307, 308, 309, 310, 312, 313, 316, 317, 321, 325, 332, 333, 342, 345, 348, 353, 355, 364, 365, 377, 380, 386, 387, 392, 394, 395, 401, 402, 403, 404, 405, 407, 415, 419, 423, 434, 435, 458, 484, 509, 514, 516, 555
Banco do Estado de São Paulo (Banespa), 262, 282, 286, 353, 356, 362, 401
Banco do Estado do Rio de Janeiro (Banerj), 84, 290, 291
Banco do Nordeste, 182, 224, 237, 238, 243
Banco Econômico, 202, 511, 513, 538
Banco Garantia, 511, 512, 536
Banco Interamericano de Desenvolvimento (BID), 152, 235, 263, 299, 333, 342, 352, 414, 464, 466, 509
Banco Mundial, 184, 206, 234, 235, 263, 299, 306, 342, 352, 422, 423, 466, 509, 529, 549
Banco Nacional de Desenvolvimento Econômico (BNDE), 32, 107, 120, 147, 179, 181, 182, 187, 189, 206, 274

Banco Nacional de Desenvolvimento Econômico e Social (BNDES), 96, 179, 484
Banco Nacional de Habitação (BNH), 105, 107, 145, 182
Bolo de Noiva, 494, 499
Bolsa de Mercadorias e Futuros (BM&F), 163, 345
Bolsa de Valores, 162, 464
Bolsa de Valores de São Paulo (Bovespa), 163, 346, 465
Bolsa de Valores do Rio de Janeiro (BVRJ), 163, 464, 465
Bolsa Família, 562
Bônus do Tesouro Nacional (BTN), 454, 462
Bradesco, 468, 540
Brasília, 10, 16, 30, 62, 63, 64, 67, 82, 96, 97, 117, 118, 119, 133, 134, 135, 137, 138, 139, 140, 157, 158, 159, 160, 161, 166, 167, 168, 169, 170, 174, 175, 176, 177, 178, 193, 202, 214, 218, 230, 238, 242, 257, 268, 269, 307, 308, 313, 314, 315, 318, 322, 323, 325, 326, 330, 361, 362, 363, 367, 379, 380, 385, 387, 390, 392, 399, 401, 415, 416, 424, 433, 438, 446, 478, 495, 497, 500, 509, 510, 515, 535, 536, 537, 543, 558

Caixa Econômica Federal, 118, 140, 174, 317, 386, 392, 434, 435, 445
Cajazeiras, 72, 73, 77, 78, 79, 82, 83, 87, 88, 89, 90, 92, 93, 96, 97, 102, 103, 104, 109, 111, 116, 117, 118, 122, 123, 127, 128, 130, 135, 136, 137, 138, 139, 140, 141, 145, 146, 150, 152, 166, 192, 295
câmbio flutuante, 444, 445, 507, 513, 546, 554, 564
câmbio turismo, 445, 507. *Ver* câmbio flutuante
Carteira de Comércio Exterior (Cacex), 115, 181, 241, 255, 262, 407, 423, 507
Carteira de Crédito Agrícola e Industrial (Creai), 112, 113, 114, 123, 127, 130, 134, 135, 147, 148, 179
Casa Civil, 258, 275, 292, 302, 311, 323, 324, 347, 373, 379, 381, 393, 396, 402, 413, 430, 432, 438, 449, 459
Casa do Estudante, 60, 61, 62, 69, 70, 398
Cebolão, 307, 309, 310
Central Única dos Trabalhadores (CUT), 294, 404, 457
Centrão (Centro Democrático), 372

Chile, 132, 153, 192, 193, 218, 268, 272, 276, 293, 520
China, 69, 203, 208, 209, 233, 249, 444, 482, 561, 568
choque do petróleo, 200, 201, 203, 204, 205, 217, 250, 253, 256, 263, 267, 281, 296, 343
Citibank, 232, 278, 352, 414, 426
Citicorp, 436
Clube de Paris, 235, 276, 288, 289, 352, 395, 409, 410, 413, 426, 427, 429
Colégio Eleitoral, 20, 201, 282, 283, 294, 311, 314, 491
Comissão de Valores Mobiliários (CVM), 163, 298
Comissão do Sistema Tributário, Orçamento e Finanças, 370, 441
Comissão para o Reordenamento das Finanças Públicas, 301
Comitê de Coordenação dos Orçamentos Públicos (Comor), 288
Comitê de Política Monetária (Copom), 180, 540, 554
Companhia Siderúrgica Nacional (CSN), 188, 189, 524
Comunidade Econômica Europeia (CEE), 56, 272, 521
Conclat, 294
Confederação Nacional da Indústria (CNI), 347, 449, 457, 479
Conferência das Nações Unidas sobre Comércio e Desenvolvimento (Unctad), 207, 233
congelamento (preços, salários, contratos), 328, 329, 341, 343, 344, 347, 348, 349, 351, 353, 365, 367, 368, 383, 384, 386, 389, 430, 432, 450, 452, 454, 459, 460, 461, 486, 493, 495, 496, 498, 506, 507, 518
Congresso Nacional, 69, 90, 92, 95, 96, 108, 116, 138, 142, 143, 149, 150, 157, 158, 164, 167, 172, 173, 180, 215, 216, 228, 236, 237, 246, 254, 262, 271, 295, 297, 298, 300, 301, 303, 310, 322, 324, 327, 338, 339, 349, 350, 364, 366, 374, 385, 395, 399, 400, 404, 411, 425, 439, 440, 441, 442, 460, 461, 472, 474, 475, 478, 480, 487, 499, 516, 519, 522, 532, 545, 558
Conselho de Desenvolvimento Industrial (CDI), 213, 223

ÍNDICE REMISSIVO

Conselho de Política Fazendária (Confaz), 241, 373, 392, 393, 407
Conselho de Reforma do Estado, 536
Conselho de Segurança Nacional (CSN), 413, 508
Conselho de Seguros Privados, 407
Conselho de Siderurgia e Não Ferrosos (Consider), 223
Conselho Interministerial de Preços (CIP), 183, 242, 265, 497
Conselho Monetário Nacional (CMN), 107, 115, 120, 151, 158, 172, 173, 179, 198, 204, 213, 214, 215, 216, 225, 227, 241, 242, 263, 265, 266, 285, 291, 298, 299, 301, 306, 308, 312, 333, 364, 394, 420, 445, 546
Conselho Nacional de Comércio Exterior (Concex), 115, 393, 407
Constituição, 69, 95, 108, 116, 121, 132, 157, 168, 241, 274, 291, 322, 327, 338, 370, 373, 383, 386, 396, 399, 413, 417, 425, 427, 439, 440, 441, 442, 443, 444, 445, 446, 460, 473, 476, 483, 487, 488, 489, 499, 512, 523, 548
Consultoria Técnica do Banco do Brasil (Cotec), 146, 150, 151, 152, 157, 159, 162, 211, 213, 214, 401
conta de movimento, 106, 107, 158, 179, 298, 299, 301, 302, 304, 310, 311, 312, 344, 345, 355, 404, 556
Contribuição para o Financiamento da Seguridade Social (Cofins), 274, 276, 421, 544
Contribuição Provisória sobre Movimentação Financeira (CPMF), 275, 524
Coopersucar, 226
Coordenadoria de Assuntos Econômicos, 224, 229, 241, 297
correção monetária, 105, 107, 144, 194, 195, 264, 265, 329, 350, 458, 507
Correio Braziliense, 310, 479
CPI da Corrupção, 399, 481
crédito rural, 80, 83, 105, 134, 135, 136, 146, 147, 150, 151, 179, 181, 182, 190, 194, 197, 261, 276, 277, 300
Crise Argentina, 551
Crise da Ásia, 542, 544
Crise da Rússia, 422, 544, 545
Crise do Brasil, 545, 546
Crise do México, 533
cruzado novo, 458

Cruz do Espírito Santo, 23, 30, 31, 32, 38, 45, 46, 47, 48, 49, 51, 56, 57, 61, 63, 64, 65, 67, 71, 78, 100, 101, 102, 125, 142, 174, 177, 194, 295, 296, 382, 398, 559

desestatização, 273, 544
desindexação, 458
Diário Oficial, 72, 94, 232, 402, 460, 496, 497, 500
direção geral do Banco do Brasil, 127
dívida externa, 10, 13, 20, 204, 205, 216, 217, 233, 240, 261, 262, 274, 280, 281, 284, 296, 313, 315, 324, 327, 328, 333, 351, 363, 365, 369, 371, 380, 381, 394, 405, 407, 409, 414, 420, 425, 427, 432, 433, 434, 436, 442, 446, 448, 450, 451, 457, 458, 462, 463, 464, 472, 476, 489, 493, 513, 529, 532, 544, 551, 564
Divisão de Análise de Projetos (Dipro), 203, 206, 211, 214, 216

efeito Orloff, 343, 467
Empresa Brasileira de Pesquisa Agropecuária (Embrapa), 196, 197
Escola Nacional de Informações (EsNI), 191, 192
Estado de S. Paulo (Estadão), O, 192, 269, 277, 286, 356, 389, 397, 475, 479, 549, 557, 563
Estados Unidos (EUA), 9, 16, 32, 61, 62, 67, 89, 91, 96, 111, 128, 129, 143, 163, 176, 185, 187, 190, 191, 197, 207, 208, 219, 232, 233, 249, 251, 252, 253, 261, 263, 266, 271, 276, 279, 293, 303, 304, 315, 353, 368, 409, 411, 421, 434, 443, 456, 518, 519, 531, 533, 540, 550, 551, 556, 563, 567, 568
euro, 272, 427, 464, 521, 569
European Brazilian Bank (Eurobraz), 34, 317, 321, 325, 330, 331, 332, 333, 334, 339, 342, 347, 352, 353, 354, 355, 361, 365, 401, 414, 499, 515

Faculdade de Economia, Contabilidade e Administração (FEA) da USP, 15, 477, 514, 515, 519, 538, 557, 558, 559
Federação das Indústrias do Estado de São Paulo (Fiesp), 347, 397, 436, 457, 481, 514
Federação das Indústrias do Estado do Rio de Janeiro (Firjan), 457

Federal Reserve (Fed), 253, 281, 303, 304, 409, 410, 550
feijão com arroz, 386, 388, 389, 406, 429
feriado bancário, 93, 498, 499
finanças públicas, 10, 14, 245, 285, 288, 296, 297, 300, 303, 306, 308, 309, 313, 316, 338, 340, 344, 345, 362, 366, 367, 387, 400, 417, 439, 444, 505, 511, 557
Folha de S.Paulo, 389, 397, 420, 436, 479, 480, 483, 496, 534, 548
Fundação Getúlio Vargas (FGV), 107, 124, 246, 262, 351, 353, 362, 368, 515, 516
Fundo de Financiamento à Exportação (Finex), 115
Fundo de Investimento Social (Finsocial), 274, 275, 276, 421
Fundo Monetário Internacional (FMI), 20, 32, 41, 69, 176, 184, 232, 233, 234, 235, 242, 245, 248, 252, 253, 257, 266, 267, 268, 276, 279, 280, 281, 282, 283, 284, 285, 286, 288, 293, 297, 302, 305, 306, 308, 313, 315, 324, 327, 328, 333, 340, 341, 342, 351, 352, 363, 364, 365, 368, 369, 394, 404, 405, 409, 410, 411, 412, 413, 417, 422, 426, 428, 429, 441, 445, 452, 462, 463, 484, 520, 533, 544, 545, 551, 552

Gazeta Mercantil, 277, 397
Globo, 14, 47, 165, 218, 242, 255, 374, 379, 380, 381, 382, 396, 403, 424, 429, 448, 449, 450, 456, 459, 479, 480, 506, 559
Globo, O, 397, 433, 446, 448, 453, 456, 477, 478, 480, 495
Grupo dos Onze, 91, 92, 104

Imposto sobre Circulação de Mercadorias e Serviços (ICMS), 241, 275, 276, 373, 394, 446
Imposto sobre Circulação de Mercadorias (ICM), 241, 373, 392, 394, 400
Imposto sobre Operações Financeiras (IOF), 215, 254, 298, 445, 507
Incra (Instituto Nacional de Colonização e de Reforma Agrária), 105, 151, 195, 244, 458, 461
indexação, 107, 286, 328, 329, 350, 369, 430, 431, 432, 454, 461, 462, 469, 488, 513, 518
Inglaterra, 69, 191, 271, 276, 315, 334, 337, 339, 353, 367, 432, 556

INPS (Instituto Nacional de Previdência Social), 105
Instituto Brasileiro do Café (IBC), 192, 202, 224, 262, 298, 299, 304
Instituto de Pesquisas e Estudos Sociais (Ipes), 97, 121
Instituto do Açúcar e do Álcool (IAA), 224, 226, 277, 278, 298, 304
Irã, 185, 249, 250, 251, 267, 482
Iraque, 122, 251, 252, 267, 518, 550, 551
Israel, 32, 122, 186, 199, 250, 252, 477, 520
IstoÉ, 269, 389
Itamaraty, 158, 159, 169, 394, 395, 408

Jornal da Globo, 379, 456
Jornal da Tarde, 389, 449, 479
Jornal de Brasília, 211, 268
Jornal do Brasil, 142, 145, 157, 162, 257, 270, 362, 397, 416, 446, 447, 448, 476, 479
Jornal do Commercio, 64, 162, 397
Jornal Nacional, 157, 255, 374, 381, 448, 456, 538

Lei Complementar número 12, 214
Lei de Institucionalização do Crédito Rural, 105, 135
Lei de Responsabilidade Fiscal, 546

maxidesvalorização, 244, 255, 263, 264, 285
MCM Consultores Associados, 514, 516, 517, 522, 526, 528, 529, 534, 535, 536, 537, 538
Mercado Comum do Sul (Mercosul), 272, 520
mercado de capitais, 105, 107, 163, 241, 464, 465, 548
México, 132, 155, 206, 207, 272, 278, 279, 280, 281, 464, 533, 566
Ministério da Agricultura, 151, 182, 190, 196, 203, 213, 225, 243, 244
Ministério da Educação, 393, 416, 482
Ministério da Fazenda, 107, 115, 120, 121, 124, 143, 158, 159, 160, 161, 164, 165, 172, 176, 179, 182, 183, 201, 210, 211, 213, 214, 215, 218, 220, 227, 228, 230, 231, 232, 233, 234, 235, 238, 239, 240, 241, 242, 243, 244, 245, 246, 251, 254, 255, 257, 261, 262, 263, 265, 267, 268, 269, 276, 277, 278, 282, 285, 286, 287,

ÍNDICE REMISSIVO

288, 291, 292, 295, 298, 299, 300, 301, 305, 306, 307, 309, 312, 313, 315, 316, 321, 323, 327, 328, 329, 334, 338, 340, 341, 342, 343, 345, 347, 348, 349, 352, 353, 354, 355, 356, 357, 361, 363, 365, 366, 367, 370, 372, 373, 374, 376, 377, 378, 379, 381, 383, 384, 385, 386, 387, 388, 389, 390, 392, 393, 394, 395, 397, 399, 400, 403, 404, 406, 407, 408, 409, 410, 413, 414, 416, 417, 418, 419, 420, 422, 426, 427, 428, 429, 430, 433, 434, 436, 437, 438, 441, 442, 447, 448, 449, 450, 451, 454, 455, 456, 457, 459, 464, 474, 475, 478, 481, 482, 487, 490, 493, 494, 495, 496, 497, 500, 501, 508, 510, 512, 513, 514, 515, 519, 524, 527, 529, 531, 540, 543, 553, 554, 560, 561
Ministério das Comunicações, 316, 347, 436
Ministério das Relações Exteriores (MRE), 394, 527
moratória, 10, 278, 279, 293, 342, 351, 352, 363, 365, 368, 371, 380, 410, 413, 426, 427, 456, 462, 463, 512, 552
Movimento Democrático Brasileiro (MDB), 108, 130, 143, 204, 235, 256, 294

Nova República, 321, 322, 324, 326, 329

Obrigação Reajustável do Tesouro Nacional (ORTN), 107
ONU (Organização das Nações Unidas), 32, 61, 137, 138, 187, 207, 230, 231, 232, 533
Orçamento da União, 158, 204, 297, 301, 307, 312, 417, 444, 482
Orçamento Monetário, 158, 204, 210, 213, 227, 243, 244, 265, 269, 270, 297, 298, 299, 300, 301, 304, 312, 366, 407, 439
Organização dos Países Exportadores de Petróleo (Opep), 200, 201
Organização Mundial do Comércio (OMC), 533
Organização para Cooperação e Desenvolvimento Econômico (OCDE), 426

"Pacote 51", 542
Pacote de Abril, 228
Pacto Social, 431, 432, 433, 446, 447, 448, 451, 453, 457, 473
Palácio do Planalto, 245, 324, 381, 384, 436, 442, 459, 466, 478, 488, 494, 499

Partido Democrático Social (PDS), 256, 283, 294, 295, 323, 324, 357, 372, 399, 477, 511
Partido Democrático Trabalhista (PDT), 257, 283, 294, 344, 478
Partido dos Trabalhadores (PT), 257, 294, 308, 412, 474, 478, 484, 529, 543, 552, 553, 555, 560
Partido Popular (PP), 257, 494, 495
Partido Trabalhista Brasileiro (PTB), 108, 257, 372, 477
Pericumã, 497
Petrobras, 32, 163, 189, 200, 333, 435, 439, 443, 458, 495, 543
petrodólares, 205, 217, 234, 240, 253, 267, 333
petróleo, 32, 71, 91, 164, 199, 200, 201, 203, 204, 205, 208, 216, 217, 250, 251, 252, 253, 254, 256, 263, 265, 267, 278, 281, 285, 296, 337, 339, 343, 407, 469, 518, 544, 554, 561
Plano Austral, 329, 343, 452
Plano Brady, 369, 463, 529
Plano Bresser, 367, 368, 369, 430, 458
Plano Cavallo, 519, 520
Plano Collor, 459, 508, 509, 515, 516
Plano Collor II, 518, 519
Plano Cruzado, 343, 344, 345, 346, 348, 349, 350, 351, 365, 430, 454
Plano Larida, 329, 527
Plano Nacional de Desenvolvimento (PND), 216, 223
II PND, 186, 216, 223
I PND, 188, 216
Plano Primavera, 451, 452, 459, 467
Plano Real, 107, 329, 527, 528, 529, 533, 538, 542, 546, 549, 562
Plano Verão, 395, 453, 459, 460, 461, 462, 466, 467, 470, 481, 507
PMDB, 257, 283, 294, 310, 313, 315, 323, 325, 328, 340, 342, 344, 348, 350, 353, 370, 371, 372, 378, 419, 476, 477, 479, 484
Política de Garantia de Preços Mínimos (PGPM), 147, 148, 182
privatização, 131, 187, 233, 272, 277, 278, 324, 337, 410, 430, 446, 453, 458, 461, 519, 522, 524, 544, 552, 562
Proagro (Programa de Garantia da Atividade Agropecuária), 198, 199
Proálcool, 206, 216, 225, 226, 227, 228, 251

Programa de Ação Econômica do Governo (Paeg), 105, 144
Programa de Aceleração do Crescimento (PAC), 560, 561
Programa de Estímulo à Reestruturação e Fortalecimento ao Sistema Financeiro Nacional (Proer), 539, 544, 564
Programa Nacional de Desestatização (PND), 507
Proterra (Programa de Redistribuição de Terras e de Estímulo à Agroindústria do Norte e Nordeste), 194, 195
PUC, 228, 229, 328, 341, 365, 510, 517, 527, 541

Receita Federal, 144, 242, 243, 257, 262, 288, 301, 311, 315, 362, 371, 372, 375, 386, 395, 407, 421, 424, 493, 542
reforma bancária, 90, 106, 214, 309
reforma previdenciária, 543
Regime de Administração Especial Temporária (Raef), 475
Resolução 147, 172, 173

Secretaria de Orçamento e Finanças, 288, 371
Secretaria do Planejamento (Seplan), 231, 240, 242, 244, 245, 247, 251, 254, 257, 263, 267, 269, 272, 288, 297, 301, 340, 349
Secretaria Especial das Empresas Estatais (Sest), 251, 273
Serviço Nacional de Informações (SNI), 97, 98, 121, 138, 155, 158, 159, 165, 191, 192, 223, 229, 236, 379, 402, 405, 415, 416, 430, 438, 449, 479, 547
Setembro Negro, 185, 279, 280, 282
Siderurgia Brasileira S.A. (Sidebras), 188, 189, 223
Sistema Integrado de Administração Financeira do Governo Federal (Siaf), 302, 366
Sistema Nacional de Crédito Rural (SNCR), 106, 148
substituição de importações, 179, 183, 188, 206, 263, 272, 408

Sudene (Superintendência de Desenvolvimento do Nordeste), 35, 56, 123, 124, 173, 194, 195
Superintendência da Moeda e do Crédito (Sumoc), 84, 104, 106, 107, 120, 261, 288
Superintendência da Zona Franca de Manaus (Suframa), 119, 195
Superintendência de Seguros Privados (Susep), 224
Superintendência Nacional de Abastecimento (Sunab), 104, 108, 183, 242

Teatro Experimental de Arte de Cajazeiras (TEAC), 82, 109
Telebras, 187, 188, 189, 435, 522, 544
Tendências Consultoria Integrada, 16, 176, 445, 537, 541, 542, 543, 545, 546, 553, 557
Tesouro americano, 185, 279, 368, 388, 409, 410, 463
Tesouro britânico, 305
Tesouro Nacional, 106, 107, 158, 179, 180, 181, 215, 247, 257, 263, 297, 299, 300, 302, 304, 307, 312, 344, 345, 355, 366, 372, 373, 386, 392, 393, 394, 407, 417, 454, 462, 464, 465, 471, 488, 493, 494, 519, 528, 548
Trend Consultoria, 537, 538, 541

União Europeia, 272, 464, 521
União Soviética (URSS), 32, 62, 67, 89, 91, 122, 132, 185, 249, 293, 339, 409, 483, 521
Unidade de Referência de Preços (URP), 368, 458
Universidade de São Paulo (USP), 15, 46, 121, 153, 158, 306, 353, 477, 514, 519, 557, 559

Vale do Rio Doce, 188, 337, 349, 435, 461
Veja, 14, 143, 316, 374, 384, 389, 397, 415, 416, 449, 481, 508, 522, 539, 563
Venezuela, 66, 272, 293, 464, 520, 539

Índice onomástico

Abranches, Sérgio, 541
Abreu, João Batista de, 245, 301, 345, 373, 400, 401, 402, 406, 413, 422, 423, 432, 438, 439, 440, 442, 450, 454, 457, 459, 466, 471, 473, 477, 479, 481, 486, 487, 488, 489, 490, 491, 492, 493, 496
Abreu, João Leitão de, 274, 275, 276, 311, 323, 421
Afonso, Almino, 96
Agripino Filho, João, 461
Agripino Maia, João, 64, 72, 96
Al-Bakr, Ahmad Hassan, 251
Alcântara, Eurípedes, 563
Aleixo, Pedro, 155, 157
Alencar, José, 457
Alfonsín, Raúl, 19, 274, 329, 452, 467, 487, 551
Alkmin, José Maria, 95, 96
Allende, Salvador, 193
Almeida, Abílio de, 61
Almeida, José Américo de, 32, 57
Alves, Márcio Moreira, 142, 143, 149, 150
Alves, Roberto Cardoso, 372, 477
Alves, Silvio Rodrigues, 301
Alves, Valéria, 562
Amadeo, Edward, 541
Amaral, Benito Mussolini do, 148, 176
Amaral, Sérgio, 386, 394, 395, 410, 414, 426, 427, 471, 534
Amato, Mário, 436, 457
Amorim Netto, Marcos, 211
Araújo Júnior, José Tavares de, 423
Arida, Pérsio, 328, 365, 527, 535
Arraes, Miguel, 96
Assis, José Carlos de, 449, 479
Assis, Mozart, 88, 89, 94, 111
Atala, Jorge, 226

Bacha, Edmar, 527
Baker, James, 368, 369, 388, 409, 410
Bandolim, Jacob do, 55
Bara, Pedro, 495
Barbosa, Mário Gibson, 340
Barbosa, Pedro Baima, 103, 104
Barbosa, Rubens, 362, 368, 394
Barcellos, Sérgio, 465
Barroso, Nilo Alberto, 224, 243
Barros, Walter Hermmesdorf de, 231
Bastos, Frederico, 301
Bastos, José Adegildes, 88
Batista, Eliezer, 188, 519
Belluzzo, 345
Belluzzo, Luiz Gonzaga, 341, 351
Belmont, Everaldo, 50
Berardinelli, José Antônio, 276, 295
Bérard, Mário, 386, 392, 403, 404, 405, 419, 435
Bethel, Leslie, 557
Bismark, Otto Von, 455
Blanche, Nathan, 445, 537, 538, 540
Bohn, Lino Oto, 269
Borges, Moacyr de Figueiredo, 134, 135, 136, 137, 146, 151
Borja, Célio, 519
Bornhausen, Jorge, 325, 413, 519
Bracher, Fernão, 365, 368
Brady, Nicholas, 369, 463, 529
Braga, Wilson, 60, 290, 510
Brandão, Carlos, 246, 247, 261
Brandão, João Batista, 61
Bresser Pereira, Luiz Carlos, 165, 353, 354, 355, 356, 357, 361, 363, 364, 365, 366, 367, 368, 369, 372, 373, 374, 375, 376, 377, 380, 383, 384, 387, 394, 402, 430, 438, 458, 494, 536, 537

Britto, Antônio, 326
Brizola, Leonel, 69, 91, 92, 94, 96, 247, 257, 283, 290, 291, 344, 472, 483
Brossard, Paulo, 425
Buchi, Wadico, 466, 499
Bulhões, Octávio Gouveia de, 120, 216, 246, 263, 288, 376, 401, 481
Burity, Tarcísio, 397, 418, 419
Bush, George W., 388, 432, 550, 551
Bush (sênior), George, 235, 463
Buson, Hélio, 80

Cabral, Bernardo, 370, 372, 373
Cabral, José Irineu, 197
Cafeteira, Epitácio, 379
Calabi, Andrea, 386, 392
Calazans, Camillo, 146, 150, 151, 159, 160, 161, 167, 171, 172, 173, 174, 182, 193, 201, 202, 317, 318, 325, 345, 379, 380, 401, 402, 403, 404, 405
Camargo, João Batista de, 386, 394, 430, 471
Camargo, José Márcio, 541, 556
Camargos, Heloíza, 423
Camdessus, Michel, 409, 410, 411, 412
Camões, Elmo, 401, 426, 465, 466
Camões Filho, Elmo (Elminho), 465, 466
Campos, Olyntho Tavares de, 159, 176, 192, 202, 211, 212, 309, 364, 385, 386, 387, 389, 390, 391, 392, 397, 402, 404, 416, 437, 446, 447, 471, 478, 494, 509
Campos, Roberto, 120, 263, 372, 376, 401, 443, 499
Cardoso, Edgard de Abreu, 386, 395, 471
Cardoso, Fernando Henrique, 153, 165, 215, 241, 243, 302, 325, 394, 395, 411, 421, 422, 464, 509, 513, 524, 527, 529, 530, 531, 533, 534, 543, 544, 545, 548, 550, 551, 552, 553, 562, 564
Cardoso, Newton, 400, 420
Cardoso, Othon Pinto, 152, 159
Carlos, Juan, 185, 209
Carneiro, Nelson, 124
Carneiro, Omar, 538
Cartaxo, Constantino, 119
Cartaxo, Crisantina, 82
Cartaxo, Deodato, 110
Cartaxo, Waldiria, 56, 70
Carter, Jimmy, 190, 235, 253
Carvalho, Eduardo Pereira de, 159, 172, 262, 286
Carvalho Filho, José Barbosa de, 97, 104

Carvalho, Luiz Teixeira de, 71, 72, 73
Carvalho, Narciso da Fonseca, 434
Carvalho, Nelson, 538
Carvalho Silva, José Carmello de, 117
Castello Branco, Humberto de Allencar, 95, 96, 105, 106, 115, 116, 119, 120, 121, 144, 157, 214, 263, 275
Castelo Branco, José Hugo, 347, 348
Castro, Adriana, 537
Castro, Fidel, 62, 67, 91, 104, 122
Castro, José Kleber Leite de, 276, 301
Cavalcanti da Silva, José, 117
Cavalcanti, Elyeser de Souza, 301
Cavallo, Domingo, 519, 520
Chaim, Célia, 477
Charles, Príncipe, 339
Chaves, Antunes de Queiroz, 82, 97, 98, 138, 139, 140, 156, 157. Ver Marques, José Guilherme
Chaves, Aureliano, 325, 435, 472, 473, 483
Chaves, Márcia, 512
Chaves, Marcílio, 78, 82, 98
Chaves, Marcina, 78, 82
Chaves, Pedro Pio, 79, 80, 91, 98, 99, 100, 101, 102
Chaves, Thereza, 78, 82, 134, 170
Chiarelli, Carlos, 399, 481
Churchill, Winston, 569
Cirne Lima, Luiz Fernando, 176, 177, 197
Civita, Roberto, 563
Coelho, Vânia Maria Machado, 526
Colin, Oswaldo Roberto, 303, 310
Collor de Mello, Fernando Affonso, 20, 241, 245, 278, 292, 409, 424, 459, 472, 473, 474, 475, 476, 477, 481, 483, 486, 487, 490, 492, 493, 494, 495, 496, 497, 498, 499, 500, 507, 508, 509, 515, 516, 518, 519, 522, 523, 524, 536, 544, 545
Collor de Mello, Pedro, 522
Cony, Carlos Heitor, 150
Cordeiro, Albérico, 374
Costa, Ana Carla Abrão, 559
Costa Couto, Ronaldo, 14, 15, 315, 324, 373, 379, 381, 382, 396, 402, 413, 432, 436, 437, 438, 439, 442, 450, 454, 465, 480, 487, 488, 490, 491, 492, 496
Costa e Silva, Artur da, 94, 116, 121, 131, 149, 153, 155, 158, 164, 244, 262
Costa, Lúcio, 138, 169
Costin, Cláudia, 537
Coutinho, Giulite, 289

ÍNDICE ONOMÁSTICO

Coutinho, Renato Ribeiro, 23, 33, 46, 57, 58, 61, 63, 64, 68, 71, 73, 77, 93, 94, 173, 174
Couto e Silva, Golbery do, 97, 98, 121, 258, 275
Covas, Mário, 325, 472, 483
Cunha, Agenor, 31
Cunha, Inês, 36, 45, 48
Cunha, José da, 31, 32, 33, 36, 37, 46, 64
Cunha, José Eduardo, 36
Cunha, Júlia Maria da Câmara, 24
Cunha, Vicente, 32

Dalcin, Rosa, 15, 277, 286, 356, 374, 386, 389, 390, 391, 396, 397, 416, 437, 446, 447, 448, 471, 478, 479, 511, 517, 518, 520, 522, 526, 527, 528, 530
Dall'Aqua, Fernando, 353, 362, 365
Dallara, Charles, 410
Dantas, Daniel, 494
Dedé (José Alencar Bezerra), 110, 117, 140, 295
De Gaulle, Charles, 132, 185
Delfim Netto, Antônio, 41, 121, 158, 159, 160, 164, 172, 173, 200, 201, 217, 242, 243, 244, 245, 247, 257, 262, 263, 270, 272, 301, 312, 313, 328, 350, 372, 376, 390, 394, 400, 401, 412, 455, 456
Denis, Rubem Bayma, 491
Deraldo, 50
Diana, Lady, 339
Dias, Antônio Erasmo, 229
Dias, Etevaldo, 446, 447
Diniz, Abílio, 14, 15
Dirceu, José, 143, 155
Donato, João, 457
Donyak Jr., Jimir, 275, 276
Dornelles, Francisco, 243, 262, 301, 311, 314, 315, 316, 317, 321, 323, 327, 328, 329, 340, 341, 342, 347, 348, 371, 372, 392, 400
Duarte, Samuel, 73
Dubcek, Alexandre, 132
Dutra, Eurico Gaspar, 32

Echeverría, Luis, 206
Elbrick, Charles, 155
Eris, Ibrahim, 245, 276, 495, 498, 499, 506, 516
Ethel, Miguel, 434

Falcão, Armando, 217
Falcão Neto, Joaquim de Arruda, 537
Faria, Lício, 224
Faria Lima, Floriano Peixoto, 343, 438
Farias, Almany Maia de, 202
Farias, Paulo César de, 518, 522, 536
Farina, Elizabeth, 557
Fayet, Luiz Antonio, 224
Fernandes, Edésio, 301
Fernandes, Ernane, 135
Fernandes, Lourenço, 243
Ferreira, Alcindo, 538
Ferreira, Íracles Pires, 82, 103
Ferreira, Raimundo, 88
Fiel Filho, Manuel, 210
Figueiredo, Dídimo Fonseca, 224
Figueiredo, João Batista de Oliveira, 96, 98, 121, 134, 201, 215, 229, 236, 237, 238, 239, 240, 241, 242, 243, 245, 251, 256, 264, 268, 289, 290, 292, 300, 306, 311, 312, 314, 315, 322, 323, 324, 325, 337, 351
Figueiredo, João Marinho de, 113
Figueiredo, Valbert Lisieux Medeiros de, 491
Filgueiras, José Apolônio de Castro, 196
Fiúza, Ricardo, 372
Flecha de Lima, Paulo Tarso, 394
Fleury Filho, Luiz Antônio, 420
Fleury, Maria Teresa Leme, 557
Fleury, Sérgio, 156
Floro, Alfredo, 50
Fonseca, Dílson, 152
Fontoura, Carlos Alberto da, 155
Ford, Gerald, 208
Fortes, Márcio, 243, 257
Fraga, Armínio, 519, 545, 546
Francis, Paulo, 165
Franck, Jacob, 60
Franco, Albano, 449, 457, 481
Franco, Francisco, 66, 185, 209
Franco, Gustavo, 527, 545
Franco, Itamar, 241, 243, 464, 466, 509, 517, 523, 524, 527, 531
Freire, Gilberto, 30
Freire, Roberto, 474
Freitas, Carlos Eduardo de, 283, 368
Frias, Otávio, 436, 534, 548
Friedman, Milton, 180
Fritsch, Winston, 527
Frota Leitão, Hélio, 123
Frota, Sylvio, 229

Funaro, Dílson, 340, 341, 342, 343, 344, 345, 347, 351, 352, 353, 354, 363, 364, 365, 383, 400, 402, 409, 420, 455, 456, 494, 519
Furtado, Celso, 56, 96, 310, 372, 413
Furtado, Rômulo, 316, 347

Gabeira, Fernando, 247
Gadelha, José, 138, 140
Gadelha, Marcondes, 138
Galvão, Paulo, 152
Galvêas, Ernane, 7, 120, 242, 246, 247, 258, 259, 261, 262, 263, 265, 266, 268, 269, 270, 274, 275, 276, 277, 280, 283, 284, 286, 287, 289, 294, 295, 297, 301, 303, 310, 311, 312, 313, 317, 318, 328, 354, 355, 364, 376, 377, 387, 392, 393, 400, 401, 412, 455, 456, 479
Gama, Benito, 323
Gama e Silva, Luís Antônio da, 155
García, Alan, 342, 451
Gardenali, Geraldo, 353, 362
Garófalo, Emílio, 516, 537, 538
Gartenkraut, Michal, 395, 430, 454
Gasparian, Fernando, 371, 441
Geisel, Ernesto, 157, 160, 186, 189, 190, 198, 199, 201, 210, 211, 215, 217, 218, 225, 228, 229, 236, 240, 241, 245, 251, 256, 264, 268, 282, 365, 419
Geisel, Orlando, 157
Goldemberg, José, 519
Gomes, Ciro, 524, 531
Gomes, Severo, 202, 218
Gonçalez, Cláudio Adilson, 454, 506, 514, 517
Gonçalves, Luiz Antônio, 393, 417, 418, 471, 494, 495, 509, 519
Gondim, Pedro Moreno, 59, 61, 398
Gorbachev, Mikhail, 338, 339, 483
Goulart, João (Jango), 64, 69, 72, 89, 90, 91, 92, 93, 94, 95, 98, 104, 130, 218, 349, 433
Gouveia, Fernando, 94
Greenspan, Alan, 409, 410
Gros, Francisco, 519
Guedes, Ernesto, 454, 529, 534, 537
Guedes, Luiz Carlos, 190
Guevara, Che, 69, 122
Guimarães, Ulysses, 20, 257, 294, 322, 323, 325, 348, 350, 353, 356, 371, 372, 376, 378, 419, 442, 443, 457, 460, 472, 473, 483, 487, 488, 491

Haddad, Paulo, 524
Hall, John (Sir), 332, 361
Heráclito de Queiroz, Cid, 243, 262, 301, 386, 441
Herzog, Vladimir, 210
Holanda, Domício Rodrigues de, 113
Hunt, Suely, 334, 361
Hussein Al-Takriti, Saddam, 185, 251, 267, 518, 550, 551

Iglesias, Enrique, 464
Ikeda, Akihiro, 159, 244, 245, 267
Inácio, José, 461

Jaguaribe, Hélio, 519
Jereissati, Tasso, 353, 354, 355, 356, 378
Josefa, Maria, 25
Jost, Nestor, 123, 124, 129, 159, 171, 310
Jovem, tia (Jovelina Ferreira da Nóbrega), 49
Julião, Francisco, 68, 88
Jurema de Araújo, Abelardo, 96
Jurema, Otacílio, 88, 89

Kafka, Alexandre, 288, 305, 363, 364
Kandir, Antônio, 495, 506
Kennedy, John, 67, 89
Kenneth, Sir, 305, 306, 309
Khomeini, Aiatolá Ruhollah, 250, 482
Krause, Gustavo, 524
Kruel, Amaury, 93
Krushev, Nikita, 67, 185
Kubitschek de Oliveira, Juscelino, 56, 57, 63, 66, 96, 120, 130, 150, 218, 232

Lacerda, Carlos, 93, 130, 131, 150, 218
Lacerda, Humberto, 411
Lafer, Celso, 519
Lamarca, Carlos, 153, 186
Lampreia, Luiz Felipe, 394
Langoni, Carlos Geraldo, 262, 264, 283, 284
Lawson, Nigel, 426
Lemos, Jefferson Augusto, 211
Lima, Otávio Moreira, 491
Lins, Ivan, 206
Lopes, Francisco (Chico), 328, 341, 365, 527, 545
Lopes, Luiz Fernando, 537
Loyola, Gustavo, 516, 519, 529, 535, 537, 539, 541, 543, 556

ÍNDICE ONOMÁSTICO

Lucena, Eleonora de, 548
Lucena, Humberto, 419
Lula da Silva, Luiz Inácio, 20, 190, 235, 236, 257, 395, 422, 442, 458, 472, 473, 474, 483, 487, 492, 493, 495, 513, 529, 531, 545, 552, 553, 554, 555, 560, 561, 562, 564, 565

Macedo, Roberto, 519
Machado, Antônio, 374, 420
Machado, Geraldo, 129
Maciel, Everardo, 430
Maciel, Marco, 315, 325
Magalhães, Antônio Carlos, 316, 325, 381, 425, 435, 437, 538
Magri, Rogério, 457
Malan, Pedro, 464, 524, 527, 529, 543
Maluf, Paulo, 295, 314, 472, 483
Mantega, Guido, 493, 561
Mapurunga, José Carneiro da Cunha, 118, 119
Marchezan, Nelson, 309, 310, 511, 517
Maria U, 29, 31, 33, 34, 35
Marighella, Carlos, 139, 153, 155, 156, 165, 186
Marinho, Roberto, 316, 380, 381, 392, 396, 403, 421, 424, 425, 432, 433, 435, 436, 446, 447, 448, 449, 450, 456, 479, 537
Mariz, Antônio, 96
Marques, José Guilherme, 138, 139, 156, 157
Martins, Amílcar de Souza, 202
Martins, Franklin, 143
Martins, Ives Gandra, 370
Martins, José, 111
Martone, Celso, 514
Marx, Karl, 91, 139
Massari, Jair, 159
Matarazzo, Andrea, 15
Matta, Carlos Fernando Nunes da, 224
Mauch, Cláudio, 184
Medeiros, Fernando Dinoá, 109
Medeiros, Luiz Antônio, 457
Médici, Emílio Garrastazu, 98, 121, 145, 151, 157, 158, 159, 160, 162, 164, 165, 171, 172, 173, 175, 176, 186, 194, 198, 199, 201, 244, 258, 262, 265, 275, 419
Meirelles, Henrique, 554, 561
Mello, João Manuel Cardoso de, 341, 345, 351
Mello, Zélia Cardoso de, 483, 494, 495, 497, 500, 501, 506, 507, 516, 519

Melo, Ednardo Dávila, 210
Melo, Eudoro Portela, 80, 83, 84, 86, 93, 113
Melo, Francisco de Assis Correia de, 94
Melo, Márcio de Sousa, 155
Melo Neto, João Cabral de, 26, 48
Melo, Ronald Mendes de, 85, 86, 88, 89
Mendes, Ivan de Souza, 14, 379, 402, 405, 415, 436, 438, 439, 442, 450, 465, 477, 478, 480, 487, 488, 490, 491, 496
Mendonça de Barroz, Luiz Carlos, 345
Meneghelli, Jair, 457
Menem, Carlos, 19, 467, 519, 551
Mercadante, Aloízio, 483, 493
Merquior, José Guilherme, 499
Mesquita, Antônio, 362
Mestrinho, Gilberto, 96
Milano Lopes, José, 211
Milliet, Fernando, 353, 362, 363, 387, 401
Miranda, João Pereira de, 130, 133, 148
Miranda, José Luiz Silveira, 301, 355, 386, 387, 388
Mirão, José, 333, 414
Mitterrand, François, 271, 272, 464
Montoro, André Franco, 283, 325, 356
Moraes, Marcus Pratini de, 478, 519
Moreira Franco, Wellington, 420
Moreira, Lauro, 268
Moreira, Manoel, 84
Moreira, Marcílio Marques, 394, 409, 519
Moreira, Raymundo Monteiro, 243, 244, 297, 302, 303, 312, 364, 385, 386
Mulford, David, 388, 410, 428, 463
Murtinho, Joaquim, 393
Mustafa, Reinaldo, 386, 395

Naegele, Geraldo, 301
Nahas, Naji, 464, 465
Nakano, Yoshiaki, 353, 356, 357, 362, 363, 364, 365, 368
Nassif, Luís, 537, 548
Natel, Laudo, 121, 158
Nery, Marcelo, 562
Neves, Antonio Pimenta, 549
Neves, Tancredo de Almeida, 69, 257, 283, 294, 295, 311, 314, 315, 316, 317, 321, 322, 323, 324, 325, 326, 327, 328, 340, 342, 347, 396, 438
Nixon, Richard, 143, 185, 208
Nóbrega, André da, 526

Nóbrega, Carla Glufke Reis da, 526
Nóbrega, Carolina da, 553
Nóbrega, Gabriel da, 528, 530
Nóbrega, Guilherme da, 16, 118, 125, 152, 160, 170, 177, 178, 179, 229, 258, 270, 318, 335, 354, 355, 361, 366, 510, 517, 526, 537, 559
Nóbrega, Ivan da, 177, 178, 229, 258, 335, 336, 361, 366, 415, 416, 510, 511, 562
Nóbrega, Juliano da, 30, 229, 230, 258, 335, 336, 361, 366, 415, 416, 510, 511, 526
Nóbrega, Maílsa da (Maíta), 26, 27, 29, 33, 35
Nóbrega, Márcio (José) da, 16, 110, 111, 118, 125, 152, 160, 170, 177, 178, 229, 258, 270, 287, 330, 355, 510, 526, 552, 553, 559
Nóbrega, Marcos da, 26, 33, 34, 560
Nóbrega, Maria da (neta), 559
Nóbrega, Maria José Pereira da, 25, 26, 34, 47
Nóbrega, Maria Madalena da (Madá), 26, 33
Nóbrega, Marilene da (Lene), 26, 33, 35, 43, 560
Nóbrega, Marisa da (Lica), 26, 29, 33
Nóbrega, Marizete da (Izete), 26, 33
Nóbrega, Maurício da, 26, 33
Nóbrega, Milson da, 26, 33
Nóbrega, Milton da (Mituca), 26, 29, 33, 34, 35, 39, 41, 45, 52, 53, 54, 58, 59, 60, 62, 65, 109, 398
Nóbrega, Murilo da, 562
Nóbrega, Paula da, 330, 526
Nóbrega, Pedro da, 559
Nóbrega, Rafael da, 552, 553
Nóbrega, Renata da, 355, 526
Nóbrega, Stefany Soares Alvarez da, 553
Nóbrega, Tomás da, 526
Nóbrega, Vicente Ferreira da, 24
Nóbrega, Wilson Ferreira da, 25, 26, 32, 560
Nogueira Batista, Paulo, 351
North, Douglass, 14, 556, 558, 559

Oliveira, Dante de, 294
Oliveira Filho, João Pires de, 134, 137, 138, 140, 162, 163, 170, 176, 178
Oliveira, José Antônio Correia de, 82
Oliveira, Josinaldo, 50
Oliveira, Luiz Álvaro de, 362

Pacini, Mário, 306
Paiva, Rubens, 186
Palmeira, Vladimir, 143, 156
Palocci, Antônio, 553, 554, 555, 560, 561
Papa João Paulo, 250
Papa João Paulo II, 250, 315
Parente, Pedro Pullen, 302, 366, 371
Pasqual, Denise de, 537
Pastore, Affonso Celso, 159, 262, 308, 315
Paulinelli, Alysson, 198, 211
Pécora, José Flávio, 159, 244, 288
Pedro I, d., 564
Pedro II, d., 343
Pelé, 54, 142, 171
Penna, Camilo, 238, 239, 277
Pereira, Anísio, 25
Perón, Isabelita, 192
Perón, Juan Domingo, 192, 476
Pestana, Aloísio, 191, 192
Pimentel, Ana Maria, 313
Pinheiro, Jaime, 540
Pinochet, Augusto, 193
Pinto, José de Magalhães, 155
Piquet Carneiro, João Geraldo, 537
Pires, Leônidas, 396, 489, 490
Pol Pot, 209, 249
Portela, Jaime, 155
Prebisch, Raúl, 206
Prego, Ladislau, 332
Prestes, Luís Carlos, 95
Primo, Aléssio Vaz, 301

Quadros, Jânio da Silva, 53, 63, 64, 66, 69, 94, 95, 483
Quadros, Tutu, 416
Queiroz, Fernando Lima de, 141, 146
Quércia, Orestes, 325, 387, 397, 418, 419, 420

Rademaker Grunewald, Augusto, 94, 155, 158
Ramos, Biu, 419
Ramos, Pedro Paulo Leoni, 494
Ramos, Saulo, 442, 490, 491, 497
Reagan, Ronald, 90, 235, 253, 270, 271, 272, 293, 409, 421
Reed, John, 436
Regan, Donald, 279
Resende, André Lara, 328, 345, 365, 527
Resende, Eliseu, 524
Rhodes, Bill, 414

ÍNDICE ONOMÁSTICO

Ribeiro, Deniz Ferreira, 276
Ribeiro Filho, Sadi Assis, 301
Richa, José, 325, 373
Ricúpero, Rubens, 524, 529, 531
Rischbieter, Karlos, 7, 219, 220, 239, 240, 243, 244, 245, 247, 252, 257, 258, 266, 280, 376
Rocca, Carlos Antonio, 159, 477
Rocha, Keyler Carvalho, 465
Rodrigez-Pastor, Carlos, 434
Rodrigues, Azelma, 389
Roliço, Chico, 34
Rolim, Abdiel de Souza, 91, 100
Rosenberg, Luiz Paulo, 245
Rosinha (Guilhermina Chaves Nóbrega), 70, 71, 77, 78, 79, 81, 82, 97, 98, 99, 100, 101, 102, 103, 104, 110, 111, 118, 125, 126, 127, 134, 136, 137, 138, 140, 145, 146, 150, 152, 157, 159, 160, 167, 170, 177, 178, 179, 202, 212, 229, 230, 237, 258, 259, 260, 266, 280, 313, 318, 330, 335, 336, 354, 355, 361, 366, 367, 382, 384, 415, 416, 472, 501, 505, 510, 511, 517, 522, 547
Rossi, Clóvis, 480
Rúa, Fernando de La, 551

Sá, Angelo Calmon de, 202, 206, 211, 212, 214, 218, 219, 220, 223, 225, 227, 230, 238, 317, 400, 401, 511, 512, 519, 538, 539
Sabóia, Henrique, 490, 491
Salazar, Antônio, 66, 209
Saldanha, João, 170
Salek, Namir, 423, 424
Santiago, Ricardo, 407, 430
Santos, José Sousa (Sousinha), 41, 176, 207, 208
Santos, Marcos Luiz da Cunha, 176
Sarney, José, 14, 15, 19, 20, 57, 215, 272, 322, 323, 324, 326, 327, 328, 340, 343, 345, 346, 347, 349, 350, 351, 352, 353, 354, 355, 356, 357, 367, 372, 373, 374, 375, 377, 378, 379, 380, 381, 386, 387, 393, 395, 396, 397, 400, 401, 403, 418, 420, 422, 423, 425, 432, 436, 437, 438, 439, 440, 442, 446, 447, 449, 452, 454, 455, 461, 465, 466, 470, 472, 473, 477, 478, 479, 480, 483, 484, 486, 487, 489, 490, 491, 492, 497, 498, 499, 500, 505, 506, 508, 509

Savasini, José Augusto Arantes, 41, 245
Sayad, João, 315, 328, 329, 340
Schneider, Miguel Francisco, 142
Seixas, Antônio de Pádua, 395, 426
Serpa, Jorge, 433, 434, 446, 449, 456, 465, 479
Serra, José, 371, 373, 439, 440, 441, 442, 552, 553
Serra, Luiz Aurélio, 336
Serrano, José Carlos Madeira, 283
Setúbal, Olavo, 449
Shinyashiki, Roberto, 472, 547
Silva, Adroaldo Moura da, 365
Silva, Antonio Ferreira Álvares da, 135
Silva Junior, Virgílio de Assis Pereira, 142
Silva, Ozires, 214, 509
Silveira, Antonio Francisco Azeredo da, 268
Silveira, Gustavo, 172, 390
Simon, Pedro, 315, 325, 484
Simonsen, Mário Henrique, 121, 160, 201, 211, 218, 227, 228, 232, 234, 240, 242, 243, 244, 245, 247, 257, 264, 265, 268, 369, 376, 379, 400, 454, 455, 456, 494
Soares, Élquisson, 310, 313, 345
Sobrinho, José, 42, 46
Sola, Lourdes, 556
Soros, George, 546
Sousa, Antônio José de, 224
Spínola, Antônio de, 209
Sragowicz, Leon, 434
Stábile, Ângelo Amaury, 244, 276
Sztajn, Rachel, 558

Takeshita, Noboru, 427
Tarso, Paulo de, 96
Tavares, Aurélio, 155
Tavares, Maria da Conceição, 253
Taylor, Matthew, 537
Teixeira, Eduardo, 495
Tepedino, Heitor, 268
Thatcher, Margaret, 90, 248, 249, 270, 271, 272, 273, 274, 337, 338, 339
Tinoco, Eraldo, 440
Tito, Joseph, 235, 252
Tito, Ronan, 479, 480
Toledo, Denise Campos de, 548
Trajano, Paulo, 79, 80, 91
Trichet, Jean-Claude, 426
Tsé-Tung, Mao, 209, 249
Tuma, Romeu, 349

Vadim, Roger, 54
Vandré, Geraldo, 112, 143, 145, 150
Vargas, Getúlio, 29, 32, 69, 98, 107, 147, 179, 182, 188, 246, 257, 262, 294, 351, 368
Vargas, Ivete, 257
Veiga, Luís Otávio da Motta, 495
Velloso, João Paulo dos Reis, 419
Velloso, Raul, 430
Verçosa, Ciro, 307
Veríssimo, João Lima de, 102
Viacava, Carlos, 262
Viana, Prisco, 435
Videla, Jorge Rafael, 192
Viveiros, Celso, 135
Volcker, Paul, 253

Walesa, Lech, 482
Wanderley, João Alberto, 224
Werneck, Dorothea, 438, 457, 471, 487
Williamson, Oliver, 14, 559
Witte-Fibe, Lílian, 506
Wriston, Walter B., 278

Xiaoping, Deng, 249, 482
Ximenes, Paulo César, 243, 364, 386, 387, 388, 392, 393, 394, 403, 407, 417, 418, 420, 430, 437, 442, 450, 454, 464, 465, 466, 471, 494, 495, 509, 524

Yakota, Paulo, 244
Yeltsin, Boris, 483, 521, 544

Zagallo, Jorge Lobo, 54, 170, 171
Ziraldo, 165
Zveiter, Adriana, 552
Zylberstajn, Décio, 15, 557, 558

Louise Z. Sottomaior, jornalista, autora de um livro e coautora de outros dois, colabora com algumas das mais renomadas revistas brasileiras, pelo que recebeu prêmios importantes, como o Prêmio Abril de Jornalismo, em 2005. Atualmente, cria, desenvolve e coordena projetos culturais e sua aprovação em leis de incentivo à cultura.

Josué Leonel, jornalista, atua há 22 anos no noticiário econômico. É editor da Agência Bloomberg, foi diretor de redação da Agência Estado, editor do AE Broadcast, comentarista da Rádio Eldorado e editor da Agência Dinheiro Vivo. Graduado em jornalismo pela Faculdade Cásper Líbero, cursou MBA em Informações Econômicas na FIA.

*O texto deste livro foi composto em Sabon,
desenho tipográfico de Jan Tschichold de 1964,
baseado nos estudos de Claude Garamond e
Jacques Sabon no século XVI, em corpo 10,7/14,35.
Para títulos e destaques,
foi utilizada a tipografia Frutiger, desenhada
por Adrian Frutiger, em 1975.*

*A impressão se deu sobre papel off-white 80g/m²
pelo Sistema Cameron da Divisão
Gráfica da Distribuidora Record.*